TÜBINGER RECHTSWISSENSCHAFTLICHE ABHANDLUNGEN

Herausgegeben von
Mitgliedern der Juristischen Fakultät
der Universität Tübingen

Band 127

Sima Samari

Entscheidung und Bindung im Stellvertretungsrecht

Vertreterermessen und
Vollmachtsvertrag

Mohr Siebeck

Sima Samari, geboren 1996; Studium der Rechtswissenschaften an der Universität Tübingen; Wissenschaftliche Mitarbeiterin am Lehrstuhl für Bürgerliches Recht, Römisches Recht und Europäisches Privatrecht der Universität Tübingen; 2022 Promotion; Rechtsreferendariat im Bezirk des OLG Stuttgart.
orcid.org/0000-0003-3245-6048

D21

ISBN 978-3-16-161705-8 / eISBN 978-3-16-161706-5
DOI 10.1628/978-3-16-161706-5

ISSN 0082-6731 / eISSN 2569-4529 (Tübinger Rechtswissenschaftliche Abhandlungen)

Die Deutsche Nationalbibliothek verzeichnet diese Publikation in der Deutschen National-bibliographie; detaillierte bibliographische Daten sind über *http://dnb.dnb.de* abrufbar.

© 2022 Mohr Siebeck Tübingen. www.mohrsiebeck.com

Das Buch wurde von Laupp & Göbel in Gomaringen auf alterungsbeständiges Werkdruck-papier gedruckt und dort gebunden.

Printed in Germany.

Meinen Eltern

Vorwort

Das Thema dieser Untersuchung geht zurück auf eine Anregung meines akademischen Lehrers und Doktorvaters, Herrn Professor Dr. Thomas Finkenauer, M. A. Er ermutigte mich, das scheinbar Selbstverständliche in Frage zu stellen und mich in meiner Arbeit einer grundlegenden Frage des Stellvertretungsrechts zu widmen.

Aber nicht nur deshalb gebührt Herrn Professor Dr. Thomas Finkenauer, M. A., mein besonderer Dank. Er brachte mir in den ersten Semestern meines Studiums auch das Zivilrecht bei und ermöglichte es mir, meinen akademischen Weg an seinem Lehrstuhl fortzusetzen. Mein Promotionsvorhaben begleitete er mit wertvollem Rat und Zuspruch. Ich schätze ihn als Wissenschaftler, seinen Einsatz für die Lehre und die Art, sich der Fragen und Belange seiner Mitarbeiterinnen und Mitarbeiter anzunehmen.

Dank gebührt ferner Herrn Professor Dr. Stefan Huber, LL.M., für die tiefgehenden Anmerkungen in seinem Zweitgutachten.

Meinen Kolleginnen und Kollegen am Lehrstuhl danke ich für deren Unterstützung und für die gemeinsame Zeit an der Tübinger Fakultät, auf die ich gern zurückblicke.

Bedanken möchte ich mich außerdem bei der Juristischen Fakultät der Universität Tübingen für die Verleihung des Promotionspreises des Studienjahres 2021/22. Ebenso zu Dank verpflichtet bin ich der Reinhold-und-Maria-Teufel-Stiftung für die Auszeichnung meiner Arbeit mit dem Promotionspreis.

Nicht unerwähnt dürfen schließlich meine Eltern bleiben, die mir Mut gaben, wo Herausforderungen warteten.

Stuttgart, im Juli 2022 Sima Samari

Inhaltsübersicht

Inhaltsverzeichnis

Abkürzungsverzeichnis

a.	*anno* (Jahr)
a. E.	am Ende
a. F.	alte Fassung
ABGB	Allgemeines Bürgerliches Gesetzbuch Österreichs von 1812
Abs.	Absatz
AcP	Archiv für die civilistische Praxis
Adelung	Grammatisch-Kritisches Wörterbuch der Hochdeutschen Mundart
AGG	Allgemeines Gleichbehandlungsgesetz
AktG	Aktiengesetz
ALR	Allgemeines Landrecht für die preußischen Staaten von 1794
Anm.	Anmerkung
AP	Arbeitsrechtliche Praxis – Nachschlagewerk des Bundesarbeitsgerichts
AR	Der Aufsichtsrat
ArbG	Arbeitsgericht
ArchBürgR	Archiv für Bürgerliches Recht
ArchOldR	Archiv für die Praxis des gesamten im Großherzugtum Oldenburg geltenden Rechts
ARSt	Arbeitsrecht in Stichworten
Art.	Artikel
AT	Allgemeiner Teil
Aufl.	Auflage
BAG	Bundesarbeitsgericht
BauR	Zeitschrift für das Baurecht
BayObLG	Bayerisches Oberstes Landesgericht
BayObLGZ	Entscheidungen des Bayerischen Obersten Landesgerichts in Zivilsachen
BB	Der Betriebsberater
Bd.	Band
bearb.	bearbeitet
Bearb.	Bearbeiter, Bearbeitung
BeckOGK-AktG	Beck'scher Online-Großkommentar zum Aktienrecht
BeckOGK-BGB	Beck'scher Online-Großkommentar zum Zivilrecht
BeckOK-ArbR	Beck'scher Online-Kommentar zum Arbeitsrecht
BeckOK-BGB	Beck'scher Online-Kommentar zum Bürgerlichen Gesetzbuch
BeckOK-HGB	Beck'scher Online-Kommentar zum Handelsgesetzbuch
BeckOK-ZPO	Beck'scher Online-Kommentar zum Zivilprozessrecht
BeckRS	Beck-Rechtsprechung
begr.	begründet
Begr.	Begründer
BetrVG	Betriebsverfassungsgesetz

BeurkG	Beurkundungsgesetz
BFH	Bundesfinanzhof
BGB	Bürgerliches Gesetzbuch
BGBl.	Bundesgesetzblatt
BGH	Bundesgerichtshof
BGHZ	Entscheidungen des Bundesgerichtshofs in Zivilsachen
BilMoG	Bilanzrechtsmodernisierungsgesetz
BORA	Berufsordnung für Rechtsanwälte
BPatG	Bundespatentgericht
BPersVG	Bundespersonalvertretungsgesetz
BRAO	Bundesrechtsanwaltsordnung
BR-Drucks.	Bundesratsdrucksache
BT-Drucks.	Bundestagsdrucksache
BVerfG	Bundesverfassungsgericht
BVerfGE	Entscheidungen des Bundesverfassungsgerichts
BWNotZ	Zeitschrift für das Notariat in Baden-Württemberg
bzw.	beziehungsweise
C.	Codex Iustinianus von 534
cap.	*caput* (Kapitel)
COVMG	Gesetz über Maßnahmen im Gesellschafts-, Genossenschafts-, Vereins-, Stiftungs- und Wohnungseigentumsrecht zur Bekämpfung der Auswirkungen der COVID-19-Pandemie
CR	Computer & Recht
D.	Digesta Iustiniani von 533
DB	Der Betrieb
ders.	derselbe
dies.	dieselben
DJT	Verhandlungen des Deutschen Juristentages
DNotZ	Deutsche Notar-Zeitschrift
DR	Das Recht
DSRITB	Deutsche Stiftung für Recht und Informatik – Tagungsband
DStR	Deutsches Steuerrecht
DtZ	Deutsch-Deutsche Rechts-Zeitschrift
DWb	Deutsches Wörterbuch von Jacob Grimm und Wilhelm Grimm
E I	Entwurf eines Bürgerlichen Gesetzbuchs für das Deutsche Reich. Erste Lesung (Erster Entwurf)
E II	Entwurf eines Bürgerlichen Gesetzbuchs für das Deutsche Reich. Nach den Beschlüssen der Redaktionskommission. Zweite Lesung (Zweiter Entwurf)
EBJS-HGB	Kommentar zum Handelsgesetzbuch, begr. von Carsten Thomas Ebenroth und Karlheinz Boujong
Einl.	Einleitung
ErfK	Erfurter Kommentar zum Arbeitsrecht
EuZW	Europäische Zeitschrift für Wirtschaftsrecht
f., ff.	die folgende Seite, die folgenden Seiten
FamRZ	Zeitschrift für das gesamte Familienrecht
FG	Festgabe
FGG	Gesetz über die Angelegenheiten der freiwilligen Gerichtsbarkeit
FGPrax	Praxis der Freiwilligen Gerichtsbarkeit
Fn.	Fußnote

fol.	*folia* (Blatt)
FS	Festschrift
FuR	Familie und Recht
GBO	Grundbuchordnung
GenG	Genossenschaftsgesetz
GewO	Gewerbeordnung
GG	Grundgesetz für die Bundesrepublik Deutschland
GK-AktG	Großkommentar zum Aktiengesetz
GmbHG	Gesetz betreffend die Gesellschaften mit beschränkter Haftung
GRUR	Gewerblicher Rechtsschutz und Urheberrecht
GWb	Goethe-Wörterbuch
HannRpflege	Hannoversche Rechtspflege, Verordnungen und Mitteilungen für den OLG-Bezirk Celle
Hdb-RP	Handbuch des Römischen Privatrechts
HGB	Handelsgesetzbuch
HK-BGB	Handkommentar zum Bürgerlichen Gesetzbuch
HKK-BGB	Historisch-kritischer Kommentar zum Bürgerlichen Gesetzbuch
HRR	Höchstrichterliche Rechtsprechung
hrsg.	herausgegeben
Hrsg.	Herausgeber
Hrsgg.	Herausgeber (mehrere)
Hs.	Halbsatz
i. d. F.	in der Fassung
ImmoWertV	Immobilienwertermittlungsverordnung
InsO	Insolvenzordnung
InTer	Zeitschrift zum Innovations- und Technikrecht
ITRB	Der IT-Rechtsberater
JA	Juristische Arbeitsblätter
JFG	Jahrbuch für Entscheidungen in Angelegenheiten der freiwilligen Gerichtsbarkeit und des Grundbuchrechts
JherJb	Jahrbücher für Dogmatik des heutigen römischen und deutschen Privatrechts, begr. von Rudolf Jhering
JR	Juristische Rundschau
Jura	Juristische Ausbildung
JuS	Juristische Schulung
JW	Juristische Wochenschrift
JZ	Juristenzeitung
K&R	Kommunikation & Recht
KG	Kammergericht
KGJ	Jahrbuch für Entscheidungen des Kammergerichts in Sachen der freiwilligen Gerichtsbarkeit in Kosten-, Stempel- und Strafsachen
KI	Künstliche Intelligenz
KK-AktG	Kölner Kommentar zum Aktiengesetz
KritUeb	Kritische Ueberschau der deutschen Gesetzgebung und Rechtswissenschaft
KritV	Kritische Vierteljahresschrift für Gesetzgebung und Rechtswissenschaft
l. Sp.	linke Spalte
LAG	Landesarbeitsgericht
LG	Landgericht

lib.	*liber* (Buch)
LZ	Leipziger Zeitschrift für Deutsches Recht
MDR	Monatsschrift für Deutsches Recht
Meyers	Meyers Großes Konversationslexikon
MHdb-ArbR	Münchener Handbuch zum Arbeitsrecht
MHdb-GesR	Münchener Handbuch des Gesellschaftsrechts
MitBestG	Mitbestimmungsgesetz
MittBayNot	Mitteilungen des Bayerischen Notarvereins
MK-AktG	Münchener Kommentar zum Aktiengesetz
MK-BGB	Münchener Kommentar zum Bürgerlichen Gesetzbuch
MK-HGB	Münchener Kommentar zum Handelsgesetzbuch
MK-ZPO	Münchener Kommentar zur Zivilprozessordnung
MMR	Multimedia und Recht
n.	*nota* (Zeichen)
n. F.	neue Fassung
NJOZ	Neue Juristische Online-Zeitschrift
NJW	Neue Juristische Wochenschrift
NJW-RR	Neue Juristische Wochenschrift, Rechtsprechungs-Report Zivilrecht
NotBZ	Zeitschrift für die notarielle Beratungs- und Beurkundungspraxis
Nr.	Nummer
NVwZ	Neue Zeitschrift für Verwaltungsrecht
NZA	Neue Zeitschrift für Arbeitsrecht
NZBau	Neue Zeitschrift für Baurecht und Vergaberecht
NZG	Neue Zeitschrift für Gesellschaftsrecht
NZV	Neue Zeitschrift für Verkehrsrecht
OGH	Oberster Gerichtshof
OGHZ	Entscheidungen des Obersten Gerichtshofes für die Britische Zone in Zivilsachen
OLG	Oberlandesgericht
OLG-NL	OLG-Rechtsprechung Neue Länder
OLGZ	Entscheidungen der Oberlandesgerichte in Zivilsachen
OVG	Oberverwaltungsgericht
p.	*pagina* (Seite)
pr.	*principio* (am Beginn eines Textes, vor der weiteren Unterteilung)
PS	Pauli Sententiae
r	*recto* (Vorderseite)
r. Sp.	rechte Spalte
RAG	Reichsarbeitsgericht
RdA	Recht der Arbeit
RDi	Recht Digital
RegBegr.	Regierungsbegründung
RG	Reichsgericht
RGBl.	Reichsgesetzblatt
RGRK	Reichsgerichtsrätekommentar
RGZ	Entscheidungen des Reichsgerichts in Zivilsachen
Rn.	Randnummer
RNotZ	Rheinische Notarzeitschrift
ROHGE	Entscheidungen des Reichsoberhandelsgerichts
ROLG	Rechtsprechung der Oberlandesgerichte auf dem Gebiete des Zivilrechts

Rpfleger	Der Deutsche Rechtspfleger
rubr.	*rubrica* (Gesetz)
S.	Satz, Seite
s. v.	*sub voce* (unter dem Stichwort)
SächsArch	Sächsisches Archiv für bürgerliches Recht und Prozeß
SeuffA	Seufferts Archiv für Entscheidungen der obersten Gerichte in den deutschen Staaten
SJZ	Süddeutsche Juristenzeitung
Sp.	Spalte
SprAuG	Sprecherausschußgesetz
StGB	Strafgesetzbuch
StrietA	Archiv für Rechtsfälle, die zur Entscheidung des Königlichen Obertribunals gelangt sind, hrsg. von Theodor Striethorst
SZ	Zeitschrift der Savigny-Stiftung für Rechtsgeschichte (Romanistische Abteilung)
tit.	*titulus* (Titel)
tom.	*tomus* (Band)
UmwG	Umwandlungsgesetz
v	*verso* (Rückseite)
v.	von
VersR	Versicherungsrecht
VG	Verwaltungsgericht
vgl.	vergleiche
VOB/B	Vergabe- und Vertragsordnung für Bauleistungen – Teil B
Vor	Vorbemerkung
WarnRspr	Rechtsprechung des Reichsgerichts in Zivilsachen, hrsg. von Otto Warneyer
WEG	Wohnungseigentumsgesetz
WM	Wertpapiermitteilungen
WpHG	Wertpapierhandelsgesetz
WuM	Wohnungswirtschaft und Mietrecht
ZBlJR	Zentralblatt für Jugendrecht und Jugendwohlfahrt
ZEuP	Zeitschrift für Europäisches Privatrecht
ZEV	Zeitschrift für Erbrecht und Vermögensnachfolge
ZfPW	Zeitschrift für die gesamte Privatrechtswissenschaft
ZfRSoz	Zeitschrift für Rechtssoziologie
ZGR	Zeitschrift für Unternehmens- und Gesellschaftsrecht
ZHR	Zeitschrift für das gesamte Handelsrecht, Fortsetzung: Zeitschrift für das gesamte Handels- und Wirtschaftsrecht
ZIP	Zeitschrift für Wirtschaftsrecht
ZPO	Zivilprozessordnung
ZStW	Zeitschrift für die gesamte Strafrechtswissenschaft
ZVglRWiss	Zeitschrift für Vergleichende Rechtswissenschaft

Einleitung

Wer am Rechtsverkehr teilnehmen möchte, ohne dabei selbst in Erscheinung zu treten, hat bekanntlich die Wahl, sich hierfür eines Stellvertreters oder eines Boten zu bedienen. Nur in einigen Fällen nimmt das Gesetz die entscheidende Weichenstellung selbst vor, indem es eine Vertretung (vgl. § 1750 Abs. 3 S. 1 BGB) oder eine Botenschaft (vgl. § 1311 BGB) ausschließt. Besonders in diesen Fällen, aber auch dann, wenn die Einschaltung einer der beiden Mittelspersonen aus anderen Gründen scheitert (vgl. §§ 165, 105 Abs. 1 BGB), kommt es auf eine Abgrenzung an. Die zentrale Stellung nimmt dabei der Entscheidungsspielraum ein: Liegt er vor, soll die Mittelsperson Stellvertreter sein, dagegen Bote, wenn er fehlt.

Bei genauerem Hinsehen erweist sich das Kriterium des Entscheidungsspielraums jedoch als diffus: Nicht nur ist streitig, aus wessen Perspektive sich beurteilt, ob die Mittelsperson über einen Entscheidungsspielraum verfügt[1]. Vielmehr ist auch unklar, was mit dem Entscheidungsspielraum gemeint ist: Gefordert wird ein „mehr oder minder großes Maß an Entscheidungsfreiheit"[2], ein Handeln „in Selbstverantwortung"[3], ein Ermessen „in der Sache"[4]. Damit scheint es nicht zusammenzupassen, dass auch ein Handeln nach Weisungen einer Stellvertretung nicht entgegensteht, § 166 Abs. 2 S. 1 BGB, und selbst derjenige Vertreter ist, dessen Tätigkeit sich in der Entgegennahme fremder Erklärungen erschöpft, § 164 Abs. 3 BGB.

Den beschriebenen Befund nimmt die Arbeit zum Anlass, sich in ihrem ersten Teil mit dem Entscheidungsspielraum des Vertreters zu befassen. Ausgehend von den historischen Wurzeln des Vertretungsinstituts wird untersucht, in welchen Zusammenhängen das Abgrenzungskriterium im geltenden Recht Anwendung findet und welche Bedeutung ihm dort zukommt. Ein besonderes Augenmerk gilt dabei der Vertretung im Kontext des § 112 S. 1 AktG und der Vertretung durch intelligente Computersysteme. Ziel der Untersuchung ist es, das herrschende Verständnis von dem Entscheidungsspielraum aufzuarbeiten, einzugrenzen und auf eine normative Grundlage zu

---

[1] Es kommen die Perspektive des Geschäftsgegners und die des Vertretenen in Betracht.
[2] *Neuner*, AT, § 49 Rn. 13; ähnlich *v. Tuhr*, AT II/2, § 84 II (S. 340).
[3] *Neuner*, AT, § 49 Rn. 13.
[4] *Bork*, AT, § 32 Rn. 1346.

stellen. Als richtungsweisend für dieses Vorhaben wird sich das Institut der Vollmacht erweisen.

Auf den Erkenntnissen zur Rechtsnatur der Vollmacht baut der zweite Teil der Arbeit auf. Untersucht wird, unter welchen Voraussetzungen mit der Vollmachtserteilung weitergehende Rechtsfolgen als bloß die Begründung einer (Entscheidungs-)Macht verbunden sein können. Überprüft wird die These, ob die Bevollmächtigung, wenn sie durch Vertrag erfolgt, zu einer Bindung des Vertreters und damit zu einer Einschränkung seines Entscheidungsspielraums führen kann. Die Auseinandersetzung mit dieser Frage gibt nicht nur weiteren Aufschluss über das Kriterium des Entscheidungsspielraums. Sie bietet zugleich den Rahmen für eine grundlegende Befassung mit dem Institut des Vollmachtsvertrags. Denn dass die Rechtsfolgen der Bevollmächtigung auch durch Vertrag herbeigeführt werden können, wird entweder rigoros abgelehnt oder als selbstverständlich vorausgesetzt und daher nicht zum Gegenstand wissenschaftlicher Untersuchungen gemacht. Bis heute sind deshalb die mit dem Vollmachtsvertrag verbundenen Rechtsfragen nicht umfassend aufgearbeitet worden. Mit dem zweiten Teil der Arbeit soll diese Lücke geschlossen werden.

Die Untersuchungen und Erkenntnisse dieser Arbeit beschränken sich auf die gewillkürte Stellvertretung. Auf Besonderheiten der gesetzlichen und organschaftlichen Vertretung wird jedoch, soweit erforderlich, hingewiesen.

Erster Teil

Die Entscheidung im Stellvertretungsrecht

A. Historische Grundlagen der Lehre vom Entscheidungsspielraum

Die historische Entwicklung des Vertretungsrechts ist für diese Arbeit insofern relevant, als mit der Anerkennung einer direkten gewillkürten Stellvertretung (im modernen Sinne) das Bedürfnis nach einer Abgrenzung zur Botenschaft und damit nach einem Abgrenzungskriterium aufkam. Aufgabe dieses Kapitels ist es daher aufzuzeigen, unter welchen historischen Gegebenheiten und in welcher Gestalt sich das Kriterium des Entscheidungsspielraums herausgebildet hat. Dabei beanspruchen die nachstehenden Überlegungen nicht, die geschichtliche Entwicklung des Instituts der gewillkürten Stellvertretung umfassend abzubilden[1]. Sie möchten nur manche der bereits vorhandenen Erkenntnisse zusammenführen und um einige Beobachtungen ergänzen, und sie beschränken sich darauf, diejenigen historischen Erscheinungen und Gegebenheiten herauszustellen, an die sich das heutige Verständnis von dem Entscheidungsspielraum knüpfen lässt.

I. Römisches Recht

Eine direkte Stellvertretung, wie sie dem heutigen Verständnis entspricht, war dem römischen Zivilrecht unbekannt[2]. Was den Erwerb von *Vermögensrechten* anbelangt, bediente man sich alternativer Denkformen, darunter der (heute so bezeichneten) Organschaft und der Treuhänderschaft[3]. Zu den Organen, derer sich der Geschäftsherr für den Erwerb von Rechten bedienen konnte, zählten Hauskinder und Sklaven[4]. Diese Personengruppe war nicht

---

[1] Einen umfassenderen Überblick geben die Beiträge von *H. Bauer*, Stellvertretung, *Müller-Freienfels*, in: Wissenschaft und Kodifikation des Privatrechts II (1988), 144 ff. sowie Schlinker/Ludyga/Bergmann/*Schlinker*, Privatrechtsgeschichte, § 4.

[2] Zur funktionalen Entsprechung *Finkenauer*, SZ 125 (2008), 440 ff.; *ders.*, SZ 135 (2018), 178 ff. Über Ansätze direkter Stellvertretung im frührepublikanischen römischen Recht *Düll*, SZ 67 (1950), 162 ff.

[3] *Kaser/Knütel/Lohsse*, § 21 Rn. 2; Schlinker/Ludyga/Bergmann/*Schlinker*, Privatrechtsgeschichte, § 4 Rn. 1 ff.

[4] *Kaser*, RP I, § 62 II. So wurden bisweilen Sklaven gekauft, um durch sie Rechte zu erwerben, vgl. Ulpian D. 46, 6, 2 pr.

vermögensfähig[5], sodass die durch sie erworbenen Rechte notwendig dem Vermögen ihres Gewalthabers (*paterfamilias*) zufielen; auf ein Handeln in dessen Namen kam es nicht an[6]. Verfügte der Handelnde über ein Sondergut, das ihm von seinem Gewalthaber zur eigenen Bewirtschaftung überlassen war (*peculium*), konnte das Erworbene zwar – abhängig von der Willensrichtung des Handelnden – statt in das sonstige Vermögen des Gewalthabers in das *peculium* des Handelnden fallen[7]. Weil aber das *peculium* nur faktisch, nicht rechtlich zum Eigenvermögen des Gewaltunterworfenen rechnete[8], erwarb auch in diesem Fall letztlich der Gewalthaber das Vermögensrecht[9]. Die Treuhänderschaft[10] unterschied sich von einem Handeln durch Gewaltunterworfene insofern, als es neben der Vereinbarung der Treuhand keiner Eingliederung in die *patria potestas* bedurfte, um dem Treugeber das von dem Treuhänder erworbene Vermögensrecht unmittelbar zuzurechnen[11]. Außerhalb solcher Abhängigkeitsverhältnisse, wenn der Rechtserwerb also durch einen Gewaltfreien erfolgen sollte, verblieb es dagegen bei der (heute so bezeichneten) mittelbaren (indirekten) Stellvertretung[12]: Der Gewaltfreie schloss das Geschäft für sich selbst ab und aus einem Geschäftsführungsverhältnis zwischen ihm und seinem Prinzipal ergaben sich dann wechselseitige Ansprüche auf Herausgabe des Erlangten und auf Ersatz der Aufwendungen[13].

Was die Begründung von *Verpflichtungen* betrifft, lässt sich das Quellenmaterial des römischen Rechts mit den Rechtsregeln „alteri stipulari nemo potest"[14], „per liberam personam [...] obligationem nullam adquirere pos-

---

[5] Zur Anerkennung einer teilweisen Vermögensfähigkeit in der Spätantike *Kaser*, RP II, § 209 II 1.

[6] *Kaser*, RP I, § 62 III 1; vgl. Ulpian D. 45, 1, 45, 4.

[7] *Kaser*, RP I, § 62 III 1.

[8] *Kaser*, RP I, § 14 IV 4 für das *peculium* des Hauskindes; *ders.*, RP I, § 29 IV 2 für das *peculium* des Sklaven; *ders.*, RP I, § 67 III 5 zu beidem.

[9] *Kaser*, RP I, § 62 III 1; *ders.*, RP II, § 204 II 1; *Kaser/Knütel/Lohsse*, § 21 Rn. 4; vgl. *Gamauf*, in: Hdb-RP I, § 36 Rn. 14.

[10] Siehe dazu *Schanbacher*, in: Hdb-RP I, §§ 46, 88.

[11] Vgl. *Kaser*, RP I, § 62 VI.

[12] *Kaser*, RP I, § 62 V 1.

[13] Dem Handeln des mittelbaren Stellvertreters konnte eine Ermächtigung vorangehen (*iussum*, *mandatum*), oder der Vertretene genehmigte dessen Handeln (*ratum habere*, *ratihabitio*), *Kaser*, RP I, § 62 V 1. Zu den wechselseitigen Ansprüchen bei Vorliegen eines *mandatum* siehe *Heinemeyer*, in: Hdb-RP I, § 82 Rn. 31 ff., 53 ff., und bei Vorliegen einer *negotiorum gestio* siehe *Meissel*, in: Hdb-RP I, § 83 Rn. 26 ff.

[14] Ulpian D. 45, 1, 38, 17 (Niemand kann sich [mit Wirkung] für einen anderen etwas versprechen lassen). Die Regel ist außerdem ausgesprochen bei Paulus D. 44, 7, 11; Scaevola D. 50, 17, 73, 4; Diocletian/Maximian C. 8, 38, 3 pr. (a. 290).

sumus"[15] und „nemo factum alienum promittere potest"[16] zusammenfassen[17]: Es konnte eine Person ein Rechtsgeschäft nicht mit der Wirkung eingehen, dass daraus unmittelbar Dritte verpflichtet werden. Verpflichtungen trafen nach *ius civile*[18] ausschließlich den, der sie eingegangen war[19]. Mit den *actiones adiecticiae qualitatis*[20], einem Produkt prätorischer Rechtsschöpfung[21], erhielt der Geschäftspartner aber zumindest die Möglichkeit, *neben* dem Kontrahierenden auch dessen Prinzipal haftbar zu machen[22]. Die adjektizischen Klagen gründeten entweder darauf, dass der Prinzipal den Kontrahierenden zum Abschluss des Geschäfts ermächtigt (*actio quod iussu*[23]), als Geschäftsverwalter (*institor*; *actio institoria*[24]) oder Schiffsführer (*magister navis*; *actio exercitoria*[25]) bestellt hatte, dem Kontrahierenden ein Sondervermögen zur

---

[15] Paulus D. 45, 1, 126, 2 (Durch eine freie Person [...] können wir keine Verbindlichkeiten erwerben; Übersetzung nach *Jungmeister*, in: Corpus Iuris Civilis IV, S. 654).

[16] Es kann niemand ein fremdes Verhalten versprechen; vgl. Celsus D. 45, 1, 97, 1; Hermogenian D. 46, 1, 65; Gaius D. 3, 5, 38; Diocletian/Maximian C. 7, 60, 1 (a. 293); 7, 56, 4 (a. 294).

[17] Zu diesen (und weiteren) Regeln und ihren Ausnahmen ausführlich *Finkenauer*, SZ 125 (2008), 440 (443 ff.); *ders.*, in: Hdb-RP I, § 21 Rn. 58 ff., 77 f. Mit Recht wird gefragt, ob sich nicht angesichts der zahlreichen Durchbrechungen dieser Rechtsregeln das Regel-Ausnahme-Verhältnis auf dem Gebiet der Stellvertretung im Laufe der Zeit umgekehrt habe, *Finkenauer*, SZ 125 (2008), 440 (447); *ders.*, SZ 135 (2018), 178 (257).

[18] Zu den römischen „Rechtsschichten" ausführlich *Babusiaux*, in: Hdb-RP I, § 6 Rn. 1 ff.

[19] *Kaser*, RP I, § 62 IV 1; vgl. I. 3, 13 pr.

[20] Nach *Kaser*, RP I, § 141 I 1 in Fn. 1 ist diese Bezeichnung an Paulus D. 14, 1, 5, 1 angelehnt: „hoc enim edicto non transfertur actio, sed adicitur." (Durch dieses Edikt wird nämlich die [gegen den Kapitän begründete] Klage nicht übertragen, sondern eine [neue] Klage [gegen den Reeder] hinzugefügt; Übersetzung nach *Simshäuser*, in: Corpus Iuris Civilis III, S. 204).

[21] *Kaser*, RP I, § 62 IV 2.

[22] *Kaser/Knütel/Lohsse*, § 60 Rn. 2; *Kaser*, RP I, § 141 I 1; *Wacke*, SZ 111 (1994), 280 (281 f.); *Coing*, Europäisches Privatrecht I, § 83 I; *Hofmann*, 149.

[23] D. 15, 4; C. 4, 26.

[24] D. 14, 3; C. 4, 25. Die Art des vom *institor* betriebenen Geschäfts spielt keine Rolle: *Institor* kann sein der Verwalter eines Mietshauses, wer für den Geschäftsherrn an entfernten Orten Waren kauft, ein Fuhrunternehmen oder eine Wäscherei betreibt, Äcker verwaltet, als Verkäufer in einer Gaststätte oder Bäckerei beschäftigt ist, vgl. Ulpian D. 14, 3, 5, 1 ff. und *Wieling*, in: Mandatum und Verwandtes (1993), 235 (242).

[25] D. 14, 1; C. 4, 25. *Exercitor* (Schiffsreeder) ist, wem die Einnahmen und Nutzungen des Schiffes zufallen, etwa der Eigentümer oder Pächter des Schiffes. *Magister navis* ist, wem die Sorge für das Schiff übertragen ist (vgl. Ulpian D. 14, 1, 1 pr.), *Wieling*, in: Mandatum und Verwandtes (1993), 235 (242 f.). Als Geschäfte, die einem *magister navis* aufgetragen sind, kommen in Betracht die Vermietung des Schiffes, die Verfrachtung von Waren, die Beförderung von Passagieren, der Einkauf von Schiffsausrüstung (Ulpian D. 14, 1, 1, 3), daneben der Abschluss von Verträgen zur Instandhaltung des Schiffes und die Entlohnung der Seeleute (Ulpian D. 14, 1, 1, 7), im Einzelfall auch die Aufnahme eines

eigenständigen Bewirtschaftung überlassen wurde (*actio de peculio*[26]) oder dem Prinzipal das aus einem Verpflichtungsgeschäft Erlangte zugewendet wurde (*actio de in rem verso*[27])[28]. In der Klageformel drückte sich dies dadurch aus, dass in der *intentio* auf den Kontrahierenden und in der *condemnatio* auf den Prinzipal Bezug genommen wurde[29]. Zwei der adjektizischen Klagen, die *actiones exercitoria* und *institoria*[30], wurden auch dann gewährt, wenn der vom Prinzipal eingesetzte Geschäftsverwalter oder Schiffsführer ein Gewaltfreier war[31]. Der die adjektizische Haftung tragende Gedanke der Zurechnung kraft organschaftlicher Abhängigkeit traf auf diese Personengruppe freilich nur eingeschränkt zu; an seine Stelle trat in diesen Fällen als Zurechnungsgrund ein lockeres soziales Abhängigkeitsverhältnis sowie die Unterwerfung des *institor* oder *magister navis* im Innenverhältnis[32].

Die Anerkennung der adjektizischen Haftung führte zu einer ungleichen Verteilung der Klagemöglichkeiten: Während dem Geschäftspartner eine Klage sowohl gegen den Kontrahierenden (aus Vertrag) als auch dessen Prinzipal (aus adjektizischer Haftung) zustand, konnte sich der Prinzipal lediglich an den für ihn Kontrahierenden halten[33]. Um auch dem Prinzipal eine Klagemöglichkeit gegen den Geschäftspartner zu verschaffen, behalf man sich über das abtretungsähnliche Institut der Prozessvertretung[34]. Dabei

---

Darlehens, wenn damit etwa das Schiff ausgerüstet oder die Besatzung verpflegt werden soll (Ulpian D. 14, 1, 1, 8), *Wieling*, in: Mandatum und Verwandtes (1993), 235 (252).

[26] D. 15, 1; C. 4, 26; Gaius 4, 72a–74a; I. 4, 7, 4–4c.

[27] D. 15, 3. Ausführlich zu dieser Klage *Chiusi*, Die *actio de in rem verso* im römischen Recht.

[28] Zu den einzelnen Klagen im Überblick *Kaser*, RP I, § 141; Schlinker/Ludyga/Bergmann/*Schlinker*, Privatrechtsgeschichte, § 4 Rn. 3; ausführlich *Wacke*, SZ 111 (1994), 280 ff.

[29] *Kaser/Hackl*, § 49 I 1; *Wacke*, SZ 111 (1994), 280 (282). Ausführlich zur Struktur einer Klageformel *Platschek*, in: Hdb-RP I, § 12 Rn. 20 ff.

[30] Es fällt auf, dass die *actio exercitoria* nach dem haftenden Geschäftsherrn, die *actio institoria* dagegen nach dem Angestellten benannt ist, für dessen Verhalten der Geschäftsherr aus dieser Klage haftet. Einen Erklärungsversuch für diesen terminologischen Wechsel unternimmt *Wacke*, SZ 111 (1994), 280 (289 f.). Ausführlich zu beiden Klagen *Bürge*, in: Hdb-RP I, § 104.

[31] *Kaser*, RP I, § 62 IV 2, § 141 I 2; *Kaser/Knütel/Lohsse*, § 60 Rn. 3. Für die *actio exercitoria*: Gaius 4, 71; Ulpian D. 14, 1, 1, 4. Für die *actio institoria*: Gaius 4, 71; Ulpian D. 14, 3, 7, 1.

[32] *Kaser*, RP I, § 62 IV 2. Das Innenverhältnis zum Geschäftsherrn konnte in einem Dienstvertrag, bei unentgeltlicher Geschäftsführung in einem *mandatum* bestehen, vgl. Ulpian D. 14, 1, 1, 18; *Wieling*, in: Mandatum und Verwandtes (1993), 235 (243).

[33] Vgl. Schlinker/Ludyga/Bergmann/*Schlinker*, Privatrechtsgeschichte, § 4 Rn. 4; *H. Bauer*, Stellvertretung, 7; *Müller*, 35.

[34] Eine Forderungsabtretung (im heutigen Sinne) kannte das römische Recht nicht, *Kaser*, RP I, § 153 vor I; *ders.*, RP II, § 276 I 1; *Kaser/Knütel/Lohsse*, § 66 Rn. 1.

machte der Kontrahierende (als „Zedent") den Prinzipal (als „Zessionar") zu seinem *procurator* und ermächtigte ihn dazu, die Forderung gegen den Geschäftspartner im eigenen Namen einzuklagen und das Erstrittene in sein Vermögen (*in rem suam*) zu erwerben[35]. Die Konstruktion hatte den Nachteil, dass der Kontrahierende sein Forderungsrecht behielt und dieses bis zum Eintritt der Rechtshängigkeit weiterhin selbst einklagen konnte[36]. Mit dem Kaiserrecht seit Antoninus Pius wurde dem Prinzipal daher eine Klage gegen den Geschäftspartner gewährt, die er unabhängig vom Kontrahierenden wahrnehmen konnte[37]. Diese als *actio utilis* konzipierte Klage[38] sprach man dem Prinzipal zunächst nur unter bestimmten Bedingungen zu, etwa dass er vom Kontrahierenden nicht Befriedigung erlangen konnte, gewährte die Klage im Verlauf aber auch ohne Einschränkung[39]. Zwar nicht materiellrechtlich[40], aber funktional gelangte man somit zu einem den Rechtsfolgen der heutigen Stellvertretung entsprechenden Ergebnis[41]: Geschäftspartner und Prinzipal traten in eine unmittelbare Beziehung, insofern der Geschäftspartner über die *actiones adiectitiae qualitatis* unmittelbar gegen den Prinzipal und der Prinzipal über eine *actio utilis* unmittelbar gegen den Geschäftspartner vorgehen konnte. Hinzu kam, dass eine direkte Klage für oder gegen den Kontrahierenden in bestimmten Fällen mittels Einrede ausgeschlossen wurde[42].

Gefördert wurde der Gedanke einer direkten Stellvertretung weiter dadurch, dass man ab der Spätklassik den Kreis derjenigen Gewaltfreien größer zog, deren Handeln eine adjektizische Haftung begründen konnte[43]. So

---

[35] *Kaser*, RP I, § 153 I 2; *Kaser/Knütel/Lohsse*, § 66 Rn. 1; vgl. *Klinck*, SZ 124 (2007), 25 (50 f.). Die Konstruktion setzte freilich voraus, dass der Kontrahierende ein Gewaltfreier war; Forderungen, die ein Gewaltunterworfener erwarb, fielen unmittelbar dem Gewalthaber zu, *Kaser*, RP I, § 62 III 1, § 67 III 1.

[36] *Kaser*, RP I, § 153 I 2; *Kaser/Knütel/Lohsse*, § 66 Rn. 3 f.

[37] *Kaser*, RP I, § 153 I 3; *Kaser/Knütel/Lohsse*, § 66 Rn. 5.

[38] *Actiones utiles* sind Klagen, die in Analogie zu einer anderen, bereits anerkannten Klageformel geschaffen werden, *Kaser/Hackl*, § 47 II 2.

[39] Vgl. Gaius D. 14, 3, 2; Paulus D. 46, 5, 5; Ulpian D. 14, 1, 1, 18; 14, 3, 1; 19, 1, 13, 25. Zu dieser Entwicklung im Einzelnen *Wacke*, SZ 111 (1994), 280 (342 ff.).

[40] Die Forderung entstand weiterhin nur in der Person des Handelnden, *Finkenauer*, SZ 125 (2008), 440 (442).

[41] *Finkenauer*, SZ 125 (2008), 440 (441 f.); *ders.*, in: Hdb-RP I, § 21 Rn. 78; im Ergebnis *Wieling*, in: Mandatum und Verwandtes (1993), 235 (257 f.).

[42] *Finkenauer*, SZ 125 (2008), 440 (442); *ders.*, in: Hdb-RP I, § 21 Rn. 78 mit Verweis auf Papinian D. 14, 3, 19 pr.; Ulpian D. 3, 3, 28; 3, 5, 5, 3; *Wacke*, SZ 111 (1994), 280 (347 ff.).

[43] *Kaser/Knütel/Lohsse*, § 21 Rn. 8, § 60 Rn. 14. Noch weiter verwischten die Grenzen zwischen Gewaltfreien und solchen Abhängigen, derer man sich ursprünglich zur Vertretung bediente, in der Nachklassik: Hauskindern billigte man eine begrenzte rechtliche Selbständigkeit zu und dass sie über ihr *peculium* frei verfügen konnten, und auch Sklaven wurde bisweilen eine beschränkte Vermögensfähigkeit zugesprochen. Umgekehrt sank in

wurde eine adjektizische Klage gegen den Prinzipal auch in Bezug auf das Handeln eines *procurator* gewährt, der in seinem Tätigkeitsbereich Verbindlichkeiten für den Prinzipal einging[44]. In Anlehnung an die Klage gegen den Geschäftsleiter wurde diese auf Papinian zurückgehende Erweiterung als *actio utilis ad exemplum actionis institoriae* oder *actio quasi institoria* bezeichnet[45]. Obschon dies den Gedanken einer direkten Stellvertretung (im modernen Sinne) weiter vorantrieb, blieb es auch nach Papinians „Ruhmesblatt"[46] dabei, dass die Rechtswirkungen ausschließlich in der Person des Prokurators, nicht in der des Prinzipals erzeugt wurden[47]. Dass man den *procurator* im geltenden Recht dennoch mit dem Stellvertreter im Sinne der §§ 164–181 BGB gleichsetzt, namentlich den vollmachtlosen Vertreter mit dem *falsus procurator*[48], gibt Anlass zu einer eingehenderen Betrachtung dieser Rechtsfigur[49]:

Mit einer sich in der Klassik durchsetzenden Auffassung ist der Ausdruck *procurator* weit zu verstehen. Ein Prokurator konnte als Generalbeauftragter (*procurator omnium bonorum*) oder für eine bestimmte Angelegenheit eingesetzt werden (*procurator unius rei*), etwa zur Prozessführung als spezieller Prozessvertreter des Prinzipals (*procurator ad litem*)[50]. Namentlich Ulpian trat für diese weite Auslegung ein. Sowohl in D. 3, 3, 1 pr.–1[51] als auch in

---

der nachklassischen Periode manch Gewaltfreier auf niedriger sozialer Stufe auch personenrechtlich auf einen sklavenähnlichen Status ab, *Kaser*, RP II, § 204 I 2.

[44] *Kaser*, RP I, § 141 II 5; *Wacke*, SZ 111 (1994), 280 (345 f.).

[45] Papinian D. 3, 5, 30 pr.; 14, 3, 19 pr.; Ulpian D. 19, 1, 13, 25; 17, 1, 10, 5.

[46] *Rabel*, in: FS Zitelmann (1913), 1 ff. (des zwölften Beitrags in der zweiten Abteilung).

[47] *L. Mitteis*, Römisches Privatrecht I, 227.

[48] Aus der neueren Rechtsprechung: BGHZ 195, 174 (189) = BGH NJW 2013, 464 (468); NJW 2010, 2945 (2946); NJW 1990, 508 (509); OLG Celle FamRZ 2013, 53 (54). Aus der Literatur: *Schmidt*, JuS 2016, 72 (74); *ders.*, JuS 2012, 72 (73); *Hanloser*, 23; *Doerner*, Abstraktheit, 160 ff.; *Reuter*, Die Qualifikation der Haftung des *falsus procurator* im internationalen Privatrecht; *Bork*, AT, § 34 Rn. 1602; HKK-BGB/*Schmoeckel*, §§ 164–181 Rn. 1, 30; MK-BGB/*Schubert*, § 179 Rn. 1; bei *Flume*, AT II, S. 945 heißt es im Sachregister „falsus procurator s. Vertretung ohne Vertretungsmacht".

[49] Zum *procurator* im klassischen Recht *Behrends*, SZ 88 (1971), 215 ff.; *Klinck*, SZ 124 (2007), 25 ff.

[50] *Finkenauer*, Stipulation, 214; vgl. *Kaser*, RP I, § 62 V 2. *Procuratores* waren meistens Freigelassene – *Düll*, SZ 67 (1950), 162 (175); *A. Berger*, Encyclopedic dictionary, s. v. *procurator*, S. 654; *Heumann/Seckel*, Handlexikon, s. v. *Procurator*, S. 463 –, jedoch wurden in der späten Republik auch Prokuratoren aus gehobenen Ständen eingesetzt, etwa zur Geschäftsbesorgung im Interesse ihrer Freunde oder Standesgenossen. Auch in der Nachklassik konnte zwischen Prokuratoren in gehobener und unselbständiger Stellung unterschieden werden, *Kaser*, RP II, § 204 I 3.

[51] Ulpian D. 3, 3, 1 pr.–1: „Procurator est qui aliena negotia mandatu domini administrat. Procurator autem vel omnium rerum vel unius rei esse potest constitutus vel coram vel per nuntium vel per epistulam: quamvis quidam, ut Pomponius libro vicensimo quarto

D. 46, 7, 3, 1–2[52] führt er aus, dass als *procurator* nicht nur der allzuständige Vermögensverwalter, sondern auch derjenige anzusehen sei, der für seinen Geschäftsherrn nur ein einzelnes Geschäft besorge. Ähnliche Ausführungen finden sich auch bei Paulus in D. 12, 2, 17, 3[53] sowie in den Paulussentenzen[54]. Bereits Neratius, so berichtet Ulpian in D. 21, 1, 25, 3, habe (in Bezug auf die in D. 21, 1, 1, 1 genannte Klage des Verkäufers gegen den Käufer auf Ersatz, wenn sich der wegen Rücktritts des Käufers zurückgegebene Sklave nach Verkauf und Übergabe verschlechtert hat) vertreten, dass *procurator* (im Sinne der Klageformel) auch sei, wem gerade das (einzelne) Geschäft übertragen wurde, infolgedessen der Sklave sich verschlechtert habe[55]. In D. 3, 3,

---

scribit, non putent unius rei mandatum suscipientem procuratorem esse: sicuti ne is quidem, qui rem perferendam vel epistulam vel nuntium perferendum suscepit, proprie procurator appellatur. sed verius est eum quoque procuratorem esse qui ad unam rem datus sit." (Ein Verwalter ist, wer fremde Geschäfte [einschließlich Prozeßvertretungen] im Auftrag eines Geschäftsherrn besorgt. Ein Verwalter kann für alle Geschäfte oder nur für ein einziges Geschäft und entweder in Gegenwart des Geschäftsherrn oder durch Boten oder schriftlich bestellt werden, obwohl einige Autoren, wie Pomponius im 24. Buch [zum Edikt] schreibt, nicht annehmen, daß einer, der nur für ein einziges Geschäft einen Auftrag übernimmt, Verwalter sei, so wie gewiss derjenige nicht Verwalter im eigentlichen Sinne genannt werde, der es übernommen hat, eine Sache, einen Brief oder eine Erklärung zu überbringen. Doch ist es zutreffender, daß auch derjenige Verwalter ist, der nur für ein einziges Geschäft bestellt wurde; Übersetzung nach *Huwiler*, in: Corpus Iuris Civilis II, S. 282). Zu dieser Stelle *Behrends*, SZ 88 (1971), 215 (291 f.); *Benöhr*, SZ 115 (1998), 115 (129); *Klinck*, SZ 124 (2004), 25 (29 f.).

[52] Ulpian D. 46, 7, 3, 1–2: „Stipulationem iudicatum solvi et procurator et tutor et curator stipulari possunt. Procuratorem eum accipere debemus, cui mandatum est, sive huius rei tantum mandatum susceperit sive etiam universorum bonorum. sed et si ratum fuerit habitum, procurator videtur." (Die Stipulation, dass dem Urteil Genüge geschehen solle, können sowohl ein Procurator, als ein Vormund und ein Curator [des Klägers] stipulieren. Unter dem Procurator müssen wir einen solchen verstehen, welchem es aufgetragen worden ist, möge er nun bloß wegen dieser Sache oder wegen des gesamten Vermögens einen Auftrag übernommen haben; Übersetzung nach *Schneider*, in: Corpus Iuris Civilis IV, S. 791). Zu dieser Stelle *Klinck*, SZ 124 (2004), 25 (30 f.).

[53] D. 12, 2, 17, 3: „Procurator quoque quod detulit ratum habendum est, scilicet si aut universorum bonorum administrationem sustinet aut si id ipsum nominatim mandatum sit aut si in rem suam procurator sit." (Auch wenn ein Verwalter den Eid zuschiebt, ist das für wirksam zu halten, allerdings unter der Voraussetzung, dass ihm die Verwaltung aller Geschäfte übertragen worden ist oder dass er ausdrücklich mit der Eideszuschiebung selbst beauftragt wurde oder dass er Prozeßvertreter in eigener Sache ist; Übersetzung nach *Seiler*, in: Corpus Iuris Civilis III, S. 78).

[54] PS 1, 3, 2: „Procurator aut ad litem aut ad omne negotium aut ad partem negotii aut ad res administrandas datur." (Ein Prokurator wird zur Führung eines Prozesses, eines Geschäfts oder dem Teil eines Geschäfts oder zur Verwaltung von Angelegenheiten bestellt).

[55] Ulpian D. 21, 1, 25, 3: „Procuratoris fit mentio in hac [siehe D. 21, 1, 1, 1] actione: sed Neratius procuratorem hic eum accipiendum ait, non quemlibet, sed cui universa negotia

1, 1 berichtet Ulpian zwar auch über eine von Pomponius überlieferte Lehrmeinung (*quidam*), die es ablehnte, den Spezialprokurator als *proprie procurator* einzuordnen. Die Juristen der spätklassischen Periode schienen diese alte Auffassung allerdings nicht mehr zu teilen[56]. Nicht länger geteilt wurde zudem die Auffassung, dass es für die Einordnung des Handelnden als *procurator* eines Mandats bedarf. Nach Ulpian (D. 46, 7, 3, 2[57]) genügte es vielmehr, wenn der Geschäftsherr das Geschäft des *procurator* später genehmigte[58]. Nimmt man die vorstehenden Ausführungen zusammen, war nach klassischem römischen Recht Prokurator letztlich jeder, der die Angelegenheiten eines anderen besorgte, sofern nur der andere seine Zustimmung hierzu vor oder nach dem Geschäft erteilt hatte[59].

Klarer umrissen als der Ausdruck *procurator* – wenn auch ebenso wenig definiert – scheint in den Quellen der Ausdruck *nuntius* zu sein[60], der im geltenden Recht – spiegelbildlich zum *procurator* – mit dem Boten identifiziert wird[61]. Dass mit dem *nuntius* im Ausgangspunkt eine von dem *procurator* verschiedene Erscheinung beschrieben wird[62], lässt sich namentlich an D. 3, 3, 1, 1 festmachen. Danach kann die Bestellung eines *procurator* näm

---

aut id ipsum, propter quod deterius factum sit, mandatum est." (In dieser Klage wird der Verwalter genannt. Neraz sagt allerdings, unter Verwalter sei nicht jedweder Verwalter zu verstehen, sondern nur derjenige, dem die Führung sämtlicher Geschäfte oder gerade des Geschäftes übertragen worden ist, infolge dessen der Sklave verschlechtert worden ist; Übersetzung nach *Kupisch*, in: Corpus Iuris Civilis IV, S. 22).

[56] *Klinck*, SZ 124 (2007), 25 (29 f.); *Düll*, SZ 67 (1950), 162 (176).

[57] Siehe Fn. 52.

[58] *Klinck*, SZ 124 (2007), 25 (31). Siehe bereits Gaius 4, 84: „quin etiam sunt, qui putant eum quoque procuratorem videri, cui non sit mandatum, si modo bona fide accedat ad negotium et caveat ratam rem dominum habiturum." (Es gibt sogar Juristen, die der Ansicht sind, dass auch derjenige als Prozessbeauftragter gelte, dem es nicht aufgetragen worden sei, vorausgesetzt nur, dass er das Geschäft gutgläubig übernehme und durch Stipulation verspreche, dass der Prozessherr die Sache genehmigen werde; Übersetzung nach *Manthe*, Institutiones, S. 373 f.). Zur *cautio rem ratam haberi* und einer unmittelbaren Wirkung der Stipulation des Prokurators *Finkenauer*, Stipulation, 213, insbesondere 228 ff. Zum Verhältnis zwischen *mandatum* und *iussum* siehe *Wieling*, in: Mandatum und Verwandtes (1993), 235 ff.; *Heinemeyer*, in: Hdb-RP I, § 82 Rn. 71 f.

[59] Von einer präzisen Definition des Wortes *procurator* war man in der Klassik also noch entfernt, ebenso davon, den *procurator* als ein entscheidungsprägendes Institut anzusehen, dessen Voraussetzungen fest umrissen waren und aus dem sich präzise Rechtsfolgen ableiten ließen, *Klinck*, SZ 124 (2007), 25 (51 f.).

[60] Monografisch *v. Hachten/Lauterbach*, Dissertatio Juridica De Nuncio. Zum Briefboten (*tabellarius*) *Benöhr*, SZ 115 (1998), 115 (120 f. mit Fn. 43, 128 mit Fn. 100).

[61] *Assmann*, 9: „dass, wenn wir im römischen Recht nach einer Analogie für unseren Boten suchen, wir diesen in dem ‚nuntius' finden."

[62] So *Düll*, SZ 67 (1950), 162 (177); *Assmann*, 6; vgl. *L. Mitteis*, Römisches Privatrecht I, 206 mit Fn. 7.

lich persönlich (*coram*), durch einen Brief (*per epistulam*) oder eben durch einen – vom *procurator* unterschiedenen – Boten (*per nuntium*) erfolgen. In dieser Stelle, aber auch in einer Vielzahl anderer Fälle kommt dem *nuntius* regelmäßig nur die Funktion eines Benachrichtigungsorgans zu[63], eines Mittels, über das die Parteien „hindurch" miteinander kommunizieren. So können die Parteien *per nuntium* übereinkommen (*convenire*)[64], formlose Verträge (*contrahere*[65]; *contractus perficere*[66]) oder eine Ehe schließen (*nubere*)[67], Besitz begründen (*precario possessionem constituere*)[68], ein Verlöbnis (*sponsalia constituere*)[69] oder eine Gesellschaft eingehen (*societam coire*)[70]. Ebenso kann eine Partei der anderen *per nuntium* eine Erfüllungszusage geben[71] oder einen Prokurator bestellen[72] (*constituere*), einen Auftrag übernehmen (*mandatum suscipere*)[73], der Erbe gegenüber dem Fidekommissar die Herausgabe der Erbschaft ankündigen (*dicere se restituere*)[74], der Schiedsrichter die Verlegung eines Termins (*diem proferre*)[75] oder das Erscheinen einer Partei anordnen (*adesse iubere*)[76]. Man findet außerdem den Fall, dass jemand, der an einer Auktion nicht selbst teilnehmen kann, sein Gebot durch einen *nuntius* abgibt[77]. Vielfach wird der *nuntius* in den Quellen ausdrücklich mit einem

---

[63] Vgl. *A. Berger*, Encyclopedic dictionary, s. v. *Nuntius*, S. 602; *L. Mitteis*, Römisches Privatrecht I, 205.

[64] Paulus D. 2, 14, 2 pr. (*pacti*).

[65] Paulus D. 18, 1, 1, 2 (*emptio*); Gaius D. 44, 7, 2, 2 (siehe D. 44, 7, 2 pr.) und Gaius 3, 135 für „obligationes in emptionibus et venditionibus, locationibus conductionibus, societatibus, mandatis" (Verpflichtungen bei Kaufverträgen, Verdingungen, Gesellschaften und Aufträgen; Übersetzung nach *Manthe*, Institutiones, S. 275).

[66] Diocletian/Maximian C. 4, 50, 9 (a. 294).

[67] Pomponius D. 23, 2, 5.

[68] Gaius D. 43, 26, 9.

[69] Ulpian D. 23, 1, 18.

[70] Modestin D. 17, 2, 4 pr.

[71] Ulpian D. 13, 5, 14, 3.

[72] Ulpian D. 3, 3, 1, 1.

[73] Paulus D. 17, 1, 1, 1.

[74] Ulpian D. 36, 1, 38 pr.

[75] Ulpian D. 4, 8, 27 pr.

[76] Iulian D. 4, 8, 49, 1.

[77] Einen solchen Fall schildert Ulpian in D. 17, 2, 33 pr.: „[...] ut in conductionibus publicorum, item in emptionibus: nam qui nolunt inter se contendere, solent per nuntium rem emere in commune, quod a societate longe remotum est. et ideo societate sine tutoris auctoritate coita pupillus non tenetur, attamen communiter gesto tenetur." ([...] wie bei der [gemeinschaftlichen] Pacht öffentlicher Steuereinnahmen, ebenso bei [bestimmten] Käufen. Denn diejenigen, die sich [bei Versteigerungen] nicht gegenseitig überbieten wollen, pflegen die Sache durch einen Mittelsmann gemeinschaftlich zu kaufen, was von einer Gesellschaft weit entfernt ist; Übersetzung nach *Misera*, in: Corpus Iuris Civilis III, S. 411). Mehrere Personen beabsichtigen in einer öffentlichen Auktion eine Sache zu ersteigern. Um ein gegenseitiges Überbieten zu vermeiden, kommen die Konkurrenten

Brief gleichgesetzt, besonders häufig findet sich die Wendung „vel per nuntium vel per epistulam" bzw. „vel per epistulam vel per nuntium"[78]. Bisweilen wird der *nuntius* auch mit den *litterae* gleichgesetzt[79]. In dieses Bild des Boten als bloßes Sprachrohr fügt es sich schließlich ein, dass mit der Wendung *nuntium mittere* bzw. *remittere* der Scheidebrief bezeichnet wird[80]. All dies schließt es freilich nicht aus, dass in bestimmten Konstellationen auch Mit-

---

überein, die Sache zunächst gemeinsam zu ersteigern. Zu diesem Zweck, so Ulpian, pflegen die Konkurrenten einen Boten zu entsenden, der das von ihnen zuvor abgesprochene Gebot überbringt und das Versteigerungsobjekt auf (gemeinsame) Rechnung der Konkurrenten ersteht, *Thielmann*, 196 in Fn. 35, 257 f., 265. Dass die Konkurrenten bereits vor der Versteigerung ihren Willen hinsichtlich der Quote (*portio*) bilden konnten, den der Bote bloß zu übermitteln brauchte (zur Quote als Gebot *Kaser/Hackl*, § 58 I 4), kann damit erklärt werden, dass dann, wenn der Versteigerung eine Vermögensvollstreckung vorranging (dazu und zum Folgenden *Kaser/Hackl*, §§ 57 f.), die vom *magister bonorum* aufgestellten Verkaufsbedingungen vorab mittels *proscriptio* bekanntgegeben wurden. Die Verkaufsbedingungen hatten mutmaßlich zum Inhalt: Name des Schuldners und des *magister*, eine Schätzung des Schuldnervermögens, die Beträge der Forderungen der Gläubiger mit Angabe der privilegierten und der durch Pfand gesicherten, das die Versteigerung eröffnende Mindestgebot, die Termine für die Auszahlung an die Gläubiger, die vom Ersteher zu leistenden Sicherheiten sowie den Veräußerungstermin (*Solazzi*, Concorso II, 86 f.; teilweise abweichend *Willems*, in: Hdb-RP I, § 14 Rn. 13). Mit dem Zuschlag (*addictio*) wurde der Höchstbietende zum *bonorum emptor* (zu ihm *Solazzi*, Concorso II, 131 ff.), an den sich die Gläubiger des Schuldners, dessen Vermögen versteigert wurde, in Höhe der gebotenen Quote halten konnten. Zumindest Konsensualverträge durften auch *per nuntium* geschlossen werden, *Thielmann*, 196 f. in Fn. 35 mit Verweis auf Gaius 3, 136. Grundlegend zur Vermögensvollstreckung im römischen Recht *Solazzi*, Concorso I–IV, sowie die bei *Kaser/Hackl*, § 57 I in Fn. 1 aufgeführten Nachweise. Zur Abwendung eines Nachlasskonkurses durch *addictio bonorum libertatis causa* siehe *Finkenauer*, SZ 125 (2008), 440 (469 ff.); *ders.*, in: Sklaverei und Freilassung (2006), 19 ff.

[78] So in Paulus D. 2, 14, 2 pr. (Abschluss von *pacti*); Ulpian D. 3, 3, 1, 1 (Bestellung eines *procurator*); Ulpian D. 4, 8, 27 pr. (Verlegung eines Termins); Iulian D. 4, 8, 49, 1 (Anordnung des Erscheinens einer Partei); Ulpian D. 15, 4, 1, 1 (Erteilung einer Ermächtigung); Paulus D. 17, 1, 1, 1 (Übernahme eines Auftrags); Ulpian D. 23, 1, 18 (Verlöbnis); Ulpian D. 29, 2, 25, 4 (Erteilung einer Weisung); Ulpian D. 36, 1, 38 pr. (Ankündigung der Herausgabe der Erbschaft); Marcellus D. 42, 3, 9 pr. (Erklärung der Vermögensabtretung); Gaius D. 43, 26, 9 (Bestellung von Besitz); Gaius D. 44, 7, 2, 2 und Gaius 3, 136 (Begründung von *obligationes*). Zu den Überbringern von Briefen und der Rechtslage bei Briefsendungen *Benöhr*, SZ 115 (1998), 115 ff.

[79] So in Paulus D. 18, 1, 1, 2 (Kaufvertragsschluss „per nuntium et per litteras"); Pomponius D. 23, 2, 5 pr. (Eheschluss „per litteras eius vel per nuntium"); Ulpian D. 48, 4, 1, 1 (Begehen eines Majestätsverbrechens durch „hostes populi Romani nuntium litterasve miserit"); PS 1, 3, 1 (Mandatierung „per litteras et per nuntium").

[80] Ulpian D. 23, 1, 10; 23, 2, 45, 4; 23, 3, 5, 14; 23, 3, 7, 3; 23, 3, 9 pr.; 23, 3, 21; 24, 1, 32, 19; 24, 2, 4; 24, 3, 22, 7; 24, 3, 22, 9; Valerian/Gallienus C. 5, 17, 2 (a. 259); vgl. *Heumann/Seckel*, Handlexikon, s. v. *Nuntius*, S. 378. Zum klassischen und nachklassischen Scheidungsrecht *Memmer*, in: FS Mayer-Maly (2002), 489 ff.

telspersonen mit Entscheidungsbefugnissen unter den Botenbegriff subsumiert wurden, um ihrem Handeln im Einklang mit den tradierten Rechtsquellen eine unmittelbare Drittwirkung zu verleihen[81]. Obschon hierauf nicht näher eingegangen werden kann[82], behauptet man gewiss nicht zu viel, wenn man annimmt, dass sich das römische Verständnis von einem *nuntius* im Wesentlichen mit der Bedeutung des heutigen Boten deckt[83].

II. Glossatoren- und Kommentatorenzeit

Die Rezeption des römischen Rechts im späten 12. Jahrhundert zeichnet sich vor allem durch ihre Doppelgesichtigkeit aus: Man fühlte sich zwar an die Autorität und Tradition der römischen Quellen gebunden[84] – die Glossatoren machten das später so genannte *Corpus iuris* zur Grundlage ihrer Arbeit[85] –, sah aber auch die Notwendigkeit, das Recht an die veränderten kulturellen und wirtschaftlichen Gegebenheiten, an die Bedürfnisse des praktischen Rechtslebens anzupassen[86]. Die Einführung des römischen Rechts in die Praxis gelang „durch Auswahl, unter Umdeutung und in Anpassung an das bisher geltende Recht", wie es vor allem durch die Kommentatoren stattfand[87]. So hielt man auch, was die Möglichkeit einer Stellvertretung betraf, äußerlich an den Grundsätzen des römischen Rechts fest[88], tendierte aber zu einer weitherzigen Handhabung der bereits seit der römischen Klassik und Nachklassik anerkannten Ausnahmen oder zur Bevorzugung dieser Ausnahmen vor entgegenstehenden klassischen Texten[89]. Bezeichnend für dieses Vor-

---

[81] Vgl. *L. Mitteis*, Römisches Privatrecht I, 207, 228.

[82] Siehe dazu vielmehr *L. Mitteis*, Römisches Privatrecht I, 228 ff.

[83] Im Ergebnis auch *Schlossmann*, Stellvertretung I, 317. Zu weiterer Bedeutungsnuancen des Ausdrucks *nuntius Heumann/Seckel*, Handlexikon, s. v. *Nuntius*, S. 377 f.

[84] Vgl. *Wieacker*, Privatrechtsgeschichte, 50 ff.; *Wesenberg*, in: FS Schulz II (1951), 259 (266) am Beispiel des Rechtssatzes „alteri stipulari nemo potest".

[85] *Koschaker*, Römisches Recht, 62; ausführlich zu den Quellen der Glossatoren *H. Lange*, Römisches Recht I, §§ 5 ff. (S. 60 ff.).

[86] Vgl. *Koschaker*, Römisches Recht, 87 f., 91; *Müller*, 30.

[87] *Koschaker*, Römisches Recht, 93. Während die Glossatoren vor allem bestrebt waren, sich den Inhalt jeder einzelnen Stelle des später so genannten *Corpus iuris* zu erschließen, ihre Tätigkeit also eine exegetische war, führten die Kommentatoren das römische Recht vor allem mit den Bedürfnissen der Praxis und dem heimischen Recht zusammen, *Koschaker*, Römisches Recht, 88 ff. Als Hauptverdienst der Kommentatoren kann daher bezeichnet werden, dass sie ein praktisch brauchbares *ius commune* schafften, *H. Lange/ Kriechbaum*, Römisches Recht II, § 85 (S. 895).

[88] Wobei das *Corpus iuris* bereits mit der Spätzeit der Glossatoren hinter deren Autorität zurücktrat und die Auslegung des römischen Rechts umso freier wurde, je mehr dies nach den Bedürfnissen der Praxis und zum Zwecke einer Synthese mit dem heimischen Recht geboten erschien, *Koschaker*, Römisches Recht, 91.

[89] *H. Lange*, SZ 73 (1956), 279 (281). Entsprechendes gilt für die Zulassung eines Ver-

gehen sind die Ausführungen von *Accursius*[90], der sich in der Glosse *Nihil agit* zu I. 3, 19, 4 zwar zu dem Lehrsatz „alteri stipulari nemo potest" bekennt, hiervon aber sechzehn Ausnahmen zulässt[91].

Begleitet – und nicht zuletzt durch das literarische Format der Glosse[92] und des Kommentars[93] bedingt – wurden die Entwicklungen von einer abstrakt-theoretischen Auseinandersetzung mit den Begriffen des *procurator* und des *nuntius*. In Anlehnung an das römische Recht sah man die Aufgabe des *nuntius* darin begründet, über den Willen seines Herrn Bericht zu erstatten („est relator intentionis domini in forma sibi tradita")[94] und auf diese Weise die Anwesenheit des tatsächlich abwesenden Geschäftsherrn herzustellen („praesens loquitur in persona absentis et e converso dominus absens loquitur ut praesens")[95]. Nicht zu den Aufgaben des Boten zählte dagegen, mit dem Geschäftspartner zu verhandeln („intimare seu nunciare, non disceptare")[96]. Denn anders als ein *procurator* erklärte der Bote nicht den eigenen, sondern übermittelte bloß einen fremden Willen („delator verbi a domino prolati, vel formati vel literae")[97]. Dass der Bote auf das Rechtsge-

---

trags zugunsten Dritter (im modernen Sinne), dazu *H. Lange/Kriechbaum*, Römisches Recht II, § 87 V (S. 907 ff.). Eine Zusammenstellung und Besprechung der (nach-)klassischen Ausnahmen findet sich bei *Wesenberg*, Verträge zugunsten Dritter, 23 ff.

[90] Zu *Accursius* und seinen Werken *H. Lange*, Römisches Recht I, §§ 40 f. (S. 335 ff.).

[91] Zu diesen Ausnahmen zählen etwa die Vereinbarung zwischen Vormündern zugunsten des Mündels, die Stipulation einer *persona publica* (etwa eines *notarius* oder *iudex*) zugunsten eines Dritten, die Dotalstipulation und die Vereinbarung einer Strafklausel, die verfällt, wenn der Schuldner nicht (rechtzeitig) an einen Dritten leistet. Die Glosse ist abgedruckt bei *Wesenberg*, in: FS Schulz II (1951), 259 (264 f.).

[92] Über die Glossierung sollte der Inhalt des *Corpus iuris* erschlossen werden. Dabei beschränkten sich die Gelehrten nicht auf eine Erläuterung der einzelnen Stellen. In den Glossen wurden vielmehr auch parallele Texte, sich widersprechende Entscheidungen und Lösungsvorschläge für Widersprüche zusammengetragen, *Koschaker*, Römisches Recht, 67 f.; *H. Lange/Kriechbaum*, Römisches Recht II, Einl. II (S. 4).

[93] Wie die Glosse erschöpfte sich auch der Kommentar nicht in einer Erläuterung der einzelnen Stelle, sondern enthielt Ausführungen zum heimischen Recht und zur für die Praxis bedeutsamen Kasuistik, *Koschaker*, Römisches Recht, 91. Zu den Bestandteilen des Kommentars *H. Lange/Kriechbaum*, Römisches Recht II, § 42 I 4 (S. 363 ff.).

[94] *Baldus*, Decretum 1, 39, rubr., fol. 124v, n. 1 (benutzte Ausgabe: Ad tres priores libros Decretalium, Commentaria, Augustae Taurinorum 1578).

[95] *Baldus*, C. 4, 27, 1, fol. 74v, n. 28 (benutzte Ausgabe: Iurisconsulti in Quartum et Quintum Codicis libros Commentaria, Venetiis 1586). Siehe dazu auch *Fränkel*, ZVglR-Wiss 27 (1912), 289 (303).

[96] *Baldus*, C. 7, 45, 1, fol. 48r, n. 10 (benutzte Ausgabe: Iurisconsulti in VII, VIII, IX, X et XI Codicis libros Commentaria, Venetiis 1577).

[97] *Baldus*, C. 4, 50, 6, fol. 125r, n. 18: „sed dominus loquitur in ipso et per ipsum et in hoc etiam differt a procuratore, quia procurator plerumque ex proprio animo et propria industria facit, quamquam nomine domini. nuncio autem non dicitur industria, unde non est proprie nuncius, nisi qui est delator verbi a domino prolati, vel formati vel literae. unde

schäft keinen Einfluss haben sollte, brachte *Baldus de Ubaldis*[98] durch die Bezeichnung des Boten als Elster (*pica*) zum Ausdruck[99] und außerdem dadurch, dass er dem Boten jedes Ermessen (*arbitrium*) absprach, etwa was die Vereinbarung einer Stundung oder die Änderung des Erfüllungsortes betraf[100]. Eines Boten bediente man sich nicht wegen seines Fleißes (*industria*), sondern wegen seiner Treue (*fides*), die Erklärung anweisungsgemäß zu übermitteln[101]. In Fortführung dieses Gedankens hielt *Bartolus de Saxoferrato*[102] auch die Bestellung eines *nuntius generalis* für ausgeschlossen, dem die Entscheidung überlassen war, irgendein Geschäft auszuführen[103]. Man legte sich schließlich auf drei Merkmale fest, anhand derer die Beschreibung und Abgrenzung des Boten von einem Prokurator vorzunehmen war: die Ausgestaltung des Mandats (*forma mandati*), die Abfassung der Worte (*conceptio verborum*) und die Rechtswirkungen des Handelns (*modus acquisitionis*)[104].

---

dicit Bartolus quod virtus generalis mandati nunquam constituit aliquem nuncium, sed requiritur commissio specialis ad constitutionem nuncii" (benutzte Ausgabe: Fn. 95).

[98] Zu *Baldus* und seinen Werken *H. Lange/Kriechbaum*, Römisches Recht II, § 71 (S. 749 ff.).

[99] *Baldus*, C. 4, 50, 6, fol. 125r, n. 17: „Sed nuncius concipit verba in persona domini et est ut pica et organum, secundum glossam sicut enim pica loquitur per se et non a se et sicut organum non habet sonum ex se, ita nuncius proprio animo et propria industria nihil loquitur" (benutzte Ausgabe: Fn. 95).

[100] *Baldus*, D. 45, 1, 122, 1, fol. 24v, n. 1–2: „Nuncius missus ad recipiendam pecuniam certo loco et tempore, non potest terminum prorogare, nisi sit datum arbitrium recipiendi quocumque; loco et tempore h. d. Cave tibi, quia in hoc ultimo arbitrio non est nuncius, sed procurator, quod ex hoc cognoscitur. [n. 2] Ille est nuncius, qui nil ex proprio arbitrio facit: et ille est procurator, qui aliquid ex arbitrio facit" (benutzte Ausgabe: In Digestum novum Commentaria, Venetiis 1577).

[101] Vgl. *Baldus*, C. 4, 50, 6, fol. 125r, n. 17–18 (Fn. 97, 99).

[102] Zu *Bartolus* und seinen Werken *H. Lange/Kriechbaum*, Römisches Recht II, § 68 (S. 682 ff.).

[103] *Baldus*, C. 4, 50, 6, fol. 125r, n. 18 (Fn. 97). Weil aber der Bote einem Brief entspreche und *literae credentiae generales* ohne *specifica forma* zulässig seien, könne der *dominus* seinen Boten zumindest in diesem Fall mit der Maßgabe bestellen, dass statt seiner sein Bote die Vertragsworte auf die konzipiere, von dem er (der *dominus*) kaufen möge, vgl. *Baldus*, C. 4, 18, rubr., fol. 33v, n. 11: „primo quaero de persona nuncii, utrum per generalem nuncium possit contrahi constitutum? Pone enim quod ita reperitur in quodam instructo, facio talem meum nuncium, constituendo cum quadam persona dans ei arbitrium loquendi in persona mea quicquid vult. dicit Bar. quod hoc mandatum non valet, quoniam de esse nuncii est. quod habeat formam specificam, cum sit pica et organum, [C. 4, 50, 6 pr.; D. 13, 5, 15], et ibi per Bar. ipse idem innuit contrarium, [D. 46, 1, 24], et melius, quia sic se habet litera, ut nuncius, et sufficiunt literae generals, arg. [D. 14, 3, 5 pr.; D. 14, 3, 5, 10]" (benutzte Ausgabe: Fn. 95). Siehe dazu auch *Fränkel*, ZVglRWiss 27 (1912), 289 (305).

[104] *Baldus*, C. 4, 50, 6, fol. 125r, n. 21: „Ex tribus autem cognoscitur nuncius. Primo, ex forma mandati, si mandatum est ei ut nuncio. Secundo, ex conceptione verborum, si

Was die Ausgestaltung des Auftrags betraf (*forma mandati*), musste dem Boten ein Auftrag *ut nuncio* erteilt werden. Dabei kam es nicht entscheidend auf den Wortlaut an, sodass auch der als *procurator* Bezeichnete unter Umständen als *nuntius* bestellt war[105]. Im Unterschied zur *procuratio* musste dem Botenhandeln allerdings zwingend eine Beauftragung vorangehen; eine nachträgliche Billigung des Botengeschäfts war ausgeschlossen. Dabei ließ man sich von der Vorstellung leiten, der Bote trage die Worte seines Geschäftsherrn im Mund („portat in ore suo verbum domini"). Hatte der Geschäftsherr dort nichts hineingelegt, konnte der Bote auch nichts übermitteln und damit auch keinen Rechtsakt hervorbringen, der genehmigt werden konnte („sed ubi non est mandatum, non est consensus, ergo nihil potest ratificari"). Aus rechtlicher Sicht existierte der Bote also nur in Verbindung mit einem Mandat seines Geschäftsherrn. Anders der *procurator*: Weil er aufgrund eines eigenen Willens („ex proprio animo") und vermittels eigener Betätigung („et propria industria") eine Erklärung abgab, war es ihm möglich, auch ohne vorausgehende Mandatierung die „Substanz" eines Vertrags und damit die Grundlage für eine Genehmigung durch den Geschäftsherrn zu schaffen[106].

---

continetur verba directa in personam domini. Tertio, ex modo acquisitionis, si acquirit domino directa via directam actionem. Item ex tribus cognoscitur procurator, scilicet ex forma mandate, si habet mandatum tanquam procurator, et ex conceptione verborum, si concipit verba in propria persona ad utilitatem domini et ex modo acquisitionis, si acquirit utilem actionem via obliqua et non directa actione immediate [...]" (benutzte Ausgabe: Fn. 95).

[105] Dabei orientierte man sich auch an der Art des abzuschließenden Geschäfts. Konnte dieses nur durch einen Boten vollzogen werden, ging man von einer Botenschaft aus, vgl. *Baldus*, C. 4, 50, 6, fol. 125r, n. 22 (benutzte Ausgabe: Fn. 95); *Fränkel*, ZVglRWiss 27 (1912), 289 (308 f.). In der Notarpraxis wurde bisweilen eine Bestellung zum *procurator et nuntius* vorgenommen, sodass der Handelnde wahlweise die Tätigkeit eines Boten oder Prokurators wahrnehmen konnte, dazu *Fränkel*, ZVglRWiss 27 (1912), 289 (309).

[106] Zum ganzen Absatz *Baldus*, C. 4, 50, 6, fol. 125r, n. 10–12: „[...] quia si nuncio deficit mandatum, non reperitur ibi persona, sive subiectum: sed in procuratore invenitur persona, quia procurator substantiat contractum in se, licet procuratorio nomine. Sed nuncius nihil in se concipit, sed portat in ore suo verbum domini: et si dominus non mandavit, nihil est et nihil loquitur. Item quando contrahitur per nuncium, ipsi principales originem contractui dant. Et consensus [n. 11] debet esse inter eos, qui originem contractui dant [Pomponius D. 18, 1, 12 (31. Ad Q. Muc.)], sed ubi non est mandatum, non est consensus. ergo nihil potest ratificari. Scias etiam, quod obligatio non potest esse sine radice: nec radix sine consensus, nec consensus sine actu et conceptione formae verborum, nec conceptio sine forma, sive persona. [n. 12] unde cum tria habeant substantiare contractum, scilicet persona, quantum ad habilitatem: voluntas, quantum ad consensum et potestas: in falso nuncio. haec tria desunt, quia nec est persona, nec voluntas, nec potestas: ipse concepit alia verba in persona, quam ipse non repraesentat, et voluntatem illius anunciat, quae non est: et in se nihil et in alio directo non potest, quare resultat omnino impossibile et contra impossibile et de iure lex non fingit" (benutzte Ausgabe: Fn. 95).

Was die Abfassung der Worte betraf (*conceptio verborum*), unterschied man wie folgt: Der Bote sollte seine Erklärung aus der Person des Geschäftsherrn schöpfen („concipit verba in persona domini"[107]), der *procurator* dagegen als Urheber des Rechtsakts auftreten[108], wenngleich mit Hinweis auf seinen Geschäftsherrn oder seine Rolle als Prokurator („concipit verba in propria persona ad utilitatem domini"[109]; „substantiat contractum in se, licet procuratorio nomine"[110]). Zurückzuführen sind diese Überlegungen auf eine feinsinnige Analyse des Grundsatzes „alteri stipulari nemo potest"[111]: Innerhalb des Vertragstatbestands, insbesondere im Hinblick auf Stipulationen[112], unterschied man im Verlauf zwischen den *verba promissiva* bzw. *verba obligativa* und den *verba executiva*. Nach den *verba promissiva* bzw. *verba obligativa* bestimmte sich die Person des Versprechenden bzw. Verpflichteten, nach den *verba executiva*, an wen die Leistung zu erbringen war[113]. Der *alteri-nemo*-Grundsatz sollte eingreifen, wenn sowohl die *verba promissiva* als auch die *verba executiva* auf den Dritten konzipiert waren („Promittis Titio, quod dabis tu ei X?")[114], dagegen nicht, wenn die *verba promissiva* und die *verba executiva* auf den Versprechensempfänger konzipiert waren, der ledig

---

[107] *Baldus*, C. 4, 50, 6, fol. 125r, n. 17 (Fn. 99), vgl. n. 21 (Fn. 104).

[108] *Fränkel*, ZVglRWiss 27 (1912), 289 (353).

[109] *Baldus*, C. 4, 50, 6, fol. 125r, n. 21 (Fn. 104); vgl. auch *Fränkel*, ZVglRWiss 27 (1912), 289 (321 f., 350).

[110] *Baldus*, C. 4, 50, 6, fol. 125r, n. 10 (Fn. 106); vgl. auch *Bartolus*, D. 39, 1, 1, 2, fol. 5r (benutzte Ausgabe: In primam Digesti Novi partem Commentaria, Augustae Taurinorum 1574).

[111] Der Grundsatz galt über Stipulationen hinaus für alle Obligationen, *Kaser*, RP I, § 115 II 5.

[112] Zur Stipulation *Finkenauer*, in: Hdb-RP I, § 21. Zur *conceptio verborum* bei einer Stipulation Pomponius D. 45, 1, 5, 1: „Stipulatio autem est verborum conceptio, quibus is qui interrogatur daturum facturumve se quod interrogatus est responderit." (Stipulation aber ist eine solche Zusammenstellung der Worte, nach welcher derjenige, welcher gefragt wird, antwortet, dass er dasjenige geben oder tun wolle, was gefragt worden ist; Übersetzung nach *Jungmeister*, in: Corpus Iuris Civilis IV, S. 602).

[113] Vgl. *Baldus*, I. 3, 19, 4, fol. 34v, n. 1–3: „verba stipulationis, promissionis, & executionis" (benutzte Ausgabe: Iurisconsulti, Praelectiones, In quatour Institutionum libros, Venetiis 1577); C. 4, 27, 1, fol. 74r, n. 17, fol. 74v, n. 28–29 (benutzte Ausgabe: Fn. 95). Zur hier verwendeten Terminologie *Hofmann*, 154 f.; *Müller*, 37 ff.; *Fränkel*, ZVglRWiss 27 (1912), 289 (350 f.).

[114] Versprichst Du Titius, dass Du ihm 10 geben wirst? Unwirksam war das Versprechen ferner, wenn die *verba executiva* auf den Dritten und die *verba promissiva* auf den Versprechensempfänger konzipiert waren („Promittis mihi, quod dabis Titio X?" [Versprichst Du mir, dass Du Titius 10 geben wirst?]), es sei denn, der Versprechensempfänger konnte ein eigenes Interesse nachweisen. In jedem Fall ungültig war ein Versprechen, bei dem die *verba executiva* auf den Dritten bezogen waren, die *verba promissiva* aber auf keine Person („Promittis quod dabis Titio X?" [Versprichst Du, dass Du Titius 10 geben wirst?]), *Baldus*, I. 3, 19, 4, fol. 34v, n. 2–3 (benutzte Ausgabe: Fn. 113).

lich auf einen Dritten verweist („Promittis mihi recipienti nomine Titii, quod dabis mihi eius nomine X?")[115]. In diesem Fall sollte das Versprechen wirksam sein und einen Anspruch des Versprechensempfängers gegen den Versprechenden begründen[116]. Mithilfe der Unterscheidung zwischen *verba promissiva*, *obligativa* und *executiva* engten die mittelalterlichen Rechtsgelehrten den ohnehin schon durch signifikante Ausnahmen aufgeweichten Anwendungsbereich des *alteri-nemo*-Grundsatzes noch weiter ein[117].

---

[115] Versprichst Du mir, der ich namens des Titius empfange, dass Du mir um seinetwillen 10 geben wirst?, *Baldus*, I. 3, 19, 4, fol. 34v, n. 3 (benutzte Ausgabe: Fn. 113).

[116] Wirksam war das Versprechen ferner, wenn die *verba promissiva* und die *verba executiva* unpersönlich gefasst waren („Promittis, quod dabis X?" [Versprichst Du, dass Du 10 geben wirst?]) oder beide Worte auf den Versprechensempfänger konzipiert waren („Promittis mihi quod dabis X mihi?" [Versprichst Du mir, dass Du mir 10 geben wirst?]), *Baldus*, I. 3, 19, 4, fol. 34v, n. 3 (benutzte Ausgabe: Fn. 113).

[117] Die Aufweichung dieses Grundsatzes setzte sich mit dem wirtschaftlichen Aufschwung der mittel- und oberitalienischen Städte fort. Verschiedene Statuten erklärten eine Drittstipulation (im Sinne einer unmittelbaren Drittberechtigung) ausdrücklich für zulässig. So war im florentinischen Statut bestimmt: „Ex quolibet actu etiam sine scriptura per quemlibet privatum etiam non notarium, recipientem nomine alterius ubicumque locorum etiam extra locum non suppositum communi Florentiae, acquiratur, & acquisita intelligatur obligatio, actio, dominium, & possessio, & usucapiendi, & praescribendi, conditio, & ius quodlibet etiam sine aliqua cessione inde fienda, seu rathiabitione cuilibet, etiam ignoranti cuius nomine receptum fuerit, cui tamen iuri quaesito, vel querendo ex praedictis renuntiari possit. Et ille qui sic receperit etiam teneatur inde actionem cedere, & voluntatem illius, pro quo sic receperit de ipsis iuribus facere prout, & sicut requisitus fuerit, per illum, cuius nomine talem actum fecisset hac lege in praeteritis, & futuris valente." (*Kluch*, Statuta Populi Et Communis Florentiae Publica Auctoritate, tom. I, lib. II, rubr. 39, p. 140). In Bologna hieß es: „quod quilibet cuiuscunque sexus et aetatis, in qua possit sibi stipulari, possit alteri unicuique stipulari et pacisci non obstante, quod sua non intersit, et quod is, cui vel ad cuius utilitatem fuerit stipulatum vel quomodo pactum fuerit factum et sub generalitate verborum nomine omnium quorum interest, intererit vel interesse possit vel quod propter similia verba possit agere ex stipulatione vel per se seu suo nomine et ad sui utilitatem interposita vel interposito perinde acsi fuisset praesens vel stipulatus aut stipulatus alii absque alia concessione et ipso iure ex tali stipulatione vel pacto communis actio utilis et directa ei, cuius interest, seu cuius nomine fuerit stipulatio vel pactum factum intelligatur esse et sit quaesita." (abgedruckt bei *Freundt*, Wechselrecht II, 81 in Fn. 1). Im Statut von Pisa war geregelt: „Placuit in omnibus causis precipuam esse equitatem, quam stricti usus rationem. Equitati convenire arbitrantes statuimus, ut si quis alicui presenti vel absenti dari vel fieri sive sibi pro alio vel eius nomine aut sibi et alii fuerit stipulatus, etiam is, cui fuerit stipulatus, rem et penam petere possit, nisi stipulatio pene in persona fuerit stipulatoris concepta; tunc solus stipulator penam petere valeat. Hoc constitutum est commune legis et usus." (abgedruckt bei *Freundt*, Wechselrecht II, 80). 1393 hob man in Florenz sogar die Eigenhaftung bestimmter Hilfspersonen auf, womit die Anerkennung einer über die adjektizischen Klagen hinausgehenden, nicht bloß akzessorischen Haftung des Prinzipals einherging, *M. Weber*, 133; *Hofmann*, 153.

Was schließlich die Rechtsfolgen (*modus acquisitionis*) betraf, war es so, dass der Geschäftsherr eine Klage gegen den Geschäftspartner (*actio directa*) nur erwarb, wenn er durch einen Boten handelte, dagegen eine *actio utilis*, wenn er sich eines Prokurators bediente[118]. Denn auch zu jener Zeit vertrat man die Auffassung, *obligatio* und *actio* seien mit der Person des Kontrahierenden untrennbar verknüpft[119]. Daraus folgte auch, dass der Geschäftsherr, sofern der Erwerb höchstpersönlicher Rechte in Rede stand, diese selbst erwerben musste. Denn gerade wegen ihres höchstpersönlichen Charakters konnte ein *procurator* solche Rechte entweder zwar erwerben, aber nicht auf den Geschäftsherrn übertragen[120], oder schon nicht erwerben und deshalb nicht auf seinen Geschäftsherrn übertragen[121]. Wollte man dem Geschäftsherrn auch in diesen Fällen einen Rechtserwerb ermöglichen, musste daher entweder eine weitere *actio utilis* zugelassen oder der Handelnde als Bote eingestuft werden. Die Rechtsgelehrten des 14. Jahrhunderts tendierten zu Letzterem[122], wie folgendes Beispiel bei *Bartolus* belegt: Vermähle sich jemand mit einer Frau im Namen des Geschäftsherrn, sei es ohne Zweifel, dass diese nicht erst zur Gemahlin des Vertreters werde. Sie werde vielmehr unmittelbar zur Frau des Vertretenen, wenn der *procurator* nach der Art eines Boten ("sicut nuntius") handle[123]. Gemeint war, dass der Prokurator nach genauen Anweisungen seines Auftraggebers handelte und damit, wie ein Bote, keinen Einfluss auf das Rechtsgeschäft nahm[124].

---

[118] *Baldus*, C. 4, 50, 6, fol. 125r, n. 21 (Fn. 104).

[119] Vgl. die Metapher bei *Baldus*, C. 4, 50, 7, fol. 125v, n. 3: „Sicut planta, quae non transfertur, remanet in suo loco, ubi immisit radicem, et sicut vitis non propagatur ex se ipsa, nisi propagetur per hominem." (benutzte Ausgabe: Fn. 95). Siehe dazu auch *Fränkel*, ZVglRWiss 27 (1912), 289 (360 f.).

[120] *Müller*, 34.

[121] Vgl. *Fränkel*, ZVglRWiss 27 (1912), 289 (361) für Familienrechte und den *usus fructus formalis*.

[122] So auch *Fränkel*, ZVglRWiss 27 (1912), 289 (361); *Müller*, 34.

[123] *Bartolus*, D. 39, 2, 13, 13, fol. 30v, n. 3: „in his, quae adeo sunt personalia, quod ex persona procuratoris non possunt transire in dominum, procurator repraesentat personam domini directo sicut nuncius, s. ad Treb. l. qui ita § 1 [D. 36, 1]. Et ideo si aliquis desponsat uxorem procuratorio nomine meo, non est dubium, quod illa non est uxor procuratoris, nec est opus quod per procuratorem cedatur mihi, sed mea directa uxor efficitur." (benutzte Ausgabe: Fn. 110).

[124] Vgl. *Hofmann*, 155 f., 159. Der holländische Gerichtshof ging einige Jahrhunderte später einen ähnlichen Weg, wie die Ausführungen bei *v. Leeuwen*, Censura forensis I, lib. IV, cap. III, n. 6 a. E. (S. 315) belegen: Die Richter sahen den Geschäftsherrn deshalb als aus dem Vertretergeschäft unmittelbar berechtigt und verpflichtet an, weil der Vertreter als dessen Werkzeug aufgetreten sei („modo institorem, sive praepositum, tanquam instrumentum consideres") und zum Ausdruck gebracht habe, nicht selbst von den Vertragswirkungen betroffen sein zu wollen („ex eo contractu proprio nomine conveniri nequit, sufficitque si se talem praestet"). Ähnliche Ausführungen macht *Stryk*, Specimen,

III. Naturrecht

Während die Glossatoren und Kommentatoren den Rechtssätzen der römischen Quellen wenigstens formal Rechnung zu tragen versuchten, erfolgte in der Epoche des Naturrechts ein Umdenken auf dem Gebiet der Stellvertretung[125]. Den Ausgangspunkt des Rechtsdenkens bildete in dieser Zeit das *ius naturale*[126], aus dem man fortan den Maßstab zur Bewertung des römischen Rechts und die Grundlage für Kritik an demselben gewann[127]. So war das römische Recht auch in der Epoche des Naturrechts noch „da", seine Geltung aber sollte davon abhängig sein, ob es mit dem Naturrecht übereinstimmte[128].

Im europäischen Rechtsraum war es namentlich *Hugo Grotius*, der das Zivilrecht in seinem berühmten Werk *De iure belli ac pacis* an der Idee einer natürlichen und vernunftbasierten Rechtsordnung ausrichtete[129]. Dabei rückte *Grotius* den autonomen Willen des Einzelnen in das Zentrum seiner Vertragslehre[130], woraus sich für das Recht der Stellvertretung folgende Konsequenzen ergaben: Hinsichtlich des Erwerbs von Rechten unterschied

---

lib. XVII, tit. 1 § 6 (S. 210): „Quid ergo mirum, si etiam per procuratorem directo Domino acquiratur, ut nulla cessione amplius mandans contra tertium indigeat. Qua sententia supposita, quo ad hunc passum non adeo multum inter nuncium et procuratorem intererit, cum per utrumque dominus directo acquirat." Dagegen meint *Voet*, Commentarius, tom. III, lib. XVII, tit. I, n. 9 (S. 326), dass der *procurator* mehr sei als ein Bote: „[…] quia procuratores hodie in negotiis contrahendis considerantur magis ut nuncii, & quisque nunc alteri aeque ac sibi actionem quaerit."

[125] Zu den Auswirkungen des Naturrechts auf andere Rechtsgebiete *Wieacker*, Privatrechtsgeschichte, 272 ff. Einen Überblick über die Epoche geben *Koschaker*, Römisches Recht, 245 ff. und *Coing*, Europäisches Privatrecht I, § 10.

[126] Zum Begriff des Naturrechts vom 16. bis ins 18. Jahrhundert *Schröder*, Recht als Wissenschaft, 8 ff., 100 ff. Zum Wandel der Bedeutung des Naturrechts *Wesenberg/Wesener*, Privatrechtsgeschichte, 140 ff.

[127] Dazu *Koschaker*, Römisches Recht, 252 ff. Im Verlaufe der Naturrechtsepoche berief man sich zur Begründung einer von den römischen Rechtsquellen abweichenden Auffassung vermehrt auch auf das vorherrschende Gewohnheitsrecht (*consuetudo*) oder auf die regionsspezifischen Bräuche (*mores hodierni*), siehe etwa *v. Leeuwen*, Censura forensis I, lib. IV, cap. III, n. 10 (S. 315); *Voet*, Commentarius, tom. III, lib. XIV, tit. III, n. 6 (S. 221 f.), lib. XVII, tit. 1, n. 9 (S. 326), tom. VI, lib. XLV, tit. I, n. 3 (S. 288) und n. 5 (S. 290).

[128] *Koschaker*, Römisches Recht, 252 f.; ähnlich *Schröder*, Recht als Wissenschaft, 18. Zum Verhältnis von Naturrecht und positivem Recht im 17. und 18. Jahrhundert *Schröder*, Recht als Wissenschaft, 18, 100 ff., 110 ff.; *ders.*, in: Rechtswissenschaft in der Neuzeit, 283 ff.; *Luig*, in: Römisches Recht, Naturrecht, nationales Recht (1998), 151 ff.

[129] Zur Bedeutung dieses völkerrechtlichen Werks für das Privatrecht *Wesenberg/Wesener*, Privatrechtsgeschichte, 141 f.; *Wieacker*, Privatrechtsgeschichte, 290 ff.

[130] Vgl. *Diesselhorst*, 34; *Müller*, 123 f.; *R. Zimmermann*, The Law of Obligations, 46.

Grotius nicht länger zwischen Gewaltunterworfenen und Gewaltfreien[131], sodass ein unmittelbarer Erwerb von Vermögensrechten auch durch Freie möglich wurde[132]. Was die Stellvertretung im Verpflichtungsgeschäft anging, setzte *Grotius* für einen unmittelbaren Forderungserwerb voraus, dass der Vertreter („[minister] qui electus est ut ipse promittat"[133]) im Namen seines Geschäftsherrn handelte[134]. Eine Trennung zwischen Grundverhältnis und Vertretungsmacht war *Grotius* unbekannt, womit sich für ihn aus dem *mandatum* sowohl die wechselseitigen Pflichten[135] als auch die Rechtsmacht des Vertreters ergaben[136]; letztere bezeichnete *Grotius* als *ius promittendi*[137]. Hielt der Vertreter sich bei Abschluss des Rechtsgeschäfts an die Grenzen seines Mandats, galt das, was er namens des Geschäftsherrn wollte, als von diesem selbst gewollt[138], im Übrigen bedurfte es der Genehmigung des Geschäftsherrn[139].

Anders gestaltete sich die Rechtslage, wenn der Handelnde Bote war („[minister] qui lectus erat voluntatis internuntius"[140]). Mit der Erklärung an den Boten hatte der Geschäftsherr seinerseits alles für den Vertragsschluss Erforderliche getan, sodass es nur noch der Annahme des Geschäftspartners bedurfte, um den Vertrag zustande zu bringen[141]. Den rechtsgeschäftlichen Tatbestand verwirklichte in diesem Fall alleine der Geschäftsherr, indem er dem Boten seine Erklärung entweder mündlich zur Kundgabe oder schriftlich zur Übersendung anvertraute[142]. Einer Willensbetätigung des Boten bedurfte es nicht[143]. Überhaupt hatte die Person des Boten für *Grotius* keine

---

[131] *Grotius*, lib. II, cap. XI, § 18 [2], S. 338; dazu auch *H. Mitteis/Lieberich*, Deutsches Privatrecht, 15.

[132] Vgl. *Müller*, 130.

[133] *Grotius*, lib. II, cap. XI, § 17 [1], S. 337; vgl. später *Wolff*, § 430 (S. 218 f.), § 434 (S. 220 f.).

[134] *Grotius*, lib. II, cap. XI, § 18 [2], S. 338; vgl. später *Wolff*, § 426 (S. 216), § 434 (S. 220 f.), § 551 (S. 286).

[135] Für den Geschäftsherrn die Pflicht zur Anerkennung der Geschäfte und für den Beauftragten die Pflicht, nicht entgegen den erteilten Anweisungen zu verfahren, vgl. *Grotius*, lib. II, cap. XI, § 12, S. 335.

[136] So auch Schlinker/Ludyga/Bergmann/*Schlinker*, Privatrechtsgeschichte, § 4 Rn. 10.

[137] *Grotius*, lib. II, cap. XI, § 17 [1], S. 337.

[138] *Grotius*, lib. II, cap. XI, § 18 [2], S. 338.

[139] *Grotius*, lib. II, cap. XI, § 18 [2], S. 338, lib. II, cap. XI, § 12, S. 335.

[140] *Grotius*, lib. II, cap. XI, § 17 [1], S. 336 f.; vgl. später *Wolff*, § 426 (S. 216), §§ 429 f. (S. 218 ff.).

[141] *Grotius*, lib. II, cap. XI, § 17 [1], S. 337.

[142] Diese passive Rolle kommt in dem Wort *significare* zum Ausdruck und darin, dass nach *Wolff* nicht der Bote selbst etwas anzeigt, sondern der Geschäftsherr *durch ihn* etwas zur Anzeige bringt, vgl. § 426 (S. 216): „per quem [...] promissionem a nobis factam significamus".

[143] Vgl. *H. Bauer*, Stellvertretung, 50; *Müller*, 130.

Bedeutung: der Briefbote nicht, weil auch jeder andere seine Aufgabe übernehmen konnte[144], und der Spruchbote nicht, insofern *Grotius* ihn als bloß
vermenschlichte Schuldurkunde einstufte (*instrumentum obligationis*)[145].

Je nachdem, ob der Geschäftsherr sich eines Spruch- oder eines Briefboten
bediente, ergaben sich unterschiedliche Rechtsfolgen für den Fall, dass der
Bote verstarb. War es ein Spruchbote, der noch vor der Übermittlung der
Erklärung verstarb, entfiel eine Bindung des Geschäftsherrn an seine Erklärung. Dahinter verbarg sich die schon bei den Glossatoren etablierte Vorstellung, der Geschäftsherr habe seine Erklärung auf die Worte des Boten
„gestellt" („in illius verbis posita fuerat obligatio"[146]), die gemeinsam mit
diesem untergehen. Handelte es sich bei dem Verstorbenen um einen Briefboten (*perlator instrumenti obligatorii*[147]), blieb der Geschäftsherr dagegen an
seine Erklärung gebunden. Denn seine Erklärung war in diesem Fall nicht
auf die Worte des Boten „gestellt", sondern in dem Brief enthalten („epistulam, in qua sit promissio"), der auch nach dem Tod des Boten noch an den
Adressaten gelangen konnte[148]. Die Bindung des Geschäftsherrn an seinen
Antrag entfiel dementsprechend erst dann, wenn auch das Schriftstück un-
tergegangen war[149].

Die von *Grotius* herausgearbeitete Unterscheidung sollte für die gesamte
Naturrechtsepoche von Bedeutung sein. Dies belegt allen voran das insgesamt neunbändige Werk *Institutiones Iuris naturae et gentium* von *Christian
Wolff*, das an zahlreichen Stellen auf die Thesen des *Grotius* verweist[150]. So
findet sich bei *Wolff* eine Gegenüberstellung des Vertreters und des Boten, die
im Wesentlichen auf der Unterscheidung bei *Grotius* aufbaut: Ausgehend von
dem Oberbegriff des *minister obligationis contrahendae*[151] unterschied *Wolff*
den *minister* im Versprechen (*minister promittendi*) von dem *minister* im Annehmen (*minister acceptandi*)[152]. Innerhalb dieser Gruppen differenzierte

---

[144] Vgl. später auch *Wolff*, § 428 (S. 217): „perinde sit, sive tabellarius ipse, sive alius
eandem perferat".

[145] *Grotius*, lib. II, cap. XI, § 17 [1], S. 337; vgl. außerdem die Übersetzung bei *v. Kirchmann*, Des Hugo Grotius drei Bücher I, 402: „verpflichtende Schrift"; später auch *Wolff*,
§ 429 (S. 218), § 432 (S. 220): „fungitur vice epistolae".

[146] *Grotius*, lib. II, cap. XI, § 17 [1], S. 336 f.

[147] Zum Begriff *Grotius*, lib. II, cap. XI, § 17 [1], S. 337.

[148] *Grotius*, lib. II, cap. XI, § 17 [1], S. 337; vgl. später auch *Wolff*, § 428 (S. 217), § 429
(S. 219).

[149] Vgl. *Grotius*, lib. II, cap. XI, § 17 [1], S. 337: „Aliud in tabellario qui est [...] perlator
instrumenti obligatorii. Itaque literae consensus indices per quemvis perferri poterunt";
vgl. später auch *Wolff*, § 428 (S. 218).

[150] Speziell zur Fortsetzung der Auslegungslehre des *Grotius* durch *Wolff* siehe *Luig*, in:
Theorie der Interpretation vom Humanismus bis zur Romantik (2001), 133 ff., 152 ff.

[151] *Wolff*, § 553 (S. 288), § 566 (S. 297), § 426 (S. 216), vgl. § 430 (S. 218).

[152] *Wolff*, § 426 (S. 216).

Wolff jeweils zwischen Stellvertretung und Botenschaft: Wer das Versprechen oder die Annahme anzeige („per quem significare"), sei Bote[153], wer das Versprechen oder die Annahme erkläre („per quem promittere")[154], sei Vertreter. Letzteren bezeichnet *Wolff* auch als *mandatarius* oder *procurator*[155].

Neben einer logisch-systematischen Aufarbeitung und Präzisierung der Thesen des *Grotius*[156] finden sich bei *Wolff* zudem ausführliche Darlegungen zum Begriff des *mandatum*. Das Mandat definierte *Wolff* als eine vertragliche Verbindung zwischen Vollmachtgeber und Bevollmächtigtem, die letzteren dazu verpflichtete, das ihm Aufgetragene im Namen und im ausschließlichen Interesse des Geschäftsherrn ohne Entgelt zu verrichten[157]. Im Anschluss an *Grotius* verlangte *Wolff* für eine wirksame Stellvertretung, dass der Beauftragte im Namen seines Auftraggebers und innerhalb des ihm erteilten Auftrags handelte[158]. Für diesen Fall galt seine Handlung im Fiktionswege als eine solche des Auftraggebers[159]. Eine Trennung zwischen Grundverhältnis und Vertretungsmacht nahm somit auch *Wolff* nicht vor, sondern leitete die Vertretungswirkungen unmittelbar aus dem Mandat ab.

Was das Mandat betrifft, unterschied *Wolff* den besonderen Auftrag (*mandatum speciale*) von dem allgemeinen (*mandatum generale*), den Auftrag „zur freien Hand" (*mandatum cum libera* [*potestate agendi*]) von dem „ohne freie Hand" (*mandatum sine libera* [*potestate agendi*]), und den offenbarten Auftrag (*mandatum manifestum*) von dem geheimen (*mandatum arcanum*)[160]. Das erste Begriffspaar bezog sich auf den Aufgabenbereich des Vertreters, das zweite auf sein Ermessen in der Ausführung dieser Aufgaben und das letzte auf die Offenkundigkeit seiner Befugnisse. Wurde dem Bevollmächtigten ein (in *Wolffs* abgekürzter Redeweise) *mandatum cum libera* erteilt, war ihm in Bezug auf das aufgetragene Geschäft sämtliches zu tun erlaubt, was er selbst als gut oder besser befand und der Billigkeit nicht zuwiderlief („quod sibi bonum, vel melius videtur et aequitati minime repugnat")[161]. Lag seinem Handeln dagegen ein *mandatum sine libera* zugrunde, durfte der Vertreter kein anderes Geschäft ausführen außer das, welches ihm ausdrücklich auf-

---

[153] Vgl. *Wolff*, § 429 (S. 218), § 432 (S. 220).

[154] Vgl. *Wolff*, § 430 (S. 218 f.).

[155] *Wolff*, § 551 (S. 286).

[156] Zur Systematisierung und Mathematisierung des Rechts durch die Wolffsche Schule *Wieacker*, Privatrechtsgeschichte, 319 f.; *Koschaker*, Römisches Recht, 250 f.; *Schröder*, Recht als Wissenschaft, 170 f.

[157] *Wolff*, § 551 (S. 286). Wurde das Mandat im Interesse des Bevollmächtigten erteilt, lag dagegen ein unverbindlicher Rat (*consilium*) vor, *Wolff*, § 561 (S. 294).

[158] Vgl. *Wolff*, § 551 (S. 286).

[159] *Wolff*, § 553 (S. 288), § 557 (S. 290 f.).

[160] *Wolff*, § 552 (S. 287); vgl. dazu schon *Grotius*, lib. II, cap. XI, § 12, S. 335, lib. II, cap. XI, § 18 [2], S. 338.

[161] *Wolff*, § 552 (S. 287).

getragen wurde („nil agere debere, nisi quod expresse definitum"). Während also ein *mandatum cum libera* auch durch ein anderes als das darin bestimmte, aber gleich nützliche Geschäft erfüllt werden konnte („adimplere licet per aequipollens", das heißt auch „per aliud aeque utile"), musste das *mandatum sine libera* in der vom Geschäftsherrn vorgegebenen Weise ausgeführt werden („in forma specifica")[162].

IV. ALR und ABGB

Ihren Ausklang fand die Epoche des Naturrechts Ende des 18. Jahrhunderts. Insbesondere die Kodifikationen des Allgemeinen Preußischen Landrechts (1794)[163] und des Österreichischen Allgemeinen Gesetzbuchs (1811) griffen weitgehend auf die Lehren von *Grotius* und *Wolff* zurück[164]. Im Anschluss daran regelten beide Gesetzeswerke die Stellvertretung zusammen mit dem Mandat[165] und leiteten aus diesem Rechtsverhältnis die unmittelbare Bindung des Geschäftsherrn als die zentrale Rechtsfolge der Stellvertretung ab, vgl. ALR I 13 § 85 sowie § 1017 ABGB. Zwischen dem Geschäftsherrn und seinem Vertreter bestand demnach *ein* Vertrag, der für den Vertreter nicht nur die Pflicht zur Übernahme eines Geschäfts, vgl. ALR I 13 §§ 29, 37[166] sowie § 1009 S. 1 ABGB, sondern auch die Rechtsmacht dafür begründete, das Geschäft mit Wirkung für und gegen den Geschäftsherrn auszuführen, vgl. ALR I 13 §§ 5 f. sowie § 1002 ABGB.

Von diesem Vertragsverhältnis, das als „Vollmachtsvertrag" bzw. „Vollmachtsauftrag" (ALR) oder „Bevollmächtigungsvertrag" (ABGB) bezeichnet wurde, unterschieden die Kodifikationen die Vollmacht. Mit ihr wurde zum einen der Antrag des Geschäftsherrn zum Abschluss des Vollmachtsvertrags bezeichnet, ALR I 13 §§ 5 f., und zum anderen das den Vertreter gegenüber Dritten legitimierende Dokument („formelle Vollmacht"[167]), vgl.

---

[162] Vgl. *Wolff*, § 564 (S. 295 f.).

[163] Zum rechtlichen und sozialen Charakter des ALR *Luig*, in: Römisches Recht, Naturrecht, nationales Recht (1998), 469 ff.; *Dilcher*, ZEuP 1994, 446 ff.

[164] Zur Einordnung des ALR und ABGB als natur- bzw. vernunftrechtliche Kodifikationen *Wieacker*, Privatrechtsgeschichte, 327 ff., 337 ff.; *Wesenberg/Wesener*, Privatrechtsgeschichte, 160, 165, 167; *Brauneder*, Österreichs Allgemeines Bürgerliches Gesetzbuch I, 66 ff.; *Luig*, in: Reformabsolutismus und ständische Gesellschaft (1998), 255 ff.; *Wendehorst*, in: FS 200 Jahre ABGB (2011), 75 (76 ff.) für das ABGB; *Link*, in: Reformabsolutismus und ständische Gesellschaft (1998), 21 (31 ff., 39 f., 45 f.) für das ALR. Zum Einfluss des ALR auf die Kodifikation des ABGB *Brauneder*, Österreichs Allgemeines Bürgerliches Gesetzbuch I, 99 ff.; *ders.*, in: FS 200 Jahre ABGB (2011), 3 ff.; *ders.*, in: 200 Jahre ALR (1995), 415 ff.

[165] Obschon das Mandat jedenfalls nach dem Landrecht nicht das einzige Rechtsverhältnis war, mit dem Vertretungsmacht verbunden sein konnte, vgl. ALR I 13 § 3.

[166] Dazu auch *F. Förster/Eccius*, Privatrecht II, § 141 IV A (S. 333).

[167] *F. Förster/Eccius*, Privatrecht II, § 141 II (S. 327).

ALR I 13 § 9[168] sowie § 1005 S. 2 ABGB. Wurde zwischen dem Geschäftsherrn und dem Beauftragten ein Vollmachtsvertrag geschlossen, letzterem aber keine schriftliche Vollmacht ausgestellt, konnte nur der Geschäftsherr gegen den Dritten, ALR I 13 § 10, nicht aber der Dritte gegen den Geschäftsherrn klagen, ALR I 13 § 8[169]. Umgekehrt konnte der Dritte auch dann gegen den Geschäftsherrn vorgehen, wenn zwar der Vollmachtsvertrag widerrufen wurde, der Beauftragte bei Vertragsschluss aber eine schriftliche Vollmacht vorweisen konnte, vgl. ALR I 13 §§ 167 f., 170[170]. Das Preußische Obertribunal führte hierzu aus, das Bestehen einer schriftlichen Vollmacht betreffe „nicht das Vertrags-Verhältniß zwischen dem Machtgeber und Bevollmächtigten", sondern „das Vertragsverhältniß zwischen dem Machtgeber und dem Dritten". Verfüge der Handelnde über keine schriftliche Vollmacht, sei dem Verhältnis zwischen Machtgeber und Drittem „die rechtliche Wirksamkeit, die Klagbarkeit" abzusprechen[171]. Die Ausführungen des Tribunals erinnern an die für das Bürgerliche Gesetzbuch anerkannte Trennung zwischen Innen- und Außenverhältnis und der damit verbundenen (wenn auch nicht gleichzusetzenden) Unterscheidung zwischen Bevollmächtigung und Grundgeschäft. Gleichwohl unterschieden weder das ALR noch das ABGB zwischen einem Bevollmächtigungsgeschäft und einem daneben tretenden Grundgeschäft[172]; die Selbstverständlichkeit, mit der Beauftragung und Bevollmächtigung als Einheit behandelt wurden, macht der im Landrecht gebrauchte Ausdruck „Vollmachtsauftrag" besonders deutlich[173]. Ansätze zu einer Verselbständigung der Vollmacht zeigen sich in beiden Kodifikationen nur insofern, als die Vertretungswirkungen bisweilen unabhängig vom Bestand des Vollmachtsvertrags eintraten, vgl. ALR I 13 §§ 8, 10, 168, 170 sowie § 1026 ABGB, und vielmehr an die Vorlage oder Aushändigung der Vollmachtsurkunde (als Rechtsscheinträger) anknüpften[174], vgl. ALR I 13 §§ 91, 140, 141.

Dass auch derjenige Vertreter sein konnte, der in seinem Wollen ersichtlich gebunden war, belegt zunächst § 76 ABGB. Danach konnte die Einwilligung zur Ehe durch einen Bevollmächtigten erklärt werden, wenn in seiner Voll-

---

[168] So begründet sich auch das Recht des Geschäftsgegners, vom Bevollmächtigten die Vorlage oder Aushändigung der Vollmacht zu fordern, ALR I 13 §§ 91, 140, 141.

[169] Siehe auch *F. Förster/Eccius*, Privatrecht II, § 141 C V (S. 342); *Bornemann*, Civilrecht III, § 214, 1 (S. 231).

[170] Vgl. *Bornemann*, Civilrecht III, § 216, 1a β (S. 249 f.).

[171] Preußisches Obertribunal StrietA 59 (1866), Nr. 10, S. 62.

[172] Vgl. *Flume*, AT II, § 43, 2 (S. 751); *Müller*, 152.

[173] Vgl. *Müller-Freienfels*, in: Wissenschaft und Kodifikation des Privatrechts II (1988), 144 (149).

[174] Vgl. *F. Förster/Eccius*, Privatrecht II, § 141 II (S. 327, 330); Schlinker/Ludyga/Bergmann/*Schlinker*, Privatrechtsgeschichte, § 4 Rn. 17.

macht (!) diejenige Person bezeichnet war, mit welcher die Ehe eingegangen werden sollte. Ähnlich dem Verlöbnisfall bei *Bartolus* war der Bevollmächtigte hier erkennbar auch für Dritte „bloßes Organ" des Eheschließenden[175]. Entsprechendes ergibt sich aus § 1007 ABGB: Danach konnte die Vollmacht (!) „entweder mit unumschränkter oder mit beschränkter Freyheit zu handeln" erteilt werden. Während erstere den Bevollmächtigten berechtigte, das Geschäft „nach seinem besten Wissen und Gewissen zu leiten", wurden ihm durch letztere „die Gränzen, wie weit, und die Art, wie er dasselbe betreiben soll, vorgeschrieben". In ähnlicher Form regelten die ALR I 13 §§ 98, 92 f., dass die Vollmacht unter „Einschränkungen" oder in „Beziehung auf eine besondere Instruktion" erteilt werden konnte. Zur Begrenzung der Vertretungsbefugnis im Verhältnis zum Geschäftsgegner führten diese Beschränkungen dann, wenn sie in der Vollmacht erwähnt oder dem Geschäftsgegner sonst erkennbar waren. Eine interne „Instruktion", ALR I 13 §§ 93, 97, bzw. eine „geheime Vollmacht", § 1017 S. 3 ABGB, hatte auf das abgeschlossene Vertretergeschäft dagegen keinen Einfluss[176]. Dementsprechend stellte das Preußische Obertribunal zur Bestimmung der Stellvertretung auch nur darauf ab, „daß der Repräsentant, wenn auch im Auftrage, dennoch mit Selbstständigkeit und nach eigener Entscheidung dem Dritten gegenüber auftritt"[177]. Dabei konnte sich das Gericht auch auf den Gesetzeswortlaut berufen: Nach ALR I 13 § 85 trat der Beauftragte mit dem Geschäftsgegner in „Verhandlung"[178] und nach ALR I 13 § 5 wurde das Geschäft von dem Beauftragten „betrieben", was so ausgelegt wurde, dass er „nach Außen hin eigene Willenshandlungen vornehmen" musste[179]. In der Literatur sprach man daher auch von einer „Stellvertretung im Willen"[180].

---

[175] *v. Zeiller*, ABGB III, § 1018 Anm. 1.

[176] Für das ALR: vgl. *Bornemann*, Civilrecht III, § 215, 3 (S. 240 f.); *F. Förster/Eccius*, Privatrecht II, § 141 C V (S. 343 in Fn. 134); *Bielitz*, ALR III, §§ 90–97 (S. 298); für das ABGB: vgl. *v. Zeiller*, ABGB III, § 1017 Vor Anm. 1, Anm. 4.

[177] Preußisches Obertribunal StrietA 87 (1873), Nr. 68, S. 367, 371. In der Entscheidung ging es um einen Mieter, dem wegen ausbleibender Mietzinszahlung gekündigt wurde. Das Kündigungsschreiben war dem Bruder des Mieters zugegangen, den der Mieter gegenüber seinem Vermieter als denjenigen angegeben hatte, der ihn während seiner Abwesenheit hinsichtlich seiner mietvertraglichen Rechte und Pflichten vertreten werde. Das Obertribunal führt aus, dass der mieterseitig nur mündlich erteilte Vollmachtsauftrag den Bruder zwar nicht zu Verhandlungen mit dem Vermieter, zumindest aber zur Entgegennahme solcher Mitteilungen ermächtige, die für das Mietverhältnis von Interesse seien.

[178] Vgl. ferner ALR I 13 § 91: „Derjenige, welcher mit dem Bevollmächtigten zu *unterhandeln* in Begriff steht, hat das Recht, die Vorzeigung der Vollmacht zu fordern." (Hervorhebung von der Verfasserin).

[179] *F. Förster/Eccius*, Privatrecht II, § 141 I (S. 320); vgl. *dies.*, Privatrecht I, § 74 (S. 424).

[180] *F. Förster/Eccius*, Privatrecht I, § 74 (S. 424).

Von einer Stellvertretung ging man außerdem dann aus, wenn der Geschäftspartner zwar von dem Bestehen einer Instruktion wusste, deren Vorzeigung aber unzulässig oder dem Vertreter von seinem Machtgeber untersagt war. Dann bestimmten sich die Befugnisse des Bevollmächtigten gleichfalls nur nach dem Inhalt der vorgelegten Vollmacht, ALR I 13 §§ 93 f.[181]. Die Institute der geheimen Instruktion bzw. Vollmacht erinnern nicht nur an das *mandatum arcanum* bei *Wolff*, sondern auch an die für das Bürgerliche Gesetzbuch anerkannte Unterscheidung zwischen Innen- und Außenverhältnis[182].

Von der Vollmacht mit „beschränkter Freyheit" (ABGB) und den Instruktionen (ALR) zu unterscheiden war die „Specialvollmacht" im Sinne der ALR I 13 §§ 98–109 sowie § 1008 ABGB. Einer Spezialvollmacht bedurfte es zur Vornahme bestimmter Rechtsgeschäfte, etwa zur Annahme oder Ausschlagung einer Erbschaft und zur Errichtung eines Gesellschaftsvertrags, § 1008 ABGB, oder der Ableistung eines Eides, ALR I 13 §§ 99 f., der Abtretung oder eines Verzichts, ALR I 13 § 103[183]. Die Erteilung der Spezialvollmacht unterlag einer bestimmten Form, vgl. ALR I 13 §§ 110–117, außerdem musste das auszuführende Rechtsgeschäft in der Vollmacht genau bezeichnet werden, vgl. ALR I 13 § 112[184]. Wurde diesen Vorgaben nicht entsprochen, blieb das Geschäft für den Machtgeber ohne Wirkung, selbst wenn der Vertreter über eine Generalvollmacht verfügte, die ihn zur Besorgung auch dieses Geschäfts berechtigt hätte, ALR I 13 § 118[185]. Bezweckt war damit der Schutz des Machtgebers vor einem unvorsichtigen oder unredlichen Gebrauch unumschränkter Vollmachten bei für ihn wirtschaftlich bedeutsamen Rechtsgeschäften[186].

Während der Stellvertreter nicht in jedem Fall über einen (umfassenden) Entscheidungsspielraum verfügen musste, war man sich in Bezug auf den Boten einig, dass dieser „nur als ein Organ, als ein Werkzeug sich darstellt, dessen sich eine Person zur Kundgebung ihres Willens oder zur Ausführung ihrer Handlungen bedient"[187]. Die Tätigkeit des Boten sollte sich nach all-

---

[181] *F. Förster/Eccius*, Privatrecht II, § 141 C V (S. 343).

[182] *Doerner*, Abstraktheit, 35.

[183] Die Aufzählung in ALR I 13 §§ 99 f. war nicht abschließend, *Bielitz*, ALR III, §§ 99–109 (S. 301 f.); vgl. *Bornemann*, Civilrecht III, § 215, 3c (S. 241).

[184] Für das ABGB: *v. Zeiller*, ABGB III, § 1008 Anm. 1; für das ALR: *Bielitz*, ALR III, §§ 99–109 (S. 301). Eine auf die Gattung des vorzunehmenden Geschäfts ausgestellte Vollmacht genügte nur, wenn dem Machtgeber detaillierte Vorgaben nicht möglich waren, etwa beim Kauf bestimmter, sich im Ausland befindlicher Güter, deren Verkäuflichkeit sich erst vor Ort feststellen ließ, *v. Zeiller*, ABGB III, § 1008 Anm. 4.

[185] *F. Förster/Eccius*, Privatrecht II, § 141 I (S. 325); vgl. für das ABGB: *v. Zeiller*, ABGB III, § 1008 Anm. 1.

[186] *v. Zeiller*, ABGB III, § 1008 Anm. 1.

[187] Preußisches Obertribunal StrietA 87 (1873), Nr. 68, S. 367 f., 371.

gemeiner Auffassung darin erschöpfen, „eine fremde Erklärung zu überbringen und zu holen"[188], weshalb der Bote auch als „Surrogat der mündlichen Erklärung"[189] oder als „Vermittler eines Willensaustausches"[190] bezeichnet wurde. Dieser untergeordneten Rolle des Boten im Erklärungsprozess entsprach es, dass die Botenschaft in beiden Kodifikationen – im Unterschied zur Stellvertretung – nicht als eigenständiges Rechtsinstitut geregelt wurde. Im ABGB tauchte der Begriff des Boten überhaupt nicht auf und im ALR wurde er nur im Zusammenhang mit einzelnen Rechtsfragen auf dem Gebiet der Willenserklärung bedeutsam. So unterschieden sich etwa die Fristen, innerhalb derer ein Antrag anzunehmen war, je nachdem, ob der Geschäftsherr seine Erklärung selbst abgab (ALR I 5 §§ 90–95) oder hierfür einen Postboten (ALR I 5 §§ 96–98) oder seinen „eignen Boten" (ALR I 5 §§ 99 f.) einsetzte[191], vgl. auch § 862 ABGB[192]. Auswirkungen hatte die Einschaltung des Boten außerdem auf die Auslegung der Willenserklärung, die sich abweichend von ALR I 4 §§ 66 f. nicht nach dem gewöhnlichen oder dem Sprachgebrauch des Erklärenden richtete, sondern nach dem des Boten, sofern diesem nicht die Ausdrucksweise vom Machtgeber vorgegeben war, ALR I 4 § 68.

V. Entwicklungen im 19. Jahrhundert

Die Entwicklungen im Stellvertretungsrecht im 19. Jahrhundert zeichneten sich zunächst durch eine rückläufige Tendenz aus. Befördert durch die historische Schule[193], verstand man die Rechtswissenschaft als „geschichtliche"[194] und war bestrebt, das geltende Recht an den Lehren des antiken römischen Rechts auszurichten[195]. Die Folge war, dass in Deutschland im 19. Jahrhundert wieder eine lebhafte Debatte um das Institut der direkten Stellvertretung

---

[188] *F. Förster/Eccius*, Privatrecht I, § 74 (S. 424 in Fn. 11).

[189] *F. Förster/Eccius*, Privatrecht I, § 77, 1 (S. 446 in Fn. 15).

[190] *F. Förster/Eccius*, Privatrecht I, § 74 (S. 424).

[191] Eine nur mündliche Botschaft unter Anwesenden wurde der schriftlichen Erklärung unter Anwesenden gleichgestellt, *F. Förster/Eccius*, Privatrecht I, § 77, 1 (S. 446), wohingegen für eine mündliche Botschaft unter Abwesenden die Grundsätze über den Vertragsschluss durch einen Beauftragten galten, *Koch*, ALR I/1, § 99 Anm. 82.

[192] Ähnlich später *E. Zimmermann*, negotiorum gestio, 19 ff., der zwischen erwählten Organen (persönlich ausgewählten Spruchboten oder verfassten Briefen) und solchen Personen unterscheidet, die nur bei Gebrauch erwählter Organe tätig werden (etwa Briefträger).

[193] Dazu *Wieacker*, Privatrechtsgeschichte, 348 ff.; *Wesenberg/Wesener*, Privatrechtsgeschichte, 170 ff.; *Koschaker*, Römisches Recht, 254 ff.; *Schröder*, Recht als Wissenschaft, 191 ff.

[194] *Wieacker*, Privatrechtsgeschichte, 353, 416.

[195] *H. Bauer*, Stellvertretung, 90; *Müller*, 155.

ausbrach. Dabei ging es vor allem um die Frage, inwiefern sich das Konzept der unmittelbaren Repräsentation mit dem „Wesen" der Obligation vereinbaren ließ[196]. Es bildeten sich im Wesentlichen drei Strömungen heraus, die man später als „Zessionslehre", „Geschäftsherrntheorie"[197] und „Repräsentationstheorie" bezeichnen würde[198].

1. Zessionslehre

Die „Zessionslehre"[199] wurde begründet von *Mühlenbruch*[200], dem sich namentlich *Puchta*[201] und *v. Vangerow*[202] anschlossen. Ausgehend von der Prämisse, eine Verpflichtung nehme notwendig „in dem Handelnden selbst ihren Anfang"[203] und sei mit dessen Person „unlösbar" verbunden[204], traten nach dieser Lehrmeinung die Rechtswirkungen in der Person des Vertreters als des „wirkliche[n] Contrahent[en]"[205] ein[206]. Ansprüche gegen den Geschäftsgegner konnte der Geschäftsherr daher nur im Wege der Zession erwerben[207]. Um den Forderungserwerb möglichst einfach zu gestalten, sah *Puchta* den Bevollmächtigten als zur Abtretung verpflichtet an, die „sofort als geschehen angenommen werden kann"[208]. *Mühlenbruch* schlug einen ähnlichen Weg ein,

---

[196] Vgl. die Ausführungen bei *v. Vangerow*, Pandekten III, § 608 (S. 293 f.); *Kuntze*, Obligation, § 66 (S. 267 f.); *Puchta/Rudorff*, Pandekten, § 273 (S. 420 f.); *Puchta*, Vorlesungen II, § 273 (S. 113). Zur Kritik *Jherings* (Geist III/1, § 59 [S. 300 ff.]) am „Wesensargument" speziell in *Puchtas* Dogmatik, *Haferkamp*, 37 ff., insbesondere 39, 45 f.

[197] Diesen Ausdruck verwenden *Soergel/Leptien*, BGB, Vor § 164 Rn. 9; *Beuthien*, in: FS Medicus (1999), 1 (2 ff.); *Flume*, AT II, § 43, 2 (S. 752). Von einer „Geschäftsherrentheorie" sprechen dagegen *Enneccerus/Nipperdey*, AT I/2, § 182 IIa; Staudinger/*Schilken*, BGB, Vor § 164 Rn. 11; *Bork*, AT, § 30 Rn. 1295.

[198] Zur „Vermittlungstheorie", wonach Vertreter und Vertretener bei der Stellvertretung zusammenwirken, *L. Mitteis*, Stellvertretung, 109 ff.

[199] Zur Entwicklung des Zessionsgedankens vom klassischen römischen bis ins gemeine Recht *Luig*, Zessionslehre.

[200] *Mühlenbruch*, Cession, §§ 10 ff. (S. 88 ff.), § 37 (S. 402 ff.); *ders.*, Pandekten I, §§ 130 f. (S. 235 ff.). Zur Zessionslehre Mühlenbruchs *Luig*, Zessionslehre, 47 ff.

[201] *Puchta/Rudorff*, Pandekten, § 273 (S. 420 f.), § 275 (S. 423).

[202] *v. Vangerow*, Pandekten III, § 608 (S. 293 ff.).

[203] *Puchta/Rudorff*, Pandekten, § 273 (S. 420 f.); vgl. auch *Kuntze*, Obligation, § 66 (S. 268), dem zufolge „nicht gedacht werden [kann], daß eine entstehende Obligation unmittelbar in einer dem Vertrage fremden Person zum Dasein komme".

[204] *Kuntze*, Obligation, § 66 (S. 268, 270 f.); vgl. *Puchta*, Vorlesungen II, § 273 (S. 113).

[205] *Puchta*, Vorlesungen II, § 275 (S. 116).

[206] *Puchta*, Vorlesungen II, § 275 (S. 115 f.); *v. Vangerow*, Pandekten III, § 608 (S. 294); *Mühlenbruch*, Cession, § 10 (S. 92 f.), § 12 (S. 111), § 13 II (S. 131). Zu den Ausnahmen: *Mühlenbruch*, Cession, § 10 (S. 95 ff.); *ders.*, Pandekten I, § 131 (S. 238); *Kuntze*, Obligation, § 72 (S. 289).

[207] *v. Vangerow*, Pandekten III, § 608 (S. 294).

[208] *Puchta*, Vorlesungen II, § 275 (S. 116), vgl. § 282 (S. 132): „die Cession ist anzuneh-

indem er den Geschäftsherrn zwar regelmäßig darauf verwies, den Vertreter auf Abtretung seiner Forderung gegen den Geschäftspartner zu verklagen[209], ihm aber auch unabhängig davon eine *actio utilis* gewährte[210]. Was die Klagemöglichkeiten des Geschäftspartners betraf, wurde die Wiedereinführung der adjektizischen Haftung für ausreichend empfunden[211].

Den Vertreter charakterisierte *Mühlenbruch* dabei als denjenigen, „welcher Alles, was bei dem Geschäft wesentlich ist, und namentlich auch den Abschluß desselben, statt des Prinzipals besorgt"[212]. In Abgrenzung hierzu sei der Bote „Ueberbringer der Nachrichten und Bestimmungen, von denen der Vertrag abhängt", und damit „bloßer Zwischenträger"[213]. Während der Vertreter durch seine Erklärung den Vertrag erst hervorbringe[214], habe der Bote für das Geschäft „nur die Bedeutung eines Briefes"[215]. Ähnliche Ausführungen finden sich bei *Kuntze*, der dem Boten zwar zugestand, einen freien Willen zu bilden und zu äußern[216], es aber „in seinem ureigenen Begriff" begründet sah, dass er bei Abschluss des Rechtsgeschäfts bloß „Verkünder eines fremdem Willens" sei[217]. Den Vertreter beschrieb *Kuntze* dagegen als jemanden, der „frei, wenn auch innerhalb gewisser Grenzen, sich entschließt"[218]. In derselben Weise differenzierte auch *v. Vangerow*: Während der Bevollmächtigte „selbst wollen soll" und der Vertrag erst durch seine Willensbetätigung „zur Existenz kommt", übermittle der Bote lediglich den bereits präzisierten Vertragswillen des Geschäftsherrn[219]. Dass aber auch dem Vertreter unter Um-

---

men in dem Augenblick, wo der Berechtigte sie fordern kann, ohne daß ihm irgend ein Einwand von Seiten des dazu Verpflichteten entgegensteht"; vgl. auch *Puchta/Rudorff*, Pandekten, § 273 (S. 421), § 275 (S. 423): „[...] geht aber die Forderung durch eine wirkliche oder fingirte Cession auf den letzteren über".

[209] *Mühlenbruch*, Cession, § 12 II (S. 112), § 13 II (S. 131).

[210] *Mühlenbruch*, Cession, § 14 (135 ff.), der die bereits im römischen Recht anerkannten Ausnahmen unter Verweis auf die „heutige Praxis" auf sämtliche Fälle erweitert hat, in denen jemand in Bezug auf Angelegenheiten des Geschäftsherrn handelt und mit Rücksicht auf dessen Person ein Dritter kontrahiert, § 14 a. E. (S. 147), vgl. § 44 (S. 471).

[211] Vgl. *Puchta/Rudorff*, Pandekten, § 278 (S. 427 f.), § 279 (S. 428 f.); *Puchta*, Vorlesungen II, § 279 (S. 125); *Kuntze*, Obligation, § 66 (S. 269); *v. Vangerow*, Pandekten III, § 661 (S. 499).

[212] *Mühlenbruch*, Pandekten I, § 130 (S. 236).

[213] *Mühlenbruch*, Cession, § 11 II (S. 109); *v. Vangerow*, Pandekten III, § 608 (S. 289).

[214] *Mühlenbruch*, Cession, § 11 II (S. 109).

[215] *Mühlenbruch*, Cession, § 11 II (S. 108 f.). Siehe zur Bezeichnung des Boten als Brief auch *Puchta*, Vorlesungen II, § 273 (S. 114); *v. Savigny*, Obligationenrecht II, § 57 (S. 56); *Joussen*, Jura 2003, 577; *Smid*, JuS 1986, L9; *Oertmann*, BGB, § 120 Rn. 2b, *Hueck*, AcP 152 (1952/53), 432 (434).

[216] *Kuntze*, Obligation, § 67 (S. 273).

[217] *Kuntze*, Obligation, § 69 (S. 282).

[218] *Kuntze*, Obligation, § 69 (S. 282).

[219] *v. Vangerow*, Pandekten III, § 608 (S. 294 f.).

ständen die Einzelheiten des abzuschließenden Geschäfts vorgegeben sein konnten, belegen die Ausführungen bei *Puchta* zur Figur des *specialis procurator*[220].

2. Geschäftsherrntheorie

Den Gegenentwurf zur „Zessionslehre" bildet die namentlich durch *v. Savigny* begründete und in neuerer Zeit von *Beuthien*[221] aufgegriffene „Geschäftsherrntheorie". Unter Berufung auf das römische Recht und mit dem Ziel, das Konzept einer direkten Stellvertretung bereits im römischen Recht nachzuweisen[222], formulierte *v. Savigny* die These, dass auch derjenige Bote sei, dem eine „gewisse Freiheit der Wahl" eingeräumt wurde[223]. Lege der Handelnde eine „gewisse Selbstthätigkeit"[224] an den Tag, gebe er keine eigene Erklärung ab, sondern wähle nur unter verschiedenen, seitens des Geschäftsherrn abgegebenen Entschlüssen aus[225]. Die Konstellation gleiche damit derjenigen, in welcher dem Handelnden die Übermittlung nur eines „einfachen Entschluß[es]" aufgegeben werde[226].

Indem *v. Savigny* den Vertreter mit der Figur des Boten identifizierte[227], war es ihm möglich, die Verpflichtung unmittelbar in der Person des Geschäftsherrn entstehen zu lassen, ohne dabei mit dem „Wesen" der Obligation zu brechen. Denn in jedem Fall war der Geschäftsherr der „(juristisch) Handelnde"[228] und die Mittelsperson nur Verkünder seines Willens[229]. Zugleich entfiel mit der Gleichsetzung die Notwendigkeit, Bote und Stellvertreter voneinander abzugrenzen[230]. Umso mehr erstaunt es, dass sich auch bei *v. Savigny* das Kriterium der Willensfreiheit bzw. der Willenswahl findet, wenn für ihn damit keine rechtlichen Konsequenzen verbunden waren. Denn ob die Hilfsperson bei Abschluss des Rechtsgeschäfts gleich einem „lebendigen Brief"[231] fungiere (sie also bewusstlos und willenlos sei) oder zumindest wisse,

---

[220] *Puchta/Rudorff*, Pandekten, § 53 (S. 83 in Fn. k).
[221] *Beuthien*, in: FS Medicus (1999), 1 (4 ff.).
[222] Vgl. *v. Savigny*, Obligationenrecht II, § 57 (S. 60, 62), § 58 (S. 69 f.).
[223] *v. Savigny*, Obligationenrecht II, § 57 (S. 58).
[224] *v. Savigny*, Obligationenrecht II, § 57 (S. 58).
[225] *v. Savigny*, Obligationenrecht II, § 57 (S. 59); im Ergebnis auch *Assmann*, 64 f.
[226] *v. Savigny*, Obligationenrecht II, § 57 (S. 59).
[227] *L. Mitteis*, Stellvertretung, 129; *Hellmann*, Stellvertretung, 3; vgl. *Müller-Freienfels*, in: Wissenschaft und Kodifikation des Privatrechts II (1988), 144, der die Geschäftsherrntheorie daher auch mehr als eine „Theorie der Botenschaft" einordnet; umgekehrt *Fleck*, ArchBürgR 15 (1899), 337 (339) und *Jüngling*, 16 in Fn. 18, die meinen, *v. Savigny* setze den Boten mit der Figur des Vertreters gleich, wobei der Bote „die unterste Sprosse der Stellvertretungsskala" markiere.
[228] *v. Savigny*, Obligationenrecht II, § 57 (S. 56 in Anm. b).
[229] *v. Savigny*, Obligationenrecht II, § 57 (S. 56, 59), § 58 (S. 72).
[230] *v. Savigny*, Obligationenrecht II, § 57 (S. 59).
[231] *v. Savigny*, Obligationenrecht II, § 57 (S. 56).

„wovon die Rede ist"[232] (sie also nur willenlos sei), oder ihr sogar aufgegeben werde, den Kaufpreis „wo möglich auf Neunzig herunter zu handeln"[233] (sie also weder bewusstlos noch willenlos sei): In jedem Fall sei die Hilfsperson im Zeitpunkt des Vertragsschlusses bloßer Träger eines fremden Willens[234]. Dass die Hilfsperson über einen mitunter „sehr freien Spielraum für [ihr] Urtheil und [ihren] Willen" verfügte, bedeutete für *v. Savigny* nur, dass ihr seitens des Geschäftsherrn mehrere Erklärungen – man kann von einem „Vorrat" an Erklärungen sprechen[235] – anvertraut wurden[236].

3. Repräsentationstheorie

Die Repräsentationstheorie, zu deren Verfechtern *Windscheid*[237], *Buchka*[238], *Jhering*[239] und *Laband*[240] zählen, verband die oben genannten Lehrmeinungen miteinander[241]. Der Stellvertreter galt im Einklang mit der Zessionslehre als der „juristisch Handelnde"[242], die Rechtswirkungen des durch ihn geschlossenen Vertrags traten im Anschluss an die Geschäftsherrnlehre aber in der Person des Vertretenen ein[243]. Dabei bezogen einige die Rechtswirkungen unmittelbar auf den Geschäftsherrn[244], wohingegen andere sich einer Fiktion bedienten[245]. In jedem Fall sollte der Stellvertreter, anders als noch bei *v. Savigny*, das „moderne Gegenbild" zum Boten sein[246], wie folgende Formulie-

---

[232] *v. Savigny*, Obligationenrecht II, § 57 (S. 58).

[233] *v. Savigny*, Obligationenrecht II, § 57 (S. 58 f.).

[234] *v. Savigny*, Obligationenrecht II, § 57 (S. 59); Preußisches Obertribunal SeuffA 113 (1860), Nr. 93, S. 119.

[235] Vgl. *Hanloser*, 15: „Vorratserklärungen".

[236] *v. Savigny*, Obligationenrecht II, § 57 (S. 59).

[237] *Windscheid/Kipp*, Pandekten I, § 73 (S. 344 ff.).

[238] *Buchka*, Stellvertretung, 206 f., 236 f.

[239] *Jhering*, JherJb 1 (1857), 273 (292, 312, 314, 319, 346).

[240] *Laband*, ZHR 10 (1866), 183 ff.

[241] Vgl. auch *Müller*, 156.

[242] Vgl. *Buchka*, Stellvertretung, 206, 237, dem zufolge der Vertreter die „juristische Handlung des Vertragsabschlusses" vollziehe. Vgl. auch *Jhering*, JherJb 1 (1857), 273 (275 ff.), der zwischen juristischen, für ein Rechtsgeschäft notwendigen, und faktischen, rein physischen Handlungen unterscheidet. Erstere würden durch den Vertreter, letztere durch den Boten verwirklicht. Anders *Hellmann*, Stellvertretung, 16 ff., der selbst die Handlung des Vertreters als „etwas völlig Unjuristisches", als eine Dienstleistung ansieht, die in der Wiedergabe oder Spezialisierung des Willens des Geschäftsherrn bestehe.

[243] *Windscheid/Kipp*, Pandekten I, § 73 (S. 350 ff.); *Laband*, ZHR 10 (1866), 183 f.; *Jhering*, JherJb 1 (1857), 273 (292, 312, 314, 319, 346).

[244] Etwa *v. Scheurl*, KritUeb 1 (1853), 315 (320); *Ruhstrat*, AcP 30 (1847), 340 (348); *ders.*, ArchOldR 1855, 86 (90 f.).

[245] Etwa *Laband*, ZHR 10 (1866), 183 (187): „gilt"; *Windscheid/Kipp*, Pandekten I, § 73 (S. 352 f. in Fn. 16b): „als das Handeln des Vertretenen gedacht werden"; *Buchka*, Stellvertretung, 206, 239, 242.

[246] *L. Mitteis*, Stellvertretung, 129 f.

rung bei *Buchka* zeigt: Während dem Boten „alles so speciell" vorgeschrieben sei, dass ihm „gar keine Sphäre eines eigenen Entschlusses übrig bleibt", er vielmehr nur den Willen des Geschäftsherrn übermittle, gewähre die Vollmacht dem Vertreter „in Bezug auf die Eingehung des Vertrages einen gewissen Spielraum"[247]. Ähnlich heißt es bei *Jhering*, dass der Vertreter mit dem Geschäftspartner „communciere"[248], er selbst also den „näheren" Inhalt des Vertrags nach eigenem „Ermessen" festlege[249], wohingegen der Bote ein nur „communicatives Instrument" sei, über das die Vertragsparteien ihre Erklärungen austauschen[250]. In dieses Bild fügt es sich ein, dass *Laband* den Boten als einen nicht „productive[n] Factor" bei der Entstehung des Rechtsgeschäfts bezeichnet – „denn sein eigener Wille kommt dabei nicht zur Entfaltung und Aeußerung"[251] –, die Handlung des Vertreters dagegen als „wirklich constitutive"[252] hervorhebt. Kennzeichnend für den Vertreter sei, dass er „selbst will, der Wille in seiner Person entsteht und von ihm erklärt wird"[253].

Anders als *Buchka* und *Jhering* stellte *Laband* für seine Unterscheidung allerdings nicht auf die „größere oder geringere Bestimmtheit des Auftrages" ab. Nach dem Auftrag konnten auch dem Vertreter die Einzelheiten des abzuschließenden Rechtsgeschäfts vorgegeben und umgekehrt dem Boten die Bestimmung der Vertragsmodalitäten überlassen sein[254]. Entscheidend war für *Laband* alleine der „Wille des Handelnden, also ein rein innerliches Moment, welches sich mit der äußeren Handlung organisch verbindet"[255]. Gemeint war das Auftreten der Hilfsperson im Verhältnis zu Dritten: Wer nach

---

[247] *Buchka*, Stellvertretung, 206.

[248] *Jhering*, JherJb 1 (1857), 273 (279).

[249] *Jhering*, JherJb 1 (1857), 273 (317).

[250] *Jhering*, JherJb 1 (1857), 273 (279); vgl. auch die Bezeichnung des Boten als „Werkzeug" oder „Organ" bei *Buchka*, Stellvertretung, 205, 206 und *Mühlenbruch*, Cession, § 11 II (S. 109).

[251] *Laband*, ZHR 10 (1866), 183 (192, vgl. 226).

[252] *Laband*, ZHR 10 (1866), 183 (192, vgl. 226).

[253] *Laband*, ZHR 10 (1866), 183 (226). Dass *Laband* den Vertreter als „Willens-Organ" des Vertretenen bezeichnet (187), steht hierzu in keinem Widerspruch. Betont werden soll damit nur, dass die Geschäftswirkungen unmittelbar in der Person des Vertretenen eintreten und der Wille des Vertreters dementsprechend nur eine „Durchgangsstation fremden Willens, fremder Rechte" ist. Während dieses Verständnis der „ethischen Würdigung der freien Persönlichkeit und ihres Willens" im römischen Recht widerspreche – danach sei der privatrechtliche Wille der vermögensrechtlich selbständigen Person souverän, „das innerste Wesen, die unverletzliche Prärogative der freien Person" –, sei es mit der „modernen Auffassung" „wohl vereinbar, daß sich Jemand den Zwecken des Andern dergestalt hingiebt, daß in seinem Willen der Wille des Andern zur Entstehung und Erscheinung kommt" (186).

[254] *Laband*, ZHR 10 (1866), 183 (190); zustimmend *Schliemann*, ZHR 16 (1871), 1 (24 f.).

[255] *Laband*, ZHR 10 (1866), 183 (192).

außen hin zu erkennen gab, den Willen eines anderen zu überbringen (sich
berichtend verhält), war nach *Laband* Bote[256], wer selbst wollte (sich als be-
schließend darstellte), Vertreter[257]. Weil es auf die Vorgaben aus dem Mandat
nicht ankam, konnte selbst derjenige, der im Verhältnis zum Geschäftsherrn
„völlig gebunden" war, eine Erklärung abgeben, die Dritte als „Aeußerung
des in seiner [des Vertreters] Seele lebendigen Willens" auffassen würden[258].

Hinter diesen Ausführungen verbirgt sich *Labands* wohl prominenteste
These: die rechtliche Selbständigkeit der Vollmacht gegenüber dem ihr zugrunde liegenden Rechtsverhältnis[259]. Der Auftrag war bedeutsam für das
Verhältnis des Vertretenen zum Vertreter, die Vollmacht für das Verhältnis
des Vertretenen zum Geschäftspartner[260]. Die Rechtsfolgen der Stellvertretung sollten sich dabei alleine aus der Vollmacht ergeben[261], weshalb sich für
Laband die Eigenschaft der Hilfsperson als Vertreter nach der Vollmacht und
also nach dem Verhältnis zum Geschäftsgegner bestimmte. Die Neuerung,
die *Labands* Ansatz für das Stellvertretungsrecht brachte[262], bestand also
nicht in der Einführung eines alternativen Abgrenzungskriteriums, es blieb
vielmehr bei dem des Entscheidungsspielraums. Wesentlich neu war an seinem Ansatz, den Entscheidungsspielraum des Vertreters an das nunmehr
selbständige Institut der Vollmacht anzuknüpfen und die Abgrenzungsperspektive auf das Außenverhältnis festzulegen.

VI. Gesetzgebungsverfahren des Bürgerlichen Gesetzbuchs

Die Repräsentationstheorie sollte auch das Gesetzgebungsverfahren prä-
gen[263]. Bereits in den Vorentwürfen wurde zur dogmatischen Begründung des

---

[256] *E. Zimmermann*, negotiorum gestio, 39.

[257] *Laband*, ZHR 10 (1866), 183 (192, 226); zustimmend *E. Zimmermann*, negotiorum
gestio, 22 ff., 39. *Laband* selbst hielt eine Grenzziehung allerdings für „in vielen Fällen
thatsächlich unmöglich" (ähnlich *Assmann*, 76), aber auch für „practisch irrelevant", da
die Vertragswirkungen jeweils in der Person des Prinzipals eintraten, *Laband*, ZHR 10
(1866), 183 (189 f.).

[258] *Laband*, ZHR 10 (1866), 183 (192); vgl. *E. Zimmermann*, negotiorum gestio, 40.

[259] *Laband*, ZHR 10 (1866), 183 (203 ff.); in Ansätzen bereits *Jhering*, JherJb 1 (1857),
273 (312 f.). Ausführlich zu dieser These *Labands Schmidt*, in: FS Canaris (2017), 117 ff.;
Doerner, Abstraktheit, 47 ff.; *Müller-Freienfels*, in: Wissenschaft und Kodifikation des
Privatrechts II (1988), 144 (172 ff.).

[260] *Laband*, ZHR 10 (1866), 183 (203).

[261] *Laband*, ZHR 10 (1866), 183 (203 ff.).

[262] Die Neuerungen galten in erster Linie der Stellvertretung im Vermögensverkehr;
dazu, dass *Labands* Ausführungen nicht auf die „unkommerzielle" gesetzliche Vertretung
passen, *Müller-Freienfels*, in: Wissenschaft und Kodifikation des Privatrechts II (1988),
144 (187 f.).

[263] *Müller*, 156; *Flume*, AT II, § 43, 3 (S. 751).

Instituts der direkten Stellvertretung auf den Repräsentationsgedanken verwiesen und ausgeführt, „daß die Erklärungen des Stellvertreters gelten, als wenn sie von dem Vertretenen abgegeben worden wären, und daß der Letztere durch das Rechtsgeschäft unmittelbar berechtigt und verpflichtet wird"[264]. Im Anschluss an E I § 115 BGB, der die Zulässigkeit der Stellvertretung ausdrücklich anordnete, formulierte der Erste Entwurf in E I § 116 Abs. 1 S. 1 BGB (vgl. § 164 Abs. 1 S. 1 BGB): „Durch ein Rechtsgeschäft, welches der Vertreter innerhalb der Grenzen seiner Vertretungsmacht vornimmt, wird der Vertretene *unmittelbar* berechtigt und verpflichtet."[265] In den Beratungen zum Zweiten Entwurf galt das Prinzip der unmittelbaren Stellvertretung als „gegenwärtig allgemein, auch im gemeinen Recht anerkannt", weshalb man sich zur Streichung des E I § 115 BGB entschloss[266]. Die Vorschrift des E I § 116 BGB wurde beibehalten, es wurde nur das Handeln des Vertreters statt auf die Vornahme eines Rechtsgeschäfts auf die Abgabe einer Willenserklärung bezogen, E II § 134 BGB. Mit dieser von der Zweiten Kommission als „redaktionelle Verbesserung"[267] betitelten Änderung schaffte man zugleich Klarheit darüber, dass derjenige, der ein Rechtsgeschäft (nur) dadurch zustande brachte, dass er die vorgefertigte Annahmeerklärung einer Partei übermittelte, kein Stellvertreter war[268].

Bestätigt wurde außerdem das tradierte Botenkonzept, das, wie im ALR und ABGB, zwar keine ausdrückliche gesetzliche Regelung erfuhr[269], von bestimmten Vorschriften aber vorausgesetzt wurde. Zu diesen Vorschriften zählte E I § 101 BGB (vgl. § 120 BGB), der Normen des Anfechtungsrechts für entsprechend anwendbar erklärte, „wenn der Urheber der Willenserklärung zur Uebermittelung derselben an den Empfänger sich einer Mittelsperson bedient hat, durch welche der Wille unrichtig mitgetheilt ist". Dass die hier in Rede stehende Mittelsperson Bote und nicht Vertreter war, wurde dabei als selbstverständlich vorausgesetzt[270]. Die Vorschrift wurde in den

---

[264] *Gebhard*, in: Schubert, Vorlagen AT I/2, 159.

[265] Hervorhebung im Original.

[266] Der Vorschrift komme nur eine „retrospektive Bedeutung zu", Protokolle I, 135 = Mugdan I, 735.

[267] Protokolle I, 136 = Mugdan I, 736.

[268] Vgl. dazu *Hölder*, AcP 73 (1888), 1 (110 f.) = Zusammenstellung der gutachtlichen Äußerungen I, 187.

[269] *Hanloser*, 28; MK-BGB/*Schubert*, § 164 Rn. 79; Staudinger/*Schilken*, BGB, Vor § 164 Rn. 73; *Medicus/Petersen*, AT, § 54 Rn. 885; *Assmann*, 47. Ausdrücklich genannt war der Bote zwar in § 196 Abs. 1 Nr. 3 BGB a. F., wonach die Ansprüche „der Eisenbahnunternehmungen, Magnetschwebebahnunternehmen, Frachtfuhrleute, Schiffer, Lohnkutscher und Boten wegen des Fahrgeldes, der Fracht, des Fuhr- und Botenlohns, mit Einschluß der Auslagen" in zwei Jahren verjährten. Allerdings betraf die Regelung Ansprüche aus Transportgeschäften, weshalb wohl nicht der Erklärungs-, sondern der Dienstbote gemeint war, vgl. Motive I, 303 = Mugdan I, 519.

[270] Motive I, 203 = Mugdan I, 464.

Zweiten Entwurf übernommen (E II § 95 BGB), nur trat an die Stelle der „Mittelsperson" die Formulierung „Person oder Anstalt", um auch die Benutzung eines Telegrafen zweifelsfrei zu erfassen[271].

Zur Abgrenzung zwischen Stellvertretung und Botenschaft bemühte der historische Gesetzgeber, abermals im Einklang mit dem tradierten Verständnis, das Kriterium des Entscheidungsspielraums[272]. Bereits die Vorentwürfe bezeichneten denjenigen als Stellvertreter, dem die „Freiheit der Willenswahl" überlassen war[273] und dessen Erklärung sich als ein „eigenes Produkt des Denkens und Wollens" darstellte[274]. Weil der Vertreter den Willen nach „eigenem Ermessen" bilden sollte[275], sprach man auch von einer „Stellvertretung im Willen"[276]. „In die Lage eines Boten"[277] kam die Mittelsperson erst, wenn sich ihr Handeln auf die Wiedergabe einer fremden Erklärung beschränkte[278] und sie selbst also keine „rechtsgeschäftliche Willensentscheidung" treffen konnte[279]. Konsequenterweise, wenn auch mit Restzweifeln, ordnete man in den Vorentwürfen daher auch denjenigen nicht als Boten ein, dem freigestellt war, „unter mehreren Alternativen des zu Erklärenden zu wählen, oder auch wohl die Erklärung ganz zu unterlassen"[280]. Diesem Verständnis schloss sich die Erste Kommission an: Ob von einer „Uebermittlung" im Sinne des E I § 101 BGB auch dann noch die Rede sei, wenn die Mittelsperson zwischen mehreren Erklärungen des Geschäftsherrn zu wählen oder die Übermittlung zu unterlassen befugt sei, „mag unter Umständen zweifelhaft sein, eignet sich aber nicht zur Entscheidung durch das Gesetz".

---

[271] E II § 95 BGB: „Eine Willenserklärung, welche durch die zur Uebermittelung verwendete Person oder Anstalt unrichtig übermittelt ist, kann unter der gleichen Voraussetzung angefochten werden wie nach § 94 eine irrthümlich abgegebene Willenserklärung." Vgl. bereits Motive I, 203 = Mugdan I, 464; *F. Leonhard*, Verh. 20. DJT III (1889), 23 (103) = Zusammenstellung der gutachtlichen Äußerungen I, 174, der die Bezeichnung der Telegrafenanstalt und ähnlicher Beförderungswerkzeuge als „Mittelsperson" für eine „sprachliche Härte" hielt.

[272] Vgl. *Gebhard*, in: Schubert, Vorlagen AT I/2, 156: „Willenswahl"; Motive I, 223 = Mugdan I, 476: „Willenswahl"; Protokolle I, 141 = Mugdan I, 739: „Willensentscheidung".

[273] *Gebhard*, in: Schubert, Vorlagen AT I/2, 162.

[274] *Gebhard*, in: Schubert, Vorlagen AT I/2, 156; *Assmann*, 78: „höhere geistige Arbeit".

[275] Vgl. *Gebhard*, in: Schubert, Vorlagen AT I/2, 165.

[276] *Gebhard*, in: Schubert, Vorlagen AT I/2, 157; ablehnend *Flume*, AT II, § 43, 3 (S. 755).

[277] Vgl. *Gebhard*, in: Schubert, Vorlagen AT I/2, 165.

[278] Vgl. *Gebhard*, in: Schubert, Vorlagen AT I/2, 155 f., 159; in diese Richtung auch Motive I, 203 = Mugdan I, 464; Protokolle I, 141 = Mugdan I, 739.

[279] Vgl. *Gebhard*, in: Schubert, Vorlagen AT I/2, 164.

[280] Denn: „Soweit dem Abgesandten eine Willenswahl gelassen ist, kann dieselbe durch in seiner Person eintretende Willensmängel – Zwang, Betrug – beeinflußt werden, ist diese Beeinflussung rechtlich bedeutsam und tritt er unter den Begriff eines wirklichen Stellvertreters", *Gebhard*, in: Schubert, Vorlagen AT I/2, 156.

Im Allgemeinen aber hätten die Grundsätze des Vertretungsrechts Platz zu greifen, „soweit der Person, deren man sich bedient, eine Willenswahl offengelassen ist"[281].

Begründet wurde die zuletzt beschriebene Sicht mit dem Institut der Vollmacht. Unter dem Begriff der Vollmacht verstand der Erste Entwurf „die auf rechtsgeschäftlicher Ertheilung beruhende Ermächtigung zur Vertretung"[282], die dem Vertreter „die Macht zu einem Wollen und Handeln im Namen des Vollmachtgebers" gewährte[283]. Die Bevollmächtigung sollte, ähnlich der Einwilligung, die „Erweiterung einer fremden Machtvollkommenheit" bewirken[284], was implizierte, dem Vertreter einen gewissen Entscheidungsspielraum zuzusprechen. Ob der Vertreter von der Vertretungsmacht Gebrauch zu machen verpflichtet war, wurde im Anschluss an *Laband* als eine Frage des von der Vollmacht zu unterscheidenden Auftrags behandelt und zur Bestimmung der Stellvertretereigenschaft daher außer Betracht gelassen. So heißt es in den Motiven: „Der beauftragte Vertreter handelt [...] nicht kraft Auftrages, sondern kraft der ihm ertheilten Vollmacht"[285].

Eine weitere Begründung, weshalb dem Vertreter ein Entscheidungsspielraum verbleiben musste, lieferte die Zweite Kommission: Mache der Vertreter Beobachtungen, die ihn berechtigterweise dazu veranlassen, den Geschäftsabschluss vorerst zu unterlassen[286], solle es ihm möglich sein, dem Geschäftsherrn zunächst von seinen Wahrnehmungen zu berichten, damit dieser seine Entscheidung noch einmal bedenken könne. Dafür müsse dem Vertreter aber „zum Mindesten die Willensentscheidung darüber [verbleiben], ob er die ihm aufgetragene Willenserklärung abgeben wolle oder nicht"[287].

Einheitlich positionierten sich die Entwürfe außerdem zu der Frage, ob sich für den Vertreter aus der Vollmacht auch das Recht ergab, den Inhalt des vorzunehmenden Rechtsgeschäfts festzulegen. In den Vorentwürfen wurden zwei Fälle diskutiert: In dem einen Fall wurde der Hilfsperson die „engere Wahl" zwischen zwei Erklärungsalternativen belassen, in dem anderen Fall „kein Raum zu einer eigenen Prüfung und Entscheidung". In beiden Kon-

---

[281] Motive I, 223 = Mugdan I, 476.

[282] Motive I, 228 = Mugdan I, 478.

[283] Motive I, 229 = Mugdan I, 479; vgl. *Hölder*, AcP 73 (1888), 1 (112), dem zufolge es eine Erklärung, deren Vollziehung nicht dem Ermessen des Vertreters überlassen wäre, nicht gebe.

[284] Motive I, 246 = Mugdan I, 489.

[285] Motive I, 229 = Mugdan I, 479.

[286] Wenn etwa ein Dritter denselben Kaufgegenstand kurzfristig zu einem besseren Preis anbietet oder sich das anzufechtende Rechtsgeschäft wider Erwarten als vorteilhaft herausstellt.

[287] Protokolle I, 141 = Mugdan I, 739.

stellationen hielt man das Stellvertretungsrecht für anwendbar. Unterschiede ergaben sich lediglich bei der Frage, auf wessen Kenntnis und Willensmängel abzustellen sei, wenn die Hilfsperson bösgläubig war[288]. Diesem Verständnis schloss sich die Erste Kommission an, die im Zusammenhang mit den Vorschriften der E I §§ 117, 118 BGB (vgl. § 166 BGB) auch denjenigen als Vertreter behandelte, der „zur Schließung eines Vertrages über einen *bestimmten* Gegenstand besonders ermächtigt ist"[289]. Dass ein Stellvertreter also nicht notwendig auf den Inhalt des abzuschließenden Rechtsgeschäfts Einfluss nehmen musste, belegen schließlich die Ausführungen der Ersten Kommission zum sogenannten *mandatum ad hoc*. Bezeichnet wurde damit die „besondere Bevollmächtigung zur Vornahme eines konkret bestimmten Rechtsgeschäfts"[290], die im Unterschied zur gewöhnlichen Spezialvollmacht der öffentlich beglaubigten Form bedurfte[291]. Gesetzlich geregelt war das *mandatum ad hoc* in E I § 2032 BGB und E I § 2094 BGB. Nach E I § 2032 S. 2 BGB (vgl. § 1945 BGB) bedurfte derjenige, der im Namen des Erben die Ausschlagung der Erbschaft erklärte, „zu dieser Erklärung einer besonderen auf deren Abgabe gerichteten Vollmacht"[292]. Dieselben Voraussetzungen stellte E I § 2094 Abs. 2 S. 2 BGB für die Erklärung eines Vertreters auf, namens des Erben auf dessen Inventarrecht zu verzichten[293]. Die mit dem *mandatum ad hoc* verbundene Formalisierung sollte vor allem einer unwirksamen Erklärungsabgabe vorbeugen, was man angesichts der großen Wichtigkeit der Erklärung und deren Bedeutung für das weitere Vorgehen des Nachlassgerichts für erforderlich hielt[294]. Dass der Hilfsperson der Inhalt der Ausschlagungs- bzw. Verzichtserklärung für Dritte ersichtlich vorgegeben war, stand der Annahme einer Stellvertretung dabei nicht entgegen. Dieses Ergebnis wurde auch von der Zweiten Kommission gebilligt. Zwar änderte man E I § 2032 BGB dahin ab, dass eine allgemeine Ermächtigung zur Ausschlagung von Erbschaften genügen sollte, E II § 1822 Abs. 2 BGB[295], um dem Einwand zu begegnen, der Vertreter sei eigentlich ein Bote, wenn sich dessen Vollmacht auf die Ausschlagung einer speziellen Erbschaft beschränke. Vor allem aber bezweckte man mit der Neufassung, auch demjenigen Erben eine

---

[288] *Gebhard*, in: Schubert, Vorlagen AT I/2, 166.

[289] Motive I, 227 = Mugdan I, 478 (Hervorhebung von der Verfasserin).

[290] Motive I, 233 = Mugdan I, 481.

[291] Motive V, 503 = Mugdan V, 268.

[292] Zur Vorschrift: Motive V, 502 f. = Mugdan V, 268.

[293] Diese Vorschrift findet im geltenden Recht keine Entsprechung.

[294] Vgl. Motive V, 502 = Mugdan V, 268. Die beiden Erklärungen waren außerdem bedingungs- und befristungsfeindlich, vgl. Motive V, 607 = Mugdan V, 326.

[295] E II § 1822 Abs. 2 BGB: „Ein Bevollmächtigter bedarf einer öffentlich beglaubigten Vollmacht. Die Vollmacht muß der Erklärung beigefügt oder innerhalb der Ausschlagungsfrist nachgebracht werden." E I § 2094 BGB entfiel insgesamt, Protokolle V, 732.

Ausschlagung zu ermöglichen, der sich vor dem Erbfall in das Ausland begeben und seinen Bevollmächtigten mit einer nur generellen Vollmacht zur Ausschlagung zurückgelassen hatte[296]. Damit war die Änderung des E I § 2032 BGB weniger von dogmatischen als mehr von praktischen Erwägungen getragen[297].

Zweifel an der geforderten „Willensentscheidung" des Vertreters kamen im Zusammenhang mit der Empfangsvertretung auf. In den Vorentwürfen heißt es hierzu, dass die Befugnisse des Vertreters in diesem Fall auf den „engste[n] Umfang"[298] beschränkt seien, man aber auch bei der Empfangsvertretung „in einem gewissen Sinne von stellvertretender Tätigkeit reden" könne[299]. Eine Begründung wird allerdings nicht gegeben. Es wird lediglich mit Blick auf die Rechtsfolgenseite festgestellt, dass die Erklärungsabgabe gegenüber einem Empfangsvertreter so wirke, als wenn sie gegenüber dem Geschäftsherrn selbst vorgenommen würde[300]. Keine Begründung bietet auch der in den Vorentwürfen zu findende Verweis auf einen Beitrag von *Schliemann*. Abgesehen davon, dass *Schliemann* für die Abgrenzung zwischen Stellvertretung und Botenschaft allgemein einen anderen Ansatz verfolgt[301], lässt sich der zitierten Stelle nicht entnehmen, inwiefern bei einer Empfangsvertretung noch in einem „gewissen Sinne" von einer Stellvertretung die Rede sein kann. *Schliemann* schreibt nur, dass demjenigen Vertreter, der dem Geschäftsgegner bereits die Offerte gemacht habe, auch die Annahme dieser Offerte erklärt werden müsse, damit ein Vertrag zustande komme[302]. Dahinter verbirgt sich zunächst nur die allgemeine Regel des Vertragsrechts, dass der einem Anwesenden gemachte Antrag nur sofort angenommen werden kann, § 147 Abs. 1 S. 1 BGB[303]. Davon abgesehen ist die

---

[296] Protokolle V, 626. Generalvollmachten und ähnlich weit gefasste Vorsorgevollmachten, die im vermögensrechtlichen Bereich keine Einschränkungen enthalten und zu allen Rechtsgeschäften und geschäftsähnlichen Handlungen berechtigen, bei denen eine gewillkürte Stellvertretung zulässig ist, schließen regelmäßig die Befugnis zur Ausschlagung bzw. Anfechtung ein, OLG Zweibrücken DNotZ 2008, 384 (387).

[297] Vgl. Protokolle V, 626.

[298] *Gebhard*, in: Schubert, Vorlagen AT I/2, 159.

[299] *Gebhard*, in: Schubert, Vorlagen AT I/2, 159.

[300] Vgl. *Gebhard*, in: Schubert, Vorlagen AT I/2, 159.

[301] *Schliemann* vertritt einen kombinierten Ansatz, indem er zwar den Entscheidungsspielraum als Abgrenzungskriterium heranzieht, das „eigentlich[e] Kriterio" der Abgrenzung aber in der Unterscheidung zwischen dem Abschluss des gesamten Rechtsgeschäfts (dann Vertretung) und der Abgabe einer einzelnen Erklärung (dann Botenschaft) erblickt, vgl. ZHR 16 (1871), 1 (21 ff.). Abgesehen davon geht *Schliemann* von einer Dreiteilung in Bote, Stellvertreter und Briefträger aus (4 f.), wobei er Bote und Stellvertreter unter den Begriff des „freien Vertreters" (4, 14) oder „Mandatars" (14) zusammenfasst.

[302] *Schliemann*, ZHR 16 (1871), 1 (26 ff.).

[303] Vgl. *Gebhard*, in: Schubert, Vorlagen AT I/2, 159.

Hilfsperson in dem von *Schliemann* geschilderten Fall nicht lediglich Empfangsvertreter, sondern zugleich Aktivvertreter.

Ebenso wenig aufschlussreich sind die Ausführungen der Ersten Kommission zur Empfangsvertretung. Festgestellt wird nur, dass ein Vertreter „in dieser Richtung" bevollmächtigt werden kann[304]. Ob die „Willensthat"[305] des Empfangsvertreters zumindest darin bestehe, von seiner Vertretungsbefugnis im Einzelfall keinen Gebrauch zu machen, wird zur Entscheidung an die „Doktrin und Praxis" überwiesen[306]. In der Folge tauchte die Frage nach den Entscheidungsbefugnissen eines Empfangsvertreters in den Protokollen der Zweiten Kommission nicht mehr auf.

VII. Zusammenfassung und Bewertung

Schon im römischen Recht bestanden verschiedene Möglichkeiten, gewaltfreie Dritte bei Abschluss eines Rechtsgeschäfts einzuschalten. Es konnten für den Geschäftsherrn handeln einerseits *institores, magistri naves, procuratores* und andererseits *nuntii*. Auf prozessualer Ebene gelangte das römische Recht für beide Fälle zu demselben Ergebnis: dass der Geschäftsherr gegen den Geschäftspartner klagen und seinerseits verklagt werden konnte. Handelte es sich bei der eingeschalteten Mittelsperson um einen Boten, bedurfte dieses Ergebnis keiner näheren Begründung, weil die Äußerung des Boten nicht als dessen eigene Erklärung (in fremdem Namen), sondern als Erklärung desjenigen gewertet wurde, für den der Bote auftrat[307]. Handelte dagegen ein *institor, magister navis* oder *procurator*, konnten wechselseitige Klagen nur über *actiones utiles* und die adjektizische Haftung konstruiert werden. Das Zusammenspiel beider Institute führte zu einem der direkten Stellvertretung (im modernen Sinne) vergleichbaren Ergebnis – dies umso mehr, als die adjektizische Haftung des Geschäftsherrn im Verlauf nicht mehr nur subsidiär gewährt und der Handelnde von seiner Eigenhaftung befreit wurde. Grundlage und Grenze der adjektizischen Klagen bildete dabei die von Seiten des Geschäftsherrn erteilte Ermächtigung, mit der wiederum häufig die Stellung als *institor, magister navis* oder *procurator* verbunden war. Während dieser Personengruppe innerhalb ihres Aufgabenkreises eine gewisse Entscheidungsfreiheit verblieb, was die auszuführenden Geschäfte betraf, war die einem Boten eigentümliche Tätigkeit auf die bloße Wiedergabe fremder Erklärungen beschränkt.

---

[304] Motive I, 226 = Mugdan I, 477.
[305] Motive I, 227 = Mugdan I, 478.
[306] Motive I, 226 = Mugdan I, 477.
[307] *Kaser*, RP I, § 62 II a. E.

Entsprach es der Denkweise des römischen Juristen, Rechtsprobleme kasuistisch und vor dem Hintergrund einer konkreten Rechtsfrage im Einzelfall zu erörtern, setzten sich die Glossatoren und Kommentatoren zunehmend auch abstrakt mit Rechtsbegriffen auseinander. Bei den Studien über das Institut der Stellvertretung identifizierte man den *procurator* als Gegenentwurf zum *nuntius* und brachte den Stellvertreter-Boten-Dualismus auf einen definitorischen Gegensatz. Der den Vertreter kennzeichnende Entscheidungsspielraum (*arbitrium*) ergab sich dabei aus zwei Richtungen: einerseits in Abgrenzung zum Boten, der als bloßes Vermittlungsinstrument über kein Ermessen verfügte, und andererseits unter Bezugnahme auf den Tatbestand der Obligation, zu dessen Verwirklichung der Handelnde einen eigenen Willen bilden musste. Die Erklärung des Vertreters musste also im Unterschied zum Boten einerseits und im Einklang mit dem Begriff der Obligation andererseits das Ergebnis eigenen Wollens sein. Dass der Entscheidungsspielraum die Grenze zur Botenschaft markierte, zeigen besonders deutlich die Ausführungen zur auftragslosen Stellvertretung: Im Unterschied zu einem Boten, dem die Vertragserklärung in den Mund „gelegt" wurde, war der Prokurator kraft eigener Entschließung und Willensbetätigung imstande, zumindest die genehmigungsfähige „Substanz" eines Vertrags selbst zu schaffen.

Dieses Verständnis von der Stellvertretung setzte sich im Naturrecht fort. So findet sich auch bei *Grotius* und *Wolff* die Gegenüberstellung des „minister qui electus est ut ipse promittat" und des „minister qui lectus erat voluntatis internuntius". Indem *Grotius* dem Boten als personifizierte Schuldurkunde (oder Überbringer einer Schuldurkunde) jedes Willensmoment absprach und zugleich das *ius promittendi* als das zentrale Element rechtsgeschäftlichen Handelns hervorhob, schloss er den Boten aus seiner willensbasierten Vertragslehre aus. Zugleich grenzte er den Boten von dem Vertreter ab, der sich in Ausübung des *ius promittendi* gerade durch die Betätigung des eigenen Willens auszeichnete. Daran anknüpfend arbeitete *Wolff* den Bezug der Stellvertretung zum *mandatum* heraus, aus dem sich für ihn Grund und Umfang der Vertretungswirkung ergaben. Im Anschluss daran bestimmten sich die Befugnisse des Vertreters auch im ALR und ABGB nach dem „Vollmachtsauftrag" bzw. „Bevollmächtigungsvertrag". Ob die Geschäftsfolgen in der Person des Vertretenen eintraten, richtete sich dagegen nach der Vollmacht, auf deren Grundlage der Handelnde das Rechtsgeschäft aus Sicht des Geschäftsgegners selbstentscheidend abschließen musste.

Das beschriebene Vertreterbild überdauerte auch die Diskussion um die dogmatische Konstruktion der direkten Stellvertretung im 19. Jahrhundert. Gerade weil man dem Vertreter zusprach, was man dem Boten absprach, und ihn also über seine „Willensthat" identifizierte, stellte sich überhaupt die Frage, wie die Geschäftswirkungen in der Person des Vertretenen entstehen konnten. Die Antworten hierauf fielen unterschiedlich aus: Während die

Zessionslehre die Verpflichtung deshalb (wegen der „Willensthat" des Ver-treters) in der Person des Vertreters entstehen ließ und sich zur Überleitung der Rechtsfolgen einer Abtretungskonstruktion behalf, behandelte die Ge-schäftsherrnlehre die Willensentscheidung des Vertreters als unbedeutendes Auswahlcrmessen, um die Geschäftswirkungen im Einklang mit dem tradier-ten Obligationsverständnis auf den Vertretenen beziehen zu können. Die An-hänger der Repräsentationslehre wiederum trennten das Rechtsgeschäft von seinen Wirkungen und verbanden beide Elemente über das Institut der Voll-macht miteinander. Damit lockerte die Repräsentationstheorie einerseits die Einheit von Wille und Obligation und stellte andererseits die Vollmacht als ein gegenüber dem Auftrag eigenständiges Rechtsinstitut des Vertretungs-rechts heraus.

An die Repräsentationstheorie anknüpfend definierte der historische Ge-setzgeber den Stellvertreter nicht länger in Anlehnung an das Mandat, son-dern nach der ihm erteilten Vollmacht. Mit der Bevollmächtigung verband der Gesetzgeber eine Erweiterung der Rechtsmacht des Handelnden, womit die Grundlage für das Kriterium des Entscheidungsspielraums gelegt war. Die mit der Vollmacht einhergehende Entscheidungsbefugnis wurde dabei gegebenenfalls auf den Inhalt, notwendigerweise aber auf die Ausführung des Vertretungsakts bezogen.

B. Der Entscheidungsspielraum im geltenden Recht

Die Diskussion um die Idee einer direkten Stellvertretung und die Rechts-wirkungen der Vollmacht setzte sich nach Inkrafttreten des Bürgerlichen Gesetzbuchs fort. In der Literatur und Rechtsprechung des 20. und 21. Jahr-hunderts wurde vor allem das Verhältnis zwischen Vollmacht, Auftrag und Vertretungsakt erörtert. Streit herrschte aber auch darüber, worin genau die „Entscheidungsmacht" eines Stellvertreters bestand. Diesen Befund nimmt die Arbeit zum Anlass, sich im Folgenden mit der Bedeutung des Entschei-dungsspielraums im geltenden Recht zu befassen. Untersucht wird, in wel-chen Zusammenhängen das Abgrenzungskriterium verwendet wird und wel-che sachlichen Bezugspunkte für den Entscheidungsspielraum in Betracht kommen. Daran anknüpfend gilt es herauszuarbeiten, inwiefern sich das herrschende Verständnis vom Entscheidungsspielraum auch gesetzlich bele-gen lässt. Abschließend ist auf die Besonderheiten im Kontext der Stellver-tretung durch digitale Systeme einzugehen.

I. Verwendungszusammenhänge

Erwähnung findet der Entscheidungsspielraum des Vertreters ganz überwiegend im Zusammenhang mit der Aktivvertretung, und dort einerseits im Zusammenhang mit der Willenserklärung des Vertreters und andererseits im Zusammenhang mit der Vertretungsmacht.

1. Willenserklärung des Vertreters

Nach § 164 Abs. 1 S. 1 BGB ist Vertreter, wer eine Willenserklärung innerhalb der ihm zustehenden Vertretungsmacht im Namen des Vertretenen abgibt. Dementsprechend ist Vertreter nicht, wer nur die Gelegenheit zur Abgabe einer Willenserklärung schafft[308], den Entwurf einer Erklärung anfertigt oder eine vorgefertigte Erklärung an den Adressaten übermittelt[309].

Ob das Verhalten der Hilfsperson den Tatbestand der Willenserklärung erfüllt oder sich als bloße Beihilfe vor Abschluss des Rechtsgeschäfts, währenddessen oder danach erweist, beurteilt sich gemeinhin durch Auslegung nach dem objektiven Empfängerhorizont[310]. Berücksichtigt wird dabei der „Gesamtcharakter des Auftretens der Mittelsperson"[311], wobei Ausgangspunkt der Erklärungswortlaut ist[312]: Gibt die Hilfsperson an, im Namen eines anderen zu wollen („Ich kaufe die Sache für G"), ist sie Vertreter, dagegen Bote, wenn sie von der Erklärung eines anderen nur Bericht erstattet („G lässt sagen, er kaufe die Sache")[313]. Bei schriftlichen Erklärungen soll sich gegebenenfalls aus einer Präambel, einem Briefkopf oder der Unterschrift ergeben, ob die Hilfsperson als Vertreter gehandelt hat[314]. Berücksichtigt wer-

---

[308] Zur Figur des Verhandlungsbevollmächtigten BGH NJW-RR 1991, 439 (441).

[309] Vgl. *v. Tuhr*, AT II/2, § 84 II (S. 337 f.); *Bork*, AT, § 30 Rn. 1304; *Flume*, AT II, § 43, 1 (S. 749 f.); *Oertmann*, BGB, Vor § 164 Rn. 2a.

[310] *Mock*, JuS 2008, 309; *Lipp*, JuS 2000, 267 (268); *Joussen*, Jura 2003, 577 (578); *Bork*, AT, § 32 Rn. 1345; *Neuner*, AT, § 49 Rn. 16; *Flume*, AT II, § 43, 4 (S. 755 ff.); *Brox/Walker*, AT, § 24 Rn. 3; Soergel/*Leptien*, BGB, Vor § 164 Rn. 44; BeckOK-BGB/*Schäfer*, 1.8.2021, § 164 Rn. 11; vgl. Palandt/*Ellenberger*, BGB, Vor § 164 Rn. 11; anders *Hueck*, AcP 152 (1952/53), 432 (435 ff.). Durch Auslegung wird nicht nur der Inhalt, sondern auch der Tatbestand der Willenserklärung ermittelt, Staudinger/*Singer*, BGB, § 133 Rn. 25.

[311] *Assmann*, 55. Vgl. *Flume*, AT II, § 16, 3c (S. 310); *Bork*, AT, § 14 Rn. 549; MK-BGB/*Schubert*, § 164 Rn. 80 f.; RGZ 119, 21 (25); BGH NJW 2008, 1243 (1244).

[312] Vgl. BGH MDR 1962, 567 für eine ausdrücklich als selbstschuldnerische Bürgschaft bezeichnete Erklärung, deren Umdeutung in einen Schuldbeitritt nur bei Gegebensein „gewichtige[r] Umstände" möglich sei.

[313] Vgl. *Bork*, AT, § 32 Rn. 1345; HK-BGB/*Dörner*, § 164 Rn. 4; BGH NJW 1954, 797 (798); *Neuner*, AT, § 49 Rn. 17; *v. Tuhr*, AT II/2, § 84 II (S. 340); *Hoffmann*, JuS 1970, 179 (181); *Matthiessen*, JW 1924, 659 (660, r. Sp.).

[314] *v. Tuhr*, AT II/2, § 84 II (S. 339 mit Fn. 39); *Bork*, AT, § 32 Rn. 1345, § 33 Rn. 1389; ähnlich: *Medicus/Petersen*, AT, § 5 Rn. 77; *Matthiessen*, JW 1924, 659 (660, r. Sp.).

den insbesondere Unterschriftenzusätze wie „ppa." („per procura"), „i. V." („in Vertretung") oder „i. A." („im Auftrag")[315]. Während das Kürzel „ppa." auf die Stellung eines Prokuristen[316] und damit eines Stellvertreters verweist, vgl. §§ 49 Abs. 1, 51, 57 HGB, wird die Abkürzung „i. A." vornehmlich in größeren Geschäftsbetrieben als Kennzeichen für eine Botenschaft gewertet[317].

Nicht selten wird die auszulegende Erklärung allerdings mündlich erfolgen und die Hilfsperson als juristischer Laie ihre Worte nicht in dem Bewusstsein wählen, Stellvertreter oder Bote zu sein[318]. „Zentrales Abgrenzungskriterium"[319] soll in diesem Fall der Entscheidungsspielraum sein[320]. Ausgehend von der Formel, der Vertreter gebe eine eigene Willenserklärung ab, während der Bote eine fremde übermittle[321], identifiziert man den Stellvertreter über sein „mehr oder minder großes Maß an Entscheidungsfreiheit"[322]. Aufschluss hierüber sollen wiederum das Alter, die soziale Stellung und die berufliche Qualifikation der Hilfsperson geben[323]. Ein geringes Alter lässt darauf schließen, dass sich der Handelnde der (rechtlichen) Bedeutung seiner Erklärung (noch) nicht bewusst ist und über Abschluss und Inhalt des Rechtsgeschäfts also nicht er selbst, sondern sein gesetzlicher Vertreter entschieden hat[324]. Umgekehrt ist mit zunehmender fachlicher Kompetenz oder Geschäftserfah-

---

[315] Vgl. *Bork*, AT, § 33 Rn. 1389.

[316] Vgl. BeckOK-HGB/*Meyer*, 15.4.2021, § 51 Rn. 6; Oetker/*Schubert*, HGB, § 51 Rn. 6.

[317] Vgl. *O. Klein*, NZA 2004, 1198 (1200); RGZ 106, 200 (203); Soergel/*Leptien*, BGB, Vor § 164 Rn. 44.

[318] *Sperber*, 42. So wurde eine Personaldisponentin, die dem gekündigten Arbeitnehmer beim Abschluss des Arbeitsvertrags, in Personalgesprächen, bei der Erteilung von Abmahnungen und Einzelweisungen als Vertreter des Arbeitgebers gegenübergetreten war, auch für die nachfolgende Kündigung als Vertreter eingeordnet, obwohl sie das Schreiben „i. A." unterzeichnet hatte, BAG NJW 2008, 1243 f. Zur Berücksichtigung des bisherigen Auftretens der Hilfsperson vgl. Motive I, 225 = Mugdan I, 477; *Bork*, AT, § 33 Rn. 1384 in Fn. 17; *Flume*, AT II, § 44 I (S. 764 f.).

[319] BeckOGK-BGB/*Huber*, 1.11.2021, § 164 Rn. 43.

[320] *Mock*, JuS 2008, 309; *Hoffmann*, JuS 1970, 179 (181); vgl. *Bork*, AT, § 32 Rn. 1346; dagegen *Petzold*, MDR 1961, 459 (460).

[321] *Medicus/Petersen*, AT, § 54 Rn. 886; *Neuner*, AT, § 49 Rn. 13; *Brox/Walker*, AT, § 24 Rn. 3; *Joussen*, Jura 2003, 577; *Hoffmann*, JuS 1970, 179 (179, 181); *Mock*, JuS 2008, 309; BeckOK-BGB/*Schäfer*, 1.8.2021, § 164 Rn. 11; BeckOGK-BGB/*Huber*, 1.11.2021, § 164 Rn. 43; MK-BGB/*Schubert*, § 164 Rn. 79.

[322] *Neuner*, AT, § 49 Rn. 13; *Bork*, AT, § 32 Rn. 1346: „Entscheidungsfreiheit"; *Lehmann/Hübner*, AT, § 36 I 1: „Spielraum für die Entschließung"; *v. Tuhr*, AT II/2, § 84 II (S. 340): „größeren oder kleineren Spielraum"; *Hoffmann*, JuS 1970, 179 (181): „Spielraum bezüglich des Ob und Wie"; Soergel/*Leptien*, BGB, Vor § 164 Rn. 47: „Entschließungsfreiheit"; *Hueck*, AcP 152 (1952/53), 432 (443): „Entscheidungsbefugnis".

[323] Vgl. *Bork*, AT, § 32 Rn. 1346; *Brox/Walker*, AT, § 24 Rn. 3.

[324] Vgl. *Smid*, JuS 1986, L9 (L11).

renheit die Erwartung verbunden, dass der Handelnde das Rechtsgeschäft eigenverantwortlich abschließt[325]. Dem entspricht es, dass die Mitwirkung bei komplexen und wirtschaftlich bedeutsamen Rechtsgeschäften, etwa dem Abschluss eines längerfristigen Lieferungsvertrags[326], regelmäßig als Stellvertretung qualifiziert wird[327]. Eine sozial oder beruflich „ausgeprägt untergeordnete Stellung"[328], wie sie Hausbediensteten[329], Pförtnern[330] und Sekretären[331] zugeschrieben wird, soll wiederum ein Indiz dafür sein, dass der Handelnde in die rechtsgeschäftlichen Angelegenheiten seines Geschäftsherrn nicht eingebunden und daher auch nicht zur Entscheidung „in der Sache" berufen ist[332].

2. Vertretungsmacht des Vertreters

Nach § 164 Abs. 1 S. 1, Abs. 3 BGB wirkt die von oder gegenüber dem Stellvertreter abgegebene Willenserklärung nur dann unmittelbar für und gegen den Vertretenen, wenn der Vertreter innerhalb der ihm zustehenden Vertretungsmacht gehandelt hat. Die Befugnis zur Vertretung kann dem Vertreter gesetzlich zugewiesen sein[333], aus der Berufung in eine Organstellung folgen[334] oder durch ein Rechtsgeschäft des Vertretenen begründet werden, § 167 Abs. 1 BGB[335]. Im letzteren Fall bezeichnet das Gesetz die Vertretungsmacht als Vollmacht, § 166 Abs. 2 S. 1 BGB[336], und den Vorgang ihrer Erteilung als Bevollmächtigung, vgl. §§ 172 Abs. 1, 174 S. 2 BGB. Die Vollmachtserteilung

---

[325] Vgl. RGZ 106, 200 (205); *Bork*, AT, § 32 Rn. 1346; *Windel*, in: FS Roth (2021), 119 (126) für den Prokuristen und Rechtsanwalt.

[326] *Brox/Walker*, AT, § 24 Rn. 3.

[327] Zur Berücksichtigung der Bedeutung des Vertretergeschäfts *Bork*, AT, § 32 Rn. 1346.

[328] Soergel/*Leptien*, BGB, Vor § 164 Rn. 44. Die soziale Stellung der Hilfsperson berücksichtigen *Flume*, AT II, § 43, 4 (S. 757); *v. Tuhr*, AT II/2, § 84 II (S. 340); *Bork*, AT, § 32 Rn. 1346; *Brox/Walker*, AT, § 24 Rn. 3; *O. Klein*, NZA 2004, 1198 (1200); Staudinger/*Schilken*, BGB, Vor § 164 Rn. 74.

[329] *Smid*, JuS 1986, L9 (L11): pakistanische Haushaltsgehilfin; *Sperber*, 33: Knecht; *v. Tuhr*, AT II/2, § 84 II (S. 340): Dienstbote.

[330] *Brox/Walker*, AT, § 24 Rn. 3.

[331] Vgl. *Bork*, AT, § 32 Rn. 1351 zur Empfangsbotenschaft.

[332] Vgl. *Bork*, AT, § 32 Rn. 1346; *v. Tuhr*, AT II/2, § 84 II (S. 340); *Sperber*, 43.

[333] Etwa den Eltern gegenüber ihrem Kind, §§ 1626 Abs. 1 S. 1, 1629 Abs. 1 BGB, dem Vormund gegenüber seinem Mündel, §§ 1773 Abs. 1, 1793 Abs. 1 BGB, dem Betreuer gegenüber dem Betreuten, §§ 1896 Abs. 1 S. 1, 1902 BGB.

[334] Zur rechtlichen Einordnung der organschaftlichen Vertretungsmacht *Bork*, AT, § 34 Rn. 1433.

[335] Zur Vertretungsmacht kraft Notgeschäftsführung nach § 679 BGB *Bertzel*, AcP 158 (1959), 107 ff., insbesondere 139 ff.; dagegen *Berg*, NJW 1972, 1117 (1118).

[336] Der Begriff „Vollmacht" findet sich außerdem in den §§ 167, 168 S. 1 und 2, 169, 170, 175, 176 Abs. 3 BGB.

kann gegenüber dem zu Bevollmächtigenden (Innenbevollmächtigung) oder dem Dritten erfolgen, dem gegenüber die Vertretung stattfindet (Außenbevollmächtigung), § 167 Abs. 1 BGB, aber auch gegenüber der Öffentlichkeit, vgl. § 171 Abs. 1 BGB[337]. Ungeachtet ihres Entstehungsgrunds bildet die Vertretungsmacht den Zurechnungsgrund dafür, dass die Handlung des Vertreters für und gegen den Vertretenen wirkt. Dementsprechend bleibt eine Zurechnung aus, wenn eine Befugnis zur Vertretung nicht besteht oder eine bestehende Befugnis überschritten wird, es sei denn, der Vertretene „schiebt" einen Zurechnungsgrund „nach", indem er den Vertretungsakt genehmigt, §§ 177 Abs. 1, 184 Abs. 1 BGB[338].

Ob das Verhalten des Geschäftsherrn den Tatbestand der Bevollmächtigung erfüllt oder aber die Hilfsperson nur zur Übermittlung der Erklärung ermächtigt wurde (Botenmacht[339]), beurteilt sich nach allgemeiner Auffassung durch Auslegung nach dem objektiven Empfängerhorizont, §§ 133, 157 BGB[340]. Im Zentrum steht auch hier die Frage des Entscheidungsspielraums: Von einer Bevollmächtigung sei auszugehen, wenn der Geschäftsherr seiner Hilfsperson die Entscheidung über den Abschluss („Ob") oder den Inhalt des Rechtsgeschäfts („Wie") überlasse[341], dagegen von einer Bestellung zum Boten, wenn sich der Geschäftsherr die Entscheidung über das Rechtsgeschäft insgesamt vorbehalte[342]. Aufschluss hierüber sollen neben dem Erklärungswortlaut[343] vor allem die tatsächlichen und rechtlichen Beziehungen des Geschäftsherrn zu seiner Hilfsperson geben. So spricht gegen eine Bevollmächtigung, dass die Hilfsperson das Rechtsgeschäft gemäß der ihr erteilten Befugnis bloß „vollziehen" soll[344]. Umgekehrt wird von einer Bevollmächtigung ausgegangen, wenn der Geschäftsherr seine Hilfsperson in die Inhalte des abzuschließenden Rechtsgeschäfts einweiht, indem er sie beispielsweise an

---

[337] Zu § 171 BGB vgl. *Flume*, AT II, § 49, 2 (S. 823 f.).

[338] Vgl. *Bork*, AT, § 34 Rn. 1425; *Hupka*, Vollmacht, 5. Anders *de la Durantaye*, 195 ff., 212, der zufolge die objektive Legitimation des Vertreters entscheidend sei.

[339] Wie die Bevollmächtigung sei auch die Ermächtigung des Boten ein Rechtsgeschäft – *Hellwig*, Lehrbuch II, § 121 I 6; *Cohn*, 32 f.; dagegen: *Joussen*, Jura 2003, 577 (578); *Sperber*, 18 f. –, auf das die Vollmachtsregeln entsprechend anwendbar seien, *Oertmann*, BGB, Vor § 164 Rn. 7c; vgl. *Rosenberg*, 231 ff. Zur Botenmacht siehe auch Teil 2 C. V.

[340] *Neuner*, AT, § 50 Rn. 14, 16.

[341] Vgl. *Thiele*, 60; *Müller-Freienfels*, Vertretung, 71 f.; *Hoffmann*, JuS 1970, 179 (181); *Mock*, JuS 2008, 309 f. für das „Wie"; *Hanloser*, 75 f., 78 für das „Ob".

[342] Zu fragen sei also, ob der Geschäftsherr seine Erklärung ebenso in einem verschlossenen Umschlag mit der Post hätte versenden können (dann Botschaft), *Hanloser*, 74.

[343] Vgl. *Hupka*, Vollmacht, 178 f.

[344] Das aber ist nicht zwingend, wie RG WarnRspr 1922, Nr. 66 (S. 78 f.) zeigt: Einem Ehemann wurde Vollmacht zum Verkauf eines gemeinschaftlich mit seiner Frau erworbenen Grundstücks erteilt, obwohl er das Rechtsgeschäft nach dem Wortlaut der Ermächtigung für seine Frau bloß „vollziehen" sollte.

Vorbesprechungen zum Rechtsgeschäft teilnehmen lässt[345]. Entsprechendes soll gelten, wenn die Hilfsperson über Qualifikationen verfügt, die sie bei Abschluss des Rechtsgeschäfts einbringen kann. In diese Richtung weist etwa die Feststellung, der bereits an den Vorbesprechungen beteiligte (und vom Gericht später als Vertreter eingestufte) Sohn des Geschäftsführers sei „Jurist von Beruf"[346]. Werden der Hilfsperson zur Wahrnehmung ihrer Aufgaben vom Geschäftsherrn Legitimationsmittel wie (unausgefüllte) Briefbögen oder Antragsformulare mit Firmenstempel überlassen, wertet man dies gleichfalls als Indiz für die Einräumung entsprechender Entscheidungsbefugnisse und damit für die Erteilung von Vertretungsmacht[347].

II. Sachliche Bezugspunkte

Im Anschluss an den historischen Gesetzgeber beziehen auch die Literatur und Rechtsprechung zum geltenden Recht das Kriterium des Entscheidungsspielraums sowohl auf den Inhalt als auch auf die Ausführung des Vertretungsakts. Unterschieden wird also zwischen einem „Inhaltsermessen" und einem „Entschließungsermessen". Darüber hinaus wird dem Vertreter bisweilen die Entscheidung darüber zugesprochen, bei Vornahme des Vertretungsakts von seiner Vertretungsmacht Gebrauch zu machen. Man kann hier von einem „Vertretungsermessen" sprechen. Im Folgenden sollen die verschiedenen Bezugspunkte des Entscheidungsspielraums erläutert, zu anderen Sachverhalten abgegrenzt und zugleich einer kritischen Überprüfung unterzogen werden.

1. Inhaltsermessen

Wenn überhaupt, wird das Inhaltsermessen des Aktivvertreters[348] als das Ermessen zur Festlegung der „rechtsgeschäftlich relevante[n]" Umstände beschrieben[349]. Zu diesen Umständen sollen vornehmlich die *essentialia nego-*

---

[345] Vgl. OLG Köln NJW-RR 1994, 1501; RG JW 1913, 127 (128): ausreichend, wenn der Vertreter wusste, „daß es sich überhaupt um eine rechtsgeschäftliche Erklärung handle, die er namens seines Vaters abgeben sollte".

[346] Vgl. OLG Köln NJW-RR 1994, 1501.

[347] Vgl. BAG NJW 2008, 1243 (1244) zu einem Geschäftsbriefbogen; RGRK/*Steffen*, BGB, § 167 Rn. 8; MK-BGB/*Schubert*, § 167 Rn. 10 (zur Innenvollmacht); BeckOK-BGB/*Schäfer*, 1.8.2021, § 167 Rn. 7; Staudinger/*Schilken*, BGB, § 167 Rn. 13; RGZ 81, 257 (260) zu Grundschuldbriefen und Abtretungsformularen. Eine Botschaft sei dagegen daran zu erkennen, „dass in Textform (§ 126b BGB) gehaltene Urkunden mit einem separaten Schriftstück, zum Beispiel einem unterschriebenen Begleitzettel, versehen werden", BAG NJW 2008, 1243 (1244).

[348] Zum Entscheidungsspielraum des Empfangsvertreters unter Teil 1 B. III. 3.

[349] BeckOGK-BGB/*Huber*, 1.11.2021, § 164 Rn. 43.

tii[350] rechnen, wozu bei Austauschverhältnissen der Vertragsgegenstand, der Vertragspartner, der Vertragstyp und die Gegenleistung zählen[351]. Davon ausgehend verfügt also über ein Inhaltsermessen und ist also Vertreter, wer für einen anderen Zahl und Art des zu kaufenden Gegenstands oder aber den zu zahlenden Kaufpreis festlegt[352].

Dass es sich bei dem Kriterium der „rechtsgeschäftlichen Relevanz" allerdings nur um eine Orientierungshilfe handelt und ein Umstand insbesondere nicht schon deshalb „rechtsgeschäftlich relevant" ist, weil er ein *essentiale negotii* betrifft, sollen folgende zwei Konstellationen deutlich machen:

Zum einen gibt es Fälle, in denen sich eine formal betrachtet unwesentliche Abrede (*accidentale negotii*[353]) als für das Rechtsgeschäft wesentlich herausstellt. Vereinbart der Geschäftsherr mit dem Dritten eine „Eigentumsübertragung" und einigt sich seine (des Geschäftsherrn) Hilfsperson mit dem Dritten darauf, dass dieser „außerdem" zur Rückgabe der Sache verpflichtet ist und bis dahin einem Verfügungsverbot unterliegt, ergibt sich erst aus der (vermeintlichen) Nebenabrede, dass es sich bei dem abgeschlossenen Rechtsgeschäft tatsächlich um einen Verwahrungs- oder Leihvertrag handelt[354]. Auch dann, wenn die Hilfsperson mit dem Dritten vereinbart, den zuvor zwischen ihm und dem Vertretenen abgestimmten Kaufpreis für mehrere Jahre zu stunden, bestimmt eine „Nebensache" das rechtliche Schicksal des Geschäfts: Für den Zeitraum der Stundung ist der Anspruch nicht durchsetzbar, § 273 Abs. 1 BGB, einer Aufrechnung nicht zugänglich, § 387 BGB, und ein Verzug des Schuldners scheidet in dieser Zeitspanne ebenfalls aus, § 286 Abs. 1 S. 1 BGB[355].

---

[350] Gemeint sind die „unentbehrlichen und artbestimmenden Bestandteile der Willenserklärung", *v. Tuhr*, AT II/1, § 52 II 1 (S. 194).

[351] *Köhler*, AT, § 8 Rn. 8; *Bork*, AT, § 18 Rn. 712; HK-BGB/*Dörner*, § 154 Rn. 2.

[352] Vgl. BeckOGK-BGB/*Huber*, 1.11.2021, § 164 Rn. 43; *Hoffmann*, JuS 1970, 179 (181); *Mock*, JuS 2008, 309 (310); *Neuner*, AT, § 49 Rn. 14; *Bork*, AT, § 32 Rn. 1346.

[353] Sie betreffen Vereinbarungen, die in den Grenzen des zwingenden Rechts von den gesetzlichen Folgen des durch die *essentialia negotii* festgelegten Rechtsgeschäfts abweichen, darunter die Verabredung eines bestimmten Lohnes statt des üblichen, §§ 612 Abs. 2, 632 Abs. 2 BGB, die Vereinbarung einer Vertragsstrafe neben dem Anspruch auf Schadensersatz, § 339 BGB, oder die zeitliche Begrenzung der Geschäftswirkungen, § 163 BGB, *v. Tuhr*, AT II/1, § 52 II 3 (S. 195 f.). Sie sind zu unterscheiden von den *naturalia negotii*, die solche Rechtsfolgen eines Geschäfts festlegen, die bereits nach dem Gesetz eintreten. Dazu zählen etwa die Vereinbarung der Haftung des Schuldners für Fahrlässigkeit, *v. Tuhr*, AT II/1, § 52 II 2 (S. 195).

[354] Vgl. *v. Tuhr*, AT II/1, § 52 II 3c (S. 196 f.).

[355] Vgl. BeckOGK-BGB/*Krafka*, 1.7.2021, § 271 Rn. 8. Die Bestimmung der Leistungszeit zählt deshalb zu einer der wichtigsten Modalitäten der Leistungserbringung, BeckOGK-BGB/*Krafka*, 1.7.2021, § 271 Rn. 1.

Zum anderen gibt es Fälle, in denen sich eine formal betrachtet wesentliche Abrede als für das Rechtsgeschäft unwesentlich herausstellt. Wenn sich etwa die Hilfsperson mit dem Dritten darüber einigt, den zwischen ihm und dem Geschäftsherrn bereits abgesprochenen Kaufpreis (von 150,74 Euro) auf die Zehnerstelle nach dem Komma zu runden (also auf 150,70 Euro), legt die Hilfsperson zwar ein *essentiale negotii* (den gerundeten Kaufpreis) fest. Mit ihrer Entscheidung ändert sich aber weder das anzuwendende Regelungsregime (anders im Übereignungsbeispiel) noch wird dadurch die Abwicklung des Rechtsgeschäfts beeinflusst (anders im Stundungsbeispiel). Die Hilfsperson dennoch als Vertreter zu qualifizieren erscheint nicht nur wegen der fehlenden „rechtsgeschäftlichen Relevanz" ihrer Entscheidung zweifelhaft, sondern auch angesichts der möglichen Rechtsfolgen – dass etwa ein Irrtum des Geschäftsherrn bei der Preiskalkulation unberücksichtigt bliebe, § 166 Abs. 1 BGB. Sachgerechter erscheint in diesem Fall die Annahme einer Botenschaft. Aus der Anweisung des Geschäftsherrn, den vereinbarten Kaufpreis abzurunden, wird sich regelmäßig durch Auslegung ergeben, zu welchem Preis der Geschäftsherr zu kaufen bzw. verkaufen bereit ist. Diese geschäftsherrnseits (konkludent) vorformulierte Erklärung übermittelt die Hilfsperson dann lediglich noch und ist also Bote.

Wie das Übereignungsbeispiel und das Rundungsbeispiel zeigen, handelt es sich bei dem Erfordernis der „rechtsgeschäftlichen Relevanz" um kein subsumtionsfähiges Kriterium, sondern um einen konkretisierungsbedürftigen Begriff. Die Frage, wodurch sich das Inhaltsermessen des Stellvertreters auszeichnet, kann das Relevanzkriterium somit nicht definitiv beantworten. Aufschluss über die Kategorie des Inhaltsermessens gibt womöglich aber die Abgrenzung zu solchen Sachverhalten, die gemeinhin aus dem Stellvertretungsrecht ausgeklammert werden.

a) Formenwahlfreiheit

So wird es etwa nicht als Ausdruck eines Inhaltsermessens gewertet, wenn die Hilfsperson das „Format" festlegt, in dem die Erklärung dem Adressaten zugeht[356]. Gemeint ist der Fall, dass die Hilfsperson die betreffende Erklärung statt mündlich in schriftlicher Form übermittelt[357] oder dem Empfänger das Schriftstück nicht aushändigt, sondern ihm vorliest[358]. Dass in diesem Fall keine Entscheidung über den Inhalt der Erklärung getroffen wird, ergibt

---

[356] Vgl. Soergel/*Leptien*, BGB, Vor § 164 Rn. 42; MK-BGB/*Schubert*, § 164 Rn. 81; BGH NJW 2008, 917 (918).

[357] BGH NJW 2008, 917 (918) für den Postmitarbeiter, der die mündliche Mitteilung per Telegraf fernschriftlich weiterleitet; BGH NJW 1954, 797 (798) für den Vorstand, der einen Kündigungsbeschluss des Aufsichtsrats schriftlich ausformuliert.

[358] Oder vorliest und ihm das Schriftstück im Anschluss daran aushändigt, *Sperber*, 11 f.

sich schon daraus, dass es auf den Inhalt der Erklärung ohne Einfluss ist, ob sie dem Adressaten mündlich oder schriftlich zugeht. Das gilt selbst dann, wenn das Rechtsgeschäft formbedürftig und infolge des Formenwechsels nach § 125 S. 1 BGB nichtig ist. Denn wie die Heilungsvorschrift des § 311b Abs. 1 S. 2 BGB zeigt, rechnet die Form nicht zum Inhalt des Rechtsgeschäfts. Ein Grundstückskaufvertrag ist vielmehr auch unter Missachtung der Vorgabe des § 311b Abs. 1 S. 1 BGB „seinem ganzen Inhalt nach" geschlossen, nur eben wegen Formmangels nichtig[359]. Dementsprechend bedarf es zu seiner Heilung lediglich noch des Bewirkens der (inhaltlich schon bestimmten) Leistung, im Fall des § 311b Abs. 1 S. 2 BGB also der Auflassung und Eintragung in das Grundbuch.

Auch § 120 BGB belegt, dass die Entscheidung für eine bestimmte „Transportart" nicht einer Entscheidung über den Inhalt des Rechtgeschäfts entspricht. Geregelt ist dort die Anfechtung für den Fall, dass die Willenserklärung des Geschäftsherrn durch seinen Erklärungsboten[360] „unrichtig" übermittelt wurde[361]. Ob die Erklärung dem Adressaten mündlich oder schriftlich übermittelt wurde, es sich bei der „zur Übermittlung verwendeten Person" also um einen Spruch- oder Briefboten handelt, spielt für die Anwendbarkeit des § 120 BGB keine Rolle[362]. Dann aber kann es auch keine Rolle spielen, wenn der Spruchbote sich entscheidet, Briefbote zu sein, oder umgekehrt[363]. In jedem Fall handelt es sich um eine Botenschaft und bei dem Umstand, dass die Erklärung den Adressaten in einem anderen als dem ursprünglichen Format erreicht, somit um kein Indiz für ein Inhaltsermessen.

b) Stilistische Freiheit

Mit der „Formenwahlfreiheit" verwandt und ebenso nicht Ausdruck eines Inhaltsermessens ist die „Freiheit der Stilistik"[364]. Gemeint ist damit die Be-

---

[359] Die Form ist insofern „nur ein Attribut des gegenüber der Form selbständig gedachten Rechtsgeschäfts", *Flume*, AT II, § 15 I 1 (S. 245); vgl. *Leenen*, AcP 188 (1988), 381 (388). Anders verhält es sich mit § 1310 Abs. 1 S. 1 BGB, wonach eine Ehe, die nicht vor dem Standesbeamten erklärt wird, nicht wegen Formmangels nichtig ist, sondern schon nicht entsteht (Nichtehe), MK-BGB/*Wellenhofer*, § 1310 Rn. 26; BeckOGK-BGB/*Kriewald*, 1.7.2021, § 1310 Rn. 68.

[360] Auf den Empfangsboten ist § 120 BGB nicht anwendbar, RGRK/*Krüger-Nieland*, BGB, § 120 Rn. 3.

[361] Zur „Unrichtigkeit" siehe RGRK/*Krüger-Nieland*, BGB, § 120 Rn. 4.

[362] *Sperber*, 7 f.; vgl. *Fleck*, ArchBürgR 15 (1899), 337 (348); anders *Schliemann*, ZHR 16 (1871), 1 (4 ff.), dem zufolge der Briefbote vom Spruchboten rechtlich zu unterscheiden sei.

[363] Vgl. BGH NJW 1954, 797 (798).

[364] Staudinger/*Schilken*, BGB, Vor § 164 Rn. 75; BGH NJW 1954, 797 (798): „Freiheit der stilistischen Gestaltung".

fugnis, die einem anvertraute Erklärung in eigenen Worten zu formulieren und wiederzugeben[365]. Aus vornehmlich praktischen Gründen soll auch der Bote über ein solches „Wortlautermessen"[366] verfügen. Würde sich dessen Tätigkeit auf die wortgetreue Weitergabe der Erklärung beschränken, wäre vor allem bei mündlichen Erklärungen, die regelmäßig auf eine nur sinngemäße Übermittlung angelegt sind (sonst würde doch ein Schreiben verfasst), für die Annahme einer Botenschaft nur selten Raum[367].

Begründen lässt sich die stilistische Freiheit des Boten mit den Grundsätzen der Auslegung empfangsbedürftiger Willenserklärungen. Ausgangspunkt ist die Erkenntnis, dass ein bestimmter Erklärungsinhalt (etwa die Annahme zu einem Kaufvertrag) auf unterschiedliche Weise kommuniziert werden kann: durch Worte („Ich nehme das Angebot an") – und bereits hier bestehen verschiedene Möglichkeiten („Einverstanden"; „Na gut"; „So soll es sein") –, durch Handlungen (Ingebrauchnahme), durch Mimik (Kopfnicken) oder Gestik (Daumen-hoch-Zeigen). Rechnung getragen wird dieser Vielfalt an Ausdrucksmöglichkeiten zunächst durch § 133 BGB, der gebietet, nicht an dem buchstäblichen Willen eines Ausdrucks zu haften[368], außerdem über den Grundsatz der „falsa demonstratio non nocet", wonach Worte mit einer feststehenden Bedeutung auch in einem abweichenden Sinne gebraucht und verstanden werden können[369], und schließlich darüber, dass bei der Auslegung die gesamte Erklärungssituation zu berücksichtigen ist[370]. Weicht die Formulierung der Hilfsperson aus objektiver Empfängersicht zwar in ihrem Wortlaut, nicht aber in ihrer Bedeutung von der Erklärung des Geschäftsherrn ab, nimmt die Hilfsperson dementsprechend keinen Einfluss auf den Inhalt der Erklärung.

Eine Berufung auf die stilistische Freiheit wird vor allem Dolmetschern zuerkannt. Sie können bei ihrer Übersetzungstätigkeit naturgemäß nicht an dem Wortlaut des Ausgangstextes haften[371]. Dass auch übersetzungsbedingte

---

[365] Vgl. MK-BGB/*Schubert*, § 164 Rn. 81; Staudinger/*Schilken*, BGB, Vor § 164 Rn. 75; *Hanloser*, 60 mit Fn. 113, 74; vgl. BGH NJW 1954, 797 (798).

[366] *Hanloser*, 74.

[367] BGH NJW 1954, 797 (798); in diese Richtung auch Soergel/*Leptien*, BGB, Vor § 164 Rn. 42; dagegen *Fleck*, ArchBürgR 15 (1899), 337 (348) und *Hueck*, AcP 152 (1952/53), 432 (436), die für den Boten rigoros jede Einflussnahme ausschließen.

[368] Motive I, 155 = Mugdan I, 437; *Flume*, AT II, § 16, 2 (S. 303).

[369] Ausführlich dazu *Bork*, AT, § 14 Rn. 518 ff.

[370] Dies gilt selbst für die ausdrückliche Willenserklärung, *Lüdeking*, 80; *Kramer*, Jura 1984, 235 (236).

[371] Eine adäquate Übersetzung ist nicht auf Wörtlichkeit beschränkt, sondern berücksichtigt auch den außersprachlichen (historischen, gesellschaftlichen, politischen) Kontext, um mit dem Zieltext im Verhältnis zum Ausgangstext gleichwertige Assoziationen hervorzurufen. Dies schließt es ein, Worte, die nur in der Ausgangssprache auftauchen, durch „funktionale Äquivalente" in der Zielsprache zu übersetzen.

Abweichungen keine Veränderung des Erklärungsinhalts bedeuten[372], lässt sich zunächst mit der Funktion einer Übersetzung begründen. Dem Empfänger soll nicht das Wort, sondern das damit Gemeinte übermittelt werden, eine Übereinstimmung also nicht (notwendig) bezogen auf den Text, sondern bezogen auf das Text*verständnis* erreicht werden. Die mit einer Übersetzung verbundenen Änderungen der Ausgangserklärung dienen insofern dem Zweck, die Erklärung *ohne* Veränderung ihres Inhalts an den Empfänger weiterzugeben. Es bestehen Parallelen zur Tätigkeit eines Telegrafenbeamten, der die zu telegrafierende Erklärung zum Zwecke ihrer Übermittlung in die für die telegrafische Korrespondenz übliche Zeichensprache „übersetzt" und dabei gleichfalls nur Bote des Absenders ist[373].

Dass der Dolmetscher bei seiner Übersetzung keinen inhaltlichen Einfluss übt, belegt ferner die Auseinandersetzung mit den Zugangsvoraussetzungen empfangsbedürftiger Willenserklärungen[374]. Eine Willenserklärung geht zu, wenn sie so in den Herrschaftsbereich des Empfängers gelangt, dass unter normalen Umständen in zumutbarer Weise von ihrem Inhalt Kenntnis genommen werden kann[375]. Schriftliche Erklärungen gelangen mit dem Einwurf in den Briefkasten oder der persönlichen Aushändigung in den Herrschaftsbereich des Empfängers, und zwar unabhängig von dessen individueller Sprachkenntnis. Eine Kenntnisnahme von dem Erklärungsinhalt ist dem sprachunkundigen Adressaten aber erst möglich, wenn die Erklärung übersetzt oder jedenfalls die zur Beschaffung einer Übersetzung erforderliche Zeitspanne abgelaufen ist[376]. Hier (erst) setzt die Tätigkeit des Dolmetschers

---

[372] Für die Einordnung des Dolmetschers als (Erklärungs-)Bote: BGH NJW 2008, 917 (918); WM 1963, 165 (166); *Bork*, AT, § 32 Rn. 1346 in Fn. 5; BeckOGK-BGB/*Rehberg*, 1.6.2021, § 120 Rn. 9; MK-BGB/*Armbrüster*, § 120 Rn. 3; MK-BGB/*Schubert*, § 164 Rn. 81; RGRK/*Krüger-Nieland*, BGB, § 120 Rn. 3; Staudinger/*Schilken*, BGB, Vor § 164 Rn. 75.

[373] *v. Tuhr*, AT II/2, § 84 II (S. 339). Vgl. auch Motive I, 203 = Mugdan I, 464; BeckOGK-BGB/*Rehberg*, 1.6.2021, § 120 Rn. 9 für das Telegramm bei der Deutschen Post AG. Ausführlich zur Einordnung der telegrafischen Übermittlung als Botschaft *Busch*, AcP 45 (1862), 1 ff.

[374] Dagegen MK-BGB/*Einsele*, § 130 Rn. 32, die das Sprachproblem als ein Auslegungsproblem (erst) im Rahmen der §§ 133, 157 BGB behandelt.

[375] *Brinkmann*, 80 ff. für den sprachunkundigen Arbeitnehmer. Vgl. *Bork*, AT, § 16 Rn. 619; LAG Hamm NJW 1979, 2488.

[376] Vgl. *Hohn*, BB 1963, 273 (275); *Bork*, AT, § 16 Rn. 629; BeckOGK-BGB/*Gomille*, 1.4.2020, § 130 Rn. 86 f.; *Wenzel*, MDR 1978, 103 (106); ArbG Wiesbaden ARSt 1975 Nr. 110 (S. 108) für die deutschsprachige Kündigung eines sprachunkundigen italienischen Arbeiters; LAG Hamm NJW 1979, 2488 für die deutschsprachige Kündigung einer sprachunkundigen türkischen Gastarbeiterin; BAG NJW 1985, 823 (824) für die deutschsprachige Abmahnung einer sprachunkundigen griechischen Arbeiterin; dagegen: *Brinkmann*, 80 ff.; *Boemke*, JuS 2015, 65 (66) im Anschluss an BAG NZA 2014, 1076 (1079). Eine Übersicht zu Rechtsfragen im Zusammenhang mit ausländischen Arbeitnehmern findet sich bei *Brill*, BB 1976, 1276 ff.

an, der die vom Erklärenden bereits festgelegten Erklärungsinhalte mittels Übersetzung einer Kenntnisnahme durch den Adressaten zuführt. Ist die Übersetzung fehlerhaft, entspricht sie also inhaltlich nicht der Ausgangserklärung, kann der Erklärende sie nach § 120 BGB anfechten[377].

c) Scheinbare Unbestimmtheit

Ebenso wird es nicht als Ausdruck des vertreterspezifischen Inhaltsermessens gewertet, wenn die Hilfsperson über solche Umstände entscheidet, die „nur als sozusagen selbstverständlich" nicht schon von dem Geschäftsherrn selbst besonders erwähnt wurden[378]. Der Inhalt des abzuschließenden Rechtsgeschäfts ergibt sich in diesem Fall bereits aus der Erklärung des Geschäftsherrn und wird von der Hilfsperson daher nur scheinbar selbst festgelegt[379]. Trägt der Geschäftsherr seiner Hilfsperson beispielsweise auf, von einer bestimmten Sache „wieder soviel wie gewöhnlich mitzubringen", ist die zu kaufende Menge zwar nicht ausdrücklich bestimmt. Sie wird sich aber unter Berücksichtigung der vom Geschäftsherrn bisher getätigten Rechtsgeschäfte ermitteln lassen[380]. Dasselbe gilt, wenn der Hilfsperson aufgegeben ist, eine bestimmte Sache zu erwerben, die in der näheren Umgebung von nur einem Ladengeschäft zu einem festen Preis angeboten wird[381]. Der scheinbar unbestimmte Erklärungsinhalt (der Vertragspartner und der Kaufpreis) erschließt sich hier gleichfalls aus den außerhalb der Erklärung liegenden Umständen (dass Vertragspartner nur der Ladeninhaber sein kann und er die Kaufsache zu einem bestimmten Preis anbietet). Entsprechendes gilt, wenn der Vertragsschluss davon abhängen soll, dass der vom Verkäufer verlangte Kaufpreis dem objektiven Sachwert entspricht. Auch hier legt nicht die Hilfsperson den Kaufpreis fest, indem sie ein nach ihrem Dafürhalten dem Sachwert ent-

---

[377] Vgl. BGH BB 1963, 204, der § 120 BGB (ohne nähere Begründung) nur „entsprechend" anwenden will; einschränkend RG LZ 1926, 917 (919), wonach derjenige, der einen Dolmetscher hinzuziehe, dessen unrichtige Übersetzung nur dann gegen sich gelten lassen müsse, wenn er gewusst habe, „es stehe die Abgabe rechtserheblicher Erklärungen in Frage". Gehe er davon aus, es seien nur „noch irgend welche Formalien zu regeln", und ziehe er unter *diesen* Umständen einen Dolmetscher hinzu, sei der Erklärende nicht an alles gebunden, was sein Bote übermittle.

[378] *Franzke*, 32 f.

[379] Vgl. *Franzke*, 32; *Jüngling*, 26 f.

[380] Vgl. *Franzke*, 33.

[381] Vgl. *Jüngling*, 26 f.; *Fleck*, ArchBürgR 15 (1899), 337 (387 f.); *Franzke*, 33; im Ergebnis auch *Assmann*, 64, der aber auch dann noch eine Botschaft annimmt, wenn der Geschäftsherr seiner Hilfsperson die Wahl des Geschäfts (Apotheke oder Drogerie) überlässt. *Schlossmann*, Stellvertretung I, 331 geht von einer Botschaft aus, wenn die Hilfsperson ohne Vorgaben zu Ware und Preis in der Apotheke der Stadt eine „nicht näher bezeichnete, nach dem Ermessen des Apothekers geeignete Arznei gegen Kopfschmerzen" kaufe.

sprechendes Angebot akzeptiert. Der akzeptable Kaufpreis lässt sich vielmehr schon im Voraus anhand eines objektiven Maßstabs ermitteln[382]. Die Auslegung wird in diesem Fall ergeben, dass der Geschäftsherr seiner Hilfsperson kein Inhaltsermessen eingeräumt, vielmehr nur die Geltung seiner Annahmeerklärung aufschiebend darum bedingt hat, dass der im Antrag bezeichnete Kaufpreis dem objektiven Sachwert entspricht, § 158 Abs. 1 BGB.

Einen Unterfall der nur scheinbaren Unbestimmtheit bildet das scheinbare Wahlrecht. Soll die Hilfsperson zwei Erklärungen verschiedenen Inhalts „hintereinander", eine von beiden also hilfsweise abgeben, wird die Auslegung ergeben, dass der Geschäftsherr die Geltung der zweiten Erklärung (aufschiebend) darum bedingt hat, dass die erste Erklärung nicht gelte, vgl. § 158 Abs. 1 BGB[383]. Das Wahlrecht der Hilfsperson ist hier ein nur scheinbares, weil ihr Inhalt und Reihenfolge der abzugebenden Erklärungen bereits vorgegeben sind. Anders ist zu entscheiden, wenn die abzugebenden Erklärungen „gleichberechtigt nebeneinander" stehen, es dem Geschäftsherrn also gleichgültig ist, welche der beiden Erklärungen den Adressaten erreicht. Das Wahlrecht der Hilfsperson ist hier ein echtes, weil erst mit ihrer Entscheidung für eine der beiden Erklärungen feststeht, mit welchem Inhalt das Rechtsgeschäft zwischen Geschäftsherr und Drittem zustande kommt[384]. Für welche

---

[382] Entsprechendes gilt, wenn die Hilfsperson aus einem bestimmten Stall „das älteste Pferd" oder „die größte Kuh" kaufen soll, *Jüngling*, 26. Anders liegt der Fall, wenn es den Kaufpreis einer Immobilie zu ermitteln gilt. Mit dem Ertrags-, Sach- und Vergleichswertverfahren existieren in Deutschland drei gesetzlich anerkannte Verfahren zur Wertermittlung bei Immobilien, siehe die ImmoWertV i. d. F. vom 14.7.2021 (BGBl. I, S. 2805). Das im Einzelfall anwendbare Verfahren bestimmt sich nach der Art des Wertermittlungsobjekts unter Berücksichtigung der im gewöhnlichen Geschäftsverkehr bestehenden Gepflogenheiten und der sonstigen Umstände des Einzelfalls, insbesondere der Eignung der zur Verfügung stehenden Daten, wobei zur Wertermittlung auch mehrere Verfahren herangezogen werden können (§ 6 Abs. 1 ImmoWertV). Die Kriterien, nach denen die Wertermittlung erfolgt, sind in jedem Verfahren andere (vgl. §§ 24 ff. ImmoWertV), teilweise unbestimmt (vgl. etwa § 26 Abs. 1 ImmoWertV), und auch die für die Wertermittlung relevanten Daten legt das Gesetz nicht abschließend fest (vgl. § 12 Abs. 1 S. 2 ImmoWertV). Je nach Verfahren und Datenlage kann der ermittelte Grundstückswert unterschiedlich ausfallen, womit der „akzeptable Kaufpreis", zu dem die Hilfsperson den Kaufvertrag schließen soll, nicht schon im Voraus mit Sicherheit feststeht.

[383] Mit anderer Begründung auch *Franzke*, 34. Als bedingtes Rechtsgeschäft kommt nicht nur der Vertrag, sondern auch die einzelne Willenserklärung in Betracht, wie etwa die Eventualaufrechnung und die bedingte Kündigung zeigen. Bei Vertragserklärungen kommt es auf die Bedingtheit der einzelnen Erklärung jedoch nur an, wenn nicht in der Folge ein bedingter Vertrag zustande kommt, in dem die Erklärung „aufgeht".

[384] *Franzke*, 34 zur Wahl zwischen zwei verschiedenen Sorten Sekt; *Mock*, JuS 2008, 309 (310) zur Wahl zwischen zwei CD-Rohlingen; dagegen *Sperber*, 27 f., der bei „alternativen" Erklärungen eine Botenschaft annimmt; differenzierend *Assmann*, 64 f., der von einer Bo-

Erklärung sich die Hilfsperson entscheidet, steht in diesem Fall nicht bereits objektiv fest, sondern ist ungewiss und ihr überlassen.

Uneinigkeit besteht in dem Fall, dass der Hilfsperson bei der Festlegung der Vertragsinhalte ein „billiges Ermessen" eingeräumt wird. Gäbe es nur eine billige Entscheidung, dann stellte die Hilfsperson mit ihrer Erklärung nur klar, was bereits zuvor als für diesen Fall allein billig objektiv feststand[385]. Ihre Entscheidung über den Vertragsinhalt wäre dann eine scheinbare und damit nicht Ausdruck eines Inhaltsermessens. Gegen diese Sicht sprechen allerdings die §§ 315–319 BGB. Die Ausübung des dort geregelten einseitigen Leistungsbestimmungsrechts erfolgt im Zweifel nach „billigem Ermessen", §§ 315 Abs. 1, 317 Abs. 1 BGB. Während die Leistungsbestimmung durch eine Vertragspartei bereits bei einfacher Unbilligkeit unverbindlich ist, § 315 Abs. 3 S. 1 BGB, muss die Leistungsbestimmung eines Dritten dafür „offenbar" unbillig sein, § 319 Abs. 1 S. 1 BGB. Die §§ 315, 319 BGB zeigen also, dass es mehrere unbillige Entscheidungen gibt[386], was dafür spricht, dass es auch mehrere billige Entscheidungen geben kann. Davon ausgehend bedeutet die Einräumung eines billigen Ermessens also die Einräumung eines Inhaltsermessens[387].

d) Erläuterungen und Hinweise

Von einem Inhaltsermessen soll auch dann nicht die Rede sein, wenn die Mittelsperson eine ihr anvertraute Erklärung nur um erläuternde Zusätze und Hinweise ergänzt. Entschieden wurde dies für den Fall, dass ein Vorstandsmitglied im Auftrag des Aufsichtsrats ein Kündigungsschreiben aufsetzte und diesem ein Schreiben mit Hinweisen zu „technische[n] Einzelheiten der Abwicklung des Dienstverhältnisses (Gehaltsabrechnung usw.)" beifügte. Gegen eine Stellvertretung wurde angeführt, dass in dem übermittelten Schreiben auf die Entscheidung des Aufsichtsrats über die Kündigung verwiesen und dem Adressaten mitgeteilt wurde, dass ihm diese Entscheidung „zur Kenntnis" gebracht werde. Dass der Vorstand das Kündigungsschreiben in eigenem Namen unterzeichnet hatte, wurde als Bekundung der Verantwortlichkeit für (nur) den Übermittlungsvorgang gewertet[388].

---

tenschaft ausgeht, wenn die Hilfsperson nach ihrer Wahl entweder in der Apotheke oder Drogerie Hustenbonbons für 10 oder 20 Pfennig kaufen soll, dagegen von einer Stellvertretung, wenn die Hilfsperson mit der ganz allgemein gehaltenen Weisung in ein Papiergeschäft geschickt wird, um Packpapier, Butterbrotpapier oder Briefbögen zu kaufen.

[385] *Kornblum*, AcP 168 (1968), 450 (461, 463) bzgl. der §§ 315–319 BGB; dagegen *Joussen*, AcP 203 (2003), 429 (440).

[386] Zur Möglichkeit einer Beschränkung und Erweiterung des Ermessens *Kronke*, AcP 183 (1983), 113 (137 ff.).

[387] Im Ergebnis auch *Sperber*, 29; *Franzke*, 32.

[388] BGH NJW 1954, 797 (798); vgl. RG HRR 1940, Nr. 1278 für den Fall, dass der Bote

Dem ist im Ergebnis zuzustimmen. Das vom Vorstand verfasste Schreiben trat als *Begleit*schreiben schon äußerlich nur neben die Kündigungserklärung des Aufsichtsrats. Zudem bezog sich das Schreiben auch inhaltlich auf den erst nach erfolgter Kündigung einsetzenden Abwicklungsprozess. Die „rechtsgeschäftlich relevanten" Umstände der Kündigung, in Bezug auf welche es das Vorliegen einer Stellvertretung zu beurteilen galt, blieben hiervon unberührt. Dass der Vorstand mit seinem Schreiben keinen Einfluss auf den Inhalt der Kündigungserklärung nahm, zeigt sich nicht zuletzt daran, dass die Kündigungserklärung des Aufsichtsrats, dächte man sich das Schreiben des Vorstands hinweg, inhaltlich dieselbe und aus sich heraus verständlich bliebe.

e) Konkretisierung eines Rechtsgeschäfts, §§ 315–319 BGB

Abgegrenzt wird das Inhaltsermessen eines Vertreters ferner von der Leistungsbestimmung durch Dritte[389]. Die §§ 315–319 BGB ermöglichen einen Vertragsschluss, bei dem die Leistung erst später bestimmt wird. Die Bestimmung erfolgt regelmäßig durch einen der Vertragsschließenden, kann aber ebenso einem Dritten überlassen werden, §§ 317–319 BGB. Bei dem bestimmungsbedürftigen Rechtsgeschäft handelt es sich nicht um eine unvollständige Vereinbarung im Sinne des § 154 Abs. 1 S. 1 BGB, die einem Vertragsschluss im Zweifel entgegensteht. Vielmehr haben die Parteien den Vertrag wirksam geschlossen und sich (auch) in Bezug auf die noch offenen Punkte geeinigt, und zwar darüber, dass diese zu einem späteren Zeitpunkt durch sie oder einen Dritten bestimmt werden sollen[390].

Mit einem Stellvertreter lässt sich der Bestimmungsberechtigte insofern vergleichen, als er – innerhalb der Grenzen des „billigen Ermessens" – Einfluss auf den Inhalt des Rechtsgeschäfts nehmen kann. Die Ausübung der Leistungsbestimmung erfolgt außerdem durch Abgabe einer Willenserklärung[391], § 318 Abs. 1 BGB. Weil der Dritte von den Rechtsfolgen seiner Erklärung nicht betroffen ist, muss er ebenso nur beschränkt geschäftsfähig

---

den schriftlichen Erklärungen mündlich hinzufügt, „die Preise seien angenommen, während er hätte berichten müssen, die Preise seien bis zur Bestätigung durch das Stammhaus [den Verkäufer] unverbindlich".

[389] Siehe etwa *Hanloser*, 74.

[390] Vgl. RGRK/*Piper*, BGB, § 154 Rn. 4; *Joussen*, AcP 203 (2003), 429 (431). Die §§ 315–319 BGB bewirken also eine Lockerung des schuldrechtlichen Bestimmtheitsgrundsatzes, wonach zur Gültigkeit eines Vertrags jedenfalls dessen *essentialia negotii* bestimmt sein müssen, *Joussen*, AcP 203 (2003), 429 (429, 431); vgl. *Kornblum*, AcP 168 (1968), 450 f.

[391] *Joussen*, AcP 203 (2003), 429 (457); *Gernhuber*, Schuldverhältnis, § 12 III 4. Zur Rechtsnatur der Leistungsbestimmung als Gestaltungsrecht *Kronke*, AcP 183 (1983), 113 (142 ff.); *Joussen*, AcP 203 (2003), 429 (437 ff., 456 ff.) für § 317 Abs. 1 BGB.

sein, vgl. § 165 BGB[392]. Wie § 166 Abs. 1 BGB stellt schließlich auch § 318 Abs. 2 BGB für die Anfechtbarkeit der Leistungsbestimmung auf die Person des Bestimmungsberechtigten ab[393]. Der wesentliche Unterschied zur Stellvertretung liegt aber darin, dass die Folgen der Erklärung des Bestimmungsberechtigten ein Rechtsgeschäft betreffen, das zwar ergänzungsbedürftig, als solches aber bereits (zwischen den Parteien) zustande gekommen ist[394]. Während der Stellvertreter ein Rechtsgeschäft durch seine Erklärung erst zustande bringt, führt die Erklärung des Bestimmungsberechtigten lediglich dazu, ein bereits existentes Rechtsgeschäft zu konkretisieren. Hinzu kommt, dass der Dritte seine Leistungsbestimmung in eigenem Namen (als „Dritter") erklärt. Die Abgabe einer Erklärung in fremdem Namen ist zwar möglich, wenn sich einer der Vertragsschließenden bei der Ausübung seines Bestimmungsrechts vertreten lässt. Dann aber handelt es sich nicht um eine Leistungsbestimmung durch Dritte, sondern der (vertretenen) Partei selbst, §§ 315 f. BGB. Jedenfalls praktisch dürfte die Abgrenzung zwischen Stellvertretung und Leistungsbestimmung durch Dritte keine Schwierigkeiten bereiten: Die Einräumung eines Leistungsbestimmungsrechts erfordert eine (gesonderte) Einigung der Vertragsschließenden[395], was schon gegen die Annahme einer Bevollmächtigung als einseitigen Rechtsakt spricht, und die Leistungsbestimmung erfolgt typischerweise nach Abschluss des ergänzungsbedürftigen Rechtsgeschäfts, womit eine Stellvertretung in Bezug auf dieses Rechtsgeschäft auch in zeitlicher Hinsicht ausscheidet.

f) In-Geltung-Setzen eines Rechtsgeschäfts, § 158 BGB

Eine ähnliche Abgrenzungsfrage stellt sich, wenn das Verhalten eines Dritten Gegenstand einer Bedingung ist. Die §§ 158–163 BGB ermöglichen den Parteien, die Wirkungen eines Rechtsgeschäfts vom dem Eintritt eines künftigen, ungewissen Ereignisses abhängig zu machen. Werden die Rechtsfolgen bis zum Bedingungseintritt hinausgezögert, spricht man von einer aufschiebenden Bedingung, § 158 Abs. 1 BGB, dagegen von einer auflösenden Bedingung, § 158 Abs. 2 BGB, wenn die schon in Vollzug gesetzten Rechtswirkun-

---

[392] *Joussen*, AcP 203 (2003), 429 (434). Zur Stellvertretung durch Geschäftsunfähige unter Teil 1 B. III. 6.

[393] Im Unterschied zu § 166 Abs. 1 BGB ist aber nicht der Dritte, sondern der durch die Leistungsbestimmung belastete Vertragsteil anfechtungsberechtigt, womit § 318 Abs. 2 BGB die Anfechtung einer fremden Willenserklärung ermöglicht, MK-BGB/*Würdinger*, § 318 Rn. 5; OLG Hamm VersR 1979, 149.

[394] *v. Tuhr*, AT II/1, § 62 VI (S. 485 in Fn. 174); RGRK/*Ballhaus*, BGB, § 317 Rn. 1. § 154 Abs. 1 S. 1 BGB unterscheidet sich von § 315 Abs. 1 BGB darin, dass in letzterem Fall der offene Punkt von *einer* Partei festgelegt wird, *Kronke*, AcP 183 (1983), 113 (134).

[395] Man spricht von einer „Unterwerfungsvereinbarung" oder einem „Bestimmungsvertrag", *Joussen*, AcP 203 (2003), 429 (433).

gen mit Bedingungseintritt enden sollen[396]. Das zur Bedingung gemachte Ereignis kann in einem beliebigen Verhalten der Parteien (Potestativbedingung)[397] oder einer dem Willen der Beteiligten entzogenen Begebenheit liegen (Zufallsbedingung)[398]. Zu letzterem Fall rechnet auch die Vornahme einer Handlung durch einen Dritten[399]. Die Parteien können ihre Einigung etwa davon abhängig machen, dass der Dritte ein Rechtsgeschäft mit einem Vierten abschließt. In diesem Fall bewirkt der Dritte, gleich einem Stellvertreter, dass die beabsichtigten Rechtsfolgen zwischen den Parteien eintreten[400]. Dies geschieht, wie auch bei der Stellvertretung, durch Abgabe einer Willenserklärung. Der wesentliche Unterschied zur Stellvertretung besteht aber darin, dass der Dritte seine Erklärung (gegenüber dem Vierten) in eigenem Namen abgibt und die Folgen seiner Erklärung ein Rechtsgeschäft betreffen, das tatbestandlich schon zustande gekommen ist[401]. Mit seiner Erklärung bestimmt der Dritte nicht, wie ein Vertreter, über das Zustandekommen des Rechtsgeschäfts, sondern lediglich über dessen Geltung[402], wann also die intendierten Rechtsfolgen eintreten (§ 158 Abs. 1 BGB) oder wie lange sie bestehen (§ 158 Abs. 2 BGB)[403]. Jedenfalls praktisch dürfte die Abgrenzung zwi-

---

[396] RGRK/*Steffen*, BGB, Vor § 158 Rn. 4.

[397] Vgl. *Flume*, AT II, § 38, 2c (S. 683); HKK-BGB/*Finkenauer*, §§ 158–163 Rn. 4; Soergel/*Wolf*, BGB, Vor § 158 Rn. 23.

[398] RGRK/*Steffen*, BGB, Vor § 158 Rn. 5. Keine Bedingung im Sinne des § 158 BGB ist dagegen die Rechtsbedingung, dazu *Neuner*, AT, § 52 Rn. 7; *Bork*, AT, § 29 Rn. 1253; Soergel/*Wolf*, BGB, Vor § 158 Rn. 7 f. Eine Sonderstellung nimmt die Wollensbedingung ein, die sich nicht auf eine vom Geschäftsabschluss unabhängige Handlung bezieht (etwa die Kaufpreiszahlung), sondern darauf, dass der Geschäftspartner erklärt, das Geschäft gelten zu lassen, dazu *Raape*, Wollensbedingung, 7 ff.; *R. Giesen*, in: FS Schapp (2010), 159 ff.; HKK-BGB/*Finkenauer*, §§ 158–163 Rn. 40 f.; *Flume*, AT II, § 38, 2d (S. 684 ff.); *Oertmann*, BGB, § 158 Rn. 4c; Soergel/*Wolf*, BGB, Vor § 158 Rn. 23 ff.; vgl. Motive I, 266 = Mugdan I, 500 zu E I § 79 BGB.

[399] Vgl. RGRK/*Steffen*, BGB, Vor § 158 Rn. 5.

[400] Keine Schwierigkeiten bereitet der Fall, dass die Handlung des Dritten in einem Realakt besteht, wenn er etwa einen Anruf tätigen oder ein bestimmtes Kleidungsstück tragen soll. Hier fehlt es bereits an der Abgabe oder Entgegennahme einer Willenserklärung, wie es § 164 Abs. 1 S. 1, Abs. 3 BGB voraussetzt.

[401] *Flume*, AT II, § 38, 4b (S. 691); *Oertmann*, BGB, § 158 Rn. 1; Staudinger/*Bork*, BGB, § 158 Rn. 18; BGH NJW 1994, 3227 (3228 a. E.); BFH NJW 2015, 2367 (2368). Für die Anwendung von Rechtsnormen, die sich auf das rechtsgeschäftliche Handeln beziehen (z. B. § 138 BGB), kommt es dementsprechend auf den Zeitpunkt der Geschäftsvornahme und nicht auf den des Bedingungseintritts an, *Flume*, AT II, § 38, 4b (S. 690).

[402] *Müller-Freienfels*, Vertretung, 71: „Ein Bevollmächtigter entscheidet nicht bloß im Rahmen eines rechtsgültigen Geschäfts über die suspendierte Frage des Eintritts einer an sich möglichen Wirkung, sondern begründet diese Wirkung selbst mit."

[403] Dennoch ist die Bedingung kein vom Hauptgeschäft getrenntes, zusätzliches Rechtsgeschäft, sondern integrierender Bestandteil desselben, Motive I, 251, 267 = Mugdan I, 491, 500; vgl. Protokolle I, 185 = Mugdan I, 764 f.

schen Erklärungen, die den Bedingungseintritt herbeiführen, und solchen eines Vertreters keine Schwierigkeiten bereiten: Die Parteien müssen sich über die jeweilige Bedingung einigen, was bereits gegen die Annahme einer Bevollmächtigung als einseitigen Rechtsakt spricht, und das zur Bedingung gemachte Ereignis tritt typischerweise nach Abschluss des bedingten Rechtsgeschäfts ein, sodass auch in zeitlicher Hinsicht eine Stellvertretung in Bezug auf dieses Rechtsgeschäft ausscheidet.

2. Entschließungsermessen

Vielfach wird die Entscheidung(sbefugnis) des Vertreters außerdem auf die Ausführung des Vertretungsakts bezogen[404]. Verwiesen ist damit auf den Entschluss des Vertreters, eine (eigene) Willenserklärung abzugeben, § 164 Abs. 1 S. 1 BGB[405], oder die ihm gegenüber abgegebene Willenserklärung entgegenzunehmen, § 164 Abs. 3 BGB. Zwar kann auch von einem Boten gesagt werden, er fasse den Entschluss, die Willenserklärung seines Geschäftsherrn abzugeben oder eine Erklärung für diesen in Empfang zu nehmen[406]. Auch wird man sagen können, dass der Entschluss des Boten auf die Herbeiführung eines rechtlichen Erfolgs gerichtet ist, insofern er über den Zugang das Wirksamwerden der Willenserklärung bewirkt, vgl. § 130 Abs. 1 S. 1 BGB[407]. Damit aber ist zugleich der wesentliche Unterschied benannt: Bezugspunkt der Handlung und Entschließung des Boten ist der Zugang, Bezugspunkt der Handlung und Entschließung des Stellvertreters die Abgabe oder Entgegennahme einer Erklärung[408]. Während E I § 116 BGB das Vertreterhandeln noch global auf die „Vornahme des Rechtsgeschäfts" bezog – worunter man auch das Bewirken des Zugangs hätte subsumieren können –, bringt § 164 Abs. 1 S. 1 BGB diesen Unterschied nunmehr hinreichend deutlich zum Ausdruck. Spätestens an dieser Stelle zeigt sich, dass mit der Neufassung des

---

[404] Vielfach ist von der Entscheidung über die Erklärungsabgabe oder dem „Ob" des Rechtsgeschäfts die Rede, vgl. *Bork*, AT, § 32 Rn. 1346; RGRK/*Steffen*, BGB, Vor § 164 Rn. 18; *Hoffmann*, JuS 1970, 179 (181); MK-BGB/*Schubert*, § 164 Rn. 81; *Hölder*, AcP 73 (1888), 1 (112); *Neuner*, AT, § 49 Rn. 14; *Müller-Freienfels*, Vertretung, 72; *Hanloser*, 75 f.

[405] Anders *Beuthien*, in: FS Medicus (1999), 1 (7), nach dem § 164 Abs. 1 S. 1 BGB nicht an die Willenserklärung als Erklärungs*handlung*, sondern an die Willenserklärung als rechtserhebliches Erklärungs*ergebnis* anknüpft.

[406] In diese Richtung *Joussen*, Jura 2003, 577 (580); *Rosenberg*, 219; *Oertmann*, BGB, Vor § 164 Rn. 7a; *L. Mitteis*, Stellvertretung, 131.

[407] *v. Tuhr*, AT II/2, § 84 II (S. 339 in Fn. 36). Vgl. *Hanloser*, 71; *Hellwig*, Lehrbuch II, § 121 I 1; *Assmann*, 75; *L. Mitteis*, Stellvertretung, 131: „bewußter Mitschöpfer des Rechtsgeschäfts"; *Cohn*, 33 für den Empfangsboten. Zur Bedeutsamkeit des Boten und seiner Aufgaben „im heutigen Geschäftsleben" OLG Oldenburg NJW 1978, 951; RGRK/*Steffen*, BGB, Vor § 164 Rn. 32.

[408] Vgl. Staudinger/*Schilken*, BGB, Vor § 164 Rn. 73; *Sperber*, 27.

E I § 116 BGB nicht bloß eine „redaktionelle Verbesserung" erreicht wurde[409].

So eindeutig sich die Grenzziehung zur Botenschaft entlang der Kategorien der Abgabe und des Zugangs in der Theorie auch darstellt, so zweifelhaft ist ihr praktischer Nutzen. Ähnlich wie bei dem Kriterium der „rechtsgeschäftlichen Relevanz" stellt sich auch hier die Frage, ob mit der Anknüpfung des Entschließungsermessens an das Merkmal der „Abgabe" ein subsumptionsfähiges Kriterium zur Bestimmung der Stellvertretereigenschaft gewonnen ist[410]. Die Bedenken gründen darauf, dass dem Abgabemerkmal neben dem Tatbestand der Willenserklärung regelmäßig keine eigenständige Bedeutung zukommt. Verlangt man nämlich für den (objektiven) Tatbestand einer Willenserklärung ein Verhalten, das aus objektiver Empfängersicht den Schluss auf einen Rechtsbindungswillen zulässt[411], dann schließt dies ein, dass die Erklärung aus objektiver Empfängersicht willentlich in den Rechtsverkehr gelangt ist und also abgegeben wurde[412]: Gelangt die Erklärung nicht erst in den Rechtsverkehr (fehlt also die Abgabehandlung), fehlt es bereits an einem Verhalten, das der Beurteilung eines objektiven Empfängers zugänglich ist (der Brief, der in der Schublade verstaut ist). Gelangt die Erklärung zwar in den Rechtsverkehr, für den objektiven Empfänger aber ersichtlich ohne Wissen und Wollen des Erklärenden (fehlt also der Abgabewille), dann lässt dieses Verhalten aus Empfängersicht nicht den Schluss auf einen Rechtsbindungswillen zu, womit auch der Tatbestand der Willenserklärung entfällt (der Brief, von dem der Empfänger weiß, dass der Sekretär ihn entgegen der Anweisung seines Vorgesetzten versendet hat). Definiert man den objektiven Erklärungstatbestand wie oben beschrieben, gibt es eine Verwirklichung des äußeren Erklärungstatbestands ohne Abgabe und umgekehrt eine Abgabe ohne Verwirklichung des äußeren Erklärungstatbestands aus der verobjektivierten Empfängersicht somit nicht. Damit aber erweist sich auch die Anknüpfung des Entschließungsermessens an das Merkmal der „Abgabe" als wenig hilfreich, denn immerhin kommt es zur Bestimmung der Vertretereigenschaft auf den objektiven Empfängerhorizont an[413].

---

[409] Vgl. Teil 1 A. VI.

[410] Vgl. zu den Bedenken gegenüber dem Abgabemerkmal auch HKK-BGB/*Schermaier*, §§ 116–124 Rn. 12.

[411] *D. Giesen*, Jura 1980, 23 (25); vgl. *Bork*, AT, § 15 Rn. 571.

[412] Zu diesem Verständnis von der Abgabe nur BGH NJW-RR 2003, 384; Palandt/*Ellenberger*, BGB, § 130 Rn. 4.

[413] Vgl. Teil 1 B. I. 1. Das bedeutet nicht, dass ein fehlender Abgabewille sich nicht auf die Wirksamkeit der Willenserklärung auswirken kann. Die Rechtsfolgen des fehlenden Abgabewillens werden unter dem Schlagwort der „abhanden gekommenen" Willenserklärung diskutiert. Schulfall ist der Brief, den der zur Absendung noch unentschlossene Verfasser auf dem Schreibtisch liegen lässt, wo ihn sein Angestellter oder seine Frau findet und zur Post gibt, vgl. *D. Giesen*, Jura 1980, 23 (27); *Medicus/Petersen*, AT, § 22 Rn. 266;

Treffender ist es, den Entscheidungsspielraum auf den *Tatbestand der Willenserklärung* zu beziehen. Vertreter ist dann nicht, wer sich entschließt, eine Willenserklärung abzugeben, sondern wer sich entschließt, durch sein Verhalten den Tatbestand der Willenserklärung zu erfüllen. Dies wiederum richtet sich danach, ob die Verwirklichung des Erklärungstatbestands aus der Sicht eines objektiven Empfängers im Belieben des Handelnden steht oder bereits durch den Geschäftsherrn erfolgt ist. Indizien für einen entsprechenden Entscheidungsspielraum können sein, dass der Handelnde seine Erklärung erkennbar von dem Verlauf der Vertragsverhandlungen abhängig macht oder, etwa beim Kauf in einem Ladengeschäft, zunächst ohne konkrete Vorstellung „stöbert" und sich erst vor Ort auf Grundlage seiner Eindrücke zum Kauf entschließt[414].

3. Vertretungsermessen

Anerkannt ist schließlich das Ermessen des Vertreters, von der ihm erteilten Vertretungsmacht Gebrauch zu machen[415]. Dass der Vertreter seine Vertretungsmacht ungenutzt lässt, kann auf verschiedenen Gründen beruhen: Der Vertreter kann den Bestand seiner Vertretungsmacht schlicht leugnen[416] oder sich unsicher sein, wie weit seine Befugnis im Einzelfall reicht.

Der Anerkennung des Vertretungsermessens liegt die Erwägung zugrunde, dass der Vertreter, wenn er bereits auf seine Vollmacht verzichten kann[417], erst recht darüber entscheiden können muss, ob er seine Vollmacht im Einzelfall in Anspruch nimmt[418]. Soll das Rechtsgeschäft für und gegen den Vertretenen wirken, genügt es also nicht, dass hierfür Vertretungsmacht besteht. Der Vertreter muss vielmehr bei Vornahme des Rechtsgeschäfts von dieser Befugnis auch Gebrauch machen. Davon ist regelmäßig auszugehen,

---

Motive I, 157 = Mugdan I, 439. Der negativen Willensfreiheit des Erklärenden wird überwiegend dadurch Rechnung getragen, dass er die ihm zunächst über §§ 133, 157 BGB zugerechnete Erklärung durch Anfechtung wieder beseitigen kann, *Lüdeking*, 85; Palandt/*Ellenberger*, BGB, § 130 Rn. 4; *Medicus/Petersen*, AT, § 22 Rn. 267, § 40 Rn. 605, 607. Voraussetzung für eine Zurechnung ist, dass der ungewollte Eindruck einer Willenserklärung aus dem Herrschafts- und Organisationsbereich des Erklärenden stammt (dazu *Werba*, 141) bzw. dem Erklärenden im Sinne eines Sorgfaltsverstoßes vorwerfbar ist (dazu BeckOGK-BGB/*Gomille*, 1.4.2020, § 130 Rn. 43; MK-BGB/*Einsele*, § 130 Rn. 14).

[414] In diesem Sinne *Neuner*, AT, § 49 Rn. 14; *v. Tuhr*, AT II/2, § 84 II (S. 340).

[415] BGH DNotZ 1968, 407; *Bork*, AT, § 34 Rn. 1425; *Flume*, AT II, § 47, 1 (S. 800); Staudinger/*Schilken*, BGB, § 168 Rn. 18 a. E., § 177 Rn. 6; Palandt/*Ellenberger*, BGB, § 177 Rn. 1. In diese Richtung auch *Isay*, Geschäftsführung, 209; *Oertmann*, BGB, § 168 Rn. 1d: „keine Ausübungspflicht"; Soergel/*Leptien*, BGB, § 168 Rn. 5 a. E., § 177 Rn. 8.

[416] Dazu MK-BGB/*Schubert*, § 177 Rn. 13.

[417] Ausführlich unter Teil 2 F. II. 6. a).

[418] MK-BGB/*Schubert*, § 177 Rn. 13. Im Vergleich zum Verzicht ist der Nichtgebrauch also ein „Minus". Zum Ausschluss des Verzichtsrechts unter Teil 2 G.

wenn der Vertreter im Namen des Vertretenen handelt[419], jedoch dann nicht, wenn er seine Erklärung ausdrücklich als „vollmachtloser" Vertreter[420] oder unter dem Vorbehalt der Genehmigung des Vertretenen abgibt[421]. Will der Geschäftsherr das Geschäft gegen sich gelten lassen, muss er es in diesen Fällen genehmigen, § 177 Abs. 1 BGB[422], oder neu vornehmen (lassen), sofern eine Genehmigung ausgeschlossen ist, vgl. §§ 174 S. 1, 180 S. 1 BGB[423]. Damit relativiert sich für den Geschäftsherrn zwar der Nutzen der mit einer Stellvertretung regelmäßig bezweckten Arbeitsteilung. Zumindest aber erhält er die Gelegenheit, noch einmal über sein Einverständnis mit dem jeweiligen Vertretungsakt nachzudenken. Von praktischem Interesse dürfte dies insbesondere bei weiter gefassten Vollmachten sein, mit deren Erteilung nicht bereits feststeht, welches Rechtsgeschäft der Vertreter letztlich abschließen wird.

Ob sich auch der gesetzliche Vertreter auf ein Vertretungsermessen berufen kann, erscheint zweifelhaft[424]. Bereits gegen die Zulässigkeit eines Verzichts auf seine Vertretungsmacht lässt sich anführen, dass der gesetzliche Vertreter zur Vertretung nicht nur berechtigt, sondern dem Vertretenen wie dem Gemeinwesen gegenüber auch verpflichtet ist, vgl. §§ 1626 Abs. 1 S. 1, 1629 Abs. 1 S. 1 BGB[425]. Auf seine Pflichtenstellung kann der Pflichtige aber nicht verzichten, verzichtsfähig ist nur der Pflichtbegünstigte, also das Kind oder der Staat[426], vgl. § 1666 Abs. 3 Nr. 6 BGB. Liegt ein solcher „Verzicht" des Begünstigten oder einer der in den §§ 1673–1675 BGB genannten Gründe für das Ruhen der elterlichen Sorge nicht vor[427], hat der gesetzliche Vertreter

---

[419] Vgl. OGHZ 1, 209 (211) = OGH NJW 1949, 141 (142); *Isay*, Geschäftsführung, 209.

[420] OGHZ 1, 209 (211) = OGH NJW 1949, 141 (142); BGH NJW 2009, 3792 (3793) für einen Notariatsangestellten; BGH NJW-RR 2008, 1484 (1486) für einen zur Einzelvertretung befugten Gesellschafter einer Gesellschaft bürgerlichen Rechts; *Bork*, AT, § 34 Rn. 1425 in Fn. 1.

[421] BGH DNotZ 1968, 407 f.; Soergel/*Leptien*, BGB, § 177 Rn. 8; Erman/*Maier-Reimer/Finkenauer*, BGB, § 177 Rn. 6; MK-BGB/*Schubert*, § 177 Rn. 13; *Isay*, Geschäftsführung, 209; vgl. *Dernburg*, Pandekten I, § 119 (S. 275 in Fn. 9).

[422] Zur Genehmigungsmöglichkeit im Falle einer ungenutzten Vollmacht OGHZ 1, 209 (211) = OGH NJW 1949, 141 (142); BGH NJW 2009, 3792 (3793); DNotZ 1968, 407; OLG Naumburg DNotZ 1999, 1013 (1014); *Flume*, AT II, § 47, 1 (S. 800); MK-BGB/*Schubert*, § 177 Rn. 13; RGRK/*Steffen*, BGB, § 177 Rn. 3; Soergel/*Leptien*, BGB, § 177 Rn. 8; Staudinger/*Schilken*, BGB, § 177 Rn. 6.

[423] Für eine Anwendung des § 174 S. 1 BGB spricht, dass dem Vertreter immerhin Vollmacht erteilt wurde, für eine Anwendung des § 180 S. 1 BGB, dass der Vertreter bei Vornahme des konkreten Geschäfts ohne Vertretungsmacht gehandelt hat.

[424] Dagegen *Müller-Freienfels*, Vertretung, 367 mit Fn. 35.

[425] *Müller-Freienfels*, Vertretung, 41: „Bindung [...] immanent", 367: „sozialrechtliche Bindung der gesetzlichen Vertretungsmacht"; *Reichel*, DR 1914, 355: Elterngewalt als „Pflichtrecht".

[426] *Reichel*, DR 1914, 355.

[427] Oder die Beendigung der elterlichen Sorge durch Todeserklärung oder Feststellung seiner Todeszeit nach dem Verschollenheitsgesetz, § 1677 BGB.

sein Vertretungsamt also wahrzunehmen[428]. Dies gebietet auch der Schutz des Vertretenen, der andernfalls handlungsunfähig würde, bis ein neuer Vertreter gefunden wäre. Dieselben Bedenken bestehen nun, wenn der gesetzliche Vertreter seine Vertretungsmacht „nur" ungenutzt lassen könnte: Der Nichtgebrauch führt zwar nicht zum endgültigen Entfall der Vertretungsbefugnis, gleich einem Verzicht aber dazu, dass der Vertreter bei Vornahme des Rechtsgeschäfts ohne Vertretungsmacht handelt. Der Vertretene wäre in diesem Fall gleichermaßen schutzlos, da er das zunächst schwebend unwirksame Vertretergeschäft weder selbst genehmigen noch neu vornehmen könnte, vgl. §§ 104 f. BGB[429].

Von dem Entschließungsermessen unterscheidet sich das Vertretungsermessen darin, dass Bezugspunkt nicht die Ausführung des Vertretungsakts, sondern die hierzu erteilte Vertretungsmacht ist. Das Vertretungsermessen ist dem Entschließungsermessen nachgelagert, insofern es an den Entschluss des Vertreters anknüpft, *bei* Vornahme des Vertretungsakts von seiner Vertretungsmacht Gebrauch zu machen. Nimmt der Vertreter das Rechtsgeschäft nicht vor, stellt sich auch die Frage nach einem Vertretungsermessen nicht.

Von dem bereits erwähnten Verzicht des Vertreters auf die Vertretungsmacht unterscheidet sich das Vertretungsermessen insofern, als der Nichtgebrauch kein Erlöschen der Vertretungsmacht bewirkt, sondern nur dazu führt, dass der Vertreter *im konkreten Fall* ohne Vertretungsmacht handelt. Im Übrigen bleibt er vertretungsberechtigt, sodass jedes weitere Rechtsgeschäft für und gegen den Vertretenen wirkt, wenn der Vertreter nicht wiederholt als Nichtbevollmächtigter auftritt. Ein weiterer Unterschied besteht darin, dass der Verzicht nach allgemeiner Auffassung gegenüber dem Vertretenen zu erfolgen hat[430], während der Entschluss, die Vertretungsmacht ungenutzt zu lassen, lediglich für den Geschäftsgegner erkennbar sein muss[431].

4. Ergebnis

Im geltenden Recht lassen sich für den Entscheidungsspielraum des Vertreters drei Bezugspunkte ausmachen: der Inhalt des auszuführenden Rechtsgeschäfts, die Ausführung des Rechtsgeschäfts und die zur Ausführung des Rechtsgeschäfts erteilte Vertretungsmacht.

---

[428] Vgl. *Reichel*, DR 1914, 356.

[429] Zur schwebenden Unwirksamkeit BeckOGK-BGB/*Amend-Traut*, 1.8.2021, § 1629 Rn. 38 f.; anders MK-BGB/*Huber*, § 1629 Rn. 41, der von unheilbarer Nichtigkeit ausgeht, wenn es überhaupt an Vertretungsmacht fehlt.

[430] Siehe nur Erman/*Maier-Reimer/Finkenauer*, BGB, § 168 Rn. 3; MK-BGB/*Schubert*, § 168 Rn. 34.

[431] Soergel/*Leptien*, BGB, § 177 Rn. 8; vgl. BGH DNotZ 1968, 407 (408).

Das Inhaltsermessen bezeichnet die Freiheit des Vertreters, die für das abzuschließende Rechtsgeschäft „relevanten" Inhalte festzulegen. Hierzu zählen regelmäßig, aber nicht notwendig die *essentialia negotii*. Abzugrenzen ist die Entscheidung über Geschäftsinhalte (als Vertreter) von der Festlegung solcher Umstände (als Bote oder Dritter), die sich bereits durch Auslegung der Erklärung des Geschäftsherrn ergeben (scheinbare Unbestimmtheit), den Erklärungsinhalt verständlicher machen (Erläuterungen und Hinweise), Modalitäten des Zugangs betreffen (Formenwahlfreiheit, stilistische Freiheit), ein bereits abgeschlossenes Geschäft konkretisieren (einseitige Leistungsbestimmung) oder dieses in Geltung setzen (Herbeiführung des Bedingungseintritts).

Mit dem Entschließungsermessen ist die Freiheit des Vertreters beschrieben, sich für oder gegen die Ausführung des Vertretungsakts zu entscheiden. Als Bezugspunkt wird für die Aktivvertretung das Merkmal der Abgabe genannt. Treffender ist es, als Bezugspunkt die Verwirklichung des (gesamten) Erklärungstatbestands zu wählen. Vertreter ist danach, wer sich aus objektiver Empfängersicht dazu entschließt, den Tatbestand der Willenserklärung zu verwirklichen.

Das Vertretungsermessen schließlich beschreibt die Freiheit des Vertreters, bei Vornahme des Vertretungsakts von der ihm erteilten Vertretungsmacht Gebrauch zu machen. Die Anerkennung eines Vertretungsermessens ist im Zusammenhang mit der Möglichkeit des Verzichts auf die Vertretungsmacht zu sehen. Soweit der Vertreter berechtigt ist, auf seine Vertretungsmacht zu verzichten, kann er auch darüber entscheiden, seine Vertretungsmacht nicht zu gebrauchen. Anders als der Verzicht führt der bloße Nichtgebrauch zu keinem generellen und endgültigen Verlust der Vertretungsmacht, sondern nur dazu, dass der Vertreter bezogen auf das konkrete Rechtsgeschäft ohne Vertretungsmacht handelt.

III. Anwendung auf verschiedene Vertretungskonstellationen

Geht man von dem soeben beschriebenen Kriterium des Entscheidungsspielraums aus, ist Vertreter zweifelsohne, wer prüft, verhandelt, überlegt und sich daraufhin entschließt, das Rechtsgeschäft auf Grundlage seiner Vertretungsmacht vorzunehmen[432]. Vor dem geistigen Auge erscheint der Prokurist, dessen weitreichende Befugnisse einer Beschränkung nicht zugänglich sind, §§ 49, 50 Abs. 1 HGB, oder der Freund, dem ich aufgegeben habe, mir bei Gelegenheit ein beliebiges Stück Obst vom Marktstand mitzubringen. Nimmt man die §§ 164–181 BGB hinzu, sieht man aber, dass Vertreter auch sein kann, wer nach bestimmten Weisungen handelt, § 166 Abs. 2 BGB,

---

[432] Vgl. *Brinz*, Pandekten IV, § 581, 1 (S. 363): „verhandelt, überlegt, beschließt, will"; *Hoffmann*, JuS 1970, 179 (181): „prüfen und verhandeln".

fremde Erklärungen bloß entgegennimmt, § 164 Abs. 3 BGB, oder nur „die Kündigung" oder „die Anfechtung" erklärt, vgl. §§ 174, 180 BGB. Das wirft die Frage auf, ob und inwiefern sich das oben herausgearbeitete Verständnis von dem Entscheidungsspielraum auch in diesen Fällen belegen lässt. Eine Antwort hierauf sollen die nachstehenden Ausführungen geben. Es werden verschiedene Fallgruppen einer Stellvertretung vorgestellt und auf ihre rechtlichen Besonderheiten hin untersucht.

1. Vertreter mit „gebundener Marschroute"

Als „Vertreter mit gebundener Marschroute"[433] bezeichnet man eine Hilfsperson, die „nach klaren Vorgaben ohne Entscheidungsspielraum" handelt[434], sodass ihre Stellung „in die des Boten und mechanischen Erklärungswerkzeugs übergeht"[435]. Ein Beispiel ist die Kassenkraft im Einzelhandel, die sich darauf beschränkt, die von dem Kunden auf das Kassenband gelegte Ware zu dem von der Geschäftsleitung vorgegebenen Preis zu verkaufen[436].

Ihren gesetzlichen Anknüpfungspunkt soll diese Form der Stellvertretung in § 166 Abs. 2 S. 1 BGB gefunden haben[437]. Der Vorschrift ist zu entnehmen, dass die Beziehungen zwischen Vertretenem und Vertreter auch durch Weisungen gestaltet werden können[438]. Der Vorschrift ist außerdem zu entnehmen, dass ein Handeln nach bestimmten Weisungen einer Stellvertretung nicht generell entgegensteht[439]. Ob dem Vertreter das auszuführende Rechts-

---

[433] Der Ausdruck geht zurück auf *E. Ulmer*, SJZ 1948, 137 (140) und findet sich außerdem bei *Flume*, AT II, §43, 4 (S. 756), §45 II 2 (S. 785); *Bork*, AT, §32 Rn. 1346, §34 Rn. 1493; *Neuner*, AT, §49 Rn. 18; MK-BGB/*Schubert*, §164 Rn. 75, 211; Soergel/*Leptien*, BGB, Vor §164 Rn. 47; Staudinger/*Schilken*, BGB, Vor §164 Rn. 82; *ders.*, Wissenszurechnung, 86.

[434] Vgl. BeckOGK-BGB/*Huber*, 1.11.2021, §164 Rn. 43.

[435] *Crome*, System I, §103, 4 (S. 455).

[436] *Neuner*, AT, §49 Rn. 18; *Medicus/Petersen*, AT, §54 Rn. 886; vgl. *Bork*, AT, §32 Rn. 1346 für den Prokuristen, der den vom Geschäftsherrn abschlussreif ausgehandelten Vertrag nur noch abschließt.

[437] *Bork*, AT, §32 Rn. 1346 in Fn. 6; *Neuner*, AT, §49 Rn. 18; vgl. *Hueck*, AcP 152 (1952/53), 432 (436).

[438] Zur (analogen) Anwendung auf den gesetzlichen Vertreter: BGH NJW 1962, 2251 f.; *Müller-Freienfels*, Vertretung, 393 ff.; MK-BGB/*Schubert*, §166 Rn. 123; Palandt/*Ellenberger*, BGB, §166 Rn. 10; Soergel/*Leptien*, BGB, §166 Rn. 32; Staudinger/*Schilken*, BGB, §166 Rn. 31. Zur Anwendung auf den Empfangsvertreter: Staudinger/*Schilken*, BGB, §166 Rn. 38. Zur Anwendung auf den Vertreter ohne Vertretungsmacht: RGZ 68, 374 (377 f.). Zur Anwendung auf den organschaftlichen Vertreter: *H. Baumann*, ZGR 1973, 284 (292 f.); *Schilken*, Wissenszurechnung, 127 ff. Zur Anwendung auf den Wissensvertreter: BGH NJW 2017, 949 (951); NJW 1996, 1205; NJW 1992, 1099 (1100); NJW 1990, 975 (976); *Neuner*, AT, §49 Rn. 77 f.

[439] Vgl. *Neuner*, AT, §49 Rn. 18; BeckOGK-BGB/*Huber*, 1.11.2021, §164 Rn. 43, 43.1.; RGRK/*Steffen*, BGB, Vor §164 Rn. 18.

geschäft damit auch *insgesamt* vorgegeben werden kann, wie im Kassierer-
beispiel, ergibt sich aus § 166 Abs. 2 S. 1 BGB allerdings nicht[440]. Denn zulässig ist nach dem Wortlaut zwar die Erteilung „bestimmter Weisungen". Offen
bleibt aber, wie bestimmt die Weisungen nur ausfallen dürfen, um nicht aus
dem Angewiesenen einen Boten zu machen. Auch in der Literatur und Rechtsprechung sucht man eine Antwort hierauf vergeblich. Häufig liest man, dass
es der Hilfsperson selbst bei umfassender Weisungsgebundenheit noch möglich sei, zumindest im Außenverhältnis als Vertreter aufzutreten[441]. Damit
aber ist keine Auskunft über die Vereinbarkeit von Weisungsgebundenheit
und Vertreterstellung gegeben. Benannt ist vielmehr nur die maßgebliche
Abgrenzungsperspektive, auf die es aber dann nicht (mehr) ankommt, wenn
die Weisungen im Außenverhältnis ergangen und dem Gegner also bekannt
sind. Auch der Hinweis darauf, Stellvertretung sei nur der „Vollzug eines
Rechtsgeschäfts durch Abgabe (oder Entgegennahme) einer Willenserklärung"[442], führt nicht weiter. Denn verwiesen ist damit zunächst nur auf eine
ihrerseits begründungsbedürftige Definition.

Dass die Erteilung erschöpfender Weisungen der Annahme einer Stellvertretung nicht entgegensteht, kann nur die Auslegung des Weisungsbegriffs in
§ 166 Abs. 2 S. 1 BGB ergeben. Hierfür werden zunächst die Bezugspunkte
der Weisung herausgearbeitet, ehe es im Anschluss daran die Reichweite des
Weisungsrechts zu untersuchen gilt.

a) Bezugspunkte der Weisung

Als Bezugspunkte der Weisung kommen sowohl das Grundverhältnis als
auch die Vertretungsmacht in Betracht[443]; eine Einschränkung, wie sie
E I § 118 BGB noch kannte, findet sich in § 166 Abs. 2 S. 1 BGB nicht mehr[444].
Nach „Weisungen" im Sinne des § 166 Abs. 2 S. 1 BGB handelt es also nicht nur

---

[440] Im Ergebnis auch *Breidenich*, 289; anders *Hanloser*, 75 in Fn. 137, der dem „schrankenlose[n] Wortlaut" des § 166 Abs. 2 S. 1 BGB entnimmt, dass jedenfalls das Inhaltsermessen „auf null" reduziert werden könne.

[441] In diesem Sinne *Neuner*, AT, § 49 Rn. 18; *Bork*, AT, § 32 Rn. 1346; *Flume*, AT II,
§ 43, 4 (S. 756).

[442] *Flume*, AT II, § 43, 4 (S. 756); zustimmend *Schilken*, Wissenszurechnung, 86; *Leuering*, NZG 2004, 120 (122).

[443] Vgl. Planck/*Flad*, BGB, § 166 Anm. 2; MK-BGB/*Schubert*, § 166 Rn. 126; Staudin-
ger/*Schilken*, BGB, § 166 Rn. 34; vgl. *Müller-Freienfels*, Vertretung, 398; dagegen *v. Tuhr*,
AT II/2, § 85 VI (S. 400), der die Weisungen im Sinne des § 166 Abs. 2 BGB auf das obli-
gatorische Verhältnis zwischen Vertretenem und Vertreter beschränkt.

[444] Nach E I § 118 BGB musste sich die Vollmacht auf ein bestimmtes Rechtsgeschäft
beziehen, dazu Motive I, 227 = Mugdan I, 478. Diese Voraussetzung wurde später durch
das geringere Erfordernis der „bestimmten Weisungen" ersetzt, Protokolle I, 140 = Mugdan I, 738; *H. Baumann*, ZGR 1973, 284 (292 f.); *Schilken*, Wissenszurechnung, 31.

derjenige, dessen Vollmacht konkrete Vorgaben zum auszuführenden Rechtsakt enthält, sondern auch derjenige, der nach dem Grundverhältnis zu einem bestimmten Handeln verpflichtet ist[445]. In diesem Fall betreffen die Weisungen das Innenverhältnis zwischen Vertretenem und Vertreter, in jenem Fall ergehen sie zusammen mit der Bevollmächtigung oder schränken eine zuvor erteilte Vollmacht nachträglich ein[446].

Die Frage, ob die Erteilung erschöpfender Weisungen der Annahme einer Stellvertretung entgegensteht, stellt sich nur in Bezug auf vollmachtsbezogene Weisungen. Das folgt daraus, dass es für den Begriff der Stellvertretung seit *Laband* auf ein Grundgeschäft nicht ankommt und für darauf bezogene Weisungen dementsprechend nichts anderes gelten kann. Davon abgesehen sind Weisungen, die das Grundgeschäft betreffen, dem Geschäftsgegner regelmäßig unbekannt und können sich daher auch nach allgemeinen Grundsätzen (§§ 133, 157 BGB) nicht auf die rechtliche Qualifikation der Hilfsperson auswirken.

Worauf sich die Weisung im Einzelfall bezieht, ist durch Auslegung der Erklärung des Geschäftsherrn zu ermitteln. Wollte der Geschäftsherr lediglich dem „Dürfen" des Vertreters engere Schranken ziehen, betrifft die Weisung regelmäßig das Grundverhältnis[447]. Dagegen wird sich die Weisung auf die Vertretungsbefugnis beziehen, wenn der Geschäftsherr ihre Befolgung „zur Bedingung für die Gültigkeit der Vertretungshandlung" macht[448]. Letzteres trifft typischerweise auf solche Weisungen zu, die Vorgaben zum Inhalt des beabsichtigten Rechtsgeschäfts enthalten[449]. Sollen „bestimmte Vorsichten" oder „übliche Formalitäten" beachtet werden oder ist dem Geschäftsherrn an der Geheimhaltung seiner Weisung gelegen, wird dagegen regelmäßig das Grundverhältnis in Bezug genommen sein. Entsprechendes gilt, wenn die Weisung gleichzeitig mit einer inhaltlich weiterreichenden Vertretungsbefugnis ergeht[450]. Hätte der Geschäftsherr damit die Vertretungsmacht beschränken wollen, hätte er diese von vornherein nur in entsprechend begrenztem Umfang erteilt.

Bestehen im Einzelfall Zweifel daran, worauf sich die Weisung bezieht, ist ihr im mutmaßlichen Interesse des Vertretenen die „stärkere Bedeutung" beizulegen, die Weisung also auf die Vertretungsmacht zu beziehen[451]. „Stärker" ist die Bedeutung deshalb, weil ein Handeln außerhalb einer solchen

---

[445] Vgl. MK-BGB/*Schubert*, § 166 Rn. 126; Staudinger/*Schilken*, BGB, § 166 Rn. 34; *ders.*, Wissenszurechnung, 61.

[446] *Schilken*, Wissenszurechnung, 48, 61.

[447] *Hupka*, Vollmacht, 216.

[448] *Hupka*, Vollmacht, 217.

[449] *Hupka*, Vollmacht, 216.

[450] *Hupka*, Vollmacht, 217, 219.

[451] *Hupka*, Vollmacht, 217.

Weisung nicht lediglich eine Schadensersatzpflicht des Vertreters nach den §§ 280 ff. BGB begründet, sondern – als ein Handeln außerhalb der Vertretungsmacht – bereits nicht für und gegen den Geschäftsherrn wirkt[452].

b) Reichweite der Weisungsgebundenheit

In welchem Umfang dem Vertreter Weisungen im Sinne des § 166 Abs. 2 S. 1 BGB erteilt werden können, seine Entscheidungsfreiheit also eingeschränkt werden kann, ist ausgehend vom Gesetzeswortlaut zu ermitteln.

aa) Weisungsbegriff

Sich herleitend von „weise machen" wird das Wort „Weisung" im Sinne eines „Zeigens", „Führens", „Lenkens" sowie eines „Belehrens durch das Vorzeigen" gebraucht[453]. Jemandem „bestimmte Weisungen" zu erteilen bedeutet also, ihm etwas Konkretes zu befehlen[454]. Das spricht dafür, die Grenzen des Weisungsbegriffs in § 166 Abs. 2 S. 1 BGB weit zu ziehen, mit der Folge, dass dem Vertreter die Ausführung des Vertretungsakts in allen Einzelheiten vorgegeben werden kann[455]. Bestätigung erfährt dieses Ergebnis dadurch, dass der Weisungsbegriff auch an anderen Stellen im Gesetz im Sinne einer Vorgabe ganz bestimmten Inhalts gebraucht wird:

Ein prominentes Beispiel sind die sich „auf die Sache beziehenden Weisungen" des Besitzherrn, denen ein Besitzdiener Folge zu leisten hat, § 855 BGB. Anerkannt ist hier, dass die Weisungsgebundenheit in „Befehl und Gehorsam" und also in dem Ausschluss jeder Entscheidungsfreiheit gipfeln kann[456].

---

[452] Vgl. *Hupka*, Vollmacht, 199 f.

[453] DWb, Bd. 28, s. v. *weisen*, Sp. 1079 f.

[454] *Müller-Freienfels*, Vertretung, 397; vgl. *Schilken*, Wissenszurechnung, 61: „die Abgabe der maßgeblichen Willenserklärung anbefohlen", 65: „konkrete Anordnungen für ein spezifiziertes Geschäft", 66: „konkrete, spezielle Instruktionen".

[455] Was die *Mindest*anforderungen an eine Weisung anbelangt, sind diese angesichts des Regelungszwecks des § 166 Abs. 2 S. 1 BGB nicht hoch. Soll verhindert werden, dass der Vertretene durch Vorschieben seines Vertreters die eigene Bösgläubigkeit umgeht, genügt für eine „bestimmte Weisung" bereits, dass der Bevollmächtigte zu einem Rechtsakt schreitet, zu dessen Vornahme ihn der Vertretene veranlasst hat, vgl. RG JW 1916, 317 f. (Nr. 2); SeuffA 82 (1928), Nr. 41, S. 73; RGZ 161, 153 (161); BGHZ 50, 364 (368) = BGH NJW 1969, 37 (38); BGHZ 38, 65 (67 f.) = BGH NJW 1962, 2251; BAG NJW 1997, 1940 (1941); *Beuthien*, in: FS Medicus (1999), 1 (13); ders., NJW 1999, 3585; *Schilken*, Wissenszurechnung, 65; Erman/*Maier-Reimer/Finkenauer*, BGB, § 166 Rn. 38; MK-BGB/*Schubert*, § 166 Rn. 126; Palandt/*Ellenberger*, BGB, § 166 Rn. 11; RGRK/*Steffen*, BGB, § 166 Rn. 22, 24; Soergel/*Leptien*, BGB, § 166 Rn. 28 f.

[456] OLG Frankfurt a. M. BeckRS 2016, 16936 Rn. 43; *Enneccerus/Wolff/Raiser*, Sachenrecht, § 6 III. Verfehlt wäre es, das Besitzmittlungsverhältnis in § 868 BGB spiegelbildlich mit den Begriffen „Forderung und Verpflichtung" zu umschreiben. Für § 868 BGB

Ein ähnlicher Wortsinn kommt auch der Weisung des Auftraggebers zu, vgl. § 665 BGB[457]. Sie enthält die „verbindliche Bestimmung, welche Tätigkeiten auszuführen oder zu unterlassen sind oder in welcher Weise der vereinbarte Auftrag durchzuführen ist"[458]. Wenn nicht die Voraussetzungen für eine Abweichung erfüllt sind, § 665 S. 1 BGB, muss der Beauftragte die Weisungen „strikt" und „peinlich genau" befolgen[459]. Das impliziert, dass dem Beauftragten ein bestimmter Grad an Selbständigkeit und Ermessen nicht verbleiben muss[460].

Entsprechendes gilt für den Weisungsbegriff in § 384 Abs. 1 Hs. 2 HGB. Die Weisung des Kommittenten enthält eine Erklärung darüber, ob und wie das vom Kommissionär übernommene Geschäft auszuführen ist[461]. Sie kann im Einzelfall „so stringent sein, dass für den Kommissionär keinerlei Spielraum für eigene Entscheidungen verbleibt"[462]. Die Weisungsgebundenheit des Kommissionärs reicht so weit, dass er im Einzelfall sogar gegen objektiv erkennbare Belange des Kommittenten handeln muss, wenn dieser es verlangt[463]. Grund für die strikte Weisungsgebundenheit ist der Charakter der Kommission als Geschäftsbesorgung, woraus für den Kommissionär Interessenwahrungs- und Treuepflichten resultieren[464].

---

kommt es nicht auf die Wirksamkeit eines dem Besitzmittlungsverhältnis zugrunde liegenden Rechtsverhältnisses an, herrschende Meinung: BGHZ 96, 61 (65) = BGH NJW 1986, 2438 (2439); NJW 2016, 495 (496); NJW 1955, 499. Ebenso wenig ist ein Herausgabeanspruch des mittelbaren Besitzers gegen den unmittelbaren Besitzer erforderlich, *Wieling/ Finkenauer*, Sachenrecht, § 6 Rn. 4.

[457] Der Weisungsbegriff entspricht dem des § 166 Abs. 2 S. 1 BGB, vgl. den Verweis bei Soergel/*Beuthien*, BGB, § 665 Rn. 2 in Fn. 6.

[458] BeckOGK-BGB/*Riesenhuber*, 1.8.2021, § 665 Rn. 16; vgl. Soergel/*Beuthien*, BGB, § 665 Rn. 2.

[459] MK-BGB/*Schäfer*, § 665 Rn. 3, 7; Planck/*Lobe*, BGB, § 665 Rn. 1a.

[460] Vgl. MK-BGB/*Schäfer*, § 665 Rn. 10. Dagegen betrifft die Pflicht des Beauftragten „zum Mitdenken" (Staudinger/*Martinek/Omlor*, BGB, § 665 Rn. 3 f.) bzw. zum „denkenden Gehorsam" (*Heck*, Schuldrecht, § 119 Nr. 5 [S. 355]; vgl. Soergel/*Beuthien*, BGB, § 665 Rn. 1) die nachgelagerte Frage, unter welchen Voraussetzungen der Beauftragte ausnahmsweise von erteilten Weisungen abweichen darf, vgl. BGH NJW 2018, 541 (542); NJW 1985, 42 (43); einschränkend BeckOGK-BGB/*Riesenhuber*, 1.8.2021, § 665 Rn. 3, weil der Auftraggeber ein berechtigtes Interesse daran haben könne, „dem Beauftragten (dem er zB vielleicht nicht zutraut, Sirenengesängen zu widerstehen) das Mitdenken zu untersagen".

[461] EBJS-HGB/*Füller*, § 384 Rn. 18.

[462] MK-HGB/*Häuser*, § 384 Rn. 56; vgl. EBJS-HGB/*Füller*, § 384 Rn. 20: „eng umgrenzte Handlungsvariante".

[463] MK-HGB/*Häuser*, § 384 Rn. 54; ähnlich BGH WM 1976, 630 (632) für die Pflicht einer Bank, die Weisungen des Kunden zu befolgen, auch wenn ihr deren Sinn „nicht erkennbar war oder nicht einleuchtete".

[464] Dass der Kommissionär die Weisungen aufgrund der ihn treffenden Interessenwahrungs- und Treuepflichten ebenso wenig blindlings befolgen darf, betrifft wiederum die von

Umfassend werden ferner die Weisungen gegenüber einem Arbeitnehmer verstanden, § 611a Abs. 1 BGB. Zweck des Weisungskriteriums ist es gerade, die Arbeitnehmertätigkeit von einer im Wesentlichen frei gestalteten Tätigkeit abzugrenzen, § 611a Abs. 1 S. 3 BGB[465]. Dementsprechend kann das Weisungsrecht Inhalt, Durchführung, Zeit und Ort der Tätigkeit betreffen, § 611a Abs. 1 S. 2 BGB[466], und als Einzelweisung die spezifische Vorgabe enthalten, *diesen* Kunden *jetzt* zu bedienen[467] oder eine bestimmte Maschine an einem bestimmten Ort in einem bestimmten Zeitraum zu montieren[468]. Durch Weisungen werden die im Arbeitsvertrag häufig nur rahmenmäßig festgelegten Leistungspflichten des Arbeitnehmers konkretisiert[469], was ebenfalls für die Erteilung erschöpfender Weisungen spricht[470].

Ein ähnliches Begriffsverständnis liegt schließlich § 645 Abs. 1 S. 1 BGB zugrunde. Danach ist der Besteller schon vor Abnahme des Werks zur Zahlung der Vergütung und zum Auslagenersatz verpflichtet, wenn der Untergang, die Verschlechterung oder die Unausführbarkeit des Werks auf einer von ihm erteilten Handlungsanweisung beruht. Weil grundsätzlich der Unternehmer für die Herstellung des Werks verantwortlich ist, wird der Weisungsbegriff in § 645 Abs. 1 S. 1 BGB restriktiv ausgelegt. Verlangt wird eine Einmischung des Bestellers in den Verantwortungsbereich des Unternehmers[471], was angenommen wird, wenn die Anweisung zur Folge hat, dass dem Unternehmer bei der Ausführung des Werks keine Wahl mehr belassen ist[472].

---

der Reichweite des Weisungsbegriffs zu trennende Frage, ob der Kommissionär bei Zweifeln an der Weisung Rücksprache mit dem Kommittenten halten muss, vgl. MK-HGB/*Häuser*, § 384 Rn. 54; EBJS-HGB/*Füller*, § 384 Rn. 21.

[465] Vgl. BeckOK-ArbR/*Joussen*, BGB, 1.6.2021, § 611a Rn. 23 ff.

[466] Damit knüpft § 611a BGB an § 106 GewO an, BeckOK-ArbR/*Joussen*, BGB, 1.6.2021, § 611a Rn. 15; MHdb-ArbR I/*Reichold*, § 40 Rn. 5: § 611a Abs. 1 S. 2 BGB „bekräftigt" § 106 GewO.

[467] MHdb-ArbR I/*Reichold*, § 40 Rn. 23.

[468] BeckOK-ArbR/*Tillmanns*, GewO, 1.6.2021, § 106 Rn. 14.

[469] BeckOK-ArbR/*Joussen*, BGB, 1.6.2021, § 611a Rn. 18 f.

[470] Dass auch einem Arbeitnehmer, der nicht „Fachmann" ist (dazu Erman/*Edenfeld*, BGB, § 611 Rn. 292; MHdb-ArbR I/*Reichold*, § 40 Rn. 6), ein Rest an Entscheidungsspielraum verbleibt, begründet sich damit, dass die Verrichtung der Arbeitsleistung dem Arbeitnehmer zur Entfaltung seiner Persönlichkeit und dem Erwerb oder der Aufrechterhaltung seines Ansehens dient, vgl. BAG NJW 1985, 2968 (2973); BeckOK-ArbR/*Tillmanns*, GewO, 1.6.2021, § 106 Rn. 12. Auf den Stellvertreter trifft diese Erwägung allerdings nicht zu, denn das Vertretergeschäft dient nicht der Entfaltung seiner Interessen, sondern der des Vertretenen. Dass der Vertreter mit der Ausführung des Vertretungsakts einer eigenen Pflicht nachkommt und hierfür möglicherweise eine Gegenleistung erhält, ist, da eine Frage des Grundgeschäfts, ohne Bedeutung.

[471] Vgl. BeckOK-BGB/*Voit*, 1.5.2020, § 645 Rn. 10.

[472] MK-BGB/*Busche*, § 645 Rn. 9; BeckOGK-BGB/*Lasch*, 1.7.2021, § 645 Rn. 20; Soergel/*Teichmann*, BGB, 12. Aufl. 1998, § 645 Rn. 9. Zum ähnlich lautenden § 13 Abs. 3

bb) Vergleich mit anderen Formen der Zustimmung

Dass dem Vertreter die Einzelheiten des auszuführenden Rechtsgeschäfts vorgegeben werden können, ergibt sich auch aus dem Vergleich der Bevollmächtigung mit anderen Formen der Zustimmung[473].

Mit einer *Einwilligung* hat die Bevollmächtigung gemeinsam, dass sie zeitlich ebenfalls vor Abschluss des Hauptgeschäfts erklärt wird, vgl. §§ 183 S. 1, 177 Abs. 1 BGB, nicht der für das abzuschließende Rechtsgeschäft bestimmten Form bedarf, §§ 182 Abs. 2, 167 Abs. 2 BGB, und das rechtsgeschäftliche Pendant die Genehmigung ist, §§ 184 Abs. 1, 177 Abs. 1 BGB. Von einer Einwilligung unterscheidet sich die Bevollmächtigung wesentlich nur darin, dass der Erklärende mit ihr keinem fremden, sondern einem Rechtsakt zustimmt, der in seinem Namen vorgenommen wird und für und gegen ihn wirkt, § 164 BGB[474]. Vor diesem Hintergrund lässt sich die Bevollmächtigung als ein Unterfall der Einwilligung[475], jedenfalls als ein damit verwandtes Rechtsinstitut begreifen[476]. Das wiederum spricht dafür, dass auch sie sich, entweder anfänglich oder nachträglich durch Weisungen, wie die Einwilligung – vgl. §§ 107, 110 Fall 1[477], §§ 1365 Abs. 1 S. 2, 1369 Abs. 1 BGB – auf ein spezifisches Rechtsgeschäft beschränken kann.

Mit einer *Genehmigung* hat die Bevollmächtigung gemeinsam, dass sie ebenfalls unter den Begriff der „Zustimmung" fällt, § 182 Abs. 1 BGB, und hinsichtlich Erklärungsgegner und Form dieselben Anforderungen gelten, §§ 182 Abs. 1, Abs. 2, 167 Abs. 1, Abs. 2, 177 Abs. 2 S. 1 BGB. Über die Rückwirkung der Genehmigung tritt zudem der Zustand ein, der bestehen würde, wäre der Vertreter im Zeitpunkt des Vertragsschlusses bevollmächtigt gewesen, § 184 Abs. 1 BGB[478]. Betrifft die Genehmigung einen bereits „durchent-

---

VOB/B („Anordnungen"): BGH NZBau 2005, 456 (457); NJW 1984, 2457 (2459): „bindende Anweisung, die der Kl. keine Wahl gelassen und absolute Befolgung erheischt hätte".

[473] Nicht weiterführend ist dagegen der Verweis auf den „schrankenlose[n] Wortlaut" des § 167 Abs. 1 BGB – so aber *Hanloser*, 75 mit Fn. 137 –, da § 167 Abs. 1 BGB nur die Erteilungsweise der Vollmacht regelt und insofern an einen bereits festgelegten Vollmachtsbegriff anknüpft.

[474] *Doerner*, Abstraktheit, 76.

[475] *Breit*, Geschäftsfähigkeit, 207, 295; *Hupka*, Vollmacht, 23 in Fn. 2; Planck/*Flad*, BGB, § 167 Anm. 2e; *v. Tuhr*, AT II/2, § 85 I (S. 378); *Rosenberg*, 128, 132, 566; *Thiele*, 257; *Hanloser*, 75 in Fn. 137; *Zitelmann*, Rechtsgeschäfte II, 86 f.; *Isay*, Geschäftsführung, 182, 187, 213; *Henle*, AT, § 24 I 1a.

[476] *Rodi*, 60 ff.; BeckOGK-BGB/*Regenfus*, 1.7.2021, § 183 Rn. 7; Motive I, 246 = Mugdan I, 489; Protokolle I, 144 = Mugdan I, 742; *Crome*, System I, § 104 I (S. 459 in Fn. 4); vgl. *Enneccerus/Nipperdey*, AT I/2, § 184 II; kritisch *Raich*, 5 ff.

[477] Sofern man § 110 BGB als Unterfall der Einwilligung begreift, dazu MK-BGB/*Spickhoff*, § 110 Rn. 3.

[478] RGZ 68, 374 (377). Vgl. auch *Medicus/Petersen*, AT, § 61 Rn. 1025; *Rosenberg*, 130 f.

schiedenen" Rechtsakt, liegt es nahe, dass auch die Bevollmächtigung sich, gegebenenfalls durch das Hinzutreten von Weisungen, auf die Ausführung eines einzelnen konkreten Geschäfts beschränken kann. Andernfalls müsste der Vertretene, wollte er ein ganz bestimmtes Rechtsgeschäft abschließen, stets einen Boten entsenden und bei formbedürftigen Rechtsgeschäften sogar persönlich handeln. Für diese Einschränkung aber ist kein Grund ersichtlich. Insbesondere besteht kein schützenswertes Interesse des Vertreters daran, Einfluss auf den Inhalt des Rechtsgeschäfts zu nehmen. Das Rechtsgeschäft ist für ihn regelmäßig eine fremde Angelegenheit, vgl. § 662 BGB, die seine Interessen nicht berührt und deren Rechtsfolgen ihn nicht treffen, § 164 Abs. 1 S. 1, Abs. 3 BGB.

cc) Privatautonomie des Vertretenen

„Betroffen" im Sinne des vorstehenden Absatzes ist alleine der Vertretene. Das Institut der gewillkürten Stellvertretung dient vornehmlich seinem Interesse und der Entfaltung seiner Privatautonomie[479]. Es ist deshalb nur konsequent, wenn er die damit verbundene Gefährdung seines Vermögens auf ein Mindestmaß beschränken kann. Dementsprechend muss der Vertretene seinem Vertreter erschöpfende Weisungen erteilen können und die Vollmacht auf diese Weise also auf die Ausführung eines einzelnen konkreten Rechtsgeschäfts beschränken können. Darin liegt auch keine Beeinträchtigung der Privatautonomie des Vertreters oder gar des Geschäftsgegners. Im Gegenteil: Selbst eine „eng begrenzte streng umrissene Spezialvollmacht"[480] bietet dem Geschäftsgegner noch die Gelegenheit, dieses eine Rechtsgeschäft statt mit dem Vertretenen über dessen Vertreter abzuschließen. Und dem Vertreter wird immerhin die sonst nicht vorhandene Möglichkeit eröffnet, jedenfalls in dieser einen Angelegenheit regelnd in den Rechtskreis des Vertretenen einzugreifen[481]. Beeinträchtigt wird die Privatautonomie der Beteiligten auch dann nicht, wenn die Weisung erst im Nachgang zur Bevollmächtigung ergeht[482]: Die Bevollmächtigung ist frei widerruflich, vgl. § 168 S. 2 BGB, sodass eine spätere Einschränkung ihres Umfangs aus Sicht des Vertreters den weniger schweren Eingriff bedeutet. Was den Geschäftsgegner anbelangt, kann dieser sich ohne Weiteres an den Vertretenen wenden, wenn er ein anderes als das eine in der Vollmacht bezeichnete Rechtsgeschäft abschließen möchte. Sein Vertrauen auf den ursprünglichen Umfang der Vollmacht wird ausreichend und abschließend durch die §§ 171 f. BGB sowie die Anerkennung von

---

[479] *Flume*, AT II, § 43, 3 (S. 754); *Schilken*, Wissenszurechnung, 22; dagegen *Müller-Freienfels*, Vertretung, 104 ff.

[480] *Mattil*, ZBlJR 1950, 121 (122).

[481] In diesem Sinne RGZ 121, 30 (34 f.); *Hupka*, Vollmacht, 26 in Fn. 1.

[482] Was einen teilweisen Widerruf der Vollmacht bedeutet, *Hupka*, Vollmacht, 227.

Rechtsscheinvollmachten geschützt[483]. Im Übrigen kann der Geschäftsgegner den Vertreter aus § 179 Abs. 1 BGB und den Vertretenen gegebenenfalls aus *culpa in contrahendo* in Anspruch nehmen[484].

dd) Vergleich mit dem Handeln in eigenem Namen

Bestätigung erfährt das bisherige Auslegungsergebnis schließlich über das Repräsentationsprinzip. Sagt man, der Vertreter repräsentiere den Vertretenen, ist damit gemeint, dass der Vertreter rechtsgeschäftlich handelt, die Folgen seines Handelns aber den Vertretenen treffen[485]. Gemeint ist damit aber auch, dass die Willenserklärung des Vertreters – mit Ausnahme des Handelns in fremdem Namen – rechtlich denselben Anforderungen unterliegt, denen eine entsprechende Willenserklärung in eigenem Namen unterläge. Wenn also die Selbstpartei[486] keinen inhaltlichen Einfluss auf die Geschäftsgestaltung nehmen muss, um den Tatbestand der Willenserklärung zu verwirklichen, muss es auch die in ihrem Namen handelnde Hilfsperson nicht, um den Tatbestand der Stellvertretung zu verwirklichen[487].

Die Fälle, in denen eine Partei keinen Einfluss auf den Inhalt des beabsichtigten Rechtsgeschäfts übt und dennoch den Tatbestand der Willenserklärung verwirklicht, sind zahlreich: Bei einer *invitatio ad incertas personas* bleibt die Person des Vertragspartners unbestimmt[488], in den Fällen der §§ 612 Abs. 2, 632 Abs. 2 BGB die Höhe des zu entrichtenden Lohns[489]. Auch bei der Verabredung einer Wahl- oder Gattungsschuld ist die konkret geschuldete Leistung im Zeitpunkt des Vertragsschlusses noch unbestimmt; sie wird erst durch eine weitere Handlung des Schuldners festgelegt, §§ 262, 243 Abs. 2 BGB[490]. Überhaupt steht es einem Vertragsschluss nur im Zweifel entgegen, dass die Parteien (bewusst) nicht sämtliche Vertragsinhalte festgelegt haben, § 154 Abs. 1 S. 1 BGB. Die §§ 317–319 BGB ermöglichen sogar den Abschluss

---

[483] Vgl. BGHZ 167, 223 (233) = BGH NJW 2006, 1952 (1954); BGHZ 161, 15 (24) = BGH NJW 2005, 664 (666); NJW-RR 2007, 1202 (1203). Für die Einordnung der Duldungsvollmacht als rechtsgeschäftlich erteilte Vertretungsmacht *Flume*, AT II, § 49, 3 (S. 828 ff.); Erman/*Maier-Reimer/Finkenauer*, BGB, § 167 Rn. 12.

[484] Vgl. MK-BGB/*Schubert*, § 167 Rn. 140. Die vorvertragliche Pflichtverletzung kann darin liegen, den Schein einer weiterreichenden Vertretungsbefugnis gesetzt, nicht ausgeräumt oder bestärkt zu haben.

[485] *Bork*, AT, § 30 Rn. 1294; *Neuner*, AT, § 49 Rn. 2; *Flume*, AT II, § 43, 2 und 3 (S. 752 f.).

[486] Diese Bezeichnung gebraucht *Müller-Freienfels*, Vertretung, 72. Gemeint ist damit eine Partei, die Rechtsgeschäfte für sich in eigenem Namen vornimmt.

[487] Vgl. *Müller-Freienfels*, Vertretung, 72; *Joussen*, AcP 203 (2003), 429 (440) im Zusammenhang mit § 317 Abs. 1 BGB.

[488] Vgl. *Brox/Walker*, AT, § 8 Rn. 5; *v. Tuhr*, AT II/1, § 62 II (S. 461 f.).

[489] *Bork*, AT, § 18 Rn. 712.

[490] Vgl. *Joussen*, AcP 203 (2003), 429 (430); *Kornblum*, AcP 163 (1963), 450 (451).

eines Vertrags, über dessen Inhalt keine der Parteien, sondern ein Dritter entscheidet.

Ebenso zahlreich sind die Fälle, in denen eine Partei auf die Geschäftsgestaltung keinen Einfluss nehmen *kann*. So erschöpfen sich die Genehmigung (§ 184 Abs. 1 BGB) und die Annahme eines Antrags (vgl. § 147 BGB) jeweils in der Zustimmung zu einem inhaltlich bereits fixierten Rechtsakt[491]. Eine Annahme unter Erweiterungen, Einschränkungen oder sonstigen Änderungen gilt dementsprechend als Ablehnung des Antrags, § 150 Abs. 2 BGB[492], eine modifizierende Genehmigung als deren Verweigerung[493]. Selbst dem Antragenden kann der Inhalt seiner Erklärung im Einzelfall vorgegeben sein, wie die §§ 1310 Abs. 3, 1311 S. 2 BGB für das Ehegüterrecht zeigen[494]. Vorgegeben ist der Partei der Inhalt ihrer Erklärung ferner dann, wenn sie durch Drohung zur Abgabe bestimmt wird, § 123 Abs. 1 Fall 2 BGB[495]. Ihr Entscheidungsspielraum beschränkt sich darauf, die Willenserklärung mit dem eingeforderten Inhalt abzugeben oder das angekündigte Übel eintreten zu lassen[496]. Für bestimmte Gestaltungsgeschäfte, etwa den Widerruf oder die Anfechtung, gibt wiederum das Gesetz den Inhalt der abzugebenden Erklärung vor, vgl. §§ 130 Abs. 1 S. 2, 143 Abs. 1 BGB[497]. Entsprechendes gilt für eine Vielzahl rechtsgeschäftsähnlicher Handlungen, auf die das Recht der Willenserklärung analoge Anwendung findet[498]. Dass der Erklärende nicht

---

[491] Für die Annahme: *argumentum e contrario* § 150 Abs. 2 BGB; für die Genehmigung: BeckOGK-BGB/*Regenfus*, 1.7.2021, § 182 Rn. 63; Staudinger/*Klumpp*, BGB, Vor § 182 Rn. 24, § 184 Rn. 7 f.

[492] Bringe die vom Empfänger vorgenommene Änderung dem Antragenden lediglich einen Vorteil, wenn sich der Käufer in seiner Annahmeerklärung zur Zahlung eines höheren Kaufpreises verpflichte, sei der Antrag dagegen trotz Änderung angenommen, *v. Tuhr*, AT II/1, § 62 IV (S. 474 f. in Fn. 113).

[493] BeckOGK-BGB/*Regenfus*, 1.7.2021, § 184 Rn. 8, vgl. § 182 Rn. 63; MK-BGB/*Bayreuther*, § 184 Rn. 11; vgl. OLG Hamburg NJOZ 2008, 2360 (2363). Zur Möglichkeit einer teilweisen Genehmigung, wenn das zu genehmigende Rechtsgeschäft teilbar ist, MK-BGB/*Bayreuther*, § 184 Rn. 11; OLG Hamm DNotZ 2002, 266 (268); OLG Hamburg NJOZ 2008, 2360 (2364).

[494] *Müller-Freienfels*, Vertretung, 72. Eine Stellvertretung scheidet allerdings aus, weil die Eheschließung ein höchstpersönliches Rechtsgeschäft ist, *Bork*, AT, § 31 Rn. 1335 f.

[495] Unter den Begriff der Drohung fällt das Herbeiführen einer psychischen Zwangslage (*vis compulsiva*), nicht aber die Ausübung körperlichen Zwangs (*vis absoluta*), *Bork*, AT, § 22 Rn. 890; vgl. Motive I, 204 = Mugdan I, 465.

[496] Vgl. Staudinger/*Singer/v. Finckenstein*, BGB, § 123 Rn. 68, 85.

[497] Ausführlich unter Teil 1 B. III. 5.

[498] Rechtsgeschäftsähnliche Handlungen sind keine Willenserklärungen, weil ihre Rechtsfolgen unabhängig von einem darauf gerichteten Willen des Erklärenden eintreten, *Bork*, AT, § 12 Rn. 412; *Neuner*, AT, § 28 Rn. 8; *Hoffmann*, JuS 1970, 179 (180); BGH NJW 1967, 1800 (1802). Eine analoge Anwendung der Regelungen für Willenserklärungen wird aber mehrheitlich befürwortet, weil rechtsgeschäftsähnliche Handlungen ebenso die Ab-

frei darin ist, die Inhalte etwa seiner Mahnung (§ 286 BGB) oder einer Abtretungsanzeige (§ 409 BGB) festzulegen[499], wird der für den Analogieschluss erforderlichen Vergleichbarkeit zwischen Erklärungen dieser Art und Willenserklärungen jedenfalls nicht entgegengehalten.

c) Ergebnis

Die vorangegangene Untersuchung hat gezeigt, dass auch derjenige Vertreter sein kann, dessen nach außen gerichtetes Handeln sich in der Vornahme eines bestimmten Rechtsgeschäfts erschöpft. Normativ lässt sich dieses Ergebnis an § 166 Abs. 2 S. 1 BGB knüpfen, wonach ein Handeln nach „bestimmten Weisungen" einer Stellvertretung nicht entgegensteht. Dass dies die Erteilung erschöpfender Handlungsvorgaben einschließt, legt bereits die Wortbedeutung von „Weisung" nahe. Weiter ergibt sich dies daraus, dass der Weisungsbegriff auch an anderen Stellen im Gesetz als Bezeichnung für eine spezifische Vorgabe (in Bezug auf den Umgang mit einer Sache, die Ausführung eines Auftrags oder einer Arbeits- oder Werkleistung) verwendet wird. Auch gibt das Gesetz in § 184 Abs. 1 BGB und § 150 Abs. 2 BGB zu erkennen, dass es für die Abgabe einer Willenserklärung – und so auch der des Vertreters – nicht darauf ankommt, dass dem Erklärenden ein inhaltlicher Gestaltungsspielraum verbleibt. Das belegt ferner der Vergleich zwischen Bevollmächtigung, Einwilligung und Genehmigung: Der Einwilligende kann und der Genehmigende muss sich mit seiner Zustimmung auf ein ganz bestimmtes Rechtsgeschäft beziehen. Für den Vertretenen, der gleichfalls einwilligt, § 167 Abs. 1 BGB, und genehmigt, § 177 Abs. 1 BGB, kann nichts anderes gelten. Er kann seinen Vertreter zur Abgabe auch nur einer bestimmten Erklärung anweisen, was schließlich dem Schutz seiner Privatautonomie dient, in deren Dienste die Stellvertretung immerhin steht.

2. Vertreter „in der Erklärung"

Wer am Rechtsverkehr teilnehmen möchte, ohne dabei selbst in Erscheinung zu treten, kann sich im Ausgangspunkt eines Stellvertreters oder eines Boten bedienen. In einigen Fällen nimmt allerdings das Gesetz die entscheidende

---

gabe einer Erklärung verlangen, inhaltlich auf Rechtsverhältnisse zielen und der Erklärende sich regelmäßig der rechtlichen Bedeutsamkeit seiner Handlung bewusst ist, *Hoffmann*, JuS 1970, 179 f.; vgl. BGH NJW 1967, 1800 (1802); Soergel/*Leptien*, BGB, Vor § 116 Rn. 23.

[499] Entsprechendes gilt für die Aufforderung zur Erteilung oder Verweigerung der Genehmigung (§§ 108 Abs. 2, 177 Abs. 2 BGB), die Schuldanzeige (§§ 415 Abs. 1 S. 2, 416 Abs. 1 BGB), die Mitteilung über die Übereignung eines vermieteten Grundstücks (§ 566 Abs. 2 S. 2 BGB) und die Verpfändungsanzeige (§ 1280 BGB). Zur Qualifikation dieser Erklärungen als rechtsgeschäftsähnlich *Hoffmann*, JuS 1970, 179 f.

Weichenstellung vor. So kommt eine Stellvertretung nicht in Betracht, wenn ein entsprechendes Verbot besteht (etwa bei der Adoption nach § 1750 Abs. 3 S. 1 BGB)[500] oder die persönliche Abgabe der Erklärung verlangt wird (etwa bei der Eheschließung nach § 1311 S. 1 BGB)[501]. Eine Botenschaft scheidet wiederum aus, wenn das Gesetz die Anwesenheit der Vertragsschließenden vor einer Urkundsperson verlangt (etwa bei der Auflassung nach § 925 Abs. 1 S. 1 BGB)[502]. Stellt das Gesetz Formvorgaben auf (wie etwa für die Bürgschaftserklärung nach § 766 S. 1 BGB), kann der Bote nur eine formgerechte Erklärung übermitteln, nicht aber durch sein Handeln der Form genügen (indem er etwa das ihm mündlich anvertraute Bürgschaftsversprechen niederschreibt)[503]. Die Einschaltung beider Hilfspersonen ist schließlich ausgeschlossen, wenn für das vorzunehmende Rechtsgeschäft sowohl eine Formvorgabe als auch ein Vertretungshindernis besteht. Eine solche Konstellation findet sich beispielsweise in § 2282 BGB[504], wonach die Anfechtung des Erbvertrages nicht durch einen Vertreter des Erblassers erfolgen darf (Absatz 1) und außerdem der notariellen Form unterliegt (Absatz 3).

a) Die Erklärungsvertretung im bürgerlichen Recht

Dass selbst dann, wenn Stellvertretung *und* Botenschaft ausgeschlossen sind, über die Einschaltung einer Mittelsperson nachzudenken ist, versucht *Schneider* in seiner Monografie „Stellvertretung im Willen, Stellvertreter in der Erklärung und Bote" (1959) darzulegen. Gerade dort, meint er, wo der Anwendungsbereich der herkömmlichen Hilfspersonen sein Ende finde, verlange der Rechtsverkehr nach einer dritten Mittelsperson: dem „Stellvertreter in der Erklärung"[505]. Dabei soll es sich um eine Rechtsfigur handeln, die

---

[500] Ein Vertretungsverbot statuieren im BGB außerdem § 1516 Abs. 2 S. 1 (bestimmte Verfügungen eines Ehegatten), § 1600a Abs. 1 (Anfechtung der Vaterschaft), § 2282 Abs. 1 (Anfechtung des Erbvertrags) und § 2296 Abs. 1 (Rücktritt vom Erbvertrag).

[501] Eine persönliche Erklärungsabgabe verlangen im BGB außerdem § 1626c Abs. 1 (Sorgeerklärung der Eltern), § 2064 (Testamentserrichtung) und § 2274 (Abschluss eines Erbvertrags).

[502] *Brox/Walker*, AT, § 24 Rn. 4; zur Zulässigkeit einer Stellvertretung in diesem Fall *Flume*, AT II, § 43, 7 (S. 762).

[503] *Soergel/Leptien*, BGB, Vor § 164 Rn. 43. Zur Wahrung der Schriftform im Sinne des § 126 Abs. 1 BGB ist die eigenhändige Unterschrift des „Ausstellers" erforderlich, desjenigen also, der die Erklärung abgibt, *Soergel/Hefermehl*, BGB, § 126 Rn. 6; RGZ 77, 191 (192) in Abgrenzung zum Ausstellerbegriff nach der Wechselordnung.

[504] Zu weiteren Konstellationen sogleich im Text.

[505] *Schneider*, 24. Der Begriff geht zurück auf *Windscheid/Kipp*, Pandekten I, § 73 (S. 346 in Fn. 2) und findet sich außerdem bei *Puchta/Rudorff*, Pandekten, § 52 (S. 81 in Fn. b); *E. Ulmer*, SJZ 1948, 137 ff.; *Müller-Freienfels*, Vertretung, 72; *Flume*, AT II, § 43, 5 (S. 759 ff.); *Hübner*, AT, § 45 Rn. 1174; *Neuner*, AT, § 49 Rn. 19; *Pawlowski*, AT, § 5 Rn. 694; *Hanloser*, 76 ff.; *Cohn*, 15; MK-BGB/*Schubert*, § 164 Rn. 75; *Soergel/Leptien*, BGB, Vor § 164 Rn. 46 f.; Staudinger/*Schilken*, BGB, Vor § 164 Rn. 82 ff.

„ihrem Wesen nach zwischen Bote und Stellvertreter im Willen" anzusiedeln ist[506]. Mit einem *Boten* habe der Erklärungsvertreter gemeinsam, dass er nicht „aus eigenem Ermessen heraus eine Entscheidung trifft", sondern den Entschluss des Geschäftsherrn „abwartet und übernimmt"[507]. Anders als ein Bote gebe der Erklärungsvertreter aber immerhin eine (eigene) Willenserklärung ab. Er vollziehe also die Erklärungshandlung selbst[508], was ihn mit einem *Stellvertreter im Willen* verbinde. Beide seien sie „die juristisch Handelnden, die formell Geschäftsbeteiligten"[509]. Während allerdings der Stellvertreter im Willen über einen „Spielraum für eigene Entschließungen" verfügen soll, sei der Stellvertreter in der Erklärung in dieser Hinsicht „völlig gebunden"[510].

aa) Bedeutung im alten Recht

Richtungsweisend für die Ausführungen *Schneiders* waren neben einer Entscheidung des Reichsgerichts im Jahr 1945[511] die Beschlüsse des Oberlandesgerichts Celle (1949)[512] und des Bundesgerichtshofs (1952, 1959)[513]. Den Ausgangspunkt der Gerichtsentscheidungen bildete § 1750 BGB a. F., der vorsah, dass ein Adoptionsvertrag nicht durch einen Vertreter (Absatz 1) und nur bei gleichzeitiger Anwesenheit beider Teile vor Gericht oder vor einem Notar geschlossen werden konnte (Absatz 2)[514]. Wollten die Parteien einen Adoptionsvertrag schließen, mussten sie dies also persönlich tun. Die Gerichte billigten das Regelungsziel des § 1750 BGB a. F.[515], nämlich die Ernstlichkeit und Willensübereinstimmung der Vertragsparteien sicherzustellen[516]. Sie erkannten aber auch, dass die Vertragsparteien infolge des Krieges häufig nicht an ihrem Wohnort weilten und wegen der schlechten Verkehrsverbindungen nicht persönlich zum Vertragsschluss erscheinen konnten[517]. Um ei-

---

[506] *Schneider*, 26.
[507] *Schneider*, 39.
[508] *Schneider*, 65.
[509] *Schneider*, 66.
[510] *Schneider*, 67.
[511] RGZ 173, 533 ff.
[512] OLG Celle NJW 1950, 430 f.; vgl. außerdem LG Hannover HannRpflege 1947, 80 ff.
[513] BGH NJW 1959, 2111 ff.; NJW 1952, 744 ff.
[514] Fassung vom 18.8.1896 (RGBl. I, S. 195) bis zum Familienrechtsänderungsgesetz vom 11.8.1961 (BGBl. I, S. 1221).
[515] RGZ 173, 533 (534); BGH NJW 1952, 744 (746); OLG Celle NJW 1950, 430.
[516] Motive IV, 972 = Mugdan IV, 516.
[517] RGZ 173, 533 (534 f.); vgl. *Guggumos*, NJW 1950, 415: kriegsbedingte „Immobilisierung der Menschheit". Auch nach Kriegsende hielt man die vom Reichsgericht angeführten Gründe „im Zeichen der Aufteilung Deutschlands in 4 Besatzungszonen und der Sonderstellung des Saargebietes" – dort wohnte im konkreten Fall einer der Vertragsschließenden – „für fortgeltend", LG Hannover HannRpflege 1947, 80 (82).

nem „schwer erträgliche[n] Formalismus" vorzubeugen[518], gestattete man es den Adoptionswilligen deshalb, sich beim Vertragsschluss vertreten zu lassen[519]. Rechtlich begründeten die Gerichte ihre Auffassung damit, dass § 1750 BGB a. F. einer Vertretung im *Willen*, nicht aber einer Vertretung in der *Erklärung* des Willens entgegenstehe[520]. Eine solche Erklärungsvertretung sei gegeben, wenn die Partei ihrer Hilfsperson vor Abschluss des Geschäfts eine beurkundete Spezialvollmacht mit genauen Einzelanweisungen erteilt hatte[521]. Eine nur mündliche Erklärung oder ein einfaches Schriftstück genüge dagegen nicht, um über das Vertretungsverbot des § 1750 Abs. 1 BGB a. F. hinwegzukommen. In diesem Fall nämlich sei nicht gewährleistet, jedenfalls später nicht nachweisbar, ob die Vertragserklärung tatsächlich von der abwesenden Partei herrühre[522]. Eine Genehmigung nach § 177 Abs. 1 BGB hielten die Gerichte für die Erklärungsvertretung folgerichtig für ausgeschlossen: Handelte die Hilfsperson ohne oder außerhalb ihrer Vollmacht, vertrat sie die Partei nämlich nicht lediglich in der Erklärung, sondern auch in der Bildung des Vertragswillens. Darin wiederum lag ein Verstoß gegen das Vertretungsverbot, womit das Geschäft nichtig und einer Genehmigung durch den Vertretenen nicht mehr zugänglich war[523].

Für ihre Auslegung des § 1750 BGB a. F. ernteten die Gerichte in der Folgezeit mehr Kritik als Beifall. Ganz überwiegend wurden die Entscheidungen als ein Zeugnis der Billigkeit bewertet und die Figur des Erklärungsvertreters als Umgehungskonstrukt verworfen[524]. Der Streit um das richtige Auslegungsergebnis verlor an Bedeutung, als § 1750 BGB a. F. im Zuge der Familienrechtsreform 1961 aus dem Gesetzbuch verschwand[525]. Doch das dahinterstehende Problem überdauerte die Reform: Bis heute finden sich

---

[518] RGZ 173, 533 (535). Zugleich war bezweckt, dem „kriegsbedingten, immer dringender werdenden Bedürfnis nach Fern- und Inkognito-Adoptionen Rechnung zu tragen", *Boehmer*, JZ 1960, 4 (5).

[519] RGZ 173, 533 (534). Zur entsprechenden Ausdehnung des § 66 FGG als Verfahrens- bzw. Ausführungsvorschrift zu § 1750 BGB a. F. *Guggumos*, NJW 1950, 415.

[520] RGZ 173, 533 (535); BGH NJW 1952, 744 (745); OLG Celle NJW 1950, 430.

[521] OLG Celle NJW 1950, 430; BGH NJW 1959, 2111 (2112); NJW 1952, 744 (745).

[522] OLG Celle NJW 1950, 430 (431); BGH NJW 1952, 744 (746); *Lent*, DNotZ 1950, 151 (152).

[523] Vgl. OLG Celle NJW 1950, 430 (431); BGH NJW 1959, 2111 (2112); BayObLGZ 1958, 379 (381 f.).

[524] *Mattil*, ZBlJR 1950, 121 ff.; *O. Weber*, DNotZ 1951, 316 ff.; *Bucher*, JZ 1954, 22 ff.; *Petzold*, MDR 1961, 459 ff.; *Lipp*, JuS 2000, 267 (268); *Kiehnle*, AcP 212 (2012), 875 (911 ff.); *Flume*, AT II, § 43, 5 (S. 760); *Bork*, AT, § 32 Rn. 1345 in Fn. 2; Soergel/*Leptien*, BGB, Vor § 164 Rn. 46; Staudinger/*Schilken*, BGB, Vor § 164 Rn. 84.

[525] § 1750 BGB n. F. verlangt für die Adoption nur eine Einwilligung, deren Abgabe zwar nicht durch einen Stellvertreter erfolgen kann, zumindest aber keine persönliche Anwesenheit erfordert, *Hübner*, AT, § 45 Rn. 1175.

Geschäfte, deren Abschluss das Gesetz einer Formvorgabe und einem Vertretungsverbot unterwirft, darunter die Anfechtung des Erbvertrags (§ 2282 BGB), dessen Aufhebung (§ 2290 Abs. 2, Abs. 4 BGB in Verbindung mit § 2276 BGB), der Erbverzicht (§§ 2347 Abs. 2 S. 1 Hs. 1, 2348 BGB) sowie dessen Aufhebung (§ 2351 BGB in Verbindung mit §§ 2348, 2347 Abs. 1 S. 1 Hs. 1 BGB). Die Frage, ob in solchen Fällen zumindest die Einschaltung eines Vertreters in der Erklärung möglich ist, hat somit nicht an Aktualität eingebüßt und bedarf daher einer Klärung.

bb) Rechtliche Würdigung

Einen Anhaltspunkt dafür, den Erklärungsvertreter im Anschluss an *Schneider* als „dritte selbständige Mittelsperson" einzuordnen[526], bietet die Struktur der empfangsbedürftigen Willenserklärung. Nach allgemeinem Verständnis sind hierfür drei Elemente maßgebend: die Willensbildung, die Erklärung dieses Willens und der Zugang an den Adressaten[527]. Entsprechend dieser Dreiteilung könnten auch drei Kategorien von Hilfspersonen zu unterscheiden sein: erstens der gewöhnliche Stellvertreter, der für sämtliche Erklärungsabschnitte an die Stelle des Geschäftsherrn tritt, zweitens der Bote, der nur für den Zugang sorgt, und drittens der Erklärungsvertreter, der zwar nicht bei der Willensbildung mitwirkt, immerhin aber bei der Erklärung des Willens[528]. In diese Richtung weisen scheinbar auch die Motive, insofern dort erwogen wird, die Vertretung in der Erklärung als ein „Mittelgliede zwischen der eigentlichen Vertretung und dem einfachen Handeln durch Andere" einzuordnen[529]. Doch bezweifelte die Erste Kommission den Nutzen dieser Einordnung[530] und entschied sich letztlich gegen eine „solche Sprachweise"; im Entwurf sollte eine Unterscheidung nur zwischen (einer Form der) Stellvertretung und Botenschaft erfolgen[531]. In derselben Weise differenziert auch das geltende Recht im Titel „Vertretung und Vollmacht" nicht zwischen verschiedenen Formen einer Stellvertretung[532].

Neben dem textlich-historischen Befund sprechen auch teleologische Erwägungen gegen die „These einer dritten Kategorie"[533]. So heißt es in den

---

[526] *Schneider*, 24.

[527] *Schneider*, 26.

[528] Vgl. *Schneider*, 26, 29.

[529] Motive I, 223 = Mugdan I, 476.

[530] Bereits in den Vorentwürfen wurde der Begriff der Erklärungsvertretung als „nicht fördernd" verworfen, *Gebhard*, in: Schubert, Vorlagen AT I/2, 156.

[531] Vgl. Motive I, 223 = Mugdan I, 476.

[532] *Lent*, DNotZ 1951, 151 (152).

[533] Während Staudinger/*Schilken*, BGB, Vor § 164 Rn. 82 diese These auf *Windscheid/Kipp*, Pandekten I, § 73 (S. 346 in Fn. 2) zurückführt, sollen die Autoren nach Auffassung anderer – *Assmann*, 8; *Hanloser*, 78; *Schneider*, 26; *Bucher*, JZ 1954, 22 – damit nur den Erklärungsboten bezeichnet haben.

Motiven zu den Vorläufern des § 1750 BGB a. F. (E I §§ 1612 S. 2, 1616 BGB), dass erst das Zusammenspiel von Formerfordernis und Vertretungsverbot eine ernsthafte und besonnene Entscheidung der Beteiligten garantiere[534]. Dieses Regelungsanliegen würde unterlaufen, könnten sich die Parteien beim Vertragsschluss vertreten lassen[535]. Zum einen wäre unsicher, ob deren Vertragswille im Zeitpunkt des Vertragsschlusses durch die Hilfsperson noch aktuell ist. Hat einer der Vertragsschließenden seinen Willen unterdessen geändert, könnte er die Bevollmächtigung zwar widerrufen, der Widerruf könnte jedoch verspätet zugehen oder aus Unsicherheit, Scham, Zeitnot oder Kostengründen unterbleiben[536]. Zum anderen entfiele mit der Einschaltung eines Vertreters auch die Aufklärung der Parteien durch den Notar[537]. Das Ziel der notariellen Beurkundung würde leerlaufen, könnte der Notar seine Bedenken hinsichtlich des Vertragsschlusses nur an eine Hilfsperson richten, die zu nicht mehr als dem Vollzug des Parteiwillens befugt ist[538]. Dem Formzweck wäre zwar Rechnung getragen, wenn abweichend von § 167 Abs. 2 BGB bereits die Bevollmächtigung vor dem Notar zu erklären wäre[539]. Ungewiss bliebe aber weiterhin, ob der im Zeitpunkt der Bevollmächtigung erklärte Parteiwille bei Vertragsschluss noch fortbesteht. Dies wiegt gerade bei höchstpersönlichen Rechtsgeschäften besonders schwer, da mit ihnen weitreichende Folgen für die persönliche Lebensgestaltung verbunden sind. Auch einem möglichen praktischen Bedürfnis zum Trotz[540] dürfte eine Erklärungsvertretung im Sinne *Schneiders* daher nicht anzuerkennen sein. Schon die Zweite Kommission beließ es für § 1750 BGB a. F. bei einer „Häufung der Formen"[541], wissend, dass dies eine Erschwernis für den Rechtsverkehr bedeutet[542].

---

[534] Motive IV, 972 = Mugdan IV, 516.

[535] Im Ergebnis *Flume*, AT II, §43, 5 (S. 760 mit Fn. 33); *O. Weber*, DNotZ 1951, 316 (319); *Kiehnle*, AcP 212 (2012), 875 (913). Auf eine solche Umgehung komme es den Parteien gerade an, wenn sie die Hilfsperson dazu ermächtigen, „deren zuvor formlos getroffenen Vereinbarungen jetzt vor dem Notar [als Vertreter] zu wiederholen", RG WarnRspr 1913, Nr. 396 (S. 471); vgl. RG WarnRspr 1918, Nr. 71 (S. 107).

[536] Vgl. *Lent*, DNotZ 1950, 151 (156).

[537] *Lent*, DNotZ 1950, 151 (156); vgl. OLG Celle NJW 1950, 430 f. Zur Belehrungspflicht des Notars § 17 Abs. 1 S. 1 BeurkG.

[538] *Lent*, DNotZ 1950, 151 (156).

[539] OLG Celle NJW 1950, 430 f.

[540] *Schneider*, 24.

[541] Gemeint war das Zusammenspiel des Vertretungsverbots in E II § 1633 Abs. 1 S. 1 BGB mit dem Erfordernis der gleichzeitigen Anwesenheit in E II §§ 1633 Abs. 2, 1631 S. 2 BGB. War der Annehmende in der Geschäftsfähigkeit beschränkt, bedurfte es zur Wirksamkeit des Vertrags neben der Zustimmung seines gesetzlichen Vertreters noch der Genehmigung des Vormundschaftsgerichts, E II § 1634 Abs. 1 BGB.

[542] Eingewandt wurde, dass der Vertragsschluss vor einem Gericht oder Notar mit Kosten verbunden sei, was eine Adoption gerade „für den minder bemittelten Theil der Be-

cc) Ergebnis

Sprechen die besseren Gründe gegen die Anerkennung eines Vertreters in der Erklärung, hat man sich im konkreten Fall zwischen den herkömmlichen Hilfspersonen zu entscheiden[543]. Bei Zweifeln ist dasjenige Ergebnis vorzuziehen, das zur Wirksamkeit des angestrebten Rechtsgeschäfts führt[544]: Besteht ein Stellvertretungsverbot, ist von einer Botenschaft auszugehen[545], dagegen von einer Stellvertretung, wenn das Rechtsgeschäft formbedürftig ist[546]. Treffen ein Vertretungsverbot und eine Formvorschrift zusammen, spielt es zunächst keine Rolle, ob man die Hilfsperson als Vertreter oder Bote qualifiziert. Wirksam ist das Rechtsgeschäft in diesem Fall nur, wenn es von den Parteien persönlich vorgenommen wird. Wird dennoch eine Hilfsperson zum Geschäftsabschluss entsandt, bleibt zu überlegen, ob das an sich einschlägige Vertretungsverbot oder Formerfordernis teleologisch zu reduzieren ist. Das ist durch Auslegung der Vorschrift im Einzelfall zu ermitteln. Als Leitlinie dürfte dabei gelten, dass der Regelungszweck nicht umgangen werden, ebenso wenig aber Formalismus Platz greifen darf[547]. Für Rechtsgeschäfte des Familien- und Erbrechts dürfte eine teleologische Reduktion von Vertretungsverboten und Formvorgaben angesichts der geschilderten Bedenken aber nur ausnahmsweise möglich sein.

b) Die Erklärungsvertretung im Gesellschaftsrecht

Während die Idee einer Stellvertretung in der Erklärung im bürgerlich-rechtlichen Schrifttum oft stiefmütterlich in einem kritischen Nebensatz abgehan-

---

völkerung" erschwere, Protokolle IV, 726. Nach Auffassung des KG KGJ 45, 8 (12) sei es dagegen hinzunehmen, dass die strengen Formvorgaben zu „erhebliche[n] Kosten und Umstände[n]" bis hin zum Scheitern des Vertragsschlusses führen.

[543] Vgl. auch Soergel/*Leptien*, BGB, Vor § 164 Rn. 47; *Bork*, AT, § 32 Rn. 1345 in Fn. 2; *Bucher*, JZ 1954, 22 (23); *Kiehnle*, AcP 212 (2012), 875 (914); ähnlich *Breidenich*, 288 f.

[544] Vgl. *Bork*, AT, § 32 Rn. 1349 für formbedürftige Rechtsgeschäfte; *Hanloser*, 79 für die formbedürftige Adoption; OLG München ZIP 1984, 815 (816) für ein formgebundenes Wechselakzept: Obwohl die Hilfsperson „überhaupt keinen Spielraum" besaß und „wirtschaftlich gesehen nur eine Botenfunktion aus[übte]", „mußte" sie das Akzept als (Unter-) Vertreter gezeichnet haben.

[545] Vgl. MK-BGB/*Schubert*, § 164 Rn. 81 für die Auskunft nach § 260 Abs. 1 BGB. Zur Zulässigkeit einer Botenschaft in diesem Fall BGH NJW 2008, 917 f.; OLG Nürnberg NJW-RR 2005, 808 (809); vgl. OLG Zweibrücken FuR 2000, 290 f.

[546] Vgl. *Windel*, in: FS Roth (2021), 119 (130) für die Auflassung, die von einer weisungsgebundenen Notariatsgehilfin vollzogen wird.

[547] *Schneider*, 25.

delt wird[548], erfreut sie sich im Gesellschaftsrecht[549] vergleichsweise großer Beliebtheit[550]. Ausgangs- und Anknüpfungspunkt ist dort § 112 S. 1 AktG, wonach die Gesellschaft bei Geschäften mit Vorstandsmitgliedern gerichtlich wie außergerichtlich durch den Aufsichtsrat vertreten wird[551]. Die Regelung trägt der Besorgnis Rechnung, dass der grundsätzlich zur Vertretung berufene Vorstand (§ 78 AktG) nicht die erforderliche Unbefangenheit aufbringt, wenn er die Gesellschaft in Vorstandsangelegenheiten gegenüber seinen künftigen[552], amtierenden[553] oder ausgeschiedenen[554] Kollegen vertritt[555]. Im wohlverstandenen Interesse der Gesellschaft weist § 112 S. 1 AktG daher dem

---

[548] MK-BGB/*Wellenhofer*, § 1311 Rn. 2; MK-BGB/*Musielak*, § 2282 Rn. 3, § 2296 Rn. 3; Staudinger/*Kanzleiter*, BGB, § 2282 Rn. 1, § 2296 Rn. 3; BeckOK-BGB/*Hahn*, 1.8.2021, § 1311 Rn. 3; BeckOK-BGB/*Litzenburger*, 1.5.2021, § 2282 Rn. 1; BeckOGK-BGB/*Kriewald*, 1.7.2021, § 1311 Rn. 10, 12; BeckOGK-BGB/*Röhl*, 1.8.2021, § 2282 Rn. 2; Erman/*Roth*, BGB, § 1311 Rn. 4; Erman/*S. und T. Kappler*, BGB, § 2296 Rn. 1; Soergel/*Wolf*, BGB, § 2282 Rn. 2; siehe außerdem die Nachweise in Fn. 524.

[549] Eine parallele Diskussion findet sich im Arbeitsrecht im Zusammenhang mit § 26 Abs. 2 S. 1 BetrVG, wonach der Betriebsratsvorsitzende den Betriebsrat „im Rahmen der von ihm gefassten Beschlüsse" vertritt, dazu BAG NZA 2003, 870 (872); *Herschel*, RdA 1959, 81 ff.; monografisch *Uelhoff*, insbesondere 56 ff.

[550] Aus der Rechtsprechung: OLG München NJW-RR 2015, 876 ff.; MittBayNot 2013, 319 ff.; OLG Düsseldorf AG 2012, 511 ff.; NZG 2004, 141 ff.; der Sache nach auch OLG Zweibrücken AG 2010, 918 ff. Aus der Literatur: Bürgers/Körber/*Israel*, AktG, § 112 Rn. 5; Schmidt/Lutter/*Drygala*, AktG, § 112 Rn. 22; Semler/v. Schenck/*v. Schenck*, AktG, § 112 Rn. 57; MHdb-GesR IV/*Hoffmann-Becking*, § 23 Rn. 10, § 31 Rn. 103; *Werner*, ZGR 1989, 369 (387); Semler/v. Schenck/*Mutter*, AktG, § 107 Rn. 125; *Luther/Rosga*, in: FS Meilicke (1985), 80 (86); v. Schenck/*v. Schenck*, Arbeitshandbuch, § 4 Rn. 141; *Bulgrin/Wolf*, AR 2020, 106 (107); *D. Steiner*, BB 1998, 1910 (1911); *Wasserbäch*, 140 ff.

[551] Die folgenden Ausführungen beziehen sich schwerpunktmäßig auf die außergerichtliche Vertretung. Zur gerichtlichen Vertretung der Gesellschaft durch den Aufsichtsrat siehe *Ihrig/Stadtmüller*, in: FS Vetter (2019), 271 ff. Zur Vertretung der Gesellschaft befugt ist der Aufsichtsrat außerdem gegenüber dem Abschlussprüfer, den die Gesellschaft zur Erstellung des Jahres- und Konzernabschlusses beauftragt (§ 111 Abs. 2 S. 3 AktG), und gegenüber besonderen Sachverständigen, die von der Gesellschaft zur Durchführung unternehmensinterner Untersuchungen eingesetzt werden (§ 111 Abs. 2 S. 2 AktG). Wenngleich der Wortlaut nicht danach differenziert, soll sich aus den genannten Vorschriften sowohl die Geschäftsführungs- als auch Vertretungsbefugnis des Aufsichtsrats ergeben, siehe hier nur MK-AktG/*Habersack*, § 111 Rn. 86, 95.

[552] BGH NZG 2019, 420 (423); OLG Brandenburg DStR 2015, 1877 (1878); *Bulgrin/Wolf*, AR 2020, 106.

[553] *Rupietta*, NZG 2007, 801 f.; KK-AktG/*Mertens/Cahn*, § 112 Rn. 14; MK-AktG/*Habersack*, § 112 Rn. 10; v. Schenck/*v. Schenck*, Arbeitshandbuch, § 4 Rn. 132, 134.

[554] BGHZ 157, 151 (154) = BGH NJW 2004, 1528; NJW-RR 1993, 1250 (1251); BAG NZG 2017, 69 (75 f.); NJW 2002, 1444 (1445); OLG Saarbrücken NZG 2012, 1348 (1349); LAG Köln NZA 2000, 833 (834); v. Schenck/*v. Schenck*, Arbeitshandbuch, § 4 Rn. 132, 134; MHdb-GesR IV/*Hoffmann-Becking*, § 23 Rn. 8; *Wasserbäch*, 22 ff.; *Breidenich*, 281.

[555] Ausführlich zum personellen Anwendungsbereich *Wasserbäch*, 17 ff.

Aufsichtsrat die Vertretungsbefugnis zu[556], wenn die Bestellung eines Vorstandsmitglieds (§ 84 Abs. 1 S. 1 AktG), dessen Vergütung (§ 87 Abs. 1 S. 1 AktG) und die Gewährung eines Vorstandskredits (§ 89 Abs. 1 S. 1 AktG) in Rede stehen[557].

Zur Vertretung berufen ist nach dem Wortlaut des § 112 S. 1 AktG der „Aufsichtsrat", womit der Gesamtaufsichtsrat gemeint[558] und also eine Gesamtvertretung angeordnet ist[559]. Eine Regelung, die allein den Aufsichtsratsvorsitzenden zum Vertreter erklärt (vgl. § 26 Abs. 2 S. 1 BetrVG[560]) oder eine von § 112 S. 1 AktG abweichende Satzungsregelung zulässt (vgl. § 78 Abs. 3 S. 1 AktG), existiert für den Aufsichtsrat nicht[561]. § 112 S. 1 AktG ist vielmehr zwingendes Recht, vgl. § 23 Abs. 5 S. 1 AktG[562].

aa) Gesamtvertretung als Herausforderung

Die Anordnung einer Gesamtvertretung mag in der Praxis kleinerer Aufsichtsräte noch „halbwegs praktikabel" erscheinen[563]. So kann ein nur dreiköpfiger Aufsichtsrat rasch zusammentreten, um über den Abschluss eines Vorstandsgeschäfts zu entscheiden und um die erforderlichen Erklärungen im Namen der Gesellschaft abzugeben[564]. Bereits umständlicher gestaltet sich der Abschluss formbedürftiger Geschäfte: Soll ein Grundstück der Gesellschaft veräußert werden, müssten nach dem Prinzip der Gesamtvertretung

---

[556] Zum Regelungszweck: BGH NZG 2019, 420 (422); NJW 2019, 2473 (2474); DStR 1997, 1584; NJW-RR 1990, 739 (740); BAG AG 2002, 458 (459); *Schmidt*, Gesellschaftsrecht, § 28 III 1a; v. Schenck/*v. Schenck*, Arbeitshandbuch, § 4 Rn. 132.

[557] Zu weiteren von § 112 S. 1 AktG erfassten Rechtsgeschäften *Semler*, in: FS Rowedder (1994), 441 ff.

[558] Oder ein nach § 107 Abs. 3 AktG vom Aufsichtsrat gebildeter und mit der Vertretung betrauter Ausschuss, dazu *Frels*, AG 1971, 349 f. Aus Gründen der besseren Lesbarkeit wird auf die Möglichkeit einer Vertretung durch Ausschüsse im Folgenden nur dort hingewiesen, wo dies relevant ist.

[559] BGHZ 41, 283 (285) = BGH NJW 1964, 1367; *H.-M. Giesen*, Organhandeln, 81; *Leuering*, in: FS Kollhosser II (2004), 361 (368); KK-AktG/*Mertens/Cahn*, § 112 Rn. 31; *Menkel*, AG 2019, 330 (338); *J. W. Flume*, ZGR 2018, 928 (941 f.); *Lim*, 89; *Werner*, ZGR 1989, 369 (386); *Bulgrin/Wolf*, AR 2020, 106 (107); dagegen *D. Steiner*, BB 1998, 1910 f.

[560] Gleichlautend: § 32 Abs. 2 S. 1 BPersVG (außer Kraft seit 14.6.2021); § 11 Abs. 2 S. 1 SprAuG.

[561] *J. W. Flume*, ZGR 2018, 928 (941). Allein für die Empfangsvertretung ermöglicht das Gesetz eine Abweichung von dem Prinzip der Gesamtvertretung, vgl. §§ 112 S. 2, 78 Abs. 2 S. 2 AktG.

[562] Hüffer/*Koch*, AktG, § 112 Rn. 1; BeckOGK-AktG/*Spindler*, 1.6.2021, § 112 Rn. 3; MK-AktG/*Habersack*, § 112 Rn. 3; Schmidt/Lutter/*Drygala*, AktG, § 112 Rn. 3; Bürgers/Körber/*Israel*, AktG, § 112 Rn. 1; *Semler*, in: FS Rowedder (1994), 441 (445); *Wasserbäch*, 16. Zu Reformvorschlägen *J. W. Flume*, ZGR 2018, 928 (944).

[563] *Leuering*, in: FS Kollhosser II (2004), 361 (368).

[564] Zur Mitgliederzahl eines Aufsichtsrats: § 95 AktG, § 7 MitBestG.

sämtliche Mitglieder[565] oder jedenfalls die beschlusstragende Mehrheit[566] namens der Gesellschaft die Vertragsurkunde unterzeichnen (§ 311b Abs. 1 S. 1 BGB) und die Auflassung vor dem Notar erklären (§ 925 Abs. 1 BGB)[567]. Hierdurch würden selbst kleinere, vor allem aber mitgliedsstarke Aufsichtsräte mit bis zu einundzwanzig Mitgliedern erheblich in ihrer Aufgabenwahrnehmung eingeschränkt[568]. Darüber hinaus wäre das rechtsgeschäftliche Handeln des Gremiums auch in erhöhtem Maße anfällig für Fehler, die dadurch entstehen, dass einzelne Organmitglieder ihre Erklärung nicht, nicht rechtzeitig oder unwirksam abgeben[569].

Den praktischen Zwängen, die mit einer organschaftlichen Gesamtvertretung verbunden sind, soll nach verbreiteter Auffassung der Erklärungsvertreter abhelfen: Anstelle der Aufsichtsratsmitglieder in ihrer Gesamtheit formuliere er die Willenserklärung im Außenverhältnis[570], sodass bereits mit (s)einer Erklärung etwaigen Formvorschriften Genüge getan sei[571]. Bei der Erklärungshandlung beschränke sich der Vertreter jedoch darauf, den Willen des Gesamtaufsichtsrats in die Form einer Willenserklärung zu kleiden, womit die Entscheidung über den Geschäftsabschluss gemäß § 112 AktG beim Gremium verbleibe[572].

---

[565] *Heim*, AG 1967, 4 (5). Für die bei der Beschlussfassung überstimmten Mitglieder besteht im Innenverhältnis die Pflicht, bei Abgabe der Willenserklärung im Namen der Gesellschaft mitzuwirken, *Lim*, 89 in Fn. 4; *Peus*, 171.

[566] *Cahn*, in: FS Hoffmann-Becking (2013), 247 (251); Semler/v. Schenck/*v. Schenck*, AktG, § 112 Rn. 61; Henssler/Strohn/*Henssler*, AktG, § 112 Rn. 8; BeckOGK-AktG/*Spindler*, 1.6.2021, § 112 Rn. 38; *Bulgrin/Wolf*, AR 2020, 106 (107); *Wasserbäch*, 139.

[567] Vgl. *H.-M. Giesen*, Organhandeln, 72; *Lim*, 92 f. Die Erklärung des einzelnen Mitglieds stellt lediglich eine Teilerklärung dar, die erst in Verbindung mit den Teilerklärungen der anderen Mitglieder die zur Gesamtvertretung erforderliche Gesamtwillenserklärung ergibt, *Schwoerer*, 16 ff.; *Lim*, 94 f.; vgl. Soergel/*Leptien*, BGB, § 164 Rn. 29.

[568] Vgl. *Lim*, 79 f., 102; *Breidenich*, 279; *H.-M. Giesen*, Organhandeln, 82; v. Schenck/*Fonk*, Arbeitshandbuch, § 10 Rn. 84; Semler/v. Schenck/*v. Schenck*, AktG, § 112 Rn. 57; *Cahn*, in: FS Hoffmann-Becking (2013), 247 (250, 274); *v. Falkenhausen*, ZIP 2015, 956 (958); *Bulgrin/Wolf*, AR 2020, 106 (107); *Bednarz*, NZG 2005, 418 (421); *Pöschl*, BB 1966, 804 in Fn. 4; Schmidt/Lutter/*Drygala*, AktG, § 112 Rn. 22.

[569] Vgl. BGHZ 53, 210 (214 f.) = BGH NJW 1970, 806 (808) für den Fall, dass die Erklärung eines Gesamtvertreters nichtig ist.

[570] Während das OLG München AG 1986, 234 (235) eine Direktvertretung der Gesellschaft erwägt, gehen andere von einer Vertretung des Aufsichtsrats (Untervertretung) aus, so *Heim*, AG 1970, 191 f.; *Cahn*, in: FS Hoffmann-Becking (2013), 247 (251, 257); KK-AktG/*Mertens/Cahn*, § 112 Rn. 37; Bürgers/Körber/*Israel*, AktG, § 112 Rn. 5; *Stein*, AG 1999, 28 (33 f.); vgl. *Breidenich*, 284 ff.

[571] MK-AktG/*Habersack*, § 112 Rn. 28; *Wasserbäch*, 141.

[572] Vgl. *Hüffer*, in: FS Claussen (1997), 171 (182 f.); Semler/v. Schenck/*Mutter*, AktG, § 107 Rn. 125; *Heim*, AG 1970, 191; MK-AktG/*Habersack*, § 112 Rn. 28; Hölters/*Hambloch-Gesinn/Gesinn*, AktG, § 112 Rn. 13; GK-AktG/*Hopt/Roth*, § 112 Rn. 93; MHdb-GesR IV/*Hoffmann-Becking*, § 31 Rn. 103; OLG Düsseldorf NZG 2004, 141 (142).

Uneinig ist man sich allerdings über die rechtliche Einordnung des Erklärungsvertreters. Einige behandeln den Erklärungsvertreter als eigenständige Fallgruppe zwischen Stellvertretung und Botenschaft[573], jedenfalls nicht als einen Vertreter „im Willen"[574]. Andere qualifizieren die Erklärungsvertretung als einen „Spezialfall der Vertretung"[575], weil die Hilfsperson den Aufsichtsrat bei der Erklärungsabgabe „zwar noch" repräsentiere, „im Übrigen" aber wie ein Erklärungsbote wirke[576]. Manch einer lässt die dogmatische Zuordnung auch offen: Ob man den Erklärungsvertreter als eigenständige Hilfsperson oder Vertreter im Sinne des § 166 Abs. 2 S. 1 BGB begreife, sei ohne Belang, da in beiden Fällen die §§ 164–181 BGB gälten[577]. Dass Letzteres nicht unbestritten ist, zeigen vereinzelte Stellungnahmen zur (Un-)Anwendbarkeit der §§ 166 Abs. 1[578], 174 S. 1 BGB[579], vor allem aber die Kontroversen um die Rechtsfolgen einer vollmachtlosen Erklärungsvertretung[580]: Einige halten den Vertretungsakt für genehmigungsfähig (§ 177 BGB)[581], an-

---

[573] OLG Düsseldorf NZG 2004, 141 (143); *Hüffer*, in: FS Claussen (1997), 171 (183); *J.-H. Bauer/Krieger*, ZIP 2004, 1247 (1248); *Bulgrin/Wolf*, AR 2020, 106 (107); wohl auch *Pusch*, RdA 2005, 170 (172); BeckOK-ArbR/*Maurer*, BetrVG, 1.6.2021, § 26 Rn. 6 im Zusammenhang mit § 26 Abs. 2 S. 1 BetrVG.

[574] Vgl. OLG Düsseldorf NZG 2004, 141; OLG München NJW-RR 2015, 876; *Heim*, AG 1970, 191; *Hüffer*, in: FS Claussen (1997), 171 (183); *J.-H. Bauer/Krieger*, ZIP 2004, 1247 (1248); *Bednarz*, NZG 2004, 418 (420). Dementsprechend handle der Erklärungsvertreter auch nicht aufgrund einer Bevollmächtigung, sondern einer Ermächtigung, MHdb-GesR IV/*Hoffmann-Becking*, § 31 in Fn. 125; BAG NZA 2003, 870 (872) im Zusammenhang mit § 26 Abs. 2 S. 1 BetrVG.

[575] *Lim*, 118.

[576] *Wasserbäch*, 140 f. Vgl. auch Hölters/*Hambloch-Gesinn/Gesinn*, AktG, § 112 Rn. 14: „de facto Botenfunktion"; *Lim*, 115: „in vieler Hinsicht nur eine Botentätigkeit"; *Breidenich*, 299: Die Hilfsperson stehe „einem Boten funktional gleich".

[577] *Cahn*, in: FS Hoffmann-Becking (2013), 247 (254); im Ergebnis auch *Breidenich*, 289, der eine entsprechende Anwendung der §§ 164–181 BGB aus Gründen des Verkehrsschutzes für geboten hält.

[578] Erman/*Maier-Reimer/Finkenauer*, BGB, § 166 Rn. 2 halten § 166 Abs. 1 BGB für nicht anwendbar.

[579] Ausführlich *Leuering*, in: FS Kollhosser II (2004), 361 (373 ff.). Siehe außerdem OLG Düsseldorf NZG 2004, 141 (143); Bürgers/Körber/*Israel*, AktG, § 112 Rn. 8; *Leuering*, NZG 2004, 120 (121); *J.-H. Bauer/Krieger*, ZIP 2004, 1247 (1248 f.); *Pusch*, RdA 2005, 170 ff.; *Wasserbäch*, 149 ff.

[580] Zum Meinungsstand: GK-AktG/*Hopt/Roth*, § 112 Rn. 114 ff.; MK-AktG/*Habersack*, § 112 Rn. 33 f.; *Werner*, ZGR 1989, 369 (389 ff.). Zur Rechtslage bei § 26 Abs. 2 S. 1 BetrVG: BAG NZA 2008, 369 (371).

[581] MK-AktG/*Habersack*, § 112 Rn. 33 f.; Bürgers/Körber/*Israel*, AktG, § 112 Rn. 10 f.; Hüffer/*Koch*, AktG, § 112 Rn. 12; Hölters/*Hambloch-Gesinn/Gesinn*, AktG, § 112 Rn. 19 ff. (mit einzelnen Ausnahmen); *Lutter/Krieger/Verse*, Aufsichtsrat, Rn. 457; *Nägele/Böhm*, BB 2005, 2197 (2199); *Schmitt*, in: FS Hopt I (2010), 1313 (1315 ff., 1322); *Vetter*, in: FS Roth (2011), 855 (864 ff.); *Wicke*, DNotZ 2013, 812 (813 f.); *Werner*, ZGR 1989, 369

dere für nichtig (§ 112 S. 1 AktG in Verbindung mit § 134 BGB)[582], wieder andere unterscheiden zwischen einer Vertretung durch Aufsichtsratsmitglieder (dann genehmigungsfähig)[583] und durch Vorstandsmitglieder (dann nichtig)[584]. Der Bundesgerichtshof hat sich einer Stellungnahme hierzu bisher enthalten[585].

bb) Präzisierung der Untersuchung

Den Ausgangspunkt zur Einordnung der Erklärungsvertretung im Gesellschaftsrecht bildet die für dieses Rechtsgebiet prominente Trennung zwischen Geschäftsführung und Vertretung. Während die Geschäftsführungsbefugnis die Willens*bildung*, also die gesellschaftsinterne Entscheidungsfindung betrifft, bezieht sich die Vertretungsbefugnis auf die Willens*kundgabe*, also das außenwirksame Handeln des Organs für seine Gesellschaft[586]. In Kollektivorganen wie dem Aufsichtsrat vollzieht sich die Willensbildung im Wege der Beschlussfassung (§ 108 Abs. 1 AktG)[587], während die Ausübung der Vertretungsbefugnis durch Abgabe einer Willenserklärung im Namen der Gesellschaft erfolgt (§ 164 Abs. 1 S. 1 BGB)[588]. Rechtliche Bindungen ent-

---

(392 ff.); *Leuering*, in: FS Kollhosser II (2004), 361 (372 f.); *Rupietta*, NZG 2007, 801 (804); zum Aufsichtsratsvorsitzenden: BGH NZG 2013, 792 (794); OLG Karlsruhe WM 1996, 161 (164 ff.); zum Vorstandsmitglied: BGH DStR 2006, 2325 (2326); OLG München AG 2008, 423 (425); OLG Celle AG 2003, 433; zu Folgefragen der Vertreterhaftung nach § 179 BGB: *Cahn*, in: FS Hoffmann-Becking (2013), 247 (266 ff.); speziell zum Haftungsausschluss nach § 179 Abs. 3 S. 1 BGB: LG München I AG 2020, 446 ff.; *Bulgrin/Wolf*, AR 2020, 106 ff.

[582] *Semler*, in: FS Rowedder (1994), 441 (455 f.); OLG Brandenburg DStR 2015, 1877 (1879).

[583] BGH ZIP 1989, 294 (296 f.); OLG Karlsruhe AG 1996, 224 (225); Hüffer/*Koch*, AktG, § 112 Rn. 12; differenzierend *Stein*, AG 1999, 28 (36 ff.).

[584] *H.-M. Giesen*, Organhandeln, 79; *Stein*, AG 1999, 28 (40 ff.) für die vollmachtlose Prozessführung durch den Vorstand; für die Kreditvergabe nach § 89 AktG: Bürgers/Körber/*Bürgers*, AktG, § 89 Rn. 8; Schmidt/Lutter/*Seibt*, AktG, § 89 Rn. 15. Gegen eine Differenzierung zwischen Aufsichtsratsmitglied und Vorstand *Schmitt*, in: FS Hopt I (2010), 1313 (1320).

[585] BGH NZG 2019, 420 (423); NJW-RR 2008, 1488 (1489); NZG 2005, 276 (277); NJW-RR 1993, 1250 (1251).

[586] *Schmidt*, Gesellschaftsrecht, § 7 I 3b; Hüffer/*Koch*, AktG, § 112 Rn. 7; OLG Düsseldorf NZG 2004, 141 (142); ausführlich *Lim*, 82 ff. im Zusammenhang mit § 112 S. 1 AktG.

[587] BGH NZG 2013, 792 (794); OLG München NJW-RR 2015, 876; *Schmidt*, Gesellschaftsrecht, § 15 I 1.

[588] Der Beschluss ist nach herrschender Auffassung zwar ein Rechtsgeschäft (eigener Art), nicht aber eine Willenserklärung im Sinne der §§ 116 ff. BGB, *Schmidt*, Gesellschaftsrecht, § 15 I 2; dagegen wohl *Cahn*, in: FS Hoffmann-Becking (2013), 247 (253). Möglich ist aber, dass die Aufsichtsratsmitglieder im Rahmen der Beschlussfassung *außerdem* eine dem Beschlussinhalt entsprechende Willenserklärung abgeben, *J. W. Flume*, ZGR 2018,

stehen für die Gesellschaft erst mit Vornahme des Vertretungsakts[589]; der Beschluss als organinterner Rechtsakt bindet lediglich die Mitglieder des Beschlussorgans[590].

Seinem Wortlaut nach weist § 112 S. 1 AktG dem Aufsichtsrat nur die *Vertretungs*kompetenz zu, also die Befugnis zur Willenskundgabe. Mit Rücksicht auf den Regelungszweck, eine unbefangene Wahrnehmung der Gesellschaftsbelange sicherzustellen, müssen sich für den Aufsichtsrat aus § 112 S. 1 AktG aber auch die entsprechenden *Entscheidungs*kompetenzen ergeben (wenn nicht bereits ausdrücklich geregelt, vgl. §§ 84, 87, 89 AktG)[591]. Andernfalls fungierte der Aufsichtsrat nur als verlängerter Arm des Vorstands, der entgegen dem Regelungsanliegen des § 112 AktG zur Entscheidung über die Geschäfte mit seinesgleichen berufen wäre, vgl. § 77 AktG[592].

Differenziert man im Anwendungsbereich des § 112 S. 1 AktG zwischen Vertretung und Geschäftsführung, lassen sich auch die Ausführungen zur Erklärungsvertretung einordnen: Ist die Rede von einer (zulässigen) Vertretung in der *Erklärung*, ist damit auf die *Vertretungsebene* Bezug genommen und gemeint, dass ein Aufsichtsratsmitglied anstelle des Gremiums dessen Willen *kundgibt*. Ist die Rede von einer (unzulässigen) Vertretung im *Willen*[593], ist damit auf die *Geschäftsführungsebene* Bezug genommen und gemeint, dass ein Aufsichtsratsmitglied anstelle des Gremiums den kundzugebenden Willen *bildet*[594]. Heißt es im Zusammenhang mit § 112 S. 1 AktG, dem Aufsichtsratsmitglied dürfe bei der Beschlussumsetzung kein Entscheidungs-

---

928 (942). Zur Auslegung im Einzelfall *Breidenich*, 286; *J.-H. Bauer/Krieger*, ZIP 2004, 1247 (1248); *Bednarz*, NZG 2005, 418 in Fn. 60; *Cahn*, in: FS Hoffmann-Becking (2013), 247 (255 mit Fn. 33).

[589] OLG Düsseldorf NZG 2004, 141 (142); MK-AktG/*Habersack*, § 112 Rn. 21.

[590] An den Beschluss gebunden sind auch abwesende, aber ordnungsgemäß geladene Aufsichtsratsmitglieder, MK-AktG/*Habersack*, § 108 Rn. 11; Hölters/*Hambloch-Gesinn/Gesinn*, AktG, § 108 Rn. 3.

[591] *Cahn*, in: FS Hoffmann-Becking (2013), 247 (249); Schmidt/Lutter/*Drygala*, AktG, § 112 Rn. 2; *Semler*, in: FS Rowedder (1994), 441 (443 f.); *Wasserbäch*, 135 f. Vgl. auch *Vetter*, in: FS Windbichler (2020), 1129 (1134); Semler/v. Schenck/*v. Schenck*, AktG, § 112 Rn. 52; v. Schenck/*v. Schenck*, Arbeitshandbuch, § 4 Rn. 133; *Baums*, 72, 78; Bayer/*Scholz*, ZIP 2015, 1853 (1855). Einen Überblick über die Geschäftsführungskompetenzen des Aufsichtsrats gibt *v. Falkenhausen*, ZIP 2015, 956 (957).

[592] Auch § 111 Abs. 4 S. 1 AktG steht der Zuweisung von Geschäftsführungsbefugnissen an den Aufsichtsrat nicht entgegen. Die Regelung verbietet eine Geschäftsführung nicht in Angelegenheiten, die dem Aufsichtsrat gesetzlich zugewiesen sind, MK-AktG/*Habersack*, § 111 Rn. 113; *v. Falkenhausen*, ZIP 2005, 956 (957).

[593] So etwa bei MK-AktG/*Habersack*, § 112 Rn. 24; *J.-H. Bauer/Krieger*, ZIP 2004, 1247 (1248); Hölters/*Hambloch-Gesinn/Gesinn*, AktG, § 112 Rn. 13; im Zusammenhang mit § 26 Abs. 2 S. 1 BetrVG: BAG AP BetrVG 1972 § 112 Nr. 11; NZA 2003, 870 (872); *Fitting*, BetrVG, § 26 Rn. 22 f.; Richardi/*Thüsing*, BetrVG, § 26 Rn. 34.

[594] So ausdrücklich *Semler*, in: FS Rowedder (1994), 441 (443).

spielraum zukommen, ist damit also gemeint, dass der Aufsichtsrat die Ausübung seiner Vertretungskompetenz, nicht aber seiner Entscheidungskompetenz an einzelne Mitglieder delegieren kann[595].

An dem aufgezeigten Dualismus zwischen Vertretung bzw. Erklärungsvertreter einerseits und Geschäftsführung bzw. Willensvertreter andererseits orientieren sich auch die nachfolgenden Ausführungen: In einem ersten Schritt wird untersucht, ob der Aufsichtsrat einem Mitglied die Ausübung seiner Vertretungskompetenz, also die Kundgabe des Gremienwillens überlassen kann. Im Zentrum steht die Frage, ob eine Vertretung, die keine Gestaltungsspielräume bei der Beschlussumsetzung zulässt, als „Erklärungsvertretung" zu qualifizieren ist. In einem zweiten Schritt wird untersucht, ob der Aufsichtsrat einem Mitglied außerdem die Führung seiner Geschäfte, neben der Kundgabe also auch die Bildung des kundzugebenden Willens überlassen kann. Im Zentrum steht die Frage, ob eine Vertretung, die Gestaltungsspielräume bei der Beschlussumsetzung zulässt, gegen § 112 S. 1 AktG verstößt.

cc) Vertretung ohne Entscheidungsspielraum

Dass der Aufsichtsrat einem Mitglied die Ausübung seiner *Vertretungskompetenz* überlassen kann, wird bereits in der Regierungsbegründung zu § 112 AktG für zulässig erklärt[596]. Formuliert das Aufsichtsratsmitglied den Beschluss als Willenserklärung im Außenverhältnis, liegt allerdings eine (gewöhnliche) Stellvertretung im Sinne der §§ 164–181 BGB vor[597]. Das belegen nicht nur die Untersuchungen zum weisungsgebundenen Vertreter im bürgerlichen Recht[598], sondern ergibt sich speziell für das Aktienrecht auch aus § 68 AktG[599]. Nach § 68 Abs. 1 S. 1 AktG können Namensaktien durch Indossament übertragen werden. Sofern die Satzung hierfür eine Zustimmung der Gesellschaft verlangt (Vinkulierung)[600], ist der Vorstand zur Entscheidung über die Erteilung der Zustimmung (§ 68 Abs. 2 S. 2 AktG in Verbindung mit § 77 AktG) und zur Vertretung der Gesellschaft gegenüber dem Zustimmungsadressaten berufen (§ 68 Abs. 2 S. 2 AktG in Verbindung mit

---

[595] Zu diesem Zusammenhang von Geschäftsführung und Entscheidungsspielraum *v. Falkenhausen*, ZIP 2015, 956 (958, 961).

[596] Abgedruckt bei *Kropff*, 156.

[597] So auch *Breidenich*, 289 f.; *Leuering*, in: FS Kollhosser II (2004), 361 (371 f.); *ders.*, NZG 2004, 120 (122).

[598] Vgl. Teil 1 B. III. 1.

[599] So auch *Leuering*, in: FS Kollhosser II (2004), 361 (372); *ders.*, NZG 2004, 120 (122 f.).

[600] Vinkulierte Aktien dienen unter anderem dem Schutz der Gesellschaft vor Überfremdung (infolge eines Aufkaufs durch Wettbewerber, ausländische Investoren) und unerwünschten Aktionären sowie einer Beibehaltung der bisherigen Beteiligungs- bzw. Mehrheitsverhältnisse, siehe dazu Hüffer/*Koch*, AktG, § 68 Rn. 10.

§ 78 Abs. 1 S. 1 AktG)[601]. Weist die Satzung dem Aufsichtsrat die Entscheidung über die Zustimmung zu (§ 68 Abs. 2 S. 3 AktG), bleibt der Vorstand zwar vertretungsbefugt, ist aber auf den Vollzug des Aufsichtsratswillens beschränkt. Was im bürgerlichen Recht vor allem aus § 166 Abs. 2 S. 1 BGB folgt, belegt § 68 AktG damit für das Aktienrecht: dass ein Ausschluss inhaltlicher Gestaltungsmöglichkeiten der Annahme einer Stellvertretung nicht entgegensteht. Eines Rückgriffs auf die Figur des Erklärungsvertreters bedarf es also auch im Gesellschaftsrecht nicht.

dd) Vertretung mit Entscheidungsspielraum

Ob der Aufsichtsrat einem Mitglied die Ausübung bestimmter *Entscheidungskompetenzen* überlassen kann, womit ein Entscheidungsspielraum bei der Beschlussumsetzung korrespondiert, ist umstritten. Während vor allem die Rechtsprechung einen Gestaltungsspielraum des Bevollmächtigten als Verstoß gegen § 112 S. 1 AktG wertet[602], steht das gesellschaftsrechtliche Schrifttum einer Delegation von Entscheidungsbefugnissen mehrheitlich offen gegenüber[603]. Etabliert hat sich die Formel, der Gesamtaufsichtsrat müsse über die wesentlichen Geschäftsinhalte selbst Beschluss fassen und den verbleibenden Entscheidungsspielraum des Vertreters bestimmbar eingrenzen[604]. Diese Formel gilt es im Folgenden zu präzisieren, wobei vorab die Zulässigkeit einer Delegation von Entscheidungskompetenzen zu klären ist.

---

[601] Wobei die Zustimmung nicht von sämtlichen Vorstandsmitgliedern erteilt werden muss, vgl. § 78 Abs. 2, Abs. 3 AktG.

[602] Vgl. BGHZ 41, 282 (285) = BGH NJW 1964, 1367; AG 2013, 562 (564); AG 2013, 257 (258); OLG München NJW-RR 2015, 876; BGH NJW-RR 2002, 1325 (1326) zur Vertretungsbefugnis eines GmbH-Geschäftsführers.

[603] Mit Unterschieden hinsichtlich der Grenzen des Entscheidungsspielraums und der erfassten Geschäfte: KK-AktG/*Mertens/Cahn*, § 112 Rn. 38; GK-AktG/*Hopt/Roth*, § 112 Rn. 101; Schmidt/Lutter/*Drygala*, AktG, § 112 Rn. 23; Hüffer/*Koch*, AktG, § 108 Rn. 8a, § 112 Rn. 8; MK-AktG/*Habersack*, § 112 Rn. 20; Bürgers/Körber/*Israel*, AktG, § 112 Rn. 5; v. Schenck/*v. Schenck*, Arbeitshandbuch, § 4 Rn. 142; v. Schenck/*Fonk*, Arbeitshandbuch, § 10 Rn. 85; Semler/v. Schenck/*v. Schenck*, AktG, § 112 Rn. 58; OLG München AG 2013, 136; *Pusch*, RdA 2005, 170 (171); *Köhler*, NZG 2008, 161 f.; *Drinhausen/Marsch-Barner*, AG 2014, 337 (349); *v. Falkenhausen*, ZIP 2015, 956 (958 f.); *Cahn*, in: FS Hoffmann-Becking (2013), 247 (255 ff.); *Semler*, in: FS Rowedder (1994), 441 (449 f.); *Breidenich*, 309 f.; *Wasserbäch*, 144 ff.; dagegen *Leuering*, in: FS Kollhosser II (2004), 361 (369 f.); kritisch BeckOGK-AktG/*Spindler*, 1.6.2021, § 112 Rn. 42.

[604] Vgl. v. Schenck/*Fonk*, Arbeitshandbuch, § 10 Rn. 85; Schmidt/Lutter/*Drygala*, AktG, § 112 Rn. 23; Bürgers/Körber/*Israel*, AktG, § 112 Rn. 5; KK-AktG/*Mertens/Cahn*, § 112 Rn. 38; Grigoleit/*Grigoleit/Tomasic*, AktG, § 112 Rn. 14; Hüffer/*Koch*, AktG, § 112 Rn. 8; *Cahn*, in: FS Hoffmann-Becking (2013), 247 (257); *Semler*, in: FS Rowedder (1994), 441 (449 f.); *Nägele/Böhm*, BB 2005, 2197 (2200); *Wasserbäch*, 145. Zur Rechtslage bei § 26 Abs. 2 S. 1 BetrVG: MHdb-ArbR III/*Krois*, § 293 Rn. 21.

Ob die Übertragung von Entscheidungsbefugnissen besonderen Einschränkungen unterliegt, wird abschließend herausgearbeitet.

(1) Zulässigkeit

Aufschluss über die Delegierbarkeit von Entscheidungskompetenzen gibt § 107 Abs. 3 S. 1 AktG. Danach kann der Aufsichtsrat aus seiner Mitte Ausschüsse bestellen, um seine Verhandlungen und Beschlüsse vorzubereiten oder die Ausführung seiner Beschlüsse zu überwachen[605]. Darüber hinaus kann der Aufsichtsrat beschließende Ausschüsse einsetzen, denen er bestimmte Aufgaben an seiner Stelle zur abschließenden Entscheidung überweist[606]. Solchen Ausschüssen können all diejenigen Aufgaben übertragen werden, die nicht dem Delegationsverbot des § 107 Abs. 3 S. 7 AktG unterliegen, und damit auch Entscheidungen über Geschäfte, die dem Regelungsbereich des § 112 S. 1 AktG unterfallen[607].

Ermöglicht § 107 Abs. 3 AktG eine Entscheidungsdelegation an *Ausschüsse*[608], scheint es naheliegend, eine Delegation an *einzelne* Aufsichtsratsmitglieder auszuschließen[609]. Doch erweist sich dieser Umkehrschluss in seiner Pauschalität als unzutreffend. In erster Linie zeigt § 107 Abs. 3 AktG nämlich, *dass* bestimmte Entscheidungen an kleinere Einheiten des Aufsichtsrats delegiert werden können. Belegt ist dies auch in § 111 Abs. 2 S. 2 AktG, wonach der Aufsichtsrat einzelne Mitglieder mit der Durchführung von Prüfungshandlungen beauftragen kann[610]. Sollte § 107 Abs. 3 AktG einer

---

[605] Zu den verschiedenen Ausschüssen *Lutter/Krieger/Verse*, Aufsichtsrat, Rn. 745 ff.; GK-AktG/*Hopt/Roth*, § 107 Rn. 306 ff.

[606] § 107 Abs. 3 S. 3 AktG: „namentlich"; vgl. Schmidt/Lutter/*Drygala*, AktG, § 107 Rn. 38; GK-AktG/*Hopt/Roth*, § 107 Rn. 303; *Prühls*, DB 1970, 1524 (1526); *Frels*, AG 1971, 349; v. Schenck/*Gittermann*, Arbeitshandbuch, § 6 Rn. 13; MK-AktG/*Habersack*, § 112 Rn. 23.

[607] Wie etwa Abschluss, Änderung und Beendigung von Anstellungsverträgen mit einem Vorstandsmitglied (exklusive der Regelungen zur Vergütung, vgl. § 87 Abs. 1, Abs. 2 AktG), Hölters/*Hambloch/Hambloch-Gesinn*, AktG, § 107 Rn. 100. Delegationsfähig ist ferner die Entscheidung über die Vergabe von Krediten nach § 89 AktG, sofern dem Kredit nach seiner Ausgestaltung kein Vergütungscharakter zukommt, *Mutter*, AG 2012, R44.

[608] Die aus mindestens drei Mitgliedern bestehen, § 108 Abs. 2 S. 3 AktG, dazu BGHZ 65, 190 (192 f.) = BGH NJW 1976, 145 (146).

[609] OLG Düsseldorf NZG 2004, 141 (142); GK-AktG/*Hopt/Roth*, § 112 Rn. 100; MK-AktG/*Habersack*, § 112 Rn. 24; Schmidt/Lutter/*Drygala*, AktG, § 112 Rn. 21; Hölters/*Hambloch-Gesinn/Gesinn*, AktG, § 112 Rn. 13; *Breidenich*, 277, 309; *Wasserbäch*, 138; *Peus*, 172; *Stein*, AG 1999, 28 (39); im Ergebnis, jedoch ohne Verweis auf § 107 Abs. 3 AktG: BGHZ 41, 282 (285) = BGH NJW 1964, 1367; NJW-RR 2013, 485 f.; NZG 2013, 792 (794); OLG München NJW-RR 2015, 876; OLG Frankfurt AG 2011, 790 (791); *Semler*, in: FS Rowedder (1994), 441 (449); *Lutter/Krieger/Verse*, Aufsichtsrat, Rn. 797 (Verweis auf § 111 Abs. 6 AktG); *Pusch*, RdA 2005, 170 (171).

[610] Vgl. GK-AktG/*Hopt/Roth*, § 107 Rn. 614.

Entscheidungsdelegation an Einzelpersonen entgegenstehen, dann außerdem nur, soweit die Delegation derjenigen an einen beschließenden Ausschuss gleichkommt. Eine Delegation von Entscheidungsbefugnissen, die nach Art und Umfang dahinter zurückbleibt, schließt § 107 Abs. 3 AktG somit – auch im Umkehrschluss – nicht aus.

Dass der Aufsichtsrat bestimmte Entscheidungskompetenzen auf Einzelpersonen delegieren kann, belegt ferner die Zusammenschau der § 246 AktG, § 78 Abs. 1 S. 1 ZPO und § 3 Abs. 1 BRAO[611]. Nach § 246 Abs. 2 S. 3 Fall 1 AktG wird die Gesellschaft in Anfechtungsprozessen gegenüber dem Vorstand oder einem Vorstandsmitglied (§ 245 Nr. 4 und 5 AktG) vom Aufsichtsrat vertreten. Die Anfechtungsprozesse werden in erster Instanz vor dem Landgericht geführt (§ 246 Abs. 3 S. 1 AktG), womit nach § 78 Abs. 1 S. 1 ZPO ein Anwaltszwang besteht. Das Vorgehen im Prozess kann dem Anwalt schon aus praktischen Gründen nicht in allen Einzelheiten vorgegeben werden: Dem Gesamtaufsichtsrat, nicht einmal einem Ausschuss ist es möglich, sämtliche Schriftsätze vorzuformulieren, die Prozesstaktik im Detail festzulegen und jeder Gerichtsverhandlung beizuwohnen[612]. Davon abgesehen darf sich der Anwalt schon wegen seiner Berufspflichten (§§ 43, 43a BRAO) und seiner Funktion als unabhängiger Berater und Vertreter in allen Rechtsangelegenheiten (§ 3 Abs. 1 BRAO) nicht auf den Vollzug ihm vorgelegter Aufsichtsratsbeschlüsse beschränken. Ein solches Vorgehen liefe auch der Zielsetzung des Anwaltszwangs zuwider, eine sachliche(re) Prozessführung sicherzustellen[613] und zu verhindern, dass die Parteien infolge ihrer Rechtsunkenntnis im Prozess unterliegen oder einen Schaden erleiden[614]. Seine verfahrens- und parteibezogenen Zwecke erfüllt der Anwaltszwang nur, wenn der Anwalt den Prozess führt[615], der Aufsichtsrat also *ihn* den Prozessstoff aufbereiten und über die Prozesstaktik entscheiden lässt.

Die Möglichkeit einer Entscheidungsdelegation entspricht schließlich einem praktischen Bedürfnis. Zum einen ist eine detaillierte Willensbildung des Plenums nicht vor jedem Geschäftsabschluss möglich und erweist sich auch als hinderlich, wenn Verhandlungsbedarf besteht[616]. Zum anderen ist der Aufsichtsrat, wenn er entscheidet, ein „schwerfälliges Organ"[617]: Nicht nur tritt er

---

[611] Vgl. *v. Falkenhausen*, ZIP 2015, 956 (958).

[612] *v. Falkenhausen*, ZIP 2015, 956 (958).

[613] Der Anwalt fungiert insofern als „Puffer" zwischen den regelmäßig leidenschaftlicheren Prozessparteien und verhindert auf diese Weise ein unsachliches oder gar beleidigendes Parteivorbingen, *Vollkommer*, 18.

[614] Ausführlich *Vollkommer*, 21 f.

[615] BeckOK-ZPO/*Piekenbrock*, 1.7.2021, § 78 Rn. 3.

[616] In diese Richtung Bürgers/Körber/*Israel*, AktG, § 112 Rn. 5; BeckOGK-AktG/*Spindler*, 1.6.2021, § 112 Rn. 42.

[617] *v. Falkenhausen*, ZIP 2015, 956 (958); vgl. auch *Dose*, ZGR 1973, 300 (309).

gewöhnlich an bloß vier Terminen im Jahr zusammen (vgl. § 110 Abs. 3 AktG), was eine kontinuierliche und flexible Geschäftsführung erschwert[618]. Vielmehr bildet der Aufsichtsrat seinen Willen auch durch Beschluss nach § 108 Abs. 1 AktG, was die Einberufung einer Präsenzsitzung unter Einhaltung bestimmter Vorlauf- und Einladungsfristen erfordert[619]. Das in § 108 Abs. 4 AktG vorgesehene Umlaufverfahren und die Möglichkeit einer Videokonferenz mögen für größere Aufsichtsräte eine Erleichterung schaffen[620], müssen aber die Ausnahme für Krisen und Eilbedürftiges bleiben[621]. Dies ergibt sich aus der Empfehlung D. 8 des Deutschen Corporate Governance Codex und daraus, dass selbst Videokonferenzen hinsichtlich gruppendynamischer Prozesse und der Möglichkeit offener und spontaner Kommunikation keinen gleichwertigen Ersatz für Präsenzsitzungen bieten[622]. Auch die Delegation bestimmter Entscheidungskompetenzen auf beschließende Ausschüsse flexibilisiert die Geschäftsführung nicht zwingend[623], da auch deren Sitzungen grundsätzlich präsentisch stattfinden und einer Vorbereitung bedürfen[624].

Nimmt man die vorstehenden Ausführungen zusammen, lautet die Frage nicht, *ob* der Aufsichtsrat die Führung bestimmter Geschäfte auf einzelne Mitglieder delegieren kann. Die Frage lautet vielmehr, *in welchem Umfang* § 112 S. 1 AktG eine solche Delegation und damit einen Entscheidungsspielraum des Bevollmächtigten bei der Beschlussumsetzung zulässt.

---

[618] *v. Falkenhausen*, ZIP 2015, 956 (958).

[619] Vgl. *v. Falkenhausen*, ZIP 2015, 956 (958). Die Einberufungsfristen sind gesetzlich nicht geregelt; alleine bei einem Einberufungsverlangen eines einzelnen Aufsichtsratsmitglieds muss die Sitzung binnen zwei Wochen nach der Einberufung stattfinden, § 110 Abs. 1 S. 2 AktG. Die Vorlaufzeit muss „angemessen" sein, wofür – vorbehaltlich einer Regelung in der Satzung oder Geschäftsordnung – eine Zeitspanne von einer Woche nach Erhalt der Einladung genügt, vgl. § 51 Abs. 1 S. 2 GmbHG. In dringenden Fällen kann die Frist auf wenige Tage abgekürzt werden. Siehe zum Ganzen GK-AktG/*Hopt/Roth*, § 110 Rn. 23 ff.; MK-AktG/*Habersack*, § 110 Rn. 15 f.

[620] Zweifelnd *v. Falkenhausen*, ZIP 2015, 956 (958).

[621] In Reaktion auf die COVID-19-Pandemie und die damit einhergehenden Kontaktbeschränkungen hat der Gesetzgeber für Aufsichtsräte die Möglichkeit geschaffen, Beschlüsse über die Zustimmung zu den in § 1 Abs. 1–5 COVMG geregelten Maßnahmen ungeachtet der Regelungen in der Satzung oder der Geschäftsordnung ohne physische Anwesenheit der Mitglieder auch schriftlich, fernmündlich oder in vergleichbarer Weise vorzunehmen, § 1 Abs. 6 S. 2 COVMG.

[622] BeckOGK-AktG/*Spindler*, 1.6.2021, § 108 Rn. 66; *Karrenbrock/Becker-Inglau*, NZG 2020, 921 (922 f.); *Lutter/Krieger/Verse*, Aufsichtsrat, Rn. 690.

[623] Vgl. *Breidenich*, 308 f.; *v. Falkenhausen*, ZIP 2015, 956 (958); GK-AktG/*Hopt/Roth*, § 112 Rn. 101; anders nur BeckOGK-AktG/*Spindler*, 1.6.2021, § 112 Rn. 42.

[624] Vgl. *v. Falkenhausen*, ZIP 2015, 956 (958).

(2) Umfang und Grenzen

Aufschluss über den Umfang delegierbarer Entscheidungskompetenzen gibt zum einen § 112 S. 1 AktG. Wie dargelegt, verlangt die Vorschrift nach einer Entscheidung des Gesamtaufsichtsrats[625]. Entscheidet an seiner Stelle ein einzelnes Mitglied, ist dies nur dann mit § 112 S. 1 AktG vereinbar, wenn sich die Entscheidung des Mitglieds zweifelsfrei auf den Willen des Plenums zurückführen lässt. Mit anderen Worten muss sich die Entschließung des Mitglieds auf die Konkretisierung des bereits beschlossenen Gremienwillens beschränken[626]. Voraussetzung hierfür ist, dass der Entscheidungsspielraum des Mitglieds bei der Beschlussumsetzung präzisen Grenzen unterliegt. Wie präzise diese ausfallen müssen und in welcher Hinsicht eine Grenzziehung erforderlich ist, soll folgendes Beispiel zeigen: Man stelle sich vor, die Gesellschaft einige sich mit einem Mitglied des Vorstands darauf, diesem verbunden mit seiner Anstellung ein Dienstfahrzeug zur privaten Nutzung zu überlassen[627]. Wie sich aus den §§ 84 Abs. 1 S. 5, 87, 107 Abs. 3 S. 1 AktG ergibt, muss der Aufsichtsrat über die wesentlichen Anstellungsbedingungen entscheiden, wozu die Vertragsdauer, die Gründe für eine vorzeitige Auflösung sowie die Höhe der Vergütung einschließlich Tantieme und Ruhegehalt zählen[628]. Sofern es sich bei dem mit der Fahrzeugüberlassung verbundenen Nutzungsmöglichkeit um einen (zusätzlichen) Vergütungsbestandteil handelt, hat der Aufsichtsrat also auch hierüber Beschluss zu fassen[629]. Hinsichtlich der Anschaffungs- und Unterhaltskosten des Fahrzeugs muss es aber genügen, wenn das Gremium einen Höchstbetrag festlegt[630] oder hinsichtlich des Fahrzeugmodells eine an der Preisklasse orientierte Vorauswahl trifft[631]. Denn halten sich die ausgehandelten Konditionen innerhalb dieser Bandbreite, lässt sich das Geschäft insgesamt und zweifelsfrei auf einen vom Vorstand unbeeinflussten Gremienwillen zurückführen[632]. Ähnlich verhält es sich mit Geschäften, die zu marktüblichen Konditionen zustande kommen. Denn soweit das Vorstandsmitglied von seiner Gesellschaft Waren oder Dienstleistungen bezieht, wie sie auch ein (gesellschaftsfremder) Dritter beziehen

---

[625] Teil 1 B. III. 2. b) vor aa).

[626] Ähnlich *Wasserbäch*, 145.

[627] Beispiel nach *Cahn*, in: FS Hoffmann-Becking (2013), 247 (256).

[628] MK-AktG/*Semler*, 2. Aufl. 2004, § 112 Rn. 57; v. Schenck/*Fonk*, Arbeitshandbuch, § 10 Rn. 85; *Köhler*, NZG 2008, 161.

[629] Vgl. v. Schenck/*Fonk*, Arbeitshandbuch, § 10 Rn. 81.

[630] Die Anschaffungskosten betreffen insbesondere die Kosten für den Kauf oder das Leasing des Fahrzeugs, die Unterhaltskosten insbesondere die Kosten für Benzin, Wartung und Versicherung.

[631] Vgl. *Cahn*, in: FS Hoffmann-Becking (2013), 247 (256 f.); *v. Falkenhausen*, ZIP 2015, 956 (959); dagegen GK-AktG/*Kort*, § 84 Rn. 294, dem zufolge auch die Entscheidung über Detailfragen der Vergütung dem Plenum vorbehalten sei.

[632] *Cahn*, in: FS Hoffmann-Becking (2013), 247 (257); ähnlich *Breidenich*, 309.

könnte, besteht von vornherein nicht die Gefahr einer sachfremden Bevorzugung. Steht der Abschluss eines marktüblichen Geschäfts in Rede, sind die Gesellschaftsinteressen somit hinreichend gewahrt, wenn der Aufsichtsrat für Geschäfte dieser Art generelle Richtlinien beschließt[633]. Einer engmaschige(re)n Grenzziehung, wie sie für den Abschluss von Anstellungsverträgen formuliert wurde, bedarf es in diesem Fall nicht.

Auskunft über den Umfang delegierbarer Entscheidungskompetenzen gibt zum anderen die Funktion des Aufsichtsrats, den Vorstand bei der Geschäftsführung zu überwachen (§ 111 Abs. 1 AktG). Soweit die Inhalte des abzuschließenden Geschäfts nicht der Kontrolle des Aufsichtsrats unterliegen, ist der Aufsichtsrat nicht dazu gehalten, hierüber für jedes Geschäft individuell und abschließend zu entscheiden[634]. Geschäfte, die ihrer Art nach nicht der Kontrolle des Aufsichtsrats unterliegen, sind vor allem Geschäfte des täglichen Lebens[635]. Denn bucht ein Mitglied des Vorstands bei „seiner" Fluggesellschaft einen Flug oder eröffnet es bei „seiner" Bank ein Konto[636], handelt es sich um keine Geschäftsführung im Sinne des § 111 Abs. 1 AktG[637]. Geschäfte, für welche das Gesetz den Aufsichtsrat von seiner Überwachungspflicht entbindet, finden sich wiederum in § 89 AktG[638]. Danach kann die Gesellschaft einem Vorstandsmitglied Kredite ohne vorherigen Beschluss des Aufsichtsrats (§ 89 Abs. 1 S. 1 AktG) oder dessen Einwilligung gewähren (§ 89 Abs. 2 S. 1 AktG), wenn die Voraussetzungen des § 89 Abs. 4 S. 2 AktG erfüllt sind[639] oder die Kredithöhe das Monatsgehalt des Empfängers nicht übersteigt, § 89 Abs. 1 S. 5 AktG (Kleinkredite)[640]. Im Übrigen hat der Kreditvergabe ein Beschluss des Aufsichtsrats vorauszugehen, aus dem sich allerdings nur die Rahmenbedingungen für bestimmte Kreditgeschäfte oder Arten von Kreditgeschäften ergeben müssen, darunter die Verzinsung und Rückzahlung, § 89 Abs. 1 S. 2 und 3 AktG. Hinsichtlich der Kredithöhe genügt dagegen die Festlegung einer Obergrenze[641].

---

[633] In diese Richtung *Cahn*, in: FS Hoffmann-Becking (2013), 247 (256); KK-AktG/ *Mertens/Cahn*, § 112 Rn. 22, 40; GK-AktG/*Hopt/Roth*, § 112 Rn. 101.

[634] Vgl. *Werner*, ZGR 1989, 369 (387 ff.).

[635] *Lutter/Krieger/Verse*, Aufsichtsrat, Rn. 456; MK-AktG/*Habersack*, § 112 Rn. 20, 24; Hölters/*Hambloch-Gesinn/Gesinn*, AktG, § 112 Rn. 11 a. E.; GK-AktG/*Hopt/Roth*, § 112 Rn. 101; *Wasserbäch*, 144 f.; *Werner*, ZGR 1989, 369 (388); vgl. OLG Hamburg NJW-RR 1986, 1483 (1484).

[636] Beispiele nach *Lutter/Krieger/Verse*, Aufsichtsrat, Rn. 456 in Fn. 451; zu weiteren Beispielen *Semler*, in: FS Rowedder (1994), 441 (442).

[637] *Werner*, ZGR 1989, 369 (388).

[638] *Werner*, ZGR 1989, 369 (387 f.).

[639] Zum Regelungszweck MK-AktG/*Spindler*, § 89 Rn. 33; RegBegr. zu § 89 AktG, abgedruckt bei *Kropff*, 115.

[640] Zum Begriff des Monatsgehalts Bürgers/*Körber/Bürgers*, AktG, § 89 Rn. 3; Schmidt/ Lutter/*Seibt*, AktG, § 89 Rn. 5.

[641] KK-AktG/*Mertens/Cahn*, § 89 Rn. 19 f.; MK-AktG/*Spindler*, § 89 Rn. 41.

Nimmt man die vorstehenden Ausführungen zusammen, ergibt sich folgendes Bild: Jedes der genannten Geschäfte ist ein solches der Gesellschaft gegenüber dem Vorstand, womit § 112 S. 1 AktG eine Vertretung durch den Aufsichtsrat verlangt[642]. Abhängig von der Art des vorzunehmenden Geschäfts genügt es dem Regelungszweck des § 112 S. 1 AktG aber, wenn der Aufsichtsrat Leitlinien für den einzelnen Geschäftsabschluss, über Entscheidungsalternativen oder für wiederkehrende Geschäfte generelle Richtlinien beschließt[643].

(3) Einschränkende Kriterien?

Erweist sich eine Delegation von Entscheidungsbefugnissen innerhalb der beschriebenen Grenzen als zulässig, ist abschließend zu klären, ob sich aus dem Regelungszweck des § 112 S. 1 AktG besondere Einschränkungen ergeben. Zu überlegen ist, ob die Geschäfte des Bevollmächtigten einer Bestätigung durch das Plenum bedürfen[644], die Wirksamkeit des Geschäfts von einer Berichterstattung an das Plenum abhängig ist[645] oder für bestimmte Geschäfte gegenüber Mitgliedern des Vorstands ein Plenarvorbehalt besteht.

(a) Bestätigung durch das Plenum

Betraut der Aufsichtsrat eines seiner Mitglieder nur mit der Verhandlungsführung („Verhandlungsvertretung"), bezieht sich dessen Befugnis nicht auf den Abschluss eines Vertrags mit dem Vorstand. Kommt es zu einem Vertragsschluss, muss der Aufsichtsrat daher über das Verhandlungsergebnis Beschluss fassen, damit das Geschäft für und gegen die Gesellschaft wirkt[646]. Liegt dem abgeschlossenen Geschäft dagegen ein Beschluss des Aufsichtsrats zugrunde, aus dem sich die wesentlichen Vertragsinhalte sowie die Vollmacht zur Konkretisierung eines Nebenpunktes ergeben („Abschlussvertretung"), erweist sich das Erfordernis einer (erneuten) Beschlussfassung als verfehlt[647].

---

[642] Dies gilt selbst in den Fällen des § 89 Abs. 1 S. 5 AktG, MK-AktG/*Spindler*, § 89 Rn. 20; RegBegr. zu § 89 AktG, abgedruckt bei *Kropff*, 114.

[643] Vgl. zu dieser Einteilung MHdb-ArbR III/*Krois*, § 293 Rn. 21; ErfK/*Koch*, BetrVG, § 26 Rn. 2 für die parallele Fallgestaltung in § 26 Abs. 2 S. 1 BetrVG.

[644] In diese Richtung OLG München NJW-RR 2015, 876; Bürgers/Körber/*Israel*, AktG, § 112 Rn. 4; Hölters/*Hambloch-Gesinn/Gesinn*, AktG, § 112 Rn. 13; MK-AktG/*Habersack*, § 112 Rn. 24.

[645] In diese Richtung *Breidenich*, 310; Schmidt/Lutter/*Drygala*, AktG, § 112 Rn. 23; *Kuhlmann*, AG 2009, 109 (112) für § 89 AktG.

[646] So OLG München NJW-RR 2015, 876; *Leuering*, in: FS Kollhosser II (2004), 361 (370); Lutter/Krieger/*Verse*, Aufsichtsrat, Rn. 456; Bürgers/Körber/*Israel*, AktG, § 112 Rn. 4; Hölters/*Hambloch-Gesinn/Gesinn*, AktG, § 112 Rn. 13; MK-AktG/*Habersack*, § 112 Rn. 24 (mit Ausnahmen); vgl. LG München I NZG 2013, 260 (261).

[647] Im Ergebnis auch Semler/v. Schenck/*v. Schenck*, AktG, § 112 Rn. 58; *Cahn*, in: FS

Bedürfte es auch in dieser Konstellation einer Gremienentscheidung über das endgültige Verhandlungsergebnis, entspräche die Rechtslage nämlich derjenigen bei einer vollmachtlosen Vertretung: Jeweils würde das mit dem Aufsichtsratsmitglied ausgehandelte Geschäft nur wirksam sein, wenn die Gesellschaft, vertreten durch den Aufsichtsrat, nachträglich zustimmt. Nun unterscheidet sich die Konstellation einer „Abschlussvertretung" von der einer vollmachtlosen Vertretung aber insofern, als in jenem Fall eine bindende Beschlusslage gegeben ist, während es in diesem Fall an einer (wirksamen bzw. hinreichenden) Beschlussgrundlage fehlt. In jenem Fall fügt sich der Vertragsschluss insgesamt in einen vom Gremium vorgegebenen Verhandlungsrahmen ein, während in diesem Fall ein solcher Rahmen in Gänze fehlt oder übertreten wird. In jenem Fall konkretisiert der Vertreter den bereits gebildeten Gremienwillen zu einer (hinreichend bestimmten) Willenserklärung, während er in diesem Fall seinen persönlichen, gegebenenfalls vom Gremienwillen abweichenden Willen bildet. Hält sich der Bevollmächtigte beim Vertragsschluss an die ihm vorab vom Gremium gesetzten Grenzen, liefe das Erfordernis eines Bestätigungsbeschlusses somit auf eine ungerechtfertigte Gleichstellung mit den Fällen der vollmachtlosen Vertretung hinaus.

Forderte man einen Beschluss über den ausgehandelten Vertrag, liefe außerdem die mit der Entscheidungsdelegation intendierte Arbeitsentlastung ins Leere. Ein erneutes Zusammentreten zur Beschlussfassung würde Kapazitäten binden, die das Gremium zur Wahrnehmung seiner Überwachungsaufgabe aus § 111 Abs. 1 AktG benötigt. Unterliegt das abzuschließende Geschäft strengen Zeitvorgaben, käme es außerdem zu unnötigen Verzögerungen oder gar einer Haftung der Gesellschaft, wenn der Bestätigungsbeschluss nicht rechtzeitig erfolgt und dem Vorstandsmitglied hieraus ein Schaden entsteht[648]. Den genannten Nachteilen steht auch kein Vorteil der Gesellschaft gegenüber. Hält sich der Vertretungsakt innerhalb der vom Aufsichtsrat festgelegten Parameter, sind die Gesellschaftsbelange nämlich bereits mit dem ersten Beschluss hinreichend gewahrt[649]. Werden nach der Beschlussfassung Umstände bekannt, die eine Neubewertung des Geschäfts erforderlich machen, kann der Aufsichtsrat die Bevollmächtigung zudem jederzeit widerrufen, vgl. § 168 S. 2 BGB.

Hoffmann-Becking (2013), 247 (257); *Breidenich*, 308; Schmidt/Lutter/*Drygala*, AktG, § 112 Rn. 23.

[648] Zur Haftung der Gesellschaft nach §§ 280 Abs. 1, 311 Abs. 2 Nr. 1 BGB wegen Abbruchs der Vertragsverhandlungen durch den Aufsichtsratsvorsitzenden LG München I NZG 2013, 260 ff.

[649] Vgl. *Cahn*, in: FS Hoffmann-Becking (2013), 247 (257).

(b) Pflicht zur Berichterstattung an das Plenum

Informations- oder Berichtspflichten sieht das Gesetz ausdrücklich nur für die vom Aufsichtsrat eingesetzten Ausschüsse vor, § 107 Abs. 3 S. 8 AktG. Die Regelung bezweckt, dass der Aufsichtsrat „Herr des Verfahrens" bleibt, auch wenn er zu seiner Entlastung Ausschüsse einsetzt. Insbesondere beugt eine kontinuierliche Berichterstattung der Schaffung vollendeter Tatsachen vor, indem das Plenum rechtzeitig Gelegenheit erhält, die delegierten Entscheidungsbefugnisse wieder an sich zu ziehen oder eine Entscheidung der Ausschussmitglieder abzuändern oder aufzuheben[650]. Flankiert wird die Pflicht zur Berichterstattung durch das Recht des Gesamtaufsichtsrats, jederzeit detaillierte(re) Informationen von dem Ausschuss einzufordern[651].

Überträgt der Aufsichtsrat bestimmte Entscheidungsbefugnisse auf eines seiner Mitglieder, gilt im Ausgangspunkt dasselbe. In diesem Fall hat das Plenum gleichermaßen ein Interesse daran zu erfahren, wie die Vertragsverhandlungen mit dem Vorstandsmitglied verlaufen. Zweckmäßigerweise enthält bereits der Beschluss zur Bevollmächtigung Vorgaben zur Berichterstattung, namentlich zum Berichtsintervall, in welcher Form, Ausführlichkeit und gegenüber wem die Berichterstattung zu erfolgen hat[652]. Verletzt das Mitglied seine Berichtspflicht, macht es sich gegenüber dem Aufsichtsrat oder der Gesellschaft haftbar. Womöglich wird ihm das Gremium auch die Vertretungsmacht entziehen. Dass eine Verletzung der Berichterstattungspflicht darüber hinaus zur Unwirksamkeit des Vertretungsakts führt, ist allerdings abzulehnen. Dafür ließe sich zwar anführen, dass die Entscheidungsfindung eines Aufsichtsratsmitglieds – anders als in einem Ausschuss – keiner unmittelbaren Kontrolle und Kritik durch andere Mitglieder unterliegt und eine Verletzung der Berichtspflicht daher besonders schwer wiegt. Doch wird dieses Kritik- und Kontrolldefizit dadurch ausgeglichen, dass dem Bevollmächtigten ein konkreter Verhandlungsrahmen vorgegeben ist, der vorab im Plenum diskutiert und beschlossen wurde. Darüber hinaus können dem Plenum gesteigerte, an die Bedeutung des Geschäfts, die Dauer der Vertragsverhandlungen und dem Handlungsspielraum des Bevollmächtigten angepasste Kontroll- und Organisationspflichten auferlegt werden[653].

---

[650] Vgl. MK-AktG/*Habersack*, § 107 Rn. 95; v. Schenck/*Gittermann*, Arbeitshandbuch, § 6 Rn. 13.

[651] Schmidt/Lutter/*Drygala*, AktG, § 107 Rn. 56; MK-AktG/*Habersack*, § 107 Rn. 171; GK-AktG/*Hopt*/*Roth*, § 107 Rn. 472; *Lutter*/*Krieger*/*Verse*, Aufsichtsrat, Rn. 788.

[652] Vgl. *Kuhlmann*, AG 2009, 109 (112) für die Bevollmächtigung zum Abschluss von Kreditgeschäften nach § 89 AktG.

[653] In diesem Sinne GK-AktG/*Hopt*/*Roth*, § 107 Rn. 614; BeckOGK-AktG/*Spindler*, 1.6.2021, § 107 Rn. 197.

(c) Ungeschriebener Plenarvorbehalt

Ausdrücklich geregelt ist ein Delegationsverbot in § 107 Abs. 3 S. 7 AktG. Die dort aufgeführten Geschäfte sowie Beschlüsse können allenfalls auf einen vorbereitenden oder überwachenden, nicht aber auf einen beschließenden Ausschuss übertragen werden[654]. Entsprechendes soll für Entscheidungen im Zusammenhang mit der Selbstorganisation des Aufsichtsrats und seiner allgemeinen Überwachungsfunktion gelten[655]. Ein (ungeschriebenes) Delegationsverbot, das an die Bedeutung und Tragweite der auszuführenden Aufgabe knüpft, existiert dagegen nach einhelliger Auffassung nicht[656]. Auch gewichtige, für die Gesellschaft existenzielle Fragen können demnach auf einen beschließenden Ausschuss übertragen werden[657]. Andernfalls müsste der Aufsichtsrat über jede nicht zweifelsfrei unbedeutende Frage selbst entscheiden und würde ausgerechnet bei der Bewältigung zentraler Themen nicht von den Vorzügen der Ausschussarbeit profitieren. Gerade die Beratung im kleineren Kreis ermöglicht im Regelfall eine konzentriertere und professionellere Aufgabenbewältigung. Das wiederum trägt zur Entlastung des Plenums[658] und außerdem zu einer diskreteren und vertraulicheren Entscheidungsfindung bei[659].

Für die Delegation von Entscheidungsbefugnissen an ein einzelnes Aufsichtsratsmitglied gilt im Ausgangspunkt dasselbe. Aufgaben, die gemäß § 107 Abs. 3 S. 7 AktG nicht an einen entscheidenden Ausschuss delegiert werden können, kann der Aufsichtsrat auch (erst recht) keinem seiner Mitglieder zur Entscheidung überweisen[660]. Entsprechendes gilt für Entscheidungen, die mit der Selbstorganisation des Gremiums und seiner Überwachungsaufgabe zusammenhängen. Ob die Übertragung von Entscheidungsbefugnissen zumindest dem diskutierten Vorbehalt für Wesentliches unterliegt, kann offenbleiben: Dem einzelnen Mitglied kann ohnehin nur die Entschei-

---

[654] Zur Rechtslage nach dem AktG 1937 siehe *Prühls*, DB 1970, 1524 ff.

[655] Ausführlich dazu GK-AktG/*Hopt/Roth*, § 107 Rn. 427 ff.; MK-AktG/*Habersack*, § 107 Rn. 147 f.

[656] Siehe nur GK-AktG/*Hopt/Roth*, § 107 Rn. 430 mit weiteren Nachweisen; vgl. auch die RegBegr. zu § 107 AktG, abgedruckt bei *Kropff*, 149; dagegen: *Ziemons*, DB 2000, 77 (79); *Dose*, ZGR 1973, 300 (312 f.), der für eine Einzelfallbetrachtung plädiert.

[657] *Lutter/Krieger/Verse*, Aufsichtsrat, Rn. 746; MK-AktG/*Habersack*, § 107 Rn. 146; Schmidt/Lutter/*Drygala*, AktG, § 107 Rn. 41; *Löbbe*, in: FS Krieger (2020), 607 (618); *Reichert*, in: FS Hopt (2020), 973 (979).

[658] RegBegr. zum BilMoG, BT-Drucks. 16/10067, S. 102; v. Schenck/*Gittermann*, Arbeitshandbuch, § 6 Rn. 1; *Lutter/Krieger/Verse*, Aufsichtsrat, Rn. 745.

[659] Vgl. *Löbbe*, in: FS Krieger (2020), 607 (618); MHdb-GesR IV/*Hoffmann-Becking*, § 32 Rn. 50; v. Schenck/*Gittermann*, Arbeitshandbuch, § 6 Rn. 1; *Drinhausen/Marsch-Barner*, AG 2014, 337 (347).

[660] v. *Falkenhausen*, ZIP 2015, 956 (959) (mit Ausnahmen).

dung über bestimmte Geschäftsinhalte innerhalb eines begrenzten Rahmens überlassen werden, was im Ergebnis einem Plenarvorbehalt in zentralen Fragen für die Gesellschaft entspricht.

(d) Zusammenfassung

Die Untersuchung hat ergeben, dass eine Delegation von Entscheidungsbefugnissen an einzelne Aufsichtsratsmitglieder keinen besonderen Einschränkungen unterliegt, die über die an anderer Stelle herausgearbeiteten Grundsätze hinausgehen[661]. Insbesondere das Erfordernis einer erneuten Beschlussfassung über den Vertretungsakt erweist sich als wenig praktikabel und als zum Schutz der Gesellschaftsbelange nicht geboten. Entsprechendes gilt für die Frage, ob die Geschäftswirksamkeit von einer Berichterstattung an das Plenum abhängig zu machen ist. Wie der Ausschuss (§ 107 Abs. 3 S. 8 AktG) hat zwar auch (erst recht) das einzelne Aufsichtsratsmitglied dem Plenum über die Vertragsverhandlungen mit dem Vorstand zu berichten. Hält sich die ausgehandelte Vereinbarung innerhalb der vom Gremium festgelegten Bandbreite, ist es für die Wirksamkeit des Geschäfts aber ohne Bedeutung, wenn der Bericht an das Plenum unterbleibt, unzutreffend oder unvollständig ist. Eine Verletzung der Berichtspflicht zeitigt Konsequenzen nur im Innenverhältnis zum Organ oder zur Gesellschaft. Im Unterschied zur Rechtslage bei beschließenden Ausschüssen bleiben dem Plenum allerdings die zentralen Geschäftsinhalte zur Entscheidung vorbehalten.

ee) Ergebnis

Wenngleich der Wortlaut nicht danach differenziert, ist auch im Anwendungsbereich des § 112 S. 1 AktG zwischen der Willensbildung des Aufsichtsrats durch Beschluss (Geschäftsführungsbefugnis) und der Erklärung des Gremienwillens gegenüber dem Vorstandsmitglied (Vertretungsbefugnis) zu unterscheiden. Um Wirksamkeit im Außenverhältnis zu entfalten, bedürfen Beschlüsse des Aufsichtsrats der Umsetzung in eine Willenserklärung. Kommt dem Vertreter bei der Beschlussumsetzung inhaltlich kein Entscheidungsspielraum zu, handelt es sich gleichwohl nicht um eine „Erklärungsvertretung", sondern um eine Stellvertretung im Sinne der §§ 164–181 BGB. Kommt dem Vertreter bei der Beschlussumsetzung ein inhaltlicher Entscheidungsspielraum zu, gilt Folgendes: Soweit der Aufsichtsrat die Führung seiner Geschäfte delegieren kann, ist er auch befugt, einem Mitglied bei der Beschlussumsetzung einen Entscheidungsspielraum einzuräumen. Die Grenzen zulässiger Entscheidungsdelegation ergeben sich aus den Organisationsvorgaben des § 107 AktG, der Art des abzuschließenden Geschäfts und dem

---

[661] Teil 1 B. III. 2. b) dd) (2).

Regelungszweck des § 112 S. 1 AktG. Als eine mit der Geschäftspraxis und der Aktienverfassung konforme Lesart hat sich herausgestellt, dass § 112 S. 1 AktG eine Delegation von Entscheidungsbefugnissen zulässt, soweit der damit korrespondierende Spielraum des Vertreters bei der Beschlussumsetzung präzisen Grenzen unterliegt. Im Regelfall wird der umzusetzende Aufsichtsratsbeschluss daher so bestimmt sein müssen, dass bereits auf seiner Grundlage ein Vertragsschluss möglich wäre[662] oder sich die wesentlichen Vertragsinhalte darin jedenfalls abzeichnen. Ersteres trifft auf Beschlüsse zu, die dem Bevollmächtigten einen Vertragsschluss zu „marktüblichen" (und damit bestimmbaren) Konditionen gestatten[663], Letzteres auf Beschlüsse, die ihm für die Festlegung bestimmter Vertragsbestandteile einen Verhandlungskorridor oder Alternativen vorgeben. Diese Lesart des § 112 S. 1 AktG macht gerade bei wiederkehrenden Geschäften eine Beschlussfassung über jeden individuellen Geschäftsvorgang entbehrlich, schließt aber im Einklang mit § 112 S. 1 AktG Mantelbeschlüsse aus, die dem Bevollmächtigten ohne jede Richtlinie die wesentlichen Entscheidungen überlassen.

c) Bewertung der Figur des Vertreters „in der Erklärung"

Im allgemeinen bürgerlichen Recht findet sich die Figur des Erklärungsvertreters dort, wo Formvorgaben mit Vertretungsverboten zusammentreffen, im Gesellschaftsrecht, wo das Konzept der Gesamtvertretung einem flexiblen Handeln der Gesellschaft durch ihre Organe entgegensteht. Dabei wird durch den Begriff der Erklärungsvertretung anschaulich, dass sich die Hilfsperson jeweils auf den Vollzug eines bereits gebildeten Willens im Außenverhältnis beschränkt. Fehlleitend ist der Begriff aber insofern, als mit ihm ein Scheingegensatz zwischen einer gewöhnlichen und einer Stellvertretung in der Erklärung erzeugt wird[664]. Das geltende Recht differenziert in dieser Hinsicht nicht, es kennt vielmehr neben dem Institut der Botenschaft nur noch *die* Stellvertretung im Sinne der §§ 164–181 BGB. Tritt jemand im Namen eines anderen auf – sei dies eine natürliche Person oder eine Gesellschaft –, hat man sich daher zwischen den hergebrachten Rechtsfiguren zu entscheiden[665]. Dass die Mittelsperson bei Abschluss des Geschäfts nach einer vorgegebenen Marschroute verfährt, steht ihrer Einordnung als Stellvertreter jedenfalls nicht entgegen, was im bürgerlichen Recht vor allem § 166 Abs. 2 S. 1 BGB und im Aktienrecht § 68 Abs. 2 S. 2 und 3 AktG belegt.

---

[662] *Köhler*, NZG 2008, 161 für Beschlüsse über einen Anstellungsvertrag.

[663] Dass bereits auf dieser Grundlage ein Vertragsschluss möglich ist, belegen die §§ 612 Abs. 2, 623 Abs. 2 BGB.

[664] Vgl. *Flume*, AT II, § 43, 5 (S. 761); *E. Ulmer*, SJZ 1948, 137 (138); Soergel/*Leptien*, BGB, Vor § 164 Rn. 47.

[665] So auch *Breidenich*, 288.

3. Empfangsvertretung

Über den Empfangsvertreter sagt man, dass er „zu absoluter Untätigkeit verurteilt" ist[666] und „gerade wegen seiner Passivität nicht recht in die Stellvertretung paßt"[667]. Geht es um die Abgrenzung zum Empfangsboten[668], wird konstatiert, dass sich die Handlungen beider Hilfspersonen äußerlich nicht voneinander unterscheiden – beide nehmen sie Erklärungen entgegen[669] –, weshalb auch die allgemeinen Kriterien zur Abgrenzung zwischen Stellvertretung und Botenschaft „versagen"[670].

Letzteres ist unbedenklich, solange die Hilfsperson die Erklärung des Gegners rechtzeitig und inhaltlich zutreffend an den Geschäftsherrn übermittelt. Erreicht die Erklärung den Geschäftsherrn verspätet, muss man sich der Abgrenzungsfrage allerdings stellen. Denn während der Zugang an den Geschäftsherrn unmittelbar mit dem Zugang an den Vertreter eintritt, kommt es hierfür bei dem Empfangsboten auf den Zeitpunkt an, zu dem üblicherweise mit einer Übermittlung an den Adressaten zu rechnen ist[671]. Einer Abgrenzung bedarf es außerdem, wenn die Erklärung den Geschäftsherrn mit einem anderen Inhalt erreicht: Während die Erklärung bei der Empfangsvertretung mit dem Inhalt gilt, mit dem sie dem Vertreter zugegangen ist, vgl. § 166 Abs. 1 BGB, ist bei der Empfangsbotenschaft auf den Empfängerhorizont des Geschäftsherrn abzustellen[672].

Eine Orientierung bei der Abgrenzung kann die Befugnis zur Aktivvertretung bieten: Ist die Hilfsperson für Dritte erkennbar zur Abgabe von Wil-

---

[666] *Stoll*, AcP 131 (1929), 228 (230); dagegen *Schilken*, Wissenszurechnung, 87: Auch der Empfangsvertreter „verhält sich".

[667] RGRK/*Steffen*, BGB, Vor § 164 Rn. 20; *Müller-Freienfels*, Vertretung, 55. Die stiefmütterliche Behandlung der passiven Stellvertretung kritisiert *Hellwig*, Lehrbuch II, § 120 I 1a mit Fn. 5. Zur Anwendbarkeit des § 166 BGB auf den Empfangsvertreter *Schilken*, Wissenszurechnung, 79 ff.

[668] Zur Bestimmung des Empfangsboten nach der Verkehrsanschauung *Sandmann*, AcP 199 (1999), 455 ff. Die Figur des Empfangsboten ablehnend *Assmann*, 65 ff., 72.

[669] Palandt/*Ellenberger*, BGB, Vor § 164 Rn. 12: „tun also dasselbe"; HK-BGB/*Dörner*, § 164 Rn. 14; vgl. *Richardi*, AcP 169 (1969), 385 (399).

[670] *Richardi*, AcP 169 (1969), 385 (399); vgl. *Cohn*, 24. Die Abgrenzung bezeichnen als „schwierig": MK-BGB/*Schubert*, § 164 Rn. 95; BeckOGK-BGB/*Gomille*, 1.4.2020, § 130 Rn. 107; *S. Lange*, JA 2007, 766 (767); Staudinger/*Schilken*, BGB, § 164 Rn. 25; RGRK/*Steffen*, BGB, Vor § 164 Rn. 20; *Bork*, AT, § 32 Rn. 1350: „nicht immer leicht"; *v. Tuhr*, AT II/2, § 84 V (S. 359): „schwer".

[671] BGH NJW-RR 1989, 757 (758); NJW 1965, 965 (966); *Neuner*, AT, § 33 Rn. 37, § 49 Rn. 20; *Pawlowski*, AT, § 5 Rn. 753; *Joussen*, Jura 2003, 577 (579); *Herbert*, NZA 1994, 391 (392); BeckOGK-BGB/*Huber*, 1.11.2021, § 164 Rn. 45; Palandt/*Ellenberger*, BGB, Vor § 164 Rn. 12; HK-BGB/*Dörner*, § 164 Rn. 14; vgl. Soergel/*Leptien*, BGB, Vor § 164 Rn. 45.

[672] MK-BGB/*Schubert*, § 164 Rn. 94; Palandt/*Ellenberger*, BGB, Vor § 164 Rn. 12; Planck/*Flad*, BGB, § 166 Anm. 3; HK-BGB/*Dörner*, § 164 Rn. 14; *Neuner*, AT, § 49 Rn. 20.

lenserklärungen befugt, wird sie regelmäßig auch zur Entgegennahme von Erklärungen in derselben Geschäftsangelegenheit befugt sein[673] („Begleit-funktion" der Empfangsvertretung[674]). Zwingend ist dies aber nicht[675]. Im Einzelfall kann die Hilfsperson als Aktivvertreter und Empfangsbote, als Passivvertreter und Erklärungsbote[676] oder nur als Aktiv-[677] oder Passivvertreter[678] bestellt werden. Denkbar ist auch, dass eine im Allgemeinen zur Vertretung befugte Hilfsperson, etwa der prozessbevollmächtigte Rechtsanwalt, für ein bestimmtes Rechtsgeschäft in der Rolle eines Boten auftritt[679]. In solchen Fällen bedarf es zur rechtlichen Einordnung der Empfangsperson eines anderen Kriteriums.

a) Entscheidungsspielraum von Empfangspersonen

Entgegen den eingangs zitierten Bedenken könnte auf den Entscheidungs-spielraum der Hilfsperson abzustellen sein[680]. Hierfür spricht bereits der Wortlaut des § 164 Abs. 3 BGB. Verwiesen wird dort auf die „Vorschrift*en* des

---

[673] MK-BGB/*Schubert*, § 164 Rn. 259; Soergel/*Leptien*, BGB, § 164 Rn. 37 f.; Staudinger/*Schilken*, BGB, § 164 Rn. 23; BeckOGK-BGB/*Gomille*, 1.4.2020, § 130 Rn. 107; RGRK/*Steffen*, BGB, Vor § 164 Rn. 20: „im Zweifel"; *Joussen*, Jura 2003, 577 (578); *S. Lange*, JA 2007, 766 (767); *Hellwig*, Lehrbuch II, § 120 I 1a; *Flume*, AT II, § 14, 3d (S. 236 in Fn. 42); *Enneccerus/Nipperdey*, AT I/2, § 178 III 2; *Schilken*, Wissenszurechnung, 88: „Faustregel"; BGH NJW 2002, 1041 (1042); NJW-RR 2000, 745 (746), wonach die zur Abwehr einer Räumungsklage erteilte Prozessvollmacht die Befugnis zur Empfangnahme einer mit dem Prozess zusammenhängenden (weiteren) Kündigungserklärung einschließe.

[674] *Schilken*, Wissenszurechnung, 88.

[675] Soergel/*Leptien*, BGB, § 164 Rn. 37; *Joussen*, Jura 2003, 577 (578); *Schilken*, Wissenszurechnung, 88. Anders *Stoll*, AcP 131 (1929), 228 (231): „wer aktiver Stellvertreter ist, ist auch passiver Vertreter"; ähnlich *Richardi*, AcP 169 (1969), 385 (400) und *Müller-Freienfels*, Vertretung, 56 in Fn. 35, der den „isolierten" Empfangsvertreter als Bote einordnet.

[676] *v. Tuhr*, AT II/2, § 84 I 2 (S. 335); vgl. BGH NJW 2002, 1041.

[677] Vgl. LG Hamburg MDR 1993, 44 für einen vom Vormundschaftsgericht für einen Mieter bestellten Prozesspfleger, der nur zur Vornahme von Prozesshandlungen, nicht aber zum Empfang von Willenserklärungen (hier einer Kündigung) bevollmächtigt wurde; *Schilken*, Wissenszurechnung, 88 in Fn. 257 für die Bevollmächtigung zur Abgabe einer Kündigungserklärung; LG Berlin WuM 1987, 25 zur Prozessvollmacht nach § 81 ZPO.

[678] Etwa in den Fällen des § 651v Abs. 4 S. 1 BGB und § 1141 Abs. 2 BGB. Dazu außerdem *Schilken*, Wissenszurechnung, 88; LG Hamburg MDR 1972, 242 für den nur zur Entgegennahme von Erklärungen des Vermieters bevollmächtigten Rechtsanwalt des Mieters; *Richardi*, AcP 169 (1969), 385 (400) für den Vermittlungsagenten; dagegen *Cohn*, 123 ff., der den Vermittlungsagenten als Empfangsboten einordnet.

[679] BGH NJW 2008, 917 (918) für den Rechtsanwalt, der die Vermögensauskunft seiner Mandantin nur übermittelt; vgl. RGRK/*Krüger-Nieland*, BGB, § 120 Rn. 15.

[680] In diese Richtung MK-BGB/*Schubert*, § 164 Rn. 261; RGRK/*Steffen*, BGB, Vor § 164 Rn. 20; Staudinger/*Schilken*, BGB, § 164 Rn. 22, 25; *Richardi*, AcP 169 (1969), 385 (400 f.); *Häublein*, Jura 2007, 728 (729); offengelassen in Motive I, 226 = Mugdan I, 477.

Absatzes 1", was eine Gleichstellung der Passivvertretung mit der Aktivvertretung nicht nur in den Rechtsfolgen, sondern auch in den Tatbestandsvoraussetzungen nahelegt[681]. Dass der Passivvertreter „außerhalb des Erklärungstatbestands" steht, also keine Willenserklärung abgibt, tut dem keinen Abbruch[682]. Bezugspunkt seiner Entschließung kann zwar nicht die Verwirklichung des Erklärungstatbestands sein. Dies geschieht nach dem klaren Wortlaut des § 164 Abs. 3 BGB vielmehr nur ihm gegenüber. Denkbar ist aber, den Entscheidungsspielraum des Empfangsvertreters auf die *Entgegennahme* der gegnerischen Willenserklärung zu beziehen. Analog zum Entschließungsermessen des Aktivvertreters beträfe dieser Entscheidungsspielraum das *Wirksamwerden* und damit das „Ob" der Erklärung[683].

Für die Anerkennung eines solchen Entscheidungsspielraums streitet § 180 S. 3 BGB. Die Vorschrift bezieht sich auf einseitige Rechtsgeschäfte, die jemand gegenüber einem Vertreter ohne Vertretungsmacht vornimmt. Ob das Rechtsgeschäft nichtig oder nur schwebend unwirksam ist, macht das Gesetz in diesem Fall von der Entscheidung des Vertreters abhängig. Erklärt der Vertreter sich mit der Geschäftsvornahme einverstanden[684], ist eine Genehmigung nämlich möglich, § 180 S. 3 BGB in Verbindung mit §§ 180 S. 2, 177 Abs. 1 BGB. Verweigert der Vertreter dagegen sein Einverständnis, ist Nichtigkeit die Folge, § 180 S. 1 und 3 BGB[685].

Auch § 174 Abs. 1 S. 1 ZPO spricht für die Anerkennung eines Entscheidungsspielraums. Die Vorschrift regelt die Voraussetzungen einer Zustellung an einen Zustellungsbevollmächtigten[686]. Darunter versteht man eine Emp-

---

[681] Staudinger/*Schilken*, BGB, § 164 Rn. 22; dagegen RGRK/*Steffen*, BGB, § 164 Rn. 11, der den Verweis nur auf den Offenheitsgrundsatz bezieht.

[682] Anders *Stoll*, AcP 131 (1929), 228 (230): „Auf seinen Willen kommt es überhaupt nicht an, weil er keinen Willen zu äußern hat."; im Ergebnis wie hier *Schilken*, Wissenszurechnung, 87.

[683] Dafür nur Staudinger/*Schilken*, BGB, § 164 Rn. 22; vgl. *ders.*, Wissenszurechnung, 81. Anders die herrschende Meinung, die nur verlangt, dass der Geschäftsgegner das Rechtsgeschäft gegenüber dem Vertreter *als solchem* vornimmt, also mit der Absicht, die Wirkungen in der Person des Vertretenen eintreten zu lassen. Nicht entscheidend sei, ob der Vertreter die Erklärung auch in Empfang nehmen wolle, also mit Vertretungswillen handle, BeckOK-BGB/*Schäfer*, 1.8.2021, § 164 Rn. 45; Erman/*Maier-Reimer/Finkenauer*, BGB, § 164 Rn. 27; RGRK/*Steffen*, BGB, § 164 Rn. 11; Soergel/*Leptien*, BGB, § 164 Rn. 37; *v. Tuhr*, AT II/2, § 84 V (S. 357 in Fn. 149); OLG Bamberg WM 2007, 1211 (1212); RG JR 1926, Nr. 1601 (Sp. 1201 f.); vgl. *Stoll*, AcP 131 (1929), 228 (230). Daher definiert *Hellwig*, Lehrbuch II, § 120 II 1 die passive Stellvertretung auch als die Vornahme einer Rechtshandlung durch den *Geschäftsgegner* (und nicht durch den Vertreter).

[684] Sein Einverständnis kann der Vertreter schlüssig erklären, sofern nur der Erklärende hiervon Kenntnis erlangt. Das bloße Dulden oder Nichtbeanstanden des Vorgangs genügt nicht, MK-BGB/*Schubert*, § 180 Rn. 19 f.

[685] Staudinger/*Schilken*, BGB, § 180 Rn. 8 f.; BeckOK-BGB/*Schäfer*, 1.8.2021, § 180 Rn. 12.

[686] Zu dieser Rechtsfigur *Flume*, AT II, § 14, 3 (S. 236 in Fn. 42); *Hellwig*, Lehrbuch II,

fangsperson, die aufgrund ihres Berufs Gewähr für eine zuverlässige Zustellung von Schriftstücken bietet[687]. Das Gesetz nennt in § 174 Abs. 1 S. 1 ZPO den Anwalt, Notar, Gerichtsvollzieher und den Steuerberater. Für eine wirksame Zustellung an diesen Personenkreis genügt nach allgemeiner Auffassung weder das Bestehen einer Empfangsvollmacht noch die tatsächliche Kenntnisnahme oder Inbesitznahme des Schriftstücks[688]. Entscheidend soll vielmehr sein, dass die Empfangsperson sich dazu entschließt, das Schriftstück als zugestellt entgegenzunehmen[689]. Verweigert sie die Entgegennahme, was ihr nach Verfahrensrecht möglich ist[690], bleiben die Rechtsfolgen einer Zustellung aus[691]. Wie § 180 S. 3 BGB macht damit auch § 174 Abs. 1 S. 1 ZPO die Wirksamkeit einer Rechtshandlung von der Entscheidung einer Empfangsperson abhängig.

Nimmt man die Wertungen der §§ 164 Abs. 3, 180 S. 3 BGB und § 174 Abs. 1 S. 1 ZPO zusammen, begegnet es also keinen Bedenken, auch für die Abgrenzung zwischen Empfangsvertretung und Empfangsbotenschaft auf den Entscheidungsspielraum der Hilfsperson abzustellen.

b) Konsequenzen

Welche Konsequenzen sich daraus ergeben, dem Empfangsvertreter einen Entscheidungsspielraum zuzusprechen, kann ausgehend von dem Repräsentationsgedanken beantwortet werden. Repräsentiert der Empfangsvertreter den Vertretenen im Empfang und damit in Bezug auf den Zugang von Willenserklärungen, folgt daraus, dass der Vertreter einen Zugang rechtswirksam verhindern kann, soweit auch der Geschäftsherr den Zugang derselben Erklärung rechtswirksam hätte verhindern können. Neben dem Prinzip der unmittelbaren Repräsentation spricht hierfür auch, dass der Geschäftsherr

---

§ 120 I 1a; *Rosenberg*, 908; *Assmann*, 71 f. (als Argument gegen die Figur des Empfangsboten).

[687] Dazu Zöller/*Schultzky*, ZPO, § 174 Rn. 1–4. Gesetzlich angeordnet ist die Zustellung in der ZPO namentlich in § 270 S. 1 (Klageschrift), § 169 Abs. 2 S. 3 (Klagerücknahme), § 317 Abs. 1 S. 1 (Urteil), § 521 Abs. 1 (Berufungseinlegung und -begründung), §§ 550 Abs. 2, 551 Abs. 4 (Revisionseinlegung und -begründung), § 693 Abs. 1 (Mahnbescheid), § 699 Abs. 4 S. 1 (Vollstreckungsbescheid).

[688] BGHZ 191, 59 (63) = BGH NJW 2011, 3581.

[689] BGHZ 191, 59 (63) = BGH NJW 2011, 3581; NJW-RR 2018, 60 (61); NJW-RR 2015, 953; NJW 2012, 2117; NJW-RR 2007, 1001; OLG Hamm NJW 2010, 3380 (3381); Zöller/*Schultzky*, ZPO, § 174 Rn. 7. Zu § 198 ZPO a. F.: BGHZ 30, 299 (301) = BGH NJW 1959, 1871; BGHZ 14, 342 (345) = BGH NJW 1954, 1722 (1723).

[690] Verfahrensrechtlich besteht keine Pflicht zur Entgegennahme, Zöller/*Schultzky*, ZPO, § 174 Rn. 7. Daher ist auch § 179 S. 3 ZPO nicht anwendbar, wonach das Schriftstück mit der Annahmeverweigerung als zugestellt gilt, MK-ZPO/*Häublein/Müller*, § 174 Rn. 6, § 179 Rn. 2.

[691] BGHZ 191, 59 (63) = BGH NJW 2011, 3581.

im Regelfall nicht dazu angehalten ist, (zusätzliche) Vorkehrungen für den Zugang von Erklärungen zu treffen[692]. Über die Einschaltung eines Vertreters (als zusätzliche Empfangsvorrichtung) darf er also nicht schlechter stehen, was bedeutet, dass auch sein Vertreter die Entgegennahme einer Erklärung in bestimmten Fällen verweigern können muss[693]. Das gilt etwa dann, wenn dem Vertreter ein unzureichend frankierter Brief übergeben wird (und deshalb Nachporto verlangt wird)[694] oder nach der Aufschrift zweifelhaft ist, ob das Schreiben an den Vertretenen adressiert ist[695].

Bis hierhin entspricht die Rechtslage der bei einer Botenschaft. Denn verweigert ein Empfangsbote die Annahme, weil das Schreiben unzureichend frankiert oder nicht zweifelsfrei an den Geschäftsherrn adressiert ist, bleibt ein Zugang an den Geschäftsherrn gleichfalls aus. Die Erklärung ist in diesem Fall bereits nicht in seinen Machtbereich gelangt[696].

Zu unterschiedlichen Ergebnissen kommt man aber, wenn die Hilfsperson ein Schreiben entgegennimmt, *obwohl* sie dies berechtigterweise hätte verweigern dürfen:

---

[692] Anderes gilt nur für denjenigen, der aufgrund bestehender oder angebahnter Geschäftsbeziehungen den Zugang rechtserheblicher Erklärungen erwartet, BGH NJW 1998, 976 (977); NJW 1996, 1967 (1968); NJW 1977, 194 (195); *Bork*, AT, § 16 Rn. 638; Soergel/*Hefermehl*, BGB, § 180 Rn. 25; MK-BGB/*Einsele*, § 130 Rn. 36.

[693] In diese Richtung Staudinger/*Schilken*, BGB, § 164 Rn. 22; angedeutet bei MK-BGB/*Schubert*, § 164 Rn. 260; anders: BeckOK-BGB/*Schäfer*, 1.8.2021, § 164 Rn. 45; Soergel/*Leptien*, BGB, § 164 Rn. 37; RGRK/*Steffen*, BGB, § 164 Rn. 11; Erman/*Maier-Reimer/Finkenauer*, BGB, § 164 Rn. 27. Von der Annahmeverweigerung abzugrenzen ist der Fall, dass der Vertreter den Gegner auf seine (tatsächlich) fehlende Empfangsbefugnis verweist. In diesem Fall hängt die Wirksamkeit der Erklärung von der Genehmigung des Vertretenen ab, § 177 Abs. 1 BGB, bei einseitigen Rechtsgeschäften ist § 180 BGB zu beachten.

[694] *Neuner*, AT, § 33 Rn. 42; *Bork*, AT, § 16 Rn. 637 in Fn. 62; MK-BGB/*Einsele*, § 130 Rn. 36; *Flume*, AT II, § 14, 3c (S. 235); *Enneccerus/Nipperdey*, AT I/2, § 158 II A 2b in Fn. 19.

[695] RGZ 125, 68 (75) für ein Mahnschreiben, das an den Vater oder seinen im selben Haushalt lebenden Sohn hätte adressiert sein können; *Flume*, AT II, § 14, 3 (S. 235); Soergel/*Hefermehl*, BGB, § 130 Rn. 12.

[696] Der Zugang soll selbst dann ausbleiben, wenn der Bote die Annahme eigenmächtig ohne triftigen Grund verweigert, es sei denn, der Adressat hat etwa durch vorherige Absprache mit dem Empfangsboten Einfluss auf die Annahmeverweigerung genommen, RAG DR 1941, 1796 f.; BAG NJW 2011, 2604 (2606); NJW 1993, 1093 (1094). Kritisch zurecht *Schwarz*, NJW 1994, 891 ff., *Herbert*, NZA 1994, 391 (393 f.) und *Joussen*, Jura 2003, 577 (580 f.), die einen Widerspruch darin sehen, dass der Empfänger den Zugang gegen sich gelten lassen muss, wenn er selbst die Annahme grundlos verweigert bzw. vereitelt, dagegen nicht, wenn sein Bote dies ohne sein Wissen tut. Der Empfänger könne die Gründe der berechtigten Annahmeverweigerung nicht dadurch erweitern, dass er einen Empfangsboten einschalte.

Ist die Hilfsperson *Bote*, gelangt die Erklärung mit ihrer Entgegennahme zwar in den Machtbereich des Geschäftsherrn als Empfänger. Die Erklärung wird aber nicht wirksam, ehe nicht der Geschäftsherr sich dazu entschließt, sie entgegenzunehmen. Der Zugang muss in diesem Fall von der Entscheidung des Geschäftsherrn abhängen, das Einverständnis des Boten rechtlich ohne Bedeutung sein. Denn wäre die fragliche Erklärung nicht dem Boten ausgehändigt, sondern in den Briefkasten eingeworfen worden, wäre sie dem Geschäftsherrn auch nicht zugegangen, wenn er den Brief wegen der zweifelhaften Aufschrift ungeöffnet an den Absender zurückgeschickt hätte[697]. Ein Grund, den Geschäftsherrn schlechter zu stellen, wenn der Brief seinem Boten – als dessen „personifizierte Empfangseinrichtung"[698] bzw. „lebender Briefkasten"[699] – übergeben wird, ist nicht ersichtlich. Die Interessenlage entspricht vielmehr derjenigen bei der Übergabe eines Briefs an eine zum Empfang weder ermächtigte noch geeignete Hilfsperson[700]. Wie in diesem Fall[701] muss auch hier der Erklärende das Risiko tragen, dass ein Zugang ausbleibt. Die Gleichbehandlung beider Fälle rechtfertigt sich damit, dass jeweils der Erklärende das Risiko für ein Scheitern der Übermittlung setzt: das eine Mal über die Wahl einer ungeeigneten Hilfsperson, das andere Mal über das unzureichende Frankieren bzw. Beschriften des Briefs.

Ist die Hilfsperson dagegen *Vertreter*, gelangt die Erklärung mit ihrer Entgegennahme nicht nur in den Machtbereich des Vertretenen. Unter den weiteren Voraussetzungen des § 164 BGB wirkt die Erklärung vielmehr auch für und gegen den Vertretenen. Dass es für den Zugang der Erklärung in diesem Fall nicht auf die Entscheidung des Vertretenen, sondern die des Vertreters ankommt, ist Folge des Repräsentationsprinzips. Denn ist es dem Vertretenen möglich, ein Schreiben mit mehrdeutiger Aufschrift entgegenzunehmen, muss es dies auch für den Vertreter sein, der ihn unmittelbar repräsentiert. Dem Vertretenen bleibt es zwar unbenommen, die Empfangsvollmacht auf die Entgegennahme zweifelsfrei adressierter Schreiben zu beschränken, sodass der Zugang von Erklärungen mit mehrdeutiger Aufschrift nicht für und

---

[697] *Flume*, AT II, § 14, 3c (S. 235).

[698] BGH NJW 2002, 1565 (1567); NJW 1994, 2613 (2614); *Joussen*, Jura 2003, 577 (581); ähnlich Staudinger/*Schilken*, BGB, § 164 Rn. 25 und *ders.*, Wissenszurechnung, 87: „unselbstständige Empfangseinrichtung".

[699] *Bork*, AT, § 32 Rn. 1350; ähnlich *Lehmann/Hübner*, AT, § 36 I 2, die den Empfangsboten als „Hörrohr" bezeichnen.

[700] Denn ohne entsprechende Anhaltspunkte wird der Erklärende nicht davon ausgehen dürfen, dass die Hilfsperson zum Empfang auch solcher Erklärungen ermächtigt ist.

[701] Das Risiko wird dem Erklärenden zugewiesen, insofern die Mittelsperson statt als Empfangsbote des Adressaten als Bote des Erklärenden behandelt wird, Soergel/*Hefermehl*, BGB, § 130 Rn. 9; *Neuner*, AT, § 33 Rn. 38. Der Zugang tritt dann erst mit der Übermittlung an den Empfänger ein und bleibt umgekehrt aus, wenn der Empfänger die Annahme verweigert, vgl. *Flume*, AT II, § 14, 3c und 3e (S. 235, 237).

gegen ihn *wirkt* (Entscheidung des Vertretenen über die Vertretungswirkung). Das aber verhindert nicht, dass die von seinem Vertreter empfangene Erklärung diesem jedenfalls *zugeht und wirksam wird* (Entscheidung des Vertreters über den Zugang und das Wirksamwerden). Diese Sicht bestätigt § 177 Abs. 1 BGB: Könnte der Vertreter nicht zumindest darüber entscheiden, ob ihm eine Willenserklärung zugeht und wirksam wird, käme ein „Vertrag", wie ihn § 177 Abs. 1 BGB für eine Genehmigung des Vertretenen voraussetzt, nie zustande[702]. Dazu passt es schließlich, dass Rechtsfolge der Genehmigung nicht das Zustandekommen, sondern die Wirksamkeit des (bereits zustande gekommenen) Vertrags für und gegen den Vertretenen ist.

c) Ergebnis

Der eingangs zitierten Aussage, das für die Aktivvertretung entwickelte Kriterium des Entscheidungsspielraums versage in der Anwendung auf den Empfangsvertreter, ist nur sehr schwach zuzustimmen. Bezugspunkt des Entscheidungsspielraums eines Empfangsvertreters kann zwar nicht der Inhalt des abzuschließenden Rechtsgeschäfts sein. Hierüber bestimmt vielmehr der Geschäftsgegner durch Abgabe seiner Erklärung[703]. Möglich ist aber, den Entscheidungsspielraum des Empfangsvertreters auf die Entgegennahme und damit das Wirksamwerden der ihm gegenüber abgegebenen Erklärung zu beziehen. Einen gesetzlichen Beleg hierfür bieten § 180 S. 3 BGB und § 174 Abs. 1 S. 1 ZPO. Gesteht man dem Empfangsvertreter einen dem Aktivvertreter „entsprechenden" Entscheidungsspielraum zu, wird zudem ein Gleichlauf beider Vertretungsformen erreicht, wie ihn bereits der Verweis in § 164 Abs. 3 BGB nahelegt. Unterschiede zur Empfangsbotschaft ergeben sich auf Grundlage der hier vertretenen Auffassung dort, wo die Hilfsperson eine Erklärung entgegennimmt, deren Empfang sie hätte verweigern dürfen. Handelt es sich dabei um einen Boten, kommt es für den Zugang alleine auf die Entscheidung des Geschäftsherrn an. Nimmt dagegen ein Vertreter die Erklärung entgegen, muss der Vertretene dessen Entscheidung gegen sich gelten lassen. Handelt der Vertreter beim Empfang mit Vertretungsmacht, wirkt die Erklärung für und gegen den Vertretenen. Handelt der Vertreter ohne Vertretungsmacht, wird die Erklärung mit Zugang an ihn immerhin noch wirksam, vgl. §§ 177 Abs. 1, 180 S. 3 BGB. Ob die Erklärung für und gegen den Vertretenen wirkt, entscheidet dann dessen Genehmigung.

---

[702] *Häublein*, Jura 2007, 728 (729). Ausführlich zur Unterscheidung zwischen Abschluss, Zustandekommen und Wirksamkeit eines Vertrags *Leenen*, AcP 188 (1988), 381 (385 ff.). Grundlegend zur Zustimmung als bloße Wirksamkeitsvoraussetzung eines Vertrags *Thiele*, 88 ff.

[703] Oder, sofern der Gegner seine Annahme erklärt, der Vertretene durch seinen vorangegangenen Antrag.

4. Leistungsempfang gegen Vorlage einer Quittung

Nach § 370 BGB gilt der Überbringer einer Quittung als ermächtigt, die Leistung zu empfangen. Die Regelung bezieht sich auf den Fall, dass nicht der Gläubiger persönlich, sondern eine ihm zurechenbare Hilfsperson die Leistung des Schuldners entgegennimmt. Sind die weiteren Voraussetzungen des § 370 BGB erfüllt, gilt die Leistung an den Quittungsträger[704] als Leistung an den Gläubiger, womit der Erfüllungsanspruch des Gläubigers erlischt[705]. Ist die Hilfsperson tatsächlich zum Leistungsempfang befugt – namens des Gläubigers oder als Ermächtigter in eigenem Namen, § 185 Abs. 1 BGB[706] –, ergibt sich diese Rechtsfolge bereits aus § 362 Abs. 1 bzw. §§ 362 Abs. 2, 185 Abs. 1 BGB. Eigenständige Bedeutung erlangt § 370 BGB somit nur, wenn ein Nicht(mehr)berechtigter die Leistung entgegennimmt[707]. In diesem Fall schützt § 370 BGB das Vertrauen des Schuldners in die Quittung, mit der Folge, dass auch die Leistung an den nur scheinbar Empfangsberechtigten schuldbefreiend wirkt[708].

Gemessen an seiner Rechtsfolge und unter Berücksichtigung auch seiner systematischen Stellung regelt § 370 BGB unmittelbar nur, unter welchen Voraussetzungen eine Schuld (des Gläubigers) durch Leistung erlischt. Die (körperliche) Annahme der Leistung durch den Quittungsträger, etwa das Ergreifen der geschuldeten Kaufsache, ist ein Realakt, auf den die §§ 164–181 BGB weder direkt noch entsprechend anwendbar sind[709]. Will man § 370 BGB eine Aussage über den Begriff der Stellvertretung und das Kriterium des Entscheidungsspielraums entnehmen, muss man deshalb diejenigen Rechtshandlungen in den Blick nehmen, die den Erfüllungsvorgang begleiten.

Zu diesen Handlungen zählt zum einen das Herstellen der Quittung[710]. Sie ist ein schriftliches Empfangsbekenntnis, das der Gläubiger dem Schuldner

---

[704] Der Begriff geht zurück auf *Keyßner*, in: FG Koch (1903), 139 ff.

[705] Staudinger/*Kern*, BGB, § 370 Rn. 10.

[706] Vgl. MK-BGB/*Fetzer*, § 370 Rn. 1; Staudinger/*Kern*, BGB, § 370 Rn. 6; *Kress*, Schuldrecht, § 20, 2d.

[707] BeckOGK-BGB/*Looschelders*, 1.6.2021, § 370 Rn. 2 f.

[708] Vgl. Staudinger/*Kern*, BGB, § 370 Rn. 2; MK-BGB/*Fetzer*, § 370 Rn. 1 f.; BeckOK-BGB/*Dennhardt*, 1.8.2021, § 370 Rn. 1; dagegen noch RGZ 124, 383 (386), dem zufolge § 370 BGB nur die widerlegbare gesetzliche Vermutung einer beschränkten Ermächtigung des Quittungsträgers begründe.

[709] Vgl. *Flume*, AT II, § 43, 1 (S. 750); BeckOGK-BGB/*Huber*, 1.11.2021, § 164 Rn. 35; MK-BGB/*Schubert*, § 164 Rn. 100; Palandt/*Ellenberger*, BGB, Vor § 164 Rn. 3; Soergel/*Leptien*, BGB, § 164 Rn. 9; RGZ 137, 23 (26); BGHZ 32, 53 (56) = BGH NJW 1960, 860 (861); BGHZ 16, 259 (263) = BGH NJW 1955, 866 (867).

[710] Vgl. BeckOGK-BGB/*Looschelders*, 1.6.2021, § 370 Rn. 9; BeckOK-BGB/*Dennhardt*, 1.8.2021, § 370 Rn. 3; MK-BGB/*Fetzer*, § 370 Rn. 3; vgl. RG WarnRspr 1911, Nr. 228 (S. 252).

gegen Erhalt der Leistung erteilen muss, § 368 S. 1 BGB. Als Wissenserklä-rung[711] ist die Quittung zumindest einer entsprechenden Anwendung der §§ 164–181 BGB zugänglich[712]. Eine Stellvertretung kann im Rahmen des § 370 BGB also in der Weise stattfinden, dass die Hilfsperson die Quittung namens des Gläubigers ausstellt. Ob darauf Bezug genommen ist, wenn es heißt, der Überbringer der Quittung handle als Stellvertreter, erscheint aller-dings zweifelhaft. Im Regelfall wird nämlich der Gläubiger selbst die Quit-tung ausgestellt haben, sodass die Hilfsperson diesbezüglich nur als Bote fungiert (vgl. § 370 BGB: „*Überbringer* der Quittung").

Näher liegt es bereits, eine Stellvertretung daran anzuknüpfen, dass der Quittungsträger die für den Eintritt der Erfüllungswirkung erforderlichen Willenserklärungen abgibt und entgegennimmt. Besteht die geschuldete Leistung in der Übereignung einer Kaufsache, betrifft dies den Empfang des Übereignungsangebots nach § 929 S. 1 BGB sowie dessen Annahme. Ist die Herstellung eines Werks geschuldet (§ 631 BGB), kommt ein stellvertretendes Handeln hinsichtlich der Erklärung der Abnahme gemäß § 640 Abs. 1 S. 1 BGB in Betracht[713]. Außerdem kann sich eine Stellvertretung darauf bezie-hen, die vom Schuldner bei der Leistung getroffene Tilgungsbestimmung im Sinne des § 366 Abs. 1 BGB mit Wirkung für und gegen den Vertretenen zu empfangen[714].

---

[711] Sogenannte „Beweismitteltheorie": Staudinger/*Kern*, BGB, § 368 Rn. 7 f.; Beck-OGK-BGB/*Looschelders*, 1.6.2021, § 368 Rn. 4; Palandt/*Grüneberg*, BGB, § 368 Rn. 2; MK-BGB/*Fetzer*, § 368 Rn. 2; Soergel/*Schreiber*, BGB, § 368 Rn. 3; RGZ 108, 50 (55); BGH NJW 2011, 2785 (2786); WM 1978, 849; OLG Frankfurt WM 1990, 2036 (2037). Anders *Stötter*, MDR 1978, 632, der die Quittung als geschäftsähnliche Handlung einord-net, weil sie auf ein Schuldverhältnis Bezug nehme und das Gesetz an ihre Erteilung Rechtsfolgen knüpfe (§§ 368–371 BGB, § 416 ZPO).

[712] Zur Anwendbarkeit der §§ 164–181 BGB auf rechtsgeschäftsähnliche Handlungen und Wissenserklärungen vgl. nur MK-BGB/*Schubert*, § 164 Rn. 99; Soergel/*Leptien*, BGB, § 164 Rn. 4.

[713] Die herrschende Meinung vertritt einen zweigliedrigen Abnahmebegriff, der neben der körperlichen Abnahme die Billigung des Werks als in der Hauptsache vertragsgemäße Leistung voraussetzt, RGZ 110, 404 (407); BGHZ 48, 257 (262) = BGH NJW 1967, 2259; NJW 1996, 1749 f.; NJW-RR 1993, 1461; NJW 1974, 95 (96); Palandt/*Retzlaff*, BGB, § 640 Rn. 5. Die Billigung wird als Willenserklärung – so *Hartung*, NJW 2007, 1099 (1100) – oder geschäftsähnliche Handlung eingeordnet, so OLG Stuttgart NJW-RR 2011, 669 (670); MK-BGB/*Busche*, § 640 Rn. 4; Soergel/*Teichmann*, BGB, § 640 Rn. 10. Gegen den zwei-gliedrigen Abnahmebegriff (nur Realakt): *Peters*, BauR 2013, 381 (383); *Raape*, JW 1925, 1993 (1994).

[714] Für die Einordnung der Tilgungsbestimmung als Willenserklärung: *Wieling*, JuS 1978, 801 f.; *ders.*, JZ 1977, 291; Palandt/*Grünberg*, BGB, § 362 Rn. 7, § 366 Rn. 7. Für die Einordnung als rechtsgeschäftsähnliche Handlung: BGH NJW 1990, 3194 (3195): „zu-mindest"; MK-BGB/*Fetzer*, § 366 Rn. 11; BeckOGK-BGB/*Looschelders*, 1.6.2021, § 366 Rn. 43; offengelassen bei Staudinger/*Kern*, BGB, § 366 Rn. 32.

Gleich, in Bezug auf welche der genannten Erklärungen eine Stellvertretung stattfindet, jeweils übt die Hilfsperson als Stellvertreter keinen inhaltlichen Einfluss: Nimmt die Hilfsperson die entsprechenden Erklärungen des
Schuldners entgegen, ergibt sich dies aus ihrer Stellung als Empfangsvertreter[715]. Gibt die Hilfsperson daneben Erklärungen für den Gläubiger ab, begründet sich ihr fehlender inhaltlicher Einfluss mit dem Regelungszweck des
§ 370 BGB: Die Vorschrift ordnet die Erfüllungswirkung (nur) für den Fall
an, dass die *geschuldete* Leistung bewirkt wird[716]. Was geschuldet ist, ergibt
sich aus dem Rechtsverhältnis zwischen Gläubiger und Schuldner und wird
also gerade nicht von der Hilfsperson bestimmt. Weicht die Hilfsperson von
den vereinbarten Leistungsmodalitäten ab, indem sie von sich aus ein Erfül-
lungssurrogat (Hinterlegung, Aufrechnung) akzeptiert oder die Leistung zu
einem anderen als dem in der Quittung bestimmten Leistungszeitpunkt annimmt, bleiben die Rechtsfolgen des § 370 BGB dementsprechend aus[717].
Dass die Hilfsperson nicht über den Inhalt des Erfüllungsgeschäfts entscheiden kann, ist auch dem Schuldner ersichtlich, der schließlich nur den Erhalt
der gegenüber dem Gläubiger geschuldeten und also nur der bereits im Voraus festgelegten Leistung quittiert bekommt.

5. Stellvertretung bei einseitigen Rechtsgeschäften

Dass einseitige Rechtsgeschäfte auch durch einen Stellvertreter vorgenommen werden können, belegen die §§ 174, 180 S. 1 und 2 BGB[718]. Die Vorschriften tragen dem Umstand Rechnung, dass der Erklärungsempfänger bei
einseitigen Eingriffen in seine Rechtsposition ein besonderes Interesse daran
hat, Gewissheit über den Eintritt der erklärten Rechtsfolgen zu erhalten[719].
Aus diesem Grund sind einseitige Rechtsgeschäfte nicht nur schwebend, sondern unmittelbar unwirksam, wenn der Vertreter ohne Vertretungsmacht
handelt (§ 180 S. 1 BGB) oder der Erklärungsgegner das Rechtsgeschäft we-

---

[715] Vgl. Teil 1 B. III. 3.

[716] MK-BGB/*Fetzer*, § 370 Rn. 6.

[717] Vgl. BeckOGK-BGB/*Looschelders*, 1.6.2021, § 370 Rn. 15, 17; MK-BGB/*Fetzer*,
§ 370 Rn. 6; Staudinger/*Kern*, BGB, § 370 Rn. 9; Soergel/*Schreiber*, BGB, § 370 Rn. 7; *Gernhuber*, Erfüllung, § 23, 5c mit Fn. 23; für die Leistungszeit: *Keyßner*, in: FG Koch (1903),
139 (146).

[718] Zur Anwendbarkeit der §§ 174, 180 BGB auf den Boten BGH NJW-RR 2007, 1705
(1706); *Flume*, AT II, § 43, 4 (S. 758); *v. Tuhr*, AT II/2, § 84 II (S. 341); *Rosenberg*, 233; MK-
BGB/*Schubert*, § 174 Rn. 3; Soergel/*Leptien*, BGB, § 174 Rn. 7.

[719] In diesem Sinne Motive I, 245 = Mugdan I, 488; BGH NJW-RR 2007, 1705 (1707);
OLG Düsseldorf NZG 2004, 141 (143); Erman/*Maier-Reimer/Finkenauer*, BGB, § 174
Rn. 1, § 180 Rn. 1; Staudinger/*Schilken*, BGB, § 174 Rn. 1, § 180 Rn. 1; Soergel/*Leptien*,
BGB, § 174 Rn. 1, § 180 Rn. 1; MK-BGB/*Schubert*, § 180 Rn. 1; HK-BGB/*Dörner*, § 180
Rn. 1; *Mock*, JuS 2008, 486 (489 f.).

gen Nichtvorlage der Vollmachtsurkunde zurückweist (§ 174 S. 1 BGB). Anderes gilt nur, wenn sich der Erklärungsgegner mit der Ungewissheit über den Eintritt der Rechtsfolgen abfindet[720] oder von dem Vertretenen über die Bevollmächtigung in Kenntnis gesetzt wurde. In diesem Fall ist das Rechtsgeschäft auch ohne Vorlage der Vollmachtsurkunde wirksam (§ 174 S. 2 BGB), in jenem Fall einer Genehmigung durch den Vertretenen zugänglich (§ 180 S. 2 in Verbindung mit § 177 Abs. 1 BGB)[721].

Für eine Vielzahl der Rechtsgeschäfte, die dem Anwendungsbereich der §§ 174, 180 BGB unterfallen[722], ist dem Vertreter der Inhalt seiner Erklärung vorgegeben:

Das betrifft zunächst die prominente „i. V." erklärte Arbeitgeberkündigung[723]. Hier legt der Vertreter die Erklärungsinhalte nicht selbst fest, sondern handelt – regelmäßig auch für den Kündigungsadressaten erkennbar – nach Vorgabe des Arbeitgebers[724]. Ähnlich verhält es sich mit der Erklärung der Mahnung im Sinne des § 286 BGB[725], die eine Aufforderung zur Leistung nicht einer beliebigen, sondern (nur) der mit dem Gläubiger vereinbarten Schuld enthält[726]. Entsprechendes gilt für die Anfechtungserklärung, deren Inhalt und Adressat gleichfalls nicht zur Disposition des Vertreters stehen, sondern sich aus den §§ 119 f., 123, 143 BGB ergeben. Ficht der Vertreter namens des Vertretenen an, beschränkt er sich darauf, den Entschluss zum Ausdruck zu bringen, die Willenserklärung wegen eines Willensmangels zu beseitigen, vgl. § 143 Abs. 1 BGB[727]. Ob hierfür das Wort „anfechten" gebraucht oder der Lösungswille anders kundgetan wird, betrifft nur das Wort-

---

[720] Vgl. HK-BGB/*Dörner*, § 180 Rn. 1.

[721] MK-BGB/*Schubert*, § 180 Rn. 13.

[722] Dazu zählen Gestaltungserklärungen wie die Kündigung, Anfechtung und Aufrechnung sowie der Rücktritt und Widerruf, MK-BGB/*Schubert*, § 174 Rn. 2, § 180 Rn. 2; Staudinger/*Schilken*, BGB, § 174 Rn. 1, § 180 Rn. 1; HK-BGB/*Dörner*, § 174 Rn. 2. Erfasst sind auch nicht empfangsbedürftige Geschäfte wie die Auslobung (§ 657 BGB), Aneignung (§ 958 Abs. 1 BGB) und Dereliktion (§ 959 BGB), Staudinger/*Schilken*, BGB, § 180 Rn. 1; Soergel/*Leptien*, BGB, § 180 Rn. 2. Dagegen gilt § 180 S. 2 BGB nur für empfangsbedürftige Willenserklärungen, Erman/*Maier-Reimer/Finkenauer*, BGB, § 180 Rn. 3; MK-BGB/*Schubert*, § 180 Rn. 7. Ferner soll § 174 BGB auf die Annahmeerklärung des Vertreters anwendbar sein, obschon sie nur Teil eines zweiseitigen Rechtsgeschäfts ist, Erman/*Maier-Reimer/Finkenauer*, BGB, § 174 Rn. 2; Soergel/*Leptien*, BGB, § 174 Rn. 7; BGH NJW-RR 2007, 1705 (1706); VG Köln MMR 2006, 263 (264).

[723] Zur Kündigung durch einen Vertreter siehe auch § 312h Nr. 2 BGB.

[724] Vgl. *Neuner*, AT, § 49 Rn. 18.

[725] Zur Anwendbarkeit der §§ 174, 180 BGB auf die Mahnung BGH NJW 2011, 2120 (2121); NJW 2006, 687 (688); NJW 1983, 1542; OLG Koblenz NJW-RR 1992, 1093 (1094); Erman/*Maier-Reimer/Finkenauer*, BGB, § 174 Rn. 2.

[726] Vgl. BeckOK-BGB/*Lorenz*, 1.8.2021, § 286 Rn. 23; MK-BGB/*Ernst*, § 286 Rn. 51.

[727] Vgl. BGHZ 91, 324 (331 f.) = BGH NJW 1984, 2279 (2280); NJW 2017, 1660 (1663); OLG Düsseldorf NJW-RR 2016, 1073 (1076).

lautermessen[728]. Eine inhaltliche Einflussnahme scheidet schließlich für solche einseitigen Erklärungen aus, die sich in dem Hinweis auf einen bestehenden rechtlichen Zustand erschöpfen. Im Anwendungsbereich der §§ 174, 180 BGB zählen hierzu die Mängelanzeige nach § 377 Abs. 1 HGB[729] und die Abtretungsanzeige nach § 409 Abs. 1 BGB[730].

6. Einschaltung geschäftsunfähiger Hilfspersonen

Eine geschäftsunfähige Person, die an einem Rechtsgeschäft beteiligt ist, wird ganz überwiegend als Bote eingeordnet[731]. Man denke an das siebenjährige Kind, das von seiner Mutter mit losen Vorgaben zum Einkaufen geschickt wird[732] oder am Eisstand unter verschiedenen Sorten eine wählen darf[733]. Dass dem Kind in beiden Fällen die Festlegung des Vertragsgegenstands belassen ist, soll seiner Einordnung als Bote allerdings nicht entgegenstehen. Verwiesen wird auf den „Rest von Entscheidungsfreiheit", den auch ein Bote für sich beanspruchen könne[734]. Damit sei die Erklärung des

---

[728] Genauere Betrachtung verdient der Fall, dass neben einer Irrtums- (§ 119 BGB) auch eine Täuschungsanfechtung (§ 123 BGB) möglich ist. Abhängig davon, auf welchen Anfechtungsgrund sich der Vertreter stützt, ergeben sich für den Vertretenen unterschiedliche Rechtsfolgen (vgl. § 122 Abs. 1 BGB), womit sich die Auswahl des Anfechtungsgrunds als eine „rechtsgeschäftlich relevante" Entscheidung erweist, die über das Wortlautermessen hinausgeht. Dies gilt umso mehr, wenn man der Auffassung ist, der Anfechtende könne seine Anfechtung nicht nachträglich auf einen anderen oder einen weiteren Anfechtungsgrund stützen. Zur Zulässigkeit des „Nachschiebens" von Anfechtungsgründen und zur Begründungsbedürftigkeit der Anfechtungserklärung *Kochendörfer*, 22 ff., 135 ff.

[729] Zur Anwendung des § 174 BGB auf die Mängelanzeige BGH NJW 2001, 289 (290 f.); dagegen MK-BGB/*Schubert*, § 174 Rn. 9.

[730] Zur Anwendbarkeit der §§ 174, 180 BGB auf geschäftsähnliche Handlungen Erman/*Maier-Reimer/Finkenauer*, BGB, § 174 Rn. 2, § 180 Rn. 2; MK-BGB/*Schubert*, § 174 Rn. 6, § 180 Rn. 2; Soergel/*Leptien*, BGB, § 174 Rn. 7, 180 Rn. 5; Staudinger/*Schilken*, BGB, § 180 Rn. 1, 12; BGH NJW 1983, 1542.

[731] Etwa bei *Fleck*, ArchBürgR 15 (1899), 337 (390); *Bork*, AT, § 32 Rn. 1348; OLG Celle SeuffA 57 (1902), Nr. 29, S. 52: Ein geschäftsunfähiger Sohn wird von seinem Vater beauftragt, dessen Forderung abzutreten. In Gegenwart des Vaters setzte der Sohn eine Urkunde auf, formulierte dort, dass er die Forderung im Auftrag seines Vaters abtrete, unterzeichnete die Urkunde in eigenem Namen, las sie seinem Vater vor und händigte sie mit dessen Zustimmung an den Zessionar aus. Das OLG entschied, dass der Sohn „nicht mit eigenem Willen handelnd aufgetreten" sei, sondern in der Urkunde „nur die Willenserklärung seines Vaters niedergeschrieben" und diese „dem Beklagten überbracht und auftragsgemäß ausgehändigt" habe.

[732] Fall nach *Rosenberg*, 278.

[733] Etwa bei *Bork*, AT, § 32 Rn. 1348; *Medicus/Petersen*, AT, § 54 Rn. 887; *Pawlowski*, AT, § 5 Rn. 692; *Smid*, JuS 1986, L9 (L11).

[734] *Bork*, AT, § 32 Rn. 1348; *Medicus/Petersen*, AT, § 54 Rn. 887; vgl. *Jacobi*, KritV 49 (1911), 66 (76), der die Wahlfreiheit des Boten jedoch nicht als Entscheidung, sondern als

Geschäftsunfähigen tatsächlich eine solche seines gesetzlichen (geschäftsfähigen) Vertreters, womit auch das Kaufgeschäft, weil ein solches des gesetzlichen Vertreters, wirksam sei.

Verständlich werden diese Ausführungen vor dem Hintergrund der §§ 165, 105 Abs. 1 BGB. Den Regelungen wird entnommen, dass die Willenserklärung einer geschäftsunfähigen Person (selbst dann) unwirksam ist, wenn sie mit Wirkung für und gegen einen anderen abgegeben wird[735]. Ordnete man das Kind in den Beispielsfällen als Stellvertreter ein, wären daher beide Kaufgeschäfte nichtig und müssten rückabgewickelt werden. Mit diesem Ergebnis würde man allerdings nicht nur bei den (juristisch nicht vorgebildeten) Beteiligten auf Unverständnis stoßen[736], denn warum sollte ein Kind nicht kleinere Alltagsgeschäfte tätigen oder sich ein Eis kaufen können[737]? Die Folge wäre vielmehr auch, dass von einem Geschäftsabschluss mit jüngeren Personen abgesehen würde, wenn nicht deren beschränkte Geschäftsfähigkeit oder Botenstatus zweifelsfrei feststünde.

Mit dem Kriterium des Entscheidungsspielraums lässt sich die präsentierte Lösung nicht vereinbaren[738]. Das Kind bestimmt in den Beispielsfällen über den Vertragsgegenstand und damit über ein *essentiale negotii*. Hierbei handelt es sich gerade nicht um einen „Rest" von Entscheidungsfreiheit, worunter etwa das Wortlautermessen zu subsumieren wäre, sondern um die Bestimmung eines „rechtsgeschäftlich relevanten" Umstands[739]. Auch eine Umdeutung solcher Sachverhalte in den Geschäftsabschluss durch einen Boten kommt regelmäßig nicht in Betracht[740]. Es wirkt umständlich und lebensfremd, die Erklärung des Kindes „Ich will eine Kugel von diesem Eis da haben" als „Ich berichte, dass meine Eltern das Eis kaufen wollen, das ich aussuche, und zwar zu dem Preis, den Sie dafür verlangen" auszulegen[741]. Das herrschende Vertreterkonzept zugrunde gelegt, müsste das Kind in den Beispielsfällen daher als Stellvertreter eingeordnet werden[742]. Dass dies nicht

---

einen „Zufall" bezeichnet, der darin bestehe, dass statt des Verkäufers eben der Bote über den konkreten Geschäftsinhalt entscheide. Einen anderen Weg wählt *Flume*, AT II, § 43, 4 (S. 758), der die Erklärung *wie* die eines Boten behandelt, sofern es für ihre Geltung nicht darauf ankommt, ob die Hilfsperson Stellvertreter oder Bote ist.

[735] *Wieser*, JZ 1987, 493 (494); *Ostheim*, AcP 169 (1969), 193 (200 f.).

[736] *Rosenberg*, 277.

[737] § 105a BGB schafft keine Abhilfe, er betrifft nur Geschäfte eines volljährigen Geschäftsunfähigen.

[738] *Medicus/Petersen*, AT, § 54 Rn. 887; vgl. *Kiehnle*, AcP 212 (2012), 875 (907).

[739] Vgl. *Rosenberg*, 280. Zum Relevanzkriterium siehe Teil 1 B. II. 1. vor a); zum Wortlautermessen siehe Teil 1 B. II. 1. b).

[740] So aber *R. Leonhard*, AT, 308.

[741] *Smid*, JuS 1986, L9 (L11); *Pawlowski*, AT, § 5 Rn. 693; kritisch auch *Rosenberg*, 279 f.: Man versuche den Geschäftsunfähigen „auf jede Weise zum Boten zu pressen"; ihm zustimmend *Kiehnle*, AcP 212 (2012), 875 (907).

[742] Vgl. *Rosenberg*, 259.

zwangsläufig zum gefürchteten Scheitern des Rechtsgeschäfts führt, sich eine
verkehrsgerechte Lösung vielmehr auch unter dem Regime der §§ 164–181
BGB erreichen lässt, sollen die nachstehenden Überlegungen zeigen.

a) Bevollmächtigung des Geschäftsunfähigen

Was die Bevollmächtigung Geschäftsunfähiger anbelangt, steht § 165 BGB
ihrer Wirksamkeit nicht entgegen. Gegenstand der Vorschrift ist nicht die
Bevollmächtigung, sondern nur die von oder gegenüber dem Vertreter abgegebene Willenserklärung[743].

Ebenso wenig steht der Wirksamkeit einer Bevollmächtigung Geschäftsunfähiger entgegen, dass sie auf einen rechtlich unmöglichen Erfolg gerichtet
sein könnte, nämlich auf die Abgabe einer *wirksamen* Erklärung[744]. Der Vertretungsakt ist ein gegenüber der Bevollmächtigung selbständiges Rechtsgeschäft[745], dessen (vor seiner Ausführung zudem nur potentielle) Nichtigkeit
nicht zwangsläufig zur Nichtigkeit auch der Bevollmächtigung führt[746]. Die
Eigenständigkeit der Vollmachtserteilung gegenüber dem Vertretungsakt
zeigt sich auch daran, dass bereits das Vorhandensein der Vollmacht, ungeachtet ihrer Ausübung, Rechtsfolgen auslösen kann[747]. Ein Beispiel hierfür
bietet § 1911 BGB[748]. Danach erhält ein abwesender Volljähriger, dessen Auf-
enthalt unbekannt oder der an einer Rückkehr und Besorgung seiner Ver-
mögensangelegenheiten verhindert ist, zur Fürsorge seiner Angelegenheiten
einen Abwesenheitspfleger, § 1911 Abs. 1 S. 1, Abs. 2 BGB. Nach § 1911
Abs. 1 S. 2 BGB ist ein solcher Pfleger insbesondere zu bestellen, wenn der
Volljährige für die Betreuung seines Vermögens jemand anderen bevollmächtigt hat, inzwischen aber Anlass zum Widerruf dieser Vollmacht besteht[749]
und der Volljährige den Widerruf aufgrund seiner Abwesenheit nicht selbst
erklären kann. Die Rechtsfolge des § 1911 Abs. 1 BGB, dass also ein Pfleger

---

[743] Soergel/*Leptien*, BGB, § 165 Rn. 4.

[744] *v. Tuhr*, AT II/2, § 85 III (S. 388); dagegen: RGRK/*Steffen*, BGB, § 165 Rn. 2; *Ost-heim*, AcP 169 (1969), 193 (217 f.) mit Verweis auf § 306 BGB a. F., wonach auf eine un-mögliche Leistung gerichtete Verträge unwirksam waren.

[745] *Neuner*, AT, § 50 Rn. 4; *Flume*, AT II, § 52, 1 (S. 859 f.); ausführlich *Hupka*, Voll-macht, 29 ff.

[746] Vgl. *Raape*, AcP 121 (1923), 257 (295).

[747] *Schlossmann*, Stellvertretung I, 39 f.; vgl. auch Erman/*Maier-Reimer/Finkenauer*, BGB, § 168 Rn. 3.

[748] Außerdem § 105 Abs. 1 AktG (Unvereinbarkeit von Aufsichtsratsamt und Stellung als Prokurist oder Generalhandlungsbevollmächtigter) und § 34 Abs. 1 S. 1 Nr. 6 WpHG (Zurechnung fremder Stimmrechte).

[749] Anlass zum Widerruf gibt jeder Umstand, der auch zur fristlosen Kündigung eines Dauerschuldverhältnisses berechtigen würde, RGRK/*Dickescheid*, BGB, § 1911 Rn. 7; BeckOGK-BGB/*Schöpflin*, 1.6.2021, § 1911 Rn. 17.

zu bestellen ist, tritt demnach ein, weil eine Vollmacht (nur) vorhanden ist, die eine Gefahr für das Vermögen des Abwesenden begründet[750].

Jedenfalls für die Empfangsvollmacht verfängt der Verweis auf die Unmöglichkeit des Vertretungsakts nicht. Rechtlich ist es nämlich möglich, dass die gegenüber einem Geschäftsunfähigen abgegebene Willenserklärung wirksam wird, § 131 Abs. 1 BGB, und damit auch nach § 164 Abs. 3 BGB für und gegen den Vertretenen wirken kann (dazu sogleich).

Dass die Bevollmächtigung nicht schon deshalb unwirksam ist, weil der Bevollmächtigte von ihr nicht wirksam Gebrauch machen kann, wird auch dort vertreten, wo der Bevollmächtigte *nach* seiner Bevollmächtigung geschäftsunfähig wird. Seine Vollmacht soll nicht erlöschen[751], sondern für die Dauer seiner Geschäftsunfähigkeit bloß ruhen[752]. Das hat den Vorteil, dass der Vertreter, sobald er seine Geschäftsfähigkeit wiedererlangt, auf Grundlage der bisherigen Vollmacht tätig werden kann, sich eine erneute Bevollmächtigung also erübrigt[753]. Ob die Vollmacht nun einem Siebenjährigen erteilt wird, der am Folgetag geschäftsunfähig wird, § 104 Nr. 2 BGB (nachträgliche Geschäftsunfähigkeit), oder einem Sechsjährigen, der am Folgetag sein siebentes Lebensjahr vollendet, § 106 BGB (anfängliche Geschäftsunfähigkeit), kann keinen Unterschied machen.

Was den Modus der Bevollmächtigung betrifft, kann dem Geschäftsunfähigen sowohl eine Innenvollmacht nach § 167 Abs. 1 Fall 1 BGB als auch eine Außenvollmacht nach § 167 Abs. 1 Fall 2 BGB erteilt werden[754]. In jenem Fall entsteht die Vollmacht, wenn die Erklärung dem gesetzlichen Vertreter des zu Bevollmächtigenden zugeht, § 131 Abs. 1 BGB[755], in diesem Fall – zumindest im Ausgangspunkt – mit Zugang an den Dritten, dem gegenüber die Vertretung stattfinden soll. Nun ist zu überlegen, ob § 131 Abs. 1 BGB auch für die Außenbevollmächtigung gilt, mit der Folge, dass es zu ihrer Wirksamkeit gleichfalls des Zugangs an den gesetzlichen Vertreter bedarf. Hiergegen spricht zunächst der Wortlaut des § 131 Abs. 1 BGB, der nur Erklärungen erfasst, die gegenüber dem Geschäftsunfähigen abgegeben wer-

---

[750] Im Ergebnis auch *v. Tuhr*, AT II/2, § 85 I (S. 378 f. in Fn. 7).

[751] RGRK/*Steffen*, BGB, § 168 Rn. 8.

[752] *Bork*, AT, § 34 Rn. 1504; Erman/*Maier-Reimer/Finkenauer*, BGB, § 168 Rn. 11; Soergel/*Leptien*, BGB, § 168 Rn. 12.

[753] *Hupka*, Vollmacht, 383; *Gawlik*, 36; *Hellwig*, Verträge, § 19 III; dagegen: *Flume*, AT II, § 51, 8 (S. 856); *Ostheim*, AcP 169 (1969), 193 (218 ff.).

[754] Im Ergebnis *v. Tuhr*, AT II/2, § 85 III (S. 388); im Ausgangspunkt auch *Ostheim*, AcP 169 (1969), 193 (217) für die Außenvollmacht.

[755] Für einen Zugang an den gesetzlichen Vertreter im Sinne des § 130 Abs. 1 BGB: BGH NJW 2011, 872 (873); *Bork*, AT, § 16 Rn. 633. Dafür, dass für den Zugang die tatsächliche Kenntnisnahme genügt: LAG Hamm BB 1975, 282; BeckOGK-BGB/*Gomille*, 1.4.2020, § 131 Rn. 10.1.; Staudinger/*Singer/Benedict*, BGB, § 131 Rn. 3; *Boemke/Schönfelder*, JuS 2013, 7 (9).

den. Doch ist das Regelungsanliegen der Vorschrift zu berücksichtigen: § 131 Abs. 1 BGB dient dem Schutz des Geschäftsunfähigen, der die Bedeutung rechtsgeschäftlichen Handelns nicht erfassen und darauf deshalb nicht angemessen reagieren kann[756]. Erklärungen, deren Rechtsfolgen den Geschäftsunfähigen treffen, sollen deshalb nicht ohne Kenntnis seines gesetzlichen Vertreters hiervon wirksam werden. Da auch die Außenbevollmächtigung den Geschäftsunfähigen rechtlich betrifft, insofern er Vollmacht erhält, streitet der Regelungszweck also für eine Erstreckung des § 131 Abs. 1 BGB auf die Erteilung von Außenvollmachten. Eine Stütze findet diese Sicht in den Motiven, die zur Bestimmung des Anwendungsbereichs des E I § 66 BGB (vgl. § 131 Abs. 1 BGB) gleichfalls auf die Wirkungen des Geschäfts abheben. So sei ein Zugang an den gesetzlichen Vertreter erforderlich, sofern das Geschäft „darauf gerichtet" sei, eine Änderung in der Rechtslage des Geschäftsunfähigen ohne dessen Zutun herbeizuführen[757]. In systematischer Hinsicht lässt sich für eine Erstreckung des § 131 Abs. 1 BGB auf die Außenbevollmächtigung § 131 Abs. 2 S. 2 BGB anführen. Hier verzichtet das Gesetz für rechtlich vorteilhafte Erklärungen – und nach einhelliger Auffassung auch für rechtlich neutrale Erklärungen, wozu die Bevollmächtigung gehöre[758] – auf einen Zugang an den gesetzlichen Vertreter, jedoch nur für *beschränkt* Geschäftsfähige. Insgesamt erscheint es daher vorzugswürdig, die Bevollmächtigung Geschäftsunfähiger unter einheitliche Voraussetzungen zu stellen, sodass die Vollmachtserklärung dem Adressaten im Sinne des § 167 Abs. 1 BGB und daneben dem gesetzlichen Vertreter des zu Bevollmächtigenden zugehen muss.

b) Vertretungsakt des Geschäftsunfähigen

Was den Vertretungsakt des Geschäftsunfähigen im Sinne des § 164 Abs. 1 S. 1 BGB anbelangt, steht seiner Wirksamkeit zunächst der Wortlaut der §§ 165, 105 Abs. 1 BGB entgegen. § 165 BGB lässt ausdrücklich nur eine Stellvertretung durch beschränkt Geschäftsfähige zu, und nach § 105 Abs. 1 BGB ist die Willenserklärung eines Geschäftsunfähigen nichtig. Zu erwägen ist aber eine teleologische Reduktion des § 165 BGB[759], eine Erweiterung des

---

[756] BeckOGK-BGB/*Gomille*, 1.4.2020, § 131 Rn. 1.

[757] Motive I, 139 = Mugdan I, 428. Soweit es in den Motiven heißt, die Vorschrift gelte nicht für Geschäfte, deren Wirksamkeit nicht davon abhänge, dass sie gegenüber demjenigen vorgenommen werden, auf dessen Rechtslage eingewirkt werden solle, ist damit auf nicht empfangsbedürftige Erklärungen Bezug genommen. Dies macht das sodann genannte Beispiel der letztwilligen Verfügung deutlich; ihre Wirksamkeit hänge „selbstverständlich" nicht von der Geschäftsfähigkeit des Erben ab.

[758] Siehe nur MK-BGB/*Einsele*, § 131 Rn. 5; OLG Frankfurt MDR 1964, 756.

[759] *Medicus/Petersen*, AT, § 54 Rn. 887; *Neuner*, AT, § 49 Rn. 12 für die Empfangsvertretung.

Rechtsgedankens des § 165 BGB[760] „zulasten" von § 105 Abs. 1 BGB[761] oder eine teleologische Reduktion des § 105 BGB verbunden mit einer Analogie zu § 165 BGB[762]. Welches Vorgehen man wählt, hängt davon ab, ob man in § 165 BGB lediglich eine deklaratorische Regelung erblickt – dann ist nur § 105 BGB zu modifizieren – oder man die Vorschrift für konstitutiv hält – dann ist auch § 165 BGB zu modifizieren[763]. Das Ergebnis ist dasselbe: Jeweils würde eine Erklärung, die ein Geschäftsunfähiger in fremdem Namen abgibt, unter den weiteren Voraussetzungen des § 164 BGB für und gegen den Vertretenen wirken.

Den Interessen des Geschäftsunfähigen würde die vorgeschlagene Analogie bzw. teleologische Reduktion jedenfalls nicht widersprechen, immerhin treffen ihn die Folgen seines Handelns nicht, vgl. §§ 164 Abs. 1 S. 1, 179 Abs. 3 S. 2 BGB (analog)[764]. Auch dem Vertretenen widerfährt kein Nachteil, wenn er sich bei Abschluss des Rechtsgeschäfts eines geschäftsunfähigen Vertreters bedient[765]. Der Vertretene ist nicht zu einem vernünftigen Handeln angehalten, und sein Interesse, nicht durch „sinnlose" Entscheidungen verpflichtet zu werden[766], gibt er in diesem Fall bewusst preis[767]. Bei fehlender Autorisation des Geschäftsunfähigen ist der Vertretene über § 177 BGB geschützt[768]. Irrte er im Zeitpunkt der Bevollmächtigung über die Geschäftsfähigkeit seines Vertreters, kann er die Vollmachtserteilung zudem anfechten, §§ 119 Abs. 2, 142 Abs. 1 BGB[769], und auf diese Weise gegebenenfalls auch das Ver-

---

[760] Vgl. *Rosenberg*, 270.

[761] *Lutter/Gehling*, JZ 1992, 152 (155).

[762] Siehe dazu *Kiehnle*, AcP 212 (2012), 875 (907 in Fn. 125); *Canaris*, JZ 1987, 993 (998); dagegen *Wieser*, JZ 1987, 493 (494).

[763] Zur klarstellenden Natur des § 165 BGB: Soergel/*Leptien*, BGB, § 165 Rn. 2; MK-BGB/*Schubert*, § 165 Rn. 1; Staudinger/*Schilken*, BGB, § 165 Rn. 1.

[764] Vgl. *Canaris*, JZ 1987, 993 (996); *Linardatos*, 155 f. Für den beschränkt geschäftsfähigen Vertreter: BeckOK-BGB/*Schäfer*, 1.8.2021, § 165 Rn. 2 f.; *Neuner*, AT, § 49 Rn. 10; *Bork*, AT, § 32 Rn. 1368.

[765] Vgl. *Kiehnle*, AcP 212 (2012), 875 (906); *Neuner*, AT, § 49 Rn. 12; *Rosenberg*, 273.

[766] *Medicus/Petersen*, AT, § 54 Rn. 887. Dazu, dass „das Gesetz davon ausgeht, daß der Geschäftsunfähige in der Regel zur sinnvollen Teilnahme am rechtsgeschäftlichen Verkehr außerstande ist", BGH NJW 2004, 1315 (1317); NJW 1991, 2566 (2567); *Wieser*, JZ 1988, 493 (494).

[767] *Canaris*, JZ 1987, 993 (998); *Linardatos*, 157. Zum selben Gedanken bei der Vertretung durch beschränkt Geschäftsfähige Protokolle I, 139 = Mugdan I, 737; *Bork*, AT, § 32 Rn. 1368; *Neuner*, AT, § 49 Rn. 10.

[768] *Canaris*, JZ 1987, 993 (998).

[769] *v. Tuhr*, AT II/2, § 85 III (S. 388 in Fn. 66); *Canaris*, JZ 1987, 993 (998); *ders.*, JZ 1988, 494 (498); vgl. *Lutter/Gehling*, JZ 1992, 152 (155). Zur Anfechtung wegen Irrtums über die *beschränkte* Geschäftsfähigkeit des Vertreters Staudinger/*Schilken*, BGB, § 165 Rn. 5; MK-BGB/*Schubert*, § 165 Rn. 3; Soergel/*Leptien*, BGB, § 165 Rn. 5.

tretergeschäft beseitigen[770]. Dem Vertrauen des Geschäftsgegners in die Wirksamkeit des Vertretungsakts ist in diesem Fall über die Ansprüche gegen den Vertretenen aus § 122 Abs. 1 BGB und gegebenenfalls aus *culpa in contrahendo* Rechnung getragen.

Auch dem Entstehungshintergrund der §§ 165, 105 Abs. 1 BGB widerspricht es nicht, eine Stellvertretung durch Geschäftsunfähige anzuerkennen. Eine Gleichstellung geschäftsunfähiger Personen mit beschränkt Geschäftsfähigen lehnte der historische Gesetzgeber zwar ab. Es gebe „nach der natürlichen Anschauung Zustände, in welchen auch ein thatsächlich vorhandener Wille eine rechtliche Berücksichtigung überhaupt nicht verdiene, selbst dann nicht, wenn die Genehmigung des gesetzlichen Vertreters hinzukomme"[771]. Dies galt selbst für Rechtsgeschäfte, die dem Geschäftsunfähigen lediglich einen Rechtsvorteil brachten. So sollte etwa eine Schenkung an den Geschäftsunfähigen nur wirksam sein, wenn hierzu die Annahme des gesetzlichen Vertreters oder eines Dritten (im Wege der Geschäftsführung ohne Auftrag) vorlag[772]. Dabei hatte der Gesetzgeber allerdings den Fall vor Augen, dass der Geschäftsunfähige *selbst* Vertragspartei wird. Ob der Geschäftsunfähige durch seine Erklärung *andere* berechtigen und verpflichteten kann, wurde dagegen nicht thematisiert: nicht in den Beratungen zum Ersten Entwurf, der eine Regelung wie § 165 BGB noch nicht kannte, und auch nicht in den Beratungen zum Zweiten Entwurf, obwohl die Einführung des E II § 135 BGB (vgl. § 165 BGB) Anlass dazu gegeben hätte. Sieht man dies, spricht der historische Befund jedenfalls nicht gegen die Zulässigkeit einer Stellvertretung durch Geschäftsunfähige. Der Befund deutet vielmehr auf eine diesbezügliche Regelungslücke hin.

Im Übrigen lassen sich die Gründe, die Anlass zur Einführung des § 165 BGB gaben, sogar zugunsten der Anerkennung einer Stellvertretung durch Geschäftsunfähige anführen. Betont wurde im Zusammenhang mit E II § 135 BGB nämlich die „erhebliche praktische Bedeutung der Vertretung durch Minderjährige"[773] und das damit verbundene Interesse des Rechtsverkehrs an der Zulässigkeit einer solchen Stellvertretung[774]. Dementsprechend

---

[770] Das hängt davon ab, wie man die Anfechtung einer ausgeübten Innenvollmacht behandelt; instruktiv *Petersen*, AcP 201 (2001), 375 ff.

[771] Protokolle I, 48 = Mugdan I, 583.

[772] Motive I, 130 = Mugdan I, 423. Zu den Anträgen, die Unterscheidung zwischen beschränkt Geschäftsfähigen und Geschäftsunfähigen aufzuheben bzw. den Abschluss bestimmter Geschäfte durch Geschäftsunfähige zuzulassen, Protokolle I, 46 ff. = Mugdan I, 582 f.; Zusammenstellung der gutachtlichen Äußerungen I, 111 f. = Mugdan I, 963 f.

[773] Protokolle I, 138 = Mugdan I, 737.

[774] Vgl. auch BGH NJW 1991, 2566 (2567), der „das allgemeine Interesse des Rechtsverkehrs an der generellen Nichtigkeit der Willenserklärungen von Geschäftsunfähigen" für bestimmte Fälle „hinter den handelsrechtlichen Schutz des Vertrauens auf einen zurechenbar veranlaßten Rechtsschein" zurücktreten lassen will.

entschied die Zweite Kommission, selbst der Erklärung eines minderjährigen *gesetzlichen* Vertreters Wirkung für und gegen den Vertretenen beizulegen. Den Einwand, dass der Vertretene die „Gefahr der Vertretung durch einen Minderjährigen" in diesem Fall nicht freiwillig übernommen habe, verwarf die Kommission angesichts der sonst eintretenden „bedenkliche[n] Gefährdung der Verkehrssicherheit"[775]. Handelt nun statt eines Minderjährigen ein Geschäftsunfähiger, gestaltet sich die Interessenlage nicht wesentlich anders. Im praktischen Leben kommen Rechtsgeschäfte genauso zahlreich unter Beteiligung geschäftsunfähiger Personen zustande und das Interesse des Verkehrs an einem wirksamen Geschäftsabschluss fällt nicht geringer aus, wenn dabei ein Kind von sechs statt sieben Jahren als Stellvertreter agiert[776]. Angesichts der deutlichen Parallelen zur Vertretung durch Minderjährige erweist sich die vorgeschlagene Modifikation der §§ 165, 105 BGB somit als ein gangbarer Weg und auf dem Boden des herrschenden Vertreterbildes zudem als die konsistentere Lösung.

Soweit es um die *Empfangsvertretung* durch Geschäftsunfähige geht, sei noch einmal § 131 Abs. 1 BGB in den Blick genommen. Danach wird eine gegenüber dem Geschäftsunfähigen abgegebene Erklärung erst mit Zugang an dessen gesetzlichen Vertreter wirksam. Der oben angesprochene Regelungszweck des § 131 Abs. 1 BGB schließt es aus, den Geschäftsunfähigen als Empfangsvertreter „in eigener Sache" einzusetzen (Die Eltern bevollmächtigen ihren fünfjährigen Sohn zur Entgegennahme der an *ihn* gerichteten Erklärungen). Denn wäre dies möglich, würde der Geschäftsunfähige schutzlos gestellt, weil die Erklärung mit Zugang an ihn auch dem gesetzlichen Vertreter zuginge, § 164 Abs. 3 BGB, und damit ohne dessen Kenntnis wirksam würde[777]. Sollen die Rechtsfolgen der Erklärung nun aber nicht den Geschäftsunfähigen, sondern einen Dritten treffen (Die Tante bevollmächtigt ihren fünfjährigen Neffen zur Entgegennahme der an *sie* gerichteten Erklärungen), ist der Geschäftsunfähige nicht länger schutzbedürftig. Zu fragen ist deshalb, ob es in diesem Fall des von § 131 Abs. 1 BGB geforderten („zweiten") Zugangs an den gesetzlichen Vertreter (die Eltern) bedarf, damit die vom Geschäftsunfähigen (dem Neffen) empfangene Erklärung wirksam wird und somit für und gegen den Vertretenen (die Tante) wirken kann. Gegen die Notwendigkeit eines „zweiten" Zugangs streitet die fehlende Schutzbedürftigkeit des Geschäftsunfähigen und ferner das fehlende Interesse seines gesetzlichen Vertreters daran, von einem Rechtsgeschäft zu erfah-

---

[775] Protokolle I, 138 f. = Mugdan I, 737 für den minderjährigen Vormund oder Vorsteher einer juristischen Person.

[776] In diesem Sinne *Rosenberg*, 259, 277 f.

[777] Vgl. BeckOK-BGB/*Wendtland*, 1.11.2021, § 131 Rn. 4; Staudinger/*Singer/Benedict*, BGB, § 131 Rn. 4 halten daher auch eine Empfangsbotschaft des Geschäftsunfähigen „in eigener Sache" für unzulässig.

ren, das seinen „Schützling" (im Unterschied zur Bevollmächtigung) nicht betrifft. Auch der Vertretene bedarf keines zusätzlichen Schutzes durch einen „zweiten" Zugang, wenn er sich eines geschäftsunfähigen Empfangsvertreters bedient. Damit würde ihm nur die Möglichkeit verschafft, einer rechtlichen Bindung zu entgehen, wenn die Erklärung den gesetzlichen Vertreter nicht mehr erreicht. Bedarf es keines weiteren Zugangs an den gesetzlichen Vertreter, macht dies eine Empfangsvertretung durch Geschäftsunfähige schließlich praktikabler.

IV. Zusammenfassung

Der Entscheidungsspielraum des Vertreters fungiert im geltenden Recht als Auslegungskriterium, das den Vertretungsakt zur Erklärungsübermittlung und die Bevollmächtigung zur Botenmacht abgrenzt. Soweit zur Abgrenzung im Einzelfall weitere Kriterien herangezogen werden, etwa das Alter oder die soziale Stellung der Hilfsperson, sind dies (bloß) Indizien für oder gegen das Bestehen eines Entscheidungsspielraums. Als mögliche Bezugspunkte des Entscheidungsspielraums haben sich der Inhalt des Rechtsgeschäfts (Inhaltsermessen), dessen Ausführung (Entschließungsermessen) und die Ausübung der Vertretungsmacht (Vertretungsermessen) herausgestellt.

Das *Inhaltsermessen* lässt sich nicht für jeden Fall einer Stellvertretung belegen. Zwar scheidet eine Botenschaft aus, wenn die Hilfsperson für Dritte erkennbar Einfluss auf den Geschäftsinhalt nimmt. Umgekehrt ist eine Botenschaft aber nicht schon deshalb gegeben, weil die Hilfsperson einen solchen Einfluss nicht ausübt. Gezeigt wurde, dass auch derjenige Vertreter sein kann, der den Inhalt des abzuschließenden Geschäfts nicht beeinflusst und ausweislich seiner Befugnis auch nicht beeinflussen soll. Das folgt allen voran aus § 166 Abs. 2 S. 1 BGB, wonach dem Vertreter „bestimmte", auch erschöpfende Weisungen erteilt werden können, wird aber auch durch die anderen hier behandelten Fallgruppen belegt. So verfährt der im Namen des Arbeitgebers kündigende oder für den Gläubiger mahnende Vertreter (§§ 174, 180 BGB) gleichfalls nach „gebundener Marschroute", die sich wenn nicht aus seiner Vollmacht so jedenfalls aus der Art der von ihm abzugebenden Erklärung ergibt. Entsprechendes gilt für den Quittungsträger (§ 370 BGB), der sich beim Empfang der Leistung an die Vereinbarung zwischen Schuldner und Gläubiger halten muss, damit Erfüllung eintritt. Gebunden ist auch der Empfangsvertreter (§ 164 Abs. 3 BGB), dessen Tätigkeit sich auf die Entgegennahme einer vom Geschäftsgegner verfassten Erklärung beschränkt. In sämtlichen Konstellationen übt die Hilfsperson ersichtlich keinen Einfluss auf den Geschäftsinhalt, ohne dass dies ihrer Einordnung als Stellvertreter entgegensteht.

Ob die Einordnung der Hilfsperson als Stellvertreter zumindest die Feststellung eines *Entschließungs-* und *Vertretungsermessens* voraussetzt, ist dagegen noch offen. Nach dem bisherigen Gang der Untersuchung scheint es jedenfalls nicht ausgeschlossen, dass selbst einem inhaltlich gebundenen Vertreter noch die Entscheidung über die Ausführung des Vertretungsakts und den Gebrauch seiner Vollmacht verbleibt. Die normative Begründung hierfür könnte das Institut der Vertretungsmacht liefern, an das schon die Erste Kommission die Entscheidungsmacht des Stellvertreters geknüpft hat[778]. Dies zu überprüfen ist Gegenstand des folgenden Kapitels (C).

V. Überlegungen zum Entscheidungsspielraum digitaler Hilfspersonen

Handelt statt eines Menschen ein Computersystem, stellen sich vielfältige Fragen[779]. Intensiv diskutiert werden Fragen im Zusammenhang mit der Haftung selbststeuernder Fahrzeuge[780] und zu Programmen, die im Bereich des Warenhandels[781] oder im Medizinsektor[782] eingesetzt werden[783]. Fragen der Rechtsgeschäftslehre, namentlich der Beteiligung von Computersystemen am Vertragsschluss, treten demgegenüber in den Hintergrund[784]. Ein Grund

---

[778] Vgl. Teil 1 A. VI.

[779] Und dies nicht erst seit kurzem, siehe etwa die Beiträge von *Susat/Stolzenburg*, MDR 1957, 146 f.; *Köhler*, AcP 182 (1982), 126 ff.; *Clemens*, NJW 1985, 1998 ff.; *Mehrings*, MMR 1998, 30 ff.

[780] Dazu jüngst das Gesetz zur Änderung des Straßenverkehrsgesetzes und des Pflichtversicherungsgesetzes (Gesetz zum autonomen Fahren) vom 12.7.2021 (BGBl. I, 3108) sowie die Verordnung zur Regelung des Betriebs von Kraftfahrzeugen mit automatisierter und autonomer Fahrfunktion und zur Änderung straßenverkehrsrechtlicher Vorschriften (BR-Drucks. 86/22). Siehe auch *Haupt*, NZV 2022, 169 ff.; *ders.*, NZV 2021, 172 ff.; *Roshan*, NJW-Spezial 2021, 137 ff. Siehe außerdem *Rüfner*, in: Künstliche Intelligenz (2021), 15 (29 ff.); *Armbrüster*, in: Intelligente Agenten und das Recht (2016), 205 ff.

[781] *Heuer-James/Chibanguza/Stücker*, BB 2018, 2818 (2827 ff.).

[782] BGHZ 168, 103 ff. = BGH NJW 2006, 2477 ff.; *Mühlböck/Taupitz*, AcP 221 (2021), 179 ff.; *Spindler*, in: FS Jaeger (2014), 135 ff.

[783] Siehe zur Haftung des Betreibers von Systemen mit künstlicher Intelligenz die Entschließung des Europäischen Parlaments vom 20.10.2020 mit Empfehlungen an die Kommission für eine Regelung der zivilrechtlichen Haftung beim Einsatz Künstlicher Intelligenz (2020/2014[INL]), die in den Vorschlag für ein Gesetz über künstliche Intelligenz (COM/2021/206 final) mündete; dazu *Müller-Hengstenberg/Kirn*, MMR 2021, 376 (377 ff.). Zu Haftungsfragen siehe außerdem *Klingbeil*, JZ 2019, 718 ff.; *Zech*, ZfPW 2019, 198 (206 ff.); *ders.*, in: Intelligente Agenten und das Recht (2016), 163 (176 ff.); *Foerster*, ZfPW 2019, 418 (430 ff.); *Borges*, NJW 2018, 977 (979 ff.); *Janal*, in: Intelligente Agenten und das Recht (2016), 141 (154 ff.); *Grützmacher*, CR 2016, 695 ff.; *Schirmer*, JZ 2016, 660 (664 ff.); *Pieper*, in: DSRITB (2016), 971 (981 ff.); *Spindler*, CR 2015, 766 (767 ff.); *Kirn/Müller-Hengstenberg*, KI 2015, 59 (68 ff.); *dies.*, MMR 2014, 307 (309 ff.); *Riehm*, ITRB 2014, 113 (114 ff.); *Günther*, 63 ff.; *Schulz*, 128 ff.; *Linardatos*, 184 ff.

[784] In aller Munde ist zwar der *smart contract*, dahinter verbirgt sich aber kein Vertrag im Rechtssinne, sondern ein technisches Instrument, das vor allem der Abwicklung von Vertragsschlüssen dient, dazu *Wilhelm*, WM 2020, 1807 ff., 1849 ff.; *Jin*, in: Künstliche

hierfür dürfte sein, dass sich der Einsatz von Computersystemen derzeit auf die bloße Übermittlung menschlicher Erklärungen (elektronisch übermittelte Erklärungen[785]) und darauf konzentriert, Erklärungen nach von Menschen vordefinierten Einstellungen zu erzeugen (automatisierte Erklärungen[786]). In beiden Fällen liegt nach einhelliger Auffassung eine Willenserklärung des Verwenders vor[787]. Und in der Tat besteht kein ernsthaftes Zurechnungsproblem, soweit der Verwender selbst die Erklärungsparameter festlegt und das System den sich daraus ergebenden (objektiven) Erklärungstatbestand nur übermittelt (wie etwa ein Mailsystem) oder den Erklärungstatbestand anstelle des Verwenders gegenüber dem Erklärungsempfänger setzt (Bestellbestätigung im Online-Versandhandel[788])[789]. Schwieriger gestaltet sich eine Zurechnung allerdings in folgendem (Zukunfts-)Szenario[790]:

Man stelle sich vor, ein Fahrzeug ist aufgrund seiner Programmierung in der Lage, selbständig mit Menschen und anderen Computersystemen zu interagieren. Als das Fahrzeug einen Bremsdefekt feststellt, nimmt es Kontakt mit verschiedenen Werkstätten in der Umgebung auf, vergleicht deren Angebote miteinander, berücksichtigt daneben im Internet veröffentlichte Kundenbewertungen, und beauftragt schließlich im Namen des Fahrzeughalters eine der angefragten Werkstätten mit der Reparatur. Eine Rücksprache mit dem Fahrzeughalter, der das Fahrzeug in Kenntnis dieser Funktion erwor-

---

Intelligenz (2021), 43 (46 ff.); *Kipker/Birrek/Niewöhner/Schnorr*, MMR 2020, 509 ff.; *Möslein*, ZHR 183 (2019), 254 (259 ff.); BeckOGK-BGB/*Möslein*, 1.5.2019, § 145 Rn. 72; *Paulus/Matzke*, ZfPW 2018, 431 ff.

[785] Zur Terminologie Spindler/Schuster/*Spindler*, Medienrecht, Vor § 116 Rn. 2; *Paulus/Matzke*, ZfPW 2018, 431 (439); *Jin*, in: Künstliche Intelligenz (2021), 43 (51); *Wettig*, 151; *John*, 71; *Gitter*, 173.

[786] Zur Terminologie Spindler/Schuster/*Spindler*, Medienrecht, Vor § 116 Rn. 5; *Paulus*, JuS 2019, 960 (962); *Paulus/Matzke*, ZfPW 2018, 431 (440); *Specht/Herold*, MMR 2018, 40 f.; *Neuner*, AT, § 32 Rn. 38; *Wettig*, 151; *Werba*, 142 ff. Der Begriff „Computererklärung" wird uneinheitlich gebraucht, nämlich entweder synonym – so *Specht/Herold*, MMR 2018, 40 (41); *Paulus/Matzke*, ZfPW 2018, 431 (439 f.); *Gitter*, 172 ff. – oder als Bezeichnung für eine automatisierte Erklärung, die vom System außerdem noch elektronisch übermittelt wird, so Spindler/Schuster/*Spindler*, Medienrecht, Vor § 116 Rn. 6; *Neuner*, AT, § 32 Rn. 38; *Mehrings*, MMR 1998, 30 (31); *Wettig*, 151 ff.

[787] *Bork*, AT, § 15 Rn. 570; *Gitter*, 172 ff.; *Gitter/Roßnagel*, K&R 2003, 64 (66); *Kainer/L. Förster*, ZfPW 2020, 275 (280); *Leyens/Böttcher*, JuS 2019, 133 (135); *Mehrings*, MMR 1998, 30 (31); *Riehm*, ITRB 2014, 113 f.; *Paulus*, JuS 2019, 960 (963); *Paulus/Matzke*, ZfPW 2018, 431 (440 f.); *Specht/Herold*, MMR 2018, 40 (41).

[788] Von der Bestellbestätigung abzugrenzen ist die elektronische Zugangsbestätigung im Sinne des § 312i Abs. 1 S. 1 Nr. 3 BGB, die eine Wissenserklärung ist, dazu Spindler/Schuster/*Spindler*, Medienrecht, Vor § 116 Rn. 8 f.; *Bodenstedt*, MMR 2004, 719 ff.

[789] In diese Richtung auch *Paulus*, JuS 2019, 960 (963); *D. Klein*, in: DSRITB (2015), 429 (436 f.); *Köhler*, AcP 182 (1982), 126 (133); *Grapentin*, Vertragsschluss, 90; *Wiebe*, 132.

[790] Angelehnt an *Effer-Uhe*, RDi 2021, 169.

ben und in Betrieb genommen hat, erfolgt zu keinem Zeitpunkt. Er wird vom System erst im Nachgang zum Vertragsschluss informiert, verbunden mit der Bitte, das Fahrzeug zum vereinbarten Termin in die ausgewählte Werkstatt zu bringen.

Im Unterschied zu den eingangs beschriebenen Fällen (Mailprogramm, Bestellbestätigung) beschränkt sich das Fahrzeugsystem nicht auf die sukzessive Abarbeitung bestimmter, ihm vom Verwender vorgegebener Arbeitsschritte. Es agiert vielmehr zielorientiert (mit dem Ziel, die Bremsen zu reparieren), veranlasst den Vertragsschluss eigeninitiativ und legt die Geschäftskonditionen (Werkstatt, Preis, Reparaturzeitraum) auf Basis eigens erhobener und ausgewerteter Daten (Angebote, Kundenrezensionen) selbständig fest. Der Fahrzeughalter rückt in die Rolle eines Beobachters[791], was die Frage aufwirft, ob und inwiefern ihm die Erklärung des Systems zuzurechnen ist. Die Auffassungen hierüber gehen auseinander: Während sich einige für eine Zurechnung nach den Regeln automatisierter Erklärungen bzw. der Computererklärung aussprechen[792], ziehen andere hierfür die Vorschriften des Stellvertretungsrechts[793] oder die Grundsätze der Blanketterklärung heran[794]. Diskutiert wird auch eine Analogie zum römischen Sklavenrecht (genauer: dem Konzept einer Geschäftsfähigkeit ohne Rechtsfähigkeit)[795], wogegen andere eine Zurechnung unter Verweis auf Risiko-[796] oder Rechtsscheingesichtspunkte[797] vornehmen.

---

[791] *Grapentin*, NJW 2019, 181 (183).

[792] Spindler/Schuster/*Spindler*, Medienrecht, Vor § 116 Rn. 10 (jedoch zweifelnd mit Blick auf die zunehmende Autonomisierung technischer Systeme); *Rüfner*, in: Künstliche Intelligenz (2021), 15 (23); *Weingart*, CR 2020, 701 (704 f.): „über die Grundsätze der Willenserklärung"; *Riehm*, RDi 2020, 42 (47 f.) in Verbindung mit Risikogesichtspunkten; *Paulus/Matzke*, ZfPW 2018, 431 (443 f.); *D. Klein*, in: DSRITB (2015), 429 (437 f.): „grundsätzlich"; *Sester/Nitschke*, CR 2004, 548 (551) mit Vorbehalten; *Cornelius*, MMR 2002, 353 (355); *Sorge*, 23 ff.; dagegen: *Specht/Herold*, MMR 2018, 40 (43); *Herold*, 81 ff.; *Kipker/Birrek/Niewöhner/Schnorr*, MMR 2020, 509 (511).

[793] *Specht/Herold*, MMR 2018, 40 (43 ff.); *Timmermann*, 320 f.; *Schirmer*, JZ 2016, 660 (664); *Teubner*, AcP 218 (2018), 155 (182 ff.); *Keßler*, MMR 2017, 589 (592); *de lege ferenda*: *N. Groß/Gressel*, NZA 2016, 990 (992); *Kainer/L. Förster*, ZfPW 2020, 275 (299 ff.).

[794] *Günther*, 54 ff.; *Grapentin*, Vertragsschluss, 91 f., 100; *John*, 102 ff.; *Schulz*, 109 ff.; *Theis*, 219; *N. Groß/Gressel*, NZA 2016, 990 (992); *Sester/Nitschke*, CR 2004, 548 (550 f.); *Gitter/Roßnagel*, K&R 2003, 64 (66); *Neuner*, AT, § 32 Rn. 41; dagegen *Sorge*, 25 f.

[795] Dazu *Shin*, in: Künstliche Intelligenz (2021), 1 (12 ff.); ablehnend: *Günther*, 51 f.; *John*, 91 ff.; *Herold*, 93 f. Zur Übertragbarkeit der Sklavenhalterhaftung auf Agentensysteme *Harke*, in: Intelligente Agenten und das Recht (2016), 97 ff.

[796] *Wiebe*, 216 ff., 233 ff.; *Heuer-James/Chibanguza/Stücker*, BB 2018, 2818 (2822); *Sosnitza*, CR 2016, 764 (767); *Linardatos*, 125 ff.

[797] *Kleiner*, 69 ff.; *Schulz*, 113 ff. für Erklärungen, die Folge einer missbräuchlichen Nutzung des Systems sind; ähnlich *J. Groß*, InTer 2018, 4 (5), der eine Zurechnung „unter Vertrauensgesichtspunkten des objektiven Empfängerhorizonts" vorschlägt.

Welcher der vorgestellten Ansätze einen sachgerechten Umgang mit Erklärungen von Computer- bzw. Agentensystemen[798] (im Folgenden: Agentenerklärungen[799]) gewährleistet, ist bereits Gegenstand zahlreicher Diskussionen und umfangreicher Beiträge in der Literatur geworden[800]. Die folgenden Ausführungen wollen sich daher auf eine Auseinandersetzung mit demjenigen Ansatz beschränken, der für eine Zurechnung nach Stellvertretungsgrundsätzen plädiert. Davon ausgehend soll überprüft werden, unter welchen Voraussetzungen Agentensysteme ein Entscheidungsspielraum zugeschrieben werden kann[801].

1. Einordnung von Computersystemen als Stellvertreter

Soweit eine Anwendbarkeit der §§ 164–181 BGB befürwortet wird, steht dahinter das Bestreben, Agentensysteme entsprechend ihrer „realen Funktion in der Wirtschaftspraxis"[802] einzuordnen. Diese Funktion erschöpfe sich – jedenfalls derzeit noch – in einem fremdnützigen Handeln, bei dem Menschen oder Organisationen repräsentiert werden[803]. Eine solche „dienende" Rolle[804] – die Rede ist auch von einer „digitalen Assistenz"[805] – sowie die damit

---

[798] Die Rede ist auch von „elektronischen Agenten" oder „Softwareagenten"; zu Ersterem: *J. Baumann/Sesing*, in: DSRITB (2020), 559 (561); *Cornelius*, MMR 2002, 353; zu Letzterem: das gleichnamige Werk von *Sorge*, 6 ff.; *John*, 15 ff.; *Grapentin*, Vertragsschluss, 38 ff.; *Kirn/Müller-Hengstenberg*, MMR 2014, 225 (226); *Sester/Nitschke*, CR 2004, 548.

[799] Zur Terminologie Spindler/Schuster/*Spindler*, Medienrecht, Vor § 116 Rn. 10; *J. Baumann/Sesing*, in: DSRITB (2020), 559 (562 ff.); *Gitter/Roßnagel*, K&R 2003, 64 (65 ff.); *Cornelius*, MMR 2002, 353 (355); *Heuer-James/Chibanguza/Stücker*, BB 2018, 2818 (2821); *Paulus*, JuS 2019, 960 (962); *Grapentin*, Vertragsschluss, 86 ff.; *Wettig*, 161 ff. Die Rede ist auch von einer „autonomen" Erklärung, *Paulus/Matzke*, ZfPW 2018, 431 (442 f.); *Teubner*, ZfRSoz 27 (2006), 5 (16); *Kipker/Birrek/Niewöhner/Schnorr*, MMR 2020, 509 (511).

[800] Aus der jüngeren Zeit *Theis*, 210 ff.; *Kleiner*, 39 ff.; *Herold*, 78 ff.; *Effer-Uhe*, RDi 2021, 169 (171 ff.); *Kainer/L. Förster*, ZfPW 2020, 275 (281 ff.); *Weingart*, CR 2020, 701 ff. Siehe außerdem *Grützmacher/Heckmann*, CR 2019, 553 (554 ff.); *Specht/Herold*, MMR 2018, 40 (42 ff.); *Paulus/Matzke*, ZfPW 2018, 431 (442 ff.); *Grapentin*, Vertragsschluss, 86 ff.; *Sosnitza*, CR 2016, 764 (766 ff.); *Schulz*, 103 ff.; *Günther*, 45 ff.; *Wettig*, 161 ff.; *Gitter*, 171 ff.; *John*, 72 ff.; *M. C. Bauer*, Agenten, 58 ff.; *Sester/Nitschke*, CR 2004, 548 (549 ff.); *Cornelius*, MMR 2002, 353 (354 ff.).

[801] Soweit technische Systeme im Folgenden vermenschlicht werden, namentlich durch Verwendung bestimmter Tätigkeitsverben, erfolgt dies aus praktischen Gründen, ohne dass damit eine Wertung verbunden ist.

[802] *Teubner*, AcP 218 (2018), 155 (181 f.).

[803] *Teubner*, AcP 218 (2018), 155 (162 f., 181 f.). Vgl. auch *Schirmer*, JZ 2016, 660 (663 f., 665); *Kainer/L. Förster*, ZfPW 2020, 275 (298); *Klingbeil*, JZ 2019, 718 (721 f.); *N. Groß/Gressel*, NZA 2016, 990 (991) im Zusammenhang mit arbeitsrechtlichen Entscheidungen.

[804] *Teubner*, AcP 218 (2018), 155 (163).

[805] *Teubner*, AcP 218 (2018), 155 (162).

verbundene Arbeitsteilung entspreche dem Handlungsbild einer Stellvertretung durch natürliche Personen[806].

a) Problemstellung

Dass ein Computersystem im Namen seines Verwenders auftritt, ist denkbar. So kann die systemseitig erzeugte Erklärung einen Hinweis auf die Beteiligung des Systems am Erklärungsprozess und auf die Person des Systemherrn enthalten[807]. Erfolgt ein entsprechender Hinweis, stellt sich die Konstellation für den Erklärungsempfängers nicht anders dar, als hätte ein menschlicher Vertreter gehandelt: Jeweils wird der Empfänger davon ausgehen, dass die als Vertretener bezeichnete Person sein Geschäftspartner wird[808]. Möglich erscheint ferner, die Programmierung des Systems in Verbindung mit seiner Inbetriebnahme durch den Verwender als Vollmachtserteilung im Sinne des § 167 Abs. 1 BGB auszulegen[809]. Doch bereits hier ergeben sich Schwierigkeiten: Damit einem System Vollmacht erteilt werden kann, muss es wenigstens rechtsfähig sein[810]. Die Schwierigkeiten setzen sich fort bei der Frage, ob Computersysteme Willenserklärungen abgeben können, wie es § 164 Abs. 1 S. 1 BGB für eine Aktivvertretung fordert.

b) Direkte Anwendung der §§ 164–181 BGB

Ganz überwiegend, geradezu gebetsmühlenartig, wird eine Anwendung der §§ 164–181 BGB mit Verweis auf die fehlende Rechts- und Geschäftsfähigkeit von Computersystemen abgelehnt[811]. Nach § 164 Abs. 1 S. 1 BGB müsse „jemand" eine Willenserklärung für den Vertretenen abgeben. Hiermit nehme das Gesetz Bezug auf Rechtssubjekte[812], wozu neben einigen wenigen Ausnahmen (dazu sogleich) nur natürliche (§ 1 BGB) und juristische Personen (vgl. etwa § 21 BGB) zählen[813]. Die Reaktionen auf diesen Einwand fallen

---

[806] Vgl. *Teubner*, AcP 218 (2018), 155 (162, 181 f.); *Schirmer*, JZ 2019, 711 (716); *Kleiner*, 51 f.

[807] Zu einer solchen „elektronischen Signatur" *John*, 82; ausführlich zu Signaturmechanismen *Sorge*, 43 ff.; kritisch zur Möglichkeit eines offenkundigen Handelns: *Wettig*, 179 f.; *M. C. Bauer*, Agenten, 69.

[808] *Wiebe*, 132; *Kleiner*, 52.

[809] *Specht/Herold*, MMR 2018, 40 (43); *Herold*, 88; *John*, 82; *Wettig*, 172.

[810] *Kleiner*, 51; *Wettig*, 180.

[811] *Grapentin*, Vertragsschluss, 93, 97; *ders.*, NJW 2019, 181 (184); *John*, 78 f.; *Günther*, 53; *Gitter*, 179; *Herold*, 88; *M. C. Bauer*, Agenten, 60; *Kainer/L. Förster*, ZfPW 2020, 275 (291 f.); *Weingart*, CR 2020, 701 (702); *D. Klein*, in: DSRITB (2015), 429 (435 f.); *J. Groß*, InTer 2018, 4 (5); MK-BGB/*Schubert*, § 164 Rn. 117.

[812] *Herold*, 88.

[813] BeckOGK-BGB/*Rehberg*, 1.6.2021, § 116 Rn. 27 f.; *Kainer/L. Förster*, ZfPW 2020, 275 (296); *Wettig*, 174 ff. Zur parallel gelagerten Frage, ob Computersysteme als strafbare „Subjekte" in Betracht kommen, *Gleß/Weigand*, ZStW 2014, 561 (566 ff.).

unterschiedlich aus: Entgegen dem traditionellen Verständnis von Rechtsfähigkeit (Träger von Rechten und Pflichten zu sein[814]) versteht mancher hier-
unter die Fähigkeit, das eigene Verhalten zu kontrollieren und zu beherrschen, und sieht diese Fähigkeit auch durch Agentensysteme als erfüllt an[815].
Andere plädieren für ein funktionales Verständnis der Rechtsfähigkeit[816]
(„form follows function"[817]) und behandeln Computersysteme insoweit als
rechtsfähig (teilrechtsfähig), als dies dem Rechtsverkehr einen Mehrwert bietet[818]. Soweit Computersysteme innerhalb einer „Prinzipal-Agenten-Bezie-
hung" tätig werden, also dazu eingesetzt werden, eine Rechtsbeziehung zwischen anderen herzustellen, seien sie daher „stellvertretungsfähig"[819]. Zur
Begründung dieser Sicht wird bisweilen auf Erscheinungen wie die (Außen-)
Gesellschaft bürgerlichen Rechts[820], die Wohnungseigentümergemeinschaft[821] und den *nasciturus*[822] verwiesen, die allesamt über einen auf ihre
Charakteristika und die Bedürfnisse des Rechtsverkehrs abgestimmten
Rechtsstatus verfügen[823]. Der Vergleich von Computersystemen mit diesen
teilrechtsfähigen Entitäten hinkt freilich[824]. Denn selbst wenn ein System hu-
manoide Züge aufweist, ist es im Unterschied zur natürlichen Person (und
auch zum *nasciturus*) jedenfalls kein Lebewesen[825]. Ebenso wenig weisen
Computersysteme eine Organisationsstruktur auf, wie sie bei juristischen
Personen (und auch der Gesellschaft bürgerlichen Rechts und der Wohnungseigentümergemeinschaft) anzutreffen ist. Hinzu kommt, dass der Ge-

---

[814] Siehe nur Palandt/*Ellenberger*, BGB, § 1 Rn. 1.

[815] *Matthias*, 45 ff.; sympathisierend *Specht/Herold*, MMR 2018, 40 (43); kritisch *Schir-mer*, JZ 2016, 660 (661).

[816] In diesem Sinne *Specht/Herold*, MMR 2018, 40 (43); *Herold*, 195 ff.; *Kersten*, JZ
2015, 1 (7); *Schirmer*, JZ 2016, 660 (663); in anderem Zusammenhang *Kleiner*, 45 f.; *de lege
ferenda: Kainer/L. Förster*, ZfPW 2020, 275 (297 f., 300).

[817] *Schirmer*, JZ 2019, 711 (713).

[818] *Schirmer*, JZ 2016, 660 (663); *ders.*, JZ 2019, 711 (716); *Herold*, 213 f. In diese Richtung geht auch der Vorschlag, dem Computersystem kraft Parteivereinbarung für die Abgabe und den Empfang bestimmter Erklärungen Rechtsfähigkeit zu verleihen, *Ammann*,
in: DSRITB (2017), 503 (506).

[819] *Teubner*, AcP 218 (2018), 155 (181 f.); vgl. *Schirmer*, JZ 2019, 711 (716); im Ergebnis
auch BeckOGK-BGB/*Behme*, 1.9.2020, § 1 Rn. 39. Zum Konzept der Teilrechtsfähigkeit
Palandt/*Ellenberger*, BGB, § 1 Rn. 1; dagegen *Riehm*, RDi 2020, 42 (47). Zur Teildelikts-
fähigkeit autonomer Systeme *Klugel/Müller*, in: DSRITB (2016), 989 (994 f.).

[820] BGHZ 146, 341 ff. = BGH NJW 2001, 1056 ff.

[821] BGHZ 163, 154 ff. = BGH NJW 2005, 2061 ff.

[822] *Herold*, 200 ff.; MK-BGB/*Leipold*, § 1923 Rn. 31; OLG Schleswig NJW 2000, 1271
(1272); OLG München NJW-RR 2016, 902 (903); Palandt/*Ellenberger*, BGB, § 1 Rn. 5 ff.

[823] *Schirmer*, JZ 2019, 711 (713 f.); *ders.*, JZ 2016, 660 (663); *Teubner*, AcP 218 (2018),
155 (182).

[824] Vgl. auch *Herold*, 197 ff.

[825] Vgl. *Herold*, 204.

setzgeber die (Außen-)Gesellschaft bürgerlichen Rechts für bestimmte Teilbereiche (vgl. § 899a S. 1 BGB, § 11 Abs. 2 Nr. 1 InsO, § 191 Abs. 2 Nr. 1 UmwG) und die Wohnungseigentümergemeinschaft sogar uneingeschränkt (§ 9a Abs. 1 S. 1 WEG) als Träger von Rechten und Pflichten anspricht, während vergleichbare Regelungen für Computersysteme (noch) fehlen.

c) Analoge Anwendung der §§ 164–181 BGB

Bleibt man dabei, dass Computersysteme *de lege lata* nicht (teil-)rechtsfähig sind, kommt eine analoge Anwendung der §§ 164–181 BGB in Betracht. Dargelegt werden müssen in diesem Fall das Bestehen einer planwidrigen Regelungslücke und einer vergleichbaren Interessenlage zwischen geregeltem und zu regelndem Fall[826].

Die für einen Analogieschluss erforderliche planwidrige Regelungslücke dürfte begründbar sein. Von einer Regelungslücke ist auszugehen, weil sich im Gesetz zum Umgang mit Agentenerklärungen keine nach dem Wortsinn einschlägige Regelung findet oder entsprechendes Gewohnheitsrecht existiert[827]. Gemessen an der Regelungsabsicht des Gesetzgebers erweist sich diese Lücke auch als planwidrig, insofern die technischen Entwicklungen bei der Schaffung des Stellvertretungsrechts nicht absehbar waren, jedoch Gegenstand einer Regelung (oder jedenfalls einer Diskussion darüber) geworden wären, hätte der Gesetzgeber die Möglichkeit eines Geschäftsabschlusses unter Beteiligung von Agentensystemen erwogen[828].

Bereits schwieriger zu begründen ist die Vergleichbarkeit der Interessenlage bei der Vertretung durch einen Menschen mit derjenigen bei der Vertretung durch Agentensysteme. Erforderlich ist eine Vergleichbarkeit beider Fälle in den wesentlichen Punkten[829], womit sich die Frage stellt, was für eine Stellvertretung im Sinne der §§ 164–181 BGB wesentlich ist.

---

[826] *Bork*, AT, § 3 Rn. 143 ff.; BGH NJW 2003, 1932 f.; ausführlich *Würdinger*, AcP 206 (2006), 946 (949 ff.). Zum Verhältnis zwischen Analogie und teleologischer Reduktion *Danwerth*, ZfPW 2017, 230 ff.

[827] Es sei denn, man sieht die Erklärungen autonomer Systeme über das Konzept der Blanketterklärung als geregelt an, *Günther*, 53 in Fn. 237.

[828] Im Ergebnis auch *Grapentin*, Vertragsschluss, 94; *Effer-Uhe*, RDi 2021, 169 (172); *John*, 83 f.; *Herold*, 89; *Günther*, 53; *M. C. Bauer*, Agenten, 62; *Wettig*, 178; *Schulz*, 110; zweifelnd *Heuer-James/Chibanguza/Stücker*, BB 2018, 2818 (2822). Mit *Canaris*, Lücken im Gesetz, 135 ff. kann hier von einer „nachträglichen", also nach Erlass des Gesetzes entstandenen Lücke gesprochen werden. Dass bereits die Feststellung einer Gesetzeslücke ein Werturteil erfordert, wird an dem Beispiel der nachträglichen Regelungslücke besonders deutlich, insofern der Nachweis einer solchen Lücke eine Auseinandersetzung mit den ursprünglichen Wertungen des Gesetzgebers und insbesondere ein Urteil darüber erfordert, dass diese Wertungen nicht mehr zutreffen.

[829] Das ergibt sich aus Art. 3 Abs. 1 GG, wonach der Gesetzgeber wesentlich Gleiches gleich und wesentlich Ungleiches entsprechend der bestehenden Ungleichheit ungleich zu behandeln hat, vgl. BVerfGE 98, 365 (385) = BVerfG NZA 1999, 194.

Wesentlich könnte zunächst die *Rechtsfähigkeit* des Vertreters sein, womit eine Analogie angesichts der (noch) fehlenden Rechtsfähigkeit von Computersystemen ausscheiden müsste[830]. Doch darf bereits bezweifelt werden, ob der Grund, der Anlass zur Prüfung eines Analogieschlusses gibt, auch Grund dafür sein kann, einen Analogieschluss abzulehnen[831]. Dem Umstand, dass der historische Gesetzgeber das Privatrecht um die rechtsfähige Person „herum konstruiert" hat[832], soll ja gerade über eine Analogie abgeholfen werden[833]. Zu bezweifeln ist ferner, ob die Rechtsfähigkeit des Vertreters tatsächlich den Kern des Stellvertretungsrechts ausmacht. Im Mittelpunkt dieses Rechtsgebiets steht vielmehr, dass infolge des Vertretungsakts eine Rechtsbeziehung zwischen dem Vertretenem und seinem Geschäftspartner zustande kommt, § 164 Abs. 1 S. 1 BGB[834]. Maßgeblich dafür ist, dass der im Außenverhältnis gesetzte Erklärungstatbestand dem Vertretenen zurechenbar ist, was ein Handeln in seinem Namen und innerhalb der Vertretungsmacht voraussetzt. Ob der Erklärungstatbestand durch einen Menschen oder ein Computersystem gesetzt wird, ist in diesem Zusammenhang von nur untergeordneter Bedeutung[835]. Hält sich das abgeschlossene Geschäft innerhalb der Vorgaben des Systemherrn, käme es nicht einmal darauf an, ob das System als Stellvertreter oder Bote zu qualifizieren ist[836]. Mit Blick auf den Regelungszweck der §§ 164–181 BGB, Rechtsbeziehungen über den Vertreter „hinweg" zu schaffen, spricht die fehlende Rechtsfähigkeit von Computersystemen somit nicht zwingend gegen eine Analogie zum Stellvertretungsrecht.

Ausscheiden müsste eine Analogie allerdings, wenn man die Verfügbarkeit des Vertreters als Haftungssubjekt und den damit verbundenen *Verkehrsschutz* für wesentlich im Sinne der §§ 164–181 BGB hält. Als eine nicht (teil-) rechtsfähige Entität verfügt das System über kein Eigenvermögen, mit dem es dem Geschäftspartner haften könnte. Ist das System nicht mit einer Haftungsmasse ausgestattet oder für den Haftungsfall versichert, läuft eine Haf-

---

[830] Den Einwand der fehlenden Rechts- und Geschäftsfähigkeit bemühen *Grapentin*, Vertragsschluss, 95 ff.; *Cornelius*, MMR 2002, 353 (355); *John*, 84 ff.; *Theis*, 216 f.; *Herold*, 92; *M. C. Bauer*, Agenten, 68; *Leyens/Böttcher*, JuS 2019, 133 (135); *Kainer/L. Förster*, ZfPW 2020, 275 (294).

[831] *Linke*, MMR 2021, 200 (203).

[832] *Schirmer*, JZ 2019, 711 (712); ähnlich *Kersten*, JZ 2015, 1.

[833] Ähnlich *Linke*, MMR 2021, 200 (204), der kritisiert, dass die Untersuchungen im digitalen Kontext daran kranken, in solchen für Menschen entwickelten Rechtsfiguren und Argumentationsstrukturen verhaftet zu sein.

[834] Vgl. *Schulz*, 111.

[835] In diese Richtung *Herold*, 90; *Linardatos*, 153 ff.

[836] *Flume*, AT II, § 43, 4 (S. 757) für die Vertretung durch eine natürliche Person. Eine Botenschaft durch Agentensysteme kommt in Betracht, wenn das System aus objektiver Empfängersicht nur eine Erklärung des Verwenders übermittelt, vgl. *John*, 89. Dann allerdings liegt keine Agentenerklärung im eigentlichen Sinne vor, *Gitter*, 176.

tung aus § 179 Abs. 1 BGB und § 164 Abs. 2 BGB somit ins Leere[837]. Dass die Haftung eines menschlichen Vertreters im Insolvenzfall gleichermaßen leerlaufen kann, relativiert diesen Befund nicht. Die Haftungsfreistellung in der Insolvenz ist an strenge Voraussetzungen gebunden (vgl. §§ 16–19 InsO), während ein Computersystem bereits wegen seines System-Seins (und insofern voraussetzungslos) nicht haftet[838]. Überdies rechnet das während des Insolvenzverfahrens erworbene Vermögen zur Insolvenzmasse (§ 35 InsO), womit für denjenigen, der sich auf einen menschlichen Vertreter einlässt, zumindest die Aussicht auf eine (Nach-)Haftung besteht. Bei Computersystemen, die zu keinem Zeitpunkt über eigenes Vermögen verfügen, besteht eine solche Aussicht nicht. Aus ähnlichen Gründen lässt sich die fehlende Haftbarkeit von Computersystemen auch nicht mit Verweis auf § 179 Abs. 3 S. 2 BGB relativieren. Zum einen beruht der Haftungsausschluss auf dem Gedanken des Minderjährigenschutzes, der auf Computersysteme nicht übertragbar ist[839]. Zum anderen greift der Haftungsausschluss nach § 179 Abs. 3 S. 2 BGB ebenso nicht voraussetzungslos (kraft Minderjährig-Seins), sondern nur, wenn der gesetzliche Vertreter dem Vertreterhandeln nicht zugestimmt hat. Das Problem des Haftungsvakuums verliert auch nicht deshalb an Bedeutung, weil Computersysteme stets nach einer mehr oder weniger bestimmten Zielvorgabe des Verwenders und damit stets innerhalb ihrer Vertretungsmacht handeln. Zum einen wird die Haftungsfrage jedenfalls dann virulent, wenn die Bevollmächtigung unwirksam ist (etwa nach § 105 Abs. 1 BGB oder § 142 Abs. 1 BGB) oder das System aufgrund technischer Störungen oder Eingriffen Dritter außerhalb seiner Programmierung (Vollmacht) handelt[840]. Zum anderen ist eine Überschreitung der Vollmacht ge-

---

[837] Den Einwand der fehlenden Haftbarkeit tragen vor: *Grapentin*, Vertragsschluss, 98; *ders.*, NJW 2019, 181 (184); *Kleiner*, 52; *Theis*, 217; *John*, 87 f.; *Günther*, 54; *Wettig*, 180 f.; *M. C. Bauer*, Agenten, 70; *Kainer/L. Förster*, ZfPW 2020, 275 (294); *Weingart*, CR 2020, 701 (702 f.); *Grützmacher/Heckmann*, CR 2019, 553 (555); *J. Groß*, InTer 2018, 4 (5); *Bräutigam/Klindt*, NJW 2015, 1137 (1138); *D. Klein*, in: DSRITB (2015), 429 (436); *Sester/Nitschke*, CR 2004, 548 (550); *Cornelius*, MMR 2002, 353 (355); *Neuner*, AT, § 32 Rn. 40; MK-BGB/*Schubert*, § 164 Rn. 117; dagegen *Linardatos*, 159 ff. Hervorgehoben wird außerdem, dass ein menschlicher Vertreter ein Eigeninteresse daran habe, eine Haftung aus § 164 Abs. 2 BGB oder § 179 Abs. 1 BGB zu vermeiden, während Computersysteme sich hinsichtlich eines Haftungsrisikos indifferent verhalten und insofern die mit der Haftung verbundene Verhaltenssteuerung ins Leere laufe, vgl. *Riehm*, RDi 2020, 42 (45 f.); *Effer-Uhe*, RDi 2021, 169 (173).

[838] Ähnlich MK-BGB/*Schubert*, § 164 Rn. 119: Die Vermögenslosigkeit des menschlichen Vertreters als Ausnahme würde bei digitalen Vertretern zur Regel.

[839] *Günther*, 54; *John*, 87; ähnlich: *Neuner*, AT, § 32 Rn. 40; *Riehm*, RDi 2020, 42 (47). Unklar ist in diesem Zusammenhang auch, wann ein System als „minderjährig" im Sinne des § 106 BGB gilt, ob ein System jemals „volljährig" werden kann und wer dessen „gesetzlicher Vertreter" ist.

[840] *John*, 87 in Fn. 226.

rade durch intelligente Agentensysteme nicht gänzlich ausgeschlossen[841]. Damit ist eine weitere Schwäche der Stellvertretungsanalogie angesprochen: Weil Agentensysteme die Grenzen ihrer Programmierung überschreiten können, wäre es für den Verwender ein Leichtes, sich mit Verweis hierauf einer vertraglichen Bindung zu entziehen[842]. Eine solche „Flucht" in die Unberechenbarkeit des Systems erscheint jedoch ungerechtfertigt, soweit der Verwender das System in Kenntnis dieser Funktionsweise einsetzt und daraus auch Vorteile zieht[843]. Ebenso wenig befriedigt es aber, aufgrund dieser Risiko-Nutzen-Abwägung jede Beschränkung der Vertretungsmacht im Außenverhältnis für unwirksam zu erklären[844]. Damit würde zwar das Haftungsproblem gelöst, insofern der Geschäftspartner stets auf den Verwender als Haftungssubjekt zugreifen könnte. Allerdings führte diese Sicht unter dem Deckmantel der Stellvertretung faktisch zu einer unbeschränkten Zurechnung jedweder vom System generierter Erklärung an den Verwender[845]. Solange sich das Risiko eines Leerlaufens der Vertreterhaftung nicht angemessen zwischen den Beteiligten verteilen lässt, etwa über die Ausstattung des Systems mit einem betragsmäßig gedeckelten Haftungsfonds, scheitert eine Analogie zum Stellvertretungsrecht jedenfalls hieran.

d) Ergebnis und Ausblick

Die Zurechnung einer Agentenerklärung an den Verwender in direkter oder analoger Anwendung des Vertretungsrechts begegnet vor allem zwei Einwänden: dass Computersysteme nach geltendem Recht weder rechtsfähig sind noch haftbar gemacht werden können. Während der erstgenannte Einwand Anlass zu einem Analogieschluss gibt, scheitert eine analoge Anwendung der §§ 164–181 BGB jedenfalls an dem zuletzt genannten Einwand. Aber auch die anderen, in dieser Arbeit nicht behandelten Ansätze bieten langfristig keine zufriedenstellende Lösung im Umgang mit Agentenerklärungen. So sehen sich auch die Befürworter einer Boten- oder Blankettlösung dem Einwand ausgesetzt, dass ein System, das außerhalb seiner Botenmacht handelt oder das Blankett abredewidrig ausfüllt, dem Geschäftspartner nicht nach § 179 BGB haften kann[846]. Denjenigen, die mit dem Konzept der „Ge-

---

[841] Vgl. *Müller-Hengstenberg/Kirn*, MMR 2014, 225 (226); *Pieper*, in: DSRITB (2016), 971 (976 f.); *Herold*, 24, 90; *Günther*, 54; zweifelnd *Spindler*, CR 2015, 766 (767).

[842] *Wilhelm*, WM 2020, 1849 (1852); in anderem Zusammenhang *Heuer-James/Chibanguza/Stücker*, BB 2018, 2818 (2822).

[843] Vgl. *Paulus/Matzke*, ZfPW 2018, 431 (444 f.); *Theis*, 213 f., 219.

[844] Diesen Vorschlag macht *Schirmer*, JZ 2016, 660 (664).

[845] *Riehm*, RDi 2020, 42 (47); in diese Richtung auch *Foerster*, ZfPW 2019, 418 (427).

[846] Zur Botenschaft: *Günther*, 51; *John*, 90 f.; *Wettig*, 185; *Kainer/L. Förster*, ZfPW 2020, 275 (288 f.); zur Haftung: *Bork*, AT, § 32 Rn. 1361. Zur Blanketterklärung: *Kleiner*, 64 f.; *Weingart*, CR 2020, 701 (704); zur Haftung: *Bork*, AT, § 35 Rn. 16; *Flume*, AT II, § 15 II 1d (S. 253). Kritisch zur Analogie der §§ 177, 179 BGB *Binder*, AcP 207 (2007), 155 (188 ff.).

schäftsfähigkeit ohne Rechtsfähigkeit" sympathisieren, ist entgegenzuhalten, dass die Geschäftsfähigkeit nach geltendem Recht zwar beschränkbar ist (vgl. §§ 106–113 BGB), jedenfalls aber Rechtsfähigkeit voraussetzt[847]. Befremdlich wirken auch die Ansätze, die eine Zurechnung der Agentenerklärung über Risiko- oder Rechtsscheingrundsätze vorschlagen. Beide Prinzipien kommen gewöhnlich dort zum Tragen, wo es um die Zurechnung ungewollten Verhaltens geht. Dagegen sind die Erklärungen eines Agentensystems vom Verwender typischerweise gewollt, für ihn nur eben nicht vorhersehbar[848]. Schließlich dürften auch die Verfechter der Computererklärung, die mit einem generellen Handlungs- und Erklärungsbewusstsein operieren, bald an ihre Grenzen stoßen. Denn je selbständiger und damit unberechenbarer ein System handelt, desto schemenhafter wird die Vorstellung des Verwenders davon, welche Erklärungen das System abgibt, und desto weniger lassen sich diese auf seinen Willen im Zeitpunkt der Inbetriebnahme zurückführen[849]. Wie konstruiert es wirkt, in diesem Willen die Quelle aller nachfolgenden Systemerklärungen zu sehen, wird besonders deutlich, wenn das System Geschäfte eigeninitiativ und vom Verwender unbemerkt tätigt, wie es schon jetzt im Rahmen der sogenannten „Industrie 4.0" möglich ist[850].

Vor diesem Hintergrund, aber auch angesichts der zunehmenden Verlagerung von Aufgaben auf Computersysteme[851] scheint der Wunsch nach einem gesetzgeberischen Handeln nicht unberechtigt[852]. Dahinter verbirgt sich weniger die Einsicht, das Bürgerliche Gesetzbuch könne mit den technischen

---

[847] *John*, 92 f.; *Herold*, 94.

[848] Zu ähnlichen Erwägungen in Bezug auf die Zurechnung gewollter Erklärungen nach den Grundsätzen der Erklärungsfahrlässigkeit *Kainer/L. Förster*, ZfPW 2020, 275 (287).

[849] Vgl. Spindler/Schuster/*Spindler*, Medienrecht, Vor § 116 Rn. 7, 10; BeckOGK-BGB/*Möslein*, 1.5.2019, § 145 Rn. 71; *Ammann*, in: DSRITB (2017), 503 (505); *D. Klein*, in: DSRITB (2015), 429 (438); *Pieper*, in: DSRITB (2016), 971 (980); *ders.*, in: DSRITB (2017), 555 (566); *Schirmer*, JZ 2016, 660 (664); *Sester/Nitschke*, CR 2005, 548 (551); *Specht/Herold*, MMR 2018, 41 (43); *Teubner*, AcP 218 (2018), 155 (179 ff.).

[850] Vgl. Spindler/Schuster/*Spindler*, Medienrecht, Vor § 116 Rn. 7; *Pieper*, in: DSRITB (2016), 971 (980); *ders.*, in: DSRITB (2017), 555 (566). Als „Industrie 4.0" wird insbesondere die Digitalisierung, Vernetzung und Automatisierung unternehmensinterner oder -übergreifender Produktions- und Vertriebsprozesse bezeichnet, dazu *Shin*, in: Künstliche Intelligenz (2021), 1 (3 ff.); *Heuer-James/Chibanguza/Stücker*, BB 2018, 2818 f.; *Bräutigam/Klindt*, NJW 2015, 1137.

[851] Auch im Bereich des Arbeitsrechts – dazu *Malorny*, JuS 2022, 289 ff. mit Bezügen zum Datenschutzrecht –, der Rechtsdurchsetzung – dazu *Wagner*, AcP 222 (2022), 56 ff. – oder des Verwaltungsrechts, dazu *Lorse*, NVwZ 2021, 1657 ff.

[852] Vgl. *Grapentin*, Vertragsschluss, 100; *Sorge*, 119; *Grützmacher/Heckmann*, CR 2019, 553 (560); *Wilhelm*, WM 2020, 1849 (1852); *N. Groß/Gressel*, NZA 2016, 990 (992); *Pieper*, in: DSRITB (2017), 555 (569); *Kleiner*, 85, 133; *Schirmer*, JZ 2016, 660 (664) mit Verweis auf das US-amerikanische Recht.

Entwicklungen nicht Schritt halten[853] und brauche insofern ein „Update"[854]. Vielmehr steht dahinter die Erkenntnis, dass es ab einem gewissen Punkt nicht mehr die Aufgabe des Rechtsanwenders, sondern des Gesetzgebers ist, den technologischen Fortschritt zu begleiten[855]; auch, um einem „willkürlichen Rosinenpicken" hinsichtlich der Kriterien und Folgen zurechenbaren Systemverhaltens vorzubeugen, bei dem die Konsequenzen nicht sorgfältig abgewogen und in einen Gesamtzusammenhang eingeordnet werden[856]. Der Strauß an Regelungsmöglichkeiten, der teilweise vom Europäischen Parlament gebunden wurde, ist bunt[857]: Er reicht von einer Verbotslösung[858] über die Einrichtung eines Agentenregisters[859], eines Versicherungssystems[860] oder eines Haftungsfonds für Computersysteme[861], bis hin zu Neuregelungen nach dem Vorbild des Vertretungsrechts[862], dem des § 90a BGB[863] oder mit dem Ziel, Beweiserleichterungen im Haftungsfall zu schaffen[864] oder einen Rechtsstatus für fortschrittliche Roboter zu etablieren („elektronische Person"[865]).

Mit dem Ausblick auf die Handlungsoptionen des Gesetzgebers soll es für diesen Abschnitt sein Bewenden haben. Die nachfolgenden Ausführungen

---

[853] In diese Richtung aber die Entschließung des Europäischen Parlaments vom 16.2.2017 mit Empfehlungen an die Kommission zu zivilrechtlichen Regelungen im Bereich Robotik (2015/2103[INL]), Rn. AG; dagegen *Ensthaler*, InTer 2017, 1 f.

[854] In Anlehnung an den Titel des Gutachtens von *Faust*, Verh. 71. DJT I (2016), A9 ff.: „Digitale Wirtschaft – Analoges Recht: Braucht das BGB ein Update?"

[855] Vgl. Spindler/Schuster/*Spindler*, Medienrecht, Vor § 116 Rn. 7; *Pieper*, in: DSRITB (2017), 555 (569) in Bezug auf künftige Technologien; Entschließung des Europäischen Parlaments vom 16.2.2017 (Fn. 853), Rn. B.

[856] Vgl. *Riehm*, RDi 2020, 42 (47).

[857] Vgl. zum Folgenden die Entschließung des Europäischen Parlaments vom 16.2.2017 (Fn. 853), Rn. 2, 57–59, 59 f.). Zum Verordnungsvorschlag der Europäischen Kommission vom 21.4.2021 siehe *Orssich*, EuZW 2022, 254 ff.

[858] Ablehnend *Kleiner*, 133; *Schulz*, 410.

[859] *Wettig*, 197 ff.; *Riehm*, RDi 2020, 42 (45).

[860] Dazu *Schulz*, 299 ff., 367; *Theis*, 344 ff.; *Günther*, 242 ff.; *Grapentin*, Vertragsschluss, 208 f.; *Riehm*, RDi 2020, 42 (46).

[861] Entschließung des Europäischen Parlaments vom 16.2.2017 (Fn. 853), Rn. 58 f. (in Ergänzung zur Versicherungslösung für Schäden, die nicht versicherbar sind).

[862] *Kainer/L. Förster*, ZfPW 2020, 275 (299 ff.); *Sorge*, 118 f.; *Keßler*, MMR 2017, 589 (592) für das Stellvertretungsrecht flankierende Regelungen.

[863] *Schirmer*, JZ 2019, 711 (717) schlägt vor: „Autonome Systeme sind keine Personen. Auf sie sind die für Hilfspersonen geltenden Vorschriften entsprechend anzuwenden, soweit nicht etwas anderes bestimmt ist."

[864] Dazu *Theis*, 347 ff., die unter anderem für die Schaffung einer Beweislastumkehr in Anlehnung an das Umwelthaftungsrecht plädiert.

[865] *Kleiner*, 136 ff.; *Günther*, 251 ff.; *Wettig*, 189 ff., 369 ff.; *Pieper*, InTer 2016, 188 (191); *ders.*, in: DSRITB (2016), 971 (977 ff.); die Einführung einer „ePerson" ablehnend: *Linke*, MMR 2021, 200 (202 f.); *Riehm*, RDi 2020, 42 (44 ff.); *Teubner*, AcP 218 (2018), 155 (160 ff.); *Theis*, 346 f.

wollen sich auf die Frage konzentrieren, inwieweit das im Stellvertretungsrecht etablierte Konzept des Entscheidungsspielraums auf Agentensysteme
übertragbar ist. Die im Verlauf der Untersuchung gewonnenen Erkenntnisse
beanspruchen gleichwohl nicht nur für das geltende Recht Bedeutung. Auch
vom Standpunkt des künftigen Rechts aus, namentlich für die Schaffung
eines speziellen Vertretungsrechts, erweist sich eine Auseinandersetzung mit
digitalen Entscheidungsprozessen als ertragreich.

2. Entscheidungsspielraum eines Computersystems

Handelt ein menschlicher Vertreter, wird vorausgesetzt, dass er hinsichtlich
der Ausführung des Vertretungsakts aus objektiver Empfängersicht über einen Entscheidungsspielraum verfügt[866]. Ein solcher Entscheidungsspielraum
und damit implizite die Fähigkeit zur Entscheidung wird auch Agentensystemen zugesprochen[867] – und dies nicht nur von den Befürwortern der Ver-
tretungslösung. Dass ein Computersystem darüber entscheiden kann, „wie,
wann, wo, gegenüber wem es etwas erklärt"[868], wird ebenso als Grund für
seine Einordnung als Blankettnehmer[869] und gegen seine Einordnung als Erklärungsbote angeführt[870]. Doch bleibt unklar, was im Kontext technischer
Systeme unter einer „Entscheidung" zu verstehen ist und unter welchen Voraussetzungen einem Computersystem ein Entscheidungsspielraum zuzu-
schreiben ist[871]. Beides gilt es im Folgenden herauszuarbeiten. Dabei zielt die
Untersuchung nicht darauf ab, einen bestimmten psychologischen Vorgang
in Computersystemen nachzuweisen oder in sie hineinzuprojizieren. Damit
würde übersehen, dass Algorithmen, auf deren Grundlage Systeme agieren[872], menschliches Verhalten nur imitieren, ihm aber nicht entsprechen[873].
Ziel der Untersuchung ist es vielmehr, Kriterien herauszuarbeiten, unter de-

---

[866] Vgl. Teil 1 B. I. 1.

[867] Vgl. *Theis*, 212; *Herold*, 84, 86; *Schirmer*, JZ 2019, 711; *Weingart*, CR 2020, 701 (702); *Kipker/Birrek/Niewöhner/Schnorr*, MMR 2020, 509 (511); *M. C. Bauer*, Agenten, 60: „Ge-staltungsspielraum"; *Teubner*, AcP 218 (2018), 155 (179); *Sommer*, 37.

[868] *Günther*, 51.

[869] Vgl. *Kainer/L. Förster*, ZfPW 2020, 275 (290); *Grapentin*, Vertragsschluss, 91 f.; *John*, 105.

[870] Vgl. *Günther*, 51; *John*, 88 ff.; *Herold*, 85 f.; *Wettig*, 184 f.; *Sorge*, 25; *M. C. Bauer*, Agenten, 59 f.; *N. Groß/Gressel*, NZA 2016, 990 (991); *Sester/Nitschke*, CR 2004, 548 (550); *J. Groß*, InTer 2018, 4 (5).

[871] Zur ähnlich gelagerten Frage, unter welchen Voraussetzungen das Verhalten eines Systems eine benachteiligende „Behandlung" im Sinne des § 3 Abs. 1 AGG darstellt, *von Lewinski/de Barros Fritz*, NZA 2018, 620 (621); *Freyler*, NZA 2020, 284 (287).

[872] Dazu Teil 1 B. V. 2. b).

[873] Vgl. *Teubner*, AcP 218 (2018), 155 (167); *Herold*, 80; *Bilski/Schmid*, NJOZ 2019, 657 (658).

nen das Verhalten eines Systems *als Entscheidung zählen* kann[874]. Aufschluss hierüber gibt wiederum die eingangs angedeutete Unterscheidung zwischen automatisierten Systemen und Agentensystemen, die es sich deshalb in drei Schritten zu erschließen gilt: In einem ersten Schritt sind die zentralen Eigenschaften eines Agentensystems herauszuarbeiten (a), in einem zweiten Schritt deren Auswirkungen auf das Systemverhalten (b) und in einem dritten Schritt der Bezug zum Kriterium des Entscheidungsspielraums (c).

a) Autonomie und Intelligenz als Herausstellungsmerkmale

Die Unterscheidung zwischen automatisierten Systemen und Agentensystemen fußt im Wesentlichen auf zwei Kriterien: der Autonomie und der Intelligenz eines Systems. Wann ein System autonom und intelligent und damit ein Agentensystem ist, wird je nach Forschungsdisziplin und Erkenntnisinteresse unterschiedlich beantwortet. Die nachstehenden Ausführungen sind daher nicht als Entwurf einer einheitlichen oder gar verbindlichen Definition zu verstehen. Sie beanspruchen nur, das für diese Arbeit relevante und ihr zugrunde liegende Begriffsverständnis herauszustellen[875]. Soweit im Folgenden von Autonomie und Intelligenz die Rede ist, sind damit außerdem *technische* Konzepte angesprochen; vor allem das Verständnis von Autonomie entspricht nicht dem der Privatautonomie.

---

[874] Den Vorgang, ein in bestimmten Zusammenhängen erlerntes Wort auf einen neuen Zusammenhang zu übertragen, bezeichnet der amerikanische Sprachphilosoph *Stanley Cavell* als *Projektion*, Cavell, 314. Wie offen und tolerant unsere Sprache gegenüber Projektionen ist, demonstriert *Cavell* an dem Wort „füttern": Wir haben gelernt, was es heißt, eine Katze, einen Löwen oder einen Schwan zu „füttern". Wenn uns nun jemand sagt, er „füttere" eine Parkuhr (mit Münzen), einen Automaten (mit Geld), einen Computer (mit Daten) oder ein Kleid (mit Stoff), werden wir ihn verstehen, auch wenn wir das Wort „füttern" zuvor in keinem dieser Zusammenhänge erlernt und verwendet haben, *Cavell*, 307. Von einer Projektion zu unterscheiden sind Metaphern (Deckmantel; aus allen Wolken fallen; Schnee von gestern), bei denen zwar ebenfalls ein Wort aus seinem gewöhnlichen Bedeutungszusammenhang in einen anderen übertragen wird, dieser Vorgang sich aber im Unterschied zur Projektion nicht natürlich und intuitiv vollzieht, sondern „die etablierten, die normalen Richtungen der Projektion auf[bricht]", *Cavell*, 321. Hinter der Überlegung, ob autonome Systeme „entscheiden" und über einen „Entscheidungsspielraum" verfügen können, verbirgt sich im Kern nichts anderes als die Frage, ob sich Begriffe, die wir in einem bestimmten (personalisierten) Kontext erlernt haben, sinnvoll (bedeutungsvoll) in einen neuen Zusammenhang übertragen lassen.

[875] Da es sich bei dieser Arbeit um keine technische handelt, beschränken sich die nachstehenden Ausführungen auf einen Überblick über bestimmte technische Konzepte. Einen umfassenden Überblick geben die Lehrbücher von *Russell/Norvig* und *Ertel*. Einen knapperen Überblick geben *Stiemerling*, CR 2015, 762 ff.; *Zech*, ZfPW 2019, 198 ff.; *Bilski/Schmid*, NJOZ 2019, 657 ff.

aa) Technische Autonomie

Einen ersten Zugriff auf den Autonomiebegriff im Kontext technischer Systeme bietet die Etymologie. Das Wort „Autonomie" leitet sich ab von dem griechischen Wort „αυτόνομος". Dabei bedeutet „αὐτό-" „selbst" und „νομος" „Gesetz". Ein System agiert sonach autonom, wenn es sich selbst steuern und die Regeln, nach denen es zur Erreichung einer Zielvorgabe verfährt, selbst bestimmen und gegebenenfalls anpassen kann[876].

(1) Autonomie nach Boden

Der Grad an Autonomie lässt sich im Anschluss an *Boden* anhand folgender drei Kriterien bestimmen: dem Anteil des erlernten Wissens, dem Anteil der Kontrolle über die Steuerungsmechanismen und dem Anteil ausgeübter Selbstkontrolle[877].

Der Anteil an erlerntem Wissen richtet sich danach, inwieweit das Verhalten des Systems auf „angeborenes", einprogrammiertes Wissen oder auf eigene Erfahrungen zurückzuführen ist. Dementsprechend ist ein System je autonomer, desto mehr sich sein Verhalten an (individuellen) Erfahrungswerten ausrichtet und je weniger es auf von außen festgelegte Parameter beschränkt bzw. angewiesen ist[878].

Der Anteil an Kontrolle über die Steuerungsmechanismen betrifft die Frage, inwieweit dem System seine Entscheidungsgrundlagen – Algorithmen und Arbeitsdaten – von außen vorgegeben sind oder sich das System diese selbst gibt. Dementsprechend ist ein System je autonomer, desto mehr sich sein Verhalten als das Ergebnis eines selbstorganisierten Prozesses darstellt und je weniger von diesem Verhalten bereits in der Programmierung des Systems abgebildet bzw. im Zeitpunkt der Programmierung absehbar ist[879].

Mit dem Anteil an Selbstkontrolle ist schließlich auf das Ausmaß Bezug genommen, zu dem ein System seine internen Prozesse bewerten und anlässlich einer aktuellen Problemstellung oder aus übergeordneten Gründen anpassen kann[880]. Dementsprechend ist ein System je autonomer, desto besser

---

[876] Vgl. *Sester/Nitschke*, CR 2004, 548 (549); *Pieper*, in: DSRITB (2016), 971 (975); *ders.*, in: DRSITB (2017), 555 (562); *Herold*, 29.

[877] *Boden*, in: Artificial Life (1996), 95 (102); im Anschluss daran: *Reichwald/Pfisterer*, CR 2016, 208 (210); *Pieper*, in: DSRITB (2016), 971 (975); *ders.*, in: DSRITB (2017), 555 (562); ähnlich *Herold*, 25.

[878] *Boden*, in: Artificial Life (1996), 95 (102). Vgl. auch *Pieper*, in: DSRITB (2016), 971 (975); *Reichwald/Pfisterer*, CR 2016, 208 (210).

[879] *Boden*, in: Artificial Life (1996), 95 (102 ff.).

[880] *Boden*, in: Artificial Life (1996), 95 (102, 104); *Reichwald/Pfisterer*, CR 2016, 208 (210). Ein mögliches Ergebnis einer solchen Anpassung könnte sein, erfolgreiche Regeln beizubehalten und weniger erfolgreiche auszusondern, vgl. *Boden*, in: Artificial Life (1996), 95 (104).

es auf veränderte Umweltbedingungen reagieren und seine Prozesse daran kurz- oder langfristig anpassen kann.

Die beschriebenen Kriterien zusammengenommen, agiert ein System je autonomer, desto mehr sein Verhalten an selbstgesetzten, intrinsischen Prozessen ausgerichtet ist („directed by self-generated, idiosyncratic mechanisms"), vermöge derer das System auf spezifische Problemlagen reagieren und sein Verhalten zugleich in einen Gesamtzusammenhang einbetten kann („responsive to the specific problem-situation, yet reflexively modifiable by wider concerns")[881].

(2) Autonomie nach Parasuraman, Sheridan und Wickens

Einen gegenüber *Boden* ausdifferenzierteren, im Ergebnis aber ähnlichen Ansatz zur Bestimmung des Autonomiegrads verfolgen *Parasuraman, Sheridan* und *Wickens*[882]. Sie bezeichnen ein System als autonom, wenn es Funktionen erfüllt, die zuvor von seinem Verwender ausgeübt wurden oder womöglich hätten ausgeübt werden können[883]. Die Autoren unterscheiden vier Funktionen – die Informationsbeschaffung („information acquisition")[884], die Informationsanalyse („information analysis")[885], die Auswahl einer Handlungsoption („decision selection")[886] und den Handlungsvollzug („action implementation")[887] – und bestimmen den Grad an Autonomie nach dem Anteil, zu dem das System seinen Verwender in Ausübung einer dieser Funktionen ersetzt. Insgesamt werden zehn Autonomiegrade unterschieden[888]:

---

[881] *Boden*, in: Artificial Life (1996), 95 (102). Vgl. *Reichwald/Pfisterer*, CR 2016, 208 (210); *Pieper*, in: DSRITB (2016), 971 (976); *ders.*, InTeR 2016, 188 (190); *ders.*, in: DSRITB (2017), 555 (563); *Herold*, 25.

[882] *Parasuraman/Sheridan/Wickens*, IEEE Transactions 30 (2000), 286 ff. Vgl. zu diesem Ansatz auch *Parasuraman/Riley*, Human Factors 39 (1997), 230 (231 f.); *Riley*, Human Factors 33 (1989), 124 (126); *Beer/Fisk/Rogers*, Human-Robot-Interaction 3 (2014), 74 (78 ff.).

[883] *Parasuraman/Sheridan/Wickens*, IEEE Transactions 30 (2000), 286 (287); *Parasuraman/Riley*, Human Factors 39 (1997), 230 (231).

[884] Gemeint ist das Erfassen und Abspeichern von Eingangsdaten.

[885] Gemeint ist das Verarbeiten der Eingangsdaten mittels kognitiver Prozesse, etwa im Rahmen einer Hochrechnung, eines Rückschlussverfahrens oder durch Erstellung von Prognosen.

[886] Gemeint ist die Auswahl unter mehreren Entscheidungsmöglichkeiten.

[887] Gemeint ist die Ausführung der vom Verwender vorgegebenen oder vom System präferierten Handlung.

[888] *Parasuraman/Sheridan/Wickens*, IEEE Transactions 30 (2000), 286 (287). Vgl. dazu auch *Ball/Callaghan*, IEEE XPlore (2012), 1 (2 f.); *Reichwald/Pfisterer*, CR 2016, 208 (210 f.); *Riley*, Human Factors 33 (1989), 124 (126), der zwölf Autonomiegrade unterscheidet; *Schulz*, 44 ff.; *Endsley/Kaber*, Ergonomics 42 (1999), 462 (463 ff.); *Beer/Fisk/Rogers*, Human-Robot-Interaction 3 (2014), 74 (87, 92).

Auf der niedrigsten Stufe bietet das System dem Verwender keine Unterstützung bei der Aufgabenwahrnehmung, vielmehr werden alle Entscheidungen vom Verwender selbst getroffen und ausgeführt[889]. Auf der zweiten Stufe präsentiert das System dem Verwender eine vollständige Bandbreite an Handlungsoptionen, wobei die Entscheidung für eine bestimmte Handlung und deren Ausführung weiterhin beim Verwender liegt. Entsprechendes gilt für die dritte Stufe, mit dem Unterschied, dass dem Verwender nur noch eine vom System getroffene Auswahl an Handlungsoptionen präsentiert wird[890]. Auch auf der vierten Stufe obliegen Entscheidung und Umsetzung dem Verwender, wobei das System nunmehr eine konkrete Handlungsempfehlung ausspricht[891]. Von der fünften Stufe aufwärts übernimmt das System die Umsetzung der von ihm empfohlenen Handlungsoption: Während ein System der fünften Stufe hierzu noch der Einwilligung des Verwenders bedarf, führen Systeme der sechsten Stufe die Handlung aus, wenn der Verwender nicht innerhalb einer bestimmten Zeit widerspricht[892]. Von der siebten bis zur neunten Stufe erfolgt lediglich eine Benachrichtigung des Verwenders über die ausgeführte Handlung, wobei eine Mitteilung auf der siebten Stufe stets erfolgt, auf der achten Stufe, wenn der Verwender eine Benachrichtigung wünscht, und auf der neunten Stufe, wenn das System eine Information des Verwenders für geboten erachtet. Ein System der zehnten Stufe führt die von ihm präferierte Handlung eigenständig aus, ohne dass es den Verwender hierüber informiert.

Die zehn Autonomiegrade zusammengenommen ergeben folgendes Bild: Bis einschließlich der vierten Stufe ist das System nicht in der Lage, Handlungen im Außenverhältnis vorzunehmen; es beschränkt sich auf eine Kommunikation mit dem Verwender, der über die Ausführung der Handlung entscheidet. Die Unterschiede innerhalb der ersten vier Stufen basieren vor allem auf der Befugnis des Systems, die Entscheidung des Verwenders zu beeinflussen (entweder nicht, durch eine Vorauswahl oder einen konkreten Vorschlag)[893]. Von der fünften bis zur zehnten Stufe findet ein Rollenwechsel

---

[889] Man denke an ein Radarsystem, das den Luftraum nach einem vorgegebenen Muster auf Objekte absucht und Treffer auf einem Monitor abbildet. Das System ist nur insoweit autonom, als es für seinen Verwender die Informationsbeschaffung übernimmt.

[890] Man denke an ein Radarsystem, das nur diejenigen Flugobjekte auf dem Monitor abbildet, die nach Abgleich mit einer Datenbank keine Vögel sind. Das System ist insoweit autonom, als es für den Verwender die Informationen beschafft, analysiert und selektiert.

[891] Zum „Robo-Advisor" im Finanzdienstleistungsbereich, der Kunden einen Anlagerat erteilt, *Theis*, 31 ff.

[892] Man denke an ein Radarsystem, das den Abschuss eines Flugobjekts nach vorherige Abfrage der Einwilligung des Verwenders oder eigenständig vornimmt, wenn jener nicht innerhalb von zwei Minuten sein Veto einlegt. Das System ist in hohem Maße autonom, weil es dem Verwender sowohl die Entscheidung für eine Handlungsalternative als auch den Vollzug hierüber abnimmt.

[893] Ähnlich *Riley*, Human Factors 33 (1989), 124 (126).

statt: Nunmehr führt das System die betreffende Handlung aus, womit sich aus rechtlicher Sicht erstmalig die Frage nach seiner Einordnung als Stellvertreter, Bote, Blankettnehmer oder dergleichen stellt. Die Unterschiede von der fünften bis zur zehnten Stufe basieren dabei auf der Möglichkeit des Verwenders zur Intervention durch Einwilligungs-, Veto- und Benachrichtigungsrechte[894]: Während der Verwender auf der fünften Stufe aktiv werden muss, damit es zur Ausführung der Handlung kommt, besteht seine Mitwirkung ab der sechsten Stufe in einem bloßen Geschehenlassen, das auf der neunten und zehnten Stufe seiner Unkenntnis über die geplante Aktion geschuldet ist.

(3) Zusammenfassung

Ein System kann als autonom bezeichnet werden, wenn es imstande ist, eine bestimmte Zielvorgabe unabhängig von externer Steuerung oder Einflussnahme[895], auch bei ungenauen Vorgaben[896] oder gar entgegen bestimmten Vorgaben des Verwenders[897] zu erreichen. Bei der Autonomie handelt es sich um keine fixe Eigenschaft („all-or-nothing-property"[898]), es sind vielmehr Abstufungen möglich, sodass ein System mehr oder weniger autonom agieren kann[899].

bb) Künstliche Intelligenz

Wie der Autonomiebegriff ist auch der Begriff der künstlichen Intelligenz von Ideen, Anschauungen und Techniken verschiedener Disziplinen beeinflusst[900] und dementsprechend vielschichtig[901].

---

[894] Ähnlich *Riley*, Human Factors 33 (1989), 124 (126).

[895] Diese Art der Unabhängigkeit betonen *Pieper*, in: DSRITB (2016), 971 (975); *ders.*, in: DSRITB (2017), 555 (562); *Klugel Müller*, in: DSRITB (2016), 989; *Sester/Nitschke*, CR 2004, 548 (549); Entschließung des Europäischen Parlaments vom 16.2.2017 (Fn. 853), Rn. AA; *M. C. Bauer*, Agenten, 6; *John*, 18; *Floridi/Sanders*, Minds and Machine 2004, 349 (358); *Beer/Fisk/Rogers*, Human-Robot-Interaction 3 (2014), 74 (77).

[896] *Schulz*, 44.

[897] *Müller-Hengstenberg/Kirn*, MMR 2021, 376 (377).

[898] *Boden*, in: Artificial Life (1996), 95 (102).

[899] *Boden*, in: Artificial Life (1996), 95 (101 ff.); *Parasuraman/Riley*, Human Factors 39 (1997), 230 (232); *Zech*, in: Intelligente Agenten und das Recht (2016), 163 (171); *Teubner*, AcP 218 (2018), 155 (169); *Schulz*, 44 ff.; *Beer/Fisk/Rogers*, Human-Robot-Interaction 3 (2014), 74 (77, 88). Zu den Automatisierungsstufen im Bereich des autonomen Fahrens siehe die Ausarbeitung der Wissenschaftlichen Dienste des Deutschen Bundestags WD 7 – 3000 – 111/18 vom 22.5.2018, S. 4; *Roshan*, NJW-Spezial 2021, 137; *Herold*, 33 f.

[900] Nach *Russell/Norvig*, 23 ff. durch die Philosophie, Mathematik, Betriebs- und Neurowissenschaften, die Psychologie, Technische Informatik, Kontrolltheorie, Kybernetik und durch die Linguistik.

[901] Eine Übersicht zu den Definitionen geben *Russell/Norvig*, 17 f.

(1) „Intelligente" Methoden

In der Informatik werden unter dem Begriff „Künstliche Intelligenz" Methoden zusammengefasst, auf deren Grundlage ein System, von außen betrachtet, menschenähnliche Intelligenzleistungen erbringt[902]. Das Forschungsziel der künstlichen Intelligenz lässt sich daher plakativ als eine „Automatisierung geistiger Tätigkeiten" bezeichnen[903]. Bisweilen werden vier „intelligente" Methoden unterschieden, die allerdings ineinandergreifen bzw. einander voraussetzen: das maschinelle Lernen, die Mustererkennung, das Expertensystem sowie das maschinelle Planen und Handeln[904].

Ist ein System zum *Maschinenlernen* imstande, kann es eigenständig Bedeutungszusammenhänge herstellen, Konzepte sowie Hypothesen bilden und Regeln generieren[905]. Die Grundlage für ein solches Verhalten bilden künstliche, neuronale Netzwerke[906], die mithilfe von Datensätzen aus Eingangswerten und gewünschten Ausgabewerten auf die Erreichung einer bestimmten Zielvorgabe trainiert werden[907]. Ähnlich dem menschlichen Gehirn besteht ein neuronales Netz aus mehreren Schichten – einer Eingabeschicht („input layer"), einer Ausgabeschicht („output layer") und mindestens einer Zwischenschicht („hidden layer") –, die sich ihrerseits aus einer Vielzahl an Neuronen zusammensetzen und über Synapsen miteinander verbunden sind[908]. Empfängt ein Neuron der Eingabeschicht ein Signal, leitet es dieses an ein Neuron der Zwischenschicht weiter, wenn das Signal einen bestimmten Schwellenwert überschreitet. Die in der Zwischenschicht eingehenden Informationen werden dort verarbeitet[909] und an die nächste Schicht weitergegeben, die entweder in einer weiteren Zwischenschicht oder der Ausgabeschicht besteht. Führt die Signalweitergabe zum gewünschten Ergebnis, erhöht das

---

[902] *Reichwald/Pfisterer*, CR 2016, 208 (211); *Stiemerling*, CR 2015, 762. Vgl. auch *Wettig*, 49; *Zech*, ZfPW 2019, 198 (199).

[903] *Ehinger/Stiemerling*, CR 2018, 761; *Müller-Hengstenberg/Kirn*, MMR 2021, 376.

[904] *Stiemerling*, CR 2015, 762; *Pieper*, in: DSRITB (2016), 971 (976).

[905] *Stiemerling*, CR 2015, 762.

[906] Ausführlich zur Architektur und Funktionsweise neuronaler Netze *Russell/Norvig*, 896 ff.; *Ertel*, 265 ff.; *Bodendorf*, 154 ff.; *Ehinger/Stiemerling*, CR 2018, 761 (762 ff.); ferner *Grapentin*, Vertragsschluss, 66 f.; *Linke*, Wissensorganisation, 31 f.; *Zech*, ZfPW 2019, 198 (201); *Bilski/Schmid*, NJOZ 2019, 657 (658); *Kainer/L. Förster*, ZfPW 2020, 275 (277 ff.); *Söbbing*, MMR 2021, 111 ff.; *Armour/Eidenmüller*, ZHR 183 (2019), 169 (173).

[907] Es werden das „supervised learning", „reinforcement learning" und „unsupervised learning" unterschieden. Einen Überblick über die verschiedenen Lernformen geben *Russell/Norvig*, 793 ff.; *Sommer*, 39; *Timmermann*, 63 f.; *Stiemerling*, CR 2015, 762 (763).

[908] *Ehinger/Stiemerling*, CR 2018, 761 (762); *Zech*, ZfPW 2019, 198 (201); *Söbbing*, MMR 2021, 111 (112); *Kleiner*, 27 f.; *Armour/Eidenmüller*, ZHR 183 (2019), 169 (173 f.).

[909] Es werden durch Abwandlung oder Abstraktion des ursprünglichen Signals „neue" Informationen bzw. Informationen genereller Natur geschaffen, *Söbbing*, MMR 2021, 111 (112).

System die Signifikanz des reizenden Neurons für das gereizte (also die Stärke, mit der ein Neuron der Eingabeschicht ein Neuron der Zwischenschicht reizt), um das gewünschte Ergebnis künftig effektiver erreichen zu können. Führt die Signalweitergabe zu einem unerwünschten Ergebnis, verringert das System dagegen die Signifikanz des reizenden Neurons für das gereizte, womit eine Wiederholung desselben Ergebnisses vermieden wird[910]. Der Lernprozess besteht demnach in der Anpassung synaptischer Verbindungen in Richtung auf den gewünschten Ausgabewert[911] und das Lernergebnis in der Anzahl angepasster synaptischer Verbindungen bzw. der für die Signalweitergabe relevanten Gewichtungsinformationen[912]. Der Lernerfolg, inwieweit sich also die antrainierten Prozesse zur Erreichung der Zielvorgabe eignen, hängt wesentlich von der Menge und Güte der Trainingsdaten ab[913]. Ein praktisches Beispiel für lernfähige Systeme ist der Saugroboter, der mithilfe von Sensoren Daten aus seiner Umgebung erfasst (etwa Schmutzaufkommen, Bodenbelag, Hindernisse wie Kabel oder Möbel) und auf dieser Basis seine Putzleistung kontinuierlich optimiert und die effizienteste Route für jeden Raum berechnet[914].

Ist ein System zur *Mustererkennung* fähig, kann es aus einem umfangreichen Satz an Daten relevante Informationen extrahieren und Regelmäßigkeiten erkennen. Eingesetzt wird diese Methode der künstlichen Intelligenz etwa zur Handschriften- oder Gesichtserkennung[915], aber auch in Callcentern, um typische Serviceanfragen zu identifizieren und dem Anrufer passende Antworten vorzuschlagen[916].

Als *Expertensysteme* werden Programme bezeichnet, die anhand eingegebener Daten und unter Rückgriff auf Wissen in Datenbanken nach logischen Regeln Schlüsse ziehen, die sonst von einer Gruppe aus (menschlichen) Experten mit deren Wissen gezogen würden[917]. Die Tätigkeit solcher Systeme

---

[910] Vgl. *Kleiner*, 27 f. Weil das Maschinenlernen über mehrere Schichten stattfindet, wird es auch als „deep learning" bezeichnet, *Sommer*, 39; ausführlich *Ertel*, 299 ff.

[911] Nach Abschluss der Lernphase wird das neuronale Netz mithilfe eines Testdatensatzes auf seine Genauigkeit hin überprüft. Hierzu werden dem System Eingangswerte vorgegeben, die nicht Bestandteil des Trainingsdatensatzes waren, und die Ausgabewerte anschließend mit der korrekten Lösung abgeglichen, *Ehinger/Stiemerling*, CR 2018, 761 (762).

[912] Vgl. *Ehinger/Stiemerling*, CR 2018, 761 (764).

[913] *Ehinger/Stiemerling*, CR 2018, 761 (764). Den wohl umfangreichsten, aber auch unkontrolliertesten Zugang zu Daten erhält das System durch Vernetzung mit dem Internet, *Grapentin*, NJW 2019, 181 (184).

[914] Zu weiteren Anwendungsfeldern neuronaler Netze *Bodendorf*, 167.

[915] Dazu und zu weiteren Beispielen *Russell/Norvig*, 914 ff., 1073 ff.

[916] *Stiemerling*, CR 2015, 762 f.

[917] Vgl. zu dieser Definition BPatG GRUR 2008, 330 (331 f.). Zur Funktionsweise von Expertensystemen im Einzelnen siehe *Bodendorf*, 133 ff.

ist auf die Erstellung einer Bewertung beschränkt, die Umsetzung obliegt dem Verwender[918]. Eingesetzt werden Expertensysteme unter anderem im Medizinsektor, wo sie anhand von Anamnesedaten und unter Benutzung einschlägiger Datenbanken Untersuchungsmodalitäten und deren Reihenfolge für einen Patienten festlegen[919].

Ist ein System zum *maschinellen Planen und Handeln* imstande, kann es eine Abfolge von Aktionen festlegen, um ein bestimmtes Ziel zu erreichen, und diese selbständig ausführen[920]. Paradebeispiel ist das Navigationssystem eines Fahrzeugs, das für ein vom Verwender festgelegtes Endziel die Route mit der kürzesten Fahrtzeit berechnet, indem es Zwischenziele festlegt und diese während der Fahrt an die aktuelle Verkehrslage (etwa Stau, Umleitungen, Straßensperrungen) anpasst[921].

(2) „Intelligente" Eigenschaften

Damit ein System nach einer der beschriebenen Methoden verfahren kann, muss es über bestimmte Eigenschaften verfügen. Zu diesen „intelligenten" Eigenschaften werden gemeinhin Reaktivität, Proaktivität, Interaktions- und Kommunikationsfähigkeit sowie Lernfähigkeit gezählt[922]. Reaktiv ist ein System, wenn es auf bestimmte, von ihm wahrgenommene Ereignisse in seiner Umwelt in bestimmter Weise reagieren kann[923]. Proaktiv handelt ein System, dessen Verhalten sich nicht als bloßer Reflex auf seine Umwelt, sondern als eine Bewertung derselben und als eigeninitiativ darstellt[924]. Zur Interaktion und Kommunikation ist ein System fähig, wenn es über die zur Aufnahme und Weitergabe von Informationen erforderliche Infrastruktur verfügt (Sensoren, Aktoren) und eingehende Daten kontextualisieren kann[925]. Lernfähig ist ein System schließlich, wenn es sein Verhalten evaluieren und perspektivisch anpassen kann[926].

Über welche „intelligenten" Eigenschaften ein System in welchem Umfang verfügt, bestimmt sich nach seinem Einsatzbereich und der Art von

---

[918] *Stiemerling*, CR 2015, 762 (765).

[919] Vgl. dazu den vom BPatG zu entscheidenden Fall, GRUR 2008, 330 ff.

[920] Ausführlich zu Planungsalgorithmen *Russell/Norvig*, 465 ff.

[921] Vgl. *Stiemerling*, CR 2015, 762 (765).

[922] Zu diesen Eigenschaften *Pieper*, in: DSRITB (2016), 971 (976); *ders.*, InTeR 2016, 188 (190); *ders.*, in: DSRITB (2017), 555 (563); *Sester/Nitschke*, CR 2004, 548 f.; *Kainer/L. Förster*, ZfPW 2020, 275 (280); *Sorge*, 7 f.; *Grapentin*, Vertragsschluss, 41 ff.; ohne explizite Subsumption unter den Begriff der Intelligenz: *Cornelius*, MMR 2002, 353; *M. C. Bauer*, Agenten, 3 ff.; *Linke*, Wissensorganisation, 31; *Weingart*, CR 2020, 701.

[923] Vgl. *Grapentin*, Vertragsschluss, 42; *M. C. Bauer*, Agenten, 3; *John*, 18, 22.

[924] Vgl. *Grapentin*, Vertragsschluss, 44; *Sorge*, 8; *John*, 23.

[925] Vgl. *Grapentin*, Vertragsschluss, 50 f.

[926] In diesem Sinne *Grapentin*, Vertragsschluss, 46; *M. C. Bauer*, Agenten, 4 f.

implementierter Intelligenz[927]. Daher muss ein System nicht über sämtliche der benannten Eigenschaften verfügen, um sich „intelligent" zu verhalten[928], zumal sich die Eigenschaften bisweilen überschneiden[929]. Im Allgemeinen wird ein System aber umso mehr der beschriebenen Eigenschaften auf sich vereinen (müssen), je umfangreicher und komplexer die ihm übertragene Aufgabe ist[930]. Außerdem dürfte ein intelligentes System wenigstens reaktiv sein, da andernfalls keine Art von Austausch mit der Umwelt stattfinden kann[931].

cc) Wechselwirkung

Eine Abgrenzung zwischen intelligentem und autonomem Verhalten gestaltet sich schwierig[932]. Grund hierfür ist einerseits das Fehlen einheitlicher Begriffsdefinitionen und andererseits, dass der Grad an Autonomie nicht unwesentlich von der Intelligenz des Systems abhängt und umgekehrt[933]. Zwar lässt sich sagen, dass die Autonomie das Maß an Eigenständigkeit bei der Aufgabenbewältigung angibt (quantitatives Kriterium), während mit der Intelligenz die Qualität des vom System gewählten Lösungswegs definiert ist (qualitatives Kriterium)[934]. Doch leuchtet es ein, dass erst die „intelligenten" Eigenschaften das System in eine Beziehung zu seiner Umwelt setzen, vermöge derer es ohne menschliche Intervention Wissen generieren, Prozesse optimieren und seine Zielvorgaben erreichen kann. Dem Verhältnis zwischen Autonomie und Intelligenz wird man also am ehesten gerecht, wenn man es als Zweck künstlicher Intelligenz ansieht, intelligentes Verhalten zu automatisieren[935].

b) Auswirkungen auf das Systemverhalten

Wie sich der Autonomie- und Intelligenzgrad eines Agentensystems auf dessen Funktionsweise und die Wahrnehmung seines Verhaltens auswirkt, zeigt der Vergleich mit automatisierten Systemen, die weder intelligent noch autonom agieren:

---

[927] So wird sich ein System, das zum Planen und Handeln eingesetzt wird, proaktiver gegenüber seiner Umwelt verhalten müssen als ein System, das ausschließlich die ihm vorgelegten Datensätze auf ein bestimmtes Muster hin untersucht.

[928] *Grapentin*, Vertragsschluss, 40; vgl. *Herold*, 22.

[929] Vgl. *Linke*, Wissensorganisation, 31.

[930] *Grapentin*, Vertragsschluss, 42.

[931] In diesem Sinne auch *Grapentin*, Vertragsschluss, 44.

[932] Ausführlich zur Abgrenzung und ihrer Notwendigkeit *Herold*, 23 ff.

[933] *Herold*, 25; *John*, 24.

[934] *Herold*, 24 f.; *Pieper*, in: DSRITB (2016), 971 (976); *Reichwald/Pfisterer*, CR 2016, 208 (211).

[935] *Herold*, 28.

Bei der Lösung eines Problems arbeiten Systeme Algorithmen ab. Dabei handelt es sich um Abfolgen klar vorgegebener, eindeutig definierter Handlungsschritte zur Erreichung einer bestimmten Zielvorgabe[936]. Das schrittweise Vorgehen macht es dem System möglich, ein Problem (etwa einen festgestellten Bremsdefekt) zu lösen (etwa durch Beauftragung einer Werkstatt), ohne über ein echtes Problembewusstsein zu verfügen oder ein solches zu entwickeln[937].

Automatisierte Systeme arbeiten auf der Grundlage von *deterministischen* Algorithmen. Kennzeichen solcher Algorithmen ist, dass zu jedem Zeitpunkt des Berechnungsvorgangs der jeweils nächste Schritt eindeutig (vor-)definiert ist und zu jedem Zeitpunkt der Ausführung höchstens eine Möglichkeit der Fortsetzung besteht. Das hat zur Folge, dass identische Eingabewerte zu identischen Ausgabewerten führen und das System dabei stets dieselben Arbeitsschritte in derselben Reihenfolge abarbeitet[938]. Die Kenntnis der Eingangsparameter und des Algorithmus vorausgesetzt, lässt sich das Verhalten automatisierter Systeme für den Verwender somit für jeden Einzelfall vorhersagen und rekonstruieren[939].

Anders liegt der Fall bei *Agentensystemen*, die über ein Mindestmaß an Intelligenz und Autonomie verfügen. In Anknüpfung an die Ausführungen zum maschinellen Lernen wird einem Agentensystem im Regelfall eine Zielvorgabe gemacht (etwa Menschen auf Bildern zu identifizieren) und Zugang zu Trainingsdaten gewährt (zu Bildern mit und ohne Menschen), anhand derer es die zur Zielerreichung relevanten Algorithmen selbst ausbildet[940]. Das Verhalten eines Agentensystems ist damit gleichfalls das Ergebnis einer mathematischen Operation, die jedoch anders als bei automatisierten Systemen nicht auf einem deterministischen, sondern einem *antrainierten* Algorithmus beruht[941]. Je nachdem, welche Art von künstlicher Intelligenz implementiert ist, kann das System sein Verhalten außerdem anhand von Erfahrungswerten und neuem Wissen evaluieren und auf dieser Basis Anpassungen am Bestand und in der Auswahl sowie Ausgestaltung seiner Algorithmen vornehmen. Das hat den Vorteil, dass Ziele künftig effektiver und unter für das System unbekannten Bedingungen erreicht werden können, ohne

---

[936] *Pieper*, in: DSRITB (2017), 555 (563 f.); *Scheja*, CR 2018, 485 (486); *von Lewinski/de Barros Fritz*, NZA 2018, 620.

[937] Vgl. *Reichwald/Pfisterer*, CR 2016, 208 (209); *Pieper*, in: DSRITB (2017), 555 (564); *Herold*, 22; *Bilski/Schmid*, NJOZ 2019, 657 (658 f.).

[938] In diesem Sinne *Timmermann*, 59: „Wenn-Dann-Schemata-Algorithmen"; *Reichwald/Pfisterer*, CR 2016, 208 (210); *Kirn/Müller-Hengstenberg*, KI 2015, 59 (61); *Scheja*, CR 2018, 485 in Fn. 7.

[939] *Reichwald/Pfisterer*, CR 2016, 208 (209).

[940] *Specht/Herold*, MMR 2018, 40; *Effer-Uhe*, RDi 2021, 169 (170).

[941] Vgl. *Stiemerling*, CR 2015, 762 (763).

dass es einer menschlichen Mitwirkung bedarf[942]. Die Kehrseite solcher Anpassungsprozesse ist die Unkenntnis darüber, auf Basis welcher Daten und Regeln das System im Einzelfall agiert, womit sich das Verhalten von Agentensystemen weder vollständig prognostizieren noch rekonstruieren lässt[943]. Man spricht hier auch von einem „Autonomierisiko"[944] einerseits und einem „Transparenzrisiko"[945] bzw. einer „Blackbox"-Problematik andererseits[946].

Plastisch werden die Unterschiede zwischen Agentensystemen und automatisierten Systemen an dem prominenten Kühlschrankbeispiel[947], das daher den Abschluss dieses Abschnitts bilden soll: Als automatisiert wäre ein Kühlschranksystem zu bezeichnen, das bei Erschöpfen des Milchvorrats eine vom Verwender vordefinierte Menge derselben Milch zum tagesaktuellen Herstellerpreis im Namen des Verwenders bestellt. Dagegen wäre das Kühlschranksystem als Agentensystem zu bezeichnen, wenn es in Abhängigkeit von der konkreten Marktsituation (der Milchpreise, Lieferzeiten) und dem Essverhalten des Verwenders (der laut seinem Kalender am Wochenende Milchreis zu kochen plant) selbst festlegt, zu welchem Zeitpunkt welche Menge welcher Milch bestellt wird[948].

c) Bezug zum Kriterium des Entscheidungsspielraums

Agentensysteme zeichnen sich durch ein Mindestmaß an Autonomie und Intelligenz aus, was Auswirkungen auf die Vorhersehbarkeit und Nachvollziehbarkeit ihres Verhaltens hat. Während sich das Verhalten eines automatisierten Systems anhand eines Entscheidungsbaums vorhersagen und nachvollziehen lässt, basiert das Verhalten eines Agentensystems auf antrainierten

---

[942] *Grapentin*, NJW 2019, 181 (183 f.); vgl. *Zech*, in: Intelligente Agenten und das Recht (2016), 163 (171).

[943] *Zech*, ZfPW 2019, 198 (202); *Herold*, 32 f.; *Kainer/L. Förster*, ZfPW 2020, 275 (281); *Clemens*, NJW 1985, 1998 (2001). An diesen Befund knüpft auch die Forderung des Europäischen Parlaments an, Roboter mit einer „Blackbox" auszustatten, die sämtliche Systemprozesse protokolliert und speichert, Entschließung vom 16.2.2017 mit Empfehlungen an die Kommission zu zivilrechtlichen Regelungen im Bereich Robotik (2015/2103[INL]), Rn. 12.

[944] *Linke*, Wissensorganisation, 33; *ders.*, MMR 2021, 200 (201); *Sommer*, 43 f.; *Teubner*, AcP 218 (2018), 155 (163 f.).

[945] *Linke*, Wissensorganisation, 33; *ders.*, MMR 2021, 200 (201); *Sommer*, 46 f.; vgl. *Gitter*, 95.

[946] *Linke*, Wissensorganisation, 33 in Fn. 83; *Timmermann*, 66 f.; *Zech*, ZfPW 2019, 198 (202); *Gleß/Weigand*, ZStW 2014, 561 (564 f.); *Bilski/Schmid*, NJOZ 2019, 657 (659).

[947] Zu finden bei *Sosnitza*, CR 2016, 764 (766); *Kainer/L. Förster*, ZfPW 2020, 275 (276, 280); *Rüfner*, in: Künstliche Intelligenz (2021), 15 (21 ff.); *Specht/Herold*, MMR 2018, 40 f.; *Leyens/Böttcher*, JuS 2019, 133 ff.; *Herold*, 35, 41 f.

[948] Zum Beispiel einer ähnlich autonom agierenden Waschmaschine *D. Klein*, in: DSRITB (2015), 429 (430).

und anpassungsfähigen Algorithmen, womit eine detaillierte Voraussage und Rekonstruktion ausscheidet. Für die Ausgangsfrage, was im Kontext technischer Systeme als „Entscheidung" zählt und wann Systeme über einen „Entscheidungsspielraum" verfügen, ergibt sich daraus Folgendes:

Ist ein System autonom und intelligent, ist es imstande, sich unberechenbar zu verhalten. Verhält sich ein System unberechenbar, wirkt sein Verhalten auf einen objektiven Dritten (ganz oder teilweise) zufällig, keinem starren Schema folgend, *willkürlich*. Über ein solches Verhalten wird der Dritter sagen, es hätte auch anders ausfallen können, womit die Möglichkeit einer Wahl angesprochen ist. In dieser und ähnlicher Weise wird auch der Begriff des „Entscheidens" umschrieben[949], und zwar losgelöst von den inneren Gründen, die das als „Entscheidung" bezeichnete Verhalten auslösen (ein Algorithmus, eine Emotion). Ein Mindestmaß an Autonomie und Intelligenz vorausgesetzt, kann somit auch das Verhalten eines Computersystems als „Entscheidung" qualifiziert werden, die sich abhängig von der Programmierung auf die Ausführung von Rechtsgeschäften (Entschließungsermessen)[950], deren inhaltliche Gestaltung (Inhaltsermessen)[951] oder darauf bezieht, die vom Systemherrn erteilte Befugnis zu gebrauchen (Vertretungsermessen)[952].

Dass es für den Entscheidungsspielraum technischer Systeme gerade nicht auf den Nachweis oder die Zuschreibung psychologischer Eigenschaften ankommt, trägt zum einen der tatsächlichen Verschiedenheit menschlicher und maschineller Entscheidungsprozesse Rechnung. Zum anderen fügt sich dieses Verständnis auch in die Entwicklungen der Rechtsgeschäftslehre ein, rechtserhebliches Verhalten zu entpsychologisieren und für eine Zurechnung auf objektive Kriterien abzustellen[953]. Auf Basis des herausgearbeiteten Verständnisses erfüllt der Entscheidungsspielraum auch weiterhin seine Funktion als Abgrenzungskriterium: Um Stellvertretung und Botenschaft voneinander abzugrenzen, ist festzustellen, ob der Erklärungstatbestand aus der Sicht eines objektiven Empfängers auf einen Entstehungsprozess in der Per-

---

[949] Vgl. etwa DWb-Neubearbeitung/*Horlitz/Albrand*, Bd. 8, s. v. *Entscheidung*, A I 3 in Sp. 1475; GWb/*Harlass*, Bd. 3, s. v. *entscheiden*, Sp. 172.

[950] Der intelligente Kühlschrank entscheidet darüber, ob er den vom Verwender vordefinierten Einkaufswunsch „Menge X der Milch Y zum tagesaktuellen Einkaufspreis bei Händler Z" in eine Willenserklärung (Bestellung) umsetzt.

[951] Der intelligente Kühlschrank entscheidet darüber, welche Menge er von welcher Sorte Milch bei welchem Händler zu welchem Einkaufspreis im Namen des Verwenders bestellt.

[952] Der intelligente Kühlschrank entscheidet darüber, ob er eine Bestellung unter Berufung auf die ihm hierfür erteilte Vollmacht oder „vorbehaltlich der Genehmigung des Verwenders nach § 177 Abs. 1 BGB" aufgibt.

[953] Zu diesen Objektivierungstendenzen *de la Durantaye*, *Lüdeking* und *Werba*; speziell im Zusammenhang mit systemgenerierten Erklärungen: *Paulus/Matzke*, ZfPW 2018, 431 (444); *Teubner*, AcP 218 (2018), 155 (183).

son des Geschäftsherrn oder seines Mittlers zurückgeht[954]. Von welcher Art dieser Entstehungsprozess ist, ob psychologischer oder mathematischer Natur, spielt dabei keine Rolle[955].

3. Ergebnis

Was die Typologie der Willenserklärungen im elektronischen Bereich betrifft, lassen sich drei Fallgruppen unterscheiden: die elektronisch übermittelte Erklärung, die automatisierte Erklärung und die Agentenerklärung[956]. Dieser Dreiteilung entsprechen drei Kategorien von Computersystemen: der elektrische Erklärungsmittler, das automatisierte System und das Agentensystem. Dabei sind automatisierte Systeme auf die Voreinstellungen ihres Verwenders beschränkt (und angewiesen), weshalb sie sich deterministisch verhalten. Demgegenüber können sich Agentensysteme selbst informieren, Prozesse eigeninitiativ einleiten und sich von ihrer Programmierung lösen, weshalb sie sich probabilistisch verhalten[957]. Zwar ist auch dieses Verhalten das Ergebnis bestimmter Voreinstellungen durch den Menschen, namentlich der vom Programmierer implementierten Intelligenz und der Konfiguration und Inbetriebnahme des Systems durch den Verwender[958]. Damit aber sind jeweils nur abstrakte Rahmenbedingungen festgelegt[959]. Wie sich das System im Einzelfall verhält, bleibt unbekannt, weil unbekannt bleibt, welche Daten das System hierfür erheben, wie es diese bewerten und anschließend in den Rechenprozess einbringen wird[960].

Die mangelnde Steuerbarkeit eines Agentensystems schlägt sich auch in der rechtlichen Bewertung der von ihm erzeugten Erklärung nieder. Weitgehend einig ist man sich nur darüber, *dass* die Zurechnung solcher Erklärungen an den (rechtsfähigen, haftbaren) Verwender möglich sein muss[961],

---

[954] In diesem Sinne auch *John*, 81.

[955] Im Übrigen bezeichnet schon der Begriff des Entscheidungsspielraums selbst in seiner Grundbedeutung keinen „geistigen" Raum, in dem sich Gedanken frei entfalten können, DWb, Bd. 16, s. v. *spielraum*, Sp. 2415. Der Begriff stammt aus der Mechanik und bezeichnet dort einen physischen Raum, in dem sich ein Körper – etwa das Pendel einer Uhr – ungehindert bewegen kann, Adelung, Bd. 4, s. v. *Spielraum*, Sp. 202.

[956] Einen guten Überblick über die Terminologie im Umfeld systembasierter Erklärungen bietet *Paulus*, JuS 2019, 960 (962 f.).

[957] *Zech*, ZfPW 2019, 198 (202); *Rüfner*, in: Künstliche Intelligenz (2021), 15 (19).

[958] Vgl. *Herold*, 32.

[959] Dem Verwender steht es frei, die Programmierung und das Einsatzfeld des Systems engmaschiger auszugestalten, jedoch wird er davon im Regelfall absehen, um nicht der Vorzüge der künstlichen Intelligenz verlustig zu gehen, *Grapentin*, NJW 2019, 181 (184).

[960] Vgl. *Grapentin*, NJW 2019, 181 (184).

[961] Siehe nur *Günther*, 47; *Riehm*, ITRB 2014, 113; *ders.*, RDi 2020, 42 (48) mit Verweis auch darauf, dass andernfalls für den Verwender ein wesentlicher Anreiz dafür entfiele, das System so zu konfigurieren und zu kontrollieren, dass es keine unerwünschten Erklärungen erzeugt.

sowie darüber, dass die Bindungen des Systems an seine Programmierung zu rudimentär sind, um für eine Zurechnung an den Willen des Verwenders im Zeitpunkt der Inbetriebnahme anzuknüpfen. Soweit – *de lege lata* oder *ferenda* – eine Zurechnung nach den Regeln des Stellvertretungsrechts erwogen wird, stellt sich die Frage, wie ein System „entscheidet" und wie das Kriterium des Entscheidungsspielraums zu interpretieren ist. Die Untersuchung hat ergeben, dass im digitalen Kontext als „Entscheidung" zählt, was sich aus objektiver Empfängersicht als das Ergebnis eines autonomen und intelligenten Prozesses und damit als ein im Detail willkürliches Verhalten darstellt.

Die Erkenntnisse der vorangegangenen Untersuchung lassen sich dahin verallgemeinern, dass im Umgang mit technischen Innovationen nicht nach den „geistigen Substanzen" zu fragen ist, die ein System besitzen oder imitieren können muss, um etwa eine Willenserklärung abzugeben oder einem Irrtum zu unterliegen[962]. Ebenso wenig kann die Lösung langfristig darin bestehen, etablierte Konzepte wie das der Rechtsfähigkeit neu zu definieren, sodass sich darunter auch Computersysteme subsumieren lassen. Das würde nur zu einem Streit um das richtige Begriffsverständnis[963] und im Zweifel auch zu einer überschießenden Gleichstellung von Mensch und Maschine führen[964]. Denn wären Maschinen entsprechend einem angepassten Verständnis rechtsfähig, könnten sie ebenso erb- und heiratsfähig sein. Gerade die hier behandelten Fälle zeigen aber, dass Systeme (noch) nicht über Interessen dieser Art verfügen (heiraten, erben zu wollen) bzw. ihre Teilnahme am Rechtsverkehr (noch) nicht der Verfolgung solcher Interessen dient[965]. Endgültige Klarheit und damit Rechtssicherheit im Umgang mit fortschrittlichen Technologien könnte eine gesetzgeberische Initiative schaffen. Der Grundstein hierfür scheint mit den Empfehlungen des Europäischen Parlaments und den Beiträgen aus dem Schrifttum jedenfalls gelegt zu sein.

---

[962] In diese Richtung aber *Wettig*, 182 f.; *M. C. Bauer*, Agenten, 69; *Keßler*, MMR 2017, 589 (592); *Cornelius*, MMR 2002, 353 (354). Entsprechendes gilt für den umgekehrten Fall: Selbst wenn Computersysteme aus *psychologischer* Sicht über menschliche Merkmale verfügen, folgt daraus noch nicht, dass sie einem Menschen auch in *rechtlicher* Sicht gleichstehen, vgl. *Klingbeil*, JZ 2019, 718 (721).

[963] *Schirmer*, JZ 2016, 660 (662): „Begriffsschlacht".

[964] *Schirmer*, JZ 2016, 660 (662); ähnlich *Herold*, 194.

[965] Vgl. *Teubner*, AcP 218 (2018), 155 (162); *Schirmer*, JZ 2016, 660 (665).

C. Zusammenhang zwischen Vertretungsmacht und Entscheidungsspielraum

Ergebnis des vorangegangenen Kapitels (IV) war, dass die Hilfsperson bei der Ausführung eines Rechtsakts keinen inhaltlichen Einfluss üben muss, um Stellvertreter zu sein (Inhaltsermessen). Vielmehr ist auch derjenige Stellvertreter, der Rechtsgeschäfte gemäß einer ihm vorgegebenen „Marschroute" gestaltet (§ 166 Abs. 2 S. 1 BGB) oder Erklärungen mit dem Inhalt entgegennimmt, mit dem sie ihm gegenüber abgegeben werden (§ 164 Abs. 3 BGB). Ob die Einordnung als Stellvertreter aber zumindest voraussetzt, dass die Hilfsperson über die Ausführung des Rechtsakts (Entschließungsermessen) oder die Inanspruchnahme ihrer Befugnis bei Ausführung des Rechtsakts entscheidet (Vertretungsermessen), ist noch offen. Um dies zu überprüfen, werden im ersten Abschnitt dieses Kapitels verschiedene Ansichten zur Rechtsnatur der Vertretungsmacht untersucht. Ein besonderes Augenmerk gilt dabei dem Zusammenhang, der sich unter Zugrundelegung der jeweiligen Ansichten zwischen Entscheidungsspielraum und Vertretungsmacht ergibt. Die Untersuchung wird zeigen, dass der jeweils hergestellte Zusammenhang in erster Linie nur ein *begrifflich-assoziativer* ist. Aufgabe des zweiten Abschnitts ist es daher, die erkannte Verbindung zwischen Entscheidungsspielraum und Vertretungsmacht *rechtlich* zu begründen.

I. Rechtsnatur der Vertretungsmacht

Über die Rechtsnatur der Vertretungsmacht herrscht Uneinigkeit. Manche bezeichnen sie als ein „subjektives Recht", andere als eine rechtliche „Zuständigkeit", wieder andere ordnen sie den rechtlichen „Fähigkeiten" zu. Bisweilen wird die Vertretungsmacht auch als eine „subjektive Eignung", eine „Befugnis" oder als „Legitimation" umschrieben. Besonders verbreitet ist die Bezeichnung als besondere „Rechtsmacht". Was die verschiedenen Ansätze eint, ist das Ergebnis, nämlich, dass die Vertretungsmacht für den Vertreter keine Bindungen begründet, sondern vielmehr ein „rechtliches Können"[966], eine „Erweiterung seiner Rechtsstellung"[967].

---

[966] *Thiele*, 255; *Brinz*, Pandekten IV, § 582 (S. 373); *Hupka*, Vollmacht, 21; *v. Tuhr*, AT II/2, § 85 II (S. 385); *Flume*, AT II, § 45 II 2 (S. 787 mit Fn. 19); *Bork*, AT, § 34 Rn. 1573; *Neuner*, AT, § 49 Rn. 33; *Schilken*, Wissenszurechnung, 24; *Mock*, JuS 2008, 486; *Oertmann*, BGB, Vor § 164 Rn. 3b; MK-BGB/*Schubert*, § 167 Rn. 2; Soergel/*Leptien*, BGB, Vor § 164 Rn. 15.

[967] RGZ 121, 30 (34). In diesem Sinne auch *Neuner*, AT, § 50 Rn. 11, Rn. 52 in Fn. 104; MK-BGB/*Schubert*, § 167 Rn. 7; *Müllereisert*, 211, der eine Erweiterung der Rechtsstellung beider Seiten, also auch der des Vertretenen, annimmt.

1. Vertretungsmacht als subjektives Recht

Das subjektive Recht[968] bezeichnet eine dem Einzelnen durch die objektive Rechtsordnung verliehene Macht zur Befriedigung bestimmter Interessen[969]. Innerhalb der subjektiven Rechte können Beherrschungsrechte, Ansprüche und Gestaltungsbefugnisse unterschieden werden[970]: Beherrschungsrechte vermitteln die Macht, auf einen bestimmten Gegenstand einzuwirken oder fremde Einwirkung auszuschließen[971] (etwa das Eigentum, § 903 S. 1 BGB[972]). Ansprüche vermitteln die Macht, von einem anderen ein Tun oder Unterlassen zu verlangen, § 194 Abs. 1 BGB[973] (als Verkäufer vom Käufer die Zahlung, § 433 Abs. 2 BGB[974]). Gestaltungsrechte schließlich vermitteln die Macht, durch einseitiges Rechtsgeschäft eine Änderung der Rechtslage herbeizuführen[975]. Die Rechtsänderung kann dabei in der Begründung (durch Aneignung, vgl. § 958 Abs. 2 BGB[976]), Aufhebung (durch Anfechtung, § 142 Abs. 1 BGB[977]) oder Veränderung eines Rechts (durch Ausübung des Wahlrechts, § 263 Abs. 2 BGB[978]) liegen.

---

[968] Für die Einordnung der Vertretungsmacht als subjektives Recht: *R. Steiner*, Gestaltungsrecht, 24 ff.; *Crome*, System I, § 104 I (S. 459): „besonderes Recht"; *Wach*, Handbuch I, § 50 I (S. 568 in Fn. 3): „weshalb nicht?". Gegen diese Einordnung: RGZ 121, 30 (34 f.); BayObLG FGPrax 2003, 171 (172); NJW-RR 2001, 297; OLG Hamm FGPrax 2014, 121 (122); OLG Köln NotBZ 2011, 298; OLG München NJW 2010, 2364; LG Düsseldorf Rpfleger 1985, 358: „kein vermögenswertes Recht"; KG FGPrax 2015, 95 f.; *Bötticher*, 11 f.; *Frotz*, 31 in Fn. 78; *Bork*, AT, § 9 Rn. 286, § 34 Rn. 1426; *Henle*, AT, § 24 vor I; *Pawlowski*, AT, § 5 Rn. 740; *Erman/Maier-Reimer/Finkenauer*, BGB, § 164 Rn. 17.

[969] *Enneccerus/Nipperdey*, AT I/1, § 72 vor I, II; *Köhler*, AT, § 17 Rn. 5; *Neuner*, AT, § 20 Rn. 6.

[970] Zu dieser Einteilung *Enneccerus/Nipperdey*, AT I/1, § 73; *Pawlowski*, AT, § 3 Rn. 290, 347.

[971] *Enneccerus/Nipperdey*, AT I/1, § 73 I 1; *v. Tuhr*, AT I, § 6 I (S. 133).

[972] *Neuner*, AT, § 20 Rn. 18; *v. Tuhr*, AT I, § 6 I (S. 133).

[973] *Neuner*, AT, § 20 Rn. 24; *Köhler*, AT, § 17 Rn. 11; *Brox/Walker*, AT, § 30 Rn. 1; *Enneccerus/Nipperdey*, AT I/1, § 73 I 2; *v. Tuhr*, AT I, § 6 II (S. 140).

[974] *Brox/Walker*, AT, § 28 Rn. 21.

[975] *Seckel*, in: FG Koch (1903), 205 (210); *Neuner*, AT, § 20 Rn. 31; *Köhler*, AT, § 17 Rn. 12.

[976] *v. Tuhr*, AT I, § 7 III 1 (S. 162); *Enneccerus/Nipperdey*, AT I/1, § 73 I 3a, § 79 II vor 1; dagegen *Neuner*, AT, § 20 Rn. 46 und *Köhler*, AT, § 17 Rn. 19, denen zufolge Aneignungsrechte eine sonstige Kategorie subjektiver Rechte bilden.

[977] *v. Tuhr*, AT I, § 7 III 3 (S. 164); *Neuner*, AT, § 20 Rn. 32. Zu Kündigung, Widerruf und Rücktritt: *Neuner*, AT, § 20 Rn. 32; *Enneccerus/Nipperdey*, AT I/1, § 73 I 3b.

[978] *v. Tuhr*, AT I, § 7 III 2 (S. 163); *Brox/Walker*, AT, § 28 Rn. 22; *Neuner*, AT, § 20 Rn. 32; *Enneccerus/Nipperdey*, AT I/1, § 73 I 3d. Weitere Gestaltungsrechte sind aufgeführt bei *Seckel*, in: FG Koch (1903), 205 (207 in Fn. 2).

a) Vertretungsmacht als Gestaltungsrecht

Von den anerkannten Gestaltungsrechten[979] unterscheidet sich die Vertretungsmacht bereits darin, dass sie nicht gegenüber dem Betroffenen ausgeübt wird. Während ein Vermieter sein Kündigungsrecht gegenüber dem Mieter ausübt, der von der Beendigung des Mietverhältnisses auch unmittelbar betroffen ist, übt der Vertreter seine Vertretungsmacht gegenüber einem Dritten aus, obwohl er damit unmittelbar auf den Rechtskreis des Vertretenen einwirkt[980]. Weiter kann der Vertretene den jeweiligen Vertretungsakt auch selbst vornehmen, während ein Gestaltungsrecht (etwa das Rücktrittsrecht) regelmäßig nicht auch vom Gestaltungsgegner (dem anderen Vertragsteil) ausgeübt werden kann[981]. Während Gestaltungsrechte außerdem mit ihrer Ausübung regelmäßig erlöschen, so etwa das Kündigungsrecht (für weitere Kündigungen fehlt ein zu kündigendes Rechtsverhältnis)[982], besteht die Vertretungsmacht nach Vornahme des Vertretergeschäfts fort, wenn es sich nicht um eine Spezialvollmacht handelt[983]. Schließlich erfolgt die Ausübung der Vertretungsmacht nicht, wie für Gestaltungsrechte charakteristisch, durch einseitiges Rechtsgeschäft, das eine Verfügung über ein Recht enthält[984]. Vielmehr bezieht sich die Vollmacht regelmäßig auf den Abschluss von Verträgen, und weder die hierfür zu erklärende Offerte noch die Annahme stellen einseitige Rechtsgeschäfte dar. Handelt es sich bei dem vorzunehmenden Vertretungsakt um einen Schuldvertrag, liegt auch die Annahme fern, der Vertreter nehme mit Abschluss dieses Geschäfts noch ein Verfügungsgeschäft vor[985]. Dies gilt umso mehr, als das Verfügungsgeschäft gegenüber dem Vertretenen (als Betroffenem) vorzunehmen wäre, der Vertreter seine Erklärung aber gegenüber dem Geschäftsgegner abgibt[986].

---

[979] Für die Einordnung als Gestaltungsrecht *Enneccerus/Nipperdey*, AT I/2, § 184 I; *Doris*, 177 f.; dagegen: *Doerner*, Abstraktheit, 76; *Müller-Freienfels*, Vertretung, 40 ff.; einschränkend RGRK/*Steffen*, BGB, § 167 Rn. 1.

[980] *Bötticher*, 11.

[981] Vgl. *Bötticher*, 12.

[982] *Seckel*, in: FG Koch (1903), 205 (229) bezeichnet das Gestaltungsrecht daher auch als „ein konsumptibles Recht, dessen bestimmungsgemäßer Gebrauch in dem Verbrauch besteht".

[983] Oder um eine Generalvollmacht, die zu einem bestimmten vorübergehenden Zweck ausgestellt ist. Dann erlischt die Vertretungsmacht mit Ausführung des Geschäfts, auf das sie sich bezieht (Konsumtion), *Hupka*, Vollmacht, 379.

[984] So *Seckel*, in: FG Koch (1903), 205 (237).

[985] Vgl. *Seckel*, in: FG Koch (1903), 205 (216) gegen eine Kombination aus einseitigem und Verpflichtungsgeschäft.

[986] Den Dritten als Boten der Verfügungserklärung des Vertreters anzusehen ist unnatürlich und bedeutete zudem, dass die unmittelbare Wirkung des Vertretungsakts für und gegen den Vertretenen erst mit Übermittlung der Verfügungserklärung an den Vertretenen bzw. dem Ablauf der für eine Übermittlung üblichen Zeit einträte.

b) Vertretungsmacht als Herrschaftsrecht

Ebenso wenig ist die Vertretungsmacht ein Herrschaftsrecht. Befähigt sie zum Verkauf einer Sache oder zur Kündigung eines Mietverhältnisses, ließe sich zwar formulieren, das Verkaufsobjekt oder das Kündigungsrecht sei ein von dem Vertreter beherrschter Gegenstand. Es ließe sich auch formulieren, dass der Vertreter über seine Vertretungsmacht das Recht erhalte, auf das Vermögen des Vertretenen – das Eigentum oder das Mietverhältnis – einzuwirken[987]. Jedenfalls aber fehlt es der Vertretungsmacht an einer für Herrschaftsrechte charakteristischen Ausschlussfunktion. Niemand kann sich durch Rechtsgeschäft und also auch nicht durch Bevollmächtigung seiner Befugnis begeben, Rechte oder Pflichten zu begründen[988]. Für die Befugnis zur Verfügung über ein veräußerliches Recht ergibt sich dies aus § 137 S. 1 BGB[989]. Dem Vertretenen bleibt es daher auch nach Erteilung der Vollmacht möglich, das betreffende Rechtsgeschäft selbst oder durch einen anderen Vertreter vorzunehmen[990]. Ebenso bleibt es dem Geschäftsgegner unbenommen, das Rechtsgeschäft statt mit dem Bevollmächtigten mit dem Vertretenen oder einem anderen seiner Vertreter abzuschließen[991].

Eine Ausschlussfunktion kommt selbst der unwiderruflichen Vollmacht nicht zu[992]. Wurde dem Vertreter Vollmacht erteilt, damit er eine Sache des Vertretenen veräußern und den Erlös für sich behalten darf, ähnelt seine Rechtsstellung zwar der eines Pfandgläubigers, vgl. § 1204 Abs. 1 BGB[993]. Anders als dieser (vgl. § 1227 BGB) hat der Vertreter aber nicht das Recht, den Vertretenen von der Vornahme desselben Rechtsgeschäfts abzuhalten[994]. Der Vertretene kann sich allenfalls schuldrechtlich dazu verpflichten, das in der Vollmacht bezeichnete Rechtsgeschäft nicht selbst auszuführen, vgl. § 137 S. 2 BGB[995]. Des Weiteren kann ein Pfandrecht unabhängig von der Zugehörigkeit der belasteten Sache zum Vermögen des Verpfänders entstehen (vgl. §§ 1207, 1257 BGB), während die Ausübung der Vertretungsmacht ohne Wir-

---

[987] Vgl. *v. Tuhr*, AT I, § 7 IV (S. 165).

[988] *v. Tuhr*, in: FS Laband (1908), 43 (60 f.); *Medicus/Petersen*, AT, § 57 Rn. 936. Möglich ist es aber, dass die Zuständigkeit des Geschäftsherrn die des Vertreters verdrängt, vgl. BeckOGK-BGB/*Kerscher*, 1.6.2021, § 1793 Rn. 69 für die gesetzliche Vertretung eines Mündels, das nach den §§ 112 f. BGB ermächtigt ist.

[989] *v. Tuhr*, in: FS Laband (1908), 43 (60 f.).

[990] *v. Tuhr*, in: FS Laband (1908), 43 (60 f.); *Erman/Maier-Reimer/Finkenauer*, BGB, § 164 Rn. 17, § 167 Rn. 1; ähnlich: *Thiele*, 62; *Bülow*, 37 f.

[991] Anders *Schliemann*, ZHR 16 (1871), 1 (26 ff., 28 in Fn. 3), dem zufolge der Dritte seine Annahme gegenüber dem *Vertreter* erklären müsse. Erkläre er die Annahme gegenüber dem *Vertretenen*, liege darin bloß ein Angebot.

[992] Siehe Teil 2 G. III. 1.

[993] *v. Tuhr*, in: FS Laband (1908), 43 (60).

[994] *v. Tuhr*, in: FS Laband (1908), 43 (61).

[995] *Medicus/Petersen*, AT, § 57 Rn. 936.

kung ist, wenn sich die zu veräußernde Sache nicht (mehr) im Vermögen des Vertretenen befindet. Anders als dem Verpfänder (vgl. § 1207 BGB), nützt es dem Vertreter in diesem Fall auch nicht, wenn er in Bezug auf die (fort)bestehende Rechtsstellung des Vertretenen gutgläubig ist[996]. Gegen die Vergleichbarkeit mit dem Pfandrecht und damit gegen die Einordnung der unwiderruflichen Vollmacht als Herrschaftsrecht spricht schließlich, dass die Sache, zu deren Veräußerung der Vertreter befugt ist, nicht dem Zugriff seiner Gläubiger ausgesetzt ist[997].

c) Vertretungsmacht als Anspruch

Ferner vermittelt die Vertretungsmacht dem Vertreter keinen Anspruch im Sinne des § 194 Abs. 1 BGB[998], gerichtet etwa darauf, dass der Vertretene die Vornahme des in der Vollmacht bezeichneten Geschäfts unterlässt. Ansprüche dieser Art (und also das subjektive Recht) können sich allenfalls aus dem Grundverhältnis ergeben, das aber von dem vollmachtsbegründenden Rechtsgeschäft zu unterscheiden ist. Gegen die Annahme eines Unterlassungsanspruchs streitet zudem der erkennbare Wille des Vertretenen, der mit der Bevollmächtigung regelmäßig eine Erweiterung seiner rechtlichen Handlungsmöglichkeiten anstrebt. Aus diesem Grund ergibt sich aus der Vertretungsmacht auch kein Anspruch des Vertreters gegen Dritte, das darin bezeichnete Rechtsgeschäft nur mit ihm als Mittler abzuschließen. Wird die Vertretungsmacht als Innenvollmacht erteilt, § 167 Abs. 1 Fall 1 BGB, spricht gegen einen solchen Anspruch zudem das Verbot von Rechtsgeschäften zulasten Dritter. Wird die Vertretungsmacht als Außenvollmacht erteilt, § 167 Abs. 1 Fall 2 BGB, könnten sich Ansprüche des Vertreters gegen Dritte nur unter den weiteren Voraussetzungen der §§ 328–335 BGB ergeben (wobei der Vertreter der begünstigte Dritte wäre).

d) Vertretungsmacht als subjektives Recht eigener Art

Ebenso wenig ist die Vertretungsmacht als ein subjektives Recht eigener Art einzuordnen[999]. Zunächst dient die Vertretungsmacht der Verwirklichung *fremder*, nämlich der Interessen des Vertretenen[1000], dessen rechtsgeschäftliche Handlungsmöglichkeiten sie erweitert[1001], im Falle seiner Geschäftsun-

---

[996] *v. Tuhr*, in: FS Laband (1908), 43 (60 mit Fn. 2).

[997] *v. Tuhr*, in: FS Laband (1908), 43 (61 f. mit Fn. 1 auf S. 62).

[998] Ohne nähere Begründung auch *Oertmann*, BGB, Vor § 164 Rn. 3b.

[999] *v. Tuhr*, in: FS Laband (1908), 43 (60 in Fn. 1): „den Gestaltungsrechten nahestehende Kategorie".

[1000] Und nicht der des Vertreters, vgl. *Karlowa*, 58; RGZ 121, 30 (34): „nicht zu seinem Besten und nicht in seinem Interesse".

[1001] *Neuner*, AT, § 49 Rn. 3; in diesem Sinne auch *Guggumos*, NJW 1950, 415 und *Endemann*, Lehrbuch I, § 80, 4 (S. 398 in Fn. 24).

fähigkeit überhaupt erst herstellt[1002]. Bei der gesetzlichen Vertretung und bei Vorsorgevollmachten, die sich auf ärztliche Maßnahmen beziehen, vgl. § 1904 Abs. 1, Abs. 5 BGB, tritt der fremdnützige Charakter der Vertretungsmacht besonders deutlich hervor[1003]. Diesem Verständnis steht auch nicht entgegen, dass die Vertretungsmacht abstrakt ist und daher den Grund ihrer Erteilung (die *causa*[1004]) nicht in sich aufnimmt[1005]. Der fremdnützige Charakter der Vertretungsmacht ergibt sich schon daraus, dass der Vertreter im Namen des Vertretenen auftritt und die Rechtsfolgen der Vertretung ausschließlich den Vertretenen treffen[1006]. Nichts anderes gilt, wenn die Vollmacht unwiderruflich ist[1007]. Ihre Erteilung liegt zwar im Interesse des Bevollmächtigten, die durch sie vermittelte Position ist jedoch von prekärer Natur. Nicht nur wird die Vollmacht gegenstandslos, wenn der Vertretene über das darin bezeichnete Recht selbst verfügt oder die Befugnis zur Verfügung hierüber verliert. Vielmehr wird die unwiderrufliche Vollmacht auch hinfällig, sobald das ihrer Erteilung zugrunde liegende Rechtsverhältnis erlischt[1008].

Abgesehen davon macht der Vertreter kein Recht *aus* der Vertretungsmacht geltend, wenn er den Vertretungsakt vornimmt[1009]. Das nämlich setzte voraus, dass sich in dem Vertretungsakt die Rechtsfolgen der Vertretungsmacht realisieren. Erklärt der Vertreter die Annahme eines Kaufangebots, realisiert sich in dem Kaufgeschäft jedoch alleine die in der Erklärung des Vertreters bezeichnete Rechtsfolge, hier also, dass ein Kaufvertrag mit Rech-

---

[1002] Vgl. *Larenz*, AT, § 30 I a.

[1003] Die Vorsorgevollmacht ist gesetzlich nicht definiert. In der amtlichen Begründung des Regierungsentwurfs vom 23.6.2020 (BR-Drucks. 564/20, S. 325; BT-Drucks. 19/24445, S. 245) heißt es aber, die Vorsorgevollmacht sei eine Vollmacht im Sinne der §§ 164–181 BGB, „der in der Regel ein Auftrags- und Geschäftsbesorgungsverhältnis zugrunde liegt, welches darauf ausgerichtet ist, im Falle der Aufhebung der rechtlichen Handlungsfähigkeit eine Vertretung zu ermöglichen und damit die Bestellung eines Betreuers zu vermeiden. Der Vollmachtszweck, nämlich die Vorsorge, gehört zum Innenverhältnis."; ähnlich Bay-ObLG FGPrax 2003, 171 (172).

[1004] So *v. Tuhr*, AT II/2, § 85 I (S. 386); *Hupka*, Vollmacht, 160; kritisch zu diesem Ausdruck *Doerner*, Abstraktheit, 83.

[1005] So aber *Doris*, 176 für § 185 BGB.

[1006] Dementsprechend werden auch Dritte regelmäßig nicht davon ausgehen (müssen), dass der als Vertreter Handelnde die Vertretung in eigenen Angelegenheiten ausübt, vgl. Protokolle I, 163 = Mugdan I, 753 im Zusammenhang mit der Vertreterhaftung nach E II § 125 BGB (vgl. § 179 BGB).

[1007] Gegen die Einordnung als subjektives Recht auch MK-BGB/*Schramm*, 5. Aufl. 2006, § 164 Rn. 69.

[1008] In diesem Sinne auch *v. Tuhr*, in: FS Laband (1908), 43 (62); *Flume*, AT II, § 53, 6 (S. 883 ff.).

[1009] Vgl. *Müller-Freienfels*, Vertretung, 44 f.; Soergel/*Leptien*, BGB, Vor § 164 Rn. 15; MK-BGB/*Schubert*, § 164 Rn. 193.

ten und Pflichten aus § 433 BGB zustande kommt[1010]. Anders gewendet: Aus dem Inhalt des Kaufvertrags ergibt sich nicht, dass dieser in Ausübung einer Vollmacht geschlossen wurde. Dasselbe gilt, wenn der Vertreter zurücktritt oder kündigt. In dem umgewandelten bzw. beendeten Rechtsverhältnis spiegelt sich jeweils nicht das „Vertretungsrecht" des Vertreters wider[1011], sondern das Rücktritts- bzw. Kündigungsrecht des Vertretenen. Dementsprechend bleiben die benannten Rechtsfolgen auch aus, wenn zwar Vertretungsmacht besteht, es aber an dem einschlägigen Gestaltungsrecht fehlt, und treten umgekehrt ein, selbst wenn der Vertreter über kein „Vertretungsrecht" verfügt, vgl. § 177 Abs. 1 BGB. Unter den Voraussetzungen des § 180 S. 2 BGB gilt dies auch für einseitige Rechtsgeschäfte.

e) Vertretungsmacht als „sonstiges Recht"

Ob die Vertretungsmacht zumindest als ein „sonstiges Recht" im Sinne des § 823 Abs. 1 BGB einzuordnen ist, hängt davon ab, ob sich für die Vertretungsmacht ein Zuweisungsgehalt und eine Ausschlussfunktion feststellen lassen[1012]. Ein Zuweisungsgehalt ließe sich noch damit begründen, dass der Vertreter innerhalb der ihm erteilten Vertretungsmacht auf das Vermögen des Vertretenen einwirken kann. An der Ausschlussfunktion aber fehlt es, wie dargelegt[1013]. Weder ist der Vertretene davon ausgeschlossen, das Rechtsgeschäft selbst vorzunehmen, noch ist es dem Geschäftsgegner verwehrt, das Rechtsgeschäft statt mit dem Vertreter mit dem Vertretenen persönlich abzuschließen. Gegen die Einordnung der Vertretungsmacht als „sonstiges Recht" spricht außerdem die Systematik des § 823 Abs. 1 BGB. Die Vorschrift setzt voraus, dass die dort aufgeführten Rechtsgüter und Rechte „verletzt" werden können, was in Bezug auf die Vertretungsmacht nicht möglich ist[1014]:

Eine Verletzung der Vertretungsmacht liegt nicht schon darin, dass der Vertretene die Vertretungsmacht durch Weisungen beschränkt oder dem Vertreter durch Widerruf entzieht. Beides ist dem Vertretenen nämlich gesetzlich gestattet, §§ 166 Abs. 2 S. 1, 168 S. 2 BGB. Bei den genannten Vorschriften handelt es sich auch nicht etwa nur um Rechtfertigungsgründe. Dafür spricht zum einen der Wortlaut, der sich – anders als bei den §§ 227 Abs. 1, 228, 229 BGB – jeweils nicht auf die Widerrechtlichkeit der Handlung bezieht. Dafür

---

[1010] Vgl. *Müller-Freienfels*, Vertretung, 44.

[1011] Diesen Ausdruck verwendet *Wach*, Handbuch I, § 50 II (S. 570).

[1012] Zu diesem Verständnis von einem sonstigen Recht Staudinger/*Hager*, BGB, § 823 Rn. B.124; Palandt/*Sprau*, BGB, § 823 Rn. 11; MK-BGB/*Wagner*, § 823 Rn. 303; Soergel/*Spickhoff*, BGB, § 823 Rn. 86; OLG Brandenburg OLG-NL 1997, 127 (129) zur Ausschlussfunktion.

[1013] Teil 1 C. I. 1. b).

[1014] Im Ergebnis auch *Müller-Freienfels*, Vertretung, 46, 67.

spricht zum anderen, dass der Vertretene, statt die Vollmacht zu widerrufen oder sie durch Weisungen zu beschränken, genauso keine oder eine von vornherein beschränkte Vollmacht erteilen kann. Dem Vertretenen die Erteilung von Weisungen oder die Ausübung seines Widerrufsrechts als eine nach § 166 Abs. 2 S. 1 BGB oder § 168 S. 2 BGB (nur) gerechtfertigte Verletzungshandlung vorzuwerfen, erscheint vor diesem Hintergrund unpassend. Darüber hinaus stehen hinter der Vertretungsmacht auch keine rechtlichen Interessen des Vertreters, die durch den Widerruf oder eine Weisung beeinträchtigt würden, vgl. § 164 BGB[1015]. Anderes gilt zwar für die unwiderrufliche Vollmacht, die nur oder weit überwiegend den Interessen des Vertreters dient[1016]. Aber auch hier scheidet eine Verletzung durch den Vertretenen im Ergebnis aus: Als unwiderrufliche Vollmacht kann die Vollmacht schon nicht durch einen Widerruf verletzt werden und, soweit sie unwiderruflich ist, auch nicht durch Weisungen. Letzteres ergibt sich regelmäßig aus einem (konkludenten) Verzicht des Vertretenen auf sein Weisungsrecht, jedenfalls aber daraus, dass die Weisung einem teilweisen Widerruf gleichkommt und für die unwiderrufliche Vollmacht damit gleichfalls ausgeschlossen sein muss.

Eine Verletzung der Vertretungsmacht erfolgt auch nicht dadurch, dass der Vertretene seinen Vertreter faktisch an der Ausübung seiner Vertretungsmacht hindert. Der Vertretene kann dem Vertreter zwar relevante Informationen zur Person des Erklärungsgegners vorenthalten oder das Schreiben des Vertreters unterschlagen, sodass es dem Empfänger nicht zugeht[1017]. Damit aber hindert der Vertretene den Vertreter (lediglich) an der Erfüllung seiner Pflichten aus dem Grundgeschäft, was eine Verletzung des sich *daraus* ergebenden Anspruchs des Vertreters auf Rücksichtnahme bedeutet[1018]. Abgesehen davon ist selbst dieser Eingriff nicht durch § 823 Abs. 1 BGB sanktioniert, weil das Forderungsrecht kein „sonstiges Recht" ist[1019]. Die Rechts-

---

[1015] Daher begründet auch weder die Anordnung einer Nachlasspflegschaft – BayObLG NJW-RR 2001, 297; OLG Hamm FGPrax 2014, 121 (122); OLG München NJW 2010, 2364 – noch die Anordnung einer Betreuung – BayObLG FGPrax 2003, 171 (172) – noch die Kraftloserklärung einer General- und Vorsorgevollmacht – OLG Köln NotBZ 2011, 298 – eine Verletzung der Vertretungsmacht.

[1016] Zur Zulässigkeit der unwiderruflichen Vollmacht unter Teil 2 G. I. 1.

[1017] Vgl. dazu den Fall bei *Crome*, System II, § 325 II 2 (S. 1020 in Fn. 46), dass ein Anfechtungs-, Rücktritts- oder Kündigungsrechts durch Unterschlagung des die Erklärung enthaltenen Briefs verletzt wird; dagegen *v. Tuhr*, AT I, § 7 V (S. 171 in Fn. 36), der darin eine Eigentumsverletzung und einen Verstoß gegen § 826 BGB sieht. Überhaupt sei die Verletzung von Machtbefugnissen ausgeschlossen, weil ihre Ausübung nicht von dem Willen des durch ihre Rechtswirkungen Betroffenen abhänge, *ders.*, AT I, § 7 V (S. 170 f.).

[1018] Die mit diesem Anspruch korrespondierende Pflicht kann an § 241 Abs. 2 BGB angeknüpft werden und hat zum Inhalt, den anderen Teil nicht an der Erfüllung seiner vertraglichen Pflichten zu hindern.

[1019] MK-BGB/*Wagner*, § 823 Rn. 329; RGRK/*Steffen*, BGB, § 823 Rn. 26; im Ergebnis

folgen dieses Eingriffs beurteilen sich vielmehr nach den §§ 280 ff. BGB. Hindert ein *Dritter* den Vertreter an der Erfüllung seiner vertraglichen Pflichten, greifen nicht einmal die §§ 280 ff. BGB ein; der Dritte ist dem Vertreter gegenüber weder vertraglich[1020] noch aus allgemeinen Grundsätzen dazu verpflichtet, auf dessen Vertragsbeziehung mit dem Vertretenen Rücksicht zu nehmen und nicht störend darin einzugreifen[1021].

2. *Vertretungsmacht als Zuständigkeit oder Kompetenz*

Als *Kompetenz* oder *Zuständigkeit* wird gewöhnlich der gesetzliche Wirkungskreis einer öffentlichen Stelle bezeichnet, namentlich einer Behörde[1022], innerhalb dessen sie ihre Befugnisse pflichtgemäß ausübt[1023]. Ein „Kompetenzkonflikt" beschreibt dementsprechend die zwischen verschiedenen Stellen bestehende Differenz bei der Frage, in wessen Geschäftskreis eine bestimmte Angelegenheit fällt[1024].

Bezeichnet man die Vertretungsmacht als eine Zuständigkeit[1025] oder Kompetenz[1026], hebt man weniger auf ihre Rechtsnatur und Bedeutung für den Vertreter als auf die *Funktion* der Bevollmächtigung ab, die Zuständigkeitsordnung im Privatrecht zu gestalten. Im Ausgangspunkt besteht eine Zuständigkeit nur für den eigenen Rechtskreis[1027], was die Bevollmächtigung dahingehend ändert, dass daneben eine Zuständigkeit auch für den Rechts-

---

Motive II, 727 = Mugdan II, 406. Eine andere Frage ist, ob die Forderungszuständigkeit als das Recht an (und nicht aus) einer Forderung als „sonstiges Recht" geschützt ist, dafür *Picker*, in: FS Canaris I (2007), 1001 (1003 ff., 1016 ff.); MK-BGB/*Wagner*, § 823 Rn. 330 für das Wertpapierrecht; Staudinger/*Hager*, BGB, § 823 Rn. B.165; dagegen BeckOGK-BGB/*Spindler*, 1.5.2021, § 823 Rn. 195.

[1020] RGZ 57, 353 (355 f.); BGH NJW 1981, 2184 (2185); *v. Tuhr*, AT I, § 11 II 1 (S. 209), wenn ein Dritter die Unmöglichkeit durch Tötung des Schuldners oder Zerstörung des Leistungsobjekts herbeiführt; Staudinger/*Hager*, BGB, § 823 Rn. B.160, B.162; MK-BGB/*Wagner*, § 826 Rn. 75; vgl. *Crome*, System II, § 325 II 4b (S. 1021).

[1021] Staudinger/*Hager*, BGB, § 823 Rn. B.160. Ein Schutz vor Eingriffen Dritter ist regelmäßig nur unter den (strengen) Voraussetzungen des § 826 BGB möglich, Staudinger/*Hager*, BGB, § 823 Rn. B.162; MK-BGB/*Wagner*, § 823 Rn. 329, § 826 Rn. 75 f.; ausführlich BGH NJW 1981, 2184 (2185).

[1022] *Meyers*, Bd. 6, s. v. *Kompetenz*, Sp. 345, vgl. s. v. *Zuständigkeit*, Sp. 1028.

[1023] Vgl. *Müller-Freienfels*, Vertretung, 51; *Nawiasky*, 108.

[1024] *Meyers*, Bd. 6, s. v. *Kompetenzkonflikt*, Sp. 345, s. v. *Zuständigkeit*, Sp. 1028.

[1025] *Müller-Freienfels*, Vertretung, 83 ff.; *Thiele*, 56 ff., 255; *Richardi*, AcP 169 (1969), 385 (401); *Neuner*, AT, § 49 Rn. 34 für die Passivvertretung; vgl. *Medicus/Petersen*, AT, § 60 Rn. 1003: ohne Vertretungsmacht „nicht zuständig".

[1026] *Windel*, in: FS Roth (2021), 119 (131): „Kompetenz (Rechtsmacht)"; *Thiele*, 61: „kraft der Vollmacht kompetent"; BGH NZG 2015, 792 (795) zur „Vertretungskompetenz" des Aufsichtsrats.

[1027] *Müller-Freienfels*, Vertretung, 60 f.; vgl. *Thiele*, 61, 256: „primäre" Zuständigkeit.

kreis eines anderen tritt[1028]. Damit erscheint die Bevollmächtigung als ein organisationsrechtlicher, zuständigkeitsbegründender Rechtsakt[1029] und die Vertretungsmacht als „organisatorische Vorbedingung" dafür, dass die Regelung des Vertreters für und gegen den Vertretenen wirkt[1030]. Bezeichnet man die Vertretungsmacht als „sekundäre"[1031] oder „abgeleitete"[1032] Zuständigkeit, wird anschaulich, dass sich die Zuständigkeit des Vertreters von dem Vertretenen ableitet und der Vertretungsakt „alleine kraft dieses Ableitungszusammenhangs" rechtlich anerkannt wird[1033]. Deutlich wird damit auch, dass der Vertretene darüber bestimmt, seinen rechtlichen Wirkungskreis zu erweitern, und die Vertretungsmacht also ein Mittel zur Verwirklichung seiner Privatautonomie ist[1034].

3. Vertretungsmacht als Fähigkeit oder Eigenschaft

Als *Fähigkeiten* bezeichnet man in erster Linie natürliche, angeborene Begabungen und Veranlagungen wie die Fähigkeit zu guten Taten oder die Unfähigkeit zu sprechen[1035]. Bezeichnet werden damit aber auch angelernte und erworbene Fertigkeiten, die eine Eignung oder Kompetenz zur Vornahme bestimmter Handlungen begründen[1036]. Ist jemand „fähig", ist er für eine bestimmte Aufgabe tauglich, kompetent oder begabt[1037]. Im rechtlichen Zusammenhang werden als Fähigkeiten Eigenschaften bezeichnet, die es ermöglichen, eine Handlung oder Veränderung rechtswirksam vorzunehmen[1038]. Ausdrücklich genannt sind im Gesetz die Rechtsfähigkeit in § 1 BGB, die Geschäftsfähigkeit in § 106 BGB sowie die Partei- und Prozessfähigkeit in den §§ 50–52 ZPO. In der Rechtsprechung und Literatur sind ferner die Deliktsfähigkeit, §§ 827 f. BGB, die Verschuldensfähigkeit, § 276 Abs. 1 S. 1 BGB, und die Postulationsfähigkeit, § 79 ZPO, anerkannt[1039].

[1028] Vgl. *Thiele*, 61: „so ist auch der andere zuständig"; *Neuner*, AT, § 50 Rn. 11: „zusätzliche" Rechtsmacht.

[1029] *Müller-Freienfels*, Vertretung, 48, 70.

[1030] *Müller-Freienfels*, Vertretung, 66 f.

[1031] *Müller-Freienfels*, Vertretung, 83; *Thiele*, 62, 65, 147, 255 f.

[1032] *Thiele*, 48, 62, 147.

[1033] *Thiele*, 62; vgl. KG FGPrax 2015, 95.

[1034] Vgl. *Thiele*, 60. Ein Zwang zur Vertretung besteht nur ausnahmsweise, siehe etwa § 69 Abs. 1 AktG.

[1035] Die einem Tier beispielsweise fehlt, DWb, Bd. 3, s. v. *fähigkeit*, Sp. 1239.

[1036] GWb/*Fleig*, Bd. 3, s. v. *Fähigkeit*, Sp. 525.

[1037] GWb/*Fleig*, Bd. 3, s. v. *fähig*, Sp. 524, 1.

[1038] Vgl. *Adelung*, Bd. 2, s. v. *Fähigkeit*, Sp. 11.

[1039] Dazu im Überblick *Bork*, AT, § 4 Rn. 155, § 23 Rn. 971 ff.

Bezeichnet man die Vertretungsmacht als eine rechtliche Fähigkeit[1040] oder rechtliche Eigenschaft[1041] des Vertreters, scheint man sich auf den Wortlaut des § 164 Abs. 1 S. 1 BGB berufen zu können. Dort wird die Vertretungsmacht immerhin als eine dem Vertreter „zustehende", mit seiner Person verknüpfte Position ausgewiesen[1042]. Bezweckt ist mit dieser Formulierung allerdings nicht, die Bedeutung der Vertretungsmacht in Bezug auf den Vertreter zu beschreiben. Sinn und Zweck des § 164 Abs. 1 S. 1 BGB ist es vielmehr, die Rechtsbeziehung zwischen dem Vertretenen und Dritten zu regeln, was sich schon daraus ergibt, dass die Rechtsfolge in der Herstellung eben dieser Rechtsbeziehung besteht. Bezeichnet das Gesetz die Vertretungsmacht in § 164 Abs. 1 S. 1 BGB als etwas dem Vertreter „Zustehendes", dann also nicht, um sie als eine seiner Fähigkeiten auszuweisen. Die Formulierung bringt vielmehr zum Ausdruck, dass ein Rechtsgeschäft zwischen Vertretenem und Drittem zustande kommt, sofern hierfür Vertretungsmacht besteht, andernfalls nur, wenn der Vertretene einen Zurechnungsgrund „nachschiebt", § 177 Abs. 1 BGB.

Davon abgesehen führt die Einordnung der Vertretungsmacht als eine Fähigkeit des Vertreters auch nicht weiter, insofern unklar ist, welche Rechtsfolgen sich aus dieser Einordnung ergeben sollen. Diejenigen Rechtsfolgen, die mit den anerkannten rechtlichen Fähigkeiten verbunden sind, können es jedenfalls nicht sein. Weder entspricht die Vertretungsmacht einer dieser Fähigkeiten noch ist sie mit diesen vergleichbar[1043]. Der wesentliche Unterschied besteht in dem Entstehungstatbestand: Vollmacht entsteht durch ein Rechts-

---

[1040] *Flume*, AT II, § 45 II 1 (S. 785); *Oertmann*, BGB, Vor § 164 Rn. 3b; Staudinger/*Schilken*, BGB, § 167 Rn. 9; *Breit*, Geschäftsfähigkeit, 296: „Fähigkeit, innerhalb des durch den Konsens eingeräumten Machtkreises handeln zu können"; *Hupka*, Vollmacht, 89: „Fähigkeit, durch seine Handlung eine andere Person zu berechtigen oder zu verpflichten", 27: „Fähigkeit, eine andere Person in gewissem Umfang rechtswirksam nach aussen hin zu vertreten"; *Doerner*, Abstraktheit, 75: „personenbezogene Befähigung"; *E. Zimmermann*, negotiorum gestio, 87: „Fähigkeit, [...] dieselben juristischen Wirkungen hervorzubringen, wie wenn dieser Andre [Vertretene] das Rechtsgeschäft selber vorgenommen hätte"; *Biermann*, in: FG Dernburg (1900), 89 (109): „Erweiterung seiner rechtlichen Fähigkeiten"; speziell für die aktive Vertretungsmacht: *v. Tuhr*, AT I, § 7 IV (S. 165): „Fähigkeit, auf den Rechtskreis des D [Vertretenen] einzuwirken"; *ders.*, AT II/2, § 84 I 2 (S. 335); *ders.*, in: FS Laband (1908), 43 (50): „Fähigkeit im Vermögen des A [Vertretene] Wirkungen herbeizuführen"; (60): „entziehbare Fähigkeit, Wirkungen in einem fremden Vermögen herbeizuführen"; *Bülow*, 37: „Stück der persönlichen Handlungs- und Verfügungsfähigkeit".

[1041] *Doerner*, Abstraktheit, 73; *v. Tuhr*, AT I, § 7 IV (S. 165 in Fn. 20a); *ders.*, AT II/2, § 84 I 2 (S. 335) für die passive Vertretungsmacht; *Bülow*, 39 f.; RGZ 121, 30 (34) und *Oertmann*, BGB, Vor § 164 Rn. 3b: „subjektive Eignung".

[1042] Vgl. *Doerner*, Abstraktheit, 73.

[1043] Im Ergebnis *Flume*, AT II, § 45 II 1 (S. 785); *Müller-Freienfels*, Vertretung, 34 ff.; MK-BGB/*Schubert*, § 164 Rn. 193.

geschäft des Vertretenen, § 167 Abs. 1 BGB, rechtliche Fähigkeiten, wenn ein gesetzlicher Tatbestand erfüllt ist, der kein Rechtsgeschäft zum Inhalt hat[1044]. So knüpft die Geschäftsfähigkeit an die Vollendung des 18. Lebensjahrs an, §§ 2, 106 BGB[1045] (wie auch die Prozessfähigkeit, § 51 Abs. 1 ZPO), die Rechtsfähigkeit an die Vollendung der Geburt, § 1 BGB (wie auch die Parteifähigkeit, § 50 Abs. 1 ZPO), die Deliktsfähigkeit an ein bestimmtes Alter in Verbindung mit einem bestimmten Geisteszustand, §§ 827 f. BGB (wie auch die Verschuldensfähigkeit, § 276 Abs. 1 S. 2 BGB), und die Postulationsfähigkeit an die gesetzliche Anordnung einer anwaltlichen Vertretung, § 78 Abs. 1 S. 1 ZPO.

Weil die rechtlichen Fähigkeiten durch das Gesetz verliehen werden, wirkt sich die Bevollmächtigung auch nicht auf deren Bestand oder Umfang aus. Insbesondere führt die Bevollmächtigung nicht zu einer Schmälerung der Geschäftsfähigkeit des Vertretenen[1046]. Wenn schon die Verfügungsbefugnis nicht durch Rechtsgeschäft und also nicht im Wege der Bevollmächtigung ausgeschlossen oder beschränkt werden kann, § 137 S. 1 BGB, muss dies erst recht für die Geschäftsfähigkeit gelten, ohne die eine Verfügungsbefugnis nicht denkbar ist. Dementsprechend bewirkt die Bevollmächtigung auch keine Erweiterung der Geschäftsfähigkeit des Vertreters[1047]. Nach dem Vorstehenden fehlt es außerdem an einem abtrennbaren Teil der Geschäftsfähigkeit des Vertretenen, um den die Geschäftsfähigkeit des Vertreters „wachsen" könnte.

Zu demselben Ergebnis gelangt man schließlich für die gesetzliche Vertretungsmacht. Entsprechend den rechtlichen Fähigkeiten entsteht zwar auch sie nicht durch ein Rechtsgeschäft, sondern knüpft an außerrechtsgeschäftliche Umstände an (etwa an das Elternsein, §§ 1626, 1629 BGB). Im Übrigen aber ist die gesetzliche Vertretungsmacht der Vollmacht gleichgestellt, was gegen eine Gleichsetzung oder Vergleichbarkeit mit den oben genannten rechtlichen Fähigkeiten spricht. Speziell § 164 BGB differenziert nicht nach dem Entstehungsgrund der Vertretungsmacht, sodass auch der gesetzliche Vertreter im Namen des Vertretenen und innerhalb der ihm zustehenden Vertretungsmacht handeln muss, damit die Vertretungswirkung eintritt[1048]. Die gesetzliche Vertretungsmacht ist auch nicht deshalb mit den rechtlichen Fähigkeiten vergleichbar, weil sie deren Fehlen auf Seiten des Vertretenen „ausgleicht". Ausgeglichen wird dieses Defizit allenfalls durch

---

[1044] *v. Tuhr*, AT I, § 7 II (S. 161); *Müller-Freienfels*, Vertretung, 37 für die Geschäftsfähigkeit.

[1045] Wenn nicht ein Zustand der in § 104 Nr. 2 BGB bezeichneten Art besteht.

[1046] So aber *Beitzke*, 128: „Abspaltung von der eigenen Geschäftsfähigkeit"; dagegen: *Flume*, AT II, § 45 II 1 (S. 785 in Fn. 16); *Neuner*, AT, § 49 Rn. 3, § 50 Rn. 1.

[1047] So aber *v. Tuhr*, AT I, § 7 IV (S. 165).

[1048] Vgl. *Rosenberg*, 112.

die Rechts- und Geschäftsfähigkeit des Vertreters, nicht aber durch dessen Vertretungsmacht. Letztere fungiert nur als „Scharnier" dafür, dass der Vertreter von seiner Rechts- und Geschäftsfähigkeit mit Wirkung für und gegen den Vertretenen Gebrauch machen kann.

Aus alledem folgt, dass die Vertretungsmacht keiner der genannten rechtlichen Fähigkeiten entspricht, sondern – allenfalls – an das Bestehen solcher Fähigkeiten, namentlich an die Geschäftsfähigkeit anknüpft[1049]: auf Seiten des Vertretenen, damit er Vollmacht wirksam erteilen kann, § 167 Abs. 1 BGB, und auf Seiten des Vertreters, damit er von seiner Vollmacht wirksam Gebrauch machen kann, vgl. §§ 164 Abs. 1 S. 1, Abs. 3, 165 BGB. Auf dem Boden der hier vertretenen Auffassung kommt es für die Wirksamkeit der Bevollmächtigung und ihrer Ausübung freilich nicht auf die Geschäftsfähigkeit des Vertreters an[1050], was noch weniger für eine Gleichsetzung von Vertretungsmacht und Geschäftsfähigkeit spricht.

4. Vertretungsmacht als Befugnis

Mit dem Begriff der *Befugnis* werden Rechte und Gewalten bezeichnet, die einer Person aufgrund eines bestimmten Status zugeschrieben werden[1051] (etwa die Geschäftsführungsbefugnis aufgrund der Gesellschafterstellung, §§ 712 Abs. 1, 714, 729, 730 Abs. 2 S. 2 BGB[1052]), sich aus einer erteilten Erlaubnis oder Privilegierung ergeben[1053] (etwa die Befugnis zum Gebrauch fremder Namen, § 12 BGB[1054]) oder auf einer bestimmten Qualifikation oder Fähigkeit gründen[1055] (etwa die Befugnis zur Durchführung öffentlicher Versteigerungen, §§ 383 Abs. 3, 385, 1221 BGB[1056]). Derjenige, der „befugt" ist, stützt sein Handeln also auf eine bestimmte Berechtigung[1057].

[1049] Sinngemäß *Müller-Freienfels*, Vertretung, 38.

[1050] Vgl. Teil 1 B. III. 6.

[1051] GWb/*Herwig/Herwig*, Bd. 2, s. v. *Befugnis*, Sp. 202, 1b.

[1052] Weitere Beispiele aus dem BGB: Befugnisse kraft der Stellung als Elternteil (§§ 1687 Abs. 1 S. 2, 1687b Abs. 1 S. 1, 1751 Abs. 1 S. 1 Hs. 2), als Pfleger (§ 1688 Abs. 1 S. 2), als Erbe (§ 1984 Abs. 1 S. 1), als Eigentümer (§ 903 S. 2), als Inhaber einer Dienstbarkeit (§ 1090 Abs. 1), als Besitzdiener (§ 860), als Forderungsinhaber (§ 309 Nr. 3), als Verfügungsberechtigter (§ 137 S. 1).

[1053] GWb/*Herwig/Herwig*, Bd. 2, s. v. *Befugnis*, Sp. 202, 1c.

[1054] Weitere Beispiele aus dem BGB: die Befugnis, eine Sache zu gebrauchen (§ 743 Abs. 2), den Besitz an einer Sache Dritten zu überlassen (§§ 986 Abs. 1, 543 Abs. 2 S. 1 Nr. 2, 605 Nr. 2) oder mit Dritten zu teilen (vgl. § 1093 Abs. 2), sich eine Sache anzueignen (§ 954), auf das Recht des Dritten einzuwirken (§§ 328 Abs. 2, 331 Abs. 2, 332).

[1055] GWb/*Herwig/Herwig*, Bd. 2, s. v. *Befugnis*, Sp. 202, 2.

[1056] Oder einen Geschäftsbetrieb zu führen, §§ 632a Abs. 2, 650f Abs. 2, 650m Abs. 3, 650r Abs. 2 Nr. 1 und 2 BGB.

[1057] GWb/*Herwig/Herwig*, Bd. 2, s. v. *befugt*, Sp. 202.

Bezeichnet man die Vertretungsmacht – im Anschluss an die §§ 48 Abs. 3, 171 Abs. 1, 1189 Abs. 1 S. 1, Abs. 2, 2249 Abs. 5 S. 2, 2294 Abs. 5 S. 1 BGB, § 37 Abs. 1 GmbHG, § 81 Abs. 1 AktG, §§ 26–29, 39 GenG – als Befugnis[1058], sagt man damit also, dass der Handelnde in seiner Rolle als Vertreter *berechtigt* ist, das Rechtsgeschäft im Namen des Vertretenen abzuschließen. Beschrieben ist damit in erster Linie das Verhältnis des Vertreters zum Vertretenen, und zwar dahingehend, dass ein Handeln innerhalb der Vertretungsmacht keine „unerlaubte" Handlung gegenüber dem Vertretenen ist[1059]. Diesem Verständnis entspricht es, dass in § 12 S. 2 BeurkG von einer „Vertretungsberechtigung" die Rede ist und dass die Begriffe „Befugnis" und „Berechtigung" im Gesetz bisweilen synonym gebraucht werden, vgl. § 1093 Abs. 2[1060], §§ 2208 Abs. 1 S. 2, 2205 S. 2 BGB[1061]. Im Übrigen aber ist die Einordnung der Vertretungsmacht als Befugnis wenig präzise. Grund hierfür ist, dass sich unter den Begriff der Befugnis auch eine Vielzahl anderer Sachverhalte subsumieren lässt, die sich wesentlich von dem Institut der Vertretungsmacht unterscheidet. So wird auch der Inhalt eines subjektiven Rechts als Befugnis bezeichnet, vgl. § 903 S. 2 BGB, einem Elternteil die Befugnis zur alleinigen Entscheidung zugesprochen, § 1687 Abs. 1 S. 2 BGB[1062], der Besitzdiener als zur Ausübung der Besitzschutzrechte befugt erklärt, § 860 BGB, und der Gesellschafter als zur Geschäftsführung befugt angesehen, vgl. §§ 709, 714 BGB.

[1058] So etwa *v. Tuhr*, AT I, § 7 IV (S. 165 mit Fn. 20); *ders.*, AT II/2, § 84 I 2 (S. 335), § 85 I (S. 379 in Fn. 9): „Machtbefugnis"; *ders.*, in: FS Laband (1908), 43 (59 f.): „Befugnis, durch Rechtsgeschäfte mit Dritten [...] solche Rechte für oder gegen den Vollmachtgeber zu begründen, aufzuheben oder abzuändern"; *Wach*, Handbuch I, § 50 I (S. 568); *Laband*, ZHR 10 (1866), 183 (209): „Stellvertretungsbefugnis"; *Crome*, System I, § 104 I (S. 459): „Befugnis gegenüber Dritten"; *Neuner*, AT, § 50 Rn. 1: „rechtliche Befugnis, mit Wirkung für den Vertretenen Rechtsfolgen herbeizuführen"; *Hellwig*, Lehrbuch II, § 120 I 2, wobei die Empfangsvollmacht eine Befugnis des *Geschäftsgegners* sei.

[1059] Denn fehlt es im Einzelfall an einer Berechtigung, bezeichnet das BGB das betreffende Verhalten als „unbefugt" bzw. „nicht befugt" – so in den §§ 12, 543 Abs. 2 S. 1 Nr. 2, 605 Nr. 2, 675l Abs. 1 S. 1, 1053 m, 986 Abs. 1 S. 2 – oder als „nicht berechtigt" – so in den §§ 81 Abs. 2 S. 3, 266, 272, 563c Abs. 2 S. 2, 540 Abs. 1 S. 1, 584 Abs. 2, 589 Abs. 1, 603, 651o Abs. 2, 675o Abs. 2, 691 S. 1, 791 Abs. 1 Hs. 2, 793 Abs. 1 S. 1, 797, 808 Abs. 1 S. 2, 904 S. 1, 957, 990 Abs. 1 S. 2, 1037 Abs. 1, 1074 S. 2, 1282 Abs. 2, 1419 Abs. 1, 1673 Abs. 2 S. 2 Hs. 2, 1675, 2013 Abs. 1 S. 1 Hs. 2, 2080 Abs. 2.

[1060] Dort heißt es: „Der Berechtigte ist befugt [...]".

[1061] Die von § 2208 Abs. 1 S. 2 BGB in Bezug genommene „Befugnis" des Testamentsvollstreckers besteht nach § 2205 S. 2 BGB in der „Berechtigung" zur unentgeltlichen Verfügung.

[1062] Und dem Erben die Befugnis zur Nachlassverwaltung abgesprochen, § 1984 Abs. 1 S. 1 BGB.

5. Vertretungsmacht als Legitimation

Im Unterschied zum Begriff der Befugnis ist mit dem Begriff der *Legitimation* nicht eine materielle Berechtigung, sondern der *Nachweis* und insbesondere das urkundliche Beweismittel für das Bestehen einer Berechtigung gemeint[1063]. Dieses Verständnis liegt namentlich dem Sprachgebrauch des Handelsgesetzbuchs zugrunde[1064]. So besteht die Rechtswirkung des Ladescheins, § 475c HGB, des Lagerscheins, § 443 HGB, und des Konnossements, § 515 HGB, jeweils darin, den Besitzer des Papiers als zur Geltendmachung der verbrieften Ansprüche berechtigt auszuweisen, ohne dass es auf seine materielle Berechtigung ankommt. Diese Rechtswirkung beschreibt das Gesetz als „Legitimation" und den Besitzer des Papiers dementsprechend als „legitimierten Besitzer"[1065]. Dieselbe Redeweise findet sich im Zusammenhang mit Urkunden im Sinne der §§ 793, 808 BGB. Hier sagt man, sie verschaffen dem (materiell nichtberechtigten) Inhaber „Legitimationswirkung" gegenüber dem Aussteller[1066] bzw. dem zahlenden Schuldner[1067].

Bezeichnet man die Vertretungsmacht als eine (Verkehrs-[1068], formale[1069], äußere[1070]) Legitimation[1071], ist damit also auf keine spezifische rechtliche Ka-

---

[1063] *Meyers*, Bd. 6, s. v. *Legitimation*, Sp. 327; besonders deutlich bei *Laband*, ZHR 10 (1866), 183 (241), der seine Abhandlung zur Stellvertretung mit folgenden Worten schließt: „An die Stelle der Berechtigung tritt die Legitimation"; anders *Doerner*, Abstraktheit, 75, die in dem Begriff der Legitimation auch die Berechtigung zu einem bestimmten Handeln angesprochen sieht und ihn daher ablehnt.

[1064] Das Bürgerliche Gesetzbuch kennt den Begriff der Legitimation nicht mehr. Im alten Recht bezeichnete „Legitimation" den Vorgang der Anerkennung eines unehelichen Kindes, sodass es seinem Vater gegenüber die rechtliche Stellung eines ehelichen Kindes erlangt, vgl. § 1722 BGB a. F. Die §§ 1718–1740g BGB a. F. wurden größtenteils durch Art. 1 Nr. 48 des Ersten Gesetzes vom 16.12.1997 zur Reform des Kindschaftsrechts (Kindschaftsrechtsreformgesetz) mit Wirkung zum 1.7.1998 aufgehoben (Art. 17, § 1), BGBl. I, S. 2942, und sind im Übrigen in den §§ 1592–1600d BGB enthalten.

[1065] Für den Ladeschein: §§ 471 Abs. 2 S. 1 und 3, 473 Abs. 3, 475a S. 2, 475b Abs. 2, 475d Abs. 3, 475e Abs. 1, Abs. 2 S. 3 und 475d HGB. Für den Lagerschein: §§ 444 Abs. 3 S. 2, 445 Abs. 1, Abs. 2 S. 2, Abs. 3 S. 1, 446 Abs. 1 S. 1 und 3 sowie 444 HGB. Für das Konnossement: §§ 519 S. 2 und 3, 520 Abs. 1 S. 1 und 3, 521 Abs. 1, Abs. 2 S. 2, Abs. 3 S. 1 und 2, Abs. 4 S. 1 und 519 HGB.

[1066] BGH NZG 2013, 903 (904).

[1067] BeckOGK-BGB/*Vogel*, 1.7.2021, § 808 Rn. 42.

[1068] *Laband*, ZHR 10 (1866), 183 (241).

[1069] *Hupka*, Vollmacht, 390.

[1070] *Hupka*, Vollmacht, 390; *ders.*, Haftung, 149.

[1071] OLG Hamm FGPrax 2014, 121 (122); OLG München NJW 2010, 2364; KG FGPrax 2015, 95; *Flume*, AT II, § 45 II 1 (S. 784); *Hupka*, Haftung, 3, 139; *Bork*, AT, § 34 Rn. 1480; *Pawlowski*, AT, § 5 Rn. 740; *Wach*, Handbuch I, § 49 V (S. 567); *Endemann*, Lehrbuch I, § 81, 1 (S. 402); *Frotz*, 31; *Crome*, System I, § 104 I (S. 459); MK-BGB/*Schubert*, § 164 Rn. 193; Staudinger/*Schilken*, BGB, Vor § 164 Rn. 17; kritisch zum Begriff der Legitimation *Schlossmann*, Stellvertretung I, 287 ff.; *ders.*, Stellvertretung II, 430 f.

tegorie Bezug genommen, sondern in erster Linie auf ihre Bedeutung für den Rechtsverkehr. Der Rechtsverkehr soll keine Nachforschungen darüber anstellen müssen, welche Absprachen zwischen Vertreter und Vertretenem getroffen wurden, sondern auf die ihm offengelegte Vertretungsmacht vertrauen dürfen. Dass im Innenverhältnis Weisungen bestehen oder der Vertreter zur Vornahme des Vertretungsakts nach dem Grundgeschäft nicht berechtigt ist, spielt für die Wirksamkeit des Vertretergeschäfts also keine Rolle. Für den speziellen Fall, dass über die Vertretungsmacht eine Urkunde ausgestellt ist, findet sich dieser Gedanke in § 172 Abs. 1 BGB[1072].

6. Vertretungsmacht als Macht

Als *Macht* werden die einer Person oder Sache verfügbaren Kräfte bezeichnet (*vis, potestas*[1073]), wobei die körperliche Kraft, eine mentale Stärke oder eine bestimmte Form der Überlegenheit gemeint sein kann[1074]. Daneben werden mit dem Begriff der Macht auch Fähigkeiten oder ein bestimmtes Vermögen beschrieben[1075] (*facultas*[1076]), so zum Beispiel die Macht des Schöpfers oder die Macht der Gewohnheit[1077]. In Verbindung mit einem Amt, aber auch davon losgelöst, kann man als „Macht" die Möglichkeit oder Freiheit beschreiben, seinen Willen zu verwirklichen[1078], sodass andere sich dem fügen müssen[1079]. Macht kann auf einer Befugnis beruhen, dem Recht aber auch entgegenstehen[1080].

Bezeichnet man die Vertretungsmacht als Macht, hat man das Gesetz auf seiner Seite. Alleine im Allgemeinen Teil findet sich der Machtbegriff in den §§ 164 Abs. 1 S. 1, 166 Abs. 2 S. 1, 167, 168 S. 1 und 2, 169, 170, 171 Abs. 2, 172 Abs. 2, 173, 175 Hs. 1, 176 Abs. 3, 177 Abs. 1, 178 S. 1, 179 und 180 BGB[1081]. Um was für eine Macht es sich bei der Vertretungsmacht handeln soll, ist allerdings offen. Manche ordnen die Vertretungsmacht als „Verfügungs-

---

[1072] So bezeichnen *Windscheid/Kipp*, Pandekten I, § 74 (S. 359 in Fn. 2b) die Vollmachtsurkunde als „Legitimationsurkunde".

[1073] DWb, Bd. 12, s. v. *macht*, Sp. 1397.

[1074] GWb/*Nutt-Kofoth*, Bd. 5, s. v. *Macht*, Sp. 1355; *Adelung*, Bd. 3, s. v. *Macht*, Sp. 9: „Kriegsmacht", „Seemacht".

[1075] Vgl. *Hupka*, Vollmacht, 21 in Fn. 2: „Macht" leite sich ab „von mögen = können: Vermögen, Möglichkeit".

[1076] DWb, Bd. 12, s. v. *macht*, Sp. 1397.

[1077] DWb, Bd. 12, s. v. *macht*, Sp. 1402.

[1078] Vgl. GWb/*Nutt-Kofoth*, Bd. 5, s. v. *Macht*, Sp. 1355.

[1079] DWb, Bd. 12, s. v. *macht*, Sp. 1399.

[1080] Vgl. DWb, Bd. 12, s. v. *macht*, Sp. 1399; *Hupka*, Vollmacht, 21.

[1081] Im BGB findet sich der Begriff „Vollmacht" außerdem in den §§ 312h, 492 Abs. 4, 494 Abs. 1, 1901c, 1904 Abs. 5 S. 2, 1906 Abs. 5 S. 1, 1906a Abs. 5 S. 1, 1908f Abs. 1 Nr. 2a, Abs. 4, 1911 Abs. 1 S. 2, 1945 Abs. 3, und der Begriff „Vertretungsmacht" außerdem in den §§ 26 Abs. 1 S. 2, 30 S. 2, 64, 70, 76, 714, 715, 1629a Abs. 1 S. 1, 1793 Abs. 2, 1795, 1796.

macht"[1082] oder eine „Art Ermächtigung"[1083], andere als „Rechtshandlungs-macht"[1084] und wieder andere als „Fremdgestaltungsmacht" ein[1085]. Weit überwiegend ist von einer „Rechtsmacht"[1086] die Rede, die „arteigen"[1087], „eigenständig"[1088] oder „von singulärer Art"[1089] sein soll.

Bezeichnet man die Vertretungsmacht als „Verfügungsmacht", sagt man damit, dass in der Ausübung der Vertretungsmacht eine Verfügung des Vertreters über den Rechtskreis des Vertretenen liegt. Dass dem nicht so ist, wird deutlich, wenn der Vertreter nur ein Verpflichtungsgeschäft vornimmt. Die Annahme, der Vertreter nehme gelegentlich dieses Geschäfts eine Verfügung gegenüber dem Vertretenen vor, liegt nicht nur aus den bereits dargelegten Gründen fern[1090]. Vielmehr ist auch unklar, worin die Verfügung des Vertreters liegen soll, wenn durch sein Handeln lediglich Ansprüche begründet werden. Die Bedenken werden nicht weniger, wenn der Vertretungsakt in einem Verfügungsgeschäft besteht: Nimmt der Vertreter die Übereignung nach § 929 S. 1 BGB im Namen des Vertretenen vor, überträgt nicht etwa er das Eigentum auf den Geschäftsgegner. Das Verfügungsgeschäft ist vielmehr ein solches (nur) des Vertretenen, § 164 Abs. 1 S. 1 BGB, womit auch (nur) er derjenige ist, der (rechtlich) über das Eigentumsrecht verfügt.

Abzulehnen ist auch die Qualifikation der Vertretungsmacht als „Ermächtigung"[1091]. Die Ermächtigung beschreibt das Gesetz in § 185 Abs. 1 BGB als die Einwilligung des Berechtigten in eine Verfügung. Schon dieses Verständnis lässt sich nicht auf die Vertretungsmacht übertragen, die im Einzelfall auch nur auf die Vornahme eines Verpflichtungsgeschäfts gerichtet sein kann. Davon abgesehen handelt der Ermächtigte in eigenem Namen, was zur Folge

---

[1082] *Hupka*, Vollmacht, 21, 380; vgl. *Neuner*, AT, § 49 Rn. 43.

[1083] *Neuner*, AT, § 50 Rn. 11; *Bekker*, JherJb 49 (1905), 1 (24); *Brinz*, Pandekten IV, § 582 (S. 375) ergänzt: „zu fremden Geschäften", § 582 (S. 376): „welche man von auswärts, und zwar vom Geschäftsherrn selbst hat"; Soergel/*Leptien*, BGB, Vor § 164 Rn. 15: „Verwandtschaft mit der Ermächtigung des § 185"; *Müller-Freienfels*, Vertretung, 201.

[1084] *Bülow*, 39.

[1085] *Frotz*, 261.

[1086] *Neuner*, AT, § 50 Rn. 11, 52 in Fn. 104; *Doris*, 25; Erman/*Maier-Reimer/Finkenauer*, BGB, § 164 Rn. 17, § 167 Rn. 1; MK-BGB/*Schubert*, § 164 Rn. 193; *Oertmann*, BGB, Vor § 164 Rn. 4b; Palandt/*Ellenberger*, BGB, Vor § 164 Rn. 5; Soergel/*Leptien*, BGB, Vor § 164 Rn. 15. In diesem Sinne auch *Brinz*, Pandekten IV, § 582 (S. 373, 374, 377); *Wach*, Handbuch I, § 50 I (S. 568); *Windscheid/Kipp*, Pandekten I, § 74 (S. 357 in Fn. 1a); *Karlowa*, 58; *E. Zimmermann*, negotiorum gestio, 87; *Hellmann*, Stellvertretung, 109; *Isay*, Geschäftsführung, 173.

[1087] *Bork*, AT, § 34 Rn. 1426; vgl. Palandt/*Ellenberger*, BGB, Vor § 164 Rn. 5.

[1088] *Neuner*, AT, § 49 Rn. 33.

[1089] Soergel/*Leptien*, BGB, Vor § 164 Rn. 15.

[1090] Vgl. Teil 1 C. I. 1. a).

[1091] Ausführlich zu den Unterschieden *Isay*, Geschäftsführung, 204 ff.

hat, dass den Hintermann zwar die Geschäftswirkungen treffen, er aber nicht Partei des Rechtsgeschäfts wird. Der Vertreter dagegen handelt in fremdem Namen, was zur Folge hat, dass dem Hintermann sowohl die Geschäftswirkungen als auch die Parteirolle zugewiesen werden[1092]. Dieser Unterschied wird zwar deutlich, wenn man die Vertretungsmacht nur als eine „Art Ermächtigung" bezeichnet. Es darf aber bezweifelt werden, ob dies nicht eher zu Missverständnissen als zur Klärung des Begriffs der Vertretungsmacht führt[1093].

Entsprechendes gilt für die Begriffe „Rechtshandlungsmacht", „Fremdgestaltungsmacht" und „Rechtsmacht", aus denen sich ebenfalls keine weiterführenden Aussagen zur Rechtsnatur der Vertretungsmacht ableiten lassen[1094]. Vor allem der Begriff der Rechtsmacht vereint (zu) viele verschiedene Sachverhalte in sich[1095]. Versteht man darunter „jedes durch die Rechtsordnung sanktionierte und geregelte Gewaltverhältnis ökonomischer und socialer Natur"[1096], kann sich eine „Rechtsmacht" nämlich genauso aus einer Einwilligung, § 183 BGB[1097], einer Ermächtigung, § 185 BGB[1098], oder einer Treuhand ergeben[1099].

Davon abgesehen ist bei Rechtsbegriffen wie denen der „Vertretungsmacht" und „Vollmacht" zu beachten, dass ihnen zumindest auch eine technische Funktion zukommt[1100]. Mit ihrer Hilfe lassen sich verschiedene Tatbestände mit derselben Rechtsfolge zusammenfassen, etwa die §§ 167 Abs. 1, 1629 Abs. 1 S. 1 BGB, § 78 Abs. 1 S. 1 AktG, § 48 Abs. 1 HGB, deren Rechtsfolge jeweils in der Begründung von Vertretungsmacht besteht. Die Zusammenfassung dieser Tatbestände unter einen Rechtsbegriff trägt zu einer übersichtlich(er)en Gesetzeskodifikation und damit zu einer erleichterten Rechtsanwendung bei. Genauso könnte man aber auch auf die Bildung von Rechtsbegriffen verzichten, ohne dass damit eine Änderung der Rechtslage einherginge[1101]. So ließe sich für § 177 Abs. 1 BGB formulieren:

[1092] *Thiele*, 152; ähnlich: HK-BGB/*Dörner*, § 167 Rn. 12; MK-BGB/*Schubert*, § 164 Rn. 66 f., 193; *Doris*, 26 f. Zur unterschiedlichen Bedeutung und Reichweite der Offenkundigkeit bei Verfügungen durch Stellvertreter und Ermächtigte *Thiele*, 147 ff.

[1093] Vgl. *Hupka*, Vollmacht, 20 f.; *Rosenberg*, 124 in Fn. 1; *Isay*, Geschäftsführung, 204 f.

[1094] Kritisch zur Bezeichnung der Vertretungsmacht als „Herrschaftsmacht" *Doerner*, Abstraktheit, 75.

[1095] Vgl. *Müller-Freienfels*, Vertretung, 84 ff.

[1096] *Hupka*, Vollmacht, 21 in Fn. 1.

[1097] *Rodi*, 60.

[1098] *Doris*, 173 ff.

[1099] *F. Leonhard*, JherJb 86 (1936), 1 (20 f.).

[1100] Zur Willenserklärung als Rechtsbegriff *Lüdeking*, 42 ff.

[1101] Instruktiv *Ross*, Harvard Law Review 70 (1957), 812 ff., der das beschriebene Phänomen anhand der „tû-tû"-Allegorie verdeutlicht. Für die Einordnung des Rechtsbegriffs „Vollmacht" als tû-tû-Begriff *Lüdeking*, 106.

„Schließt jemand im Namen eines anderen einen Vertrag, ohne dass in Bezug auf seine Person die Voraussetzungen des § 167 Abs. 1 BGB, § 1629 Abs. 1 S. 1 BGB, § 78 Abs. 1 S. 1 AktG, § 48 Abs. 1 HGB oder […] erfüllt sind, so hängt die Wirksamkeit des Vertrags für und gegen den Vertretenen von dessen Genehmigung ab."

Für § 179 Abs. 1 BGB wäre folgende Formulierung denkbar:

„Wer als Vertreter einen Vertrag geschlossen hat, ist, sofern er nicht das Erfülltsein der Voraussetzungen des § 167 Abs. 1 BGB, § 1629 Abs. 1 S. 1 BGB, § 78 Abs. 1 S. 1 AktG, § 48 Abs. 1 HGB oder […] nachweist, dem anderen Teil nach dessen Wahl zur Erfüllung oder zum Schadensersatz verpflichtet, wenn der Vertretene die Genehmigung des Vertrags verweigert."

Zwar werden Rechtsbegriffe gewöhnlich nicht willkürlich, sondern entsprechend den mit ihnen verbundenen Assoziationen gewählt. Doch zeigen die beiden Beispiele, dass zumindest Vorsicht geboten ist, wenn es aus einem Rechtsbegriff Aussagen über die Rechtsnatur des mit ihm bezeichneten Instituts abzuleiten gilt. Wesentlich ist nämlich nicht der Begriff (etwa „Vollmacht"), sondern die Norm, die an diesen Begriff anknüpft (etwa § 167 Abs. 1 BGB)[1102].

Vorsicht ist schließlich dabei geboten, die Vertretungsmacht als eine Macht des *Vertreters* zu denken. Dass die Rechtsfolgen des Vertretungsakts in der Person des Vertretenen eintreten, bestimmt nämlich der Vertretene, und zwar, indem er seine Zustimmung hierzu vor oder nach Abschluss des Geschäfts erteilt[1103]. Der Vertreter verfügt lediglich über die „Macht", den Vertretenen in Beziehung zu einem Dritten zu setzen, indem er das Geschäft in seinem Namen vornimmt. Das aber ist dem Vertreter auch ohne Vertretungsmacht möglich, wie § 177 Abs. 1 BGB zeigt[1104]. Vor diesem Hintergrund ist übrigens auch die Genehmigung des Vertretenen nicht so zu verstehen, als werde dem Vertreter damit nachträglich die zur Vertretung erforderliche Rechtsmacht verliehen[1105]. Das belegt zunächst der Wortlaut der §§ 177 Abs. 1, 179 Abs. 2 BGB, der nicht den Mangel der Vertretungsmacht, sondern das Vertretergeschäft als Bezugspunkt der Genehmigung ausweist[1106]. In systematischer Hinsicht spricht dafür der Vergleich mit der Genehmigung

---

[1102] Vgl. *Lüdeking*, 45, 106; *Schlossmann*, Stellvertretung I, 237 ff.; *Rosenberg*, 122 f.

[1103] Vgl. *Thiele*, 61.

[1104] *Rosenberg*, 118. *F. Leonhard*, JherJb 86 (1936), 1 (10) bezeichnet die Vertretungsmacht ausdrücklich als Rechtsmacht des Vertretenen, denn entscheidend sei bei der Stellvertretung nicht, wessen Vermögen betroffen sei, sondern wessen Macht ausgeübt werde.

[1105] So auch *Raape*, AcP 121 (1923), 257 (267 in Fn. 15, 278 in Fn. 35); *Rosenberg*, 131 in Fn. 1, missverständlich auf S. 622 in Fn. 1; *Wach*, Handbuch I, § 52 III (S. 598); BeckOGK-BGB/*Ulrici*, 1.1.2021, § 177 Rn. 133; Erman/*Maier-Reimer/Finkenauer*, BGB, § 177 Rn. 12; dagegen: *Hellmann*, Stellvertretung, 113; *Reichel*, Rechtsgeschäfte, 33 f.; *E. Zimmermann*, negotiorum gestio, 161; *Isay*, Geschäftsführung, 240, 256; LG Limburg NJW 1949, 787 (788).

[1106] Vgl. BeckOGK-BGB/*Ulrici*, 1.1.2021, § 177 Rn. 133, 137.

nach § 185 Abs. 2 S. 1 Fall 1 BGB, die ebenfalls nur zur Wirksamkeit der Verfügung (im Verhältnis zum Dritten) führt, nicht aber dazu, dass der Verfügende nachträglich die erforderliche Verfügungsermächtigung erhält, vgl. § 816 Abs. 1 S. 1 BGB[1107]. In teleologischer Hinsicht streitet für dieses Ergebnis das Motiv des Genehmigenden: Anders als der Bevollmächtigende, der über die Ausgestaltung der Vollmacht Einfluss auf den Vertretungsakt nehmen kann, ist der Genehmigende vor vollendete Tatsachen gestellt. Er kann das abgeschlossene Rechtsgeschäft nur insgesamt anerkennen oder insgesamt ablehnen[1108]. Dementsprechend geht es dem Genehmigenden auch nicht um die Person des Vertreters und dessen Vertrauenswürdigkeit und deshalb auch nicht darum, für den Vertreter nachträglich eine Rechtsmacht zu begründen[1109].

7. Ergebnis

Den vorgestellten Ansätzen ist gemeinsam, dass sie die Vertretungsmacht als eine Rechtsposition ausweisen, über deren Inanspruchnahme der Vertreter selbst entscheiden kann: Verstanden als ein subjektives Recht, soll die Vertretungsmacht dem Vertreter die Gestaltung einer Rechtslage ermöglichen, ihn hierzu aber nicht verpflichten. Vor dem geistigen Auge des Juristen erscheint der Eigentümer, der gleichfalls nicht verpflichtet ist, sein Eigentum auszuüben, oder der Gläubiger, der von der Geltendmachung seines Anspruchs auch absehen kann. Ähnliche Assoziationen sind mit der Zuordnung der Vertretungsmacht zu den rechtlichen Fähigkeiten verbunden. So, wie der Geschäftsfähige seine Geschäftsfähigkeit nicht gebrauchen muss (indem er keine Rechtsgeschäfte abschließt), soll auch der Vertreter seine Vertretungsmacht nicht gebrauchen müssen. Entsprechendes gilt, wenn man die Vertretungsmacht als „Zuständigkeit" und ihre Ausübung als Ausdruck eines „rechtlichen Könnens" bezeichnet[1110]. Die Entscheidungsfreiheit des Vertreters wird besonders betont, wenn von der Vertretungsmacht als „Rechtsmacht" des Vertreters die Rede ist.

[1107] *Thiele*, 158. Vgl. auch RGZ 115, 31 (35); BGH NJW 1960, 860; *Raape*, AcP 121 (1923), 257 (267 in Fn. 15).

[1108] Vgl. Teil 1 B. III. 1. b) bb).

[1109] *Thiele*, 157 f.; *Müller-Freienfels*, Vertretung, 199 f. Von der Bevollmächtigung unterscheidet sich die Genehmigung ferner darin, dass sie zurückwirkt, unwiderruflich und bedingungsfeindlich ist, *Bork*, AT, § 34 Rn. 1606; vgl. *v. Tuhr*, AT II/2, § 87 II 1 (S. 442). Anders als eine dem Vertreter erteilte Vollmacht wird die ihm gegenüber erklärte Genehmigung zudem unwirksam, wenn der Dritte den Vertretenen zur Erklärung auffordert, § 177 Abs. 2 S. 1 Hs. 2 BGB, *Holländer*, 22.

[1110] *Müller-Freienfels*, Vertretung, 72: „Er ‚*kann*' eben nur" (Hervorhebung im Original).

Wie sich der begrifflich-assoziative Zusammenhang zwischen Vertretungsmacht und Entscheidungsspielraum rechtlich begründet, ist allerdings noch offen. Jedenfalls die bisher vorgetragenen Gründe haben sich als unzureichend bzw. unzutreffend herausgestellt:

So ist die Vertretungsmacht weder mit einem subjektiven Recht noch mit einer rechtlichen Fähigkeit gleichzusetzen, womit sich auch das mit diesen Kategorien verbundene Rechtsverständnis nicht ohne Weiteres übertragen lässt. Auch die Qualifikation als „Befugnis" indiziert nur, dass die Einwirkung auf den Rechtskreis des Vertretenen rechtlich gebilligt wird, nicht aber, dass der Vertreter über die Ausübung seiner Befugnis frei entscheiden kann. Der Zusammenhang zwischen Vertretungsmacht und Entscheidungsspielraum ergibt sich auch nicht daraus, dass die Vertretungsmacht eine „Zuständigkeit" oder „Legitimation" ist. In beiden Fällen wird der Begriff der Vertretungsmacht zunächst nur durch einen anderen ungeklärten Begriff ersetzt[1111]. Darüber hinaus zielen die Begriffe auch nicht darauf ab, die Bedeutung der Vertretungsmacht *für den Vertreter* zu umschreiben. Mit der Bezeichnung als Zuständigkeit ist vielmehr bezweckt, die Vertretungsmacht als ein Instrument der Arbeitsteilung und damit ihren Dienst an der Privatautonomie des Vertretenen herauszustellen. Entsprechendes gilt für den Begriff der Legitimation, der auf die Verselbständigung der Vertretungsmacht und damit auf ihre Bedeutung für den Rechtsverkehr Bezug nimmt. Eine Begründung dafür, dass mit der Vertretungsmacht ein Entscheidungsspielraum korrespondiert, bietet schließlich nicht ihre Einordnung als „Rechtsmacht". Der Begriff ist zu vielschichtig, als dass sich aus ihm konkrete Aussagen ableiten lassen. Das Gesetz verwendet den Machtbegriff zwar selbst. Berücksichtigt werden muss aber, dass die Begriffe „Vertretungsmacht" und „Vollmacht" in ihrer Funktion als Oberbegriffe beliebig austauschbar und insofern bedeutungslos sind.

II. Normativer Bezug zum Entscheidungsspielraum

Gezeigt wurde, dass sich auf Basis der vorgestellten Ansätze ein Zusammenhang zwischen Entscheidungsspielraum und Vertretungsmacht herstellen lässt, eine überzeugende rechtliche Begründung hierfür aber fehlt. Die Zuordnung der Vertretungsmacht zu einer bestimmten Rechtskategorie überzeugt jedenfalls nicht, wird damit doch unmittelbar nur auf andere, regelmäßig abstraktere und ihrerseits ausfüllungsbedürftige Rechtsbegriffe verwiesen. Um den Zusammenhang zwischen Vertretungsmacht und Entscheidungsspielraum dogmatisch zu begründen, muss daher ein anderer Ansatz

---

[1111] In diesem Sinne *Schlossmann*, Stellvertretung I, 287 f.; *Müller-Freienfels*, Vertretung, 86.

gewählt werden: Nicht die Vertretungsmacht, sondern ihren *Erteilungstat-bestand* gilt es im Folgenden zu untersuchen; er bestimmt die Art von Rechts-wirkungen, die mit der Vertretungsmacht verbunden sein können, und kann damit auch Aufschluss darüber geben, ob und inwiefern mit ihrer Erteilung ein Entscheidungsspielraum des Vertreters korrespondiert.

1. Bevollmächtigung als einseitiges Rechtsgeschäft

Nach § 167 Abs. 1 BGB wird Vertretungsmacht durch Erklärung des Ver-tretenen, also durch einseitiges Rechtsgeschäft erteilt[1112]. Aus einseitigen Rechtsgeschäften können sich für den anderen Teil grundsätzlich keine be-lastenden Rechtsfolgen ergeben. Dies folgt aus dem Prinzip der Privatauto-nomie, das dem Einzelnen gewährleistet, seine rechtsgeschäftlichen Bezie-hungen in freier Selbstbestimmung zu gestalten[1113]. Das bedeutet nicht nur, dass der Einzelne frei darin ist, ob, mit wem und mit welchem Inhalt er ein Rechtsgeschäft abschließt (Vertragsfreiheit)[1114], sondern auch, dass er rechts-geschäftlichen Bindungen nur unterliegt, wenn er sich hiermit einverstanden erklärt (Vertragsprinzip)[1115]. Ohne sein Einverständnis können sich aus einem Rechtsgeschäft für ihn allenfalls rechtliche Vorteile ergeben[1116], vgl. § 328 BGB[1117]. Weil es nach § 167 Abs. 1 BGB auf ein Einverständnis des Vertreters nicht ankommt, er von seiner Bevollmächtigung nicht einmal wissen muss, vgl. § 167 Abs. 1 Fall 2 BGB[1118], kann die Bevollmächtigung für ihn also

---

[1112] Motive I, 229 = Mugdan I, 479; BGH NJW-RR 2007, 1202 (1203); *Bork*, AT, § 34 Rn. 1460; *Neuner*, AT, § 50 Rn. 11; *Flume*, AT II, § 49, 1 (S. 823), § 52, 3 (S. 865); *Hübner*, AT, § 48 Rn. 1243 f.; *Enneccerus/Nipperdey*, AT I/2, § 184 II; *v. Tuhr*, AT II/2, § 85 I (S. 379); *Hupka*, Vollmacht, 87 ff., 110; *Karlowa*, 59; *Regelsberger*, Pandekten I, § 163 II (S. 593); *E. Zimmermann*, negotiorum gestio, 89; MK-BGB/*Schubert*, § 167 Rn. 6 f.; Jauernig/*Man-sel*, BGB, § 167 Rn. 1; Erman/*Maier-Reimer/Finkenauer*, BGB, § 167 Rn. 2; Palandt/*Ellen-berger*, BGB, § 167 Rn. 1; RGRK/*Steffen*, BGB, § 167 Rn. 1, 3; Staudinger/*Schilken*, BGB, § 167 Rn. 10; Soergel/*Leptien*, BGB, § 167 Rn. 4; differenzierend *Müller-Freienfels*, Ver-tretung, 243 ff.

[1113] *Flume*, AT II, § 1, 1 (S. 1); *Raab*, 25; Staudinger/*Feldmann*, BGB, § 311 Rn. 1.

[1114] *Dörner*, Relativität, 123.

[1115] *Thiele*, 104. Vgl. auch *Bayer*, Vertrag, 220; *Dörner*, Relativität, 123.

[1116] Bindungen können sich daraus nur für den Erklärenden selbst ergeben. Das belegen die Auslobung nach § 657 BGB und das Stiftungsgeschäft im Sinne der §§ 81 f. BGB, wor-aus jeweils nur der Erklärende zur Entrichtung der Belohnung bzw. zur Verschaffung des Vermögens verpflichtet ist. Die in § 80 Abs. 2 S. 1 BGB geregelte Pflicht zur Anerkennung der Stiftung trifft keinen Privaten, sondern die zuständige Behörde, vgl. § 80 Abs. 1 BGB.

[1117] Der Vertrag zugunsten Dritter entspricht insofern einem einseitigen Rechtsgeschäft, als seine Rechtswirkung Folge eines Willensakts ist, an dem der Dritte nicht beteiligt ist, vgl. BeckOGK-BGB/*Lohsse*, 1.8.2021, § 657 Rn. 4: „einseitiges, nicht annahmebedürftiges Versprechen".

[1118] *Regelsberger*, Pandekten I, § 163 II (S. 593); *Hellmann*, Stellvertretung, 112 f.; da-gegen *E. Zimmermann*, negotiorum gestio, 88 f. mit Fn. 107b.

grundsätzlich zu keiner Bindung und damit auch zu keiner Beschränkung seiner Entscheidungsfreiheit führen[1119].

Dass damit allerdings nur der Grundsatz beschrieben ist, ergibt sich aus § 311 Abs. 1 Hs. 2 BGB[1120]. Danach ist zur Begründung rechtsgeschäftlicher Bindungen eine vertragliche Einigung nämlich nur erforderlich, *soweit nicht das Gesetz ein anderes vorschreibt*[1121]. Ausweislich des Wortlauts und der systematischen Stellung bezieht sich § 311 BGB zwar nur auf Rechtsgeschäfte des Schuldrechts, zu denen die Bevollmächtigung nicht gehört[1122]. Der Regelungsgedanke, den Einzelnen vor einer (rechtsgeschäftlichen) Fremdbestimmung zu schützen, beansprucht aber, wie gezeigt, für das gesamte Privatrecht Geltung. Vorbehaltlich spezieller Regelungen lässt sich deshalb auch der in § 311 Abs. 1 Hs. 2 BGB normierte Ausnahmetatbestand auf Rechtsgeschäfte außerhalb des Schuldrechts und folglich auch auf die Bevollmächtigung übertragen. Dies zugrunde gelegt, kann die Bevollmächtigung zu einer Bindung des Vertreters und insofern zu einer Einschränkung seiner Entscheidungsfreiheit führen, wenn das Gesetz dies bestimmt.

2. Wertungen der §§ 164–181 BGB

Ein anderes im Sinne des § 311 Abs. 1 Hs. 2 BGB ist jedenfalls nicht in den §§ 164–181 BGB bestimmt. Geregelt wird dort überwiegend das Rechtsverhältnis zwischen Vertretenem und Geschäftspartner, alleine § 179 Abs. 1 BGB und § 164 Abs. 2 BGB betreffen die Rechtsstellung des Vertreters. Gegenstand beider Regelungen ist zwar eine Bindung des Vertreters, die ohne sein Einverständnis entsteht[1123]. Allerdings besteht diese Bindung jeweils gegenüber dem Geschäftsgegner (und nicht dem Vertretenen) und ist außerdem nicht Rechtsfolge der Bevollmächtigung, sondern eines Handelns ohne Vertretungsmacht bzw. in eigenem Namen.

[1119] *v. Tuhr*, AT II/2, § 85 I (S. 379 in Fn. 9) und *Hupka*, Vollmacht, 88 f. formulieren umgekehrt, dass die Bevollmächtigung ein einseitiges Rechtsgeschäft sei, weil sie für den Bevollmächtigten nur eine Machtbefugnis begründe.

[1120] *Raab*, 25, 458 zu § 305 BGB a. F.

[1121] Zu den – im Einzelnen streitigen – Fällen, in denen das BGB ein anderes bestimmt (§§ 81 f., 661a, 657, 793), Motive II, 175, 519 = Mugdan II, 96, 290; Palandt/*Grüneberg*, BGB, Vor § 311 Rn. 4.

[1122] Zur rechtlichen Einordnung der Bevollmächtigung unter Teil 2 D.

[1123] Nach § 179 Abs. 1 BGB ist der Vertreter an die Wahl des Geschäftsgegners gebunden und nach § 164 Abs. 2 BGB an sein Eigengeschäft, insofern ihm eine auf § 119 Abs. 1 BGB gestützte Anfechtung versagt ist, BGH NJW-RR 1992, 1010 (1011); BB 1953, 369; *v. Tuhr*, AT II/2, § 84 III (S. 346 f.); *Flume*, AT II, § 44 III (S. 775); *Neuner*, AT, § 49 Rn. 66; *Bork*, AT, § 33 Rn. 1417; *Medicus/Petersen*, AT, § 56 Rn. 919; *Schmidt*, JuS 1987, 425 (427).

3. Selbstschutz durch Zurückweisung?

Ein anderes im Sinne des § 311 Abs. 1 Hs. 2 BGB ergibt sich für die Bevollmächtigung womöglich aber daraus, dass der Vertreter die ihm erteilte Vollmacht mitsamt ihren Folgen zurückweisen kann. Zu überlegen ist, mit anderen Worten, ob die Bevollmächtigung deshalb zu einer Bindung des Vertreters führen kann, weil er sich gegen den damit verbundenen Eingriff in seine Entscheidungsfreiheit ausreichend selbst schützen kann.

a) Zurückweisungsrecht analog § 333 BGB

Der Vertrag ist regelmäßig die zweckmäßigste Mitwirkungsform, um Eingriffe in die Privatautonomie zu legitimieren[1124]. In bestimmten Fällen reduziert das Gesetz die notwendige Mitwirkung des Einzelnen aber darauf, dass er die zunächst erworbene Rechtsposition nachträglich mit rückwirkender Kraft ausschlagen bzw. zurückweisen kann[1125]. Die fehlende Mitwirkung am Entstehungsakt wird also durch ein Ausschlagungs- bzw. Zurückweisungsrecht ausgeglichen, das es dem Betroffenen ermöglicht, den *status quo ante* herzustellen[1126].

Gegen das Vertragsprinzip und für das „Ausschlagungssystem"[1127] hat sich der Gesetzgeber bei der Erbschaft, § 1953 BGB, dem Vermächtnis, § 2180 BGB, und dem Vertrag zugunsten Dritter entschieden, § 333 BGB. In entsprechender Anwendung der letztgenannten Vorschrift wird auch dem Bevollmächtigten ein Zurückweisungsrecht zugesprochen[1128]. Der Regelungszweck, einen Ausgleich für die fehlende Beteiligung an der Begründung bestimmter Rechtsfolgen zu schaffen[1129], trifft auch auf die Vollmacht zu, an deren Errichtung der Vertreter in keiner notwendigen Weise involviert ist, vgl. § 167 Abs. 1 BGB.

Spricht man dem Vertreter ein Zurückweisungsrecht zu, ist der Geschäftsgegner bis zur Ausübung dieses Rechts zwar im Ungewissen darüber, ob das

---

[1124] *Schmidt-Rimpler*, AcP 147 (1941), 130 (153). Zum Begriff des Vertrags *Flume*, AT II, § 33, 2 (S. 602).

[1125] *Thiele*, 105.

[1126] Vgl. Staudinger/*Klumpp*, BGB, Vor § 328 Rn. 21.

[1127] *Schmidt-Rimpler*, AcP 147 (1941), 130 (152 in Fn. 29); *Dörner*, Relativität, 127, 174; *Raab*, 462.

[1128] *Neuner*, AT, § 50 Rn. 11 mit Fn. 19; *Flume*, AT II, § 51, 3 (S. 846); *Hübner*, AT, § 48 Rn. 1244; *Bork*, AT, § 34 Rn. 1462 in Fn. 52; *Petersen*, Jura 2003, 310 (311); MK-BGB/*Schubert*, § 167 Rn. 6; Staudinger/*Schilken*, BGB, § 167 Rn. 10; Staudinger/*Klumpp*, BGB, § 333 Rn. 33; dagegen *Rosenberg*, 611 f.

[1129] MK-BGB/*Gottwald*, § 333 Rn. 1; vgl. Staudinger/*Klumpp*, BGB, § 333 Rn. 2. Über ein Zurückweisungsrecht analog § 333 BGB soll außerdem verfügen, wer ohne Rücksicht auf die Auslobung tätig wird, BeckOGK-BGB/*Lohsse*, 1.8.2021, § 657 Rn. 14.1.; Beck-OGK-BGB/*Herresthal*, 1.1.2021, § 311 Rn. 26.

Geschäft mit dem Vertretenen zustande kommt. Abgesehen davon, dass er im Verhältnis zum Vertretenen ohnehin das Risiko des Nichtbestehens einer (hinreichenden) Vollmacht trägt, vgl. § 179 BGB[1130], kann seinem Gewissheitsinteresse aber über eine Befristung der Zurückweisung, gegebenenfalls analog § 177 Abs. 2 BGB, Rechnung getragen werden[1131]. In seinem Vertrauen auf den Bestand der Vertretungsmacht ist der Geschäftsgegner außerdem über das Institut der Rechtsscheinvollmachten sowie über Ansprüche aus § 179 BGB und aus *culpa in contrahendo* geschützt, wenn der Vertretene nicht genehmigt.

b) Bezugspunkt der Zurückweisung

Bezugspunkt der Zurückweisung ist in den gesetzlich geregelten Fällen jeweils eine *Berechtigung*. Dies gilt selbstverständlich für das Zurückweisungsrecht des begünstigten Dritten aus § 333 BGB, aber auch für das Ausschlagungsrecht des Erben und des Vermächtnisnehmers, das sich unmittelbar auf eine Zuwendung (die Erbschaft, das Vermächtnis) bezieht. Ob Gegenstand einer Zurückweisung auch *belastende* Rechtspositionen sein können und namentlich eine Vertretungsmacht, die den Vertreter in seiner Entscheidungsfreiheit bindet, hängt davon ab, ob die Zuweisung belastender Rechtspositionen mit der Zuweisung berechtigender Positionen vergleichbar ist.

Das scheint zunächst der Fall zu sein: Stellt man sich auf den Standpunkt, der Einzelne müsse über die Begründung *jeder* seiner privatrechtlichen Beziehungen selbst bestimmen können, macht es keinen Unterschied, welche Qualität die ihm zugewiesene Rechtsposition hat. Ohne sein Einverständnis stellt sich auch die Zuweisung eines rechtlichen Vorteils als Eingriff in die Privatautonomie dar[1132]. Hinzu kommt, dass selbst mit dem Erwerb einer Berechtigung regelmäßig relevante Rechtsnachteile verbunden sind[1133]. So erwirbt der Dritte nach den §§ 328–335 BGB auf den ersten Blick bloß ein Forderungsrecht und damit einen rechtlichen Vorteil. Mit dem Forderungsrecht sind allerdings Neben- und Sorgfaltspflichten verbunden, § 241 Abs. 2 BGB, deren schuldhafte Nichteinhaltung zu einer Haftung nach den §§ 280 ff.

[1130] *Frotz*, 265 f. Dem Sinne nach auch Motive I, 236 f. = Mugdan I, 483; Denkschrift zum BGB, 46 = Mugdan I, 838.

[1131] Zur Möglichkeit einer Befristung kraft Parteivereinbarung *Gernhuber*, Schuldverhältnis, § 20 IV 2b; BeckOGK-BGB/*Mäsch*, 1.7.2021, § 333 Rn. 10; dagegen *Bayer*, Vertrag, 225. Zur Möglichkeit einer Verwirkung nach § 242 BGB Staudinger/*Klumpp*, BGB, § 333 Rn. 22; BeckOGK-BGB/*Mäsch*, 1.7.2021, § 333 Rn. 22.

[1132] *Raab*, 25; vgl. *Gernhuber*, Schuldverhältnis, § 19 I 4: „die Begünstigung steht der Belastung gleich (weshalb § 333 auch heute noch seine Berechtigung hat)"; Staudinger/*Klumpp*, BGB, Vor § 328 Rn. 20.

[1133] *Bayer*, Vertrag, 224. Ausführlich zur Bestimmung der „Vorteilhaftigkeit" im Rahmen des § 328 BGB *Roth*, in: FS Hadding (2004), 253 (258 ff.).

BGB führt[1134]. Als Gläubiger treffen den Dritten außerdem Obliegenheiten im Sinne des § 293 BGB, deren Missachtung weitere Nachteile begründen kann, vgl. etwa §§ 300, 304 BGB[1135]. Schließlich entsteht mit Erwerb des Forderungsrechts zwischen dem Dritten und dem Versprechenden eine Aufrechnungslage, was dem Dritten unrecht sein kann[1136].

Bei genauerem Hinsehen erweist sich die Zuweisung belastender Rechtsposition jedoch als der im Ergebnis tiefere Eingriff in die Privatautonomie, vor dem ein Zurückweisungsrecht keinen ausreichenden Schutz bietet[1137]. Anders als das Vertragsprinzip begründet der Zurückweisungsmechanismus für den Betroffenen eine Handlungsobliegenheit[1138]. Will er die erworbene Rechtsstellung nicht gegen sich gelten lassen, muss er gezwungenermaßen aktiv werden[1139]. Schweigt er oder erklärt er die Zurückweisung verspätet, bleibt er an die ihm zugewiesene Position gebunden. Das Risiko einer solchen Fremdbestimmung erscheint akzeptabel, wenn es um lediglich vorteilhafte Rechtspositionen geht[1140]. Mit ihnen wird der Betroffene sich typischerweise einverstanden erklären, weshalb eine Zurückweisung im Ausnahmefall zumutbar erscheint bzw. erwartet werden kann[1141]. Anders, wenn es um rechtlich nachteilhafte Positionen geht: Sie sind dem Betroffenen regelmäßig unerwünscht, womit die Zurückweisungsobliegenheit für ihn eine „unzumutbare Belästigung" bedeutet[1142].

Daraus folgt, dass die Zuweisung einer begünstigenden Rechtsstellung zwar auch einen Eingriff in die negative Privatautonomie bedeutet. Im Unterschied zur Zuweisung belastender Rechtspositionen rechtfertigt sich dieser Eingriff aber über das potentielle Einverständnis des Betroffenen mit der

---

[1134] BGHZ 9, 316 (318) = BGH NJW 1953, 977; NJW 2005, 3778; *Raab*, 496 f.; *Dörner*, Relativität, 129, 172; Staudinger/*Klumpp*, BGB, Vor § 328 Rn. 62; MK-BGB/*Gottwald*, § 328 Rn. 269; vgl. *Gernhuber*, Schuldverhältnis, § 20 IV 4a–d; differenzierend *Bayer*, Vertrag, 349, dem zufolge Schutz- und Sorgfaltspflichten nur bestehen, soweit der Dritte auf sein Zurückweisungsrecht verzichtet und dadurch seine erhöhte Pflichtenstellung als Gläubiger anerkannt habe.

[1135] *Dörner*, Relativität, 129, 173; Staudinger/*Klumpp*, BGB, Vor § 328 Rn. 20 zu § 300 Abs. 1 BGB; MK-BGB/*Gottwald*, § 334 Rn. 8.

[1136] *Dörner*, Relativität, 129; RGZ 119, 1 (4); vgl. *Bayer*, Vertrag, 222.

[1137] Vgl. Staudinger/*Klumpp*, BGB, Vor § 328 Rn. 54; MK-BGB/*Gottwald*, § 328 Rn. 261; anders wohl *Bettermann*, JZ 1951, 321 (323).

[1138] *Raab*, 465: „Erklärungslast", 26: „Zurückweisungsobliegenheit".

[1139] Staudinger/*Klumpp*, BGB, Vor § 328 Rn. 54; ähnlich: *Dörner*, Relativität, 128; *Bayer*, Vertrag, 220 f.; BeckOGK-BGB/*Mäsch*, 1.7.2021, § 328 Rn. 124; MK-BGB/*Gottwald*, § 328 Rn. 261; *Gernhuber*, Schuldverhältnis, § 20 I 7a.

[1140] *Raab*, 26; vgl. *Gernhuber*, Schuldverhältnis, § 20 I 7a.

[1141] *Raab*, 26, 465; *Dörner*, Relativität, 128; *Roth*, in: FS Hadding (2004), 253 (261); MK-BGB/*Gottwald*, § 328 Rn. 261; *Säcker*, 61; vgl. *H. Lange/Kuchinke*, Erbrecht, § 8 I 3 (S. 193) für den Anfall der Erbschaft nach § 1922 Abs. 1 BGB.

[1142] *Gernhuber*, Schuldverhältnis, § 20 I 7. Vgl. *Raab*, 26; *Säcker*, 61 f.

erworbenen Rechtsposition[1143]. *Insofern* ist die Zuweisung belastender Rechtspositionen mit der Zuweisung berechtigender Positionen nicht vergleichbar, woraus bezogen auf die Ausgangsfrage folgt, dass belastende Rechtspositionen nicht Gegenstand einer Zurückweisung sein können. Gegen den damit verbundenen Eingriff in die negative Privatautonomie bietet das Zurückweisungsrecht keinen angemessenen Schutz. Für diesen Fall bleibt es deshalb bei dem Vertragsprinzip.

c) Ergebnis

Die Auseinandersetzung mit dem Zurückweisungsrecht zeigt, dass der Vertreter in analoger Anwendung des § 333 BGB zwar über ein solches Recht verfügt, daraus aber nicht folgt, dass die Bevollmächtigung den Vertreter zunächst binden und namentlich in seiner Entscheidungsfreiheit beschränken kann. Dass dem Vertreter ein Zurückweisungsrecht zusteht, indiziert vielmehr umgekehrt, dass es sich bei der Vertretungsmacht – wie auch bei der Erbschaft, dem Vermächtnis oder dem Forderungsrecht des Dritten – um eine für den Vertreter bloß vorteilhafte oder jedenfalls neutrale Position handeln kann.

III. Bewertung und Ausblick

Ganz überwiegend versteht man die Vertretungsmacht als eine Position des Vertreters, deren Inanspruchnahme seiner freien Entschließung unterliegt. Sprachlich kommt dieses Verständnis dadurch zum Ausdruck, dass die Vertretungsmacht als ein subjektives Recht, eine Zuständigkeit oder Kompetenz des Vertreters, als eine seiner Fähigkeiten, als seine Befugnis oder als eine besondere Form der Macht bezeichnet wird.

Die vorstehende Untersuchung hat gezeigt, dass sich dieser begriffliche Zusammenhang zwischen Entscheidungsspielraum und Vertretungsmacht auch rechtlich begründen lässt. Gezeigt wurde, dass die Bevollmächtigung ein Rechtsgeschäft ist, das den Vertreter in seiner (ihm als privatautonomes Rechtssubjekt zukommenden) Entscheidungsfreiheit nicht binden kann. Maßgeblich hierfür waren drei Erkenntnisse: erstens, dass die Vertretungsmacht durch (nur) die Erklärung des Vertretenen begründet wird, § 167 Abs. 1 BGB, zweitens, dass rechtsgeschäftliche Bindungen grundsätzlich nur im Einvernehmen mit dem anderen Teil entstehen, vgl. § 311 Abs. 1 Hs. 1 BGB, und drittens, dass für das Rechtsgeschäft der Bevollmächtigung nicht ausnahmsweise etwas anderes gilt, vgl. § 311 Abs. 1 Hs. 2 BGB, auch nicht mit Blick auf das Zurückweisungsrecht des Vertreters analog § 333 BGB. Verknüpft man diese drei Erkenntnisse miteinander, ergibt sich, dass die

---

[1143] *Martens*, AcP 177 (1977), 113 (142 f.).

Bevollmächtigung als einseitiges Rechtsgeschäft für den Vertreter zu keiner Bindung und damit auch zu keiner Beschränkung seiner Entscheidungsfreiheit führen kann. Für das Kriterium des Entscheidungsspielraums folgt daraus, dass dieses sich in seiner Ausprägung als Entschließungs- und Vertretungsermessen auf das Institut der Vertretungsmacht, genauer: auf den Erteilungstatbestand der Vertretungsmacht zurückführen lässt.

Zweiter Teil

Die Bindung im Stellvertretungsrecht

Der erste Teil dieser Arbeit hat mit der Erkenntnis geschlossen, dass die Vollmacht den Vertreter in seiner Entscheidungsfreiheit nicht binden kann, weil er an ihrer Errichtung nicht mitwirkt, § 167 Abs. 1 BGB. Das wirft die Frage auf, ob eine Vollmacht *durch Vertrag* mit dem Vertreter begründet werden kann und welche Konsequenzen sich aus einem solchen Vertrag für den Entscheidungsspielraum des Vertreters ergeben.

Aufgabe des zweiten Teils ist es, eine Antwort auf diese spezifische Frage zu geben. Zugleich soll das Rechtsinstitut des Vollmachtsvertrags grundlegend behandelt und aufgearbeitet werden. Denn Rechtsprechung zum Vollmachtsvertrag (im hier interessierenden Sinne) existiert, soweit ersichtlich, keine[1], und in der Literatur ist man geteilter Meinung[2]. Letzteres überrascht nicht, wohl aber, dass der Vollmachtsvertrag mancherorts nicht einmal beiläufig Erwähnung findet[3] und diejenigen, die sich ausdrücklich für seine Zu-

---

[1] Bisweilen wird auf das Urteil des OLG Karlsruhe NJW-RR 1986, 100 (101) verwiesen, etwa bei Soergel/*Leptien*, BGB, § 167 Rn. 4 in Fn. 8; *Bork*, AT, § 34 Rn. 1460 in Fn. 52; *Mock*, JuS 2008, 391 (392 in Fn. 3). Der Verweis ist unzutreffend, insofern sich das Gericht nicht mit einer durch Vertrag begründeten Vollmacht auseinandersetzt, sondern mit einer Vollmacht, deren (einseitige!) Erteilung vom Abschluss eines Treuhandvertrags abhängig gemacht wurde und Voraussetzung für dessen Durchführung war.

[2] Für die Zulässigkeit: *Flume*, AT II, § 49, 1 (S. 823); *v. Tuhr*, AT II/1, § 53 I (S. 206 f.); *Breit*, Geschäftsfähigkeit, 184; *ders.*, SächsArch 13 (1903), 283 (306 f.); *Neuner*, AT, § 50 Rn. 11 in Fn. 20; *Köhler*, AT, § 11 Rn. 24; *ders.*, BB 1979, 912 (914 mit Fn. 13) mit Einschränkungen; *Bandehzadeh*, DB 2003, 1663 (1665); *Mock*, JuS 2008, 391 (392); Staudinger/*Schilken*, BGB, § 167 Rn. 10; Jauernig/*Mansel*, BGB, § 167 Rn. 1; wohl auch Planck/*Flad*, BGB, § 167 Anm. 2; nach *Müllereisert*, 210 und *Heinz*, Rechtstheorie 49 (2018), 497 (498 ff.) kann Vollmacht *nur* durch Vertrag begründet werden. Gegen die Zulässigkeit: Musielak/Voit/*Weth*, ZPO, § 87 Rn. 2; *Regelsberger*, KritV 11 (1869), 361 (369); *Hupka*, Vollmacht, 86 ff.; *Hübner*, AT, § 48 Rn. 1244; *Hellmann*, Stellvertretung, 110 ff.; *Karlowa*, 58 f.; *L. Mitteis*, Stellvertretung, 186; *Brinz*, Pandekten IV, § 582 (S. 377); *Lenel*, JherJb 36 (1896), 1 (15); *Endemann*, Lehrbuch I, § 81, 1 (S. 403); *Wach*, Handbuch I, § 50 I (S. 568 f.); *E. Zimmermann*, negotiorum gestio, 88 f.

[3] BeckOK-BGB/*Schäfer*, 1.8.2021, § 167 Rn. 4; Palandt/*Ellenberger*, BGB, § 167 Rn. 1; *Henle*, AT, § 24 I 1; *Enneccerus/Nipperdey*, AT I/2, § 184 II in Fn. 5; *Lehmann*, AT, § 36 V 2a und 3a; *Lehmann/Hübner*, AT, § 36 V 2a und 3a (anders *Hübner*, AT, § 48 Rn. 1244); *Doerner*, Abstraktheit, 73 ff., die aber zumindest auf den Vollmachtsvertrag nach *Laband* eingeht (51 f.).

lässigkeit aussprechen, ihren Standpunkt meist in apodiktischer Weise vertreten[4] oder nur dürftig begründen[5]. Wird eine Begründung gegeben, dann vor allem diese, dass die Rechtsfolgen einseitiger Rechtsgeschäfte eben auch Gegenstand einer vertraglichen Regelung sein können[6]. Die Aussage ist jedenfalls in ihrer Allgemeinheit unzutreffend und lässt auch viele Fragen unbeantwortet: etwa, um was für einen Vertrag es sich bei dem Vollmachtsvertrag handelt, in welchem Umfang die §§ 164–181 BGB auf ihn Anwendung finden und welche Rechtsfolgen sich aus ihm ergeben, abgesehen davon, dass Vollmacht entsteht. Im Folgenden sollen diese und weitere Fragen beantwortet werden, um eine Antwort auch darauf geben zu können, welche Auswirkungen der Abschluss eines Vollmachtsvertrags auf den Entscheidungsspielraum des Vertreters haben kann.

A. Zum Begriff des Vollmachtsvertrags

Unter dem Begriff des Vollmachtsvertrags wird verschiedenes diskutiert, sodass der Untersuchungsgegenstand vorab einzugrenzen ist. Untersucht wird in diesem Teil, ob die Bevollmächtigung nach § 167 Abs. 1 BGB Gegenstand auch eines *selbständigen Vertrags* sein kann, mit anderen Worten: ob sich die Rechtsfolgen einer Bevollmächtigung auch mit den Mitteln des Vertragsrechts herbeiführen lassen[7]. Gegenstand der Untersuchung ist demnach nicht die Frage, ob die Vollmacht Bestandteil des ihr *zugrunde liegenden Rechts-*

---

[4] *Flume*, AT II, § 49, 1 (S. 823): „nicht einzusehen, weshalb sie nicht zum Gegenstand eines Vertrages sollte gemacht werden können"; *Neuner*, AT, § 50 Rn. 11 in Fn. 20 und *Larenz*, AT, § 31 II in Fn. 14: „kein sachlicher Grund, die Erteilung einer Vollmacht durch einen Vertrag für unzulässig zu halten"; *Bork*, AT, § 34 Rn. 1460 in Fn. 52: „ist [...] möglich"; *Müllereisert*, 210: „immer nur durch Vertrag"; *Bandehzadeh*, DB 2003, 1663 (1665): Die Vollmacht werde durch einseitige Willenserklärung erteilt, was aber „die Begründung der Vertretungsmacht durch Vertrag nicht ausschließt"; *Mock*, JuS 2008, 391 (392): „Die Vollmachtserteilung kann zwar auch durch einen Vertragsschluss erfolgen, zwingend notwendig ist dies aber nicht"; *Breit*, Geschäftsfähigkeit, 184: Es bestehe eine „Vermutung für die Einseitigkeit" der Bevollmächtigung, „aber von einer begrifflichen Notwendigkeit kann keine Rede sein"; Jauernig/*Mansel*, BGB, § 167 Rn. 1: „Erteilung durch Vertrag [...] möglich"; MK-BGB/*Schubert*, § 167 Rn. 6: „Insoweit gilt die allgemeine Rechtsgeschäftslehre"; Soergel/*Leptien*, BGB, § 167 Rn. 4: „steht nichts entgegen".

[5] *Köhler*, AT, § 11 Rn. 24: „da § 167 Abs. 1 BGB nicht zwingend ist"; Staudinger/*Schilken*, BGB, § 167 Rn. 10: „aufgrund der Privatautonomie auch nicht ausgeschlossen". Eine ausführlichere bzw. durchsichtigere Begründung geben dagegen *Heinz*, Rechtstheorie 49 (2018), 497 (498 ff.); *Breit*, SächsArch 13 (1903), 283 ff., *ders.*, Geschäftsfähigkeit, 184 ff., letzterer auch über das Stellvertretungsrecht hinaus.

[6] *v. Tuhr*, AT II/1, § 53 I (S. 206); *ders.*, AT II/2, § 85 I (S. 379); *Beuthien*, in: FG 50 Jahre BGH I (2000), 81 (91); differenzierter *Breit*, SächsArch 13 (1903), 283 (311).

[7] *Breit*, Geschäftsfähigkeit, 185 bezeichnet dies als „reinen Vollmachtsvertrag".

geschäfts sein kann, das regelmäßig in einem Vertrag besteht[8]. Ebenso wenig wird untersucht, ob die Vollmacht Bestandteil des *Vertretungsakts* sein kann, der regelmäßig auf einen Vertragsschluss zielt[9]. Aus dem Untersuchungsgegenstand ausgeklammert sind schließlich Verträge *über* die Bevollmächtigung, die lediglich einen (schuldrechtlichen) Anspruch auf Erteilung einer Vollmacht begründen[10].

B. Praktische Bedeutung und Parteiinteressen

Ein Grund für das stiefmütterliche Dasein des Vollmachtsvertrags dürfte sein, dass sich das Bedürfnis nach einem solchen Vertrag nicht unmittelbar aufdrängt[11]; immerhin hält das Gesetz mit der einseitigen Bevollmächtigung eine „bequemere" Alternative bereit[12]. Die Gründe, sich für den Abschluss eines Vollmachtsvertrags zu entscheiden, sind allerdings zahlreich:

So wird der Vertretene zu einer vertraglichen Bevollmächtigung übergehen, wenn dies dem Erhalt seiner Geschäftsbeziehungen oder gar der Vermeidung von Prozessen dient. Anders als zum Beispiel die Aufrechnung[13] führt die Bevollmächtigung zwar zu keiner Schmälerung der Rechtsposition des anderen Teils, was Anlass für Streitigkeiten böte[14]. Jedoch gehen mit dem Vertretungsamt zumindest Risiken einher, vgl. §§ 179 Abs. 1, 164 Abs. 2 BGB, die der Vertretene dem zu Bevollmächtigenden im Einzelfall nicht einseitig aufdrängen möchte. Selbst die mit einer Vollmacht womöglich verbundenen Vorteile kann der Vertretene, schlicht aus Höflichkeit, von der Einwilligung des Vertreters abhängig machen wollen[15].

---

[8] Dazu *Müller-Freienfels*, Vertretung, 245 f.; *Breit*, Geschäftsfähigkeit, 184 f.; *Rosenberg*, 613; vgl. *L. Mitteis*, Stellvertretung, 185; OLG Karlsruhe NJW-RR 1986, 100 (101). In diesem Sinne gebraucht wohl auch RGZ 3, 186 f. den Begriff des Vollmachtsvertrags. *v. Seeler*, ArchBürgR 28 (1906), 1 (9 f., 24) bezeichnet als „Bevollmächtigungsvertrag" das zwischen Vertreter und Vertretenem bestehende Rechtsverhältnis, wobei er nicht zwischen Bevollmächtigung und Grundgeschäft unterscheidet.

[9] Dazu *Müller-Freienfels*, Stellvertretung, 202 ff.; *Thiele*, 243 ff.

[10] Zur Möglichkeit eines Bevollmächtigungsvorvertrags siehe Teil 2 E. I.

[11] Zur praktischen Bedeutung des Aufrechnungsvertrags *Arndt*, 57 ff.

[12] Zu diesem Einwand *Breit*, SächsArch 13 (1903), 283 (312).

[13] Dazu *v. Tuhr*, AT II/1, § 53 I (S. 207); *ders.*, AT II/2, § 85 III (S. 387); *K. P. Berger*, Aufrechnung, 196 f.

[14] Die Bevollmächtigung sei für den Vertreter lediglich rechtlich vorteilhaft oder zumindest neutral. Zu Ersterem: *Bork*, AT, § 34 Rn. 1461 in Fn. 53; *Neuner*, AT, § 50 Rn. 52 in Fn. 104; *Kleinhenz*, Jura 2007, 810 (813); wohl auch *Wach*, Handbuch I, § 50 I (S. 568). Zu Letzterem: RGZ 121, 30 (34 f.); OLG Frankfurt MDR 1964, 756; *Brox*, JA 1989, 441 (448); *Hupka*, Vollmacht, 106; *Rosenberg*, 122; Planck/*Flad*, BGB, § 167 Anm. 2f; *Enneccerus/Nipperdey*, AT I/2, § 184 II: jedenfalls nicht nachteilig.

[15] Vgl. *Breit*, SächsArch 13 (1903), 283 (305), der als Beispiel den Hypothekar nennt, der

Die Wahl wird auch dann auf den Abschluss eines Vollmachtsvertrags fallen, wenn die gesetzlichen Voraussetzungen für eine einseitige Bevollmächtigung nicht erfüllt sind oder als lückenhaft empfunden werden[16]. Modifizierende Abreden sind zulässig, soweit sie nicht zwingendes Gesetzesrecht[17] oder solche Vorschriften betreffen, die ein Drittinteresse schützen[18]. So können die Parteien die Vollmacht abweichend von § 167 Abs. 2 BGB unter Einhaltung der für den Vertretungsakt bestimmten Form errichten oder festlegen, dass die Vollmacht mit dem Grundverhältnis eine Geschäftseinheit im Sinne des § 139 BGB bildet[19]. Außerdem können Vertretener und Vertreter unter bestimmten Voraussetzungen regeln, dass ein Verzicht des Vertreters auf die Vollmacht ausgeschlossen ist[20]. Ferner können die Parteien Vollmacht begründen, deren Umfang sie erst zu einem späteren Zeitpunkt festlegen, §§ 315–319 BGB analog, oder deren Wirkung von dem Eintritt einer Bedingung abhängig ist, § 158 BGB[21]. Während die Bedingtheit der einseitigen Bevollmächtigung zumindest auf den ersten Blick zweifelhaft erscheint, vgl. § 388 S. 2 BGB, bestehen gegen die Zulässigkeit eines bedingten Vollmachtsvertrags keine Bedenken. Ähnlich verhält es sich, wenn die Vollmacht unwiderruflich erteilt wird: Errichtet der Vertretene die unwiderrufliche Vollmacht durch Vertrag, erübrigt sich die Streitfrage, ob der Ausschluss der Widerruflichkeit eine entsprechende Vereinbarung zwischen den Beteiligten erfordert[22]. Für den Fall, dass die Vollmacht vom Vertreter überschritten wird, können im Rahmen des Vollmachtsvertrags außerdem Regelungen zur Genehmigungsfrist (§ 177 Abs. 2 BGB), den Genehmigungsfolgen (§ 184 Abs. 1 BGB)[23] und zur Vertreterhaftung (§ 179 BGB) getroffen werden[24].

---

seine Hypothek dem befreundeten Grundstückseigentümer unentgeltlich zuwenden möchte, ohne sie ihm aber aufzudrängen. Schreibe er dem Eigentümer, er verzichte auf die Hypothek, wenn dieser einverstanden sei, und erkläre sich der Eigentümer daraufhin einverstanden, erfolge der Verzicht abweichend von § 875 BGB durch Vertrag.

[16] Vgl. im Zusammenhang mit dem Aufrechnungsvertrag RGZ 6, 253 (255); *K. P. Berger*, Aufrechnung, 238 ff.; *Arndt*, 8 f.; *Schade*, 47 f., 67.

[17] Zur parallelen Diskussion beim Aufrechnungsvertrag vgl. *Schade*, 46; *Enneccerus/ Lehmann*, Schuldrecht II, § 69 I.

[18] Zur parallelen Diskussion beim Aufrechnungsvertrag vgl. *Gernhuber*, Erfüllung, § 14 I 3, II 4.

[19] Ausführlich unter Teil 2 E. III.

[20] Ausführlich unter Teil 2 G.

[21] Ausführlich unter Teil 2 E. I.

[22] Ausführlich unter Teil 2 G. II. 1.

[23] Vgl. § 184 Abs. 1 BGB: „wirkt [...] zurück, soweit nicht ein anderes bestimmt ist", wobei sich ein anderes auch aus einer Parteiabrede ergeben kann, BGHZ 108, 380 (384) = BGH NJW 1990, 508 (509).

[24] Ausführlich unter Teil 2 E. II.

Der praktische Nutzen eines Vollmachtsvertrags zeigt sich ferner dort, wo der Vertretene in seiner Geschäftsfähigkeit beschränkt ist. Während in diesem Fall nämlich eine einseitige Bevollmächtigung (endgültig) unwirksam ist, wenn sie ohne die erforderliche Einwilligung des gesetzlichen Vertreters erfolgt, § 111 S. 1 BGB, kann ein entsprechender Vollmachtsvertrag noch genehmigt werden, § 108 Abs. 1 BGB. Davon profitiert nicht nur der Geschäftspartner, dessen Geschäft mit dem Vertretenen infolge der Genehmigung wirksam wird, sondern auch der Bevollmächtigte, dessen Haftung nach § 179 BGB in diesem Fall entfällt[25].

Praktische Bedeutung kommt dem Vollmachtsvertrag schließlich in der Rechtsanwendung zu. Formuliert der Vertretene die „Bevollmächtigung" als eine höfliche Bitte[26] oder eine vorsichtige Nachfrage[27] oder verlangt er nach einer Bestätigung des anderen Teils[28], liegt darin gerade keine unbedingte Vollmachtserteilung im Sinne des § 167 Abs. 1 BGB. Dem tatsächlichen Hergang entspricht es eher, die Erklärung als Antrag auf Abschluss eines Vollmachtsvertrags auszulegen. Entscheidet man sich für diese Auslegung – was die Anerkennung eines Vollmachtsvertrags voraussetzt –, ist nicht nur Klarheit in der Rechtsanwendung geschaffen. Vielmehr wird auch dem Interesse des Vertretenen Rechnung getragen, der die Rechtsfolgen einer Bevollmächtigung immerhin herbeiführen will, wenn der andere Teil damit einverstanden ist. Schweigt der Empfänger auf den Antrag hin, entbindet die Vertragskonstruktion den Vertretenen zudem von der Notwendigkeit, die Vollmacht zu widerrufen, wenn auch er nicht länger an einer Vertretung interessiert ist. Denn ohne eine Annahme des anderen Teils kommt die Vollmacht in diesen Fällen nicht erst zustande, vgl. § 146 BGB[29].

Auf alle weiteren Besonderheiten und Vorteile des Vollmachtsvertrags wird im Zusammenhang mit den einschlägigen Rechtsfragen eingegangen. Bereits die vorstehenden Ausführungen belegen aber, dass eine Auseinandersetzung mit dieser Rechtsfigur nicht nur von theoretischem Interesse ist.

---

[25] Vgl. auch Teil 2 D. IV., F. II. 8.

[26] „Wärst Du so lieb, [...]?"; „Könntest Du vielleicht [...]?"

[27] „Wäre es möglich, dass [...]?"; „Würde es Dir etwas ausmachen, wenn [...]?"

[28] „Was hältst Du davon, wenn [...]?"; „Bist Du damit einverstanden, wenn [...]?"

[29] Vgl. *Holländer*, 30; *Gawlik*, 23 f.; *v. Seeler*, ArchBürgR 28 (1906), 1 (13).

C. Zulässigkeit

In bestimmten Fällen regelt das Gesetz ausdrücklich, dass ein Rechtserfolg sowohl einseitig als auch durch Vertrag herbeigeführt werden kann, so etwa in § 1941 Abs. 1 BGB (Erbvertrag), § 1491 Abs. 1 S. 2, Abs. 2 S. 1 BGB (Anteilsverzicht eines Abkömmlings) und § 1492 Abs. 1 S. 2, Abs. 2 S. 1 BGB (Aufhebung einer fortgesetzten Gütergemeinschaft)[30]. Fehlt es an einer solchen Regelung, gilt der Grundsatz, dass die Rechtswirkungen einseitiger Rechtsgeschäfte ebenso durch eine vertragliche Einigung herbeigeführt werden können[31]. Das gebietet zum einen das Prinzip der Vertragsfreiheit[32] und ergibt sich zum anderen daraus, dass die Vertragsform die gesetzlichen Anforderungen übertrifft, insofern eine Mitwirkung des Gegners erforderlich wird[33]. Dass ein Rechtserfolg einseitig herbeigeführt werden kann, macht einen Konsens somit zwar entbehrlich, schließt ihn aber nicht aus[34]. So ist anerkannt, dass ein Vertragsverhältnis nicht nur durch Kündigung, Anfechtung oder Rücktritt einer Partei endigen kann, sondern genauso durch Abschluss eines Aufhebungsvertrags[35]. Auch die Fälligkeit einer Forderung kann Folge einer Kündigung oder aber einer Fälligkeitsvereinbarung sein, vgl. § 271 Abs. 1 BGB[36]. Zugelassen wird ferner der Abschluss eines Aufrechnungsvertrags, der entsprechend der einseitigen Aufrechnung das Erlöschen wechselseitig bestehender Forderungen bewirkt[37], vgl. auch § 94 Fall 2 InsO[38].

---

[30] *Breit*, SächsArch 13 (1903), 283 (304).

[31] *K. P. Berger*, Aufrechnung, 80 f.; *v. Tuhr*, AT II/1, § 53 I (S. 206); *Breit*, SächsArch 13 (1903), 283 (311); vgl. *Flume*, AT II, § 11, 3 (S. 137).

[32] Im Zusammenhang mit dem Aufrechnungsvertrag *Meyer*, 1; *Arndt*, 8; *Schade*, 24; *K. P. Berger*, Aufrechnung, 80 f.

[33] Anderes gilt, wenn das Gesetz zur Herbeiführung eines Rechtserfolgs den Abschluss eines Vertrags verlangt (etwa beim Kauf, der Miete, dem Auftrag). In diesem Fall ist der Vertrag nicht nur eine mögliche, sondern die einzig mögliche Form (das Minimalerfordernis) zur Herbeiführung des Rechtserfolgs, *Breit*, SächsArch 13 (1903), 283 (310 f.).

[34] *Breit*, SächsArch 13 (1903), 283 (311); *ders.*, Geschäftsfähigkeit, 184, 187; vgl. *v. Tuhr*, AT II/1, § 53 I (S. 206).

[35] Vgl. *v. Tuhr*, AT II/1, § 53 I (S. 206); *Breit*, SächsArch 13 (1903), 283 (302 f., 307) für die Anfechtung und Kündigung; *ders.*, Geschäftsfähigkeit, 184, 197 für die Kündigung; *Flume*, AT II, § 11, 5d (S. 144) für die Aufrechnung und Kündigung.

[36] *v. Tuhr*, AT II/1, § 53 I (S. 206); MK-BGB/*Krüger*, § 271 Rn. 7 zur Fälligkeitsvereinbarung.

[37] *Meyer*, 1 f.; *Arndt*, 8; *Schade*, 10 f.; *v. Tuhr*, AT II/1, § 53 I (S. 206); *Breit*, SächsArch 13 (1903), 283 (307); *ders.*, Geschäftsfähigkeit, 184, 186; *Enneccerus/Lehmann*, Schuldrecht II, § 69 I; *Gernhuber*, Erfüllung, § 14 I 2; *Flume*, AT II, § 11, 5d (S. 144); ausführlich *K. P. Berger*, Aufrechnung, 78 ff. Die Motive II, 104 = Mugdan II, 57 erklären, mit der vertragsmäßigen Aufrechnung „hat sich das Gesetzbuch nicht zu befassen", was *Schade*, 24 als „unzweideutige Anerkennung der Zulässigkeit des Aufrechnungsvertrages" wertet.

[38] Ob auch § 1977 Abs. 1 BGB die Zulässigkeit des Aufrechnungsvertrags belegt, er-

Der Vertragsform unzugänglich sind dagegen solche Rechtsgeschäfte, die nicht empfangsbedürftig oder einer Behörde gegenüber vorzunehmen sind[39]:

Zu den nicht empfangsbedürftigen Rechtsgeschäften zählen die Eigentumsaufgabe (§ 959 BGB) und nach der Pollizitationstheorie außerdem die Auslobung (§ 657 BGB)[40]. Im Unterschied zur Kündigung oder Aufrechnung beschränken sich die Folgen beider Geschäfte unmittelbar auf den Rechtskreis des Erklärenden. Für die Auslobung wie die Eigentumsaufgabe fehlt es damit an der (unmittelbaren) Betroffenheit eines anderen, von dessen Einverständnis der Eintritt des jeweiligen Rechtserfolgs abhängig gemacht werden könnte[41]. Wird einem anderen die Eigentumsaufgabe oder eine Auslobung im Sinne des § 145 BGB angetragen, kann darin allenfalls ein Übereignungsangebot gemäß § 929 S. 1 BGB bzw. der Antrag auf Abschluss eines auslobungsähnlichen Vertrags[42], gegebenenfalls einer um die „ausgelobte" Handlung bedingten Schenkung liegen.

Zu den amtsempfangsbedürftigen Rechtsgeschäften zählt die Erbschaftsausschlagung nach § 1945 Abs. 1 BGB[43]. Weil die Ausschlagung regelmäßig einen größeren und mitunter schwer bestimmbaren Personenkreis betrifft, ist es nicht nur zweckmäßig, sondern im Interesse der Rechtssicherheit auch geboten, dass die Ausschlagung gegenüber dem Nachlassgericht erfolgt. In seiner Funktion als Sammelstelle für nachlassbezogene Erklärungen und Urkunden[44] beschränkt sich das Gericht allerdings auf verwaltende Tätigkeiten (darunter die Entgegennahme, Verwahrung, gegebenenfalls auch die Weiterleitung der Ausschlagungserklärung an die zuständige Stelle[45]) und

---

scheint zweifelhaft. Mit der dort genannten „Zustimmung" des Erben zur Aufrechnung ist nach überwiegender Auffassung der Verzicht des Erben auf die beschränkte Haftung gegenüber dem Aufrechnenden oder die Verfügung des Erben über eine ihm gehörige Forderung gemeint, nicht aber eine Erklärung des Erben, die auf den Abschluss eines Aufrechnungsvertrags zielt; zu Ersterem: MK-BGB/*Küpper*, § 1977 Rn. 2; zu Letzterem: *v. Tuhr*, AT II/1, § 53 I (S. 207 in Fn. 26).

[39] *v. Tuhr*, AT II/1, § 53 I (S. 206 in Fn. 21); vgl. *Breit*, SächsArch 13 (1903), 283 (297 f.).

[40] Zur Auslobung als einseitiges Rechtsgeschäft Motive II, 519 = Mugdan II, 290; *Enneccerus/Lehmann*, Schuldrecht II, § 159 II 1; Palandt/*Sprau*, BGB, § 657 Rn. 1; MK-BGB/*Schäfer*, § 657 Rn. 3, 5; *v. Tuhr*, AT II/1, § 53 I (S. 204 in Fn. 9). Dagegen sieht die Vertragstheorie in der Auslobung ein (empfangs- und annahmebedürftiges) Angebot *ad incertas personas*, ausführlich Staudinger/*Bergmann*, BGB, § 657 Rn. 13 ff.

[41] Vgl. *Breit*, SächsArch 13 (1903), 283 (297); *Flume*, AT II, § 11, 4 (S. 140).

[42] Die §§ 657 ff. BGB gelten entsprechend, vgl. BGH NJW 1984, 1118; MK-BGB/*Schäfer*, § 657 Rn. 16; BeckOGK-BGB/*Lohsse*, 1.8.2021, § 657 Rn. 56.

[43] *v. Tuhr*, AT II/1, § 53 I (S. 206 in Fn. 21).

[44] Wo sich Nachlassbeteiligte jederzeit Gewissheit über die wesentlichen Rechtsverhältnisse am Nachlass verschaffen können, BayObLGZ 1989, 327 (331); BayObLG DtZ 1992, 284 (285).

[45] BeckOGK-BGB/*Heinemann*, 15.4.2021, § 1945 Rn. 109. Insbesondere prüft das Nachlassgericht nicht die Wirksamkeit der Ausschlagung, BayObLGZ 1985, 244 (247 f.); OLG München MittBayNot 2010, 486.

scheidet damit als Vertragspartner aus. Hinzu kommt, dass die Ausschlagung zur Vermeidung von Schwebezuständen vorbehaltslos zu erklären ist, § 1947 BGB[46], eine vertragsmäßige Ausschlagung jedoch unter dem (unzulässigen) Vorbehalt der Annahme durch den Erklärungsadressaten stünde.

Bezogen auf das Rechtsgeschäft der Bevollmächtigung ergibt sich aus dem Gesagten Folgendes: Zwar ordnet das Gesetz die Zulässigkeit einer vertraglich begründeten Vollmacht nicht ausdrücklich an. Ebenso wenig handelt es sich bei der Bevollmächtigung aber um ein amtsempfangsbedürftiges oder nicht empfangsbedürftiges Rechtsgeschäft, für das die Vertragsform von vornherein ausscheidet. Wenn sich aus den §§ 164–181 BGB nicht ein anderes ergibt, gilt somit auch für die Bevollmächtigung der Grundsatz, dass sich ihre Rechtsfolgen ebenso durch eine vertragliche Einigung herbeiführen lassen.

I. Wortlaut

Der Zulässigkeit eines Vollmachtsvertrags steht nicht bereits der Gesetzeswortlaut entgegen. Zwar erfolgt die Bevollmächtigung nach § 167 Abs. 1 BGB „durch Erklärung" (nur) des Vertretenen. Dass es sich dabei um die einzig mögliche Form der Vollmachtserteilung handelt, ist dem Wortlaut aber nicht zu entnehmen[47]. Ebenso lässt die Legaldefinition des § 166 Abs. 2 S. 1 BGB Raum für die Anerkennung eines Vollmachtsvertrags, insofern die Vollmacht auch in diesem Fall „durch Rechtsgeschäft" begründet wird[48].

Ebenso wenig spricht gegen die Anerkennung eines Vollmachtsvertrags, dass die Vertretungsmacht dem zu Bevollmächtigenden „erteilt" wird, §§ 166 Abs. 2 S. 1, 167 Abs. 1, 168 S. 1, 170 BGB[49]. Von einer „Erteilung" ist zwar vornehmlich im Zusammenhang mit einseitigen Rechtsgeschäften und Handlungen die Rede. So werden Zustimmungen[50], Ermächtigungen[51], An-

---

[46] MK-BGB/*Leipold*, § 1947 Rn. 1.

[47] Vgl. *v. Seeler*, ArchBürgR 28 (1906), 1 (12); *Bandehzadeh*, DB 2003, 1663 (1665).

[48] In diesem Sinne auch *Breit*, SächsArch 13 (1903), 283 (303): „daß man sich in dieser ganzen Lehre von den Namen der einzelnen Rechtsbehelfe emanzipieren muss".

[49] Siehe außerdem §§ 492 Abs. 4 S. 1, 494 Abs. 1, 715, 1904 Abs. 5 S. 2, 1906 Abs. 5 S. 1, 1906a Abs. 5 S. 1 BGB.

[50] §§ 182 Abs. 1, 183 S. 1, 558b Abs. 2 S. 1, 675g Abs. 2 S. 1, 675i Abs. 2 Nr. 5, 675j Abs. 1 S. 2 und 3, 675k Abs. 1, 675p Abs. 2 S. 1, 675x Abs. 3, 1516 Abs. 2 S. 1 BGB. Zur Einwilligung als vorherige Zustimmung: §§ 131 Abs. 2 S. 2, 744 Abs. 2 Hs. 2, 1598a Abs. 2, 1746 Abs. 1, 1747 Abs. 2 S. 1, Abs. 3 Nr. 3, 1750 Abs. 2 Hs. 1, Abs. 3 S. 1, 1751 Abs. 4, 1758 Abs. 2 S. 1, 1760 Abs. 2 a) und d), 2120 S. 1, 2206 Abs. 2 BGB. Zur Genehmigung als nachträgliche Zustimmung: §§ 415 Abs. 3 S. 1, 416 Abs. 1 S. 2, Abs. 3, 1001 S. 3, 1829 Abs. 2 Hs. 1, 1904 Abs. 3, Abs. 4 BGB.

[51] §§ 113 Abs. 4, 1825, 2209 S. 2 BGB.

weisungen[52], Erlaubnisse[53] und Befreiungen[54] „erteilt", ebenso wie Belege[55], Rechnungen[56], Quittungen[57], Auskünfte[58], Informationen[59], Empfehlungen[60], Urkunden[61], Nachweise[62], Zeugnisse[63], Vollstreckungsklauseln[64] und Abschriften[65]. „Erteilt" werden aber auch Erklärungen, die auf den Abschluss eines Vertrags zielen. Zu nennen sind die Erteilung eines Zuschlags[66], eines Schenkungs-[67] oder Schuldversprechens[68], eines Schuldanerkenntnisses[69], außerdem die Erteilung von Aufträgen[70], Bürgschafts-[71] und Abtretungserklärungen[72]. Schließlich wird auch die Schuldverschreibung auf den Inhaber „erteilt", §§ 798 S. 1, 800 S. 1 BGB, was die herrschende Auffassung nicht daran hindert, die Rechtsfolgen der Schuldverschreibung von dem Abschluss eines Begebungs*vertrags* zwischen Aussteller und Inhaber abhängig zu machen[73]. Dass die Vollmacht dem Vertreter „erteilt" wird, steht der Zulässigkeit eines Vollmachtsvertrags damit nicht entgegen.

---

[52] §§ 447 Abs. 2, 645 Abs. 1 S. 1, 788 BGB.

[53] §§ 540 Abs. 2, 589 Abs. 2 BGB.

[54] §§ 1308 Abs. 2 S. 1, 1309 Abs. 2 BGB.

[55] §§ 259 Abs. 1, 1841 Abs. 1 BGB.

[56] §§ 650g Abs. 4 S. 1 Nr. 2, 1906b Abs. 1 S. 2 BGB (Abrechnung).

[57] § 368 S. 2 BGB.

[58] §§ 79 Abs. 1 S. 2, 260 Abs. 1, 402, 505b Abs. 3 S. 1, 556g, 558 Abs. 4 S. 2, 574b Abs. 1, 595 Abs. 4 S. 2, 666, 799 Abs. 2 S. 1, 1435 S. 2, 1563 Abs. 2 S. 2, 1580 S. 1, 1605 Abs. 1 S. 1, Abs. 2, 1613 Abs. 1 S. 1, 1799 Abs. 2, 1839, 1891 Abs. 2, 2003 Abs. 2, 2005 Abs. 1 S. 2, 2011 S. 2, 2012 Abs. 1 S. 2, 2027 Abs. 1, 2028 Abs. 1, Abs. 2, 2057 S. 1, 2314 Abs. 1 S. 1, 2362 Abs. 2 BGB.

[59] §§ 493 Abs. 4 S. 2 Nr. 4, 505d Abs. 3 BGB.

[60] §§ 511 Abs. 1, 675 Abs. 2 BGB.

[61] § 929a Abs. 2 BGB; im Speziellen der Hypothekenbrief: §§ 1116, 1117 Abs. 1 S. 1, 1139 S. 1, 1152 S. 1, 1154 Abs. 3, 1160 Abs. 1, 1163 Abs. 2, 1170 Abs. 2 S. 1, 1171 Abs. 2 S. 2, 1185 Abs. 1 BGB.

[62] § 651e Abs. 4 BGB.

[63] §§ 630 S. 3, 1507 S. 1, 2535 (Erbschein), 2368 S. 1 BGB.

[64] § 204 Abs. 1 Nr. 1 BGB.

[65] § 1561 Abs. 2 Nr. 2 BGB.

[66] §§ 156 S. 1, 1242 Abs. 1 S. 2 BGB.

[67] §§ 519 Abs. 1, 2113 Abs. 2 S. 1, 2301 Abs. 1 BGB.

[68] §§ 518 Abs. 1 S. 2, 780, 782, 2301 Abs. 1 S. 2 BGB.

[69] §§ 518 Abs. 1 S. 2, 781, 782, 2301 Abs. 1 S. 2 BGB.

[70] §§ 450 Abs. 2, 675f Abs. 4 S. 2 (Zahlungsauftrag), 1911 Abs. 1 S. 2 BGB.

[71] § 766 S. 1 BGB.

[72] § 1154 Abs. 1 Hs. 1 BGB.

[73] MK-BGB/*Habersack*, Vor § 793 Rn. 26, 31; Staudinger/*Marbuger*, BGB, Vor § 793 Rn. 18 f.; anders noch der historische Gesetzgeber, Motive II, 695 = *Mugdan* II, 388. „Erteilt" werden im BGB schließlich die Erklärung des Haftungserlasses (§ 702a Abs. 2), Namen (§§ 1617a Abs. 2 S. 1 und 2, 1618), staatliche Anerkennungen (§ 1908f Abs. 2 S. 2), Antworten (§ 675m Abs. 3), Gutschriften (§ 675q Abs. 2 S. 1) und Bescheinigungen (§§ 1309 Abs. 1 S. 2, 1310 Abs. 3 Nr. 3, 1791c Abs. 3 Hs. 1).

II. Systematik

Auch in systematischer Hinsicht begegnet die Anerkennung des Vollmachtsvertrags keinen Bedenken.

Der Versuch, die Unzulässigkeit des Vollmachtsvertrags unter Verweis auf die einseitige Rechtsnatur der Genehmigung zu begründen[74], entpuppt sich als *petitio principii*. Denn stellt sich heraus, dass die Vollmacht im Vertragsweg errichtet werden kann, liegt es nahe, dass dies auch für die Genehmigung gilt[75]. Im Übrigen besagt der Verweis auf § 177 Abs. 1 BGB nur, dass die Genehmigung gesetzlich als einseitiges Rechtsgeschäft ausgestaltet ist, nicht aber, dass sie es sein muss[76].

Auch die Bestimmungen des § 168 BGB stehen der Anerkennung eines Vollmachtsvertrags nicht entgegen. Unterschieden wird dort zwischen der Vollmacht und dem ihrer Erteilung zugrunde liegenden Rechtsverhältnis. Letzteres besteht typischerweise in einem Vertrag (etwa einem Auftrag), was dazu verleitet, sich die Bevollmächtigung in Abgrenzung hierzu als einseitigen Rechtsakt zu denken. Dieser Schluss schießt jedoch über den Regelungsgehalt des § 168 BGB hinaus, der allenfalls darin besteht, die Bevollmächtigung gegenüber ihrem Grundgeschäft, nicht aber von mehrseitigen Rechtsgeschäften überhaupt abzugrenzen. Davon abgesehen kann der Vollmachtserteilung im Einzelfall auch kein Rechtsverhältnis zugrunde liegen (isolierte Vollmacht)[77], womit der Verweis auf den Vertragscharakter dieses Rechtsverhältnisses, da nicht vorhanden, ins Leere läuft.

Bei genauerer Betrachtung lässt sich § 168 S. 1 BGB sogar ein Argument für die Zulassung eines Vollmachtsvertrags entnehmen. Bestimmt sich das Erlöschen der Vollmacht nach dem ihrer Erteilung zugrunde liegenden Rechtsverhältnis, bedeutet dies nämlich, dass über den Fortbestand der Vollmacht nicht nur der Vertretene (durch Widerruf, § 168 S. 2 BGB), sondern auch der Vertreter entscheiden kann (indem er etwa das Kausalgeschäft kündigt). Kann der Vertreter auf die Beendigung seiner Vollmacht Einfluss nehmen, ist kein Grund ersichtlich, weshalb er nicht auch hinsichtlich ihrer Entstehung mitbestimmen können soll.

Keinen Beleg für die Zulässigkeit des Vollmachtsvertrags bietet dagegen § 87 Abs. 1 ZPO. Dort findet der Vollmachtsvertrag zwar ausdrücklich Erwähnung, denn es ist die Rede von einer „Kündigung des Vollmachtsvertrags". Jedoch beruht § 87 Abs. 1 ZPO auf der überholten Sicht des die Zi-

---

[74] In diese Richtung *Regelsberger*, KritV 11 (1869), 361 (369); *Wach*, Handbuch I, § 50 I (S. 568).

[75] So auch *Hupka*, Vollmacht, 87 f. in Fn. 2.

[76] Dazu auch Teil 2 F. II. 1.

[77] *Flume*, AT II, § 50, 1 (S. 840); Staudinger/*Schilken*, BGB, § 167 Rn. 2. Zur isolierten Vollmacht unter Teil 2 G. II. 1.

vilprozessordnung prägenden Allgemeinen Preußischen Landrechts, das nicht zwischen Bevollmächtigung und Grundgeschäft trennte[78]. So wurde etwa eine Willenserklärung, wodurch einer dem anderen das Recht zur Führung seiner Geschäfte erteilte, als Auftrag *oder* Vollmacht bezeichnet, ALR I 13 § 5, und das Zustandekommen eines *Vollmachts*vertrags daran geknüpft, dass der andere Teil seine Annahme zum *Auftrag* erklärte, ALR I 13 § 7[79]. Vor diesem Hintergrund bezeichnet auch der „Vollmachtsvertrag" im Sinne des § 87 Abs. 1 ZPO nicht eine vertraglich begründete Vollmacht, sondern das ihr zugrunde liegende Rechtsverhältnis[80]. Erlischt dieses kündigungsbedingt und in der Folge die Vertretungsmacht (§ 168 S. 1 BGB), macht § 87 Abs. 1 ZPO die Beendigung der Vollmachtswirkung im Außenverhältnis von einer entsprechenden Anzeige gegenüber dem Gegner abhängig[81].

Für die Zulässigkeit eines Vollmachtsvertrags streitet wiederum die Bestimmung des § 1189 Abs. 1 BGB. Danach kann für die Gläubiger einer Wertpapierhypothek (§ 1187 BGB) ein Vertreter mit der Befugnis bestellt werden, bestimmte Verfügungen über die Hypothek mit Wirkung für und gegen jeden Gläubiger vorzunehmen und die Gläubiger bei der Geltendmachung der Hypothek zu vertreten (Grundbuchvertreter). Auf die Besonderheiten dieser Vorschrift wird in anderem Zusammenhang eingegangen[82]. An dieser Stelle genügt die Erkenntnis, dass die Bestellung des Grundbuchvertreters nach herrschender Auffassung zum Inhalt der Hypothek gehört[83]. Entsprechend der Hypothekenbestellung setzt daher auch die Bevollmächtigung des Grundbuchvertreters neben einer Eintragung in das Grundbuch (§ 1189 Abs. 1 S. 2 BGB) eine Einigung zwischen Grundstückseigentümer und Gläubigerschaft im Sinne des § 873 Abs. 1 Fall 2 BGB voraus[84]. In den Fällen des

---

[78] BeckOK-ZPO/*Piekenbrock*, 1.7.2021, § 80 Rn. 2; *Isay*, Geschäftsführung, 211 in Fn. 3; vgl. auch Teil 1 A. IV.

[79] Vgl. außerdem ALR I 6 §§ 51–53; dazu auch *Laband*, ZHR 10 (1866), 183 (209 f.).

[80] Im Ergebnis *Wach*, Handbuch I, § 50 I (S. 568 in Fn. 4); MK-ZPO/*Toussaint*, § 87 Rn. 3; anders *Breit*, Geschäftsfähigkeit, 185 in Fn. 9, der nicht ausschließt, dass damit auch der Vollmachtsvertrag im hier definierten Sinne gemeint ist.

[81] Vgl. MK-ZPO/*Toussaint*, § 87 Rn. 8; Musielak/Voit/*Weth*, ZPO, § 87 Rn. 4.

[82] Teil 2 G. II. 2. a) aa).

[83] RG LZ 1925, 1070 f.; *Böhringer*, BWNotZ 1988, 25 (27); Staudinger/*Wolfsteiner*, BGB, § 1189 Rn. 10; Soergel/*Konzen*, BGB, § 1189 Rn. 5; Palandt/*Herrler*, BGB, § 1189 Rn. 2; Planck/*Strecker*, BGB, § 1189 Anm. 2, 5; RGRK/*Thumm*, BGB, § 1189 Rn. 8; MK-BGB/*Lieder*, § 1189 Rn. 12; vgl. KG KGJ 45, 275 (279); 51, 304 (308); dagegen: *Enneccerus/Wolff/Raiser*, Sachenrecht, § 152 IV; MK-BGB/*Eickmann*, § 1189 Rn. 11.

[84] Planck/*Strecker*, BGB, § 1189 Anm. 5a; RGRK/*Thumm*, BGB, § 1189 Rn. 8; Soergel/*Konzen*, BGB, § 1189 Rn. 5; BeckOGK-BGB/*Deutsch*, 1.5.2021, § 1189 Rn. 31, 34. Nur ausnahmsweise, nämlich zur Bestellung einer Hypothek für die Forderung aus einer Inhaberschuldverschreibung, genügt die Erklärung des Eigentümers gegenüber dem Grundbuchamt und die Eintragung in das Grundbuch, § 1188 Abs. 1 Hs. 1 BGB.

§ 1189 Abs. 1 BGB kommt die Vollmacht somit stets durch einen Vertrag zustande[85], der seine Wirkung mit der Eintragung des Vertreters und seiner Befugnisse in das Grundbuch entfaltet[86].

III. Entstehungsgeschichte

In einem Widerspruch zur Rechtsfigur des Vollmachtsvertrags scheint der Wille des historischen Gesetzgebers zu stehen. In den Vorentwürfen[87] und Motiven zum Ersten Entwurf[88] wird die Bevollmächtigung den einseitigen Rechtsakten zugeordnet, was die Zweite Kommission dazu veranlasst hat, den „rechtlichen Karakter der Vollmacht als einer einseitigen, einem Anderen gegenüber abzugebenden Willenserklärung" gesetzlich zu fixieren. So wurde beantragt, anstelle des E I § 119 BGB zu bestimmen, dass die Bevollmächtigung „durch Erklärung" des Vertretenen zu erteilen war[89].

Die Ausführungen in den Gesetzesmaterialien werden verständlich, wenn man berücksichtigt, dass vor allem das gemeine Recht eine Trennung zwischen Beauftragung und Bevollmächtigung nicht kannte. In Abkehr hiervon war es *Laband*, der Mitte des 19. Jahrhunderts die Selbständigkeit der Vertretungsmacht formulierte[90]. Auf diese Entwicklung nehmen die eben zitierten Stellen in den Gesetzesmaterialien Bezug: Den Ausführungen in den Vorentwürfen wird vorausgeschickt, die Bevollmächtigung sei „ein neues, ein von dem Auftrage wohl zu unterscheidendes Rechtsgeschäft"[91], in den Motiven heißt es, dass eine Vielzahl ausländischer Gesetzgebungen „Bevollmächtigung und Auftrag in schwer scheidbarer Weise vermischt [haben]"[92], und in den Protokollen der Zweiten Kommission wird der Vorschlag verworfen, für das Erlöschen der Vollmacht auf das Auftragsrecht zu verweisen,

---

[85] Weshalb es sich auch um eine durch Rechtsgeschäft begründete Vollmacht im Sinne des § 166 Abs. 2 S. 1 BGB handelt, RGZ 150, 289 (290).

[86] Zum Beginn der Vertretungsmacht mit der Eintragung *Böhringer*, BWNotZ 1988, 25 (27); Staudinger/*Wolfsteiner*, BGB, § 1189 Rn. 11; Soergel/*Konzen*, BGB, § 1189 Rn. 5. Weil die Bestellung des Vertreters den Inhalt der Vollmacht betrifft, erfolgt auch die Abberufung durch Einigung und Eintragung in das Grundbuch, Planck/*Strecker*, BGB, § 1189 Anm. 6a. Entsprechendes gilt, wenn der Vertreter nachträglich bestellt wird. Darin liegt eine Inhaltsänderung der Hypothek, die zu ihrer Wirksamkeit einer Eintragung und Einigung zwischen Eigentümer und Gläubiger(n) bedarf, §§ 873 Abs. 1, 877 BGB, KG KGJ 45, 275 (278 f.); RG LZ 1925, 1070 (1071); Planck/*Strecker*, BGB, § 1189 Anm. 5a.

[87] *Gebhard*, in: Schubert, Vorlagen AT I/2, 167, 171.

[88] Motive I, 229 = Mugdan I, 479.

[89] Protokolle I, 146 f. = Mugdan I, 740 f.

[90] *Laband*, ZHR 10 (1866), 183 (203 ff.); vgl. außerdem Teil 1 A. V. 3.

[91] *Gebhard*, in: Schubert, Vorlagen AT I/2, 166.

[92] Motive I, 228 = Mugdan I, 478.

weil ein solcher Verweis geeignet sei, „die im Entw. sonst durchgeführte Trennung von Vollmacht und Auftrag zu verdunkeln"[93].

Setzt man die Ausführungen des historischen Gesetzgebers in einen Kontext, stellt sich die von ihm postulierte Einseitigkeit der Vollmachtserteilung somit nicht als ein zwingendes Dogma, sondern als eine überschießende Reaktion auf das gemeine Recht dar[94]. Dem Gesetzgeber mag es ein Anliegen gewesen sein, die Selbständigkeit der Vollmacht als eine Erkenntnis verhältnismäßig jungen Datums[95] nicht nur begrifflich (Vollmacht – Auftrag), sondern auch über eine alternative Entstehungsform (einseitig – mehrseitig) abzubilden[96]. Das übergeordnete Ziel, die Vollmacht aus dem Mandat herauszulösen und damit verkehrsfähig zu machen, hätte aber genauso über die Einordnung der Bevollmächtigung als abstrakter Vertrag erreicht werden können; der Ausgestaltung als einseitiges Rechtsgeschäft hätte es nicht bedurft. So erstaunt es nicht, dass noch *Laband* selbst in der Bevollmächtigung einen Vertrag erblickte, den der Vertretene mit seinem Vertreter zu schließen hatte[97]. Wie sich zeigt, bestehen auch nach der historischen Auslegung keine Einwände gegen die Anerkennung einer vertraglich begründeten Vollmacht.

IV. Telos

Zweifelhaft erscheint die Zulässigkeit des Vollmachtsvertrags allenfalls unter dem Gesichtspunkt des Verkehrsschutzes. Wirkt der Vertreter an seiner Bevollmächtigung mit, hängt die Vollmacht in ihrem Wirksamwerden und Fortbestand nämlich von mehr Erfordernissen ab, als es das Gesetz in § 167 Abs. 1 BGB vorsieht. Insbesondere wird die Bevollmächtigung anfälliger für Fehler, insofern sie infolge einer Anfechtung des Vertreters (bezogen auf seine Vertragserklärung) oder wegen eines in seiner Person liegenden Willensmangels nichtig sein kann, §§ 142 Abs. 1, 116 S. 2, 117 Abs. 1, 118 BGB[98].

---

[93] Protokolle I, 145 = Mugdan I, 742.

[94] Vgl. *Müller-Freienfels*, Vertretung, 246 f.; *Breit*, SächsArch 13 (1903), 283 (306); *ders.*, Geschäftsfähigkeit, 185 in Fn. 9 bezeichnet die Reaktion als „übertrieben".

[95] Motive I, 228 = Mugdan I, 478; *Gebhard*, in: Schubert, Vorlagen AT I/2, 166.

[96] Vgl. auch *Rosenberg*, 134, dem zufolge die Einseitigkeit der Vollmachtserteilung ihren Unterschied zum Grundverhältnis „in das hellste Licht" stelle.

[97] *Laband*, ZHR 10 (1866), 183 (208): „Der Bevollmächtigungsvertrag ist ein (vom Mandat verschiedener) Consensual-Vertrag, durch welchen die Contrahenten sich gegenseitig verpflichten, daß Rechtsgeschäfte, welche der eine Contrahent (der Bevollmächtigte) Namens des Andern (des Vollmachtgebers) abschließen wird, ihrer Wirkung nach so angesehen werden sollen, als hätte sie der letztere selbst abgeschlossen"; dazu auch *Hupka*, Vollmacht, 86; *Doerner*, Abstraktheit, 51 f.; *Müller-Freienfels*, in: Wissenschaft und Kodifikation des Privatrechts II (1988), 144 (178 f.). Zur Einordnung des Bevollmächtigungsvertrags als Konsensualvertrag mit Drittwirkung *Windel*, in: FS Roth (2021), 119 (126).

[98] Was nicht dem „System des Gesetzes" entspreche, *Hübner*, AT, § 48 Rn. 1244.

Verglichen mit einer Bevollmächtigung im Sinne des § 167 Abs. 1 BGB erhöht sich damit für den Geschäftsgegner das Risiko eines (schwebend) unwirksamen Geschäftsabschlusses, vgl. § 177 BGB, und einer im Zweifel nur dürftigen Vertreterhaftung, vgl. § 179 Abs. 2, Abs. 3 BGB. Allerdings bezweckt § 167 Abs. 1 BGB auch nicht den Schutz des Geschäftsgegners oder gar des Rechtsverkehrs. Die Regelung dient in erster Linie dem Interesse des Vertretenen, der seinen rechtsgeschäftlichen Handlungsradius möglichst privatautonom und niederschwellig erweitern können soll. Auf diesen Vorteil kann der Vertretene aber verzichten und die Vollmacht über den weniger „bequemen" Vertragsweg begründen.

Ebenso wenig trägt der Einwand, die Bevollmächtigung berühre die Sphäre des Vertreters „nicht im geringsten", womit es an einem „innere[n] Grunde" für seine Mitwirkung an der Vollmachtserteilung fehle[99]. Die Bevollmächtigung berührt die Interessensphäre des Vertreters insofern, als mit ihr die Gefahr eines Fehlgebrauchs[100], regelmäßig eine besondere Verantwortung, mitunter auch ein beruflicher oder gesellschaftlicher Aufstieg verbunden ist (man denke an die Bestellung als Prokurist)[101]. Darüber hinaus ermöglicht es die Bevollmächtigung dem Vertreter, neben den eigenen fortan auch die Rechtsverhältnisse des Vertretenen zu gestalten. Der Zuwachs an rechtlichen Handlungsmöglichkeiten wird besonders deutlich, wenn der Vertreter minderjährig ist und kraft seiner Vollmacht Rechtsfolgen in fremdem Vermögen herbeiführen kann, deren Herbeiführung ihm in eigener Sache verwehrt ist[102]. Zuletzt bieten auch das mit dem Vertretungsamt verbundene Haftungsrisiko (§ 179 BGB) und die mögliche Beschränkung des Anfechtungsrechts (§ 164 Abs. 2 BGB) Grund genug, den Vertreter in seine Bevollmächtigung einzubeziehen.

V. Zusammenfassung

Die §§ 164–181 BGB stehen der Zulassung eines Vollmachtvertrags weder nach dem Wortlaut noch in systematischer Hinsicht entgegen. Die Auseinandersetzung mit der Entstehungsgeschichte bestätigt, dass die Einseitigkeit der Bevollmächtigung keinem zwingenden Lehrsatz entspringt. Dahinter steht vielmehr das gesetzgeberische Anliegen, Vollmacht und Auftrag streng von-

---

[99] So aber *Hupka*, Vollmacht, 88 f.; dagegen *Rosenberg*, 133 in Fn. 2, jedoch ohne Begründung.

[100] Vgl. *Hupka*, Vollmacht, 39 in Fn. 1, der von einem „negativen, prohibitiven Einfluss" der Vollmacht auf den Vertreter spricht und dessen „Furcht vor den Folgen der Vollmachtsüberschreitung".

[101] Ähnlich *Beuthien*, in: FG 50 Jahre BGH I (2000), 81 (93); *Schlossmann*, Stellvertretung I, 253 f.

[102] Vgl. *Kleinhenz*, Jura 2007, 810 (813).

einander zu scheiden, was aber genauso über die Ausgestaltung der Bevollmächtigung als Vertrag hätte erreicht werden können. Auch der Verkehrsschutz erfährt keine Einschränkung, wenn Vollmachten vertraglich begründet werden; das Trennungs- und Abstraktionsprinzip findet unabhängig vom Erteilungstatbestand der Vollmacht Anwendung. Davon abgesehen muss es dem Vertretenen freistehen, das ihm in § 167 Abs. 1 BGB zugewiesene Entscheidungsprimat aufzugeben und die Rechtsfolgen seiner Erklärung von der Einwilligung des anderen Teils abhängig zu machen. Insgesamt verbleibt es damit für die Bevollmächtigung bei dem Grundsatz, dass sich ihre Rechtsfolgen erst recht durch Vertrag herbeiführen lassen.

Erblickt man in der Ermächtigung zur Botentätigkeit ein einseitiges Rechtsgeschäft[103], begegnet es zunächst keinen Bedenken, in Anwendung des eben genannten Erst-recht-Schlusses auch die vertragliche Begründung einer Botenmacht zuzulassen. Die Bedeutung eines solchen Vertrags ist freilich gering, soll doch zumindest für die Empfangsbotenschaft eine Ermächtigung kraft Verkehrsanschauung genügen[104] und der Empfangsbote ohne Botenmacht immerhin Bote des Erklärenden sein können[105]. Zwar kann die Erteilung von Botenmacht eine Verschiebung des Verlust- und Verspätungsrisikos bewirken, wenn etwa eine Person zum Boten bestellt wird, die nach der Verkehrssitte nicht als zum Empfang von Erklärungen ermächtigt gilt (etwa der Gärtner im Vorgarten[106]). Eines Vertrags mit dem Boten bedarf es hierfür allerdings nicht; es genügt ein Verhalten der Partei, aus dem sich ihre Bereitschaft zur Übernahme der mit der Einschaltung des Boten geschaffenen Risiken ergibt. Es wäre auch ein seltsames Ergebnis, würde die Risiko(um)verteilung an dem Einverständnis des Boten hängen, denn gerade ihn betrifft das Rechtsgeschäft (rechtlich) nicht: weder geht es um die Rechtsfolgen *seiner* Erklärung (anders: § 164 Abs. 1 S. 1 BGB) noch um die Rechtsfolgen einer *ihm* gegenüber abgegebenen Erklärung (anders: § 164 Abs. 3 BGB). Der Bote

---

[103] Die Einordnung der Botenermächtigung als einseitiges, überhaupt als Rechtsgeschäft macht den Einsatz geschäftsunfähiger Boten freilich begründungsbedürftig. *Cohn*, 38 etwa weicht deshalb auf § 167 Abs. 1 Fall 2 BGB aus, wonach die Botenermächtigung gegenüber der (geschäftsfähigen) Gegenpartei zu erklären sei. Ganz überwiegend enthält man sich einer Aussage zur Rechtsnatur der Botenermächtigung (siehe nur BGH NJW 2002, 1565 [1566]: „Ermächtigung"), stützt die Botenmacht wahlweise auf gesetzliche Wertungen (siehe nur Soergel/*Leptien*, BGB, Vor § 164 Rn. 43) oder geht von einer „tatsächlichen" Ermächtigung aus (siehe nur BeckOGK-BGB/*Gomille*, 1.4.2020, § 130 Rn. 99, 101).

[104] BGH NJW 2002, 1565 (1566); BAG NJW 2011, 2604 f.; NZA-RR 2009, 79 (87); NJW 1993, 1093 (1094); grundlegend *Sandmann*, AcP 199 (1999), 455 ff.; kritisch Staudinger/*Singer/Benedict*, BGB, § 130 Rn. 58 f.

[105] Staudinger/*Schilken*, BGB, § 164 Rn. 25; BeckOK-BGB/*Wendtland*, 1.11.2021, § 130 Rn. 18; anders § 179 Abs. 3 S. 1 BGB, wonach der Empfangsvertreter, der (erkennbar) ohne Vertretungsmacht handelt, im Ausgangspunkt Vertreter des Empfängers bleibt.

[106] Soergel/*Hefermehl*, BGB, § 130 Rn. 9.

ist insofern, bezogen auf seine rechtsgeschäftliche Freiheit, „unbeteiligt". Mit Rücksicht darauf werden die Überlegungen zu einem Botenmachtsvertrag im Folgenden nicht weiter vertieft.

D. Rechtsnatur

Rechtsgeschäfte lassen sich danach einteilen, ob mit ihrem Abschluss unmittelbar auf eine bestehende Rechtslage eingewirkt wird, sie also verfügender oder verpflichtender Natur sind, und weiter danach, in welchem Verhältnis sie zu ihrem Zweck stehen, ob sie sich hierzu also abstrakt oder kausal verhalten. Daneben tritt die Unterscheidung nach dem Geschäftszweck, an den sich die Qualifikation des Geschäfts als entgeltlich (Austauschzweck) oder unentgeltlich (Liberalitätszweck) anschließt. Ist an dem Rechtsgeschäft eine beschränkt geschäftsfähige Person beteiligt, wird außerdem die Unterscheidung zwischen rechtlich vorteilhaften und sonstigen Rechtsgeschäften relevant, vgl. § 107 BGB[107]. Um was für ein Rechtsgeschäft es sich bei dem Vollmachtsvertrag handelt und welche Konsequenzen sich hieraus ergeben, gilt es im Folgenden zu untersuchen. Den Ausgangspunkt der Untersuchung bildet dabei jeweils der Blick auf die Rechtslage bei der einseitigen Bevollmächtigung.

I. Verfügungsgeschäft?

Unter einer Verfügung versteht man die unmittelbare Einwirkung auf den Bestand eines Rechts oder Rechtsverhältnisses durch Übertragung, Belastung, Inhaltsänderung oder Aufhebung[108]. Indem der Vertretene Vollmacht erteilt, könnte er auf seine Verfügungs- oder Verpflichtungsmacht, das in der Vollmacht bezeichnete Vermögensrecht(sverhältnis), die Befugnis zur Ausübung hierüber oder auf die Zuständigkeit des Vertreters einwirken[109].

---

[107] Zu den verschiedenen Rechtsgeschäftsarten *Bork*, AT, § 13 Rn. 422 ff.

[108] *Flume*, AT II, § 11, 5a (S. 140); *Neuner*, AT, § 29 Rn. 31; *Bork*, AT, § 13 Rn. 450; BGHZ 101, 24 (26) = BGH NJW 1987, 3177; BGHZ 75, 221 (226) = BGH NJW 1980, 175 (176); BGHZ 1, 294 (304) = BGH NJW 1951, 645 (647).

[109] Für die Qualifikation der Bevollmächtigung als Verfügungsgeschäft: *Oertmann*, BGB, Vor § 164 Rn. 4b; *Endemann*, Lehrbuch I, § 81, 1 (S. 403 in Fn. 8); RGZ 90, 395 (400) für die mit einem Parzellierungsvertrag verbundene Vollmacht, kraft derer der Vertreter den Käufern der Trennstücke Besitz- und Nutzungsrechte einräumen kann; für Verfügungsvollmachten: *Isay*, AcP 122 (1924), 195 (198, 201 f.); *Lehmann*, AT, § 15 II 2b β, § 37 III 4; *Henle*, AT, § 25 I 1; dagegen: *Hupka*, Vollmacht, 26 in Fn. 1; *v. Tuhr*, AT II/1, § 54 I 1 2a (S. 246 in Fn. 66).

1. Verfügung über die Verfügungs- oder Verpflichtungsmacht

Nach § 137 S. 1 BGB kann die *Befugnis zur Verfügung* über ein veräußerliches Recht nicht durch Rechtsgeschäft ausgeschlossen oder beschränkt werden. Daraus folgt, dass die Bevollmächtigung jedenfalls nicht zu einer Aufhebung, Übertragung oder Belastung der Verfügungsbefugnis des Vertretenen führen kann[110]. Ebenso wenig bewirkt die Bevollmächtigung eine Inhaltsänderung seiner Verfügungsbefugnis: Eine Inhaltsänderung in Form einer Beschränkung der Verfügungsbefugnis scheitert sowohl an § 137 S. 1 BGB als auch dem Zweck des Vertretungsinstituts, den rechtsgeschäftlichen Spielraum des Vertretenen zu *erweitern*. Eine Inhaltsänderung in Gestalt einer Ausdehnung der Verfügungsbefugnis entspräche zwar dem Zweck des Vertretungsinstituts, scheitert aber daran, dass der Vertretene in Bezug auf die ihm zugewiesenen Rechte nicht mehr als verfügungsbefugt sein kann. Dass neben dem Vertretenen nunmehr auch der Vertreter in seinem (des Vertretenen) Rechtskreis wirken kann, lässt die Verfügungsbefugnis des Vertretenen somit insgesamt unberührt.

Aus ähnlichen Gründen liegt in der Bevollmächtigung auch keine Verfügung über die *Erwerbs-* und *Verpflichtungsbefugnis* des Vertretenen. Eine Aufhebung, Übertragung, Inhaltsänderung oder Belastung dieser Befugnis ist zwar nicht schon nach § 137 S. 1 BGB ausgeschlossen, der nach seinem Wortlaut nur die Verfügungsbefugnis betrifft[111]. Allerdings handelt es sich bei der Erwerbs- und Verpflichtungsbefugnis nicht um ein Recht, über das verfügt werden kann. Bezeichnet ist damit vielmehr eine persönliche und damit unverfügbare Fähigkeit, die es dem Einzelnen ermöglicht, seine rechtsgeschäftlichen Beziehungen zu gestalten[112]. Sich dieser Fähigkeit ganz oder teilweise zu begeben, bedeutet eine Preisgabe der eigenen Privatautonomie, die zu ihrer Wirksamkeit einer gesetzlichen Grundlage bedarf[113]. Eine Regelung, die es gestattet, seine Erwerbs- und Verpflichtungsbefugnis zugunsten eines Vertreters (teilweise) aufzuheben, findet sich in der deutschen Privatrechtsordnung aber nicht. Gesetzlich zugelassen wird nur die Begründung einer Pflicht, von seinen Fähigkeiten keinen Gebrauch zu machen, vgl. § 137 S. 2 BGB[114].

---

[110] Im Ergebnis *Müller-Freienfels*, Vertretung, 257; *Thiele*, 199; *Petersen*, Jura 2003, 310 (311); *Medicus/Petersen*, AT, § 57 Rn. 936; dagegen *Lehmann*, AT, § 37 III 4, der eine „Schwächung" der Rechtslage des Vertretenen annimmt.

[111] Vgl. Staudinger/*Kohler*, BGB, § 137 Rn. 28.

[112] Vgl. *Thiele*, 192.

[113] Auch das verfassungsrechtlich anerkannte Prinzip der Privatautonomie stellt keine taugliche Ermächtigungsgrundlage dar, denn es ist inhaltlich zu unbestimmt, außerdem fehlen Regelungen zum Verfahren einer Übertragung der Verpflichtungs- und Erwerbsfähigkeit, *Thiele*, 191 f.

[114] Vgl. *Thiele*, 191.

2. Verfügung über das in der Vollmacht bezeichnete Recht

Indem der Vertretene Vollmacht erteilt, verfügt er auch nicht über das in der Vollmacht bezeichnete Vermögensrecht(sverhältnis)[115]. Denn nicht die Bevollmächtigung zur Eigentumsübertragung bewirkt den Eigentumswechsel, sondern erst der Vertretungsakt[116]. Das zeigt sich daran, dass der Vertreter bei Ausführung des Vertretungsakts in fremdem Namen, also unter Hinweis auf die (noch bestehende) Rechtszuständigkeit eines anderen handelt[117]. Bedeutsam ist diese Erkenntnis, wenn ein Nichtberechtigter Vollmacht erteilt: Bevollmächtigt N den V, eine dem Eigentümer E abhanden gekommene Vase an K zu übereignen, ist nach dem Vorstehenden nur die Übereignung als eine Verfügung des Nichtberechtigten N unwirksam[118]. Die Übereignung kann wirksam werden, wenn E das Geschäft genehmigt, § 185 Abs. 2 Fall 1 BGB, oder N nachträglich Eigentümer der Vase wird, § 185 Abs. 2 Fall 2 bzw. 3 BGB. Andernfalls muss K sich unter den Voraussetzungen der §§ 280 ff. BGB an N halten[119].

Läge bereits in der Bevollmächtigung eine Verfügung über die Vase, wäre mangels Verfügungsbefugnis des N nicht nur der Vertretungsakt, sondern auch die Bevollmächtigung unwirksam. Zur Wirksamkeit des Eigentumserwerbs des K bedürfte es dann neben der Genehmigung der Übereignung durch E womöglich noch einer Genehmigung der Vertretung durch N, weil die Übereignung in *seinem* Namen vorgenommen wurde (§ 177 Abs. 1 BGB). Wäre dem so, bliebe die Verfügung an K unwirksam, wenn zwar E seine Genehmigung erteilt, N die seine aber verweigert[120]. Die Richtigkeit dieses

---

[115] *Flume*, AT II, § 52, 4 (S. 866); *v. Tuhr*, AT II/1, § 54 I 2a (S. 246 in Fn. 66); *ders.*, AT II/2, § 85 X (S. 415 in Fn. 259); *Vogt*, 83 ff. für die unwiderrufliche Vollmacht.

[116] Der seinerseits eine Verfügung des *Vertretenen* ist, *Flume*, AT II, § 52, 4 (S. 866); BGH NJW 1999, 1393.

[117] Vgl. *Vogt*, 84.

[118] *Flume*, AT II, § 52, 4 (S. 866); *Bork*, AT, § 34 Rn. 1461; vgl. *Raape*, AcP 121 (1923), 257 (262 f.); unklar *Thiele*, 293 f., dem zufolge die Vollmacht nur „begrenzt" wirksam sei. Für die Nichtigkeit der Bevollmächtigung: *Henle*, AT, § 25 I 1; wohl auch *Hupka*, Vollmacht, 127; differenzierend *Müllereisert*, 211 f., der die Bevollmächtigung im Zeitpunkt ihrer Erteilung und Ausübung durch den Vertreter als wirksam, im Zeitpunkt der Vollendung des Verfügungsgeschäfts als unwirksam ansieht, weil „in diesem entscheidenden Zeitpunkt der Vollmachtgeber überhaupt nicht verfügungs- und erfüllungsfähig war".

[119] Anders, wenn N die Vase zwar nach Erteilung der Vollmacht, aber noch vor Ausführung des Vertretungsakts erwirbt. In diesem Fall erwirbt K das Eigentum an der Vase gemäß § 929 S. 1 BGB von N als Berechtigtem.

[120] Zu diesem Ergebnis gelangen *Raape*, AcP 121 (1923), 257 (263) und *Isay*, AcP 122 (1924), 195 (201), letzterer für den Fall, dass V im Namen des G eine Sache des E an K veräußert, *ohne* dass G ihn hierzu bevollmächtigt hat. Verweigere G seine Genehmigung nach § 177 Abs. 1 BGB, fehle es an einem Geschäft, dem E nach § 185 Abs. 1 BGB zustimmen könne.

Ergebnisses darf bezweifelt werden: Infolge der Genehmigung des E rückt N nicht etwa in die Stellung eines Berechtigten, vermöge derer er über das rechtliche Schicksal der Übereignung entscheiden könnte. Vielmehr bleibt N auch nach der Genehmigung des E Nichtberechtigter[121]. Als ein solcher hat N aber kein anerkennenswertes Interesse daran zu bestimmen, ob K Eigentümer der Vase wird, mag die Verfügung auch in seinem (des N) Namen erfolgt sein. Es ist ausschließlich E, für den die Übereignung einen Rechtsverlust bedeutet, und somit E, der über den Eintritt dieser Rechtsfolge (alleine) bestimmen können muss. Dass N sich als (weiterhin) Nichtberechtigter über die Entscheidung des Verfügungsberechtigten hinwegsetzen können soll, indem er seine Genehmigung verweigert, leuchtet nicht ein. Auch daran zeigt sich, dass nicht bereits in der Bevollmächtigung eine Verfügung über das in der Vollmacht bezeichnete Vermögensrecht(sverhältnis) liegt.

3. Verfügung über die Ausübungsbefugnis

Ebenso wenig liegt in der Bevollmächtigung eine Verfügung über die Befugnis des Vertretenen, das in der Vollmacht bezeichnete Recht auszuüben.

Zwar unterscheidet das Gesetz bisweilen zwischen dem Innehaben einer Rechtsposition (Recht-Haben) und ihrer Ausübung (Recht-Ausüben). So können etwa der Nießbrauch und die beschränkte persönliche Dienstbarkeit einem anderen nicht übertragen, immerhin aber zur Ausübung überlassen werden, §§ 1059 S. 2, 1052 Abs. 1 S. 1, 1070 Abs. 2 S. 1, § 1092 Abs. 1 S. 2 BGB. Ebenso ist der Besitzdiener nach § 860 BGB nicht Träger der Besitzschutzrechte aus § 859 BGB, zumindest aber zu deren Ausübung befugt[122]. Auch Geschäftsunfähige können Träger von Rechten sein, deren Ausübung aber ihrem gesetzlichen Vertreter überlassen ist, vgl. §§ 1626 Abs. 1, 1642, 1646 BGB[123]. Vor diesem Hintergrund scheint es nicht ausgeschlossen, dass neben dem Recht als solchem auch die Befugnis zur Ausübung dieses Rechts Gegenstand einer Verfügung sein kann[124]. Das aber muss an dieser Stelle nicht entschieden werden, denn jedenfalls verfügt der Vertretene über diese Befugnis nicht, wenn er seinem Vertreter Vollmacht erteilt:

Wird Vollmacht zur Vornahme eines *Verfügungs*geschäfts erteilt, etwa zur Eigentumsübertragung, verstieße eine (restlose) Übertragung der aus dem Eigentumsrecht folgenden Ausübungsbefugnis gegen § 137 S. 1 BGB. Bliebe der Vertretene nach der Bevollmächtigung zwar Eigentümer, ohne aber be-

---

[121] Vgl. Teil 1 C. I. 6.

[122] Zu diesen und weiteren gesetzlichen Belegen *Hirsch*, 24 f. mit Fn. 2; *Ludewig*, 33; *Doris*, 52 mit Fn. 76.

[123] Vgl. *Hirsch*, 6 f.

[124] Vgl. *Thiele*, 199 f. Zur Ausübungsermächtigung des Mieters *Krückmann*, LZ 1931, 1169 ff.

fugt zu sein, sein Eigentum (etwa durch Übertragung) auszuüben, käme die Bevollmächtigung nämlich einem Ausschluss seiner Verfügungsbefugnis gleich. Der Verweis auf § 137 S. 1 BGB verlöre zwar an Bedeutung, wenn dem Vertreter die Ausübung des in der Vollmacht bezeichneten Rechts nicht ersatzlos übertragen, sondern nur konkurrierend überlassen würde[125]. Dann allerdings bewirkte die Bevollmächtigung auf Seiten des Vertretenen keine Rechtsänderung, sondern führte zur Begründung einer (weiteren) Ausübungsbefugnis zugunsten des Vertreters[126], worin gerade keine Verfügung im oben definierten Sinne liegt[127].

Wird Vollmacht zur Vornahme eines *Verpflichtungs*geschäfts erteilt, etwa zu einem Kaufvertrag, fehlt es bereits an einem Recht, dessen Ausübung dem Vertreter (restlos oder konkurrierend) überlassen werden kann. Wie dargelegt, gehört die Erwerbs- und Verpflichtungsbefugnis zu den persönlichen und damit unverfügbaren Eigenschaften eines Rechtssubjekts[128]. Das kann auch nicht dadurch umgangen werden, dass man die Erwerbs- und Verpflichtungsbefugnis als Teil eines umfassenden „Verwaltungsrechts" begreift, dessen Ausübung einem anderen überlassen werden kann[129]. Ein Recht, das seinem Inhaber die „Verwaltung" seines Vermögens ermöglicht – und damit die „tatsächliche Schutzbefugnis, Besitzbefugnis, Verpflichtungsmacht, Verfügungsmacht, Überlassungsmacht, Erwerbsmacht, aktive Prozeßführungsmacht, passive Prozeßführungsmacht, letztwillige Verfügungsmacht und Empfangsmacht" einschließt[130] –, existiert nicht[131]. Rechte einschließlich der Befugnis sie auszuüben bestehen immer nur an einzelnen Vermögensgegenständen[132].

4. Verfügung über die Zuständigkeit des Vertreters

Schließlich lässt sich die Bevollmächtigung nicht als eine Verfügung über die (formale) Zuständigkeitsordnung qualifizieren. Man könnte zwar sagen, die

---

[125] In diesem Sinne *v. Tuhr*, AT II/1, § 45 II 2 (S. 71 in Fn. 60); *Lehmann*, AT, § 37 III 4; *Ludewig*, 35 f.

[126] So auch *Hirsch*, 171 ff., 187, insbesondere 175 f.; vgl. *Ludewig*, 35.

[127] *Hirsch*, 187 selbst schreibt, das Überlassungsgeschäft stehe „in Parallele, aber auch in Gegensatz" zum Verfügungsgeschäft. Dazu, dass nur die Änderung der Rechtsstellung des bisherigen Rechtsinhabers und nicht (auch) der Rechtserwerb des anderen Teils Verfügung ist, *Flume*, AT II, § 11, 5a (S. 140 f.); *Müller-Freienfels*, Vertretung, 255 f.

[128] *v. Tuhr*, AT I, § 7 II (S. 160 f.); im Ergebnis *Raich*, 26.

[129] So aber *Ludewig*, 36 ff.; *Hirsch*, 187 f. Zum Verwaltungsrecht als ein „Recht sui generis" auch *Hellwig*, Lehrbuch I, § 49 IV mit Fn. 23a.

[130] So *Hirsch*, 187.

[131] Im Ergebnis *Raich*, 34 ff.; *v. Tuhr*, AT I, § 18 VI (S. 328); *Enneccerus/Nipperdey*, AT I/1, § 131 IV.

[132] *Enneccerus/Nipperdey*, AT I/1, § 131 IV.

Bevollmächtigung bewirke unmittelbar eine Änderung der Zuständigkeitsordnung, insofern sie die Zuständigkeit des Vertreters in Richtung auf den Rechtskreis des Vertretenen erweitere. Auch könnte man diese Erweiterung als Verfügung in Form einer Inhaltsänderung der Zuständigkeitsordnung umschreiben. Das aber hilft nicht darüber hinweg, dass die Zuständigkeit(sordnung) – im Gegensatz etwa zum Eigentum – kein materielles Recht(sverhältnis) ist, woran jedoch der überkommene Verfügungsbegriff und mit ihm die meisten Vorschriften über Verfügungen anknüpfen, vgl. etwa § 816 BGB[133]. Abgesehen davon sind auch die praktischen Auswirkungen jener Einordnung gering. Gerade in den Fällen des § 816 Abs. 1 BGB macht es keinen Unterschied, ob man das „eigentliche" Verfügungsgeschäft (den Vertretungsakt) oder die Bevollmächtigung als die tatbestandlich relevante Verfügung qualifiziert. Veranschaulichen soll dies der Fall, dass E dem N eine Vase verleiht und N die Vase sodann über seinen Vertreter V an den bösgläubigen X verkaufen und übereignen lässt:

Qualifiziert man die *Übereignung* der Vase als relevante Verfügung, handelt N hierbei als Nichtberechtigter, weil er weder Eigentümer der Vase noch zur Verfügung hierüber im Sinne des § 185 Abs. 1 BGB ermächtigt ist. Genehmigt E die Übereignung nach § 185 Abs. 2 Fall 1 BGB, ist N ihm nach § 816 Abs. 1 S. 1 BGB zur Herausgabe des durch die Übereignung Erlangten verpflichtet. Weil N durch die Übereignung aber nichts erlangt hat, ist zur Bestimmung des Erlangten auf das der Übereignung zugrunde liegende Rechtsverhältnis (zum Erwerber X) abzustellen. Dabei handelt es sich um einen Kaufvertrag, sodass N „durch die Verfügung" einen Zahlungsanspruch aus § 433 Abs. 2 BGB oder, soweit die Zahlung erfolgt ist, den Kaufpreis erlangt hat. An E herauszugeben hätte N nach Genehmigung der Übereignung somit den Anspruch aus § 433 Abs. 2 BGB (durch Abtretung) oder Eigentum und Besitz an dem Geld (durch Übereignung).

Qualifiziert man die *Bevollmächtigung zur Übereignung* der Vase als relevante Verfügung, kann sich die Nichtberechtigung des N nur daraus ergeben, dass er V hinsichtlich der Vase eine Zuständigkeit einräumt, die ihm (N) selbst nicht zusteht. Genehmigt E die Bevollmächtigung nach § 185 Abs. 2 Fall 1 BGB, ist N ihm zur Herausgabe des durch die Bevollmächtigung Erlangten verpflichtet. Weil N durch die Bevollmächtigung aber nichts erlangt hat, ist zur Bestimmung des Erlangten auf das Geschäft abzustellen, zu dem die Vollmacht erteilt wurde[134]. Dabei handelt es sich um die Übereignung an X, woraus N allerdings, wie dargelegt, ebenso wenig etwas erlangt hat. Dementsprechend muss auch in diesem Fall zur Bestimmung des Erlangten auf das der Übereignung zugrunde liegende Rechtsverhältnis (zum Erwerber X)

---

[133] Vgl. *Thiele*, 290 f.
[134] Vgl. zu dieser Gesamtbetrachtung Teil 2 D. III.

abgestellt werden. Dabei handelt es sich um einen Kaufvertrag, woraus N, wie dargelegt, einen Zahlungsanspruch aus § 433 Abs. 2 BGB oder, soweit die Zahlung erfolgt ist, den Kaufpreis erlangt hat. An E herauszugeben hätte N nach Genehmigung der Bevollmächtigung somit den Anspruch aus § 433 Abs. 2 BGB (durch Abtretung) oder Eigentum und Besitz an dem Geld (durch Übereignung).

Ob man also die Übereignung oder die Bevollmächtigung zur Übereignung als das nach § 816 Abs. 1 S. 1 BGB relevante Verfügungsgeschäft qualifiziert, ist gleichgültig; in beiden Fällen hat N dem E den Zahlungsanspruch gegen X bzw. den empfangenen Kaufpreis herauszugeben. Zumindest für den hier diskutierten Fall hat die Einordnung der Bevollmächtigung als Verfügung über die Zuständigkeitsordnung somit keine praktischen Auswirkungen[135].

5. Bewertung

Die Vollmachtserteilung erfüllt den Verfügungsbegriff nicht. Mit ihr wird die Einwirkung auf eine bestehende Rechtslage lediglich vorbereitet, unmittelbar verändert wird sie erst und nur durch den Vertretungsakt. Allenfalls enthält die Bevollmächtigung eine Verfügung über den Zuständigkeitsbereich des Vertreters, worauf der Verfügungsbegriff des bürgerlichen Rechts aber nicht abhebt. Das schließt es selbstverständlich nicht aus, dass bestimmte Vorschriften über Verfügungen auf die Bevollmächtigung entsprechend anwendbar sind, wenn sowohl der Regelungszweck als auch der innere Zusammenhang zwischen Vertretungsakt und Bevollmächtigung es rechtfertigen[136].

Ungeachtet dessen lässt sich die Bevollmächtigung aber zumindest als ein *verfügungsähnliches* Geschäft qualifizieren. Der Übertragung eines Rechts ähnelt die Vollmachtserteilung insofern, als sie es dem Vertreter im bestimmten Umfang unmittelbar ermöglicht, auf das Vermögen des Vertretenen einzuwirken. Auch mit der Aufhebung eines Rechts kann die Bevollmächtigung verglichen werden, insofern der Vertretene mit ihr den (vollmachtskonformen) Eingriff des Vertreters in seine Rechtssphäre gestattet und sich damit seines Unterlassungsanspruchs aus § 823 Abs. 1 BGB begibt[137]. Einer Verfü-

---

[135] Zur Anwendbarkeit des § 816 BGB auf den Fall, in dem von einer (vom Berechtigten erteilten) Verfügungsvollmacht pflichtwidrig Gebrauch gemacht wird, *Jakobs*, JZ 2000, 28 ff.; *Schnauder*, NJW 1999, 2841 ff.

[136] Ausführlich dazu *Thiele*, 291 ff.; *Müller-Freienfels*, Vertretung, 253 ff., 262 f.

[137] Mit der Bevollmächtigung (als Gestattung) entfällt jedenfalls die Rechtswidrigkeit des Eingriffs, vgl. *Raape*, AcP 121 (1923), 257 (278); *Isay*, AcP 122 (1924), 195 (199); *v. Seeler*, ArchBürgR 28 (1906), 1 (24). Dagegen liegt in dem Abschluss eines Vollmachtsvertrags kein Verzicht des Vertretenen auf seine Befugnis zur einseitigen Bevollmächtigung, vgl. *K. P. Berger*, Aufrechnung, 350 ff. zur parallelen Diskussion beim Aufrechnungsvertrag.

gung ähnlich ist die Bevollmächtigung schließlich insofern, als sich ihre Rechtsfolgen nicht auf ein bestimmtes Parteiverhältnis beschränken, sondern über die Anordnung des § 164 Abs. 1 S. 1, Abs. 3 BGB „absolut" wirken. So kann sich der spätere Geschäftspartner auf eine Innenvollmacht und der Vertreter auf eine Außenvollmacht berufen, um Rechtswirkungen für und gegen den Vertretenen herbeizuführen[138].

Die Ergebnisse lassen sich uneingeschränkt auf den Vollmachtsvertrag übertragen. Insbesondere wird er nicht deshalb zu einem Verfügungsgeschäft, weil der Eintritt seiner Rechtsfolgen von dem Einverständnis des anderen Teils abhängig ist.

II. Abstraktes oder kausales Geschäft?

Rechtsgeschäfte, mit deren Abschluss ein bestimmter Zweck verfolgt wird, können im Verhältnis zu ihrem Zweck kausal oder abstrakt ausgestaltet sein. Während das kausale Rechtsgeschäft seinen Zweck in sich aufnimmt[139], der rechtfertigende Grund also zu seinem Inhalt gehört (wie etwa beim Kaufvertrag), erhalten abstrakte Rechtsgeschäfte ihre Rechtfertigung von „außen", also über ein weiteres Rechtsgeschäft (wie etwa bei der Übereignung)[140]. Praktisch bedeutsam wird diese Unterscheidung, wenn der rechtfertigende Zweck fehlt. Während das kausale Rechtsgeschäft in diesem Fall wirkungslos ist und die intendierten Rechtsfolgen ausbleiben, ist das abstrakte Rechtsgeschäft wirksam und der fehlende Rechtsgrund nur relevant für einen späteren Bereicherungsausgleich[141].

Bei der Bevollmächtigung handelt es sich jedenfalls nicht um ein *kausales* Rechtsgeschäft. Eine in der Weise zweckgebundene Vollmacht widerspräche nicht nur der hergebrachten Trennung zwischen Vollmacht und Grundgeschäft (als *causa*), sondern damit verbunden auch der Anerkennung isolierter Vollmachten. Dass die Bevollmächtigung deshalb zu den *abstrakten* Rechtsgeschäften zählt, ist damit aber noch nicht gesagt[142]. Zur Beantwortung dieser

---

[138] Wohl deshalb ordnet *Köhler*, BB 1979, 912 (914 in Fn. 13) die Außenbevollmächtigung als Vertrag zugunsten Dritter ein. Zu beachten ist jedoch, dass der Vollmachtsvertrag kein Schuldvertrag ist und für den Geschäftspartner kein Forderungsrecht begründet, vermöge dessen Ausübung der Vollmacht verlangt werden kann.

[139] Paradigma ist der Kaufvertrag nach § 433 BGB, aus dem sich die Rechtfertigung der Ansprüche des Käufers und des Verkäufers ergibt. Der Kaufvertrag bedarf keines externen Grundes, um (wirtschaftlich) verständlich zu sein, *Bork*, AT, § 13 Rn. 464; *Neuner*, AT, § 29 Rn. 58; *Flume*, AT II, § 12 I 1 (S. 154).

[140] *Stadler*, 12 f.; *Doerner*, Abstraktheit, 81; *Bork*, AT, § 13 Rn. 469, vgl. § 13 Rn. 462; MK-BGB/*Habersack*, § 780 Rn. 1; vgl. *Flume*, AT II, § 12 I 1 (S. 152 f.).

[141] MK-BGB/*Habersack*, § 780 Rn. 1; *Stadler*, 8; vgl. *Flume*, AT II, § 12 I 2 (S. 156).

[142] Kritisch dazu *Beuthien*, in: FG 50 Jahre BGH I (2000), 81 ff.

Frage muss zwischen äußerer und innerer bzw. inhaltlicher Abstraktheit unterschieden werden:

Die *äußere* Abstraktheit knüpft an die Trennung zwischen Verpflichtung und Verfügung an und besagt, dass sich die Wirksamkeit des Verfügungsgeschäfts unabhängig von dem rechtlichen Schicksal des ihm zugrunde liegenden Verpflichtungsgeschäfts beurteilt[143]. Die *innere* Abstraktheit bildet das Pendant zur Kausalität von Schuldverträgen und besagt, dass ein abstraktes Rechtsgeschäft zu seiner Wirksamkeit keiner Einigung über den mit ihm verfolgten Zweck bedarf[144]. Regelmäßig fallen äußere und innere Abstraktheit zusammen. So ist die Übereignung nach § 929 S. 1 BGB äußerlich abstrakt, weil sich ihre Wirksamkeit nicht nach dem ihr zugrunde liegenden Verpflichtungsgeschäft (soweit vorhanden) beurteilt, und inhaltlich abstrakt, weil es zu ihrer Wirksamkeit keiner Einigung über das „Warum" des Eigentumswechsels bedarf[145].

Bezeichnet man die Bevollmächtigung als abstrakt[146], ist damit in aller Regel die *äußere* Abstraktheit gemeint. Gemeint ist also, dass sich die Wirksamkeit der Bevollmächtigung ungeachtet etwaiger Mängel des Grundgeschäfts beurteilt[147]. Das schließt es ein, dass auch der Umfang der Bevollmächtigung nicht notwendig dem des Grundgeschäfts entspricht, die Vollmacht inhaltlich vielmehr darüber hinausgehen (Spezialauftrag und Generalvollmacht) oder dahinter zurückbleiben kann (Spezialvollmacht und Generalauftrag)[148]. Die äußere Abstraktheit der Bevollmächtigung hat allerdings Aufweichungen erfahren[149]: zum einen durch § 168 S. 1 BGB, der das Erlöschen der Vollmacht im Regelfall von dem Fortbestand ihres Kausalgeschäfts abhängig macht[150], und zum anderen in den Fällen der Kollu-

---

[143] *Doerner*, Abstraktheit, 80; *Stadler*, 13 mit Fn. 32.

[144] *Doerner*, Abstraktheit, 81; *Stadler*, 13 mit Fn. 33.

[145] *Doerner*, Abstraktheit, 81.

[146] Die Auffassung des historischen Gesetzgebers ist schwankend: In den Motiven II, 525 heißt es, Auftrag und Vollmacht „sind mit einander nicht nothwendig verbunden", in den Protokollen I, 145 = Mugdan I, 742 dagegen, dass die Bevollmächtigung kein abstraktes Rechtsgeschäft sei, diese „sich vielmehr an ein anderes Rechtsverhältnis anlehne und mit dessen Existenz stehe und falle".

[147] *Doerner*, Abstraktheit, 81. Für die umgekehrte Frage, ob die Unwirksamkeit der Bevollmächtigung die Unwirksamkeit des Grundverhältnisses zur Folge hat, gilt im Ausgangspunkt dasselbe, *Hupka*, Vollmacht, 160 f. in Fn. 2, der unterscheidet, ob das Rechtsgeschäft seiner Natur nach nur in direkter Stellvertretung vorgenommen werden kann (dann unwirksam) oder nicht (dann wirksam).

[148] Vgl. *Doerner*, Abstraktheit, 82.

[149] Zusammenfassend *Doerner*, Abstraktheit, 99 f.

[150] *Flume*, AT II, § 50, 2 (S. 841); *Bork*, AT, § 34 Rn. 1487; ähnlich *Doerner*, Abstraktheit, 78, 92.

sion[151] und des Missbrauchs der Vertretungsmacht[152]. Durchbrochen wird das Abstraktionsprinzip ferner dort, wo Bevollmächtigung und Grundgeschäft zu einer Geschäftseinheit im Sinne des § 139 BGB zusammengefasst werden[153] oder die Bevollmächtigung um die Wirksamkeit des Grundgeschäfts[154] oder die Einhaltung darin enthaltener Vorgaben[155] bedingt wird, § 158 Abs. 1 BGB.

Als *inhaltlich* abstrakt lässt sich die Bevollmächtigung nicht ohne Weiteres qualifizieren[156]. Das Merkmal der inhaltlichen Abstraktheit bezieht sich auf Zuwendungsgeschäfte, zu denen die Bevollmächtigung nicht zählt. Infolge der Vollmachtserteilung kommt es nämlich zu keiner Vermögensverschiebung, lediglich wird die in dem Vertretungsakt liegende Vermögensverschiebung vorbereitet[157]. Einem abstrakten Zuwendungsgeschäft ähnelt die Bevollmächtigung nur insofern, als auch sie sich gegenüber dem mit ihr verfolgten Zweck neutral verhält[158]. Denn wie es für die Wirksamkeit der Übereignung nach § 929 S. 1 BGB nicht darauf ankommt, ob das Eigentum kaufes- oder schenkungshalber übergeht, ist es auch für die Bevollmächtigung ohne Bedeutung, ob die Vollmacht anlässlich eines Auftrags oder Dienstvertrags erteilt wird[159]. Das Gesetz unterscheidet in dieser Hinsicht nicht, vgl. § 167

---

[151] Für eine Lösung über § 138 Abs. 1 BGB: RGZ 136, 359 (360); BGH NJW 1989, 26 f.; *Enneccerus/Nipperdey*, AT I/2, § 183 I 5; MK-BGB/*Schubert*, § 164 Rn. 227; BGH WM 2014, 628 (629); NJW-RR 2004, 247 (248); NJW 2000, 2896 (2897); Staudinger/*Schilken*, BGB, § 167 Rn. 93; Erman/*Maier-Reimer/Finkenauer*, BGB, § 167 Rn. 71; *Flume*, AT II, § 45 II 3 (S. 788). Für eine Lösung über § 177 BGB: *Bork*, AT, § 34 Rn. 1575; *Neuner*, AT, § 49 Rn. 107; *Lieder*, JuS 2014, 681 (685 f.); *Mock*, JuS 2008, 486 f.; differenzierter Beck-OGK-BGB/*Huber*, 1.11.2021, § 164 Rn. 87 f.

[152] Zu den Voraussetzungen eines Missbrauchs: BGH NJW 2011, 66 (69); NJW 1999, 2883 f.; *Bayer*, in: FS Vetter (2019), 51 (53 ff.), auch zu Besonderheiten im Handels- und Gesellschaftsrecht. Für eine Lösung über § 177 BGB: BGHZ 141, 357 (363 f.) = BGH NJW 1999, 2266 (2268); OLG München NJW-RR 2017, 649 (650); OLG Stuttgart NZG 1999, 1009 (1010); *Neuner*, AT, § 49 Rn. 102; *Bork*, AT, § 34 Rn. 1575 ff.; *Enneccerus/Nipperdey*, AT I/2, § 183 I 5; *Flume*, AT II, § 45 II 3 (S. 789); *Doerner*, Abstraktheit, 95; BeckOGK-BGB/*Huber*, 1.11.2021, § 164 Rn. 91; Erman/*Maier-Reimer/Finkenauer*, BGB, § 167 Rn. 73; MK-BGB/*Schubert*, § 164 Rn. 239 f. Für eine Lösung über § 242 BGB: BGH NJW 1966, 1911; WM 1960, 611 (613); ohne explizite Bezugnahme auf § 242 BGB: RGZ 75, 299 (301); BGH NJW 1999, 2883 (2884); NJW 1990, 384 (385).

[153] Ausführlich unter Teil 2 E. III.

[154] Vgl. Motive I, 229 = Mugdan I, 479 (bedingt um die Annahme des Antrags zum Auftrag).

[155] Vgl. *Lieder*, JuS 2014, 393 (397); *Enneccerus/Nipperdey*, AT I/2, § 184 III 2b.

[156] *Doerner*, Abstraktheit, 82; *Rosenberg*, 754; ähnlich: *Crome*, System I, § 140 I (S. 460); Planck/*Flad*, BGB, § 167 Anm. 3; *Flume*, AT II, § 50, 1 (S. 840 f.); *Henle*, AT, § 24 I β.

[157] *Doerner*, Abstraktheit, 83; *Stadler*, 7 in Fn. 3, 81; *Schlossmann*, Stellvertretung II, 438 ff.; *Rosenberg*, 754 f.; im Ergebnis *Müller-Freienfels*, in: Wissenschaft und Kodifikation des Privatrechts II (1988), 144 (193); *Windel*, in: FS Roth (2021), 119 (130 f.).

[158] Vgl. *Doerner*, Abstraktheit, 83.

[159] *Enneccerus/Nipperdey*, AT I/2, § 184 III 2.

Abs. 1 BGB. Soweit *darauf* abgehoben wird, kann die Bevollmächtigung als inhaltlich abstrakt qualifiziert werden. Wegen ihres fehlenden Zuwendungscharakters bleibt diese Einordnung aber „zumindest unscharf"[160].

Für die rechtliche Qualifikation des Vollmachtsvertrags gilt Entsprechendes: Er kann den abstrakten Verträgen zugeordnet werden, wenn betont werden soll, dass er in seinen Voraussetzungen, seinem Fortbestand und seiner Wirkung gegenüber einem etwaig bestehenden Grundverhältnis selbständig ist (äußere Abstraktheit) und das Grundverhältnis ein beliebiges sein kann (innere Abstraktheit). Weitere Konsequenzen folgen aus der Einordnung des Vollmachtsvertrags als abstraktes Geschäft allerdings nicht. Wegen des fehlenden Zuwendungscharakters empfiehlt es sich, den Vollmachtsvertrag gegenüber seinem Grundverhältnis als bloß „losgelöst"[161] oder „unabhängig"[162] zu bezeichnen. So läuft man nicht Gefahr, bereits in dem Abschluss des Vollmachtsvertrags eine Vermögenszuwendung und in der so begründeten Vollmacht einen Vermögenswert zu sehen, der bei Unwirksamkeit des Grundgeschäfts nach § 812 Abs. 1 BGB kondizierbar wäre[163].

III. Entgeltliches oder unentgeltliches Geschäft?

Die Frage der Entgeltlichkeit eines Rechtsgeschäfts betrifft den Zweck, zu dem es vorgenommen wird[164], und stellt sich also im Zusammenhang mit kausalen Zuwendungsgeschäften. Ein Rechtsgeschäft ist entgeltlich, soweit die Parteien damit einen Austausch bezwecken (etwa § 433 BGB, dagegen §§ 516, 598, 662 BGB)[165]. Die hierbei erforderliche Verknüpfung von Leistung und Gegenleistung erfolgt regelmäßig durch Abschluss eines gegenseitigen Vertrags (synallagmatisch, § 320 BGB), kann aber auch dadurch entstehen, dass die Leistung um die Erbringung der Gegenleistung bedingt wird (konditionell, § 158 BGB), oder in der vom Empfänger erkannten und gebilligten

---

[160] *Müller-Freienfels*, Vertretung, 70 in Fn. 24. Hinzu kommt, dass die Übereignung die Erfüllung einer Pflicht aus dem Kaufvertrag bewirkt, während die Bevollmächtigung nur *Mittel* zur Erfüllung der Auftragspflichten ist, vgl. Motive I, 229 = Mugdan I, 479; *Doerner*, Abstraktheit, 77; *Henle*, AT, § 24 I β.

[161] Vgl. *Doerner*, Abstraktheit, 82.

[162] So *Henle*, AT, § 24 I β; *Lehmann*, AT, § 36 V 3b synonym zu „akzessorisch".

[163] Anderes soll für die unwiderrufliche Vollmacht gelten, *Larenz*, AT, § 31 III a. Sie sei unter den Voraussetzungen des § 812 Abs. 1 S. 2 Fall 2 BGB vom Vertreter kondizierbar, die Herausgabe erfolge durch Aufhebung der Vollmacht im Wege des Verzichts, *v. Tuhr*, AT II/2, § 85 VII 4 (S. 405 f.), § 85 X (S. 416); *Hübner*, AT, § 48 Rn. 1238; vgl. MK-BGB/*Schubert*, § 168 Rn. 37 für die isolierte Vollmacht; dagegen: *Beuthien*, in: FG 50 Jahre BGH I (2000), 81 (89 f. in Fn. 44); Staudinger/*Schilken*, BGB, § 167 Rn. 4.

[164] *Neuner*, AT, § 29 Rn. 83; *Bork*, AT, § 13 Rn. 491.

[165] Jauernig/*Stadler*, BGB, § 311 Rn. 11; Erman/*Dieckmann*, BGB, Vor § 311 Rn. 6; *Thiele*, 282 f.

Erwartung einer Gegenleistung erfolgt (kausal, § 812 Abs. 1 S. 2 Fall 2 BGB)[166].

Weil die Bevollmächtigung nicht zu den Zuwendungsgeschäften und erst recht nicht zu den kausalen Zuwendungsgeschäften zählt, ist sie als solche weder entgeltlich noch unentgeltlich. Ihr Entgeltcharakter kann sich allenfalls in Zusammenschau mit dem Vertretungsakt ergeben, auf dessen Vornahme sie abzielt[167]. Dahinter steht die Erwägung, dass eine Vollmacht nicht um ihrer selbst willen, sondern stets zur Herbeiführung einer im Zeitpunkt ihrer Erteilung schon in Betracht gezogenen ferneren Rechtsfolge (der des Vertretungsakts) erteilt wird[168]. Zielt die Bevollmächtigung auf den Abschluss eines Kaufvertrags ab, kann sie demnach als entgeltlich bezeichnet werden, dagegen als unentgeltlich, wenn sie auf die Annahme eines Schenkungsversprechens gerichtet ist. Betrifft die Bevollmächtigung eine Verfügung, hängt ihre Einordnung als entgeltlich oder unentgeltlich von dem Charakter desjenigen Rechtsgeschäfts ab, das mit der Verfügung erfüllt werden soll. Die Verfügung selbst ist nämlich zweckneutral, weshalb auch der Gesetzgeber zur Bestimmung der (Un-)Entgeltlichkeit einer Verfügung auf das ihr zugrunde liegende Geschäft abstellt, vgl. §§ 816 Abs. 1 S. 2, 822, 2205 S. 3, 2113 Abs. 2 S. 1 BGB[169]. Geschieht die Verfügung in Erfüllung eines Kaufvertrags, ist demnach auch die hierzu erteilte Bevollmächtigung entgeltlich, dagegen unentgeltlich, wenn mit der Verfügung die Erfüllung eines Schenkungsvertrags bezweckt ist[170].

Die gefundenen Ergebnisse lassen sich uneingeschränkt auf den Vollmachtsvertrag übertragen. Auch er kann mangels Zuwendungscharakter weder als entgeltlich noch unentgeltlich qualifiziert werden. Insbesondere liegt in dem Abschluss des Vollmachtsvertrags keine Zuwendung des Vertreters an den Vertretenen. Willigt der Vertreter in seine Bevollmächtigung ein, erspart er dem Vertretenen damit in der Folge zwar die Selbstvornahme des Geschäfts. Die Herbeiführung einer Ersparnis von Aufwendungen bedeutet allerdings keine Vermögenszuwendung[171], und jedenfalls erfolgt diese Zuwendung nicht im Rahmen des Vollmachtsvertrags, sondern erst mit Abschluss des Vertretungsakts. Es bleibt daher auch für den Vollmachtsvertrag dabei, dass sich sein Entgeltcharakter erst, aber immerhin in Zusammenschau mit dem Vertretungsakt ergibt, auf dessen Ausführung er abzielt.

---

[166] Zu den verschiedenen Verknüpfungsformen Erman/*Dieckmann*, BGB, Vor § 311 Rn. 7; MK-BGB/*Emmerich*, Vor § 320 Rn. 7 ff.; Soergel/*Gröschler*, BGB, § 311 Rn. 18.

[167] *Thiele*, 283.

[168] *Larenz*, AT, § 31 II.

[169] *Neuner*, AT, § 29 Rn. 83; *Bork*, AT, § 13 Rn. 492; *Thiele*, 284 f.

[170] Vgl. *Thiele*, 284 f.

[171] Dazu, dass ersparte Aufwendungen nicht als selbständiges erlangtes Etwas im Sinne des § 812 BGB anzusehen sind, MK-BGB/*Schwab*, § 812 Rn. 18.

IV. Rechtlich vorteilhaftes oder nachteilhaftes Geschäft?

Ob es sich bei der Bevollmächtigung um ein für den Vertretenen rechtlich vorteilhaftes Geschäft handelt, ist von Bedeutung, wenn dieser beschränkt geschäftsfähig ist. Begründet die Vollmachtserteilung für den Vertretenen nicht lediglich einen rechtlichen Vorteil oder verhält sie sich diesbezüglich zumindest nicht neutral, hängt ihre Wirksamkeit von der Einwilligung des gesetzlichen Vertreters ab, § 107 BGB. Ist die Einwilligung nicht erteilt oder wird sie verweigert, ist die Bevollmächtigung nach § 111 S. 1 BGB (unheilbar) nichtig[172].

Die Vollmachtserteilung ist hinsichtlich eines rechtlichen Vorteils oder Nachteils indifferent; in ihrer Eigenschaft als bloße Einwilligung bewirkt die Bevollmächtigung keine Veränderung in der Rechtssphäre des Vertretenen[173]. Auch die Bindung des Vertretenen an die vollmachtsgemäßen Geschäfte seines Vertreters stellt keinen durch die Bevollmächtigung hervorgerufenen Rechtsnachteil im Sinne des § 107 BGB dar. Die Bindungswirkung realisiert sich erst nach Abschluss des Vertretungsakts und kann bis dahin von dem Vertretenen jederzeit verhindert werden, § 168 S. 2 BGB. Damit fehlt es für diesen Nachteil jedenfalls an der von § 107 BGB vorausgesetzten Unmittelbarkeit[174].

Dass sich die Bevollmächtigung auf Seiten des Vertretenen hinsichtlich eines Vor- oder Nachteils indifferent verhält, schließt es nicht aus, ihre Wirkungen im Einzelfall von der Einwilligung seines gesetzlichen Vertreters abhängig zu machen. Ausgangspunkt ist auch hier die Erkenntnis, dass die Vollmachtserteilung nicht beziehungslos, sondern stets zur Vornahme eines bestimmten Geschäfts erfolgt. Stellt man zur Bestimmung ihrer Zustimmungsbedürftigkeit deshalb auf den Vertretungsakt ab[175], ist sichergestellt, dass der beschränkt Geschäftsfähige seinem Vertreter nur solche Befugnisse einräumt, die ihm selbst zustehen[176], und dem gesetzlichen Vertreter nur hin-

---

[172] Zur Zustimmungsbedürftigkeit einer (Außen-)Vollmacht, die einem beschränkt geschäftsfähigen Dritten erteilt wird, *Thiele*, 289 f. in Fn. 491; *v. Tuhr*, AT II/2, § 85 III (S. 388); *Müller-Freienfels*, Vertretung, 234; *Enneccerus/Nipperdey*, AT I/2, § 184 II 2 mit Fn. 13.

[173] *Thiele*, 288; *Müller-Freienfels*, Vertretung, 68; *Bork*, AT, § 34 Rn. 1461.

[174] Anderes soll für die unwiderrufliche Vollmacht gelten, die ein beschränkt Geschäftsfähiger erteilt. Der Fall ist praktisch selten, da sich die Unwiderruflichkeit aus dem Grundgeschäft ergeben muss, § 168 S. 2 BGB, dieses aber als regelmäßig rechtlich nachteilhaftes Geschäft ohne Einwilligung des gesetzlichen Vertreters (schwebend) unwirksam ist, § 108 Abs. 1 BGB, *Thiele*, 288.

[175] *Thiele*, 288 f.; *v. Tuhr*, AT II/2, § 85 III (S. 387); *Bork*, AT, § 34 Rn. 1461; *Neuner*, AT, § 50 Rn. 17; *Larenz*, AT, § 31 II; *Frotz*, 34 f. in Fn. 79; MK-BGB/*Schubert*, § 167 Rn. 6; *Hupka*, Vollmacht, 127; *Enneccerus/Nipperdey*, AT I/2, § 151 II 1c.

[176] Vgl. *Hupka*, Vollmacht, 127.

sichtlich solcher Geschäfte ein Mitspracherecht zukommt, über deren Wirksamkeit er auch bei Vornahme durch den beschränkt Geschäftsfähigen selbst hätte entscheiden können[177].

Handelt es sich bei dem Vertretungsakt um ein rechtlich nachteilhaftes und damit zustimmungsbedürftiges Geschäft im Sinne der §§ 107 f. BGB (etwa um einen Kaufvertrag), ist nach dem Vorstehenden auch die hierzu erteilte Vollmacht rechtlich nachteilhaft und damit zustimmungsbedürftig. Entsprechendes gilt, wenn die Bevollmächtigung auf die Vornahme eines einseitigen Rechtsgeschäfts zielt, vgl. § 111 BGB. Dagegen ist die Bevollmächtigung als rechtlich vorteilhaft zu qualifizieren und somit ohne Zustimmung wirksam, wenn es auch der mit ihr in Aussicht genommene Vertretungsakt ist (etwa die Annahme eines Schenkungsversprechens)[178]. Wird Vollmacht zum Abschluss vorteilhafter *und* nachteilhafter Rechtsgeschäfte erteilt, ist § 139 BGB zu berücksichtigen: Verweigert der gesetzliche Vertreter seine Einwilligung hinsichtlich des nachteilhaften Teils, ist im Zweifel auch der vorteilhafte Teil der Bevollmächtigung unwirksam. Nichtig ist die Bevollmächtigung außerdem, wenn sie auf die Begründung einer Generalvollmacht abzielt. Grund hierfür ist, dass Generalvollmachten regelmäßig zum Abschluss auch nachteilhafter Geschäfte berechtigen, es dem gesetzlichen Vertreter aber nicht möglich ist, eine dem Umfang der Generalvollmacht entsprechende Generaleinwilligung zu erteilen. Damit nämlich würde sich der gesetzliche Vertreter seiner elterlichen Sorgepflicht entziehen, die Beschränkung der Geschäftsfähigkeit faktisch beseitigen und die Ausnahmen der §§ 112 f. BGB ausweiten[179]. Allenfalls kann sich die Einwilligung des gesetzlichen Vertreters auf Teile der Generalvollmacht beziehen, womit diese vorbehaltlich der Bestimmung des § 139 BGB als Spezial- oder Gattungsvollmacht wirksam ist.

Die vorstehenden Ausführungen beanspruchen im Ausgangspunkt auch für den Vollmachtsvertrag Geltung. Die vertragliche Bevollmächtigung erhält ihre Eigenschaft als rechtlich vorteilhaftes oder nachteilhaftes Geschäft gleichfalls erst, aber immerhin in Zusammenschau mit dem Vertretungsakt, auf den sie sich bezieht. Im Unterschied zur einseitigen Bevollmächtigung findet allerdings § 111 S. 1 BGB keine Anwendung. Die Wirksamkeit eines ohne die erforderliche Einwilligung geschlossenen Vollmachtsvertrags beurteilt sich vielmehr nach § 108 BGB[180].

---

[177] *Thiele,* 289.

[178] Vgl. *Neuner,* AT, § 50 Rn. 17; *Frotz,* 35 in Fn. 79; MK-BGB/*Schubert,* § 167 Rn. 6.

[179] MK-BGB/*Spickhoff,* § 107 Rn. 23.

[180] *Neuner,* AT, § 50 Rn. 18 und *Larenz,* AT, § 31 II wollen § 108 Abs. 1 BGB auf die einseitige Bevollmächtigung analog anwenden. Soweit der gesetzliche Vertreter den Vertretungsakt nach § 177 Abs. 1 BGB genehmigen könne, müsse ihm auch eine Genehmigung der hierzu erteilten Bevollmächtigung möglich sein.

V. Zusammenfassung

Die Bevollmächtigung ist kein Verfügungsgeschäft, da mit ihr weder ein Recht übertragen oder belastet noch seinem Inhalt nach verändert oder aufgehoben wird. Unmittelbar begründet die Bevollmächtigung nur Vollmacht und damit eine zentrale Voraussetzung für den Eintritt der Vertretungsfolgen. Ähnlich ist die Bevollmächtigung einem Verfügungsgeschäft aber insofern, als auch ihre Rechtswirkungen nicht auf das Verhältnis zwischen Vertretenem und Vertreter bzw. Drittem beschränkt sind und sich die Vollmacht – gleich einem Recht, das übertragen wird – von einem anderen Rechtssubjekt (dem Vertretenen) ableitet.

Ein abstraktes Rechtsgeschäft ist die Bevollmächtigung insofern, als sich ihre Wirksamkeit unabhängig von dem ihr zugrunde liegenden Rechtsverhältnis beurteilt. Dass damit allerdings nur der Grundsatz beschrieben ist, belegen § 168 S. 1 BGB sowie die in der Literatur und Rechtsprechung anerkannten Verschränkungen zwischen Vollmacht und Grundgeschäft. Die Bezeichnung der Bevollmächtigung als abstrakt begünstigt zudem die Fehlvorstellung, die Vollmacht sei, gleich dem rechtsgrundlos geleisteten Eigentum, kondizierbar, wenn das Grundverhältnis nicht besteht oder nachträglich entfällt. Das ist schon deshalb nicht richtig, weil dem Vertreter im Rahmen der Bevollmächtigung kein Vermögenswert zugewandt wird. Weniger missverständlich ist es, die Bevollmächtigung gegenüber ihrem Grundgeschäft als selbständig oder losgelöst zu bezeichnen.

Weil in der Bevollmächtigung keine Vermögenszuwendung liegt, kann sie für sich genommen auch weder als entgeltlich oder unentgeltlich noch als rechtlich vorteilhaft oder nachteilhaft qualifiziert werden. Der Umstand, dass die Bevollmächtigung nicht schlechthin, sondern stets zum Zwecke der Ausführung eines Rechtsakts (des Vertretungsakts) erfolgt, rechtfertigt es aber, zur Bestimmung ihres Entgeltcharakters bzw. ihrer Vorteilhaftigkeit für den Vertretenen auf eben diesen Rechtsakt abzustellen. Zielt der Vertretungsakt auf ein unentgeltliches bzw. für den Vertretenen rechtlich vorteilhaftes Geschäft, kann somit auch die Bevollmächtigung als unentgeltlich bzw. rechtlich vorteilhaft qualifiziert werden. Praktische Konsequenzen hat vor allem die Einordnung der Bevollmächtigung als rechtlich nachteilhaftes Geschäft. Ist der Vertretene in seiner Geschäftsfähigkeit beschränkt, hängt die Wirksamkeit der Vollmachtserteilung in diesem Fall nämlich von der Einwilligung des gesetzlichen Vertreters ab (§ 107 BGB). Im Unterschied zur einseitigen Bevollmächtigung, die bei fehlender Einwilligung nichtig ist (§ 111 S. 1 BGB), kann der ohne Einwilligung geschlossene Vollmachtsvertrag aber noch wirksam werden (§ 108 BGB).

E. Gestaltungsmöglichkeiten

Beschränken sich die Parteien bei Vertragsschluss darauf, Vollmacht im Sinne des § 166 Abs. 2 S. 1 BGB zu begründen, können sich gleichwohl Besonderheiten hinsichtlich des Inhalts der Vollmacht, der am Vertrag Beteiligten und dem Verhältnis der Vollmacht zu ihrem Grundgeschäft ergeben.

I. Inhaltliche Besonderheiten

Gegenüber der einseitigen Bevollmächtigung bietet der Vollmachtsvertrag den Vorteil, dass die Bestimmung seines Inhalts einer Partei überlassen werden kann; die §§ 315–319 BGB gelten entsprechend[181]. Die Einräumung eines Bestimmungsrechts bietet sich an, wenn sich die Parteien zwar über das „Ob" der Bevollmächtigung einig sind, den Umfang der Bevollmächtigung (das „Wie") zum gegenwärtigen Zeitpunkt aber nicht bestimmen können oder wollen. Unter dem Gesichtspunkt des Verkehrsschutzes bestehen gegen eine so ausgestaltete Bevollmächtigung keine Bedenken. Die Rechtslage stellt sich für den Geschäftsgegner nicht wesentlich anders dar, als wenn die Vollmacht aufschiebend bedingt erteilt wird. Abgesehen davon muss sich auch niemand auf Geschäfte mit einem in (noch) unklarem Umfang Bevollmächtigten einlassen[182].

Ist vereinbart, dass der *Vertreter* die Inhalte des Vollmachtsvertrags festlegt, kann statt der Einräumung eines Bestimmungsrechts im Sinne des § 315 Abs. 1 BGB auch die Erteilung einer gewöhnlichen Gattungs- oder Generalvollmacht gewollt sein[183]. Was im Einzelfall gilt, ist durch Auslegung des Vollmachtsvertrags zu ermitteln. Dabei dürfte zu berücksichtigen sein, ob der Vertretene an jede (dann Gattungs- oder Generalvollmacht) oder nur an eine der Billigkeit entsprechende Inhaltsbestimmung seines Vertreters gebunden sein will (dann Einräumung eines Bestimmungsrechts, vgl. § 315 Abs. 1, Abs. 3 S. 1 BGB). Für den Fall, dass der *Vertretene* den Inhalt der Vollmacht festlegen soll[184], kann statt der Einräumung eines Bestimmungsrechts wiederum die Begründung nur einer Pflicht zur Erteilung einer Vollmacht im Sinne des § 167 Abs. 1 BGB gewollt sein (Vertrag *über* die Bevollmächtigung). Davon ist auszugehen, wenn die Parteien (schuldrechtlich) sicherstellen wol-

---

[181] Unmittelbar beziehen sich die §§ 315–319 BGB auf Schuldverträge.

[182] Vgl. *Medicus/Petersen*, AT, § 57 Rn. 935.

[183] Die Vertragsklausel könnte lauten: „Hiermit begründen wir, G und V, Vollmacht zum Kauf einer Vase des Händlers H, wobei V [der Vertreter] noch festzulegen hat, welche Vase."

[184] Die Vertragsklausel könnte lauten: „Hiermit begründen wir, G und V, Vollmacht zum Kauf einer Vase des Händlers H, wobei G [der Vertretene] noch festzulegen hat, welche Vase."

len, dass Vollmacht erteilt wird, die Festlegung der Vollmachtsinhalte aber einseitig durch den Vertretenen erfolgen soll.

Nicht möglich ist der Abschluss eines Bevollmächtigungs*vor*vertrags[185]. In einem Vorvertrag verpflichten sich die Parteien zum Abschluss des von ihnen eigentlich beabsichtigten Geschäfts, des sogenannten „Hauptvertrags". Entsprechend dem Vorvertrag muss es sich auch bei dem Hauptvertrag um einen schuldrechtlichen Vertrag handeln (etwa einen Kaufvertrag)[186]. Besteht der „Hauptvertrag" in einer Verfügung (etwa in einer Übereignung nach § 929 S. 1 BGB), kommt ein Vorvertrag nicht in Betracht[187]. Grund hierfür ist, dass auf die (vorvertragliche) Verpflichtung zur Verfügung keine weitere (hauptvertragliche) Verpflichtung zur Verfügung folgen kann, sondern nur noch die Verfügung selbst. Verpflichten sich die Parteien in einem Vertrag zur Vornahme einer Verfügung, haben sie also bereits den „Hauptvertrag" geschlossen. Nichts anderes gilt nun, wenn sich die Parteien „vorvertraglich" zum Abschluss eines Vollmachtsvertrags verpflichten. Geschlossen ist in diesem Fall bereits der „Hauptvertrag", auf den nur noch der (verfügungsähnliche) Vollmachtsvertrag selbst folgen kann.

Keine Besonderheiten ergeben sich für den Fall, dass die Parteien Vollmacht zu einem Rechtsgeschäft begründen, das im Zeitpunkt des Vertragsschlusses (noch) nicht ausführbar ist[188]. Wie die einseitige Bevollmächtigung ist auch der Vollmachtsvertrag uneingeschränkt wirksam, wenn er zur Verfügung über einen Gegenstand berechtigt, der erst noch in das Vermögen des Vertretenen gelangen muss; er genügt nur (noch) nicht, um den in der Vollmacht bezeichneten Rechtserfolg herbeizuführen. Vor diesem Hintergrund können die Parteien auch regeln, dass der Vollmachtsvertrag erst gilt, wenn der Vertretene Eigentümer des Verfügungsobjekts geworden ist, § 158 Abs. 1 BGB, oder nicht mehr gilt, sobald der Vertretene sein Eigentum daran verloren hat, § 158 Abs. 2 BGB. Überhaupt können die Parteien den Vollmachtsvertrag gemäß den allgemeinen Grundsätzen bedingt (§ 158 BGB) oder befristet (§ 163 BGB) abschließen, wenn sie sich zwar über den Umfang der Bevollmächtigung einig sind, die Wirkungen ihrer Vereinbarung aber zu einem späteren Zeitpunkt eintreten oder entfallen lassen wollen[189].

---

[185] Zum Aufrechnungsvorvertrag *K. P. Berger*, Aufrechnung, 160 ff.

[186] MK-BGB/*Busche*, Vor § 145 Rn. 61; *Neuner*, AT, § 36 Rn. 4.

[187] OLG Karlsruhe NJW 1995, 1561 (1562); *Neuner*, AT, § 36 Rn. 4; *Bork*, AT, § 17 Rn. 690.

[188] Anders *Hupka*, Vollmacht, 155, der die auf ein rechtlich unmögliches oder unzulässiges Geschäft gerichtete Bevollmächtigung für nichtig hält.

[189] Vor Eintritt der aufschiebenden Bedingung handelt der Vertreter ohne Vertretungsmacht, wobei der Bedingungseintritt die Wirkung einer Genehmigung im Sinne des § 177 Abs. 1 BGB hat, *Flume*, AT II, § 52, 3 (S. 865 in Fn. 22).

II. Vertragsparteien

Entsprechend der einseitigen Bevollmächtigung, die gegenüber dem Vertreter oder Dritten erfolgt (§ 167 Abs. 1 BGB), kann auch der Vollmachtsvertrag mit dem Vertreter (Innenvollmachtsvertrag) oder einem Dritten (Außenvollmachtsvertrag) geschlossen werden. Was im Einzelfall gilt, richtet sich danach, in welcher Rolle der Antragende den Empfänger anspricht. Wird der Empfänger als Vertreter angesprochen, ist ein Innenvollmachtsvertrag beabsichtigt[190], dagegen der Abschluss eines Außenvollmachtsvertrags, wenn der Vertretene den Empfänger als potentiellen Geschäftspartner anspricht und in seinem Antrag eine Vertretungsperson benennt[191].

Der Antrag auf Abschluss des Vollmachtsvertrags kann auch an die Öffentlichkeit gerichtet sein (in Form einer Zeitungsannonce, eines Aushangs oder Handzettels)[192]. Es handelt sich dann um ein Angebot *ad incertas personas*, das ausdrücklich oder durch Vornahme des im Antrag bezeichneten Geschäfts angenommen werden kann. Auf den Zugang der Annahme wird der Vertretene regelmäßig verzichten, § 151 S. 1 Fall 2 BGB[193]. Ein Vertragsschluss *mit* der unbestimmten Öffentlichkeit, analog zur Bevollmächtigung durch öffentliche Bekanntmachung, scheidet dagegen aus: Bei der Bevollmächtigung durch öffentliche Bekanntmachung handelt es sich abweichend von § 167 Abs. 1 BGB um eine nicht empfangsbedürftige Willenserklärung[194]. Während einseitige Rechtsgeschäfte nicht unbedingt zugehen müssen, um wirksam zu sein, vgl. §§ 143 Abs. 4 S. 1, 958 Abs. 1, 1937 BGB, müssen Erklärungen, die auf einen Vertragsschluss zielen, zu ihrer Wirksamkeit notwendig einer Person zugehen. Für den Antrag ergibt sich dies bereits aus dem Wortlaut des § 145 BGB („wer einem anderen [...]") und auch daraus, dass der andere Teil von dem Antrag Kenntnis erhalten muss, um seine Annahme zu erklären[195].

Der zweiseitige Vollmachtsvertrag bildet den Regelfall, möglich ist aber auch ein Vertragsschluss zwischen Vertretenem, Vertreter und Geschäftspart-

---

[190] Der Antrag könnte lauten: „Ich, G, biete Ihnen, V, Vollmacht zum Verkauf meiner Vase (Produkt-Nr. 123) an."

[191] Der Antrag könnte lauten: „Ich, G, biete Ihnen, X, den Kauf meiner Vase (Produkt-Nr. 123) über V an."

[192] Der Antrag könnte lauten: „Ich, G, biete jedem dem Kauf meiner Vase (Produkt-Nr. 123) über V an."

[193] Erforderlich bleibt aber die *Erklärung* der Annahme, also ein als Willensbetätigung zu wertendes, nach außen hervortretendes Verhalten, aus dem sich der Annahmewille unzweideutig ergibt, BGHZ 111, 97 (101) = BGH NJW 1990, 1655 (1656); BGHZ 74, 352 (356) = BGH NJW 1979, 2143 (2144); NJW 2004, 287 (288); NJW-RR 1994, 280 (281).

[194] *Bork*, AT, § 34 Rn. 1460 in Fn. 49; *Neuner*, AT, § 50 Rn. 15; *v. Tuhr*, AT II/2, § 85 I (S. 381 mit Fn. 25); MK-BGB/*Schubert*, § 167 Rn. 13.

[195] Im Ergebnis MK-BGB/*Einsele*, § 130 Rn. 1.

ner[196]. Der Antrag des Vertretenen ist in diesem Fall an den Vertreter und den Geschäftspartner gerichtet, die beide ihr Einverständnis zur Vollmachtserteilung erklären müssen. Weder bilden Vertreter und Geschäftspartner eine einheitliche Partei, sodass nur ein zweiseitiger Vertrag besteht, noch entspricht ihr Verhältnis dem einer vertragsschließenden Haupt- und einer zustimmenden Nebenpartei. Geschäftspartner und Vertreter sind vielmehr eigenständige Vertragsparteien, für die sich aus dem Vollmachtsvertrag unterschiedliche Rechtsfolgen ergeben: Der Vertreter kann fortan eine Regelung mit Wirkung für und gegen den Vertretenen treffen und der Geschäftspartner das mit dem Vertretenen beabsichtigte Geschäft nunmehr auch über dessen Vertreter abschließen. Der Abschluss eines dreiseitigen Vollmachtsvertrags hat den Vorteil, dass darin auch solche Sachverhalte geregelt werden können, die einer vertraglichen Regelung mit nur dem Vertreter oder nur dem Geschäftsgegner nicht zugänglich sind. Das betrifft die Haftung aus § 179 BGB, deren Modifikation sowohl das Interesse des Geschäftsgegners als auch das des Vertreters berührt. So können die Parteien im Rahmen eines dreiseitigen Vollmachtsvertrags das in § 179 Abs. 1 BGB vorgesehene Wahlrecht des Geschäftspartners beschränken[197], die Vertreterhaftung ausschließen, betragsmäßig deckeln oder abweichend von § 179 Abs. 2 BGB auf Fälle der grob fahrlässigen Unkenntnis vom Mangel der Vertretungsmacht erweitern[198].

Unabhängig davon, mit wem der Vertretene den Vollmachtsvertrag schließt, bleiben die in § 167 Abs. 1 BGB vorgegebenen Parteirollen klar verteilt[199]. So treffen die Geschäftsfolgen auch bei einem dreiseitigen Vollmachtsvertrag nur die bevollmächtigende Partei, gleichwie bei einem Außenvollmachtsvertrag nicht der Geschäftsgegner als der Vertragspartner, sondern der Vertreter bevollmächtigt wird. Die Parteirollen werden (selbstverständlich) auch nicht dadurch verwischt, dass der Antrag zum Abschluss des Vollmachtsvertrags vom Vertreter oder Geschäftspartner ausgeht[200]. Erforderlich

---

[196] Nach *Holländer*, 6 ff., insbesondere 26 ff., kann die Vollmacht *nur* durch Vertrag zwischen Vertreter, Vertretenem und Drittem entstehen; die Vollmachtserteilung des Vertretenen bilde dabei die Offerte zum Vollmachtsabkommen (33). Inhalt dieses Abkommens sei nicht die Begründung einer Ermächtigung zu fremdwirksamem Handeln, sondern die Erstreckung der Wirkungen des Vertretungsakts auf den Vertretenen (27).

[197] Die Interessen des Vertreters berührt die Modifikation des Wahlrechts insofern, als er dem Geschäftsgegner im Einzelfall auf Erfüllung haften möchte, um seinerseits die Gegenleistung zu verlangen, oder auf Schadensersatz, um mit einer ihm gegen den Geschäftspartner zustehenden Forderung aufzurechnen.

[198] Zum dispositiven Charakter des § 179 Abs. 2 BGB MK-BGB/*Schubert*, § 179 Rn. 55; Soergel/*Leptien*, BGB, § 179 Rn. 18; BeckOK-BGB/*Schäfer*, 1.8.2021, § 179 Rn. 27.

[199] Anders beim Aufrechnungsvertrag, bei dem beide Parteien aktiv aufrechnen, *K. P. Berger*, Aufrechnung, 125.

[200] In letzterem Fall bedarf es gegebenenfalls der Abgrenzung zum Antrag auf Abschluss des eigentlich beabsichtigten Geschäfts.

ist in beiden Fällen nur, dass der Antrag zumindest auch an den Vertretenen gerichtet ist. Denn ein Vollmachtsvertrag, der ohne den Vertretenen zustande kommt, widerspricht nicht nur dem Zweck der Bevollmächtigung, die Privatautonomie des Vertretenen sinnvoll zu entfalten. Vielmehr liegt in einer solchen Abrede auch ein unzulässiger Vertrag zulasten Dritter, wenn Vollmacht zu solchen Geschäften begründet wird, die auf Seiten des Vertretenen (als Dritten) zu einem Rechtsverlust oder einer Pflichtenmehrung führen. Der Vertretene kann sich bei Vertragsschluss zwar nach allgemeinen Grundsätzen vertreten lassen oder seine Vertragserklärung durch einen Boten übermitteln. Er muss aber Vertragspartei sein, damit es sich bei dem betreffenden Vertrag um einen Vollmachtsvertrag handelt.

III. Geschäftseinheit mit dem Grundverhältnis

Wie die einseitige Bevollmächtigung beruht auch der Vollmachtsvertrag regelmäßig auf einem Rechtsverhältnis zwischen Vertretenem und Vertreter. Das Verhältnis beider Geschäfte zueinander bestimmt sich im Ausgangspunkt nach dem Willen der Vertragsschließenden, vgl. § 168 BGB. Die Parteien können es bei dem gesetzlichen Regelfall belassen, wonach die Vollmacht mit ihrem Grundgeschäft erlischt (Satz 1) und das Grundgeschäft ungeachtet eines Widerrufs der Vollmacht fortbesteht (Satz 2). Darüber hinaus können die Parteien Grundgeschäft und Vollmachtsvertrag aber auch zu einer Geschäftseinheit zusammenfassen, § 139 BGB[201], sodass bei Nichtentstehen des Grundgeschäfts im Zweifel auch die Vollmacht nicht entsteht. Die Regelung des § 168 BGB steht einer entsprechenden Abrede nicht entgegen. Ausdrücklich geregelt ist dort zwar nur, dass die Vollmacht mit ihrem Grundgeschäft erlischt. Das Regelungsziel, eine Bevollmächtigung ohne Zweck und insbesondere eine (schuldrechtliche) Bindungslosigkeit des Vertreters zu vermeiden, greift aber auch dann ein, wenn das Grundgeschäft schon nicht entsteht[202]. Denn auch in diesem Fall ist die Vollmacht „zwecklos"[203] und der Vertreter ohne Bindung, was § 168 S. 1 BGB zum Schutz des

---

[201] Zu den Voraussetzungen einer Geschäftseinheit: BGHZ 50, 8 (13) = BGH NJW 1968, 936 (937); NJW 1984, 869 (870); NJW 1976, 1931 (1932). Zur Zulässigkeit einer Geschäftseinheit zwischen Vollmachtserteilung und Grundgeschäft: RGZ 81, 49 (51); BGHZ 110, 363 (369) = BGH NJW 1990, 1721 (1723); BGHZ 102, 60 (62) = BGH NJW 1988, 697 (698); NJOZ 2002, 2493 (2495); WM 1964, 182 (183); *Bork*, AT, § 34 Rn. 1466, 1491; *Rosenberg*, 764 ff. (für die Innenvollmacht); Planck/*Flad*, BGB, § 167 Anm. 3 (ausnahmsweise auch bei Außenvollmachten). Zur Geschäftseinheit von Kauf- und Auflassungsvollmacht: *Edenfeld*, JuS 2005, 42 (44 ff.).

[202] *Beuthien*, in: FG 50 Jahre BGH I (2000), 81 (85). Vgl. *Frotz*, 330; *Flume*, AT II, § 50, 2 (S. 841) für die Innenvollmacht.

[203] *Beuthien*, in: FG 50 Jahre BGH I (2000), 81 (85).

Vertretenen vermeiden will[204] und was sich über eine Anwendung des § 139 BGB vermeiden ließe.

Der Annahme einer Geschäftseinheit zwischen Grundgeschäft und Vollmachtsvertrag steht auch nicht entgegen, dass jedes Geschäft für sich existieren kann[205]. Bei Vorliegen eines entsprechenden Einheitlichkeitswillens lassen sich auch selbständige Rechtsakte zu einer Geschäftseinheit zusammenfassen[206]. Ebenso wenig steht einer Anwendung des § 139 BGB entgegen, dass es sich bei dem Vollmachtsvertrag und dem Grundgeschäft um artverschiedene Rechtsgeschäfte handelt. Wenn in bestimmten Fällen eine Zusammenfassung von Verfügungs- und Verpflichtungsgeschäft zulässig ist[207], kann für den (nur) verfügungsähnlichen Vollmachtsvertrag und sein Grundgeschäft im Ausgangspunkt nichts anderes gelten[208]. Die Vollmachtserteilung kann bereits um das Zustandekommen des Grundgeschäfts und die Einhaltung sich daraus ergebender Vorgaben bedingt werden[209], was zu vergleichbaren Verschränkungen führt. Auch dem Gesetz ist eine Verknüpfung verschiedenartiger Rechtsgeschäfte nicht fremd, wie § 2295 BGB belegt. Danach kann der Erblasser von seiner im Erbvertrag getroffenen vertragsmäßigen *Verfügung* zurücktreten, wenn diese mit Rücksicht auf eine rechtsgeschäftliche *Verpflichtung* des Bedachten (etwa Unterhaltsleistungen) getroffen wurde und diese Verpflichtung noch vor dem Tod des Erblassers aufgehoben wird[210].

Die Anerkennung einer Geschäftseinheit zwischen Vollmachtsvertrag und Grundgeschäft widerspricht schließlich nicht dem Abstraktionsprinzip. Entwickelt wurde dieses Prinzip ursprünglich für Zuwendungsgeschäfte des Sachenrechts. Dort sprach man sich gegen eine Geschäftseinheit zwischen Verfügungs- und Verpflichtungsgeschäft aus, um im Interesse des Zweiterwerbers wie des Warenverkehrs eine klare Güterzuordnung sicherzustellen[211].

---

[204] *Medicus/Petersen*, AT, § 57 Rn. 949.

[205] Vgl. in anderem Zusammenhang *Doerner*, Abstraktheit, 89; BGHZ 102, 60 (62) = BGH DNotZ 1988, 551 f.

[206] Siehe nur BGH NJW 2016, 3525 (3526); Jauernig/*Mansel*, BGB, § 139 Rn. 2; kritisch *v. Tuhr*, AT II/1, § 52 I (S. 191 in Fn. 2).

[207] Vgl. *Enneccerus/Nipperdey*, AT I/2, § 202 IV 1a; Palandt/*Ellenberger*, BGB, § 139 Rn. 7; BGHZ 112, 376 (378) = BGH NJW 1991, 917 (918); NJW-RR 1989, 519: „höchst selten"; NJW 1985, 3006 (3007); NJW 1979, 1495 (1496); NJW 1967, 1128 (1130); NJW 1952, 60 f.; OLG Hamburg NJW 1966, 985; dagegen: Jauernig/*Mansel*, BGB, § 139 Rn. 3; *Flume*, AT II, § 12 III 4 (S. 177 ff.).

[208] Vgl. BGH NJW 1992, 3237 (3238).

[209] Vgl. Teil 2 D. II.

[210] Möglich sei außerdem eine Zusammenfassung beider Geschäfte über § 139 BGB, Staudinger/*Kanzleiter*, BGB, § 2295 Rn. 3; *Knieper*, DNotZ 1968, 331 (337).

[211] *Doerner*, Abstraktheit, 84 f.; *Stadler*, 78. Der Zweiterwerber muss sich insbesondere nicht darum kümmern, ob sein Veräußerer das fragliche Recht seinerseits aufgrund eines wirksamen Kausalgeschäfts erworben hat, *Larenz*, AT, § 18 II d, § 22 III c.

Die Interessen im Stellvertretungsrecht sind anders gelagert: Mit der Bevollmächtigung ist bereits keine Güterbewegung verbunden, darüber hinaus erklärt das Gesetz selbst eine Abhängigkeit von Bevollmächtigung und Grundgeschäft teilweise für zulässig, vgl. § 168 BGB. Deshalb kann dem Lehrsatz, das Abstraktionsprinzip bezwecke den Verkehrsschutz und stehe deshalb nicht zur Disposition[212], im Stellvertretungsrecht nicht dieselbe Bedeutung zukommen wie im Sachenrecht. § 167 Abs. 1 BGB bietet vielmehr Anlass zu einer differenzierteren Betrachtung:

§ 167 Abs. 1 BGB unterscheidet zwischen der gegenüber dem Vertreter und der gegenüber dem späteren Geschäftspartner erteilten Vollmacht. Während die Außenvollmacht nur dann als „Verkehrslegitimation" taugt, wenn sich ihre Wirksamkeit ungeachtet der Pflichtgemäßheit des Vertretungsakts und etwaiger Mängel des Grundgeschäfts beurteilt[213], kommt dem Abstraktionsprinzip bei der Innenvollmacht eine weitaus geringere Bedeutung zu[214]. Nicht nur fehlt es in diesem Fall an einem Tatbestand im Außenverhältnis, an den ein schutzwertes Vertrauen Dritter anknüpfen kann[215]. Vielmehr werden Kausalgeschäft und Innenvollmacht regelmäßig auch an demselben Mangel leiden[216] und sich typischerweise auch inhaltlich entsprechen[217]. Im Vergleich zur strikten Durchführung des Abstraktionsprinzips erscheint die Anerkennung einer Geschäftseinheit zwischen Außenvollmacht und Grundgeschäft somit nicht unbedenklich[218], zwischen Innenvollmacht und Grundgeschäft dagegen ohne nennenswerte Auswirkung auf den Rechtsverkehr[219].

---

[212] *Doerner*, Abstraktheit, 89 f.; *Stadler*, 89, 95; *Flume*, AT II, § 12 III 4 (S. 178); *Neuner*, AT, § 56 Rn. 13. Der Abstraktionsgrundsatz schützt ferner den Vertreter vor einer Haftung nach § 179 Abs. 1 BGB, *Beuthien*, in: FG 50 Jahre BGH I (2000), 81 (82).

[213] Vgl. *Flume*, AT II, § 50, 3 (S. 843).

[214] Dazu *Flume*, AT II, § 50, 2 (S. 841 ff.); ausführlich *Frotz*, 328 ff.

[215] Vgl. *Frotz*, 262, 330, 333; in diese Richtung auch die Motive I, 236 = Mugdan I, 483.

[216] *Flume*, AT II, § 50, 2 (S. 842); *Neuner*, AT, § 50 Rn. 13.

[217] *Flume*, AT II, § 50, 2 (S. 842).

[218] Aber auch nicht unzumutbar: Weil die Außenvollmacht im Verhältnis zum Geschäftsgegner und das Grundgeschäft im Verhältnis zum Vertreter besteht, wird es im Regelfall an einem einheitlichen Rechtsgeschäft im Sinne des § 139 BGB fehlen, *Flume*, AT II, § 32, 2a (S. 572); *Frotz*, 334.

[219] Im Ergebnis auch *Frotz*, 330 ff. mit Fn. 817.

F. Voraussetzungen und anwendbares Recht

Aufbauend auf den Erkenntnissen der vorangegangenen Abschnitte wird nachfolgend bestimmt, unter welchen Voraussetzungen der Vollmachtsvertrag zustande kommt und in welchem Umfang die §§ 164–181 BGB einschließlich der für die Bevollmächtigung geltenden Grundsätze auf ihn Anwendung finden.

I. Einigung der Parteien

Die für den Vollmachtsvertrag erforderliche Einigung zwischen den Parteien kann ausdrücklich erklärt werden oder durch schlüssiges Verhalten zustande kommen. Ob ein Vollmachtsvertrag oder eine einseitige Bevollmächtigung gewollt ist, bestimmt sich durch Auslegung im Sinne der §§ 133, 157 BGB[220].

1. Vertragsinhalt

Einig werden müssen sich die Parteien über die wesentlichen Vertragsbestandteile eines Vollmachtsvertrags. Hierzu zählen zunächst die Vertragsparteien, neben dem Vertretenen also der Vertreter (Innenvollmachtsvertrag) oder der Geschäftspartner (Außenvollmachtsvertrag), im Einzelfall auch beide (dreiseitiger Vollmachtsvertrag). Bei einem Außenvollmachtsvertrag bedarf es außerdem der Bestimmung, jedenfalls der Bestimmbarkeit einer Vertretungsperson. Was den Inhalt der Vollmacht anbelangt, kann sich der Vollmachtsvertrag entsprechend der einseitigen Bevollmächtigung auf die Vornahme eines einzelnen Rechtsgeschäfts (Spezialvollmachtsvertrag), bestimmter Arten von Rechtsgeschäften (Gattungsvollmachtsvertrag) oder auf eine Vielzahl verschiedener Rechtsgeschäfte beziehen (Generalvollmachtsvertrag).

2. Antrag

Von einer einseitigen Bevollmächtigung ist auszugehen, wenn der Vollmachtgeber die Rechtsfolgen seiner Erklärung ohne Rücksicht auf den Willen des anderen Teils eintreten lassen will. Das Einverständnis des Adressaten ist in diesem Fall weder erforderlich noch kann es den bereits eingetretenen Rechtswirkungen etwas hinzufügen[221]. Macht der Vertretene die Rechtswirkungen seiner Erklärung dagegen erkennbar von einer Bestätigung des anderen Teils abhängig, ist seine Erklärung als Vertragsantrag auszulegen. Erfolgt die Annahme nicht (rechtzeitig), kommt der Vollmachtsvertrag nicht

---

[220] Vgl. *v. Tuhr*, AT II/1, § 53 I (S. 207).
[221] In anderem Zusammenhang *v. Tuhr*, AT II/1, § 53 I (S. 207).

zustande, vgl. §§ 145–149 BGB[222]. Wird nach anderen als im Antrag bezeichneten oder weitergehenden Befugnissen verlangt, gilt dieses Verlangen nach § 150 Abs. 2 BGB als Ablehnung des Antrags verbunden mit einem neuen Antrag auf Abschluss eines Vollmachtsvertrags. Eine Umdeutung des ursprünglichen Antrags in eine einseitige Bevollmächtigung scheidet in beiden Fällen aus, wenn feststeht, dass der Vertretene (nur) an einem Vertragsschluss interessiert ist[223]. Dem Vertretenen bleibt es aber unbenommen, seinen gescheiterten Antrag als einseitige Bevollmächtigung zu „wiederholen", sofern die gesetzlichen Voraussetzungen dafür erfüllt sind[224]. Freilich wird er sich dies gut überlegen, wenn der Vertreter ihm bereits über die Ablehnung des Vertragsangebots seine fehlende Vertretungsbereitschaft signalisiert hat.

Hat der Vertreter ein besonderes Interesse an seiner Bevollmächtigung, weil sie ihm etwa die Erbringung höherwertiger Dienste ermöglicht oder zum beruflichen Aufstieg verhilft, kann selbstverständlich auch er dem Vertretenen den Abschluss eines Vollmachtsvertrags antragen. Der Antrag kann durch schlüssiges Verhalten erfolgen, namentlich durch Tätigwerden im Namen des Vertretenen. Erlangt der Vertretene hiervon erst nachträglich Kenntnis und billigt er das Vertretergeschäft daraufhin, liegt darin allerdings keine Annahme, sondern eine Genehmigung im Sinne des § 177 Abs. 1 BGB.

3. Annahme

Führt der Empfänger das im Antrag bezeichnete Geschäft (als Vertreter) im Namen des Vertretenen oder (als Geschäftspartner) gegenüber der im Antrag bezeichneten Vertretungsperson aus, erklärt er damit regelmäßig seine Annahme zum Vollmachtsvertrag. Dagegen ist ein Schweigen nur dann als Annahme zu werten, wenn die Parteien diesem einen Erklärungswert beigelegt haben[225] oder innerhalb ihrer Geschäftsbeziehung eine Praxis üben, wonach der Empfänger widersprechen muss, wenn er den Antrag nicht annehmen will[226].

Hält sich der Vertreter irrigerweise für bevollmächtigt, etwa weil er von der Unwirksamkeit seiner Bevollmächtigung keine Kenntnis hat, erscheint ihm der Antrag des Vertretenen unter Umständen nur als Hinweis auf die voran-

---

[222] Vgl. *K. P. Berger*, Aufrechnung, 196 f. für die Aufrechnung.

[223] Zum umgekehrten Fall der Umdeutung eines einseitigen Rechtsgeschäfts in einen Vertragsantrag: BGH NJW-RR 2005, 1464 (1465) für die einseitige Mieterhöhung; BGH NJW 1981, 43 (44) für die Kündigung eines Mietvertrags; RGZ 143, 124 (126) für die Kündigung eines Versicherungsvertrags.

[224] Im Allgemeinen *v. Tuhr*, AT II/1, § 53 I (S. 207 in Fn. 25); vgl. *K. P. Berger*, Aufrechnung, 197 für den Aufrechnungsvertrag.

[225] *Flume*, AT II, § 5, 2a (S. 64); *Neuner*, AT, § 31 Rn. 12 f.

[226] *Flume*, AT II, § 35 II 4 (S. 660); *K. P. Berger*, Aufrechnung, 200 für den Aufrechnungsvertrag.

gegangene Bevollmächtigung. Wird der Vertreter daraufhin im Namen des Vertretenen tätig, liegt darin deshalb auch keine Annahme, sondern nur die (rechtlich unbedeutende) Erklärung, die vermeintlich bestehende Vollmacht auszuüben[227]. Sofern dem Vertretenen ersichtlich an der Herbeiführung der Vertretungswirkungen gelegen ist, kommt aber eine Umdeutung seines Antrags in eine einseitige Bevollmächtigung in Betracht. Weiß der Vertretene bei Abgabe seines Antrags von der Nichtigkeit der vorigen Bevollmächtigung oder rechnet er damit, kann seine Erklärung außerdem als Bestätigung der nichtigen Vollmachtserteilung ausgelegt werden, § 141 Abs. 1 BGB[228]. Die Bevollmächtigung ist dann von Neuem vorgenommen.

Wurde der Antrag angenommen, ist abschließend zu prüfen, ob ein Zugang der Annahmeerklärung nach § 151 S. 1 BGB entbehrlich ist. Von einem Verzicht auf den Zugang im Sinne des § 151 S. 1 Fall 2 BGB ist auszugehen, wenn dem Vertretenen an einem sofortigen Vollzug des Rechtsgeschäfts gelegen ist und er den Zugang der Annahme also nicht abwarten möchte. Ein Indiz hierfür kann sein, dass der Vertretene dem Vertreter zusammen mit dem Antrag alle zur Ausführung des Vertretungsakts erforderlichen Informationen oder Güter bereitstellt (etwa Kontaktdaten des Geschäftsgegners, die zu übereignende Kaufsache)[229]. Im Übrigen kann sich die Entbehrlichkeit des Zugangs daraus ergeben, dass eine Annahme lediglich vorteilhafter Rechtsgeschäfte nach dem Vorbild des § 516 Abs. 2 S. 2 BGB regelmäßig nicht zu erwarten ist, § 151 S. 1 Fall 1 BGB[230]. Zwar verhält sich der Vollmachtsvertrag hinsichtlich eines rechtlichen Vorteils indifferent, jedenfalls aber begründet er für den anderen Teil, den Vertreter wie den Geschäftspartner, unmittelbar keinen Rechtsnachteil[231].

II. Anwendbarkeit der §§ 164–181 BGB

Einig ist man sich nur darüber, dass die Bestimmungen über einseitige Rechtsgeschäfte auf den Vollmachtsvertrag keine Anwendung finden[232]. So ist die vertraglich begründete Vollmacht nicht schon deshalb nichtig, weil der

---

[227] Vgl. *v. Tuhr*, AT II/1, § 53 I (S. 208) für die unwirksame Kündigung eines Vermieters.

[228] § 141 BGB ist auch auf einseitige Rechtsgeschäfte anwendbar, vgl. MK-BGB/*Busche*, § 141 Rn. 2.

[229] Zu diesen und weiteren Kriterien vgl. MK-BGB/*Busche*, § 151 Rn. 7.

[230] Vgl. RGZ 90, 430 (434 f.) für den Abtretungsvertrag; BGH NJW 2000, 276 (277) für ein selbständiges Garantieversprechen; BGH NJW 1997, 2233 für die Bürgschaftserklärung; BGH NJW-RR 1994, 280 (281) für den Schuldbeitritt; BGH NJW-RR 1993, 1377 (1378) für den Erlassvertrag; BGH NJW 1965, 1913 (1914) für die Schenkung.

[231] Vgl. Teil 1 B. III. 1. b) cc).

[232] *Neuner*, AT, § 50 Rn. 11 in Fn. 20; Staudinger/*Schilken*, BGB, § 167 Rn. 10; *Flume*, AT II, § 49, 1 (S. 823).

Minderjährige bei Vertragsschluss ohne Einwilligung des gesetzlichen Vertreters gehandelt hat (§ 111 S. 1 BGB). Entsprechendes gilt für die (Unter-) Vollmachtserteilung durch einen Vertreter, die jedenfalls nicht an seiner fehlenden (§ 180 S. 1 BGB) bzw. nicht nachgewiesenen (§ 174 S. 1 BGB) Vertretungsmacht scheitert. Welche Vorschriften und Grundsätze auf den Vollmachtsvertrag im Übrigen anwendbar sind, ist allerdings noch ungeklärt.

Keinen Bedenken begegnet die Anwendbarkeit solcher Regelungen, die tatbestandlich nicht an den Vorgang der Bevollmächtigung anknüpfen. Hierzu zählen § 164 BGB, der die Wirkung der Stellvertretung (Absatz 1 und 3) und die Rechtsfolgen mangelnder Offenkundigkeit regelt (Absatz 2), § 165 BGB, der die Geschäftsfähigkeit des Vertreters in den Blick nimmt, und § 166 BGB, der auf die Kenntnis und das Kennenmüssen des Bevollmächtigten abstellt. Keinen Bezug zum Erteilungsvorgang weisen ferner die §§ 169–173 BGB auf[233]. Entsprechendes gilt für § 179 BGB, der an ein Handeln ohne Vertretungsmacht anknüpft, und für § 181 BGB, der den Interessenkonflikt bei einem Insichgeschäft behandelt. Für die Anwendbarkeit all dieser Vorschriften spielt es keine Rolle, ob die Vollmacht einseitig oder vertragsweise begründet wurde.

Weniger eindeutig fällt das Urteil über die Anwendbarkeit der §§ 177, 168 S. 2 BGB aus. Bei der Genehmigung und dem Vollmachtswiderruf handelt es sich jeweils um einseitige Rechtsgeschäfte, die einen sachlichen Bezug zur Bevollmächtigung aufweisen: die Genehmigung, insofern sie das Fehlen einer (hinreichenden) Bevollmächtigung ausgleicht, und der Widerruf, insofern er die Rechtsfolgen einer bestehenden Bevollmächtigung beseitigt. Wie es sich auf das Genehmigungs- und Widerrufsrecht auswirkt, wenn die Bevollmächtigung durch Vertrag erfolgt ist, bedarf daher einer eingehenderen Betrachtung. Zu untersuchen sind außerdem die Auswirkungen des Vollmachtsvertrags auf das Recht des Vertreters, Untervollmachten zu erteilen, den Antrag auf Vollmachtserteilung zurückzuweisen und auf seine Vollmacht zu verzichten. Einer Überprüfung bedarf ferner die Frage, ob die Parteien im Rahmen ihres Vollmachtsvertrags gesetzliche Vertretungsverbote abbedingen können und aus welchen Gründen der Vollmachtsvertrag unwirksam sein kann.

---

[233] § 169 BGB begrenzt zum Schutz des Vertretenen die Folgen der Fiktion aus den §§ 674, 729 BGB, während die §§ 170–173 BGB zum Schutz des Rechtsverkehrs die Wirkungen einer im Außenverhältnis erteilten oder bekanntgemachten Vollmacht aufrechterhalten.

1. Genehmigung oder Genehmigungsvertrag?

Dass es sich bei der Genehmigung im Ausgangspunkt um eine einseitige Erklärung des Vertretenen handelt, ergibt sich zwar nicht aus § 177 Abs. 1 BGB, der nur ihre Rechtsfolge regelt, jedoch aus § 177 Abs. 2 S. 1 BGB. Die Genehmigung wird dort umschrieben als eine Erklärung (nur) des Vertretenen, weshalb der Geschäftsgegner auch (nur) den Vertretenen zur Erklärung über die Genehmigung auffordern kann. Auch die Legaldefinition der Genehmigung als „nachträgliche Zustimmung" (§ 184 Abs. 1 BGB) weist auf den einseitigen Charakter der Genehmigung hin.

Dass die Genehmigung in jedem Fall einseitig zu erteilen ist, lässt sich § 177 Abs. 1 BGB allerdings nicht entnehmen. Der Regelungszweck spricht vielmehr für einen dispositiven Charakter der Vorschrift[234]. So dient das Genehmigungserfordernis in erster Linie dem Schutz des Vertretenen vor einer Fremdbestimmung[235] und eröffnet ihm darüber hinaus die Möglichkeit, einen ihm günstig erscheinenden Vertretungsakt an sich zu ziehen[236]. Dass hiervon auch der Geschäftsgegner und der Vertreter profitieren – insofern die Aussicht auf ein wirksames Geschäft und den Entfall einer Haftung nach § 179 BGB besteht – ist lediglich ein Reflex des unmittelbar bezweckten Schutzes der Privatautonomie des Vertretenen[237]. Dient § 177 Abs. 1 BGB folglich dem Schutz des Vertretenen, muss es ihm freistehen, die Genehmigung einseitig oder durch Vertrag zu erteilen.

---

[234] Zur Dispositivität beider Absätze Erman/*Maier-Reimer/Finkenauer*, BGB, § 177 Rn. 1; BeckOGK-BGB/*Ulrici*, 1.1.2021, § 177 Rn. 80. Speziell zu § 177 Abs. 2 S. 1 Hs. 1 BGB (Vergewisserungsrecht): BeckOGK-BGB/*Ulrici*, 1.1.2021, § 177 Rn. 80; dagegen *Albers*, AcP 217 (2017), 766 (784). Speziell zu § 177 Abs. 2 S. 2 Hs. 1 BGB (Genehmigungsfrist): RG HRR 1937, Nr. 786; JW 1937, 2036; OLG Zweibrücken NJOZ 2002, 736 (738); BeckOGK-BGB/*Ulrici*, 1.1.2021, § 177 Rn. 218; MK-BGB/*Schubert*, § 177 Rn. 31; Palandt/*Ellenberger*, BGB, § 177 Rn. 5; RGRK/*Steffen*, BGB, § 177 Rn. 15; Soergel/*Leptien*, BGB, § 177 Rn. 32; Staudinger/*Schilken*, BGB, § 177 Rn. 13; *Albers*, AcP 217 (2017), 766 (785).

[235] Zu diesem Regelungszweck BeckOGK-BGB/*Ulrici*, 1.1.2021, § 177 Rn. 48.

[236] Vgl. *Mock*, JuS 2008, 486 (488); *Hübner*, AT, § 49 Rn. 1303; *Medicus/Petersen*, AT, § 59 Rn. 975.

[237] Dem entspricht es, dass man sich schließlich (im Interesse des *Vertretenen*) entgegen E II § 145 BGB (vgl. § 179 BGB) darauf festgelegt hat, eine Genehmigung sowohl gegenüber dem Geschäftsgegner als auch dem Vertreter zuzulassen (so bereits E I §§ 123, 124 BGB, dazu Motive I, 241 = Mugdan I, 486). Dass § 177 BGB nicht den Schutz des Vertreters bezweckt, ergibt sich insbesondere aus 177 Abs. 2 BGB, wonach eine dem Vertreter gegenüber erteilte Genehmigung *unwirksam* wird, wenn der Geschäftsgegner den Vertretenen zur Genehmigung auffordert (§ 177 Abs. 2 S. 1 Hs. 2 BGB), und eine Genehmigung bei Nichtreaktion des Vertretenen als *verweigert* gilt (§ 177 Abs. 1 S. 2 Hs. 2 BGB). Das Interesse des Vertreters am Ausbleiben einer Haftung wird das eine Mal dem Gewissheitsinteresse des Geschäftsgegners (vgl. auch Protokolle I, 155 = Mugdan I, 749) und das andere Mal dem Selbstbestimmungsrecht des Vertretenen untergeordnet.

Ebenso wenig lässt sich dem Gesetz entnehmen, dass die Genehmigung zwingend einen Vertragsschluss erfordert, wenn der zu genehmigende Vertretungsakt auf einem (nicht wirksam begründeten, unterdessen erloschenen oder überschrittenen) Vollmachtsvertrag beruht. Die Genehmigung knüpft schon insofern nicht an den Vorgang der Vollmachtserteilung an, als sie ausschließlich den Vertretungsakt (§ 177 Abs. 1 BGB: „Vertrag") betrifft, der mit ihrer Erteilung rückwirkend wirksam wird. Im Unterschied zum Widerruf (§ 168 S. 3 BGB) verweist das Gesetz für die Genehmigung auch nicht auf § 167 Abs. 1 BGB, was einen Gleichlauf mit dem Erteilungsvorgang der Vollmacht nahegelegt hätte. Darüber hinaus erfasst § 177 BGB gerade auch den Abschluss solcher Verträge, für die zu keinem Zeitpunkt Vollmacht bestand[238], und damit Fälle, in denen sich ein Gleichlauf zwischen Bevollmächtigung und Genehmigung von vornherein nicht herstellen lässt. Dass die Genehmigung entsprechend der vorangegangenen Bevollmächtigung vertraglich erfolgen muss, ergibt sich schließlich nicht aus dem Verbot widersprüchlichen Verhaltens. Erteilt der Vertretene seine Genehmigung einseitig, obwohl er die Vollmacht zuvor durch Vertrag begründet hat, setzt er sich damit in keinen „unlösbaren Widerspruch" zu seinem früheren Verhalten[239]: Kann der Vertretene die Genehmigung des Vertretungsakts sogar verweigern, muss es ihm erst recht gestattet sein, die Genehmigung einseitig zu erteilen. Anderes mag gelten, wenn der Vertretene sich zuvor zum Abschluss eines Genehmigungsvertrags verpflichtet hat[240].

Ob die Genehmigung einseitig erfolgen kann oder den Abschluss eines Genehmigungsvertrags voraussetzt, ist im Ergebnis also nicht von dem Erteilungstatbestand der (unwirksamen, erloschenen oder überschrittenen) Vollmacht abhängig, sondern Auslegungsfrage, §§ 133, 157 BGB. Haben die Parteien in ihrem Vollmachtsvertrag keine besondere Abrede zur Genehmigung getroffen, bleibt es bei der gesetzlichen Regelung des § 177 Abs. 1 BGB. Vor allem der Geschäftspartner und der Vertreter werden typischerweise kein Interesse daran haben, den Eintritt der für sie günstigen Genehmigungsfolgen von ihrem Einverständnis abhängig zu machen. Dann nämlich unterläge die Genehmigung einer weiteren Wirksamkeitsvoraussetzung, was das Risiko ihrer Unwirksamkeit unnötig erhöhte.

---

[238] Zum Merkmal „ohne Vertretungsmacht" im Sinne des § 177 BGB im Überblick Erman/*Maier-Reimer*/*Finkenauer*, BGB, § 177 Rn. 3; Palandt/*Ellenberger*, BGB, § 177 Rn. 1.

[239] Zu dieser Voraussetzung BGHZ 50, 191 (196) = BGH NJW 1968, 1928 (1929).

[240] Vgl. BGHZ 108, 380 (384 f.) = BGH NJW 1990, 508 (509) für den Fall, dass der Vertretene sich gegenüber dem Geschäftsgegner vorvertraglich zum Abschluss des später vollmachtlos geschlossenen Vertrags verpflichtet hat; zustimmend *Schmidt*, DNotZ 1990, 708 (709 f.).

Kommt es in den Fällen vollmachtlosen Handelns dennoch zu einer Einigung zwischen Vertretenem und Geschäftsgegner, kann statt eines Genehmigungsvertrags auch die Neuvornahme des schwebend unwirksamen Geschäfts gewollt sein. Bei formbedürftigen Rechtsgeschäften werden die Parteien aber regelmäßig den Abschluss eines Genehmigungsvertrags vorziehen, denn während die Neuvornahme der für das Rechtsgeschäft bestimmten Form bedarf, ist der Genehmigungsvertrag auch ohne Einhaltung dieser Form wirksam, § 182 Abs. 2 BGB. Auf den Genehmigungsvertrag wird die Wahl auch dann fallen, wenn mit dem Vertretergeschäft eine Sicherheit verbunden ist (etwa eine Bürgschaft, § 765 BGB), die im Falle einer Neuvornahme neu zu begründen wäre.

Ist der Vertretungsakt nicht genehmigungsfähig, weil der Vertreter unerkannt geschäftsunfähig ist (§§ 105, 165 BGB)[241] oder ein Vertretungsverbot besteht[242], entfaltet der Genehmigungsvertrag keine Wirkung. Zu untersuchen ist dann, ob in der Genehmigungsabrede eine Neuvornahme oder ein Schuldanerkenntnis enthalten ist. Eine solche Auslegung dürfte jedenfalls dann dem Willen der Parteien entsprechen, wenn sie die Rechtsfolgen des Vertretungsakts „um jeden Preis" herbeiführen wollen und es für sie deshalb keinen Unterschied macht, ob der gewünschte Rechtserfolg aus dem Vertretungsakt, dem neu vorgenommenen Geschäft oder einem Schuldanerkenntnis resultiert.

2. Widerruf oder Aufhebungsvertrag?

Im Unterschied zur Genehmigung, die sich auf den Vertretungsakt bezieht, betrifft der Widerruf unmittelbar die Bevollmächtigung. Er bewirkt das Erlöschen der Vollmacht *ex nunc*[243] und wird vor diesem Hintergrund als gegenläufiger Rechtsakt zur Vollmachtserteilung qualifiziert (*actus contrarius*)[244]. Das Gesetz bringt diese Parallele in der Weise zum Ausdruck, dass es § 167 Abs. 1 BGB auf den Widerruf für entsprechend anwendbar erklärt, § 168 S. 3 BGB.

Der über die Verweisung auf § 167 Abs. 1 BGB hergestellte Gleichlauf legt es nahe, dass statt des einseitigen Widerrufs ein Aufhebungsvertrag erforderlich ist, wenn auch die zu widerrufende Vollmacht durch Vertrag begründet wurde. Dieser Schluss schießt jedoch über den Regelungszweck des § 168

---

[241] Zur hier vertretenen Auffassung Teil 1 B. III. 6. Zur Möglichkeit einer Genehmigung, wenn der *Vertretene* geschäftsunfähig ist, RGZ 69, 263 (266 f.); *v. Tuhr*, AT II/2, § 85 III (S. 387).

[242] Zu den Rechtsfolgen bei Verstoß gegen ein Vertretungsverbot vgl. Teil 2 F. II. 7.

[243] Staudinger/*Schilken*, BGB, § 168 Rn. 6; MK-BGB/*Schubert*, § 168 Rn. 20.

[244] *Neuner*, AT, § 50 Rn. 52 in Fn. 104; *Bork*, AT, § 34 Rn. 1507; *Kleinhenz*, Jura 2007, 810 (813 f.); Palandt/*Ellenberger*, BGB, § 168 Rn. 5.

S. 3 BGB hinaus. Die Bezugnahme auf § 167 Abs. 1 BGB dient vor allem der Vermeidung von Wiederholungen im Gesetzestext, insofern sich mit ihr eine Regelung zu den Erklärungsadressaten des Widerrufs erübrigt. Darüber hinaus korrespondiert der Widerrufstatbestand schon insofern nicht mit dem der Bevollmächtigung, als der Widerruf nicht gegenüber demjenigen stattfinden muss, dem gegenüber die Bevollmächtigung stattgefunden hat. So kann eine Außenvollmacht gegenüber dem Vertreter (Innenwiderruf) und eine Innenvollmacht gegenüber dem Geschäftsgegner (Außenwiderruf) widerrufen werden[245]. Ferner kann sich der Widerruf auf nur einen Teil der Bevollmächtigung beschränken, wenn die Bevollmächtigung entsprechend teilbar ist[246]. Es mag zwar der Regel entsprechen, dass eine vertragliche Abrede nicht einseitig, sondern nur durch eine gegenläufige Abrede aufgehoben werden kann[247]. Jedoch gilt diese Regel in erster Linie für solche Rechtsgeschäfte, deren Rechtsfolgen sich überhaupt nur vertraglich herbeiführen lassen (Kauf, Tausch, Miete, Auftrag). Die Rechtsfolgen der Bevollmächtigung können aber, wie dargelegt, sowohl durch einseitiges Rechtsgeschäft als auch durch Vertrag begründet werden, womit auch die Form ihrer Aufhebung nicht präjudiziert ist. Hinzu kommt, dass sich die Einseitigkeit des Widerrufs nicht mit dem Erteilungstatbestand der Vollmacht, sondern dem Bedürfnis des Vertretenen rechtfertigt, sich vor Eingriffen in sein Vermögen effektiv zu schützen[248]. Dieses Bedürfnis ist nicht weniger schützenswert, nur weil die Vollmacht vertraglich begründet wurde.

Müsste der Widerruf entsprechend der vorangegangenen Bevollmächtigung durch Vertrag erfolgen, wäre zudem jede vertraglich begründete Vollmacht nur als unwiderrufliche Vollmacht denkbar. Denn eine Vollmacht, die nur vertraglich widerrufen werden kann, ist unwiderruflich, sobald der andere Teil sein Einverständnis mit dem Widerruf verweigert. Das allerdings würde die praktische Bedeutung des Vollmachtsvertrags erheblich entwerten, insofern seine Errichtung nur unter den strengen Voraussetzungen der Erteilung einer unwiderruflichen Vollmacht möglich wäre[249].

Insgesamt gilt für den Widerruf das zur Genehmigung Festgestellte: Ob die Vollmacht durch einseitigen Widerruf oder nur durch Abschluss eines Aufhebungsvertrags erlöschen kann, ist nicht von der Erteilungsform der Vollmacht abhängig, sondern Auslegungsfrage. Wollen die Parteien den Eintritt der Widerrufsfolgen an den Abschluss eines entsprechenden Vertrags

---

[245] *Bork*, AT, § 34 Rn. 1513; MK-BGB/*Schubert*, § 168 Rn. 19; Palandt/*Ellenberger*, BGB, § 168 Rn. 5.

[246] MK-BGB/*Schubert*, § 168 Rn. 17; Staudinger/*Schilken*, BGB, § 167 Rn. 7.

[247] § 530 Abs. 1 BGB stellt insoweit eine Ausnahme dar.

[248] Ausführlich *Fuchs*, AcP 196 (1996), 313 (338 f.) zum Widerruf bereits wirksamer Bindungen im Allgemeinen.

[249] Zu den Voraussetzungen unter Teil 2 G. II. 1.

knüpfen, sind allerdings die für die Erteilung unwiderruflicher Vollmachten geltenden Vorgaben zu beachten.

3. Unterbevollmächtigung oder Untervollmachtsvertrag?

Wenn sich nicht aus dem Gesetz ein anderes ergibt, kann Vollmacht auch durch einen Vertreter erteilt werden[250]. Die so begründete Vertretungsmacht bezeichnet man als Untervollmacht[251], vgl. auch § 135 Abs. 5 S. 1 AktG. Ob der Vertreter befugt ist, Untervollmachten zu erteilen, ist durch Auslegung der Hauptvollmacht zu ermitteln[252], und hängt insbesondere davon ab, ob dem Vertretenen an einer Vertretung gerade durch den Bevollmächtigten (als Vertrauensperson, als Sachkundigen) gelegen ist[253]. Wird Untervollmacht erteilt, obwohl hierzu keine Befugnis besteht, ist die Unterbevollmächtigung nichtig, § 180 S. 1 BGB, womit die Rechtsakte des Untervertreters nur unter den weiteren Voraussetzungen des § 177 BGB für und gegen den Vertretenen wirken[254]. Widerruft der Vertretene die Hauptvollmacht, wird er regelmäßig auch die auf ihrer Grundlage erteilten Untervollmachten beseitigt wissen wollen[255]. Das betrifft insbesondere solche Untervollmachten, von denen der Vertretene keine Kenntnis hat und die er deshalb nicht selbständig widerrufen kann. Eine effektive Kontrolle über inzwischen entstandene (Unter-)Vertretungsverhältnisse hat der Vertretene nur, wenn mit der Hauptvollmacht auch die dazugehörigen Untervollmachten erlöschen[256].

Das skizzierte Abhängigkeitsverhältnis von Haupt- und Untervollmacht legt es nahe, dass die Untervollmacht durch Vertrag zu errichten ist, wenn auch die Hauptvollmacht vertraglich begründet wurde. An diesem Gedanken ist richtig, dass die (Auslegung der) Hauptvollmacht Aufschluss darüber gibt, ob und auf welche Weise die Erteilung von Untervollmachten erfolgen kann. Gründet die Hauptvollmacht auf einem Vertrag, deutet dies darauf

---

[250] Einschränkungen enthalten die §§ 52 Abs. 2, 58 HGB und § 135 Abs. 5 S. 1 AktG.

[251] *Flume*, AT II, § 49, 5 (S. 836).

[252] Staudinger/*Schilken*, BGB, § 167 Rn. 63; *Bous*, RNotZ 2004, 483 (484 f.).

[253] KG DR 1920, Nr. 859; BGH WM 1959, 377 (378); *Enneccerus/Nipperdey*, AT I/2, § 185 II 2; *Bork*, AT, § 34 Rn. 1451; *Neuner*, AT, § 50 Rn. 34; Staudinger/*Schilken*, BGB, § 167 Rn. 63.

[254] *Bork*, AT, § 34 Rn. 1451; *Bous*, RNotZ 2004, 483 (485); vgl. Staudinger/*Schilken*, BGB, § 167 Rn. 68.

[255] Vgl. *Bous*, RNotZ 2004, 483 (486); differenzierend KG KGJ 37, A 239 (A 241 f.). Zur Möglichkeit überdauernder sowie inhaltlich „überschießender" Untervollmachten KG KGJ 37, A 239 (A 241 f.); BeckOK-BGB/*Schäfer*, 1.8.2021, § 167 Rn. 38; Soergel/*Leptien*, BGB, § 167 Rn. 61; Staudinger/*Schilken*, BGB, § 167 Rn. 67 f.; *Bous*, RNotZ 2004, 483 (485, 487); *Schüller*, RNotZ 2014, 585 (586 ff.); *Bork*, AT, § 34 Rn. 1451; *Neuner*, AT, § 50 Rn. 35; BGH NJW 2017, 3373 (3374); NJW-RR 1970, 701 (703).

[256] *Bous*, RNotZ 2004, 483 (486).

hin, dass dem Vertretenen an einem Tätigwerden des Hauptbevollmächtigten gelegen ist und die Erteilung von Untervollmachten damit insgesamt ausgeschlossen sein soll.

Ergibt die Auslegung der Hauptvollmacht, dass eine Unterbevollmächtigung durch Vertrag zulässig ist, hat der Hauptvertreter den Untervollmachtsvertrag im Namen des Vertretenen abzuschließen[257]. Grund hierfür ist, dass der Untervertreter mit unmittelbarer Wirkung für und gegen den Vertretenen handelt und also dessen Vertreter ist[258]. Die Idee einer Durchgangsvertretung, wonach der Untervertreter unmittelbar den Hauptvertreter vertritt, der die Geschäftsfolgen dann auf den Vertretenen weiterleitet[259], ist abzulehnen[260]. Sie entspricht weder den Vorstellungen der Geschäftsbeteiligten[261] noch der Anordnung des § 164 Abs. 1 S. 1 BGB, wonach das Handeln eines Vertreters unmittelbar und ausschließlich für und gegen den Vertretenen wirkt[262]. Erteilt der Hauptbevollmächtigte die Vollmacht mit der Maßgabe, dass die Geschäftsfolgen zunächst ihn treffen, erteilt er die Vollmacht in *seinem* Namen. In diesem Fall handelt der „Unter"-Vertreter unmittelbar mit Wirkung für und gegen den „Haupt"-Vertreter, der seinerseits als mittelbarer Stellvertreter des Vertretenen auftritt[263].

4. Übertragung der Vertretungsmacht?

Gestattet der Vertretene die Begründung von Untervollmachten, dann regelmäßig, damit der Vertreter im Falle seiner Verhinderung einem anderen Auftrag und Vollmacht zur Ausführung des angestrebten Geschäfts erteilen kann. Man denke an den Fall, dass ein Bauherr Baumaterial benötigt und einen Handwerker um die Besorgung, hilfsweise darum bittet, einem anderen Handwerkskollegen Auftrag und Vollmacht hierfür zu erteilen[264]. Bei fehlender Absprache oder Missverständnissen kann es allerdings dazu kommen,

---

[257] Vgl. Staudinger/*Schilken*, BGB, § 167 Rn. 61 für die einseitige Unterbevollmächtigung.

[258] In diesem Sinne Motive I, 232 = Mugdan I, 481.

[259] In diesem Sinne KG KGJ 37, A 239 (A 241 f.); RGZ 108, 405 (407); BGHZ 32, 250 (253) = BGH NJW 1960, 1565 (1566); *Bork*, AT, § 34 Rn. 1447.

[260] Erman/*Maier-Reimer/Finkenauer*, BGB, § 167 Rn. 63; Jauernig/*Mansel*, BGB, § 167 Rn. 4; Palandt/*Ellenberger*, BGB, § 167 Rn. 12; Soergel/*Leptien*, BGB, § 167 Rn. 60; Staudinger/*Schilken*, BGB, § 167 Rn. 62; *Flume*, AT II, § 49, 5 (S. 837); *Medicus/Petersen*, AT, § 57 Rn. 950; *v. Tuhr*, AT II/2, § 85 VIII (S. 411); *Neuner*, AT, § 50 Rn. 37 f.; *Mertens*, JuS 1961, 315 (316 f.).

[261] *Flume*, AT II, § 49, 5 (S. 838); *Neuner*, AT, § 50 Rn. 38.

[262] Sinngemäß Staudinger/*Schilken*, BGB, § 167 Rn. 62; *Neuner*, AT, § 50 Rn. 38; *v. Tuhr*, AT II/2, § 85 VIII (S. 411 in Fn. 231).

[263] *Mertens*, JuS 1961, 315 (317).

[264] Fall nach *Frey*, 7.

dass der Auftrag von beiden Handwerkern ausgeführt und der Bauherr also doppelt verpflichtet wird.

Der Gefahr einer Doppelverpflichtung wird vorgebeugt, wenn der Hauptbevollmächtigte auf seine Vollmacht verzichtet, sobald er dem anderen die zur Geschäftsführung erforderliche Vollmacht erteilt hat. Eine solche Ersatzbevollmächtigung[265] ist allerdings fehleranfällig und für den Rechtsanwender wenig praktikabel, insofern es zweier Rechtsakte bedarf (der Bevollmächtigung und des Verzichts), die in einer bestimmten Abfolge vorzunehmen sind. Darüber hinaus hängt der Erfolg dieser Konstruktion maßgeblich davon ab, dass der zuerst Bevollmächtigte auf seine Vollmacht verzichtet, sobald er die Untervollmacht erteilt hat. Zu überlegen ist deshalb, ob die Vollmacht ähnlich dem Eigentum (§ 929 BGB) oder einer Forderung (§ 398 BGB) *übertragen* werden kann[266]. Gegenüber der Ersatzbevollmächtigung hätte eine Übertragung zum Vorteil, dass es sich um bloß ein und der Art nach schon bekanntes Geschäft handelt, was den Vertreterwechsel weniger fehleranfällig und für die Parteien praktikabler gestalten würde. Auch müsste der Vertretene sich nicht darum kümmern, dass die Hauptvollmacht nach Erteilung der Untervollmacht erlischt, indem er etwa die Hauptvollmacht auflösend um die Erteilung einer inhaltsgleichen (Unter-)Vollmacht bedingt, § 158 Abs. 2 BGB[267].

Für die einseitig erteilte Vollmacht wird eine Übertragbarkeit überwiegend abgelehnt[268]. Zwar werde die Vollmachtsübertragung in den §§ 52 Abs. 2, 58 HGB ausdrücklich erwähnt, gemeint sei damit aber der Vorgang der Unter- bzw. Ersatzbevollmächtigung[269]. Verwiesen wird auch darauf, dass die Vollmacht kein übertragbares Recht im Sinne der §§ 398–413 BGB sei[270].

Dass die Vollmacht nicht den (subjektiven) Rechten zugehört[271], steht zunächst nur einer unmittelbaren Anwendung der §§ 398–413 BGB entgegen.

---

[265] Dazu MK-BGB/*Schubert*, § 167 Rn. 80; *Neuner*, AT, § 50 Rn. 33 in Fn. 63; Staudinger/*Schilken*, BGB, § 167 Rn. 60; vgl. *Enneccerus/Nipperdey*, AT I/2, § 185 II 1.

[266] Dafür ausführlich *Frey*, 3 ff.; *Hupka*, Vollmacht, 356 mit Fn. 1; Palandt/*Ellenberger*, BGB, § 167 Rn. 1; wohl auch Erman/*Maier-Reimer/Finkenauer*, BGB, § 167 Rn. 61: „grds nicht möglich; der Vertretene kann aber mit der Übertragung einverstanden sein". Zur Übertragung des Auftrags siehe § 664 BGB.

[267] In diesem Sinne auch *Frey*, 45.

[268] MK-BGB/*Schubert*, § 164 Rn. 194 („grundsätzlich"); Soergel/*Leptien*, BGB, § 167 Rn. 63; *Müller-Freienfels*, Vertretung, 41 (für die gesetzliche Vertretungsmacht); wohl auch RG JW 1912, 526 (527); offengelassen bei Staudinger/*Schilken*, BGB, § 167 Rn. 4 wegen des (derzeit) fehlenden praktischen Bedürfnisses.

[269] BeckOK-HGB/*Meyer*, 15.4.2021, § 52 Rn. 23, § 58 Rn. 3 ff.; MK-HGB/*Krebs*, § 52 Rn. 21, § 58 Rn. 6 ff.

[270] MK-HGB/*Krebs*, § 52 Rn. 21; BeckOK-HGB/*Meyer*, 15.4.2021, § 52 Rn. 23; ähnlich LG Düsseldorf Rpfleger 1985, 358.

[271] Dazu Teil 1 C. I. 1.

Ob die Abtretungsvorschriften auf die Vollmachtsübertragung zumindest entsprechend anwendbar sind, beurteilt sich nach deren Regelungszweck. Die §§ 398–413 BGB tragen in erster Linie dem Risiko des Schuldners Rechnung, der seine Schuld gegenüber dem falschen Gläubiger tilgt, weil er über die Abtretung nicht (§ 407 BGB) oder unrichtig (§§ 408 f. BGB) informiert ist. Die Risiken, die sich für den Vertretenen aus einer Vollmachtsübertragung ergeben, beruhen auf anderen Gründen: nicht auf seiner mangelnden Kenntnis vom Vertreterwechsel, sondern darauf, dass der neue Vertreter ihm durch eine weniger gewissenhafte Geschäftsführung Schaden zufügt. Darüber hinaus gehen die §§ 398–413 BGB von einer freien Übertragbarkeit der Forderung aus, vgl. § 399 BGB, was bezogen auf das regelmäßig vertrauensbasierte Vertretungsverhältnis ebenfalls unpassend erscheint. Angesichts der unterschiedlichen Interessenlage und dem verkehrten Regel-Ausnahme-Verhältnis eignen sich die §§ 398–413 BGB somit auch nicht sinngemäß zur Regelung der Vollmachtsübertragung[272].

Anders verhält es sich mit § 415 BGB[273]. Unmittelbar geregelt ist dort zwar die Übernahme einer *Schuld*, worunter sich die Vollmacht nicht subsumieren lässt. Die Interessenlage aber ist vergleichbar: Die Übernahme einer Schuld erfolgt nach § 415 Abs. 1 S. 1 BGB durch Vertrag zwischen Schuldner und Übernehmer, der mit Zustimmung des Gläubigers wirksam wird. Das Zustimmungserfordernis verhindert, dass dem Gläubiger ein weniger leistungsbereiter und solventer Schuldner aufgezwungen wird. Die Parallele zum Stellvertretungsrecht besteht darin, dass die Gefahren, die für den Vertretenen (den „Gläubiger") mit einer Vollmachtsübertragung verbunden sind, ebenfalls auf den persönlichen Eigenschaften des neuen Vertreters (als neuen „Schuldner") gründen. Der Vertretene muss davor geschützt werden, wider Willen an einen unzuverlässigen oder unachtsamen Vertreter zu geraten[274]. Über das in § 415 Abs. 1 S. 1 BGB vorgesehene Zustimmungserfordernis lässt sich dieser Schutz mühelos erreichen. Bis zur Genehmigung des Vertretenen können sich auch der Übernehmer und der bisherige Vertreter über ihre Entscheidung noch einmal Gedanken machen, § 415 Abs. 1 S. 3 BGB, und sich

---

[272] Zur Anwendbarkeit der §§ 398–413 BGB *Frey*, 9 f. Auch § 167 Abs. 1 BGB kommt als Grundtatbestand der Vollmachtsübertragung nicht in Betracht. Die Vorschrift hat die Begründung einer Vollmacht durch den Vertretenen, nicht die Übertragung der Vollmacht durch den Vertreter im Blick. Zur Übertragung der Vollmachtgeberstellung nach § 167 Abs. 1 BGB (ablehnend) *Köhler*, BB 1979, 912 (914).

[273] Gegenüber § 414 BGB ist § 415 BGB die sachnähere Regelung, insofern der dort geregelte Übernahmevertrag zwischen Übernehmer (künftigem Vertreter) und Schuldner (bisherigem Vertreter) dem Vorgang der Unter- bzw. Ersatzbevollmächtigung eher entspricht als der in § 414 BGB geregelte Vertrag zwischen Gläubiger (dem Vertretenen) und Übernehmer.

[274] *Frey*, 10.

Gewissheit über die Wirksamkeit des Übernahmevertrags verschaffen, indem sie den Vertretenen zur Erklärung über die Genehmigung auffordern, § 415 Abs. 2 S. 2 BGB. Den Interessen des Geschäftspartners ist bis zur Erteilung bzw. Verweigerung der Genehmigung über die §§ 177 f. BGB Rechnung getragen: Kommt das Vertretergeschäft zwischen ihm und dem *neuen*, bis zur Genehmigung schwebend unwirksam Bevollmächtigten zustande und genehmigt der Vertretene die Vollmachtsübertragung daraufhin nicht, bleibt das Vertretergeschäft schwebend unwirksam. Der Geschäftspartner kann den Vertretenen dann zur Erklärung über die Genehmigung des Vertretungsakts auffordern (§ 177 Abs. 2 S. 1 BGB) und seine Erklärung bis dahin widerrufen (§ 178 BGB). Kommt das Vertretergeschäft mit dem *bisherigen*, bis zur Genehmigung schwebend wirksam Bevollmächtigten zustande und genehmigt der Vertretene die Vollmachtsübertragung daraufhin, gilt Entsprechendes: Das zunächst schwebend wirksame Vertretergeschäft wird schwebend unwirksam, sodass der Geschäftspartner den Vertretenen zur Genehmigung auffordern (§ 177 Abs. 2 S. 1 BGB) und seine Erklärung bis dahin widerrufen kann (§ 178 BGB).

Insgesamt spricht vieles dafür, eine Übertragung der Vollmacht analog § 415 BGB zu ermöglichen[275]. Nicht nur lassen sich damit gegenüber einer Ersatzbevollmächtigung einfachere und lebensnähere Ergebnisse erzielen. Vielmehr entsteht auf diese Weise auch ein Gleichlauf mit dem Grundgeschäft, dessen Übergang sich im Wege der Vertragsübernahme gleichfalls nach § 415 BGB vollzieht[276]. Die Schaffung einheitlicher Voraussetzungen für die Übertragung von Vollmacht und Pflicht trägt zur (weiteren) Rechtsvereinfachung bei und entspricht regelmäßig auch dem Interesse der Parteien daran, dass Vollmacht und Pflichtverhältnis gemeinsam übergehen[277].

5. Zurückweisung oder Ablehnung des Antrags?

Für die einseitige Bevollmächtigung ist anerkannt, dass der Vertreter die Vollmachtserklärung analog § 333 BGB mit rückwirkender Kraft zurückweisen kann[278]. Wird die Vollmacht vertraglich begründet, besteht für ein solches Zurückweisungsrecht jedoch kein Bedürfnis[279]. Der Vertreter ist hinreichend dadurch geschützt, dass er die ihm angetragene Bevollmächtigung nicht annehmen muss. Das Vertragsprinzip macht einen Rückgriff auf das Zurückweisungssystem insoweit entbehrlich.

---

[275] Zur Anwendbarkeit des § 415 BGB auf die Vollmachtsübertragung auch *Frey*, 22 ff.

[276] Zur Anwendbarkeit des § 415 BGB auf die Vertragsübernahme BGH NJW 2012, 1718 (1720); *Dörner*, Relativität, 135; MK-BGB/*Heinemeyer*, Vor § 414 Rn. 8.

[277] Zu diesem Interesse auch *Frey*, 33 ff.

[278] Dazu Teil 1 C. II. 3.

[279] In diesem Sinne auch *Neuner*, AT, § 50 Rn. 11.

6. Verzicht oder Aufhebungsvertrag?

Im Unterschied zur Zurückweisung bewirkt ein Verzicht des Vertreters, dass die Vollmacht mit Wirkung für die Zukunft erlischt. Gründet die Vollmacht auf einem Vertrag, stellt sich die Frage, ob ein Vollmachtsverzicht weiterhin möglich bleibt oder nunmehr ein Aufhebungsvertrag zu schließen ist. Um diese Frage zu beantworten, ist vorab die Zulässigkeit des Vollmachtsverzichts zu klären.

a) Zulässigkeit des Vollmachtsverzichts

Ein Vollmachtsverzicht begegnet keinen Bedenken, wenn sich die Parteien hierüber im Voraus geeinigt haben oder der Vertretene den Verzicht nachträglich gestattet[280]. In Anlehnung an die Grundsätze zur Kündigung von Dauerschuldverhältnissen dürfte ein Verzicht außerdem aus wichtigem Grund möglich sein[281]. Bedenklich erscheint allein der „freie" Verzicht, der weder im Einvernehmen mit dem Vertretenen noch aus wichtigem Grund erfolgt[282].

Gestattet man dem Vertreter einen Verzicht, schafft man zumindest ein Stück „Gerechtigkeit durch Symmetrie"[283]. Kann nämlich der Vertretene seine Entscheidung jederzeit und grundlos revidieren (§ 168 S. 2 BGB), muss es auch dem Vertreter möglich sein, sich von dem Vertretungsverhältnis jederzeit und ohne Grund zu lösen. Zwar kann der Vertreter seine Vollmacht auch schlicht ungenutzt lassen, was in seiner Wirkung einem Verzicht gleichkommt[284]. Dieser „faktische" Verzicht bewahrt ihn aber nicht davor, zumindest noch als Empfangsvertreter mit den Angelegenheiten des Vertretenen konfrontiert zu werden[285]. Umgekehrt verschlechtert sich die Situation des Vertretenen nicht wesentlich, würde der „faktische" Verzicht rechtlich sank-

---

[280] Gestattet der Vertretene den Verzicht, kann darin auch ein Widerruf im Sinne des § 168 S. 2 BGB liegen.

[281] Vgl. *Frey*, 13.

[282] Für die Zulässigkeit eines einseitigen Verzichts: Erman/*Maier-Reimer/Finkenauer*, BGB, § 168 Rn. 3; MK-BGB/*Schubert*, § 168 Rn. 34; Soergel/*Leptien*, BGB, § 168 Rn. 5; Staudinger/*Schilken*, BGB, § 168 Rn. 18; OVG Hamburg NVwZ 1985, 350; *v. Tuhr*, AT II/2, § 85 VII 4 (S. 405 f.); *Flume*, AT II, § 51, 3 (S. 846); *Bork*, AT, § 34 Rn. 1498; *Köhler*, AT, § 11 Rn. 31; *Medicus/Petersen*, AT, § 57 Rn. 943; *Neuner*, AT, § 50 Rn. 50. Dagegen: *Hupka*, Vollmacht, 390 f.; *Müller-Freienfels*, Vertretung, 46 f.; *Rosenberg*, 612 (der den Verzicht als „Kündigung" bezeichnet); *Hellwig*, Verträge, § 19 IV; *Pawlowski*, AT, § 5 Rn. 740 in Fn. 205 mit Verweis auf ein fehlendes praktisches Bedürfnis; wohl auch *Oertmann*, BGB, § 168 Rn. 1d.

[283] *Frey*, 14.

[284] Vgl. OGHZ 1, 209 (211) = OGH NJW 1949, 141 (142); *Müller-Freienfels*, Vertretung, 46 f.; *Rosenberg*, 612.

[285] Vgl. Staudinger/*Klumpp*, BGB, § 333 Rn. 33.

tioniert; von einem unwilligen Vertreter wird sich der Vertretene früher oder später ohnehin trennen wollen[286].

Auch § 168 BGB steht der Anerkennung eines freien Vollmachtsverzichts nicht entgegen. Der Verzicht ist dort zwar nicht als Erlöschensgrund aufgeführt. Ebenso wenig ist § 168 BGB aber zu entnehmen, dass die Vollmacht nur aus den dort genannten Gründen erlöschen kann[287]. Anerkannt ist bereits, dass die Vollmacht außerdem mit Zeitablauf (§ 163 BGB), dem Eintritt einer auflösenden Bedingung (§ 158 Abs. 2 BGB) und, was vornehmlich Spezialvollmachten betrifft, durch Verbrauch bzw. Zweckerreichung erlöschen kann[288].

Gegen die Zulässigkeit eines freien Verzichts lässt sich schließlich nicht einwenden, dass der Vertretene bereits über das Entstehen der Vollmacht entscheide (§ 167 Abs. 1 BGB) und für ihren Fortbestand nichts anderes gelten könne[289]. Über die Entstehung der Vollmacht entscheidet der Vertretene schon insofern nicht alleine, als der Vertreter die Bevollmächtigung einseitig zurückweisen und damit rückwirkend ungeschehen machen kann.

b) Auswirkungen des Vollmachtsvertrags

Gründet die Vollmacht auf einem Vertrag, spricht gegen die Zulässigkeit eines Vollmachtsverzichts allenfalls der Vergleich mit § 333 BGB und § 2180 Abs. 1 BGB. Nach § 2180 Abs. 1 BGB kann der Vermächtnisnehmer das Vermächtnis nicht mehr ausschlagen, wenn er es angenommen hat. Entsprechendes gilt für das Zurückweisungsrecht aus § 333 BGB, das entfallen soll, sobald der Dritte das ihm zugewandte Recht gegenüber dem Versprechenden akzeptiert[290]. Geschützt wird jeweils das Interesse des anderen Teils, Gewissheit über seine Verpflichtungen zu erhalten und sich auf die einmal erklärte Annahme verlassen zu können[291]. Die Dispositionsfreiheit des Versprechenden bzw. Erben würde empfindlich beeinträchtigt, könnte der Dritte sein Recht auf Übereignung noch bei Anlieferung der Sache zurückweisen bzw. der Vermächtnisnehmer durch Ausschlagung des Vermächtnisses Rechte aus einem Zugewinnausgleich oder einem Pflichtteil wiederaufleben lassen, §§ 1371 Abs. 2 Hs. 1, 2307 Abs. 1 S. 1 BGB[292]. Eine damit vergleichbare „Unordnung" und Rechtsunsicherheit bringt der Vollmachtsverzicht jedoch

---

[286] Ähnlich *Frey*, 13.

[287] Vgl. OVG Hamburg NVwZ 1985, 350.

[288] Dazu *Neuner*, AT, § 50 Rn. 49.

[289] So aber *Müller-Freienfels*, Vertretung, 46 f.; *Gawlik*, 38; *Hupka*, Vollmacht, 390.

[290] RGZ 119, 1 (3). Genau genommen liegt in dem „Akzeptieren" der Verzicht auf eine Zurückweisung, *Dörner*, Relativität, 127; Staudinger/*Klumpp*, BGB, § 333 Rn. 20 f.: Verzicht „durch Annahme"; MK-BGB/*Gottwald*, § 333 Rn. 4; *Raab*, 463 f.; *Bayer*, Vertrag, 223 ff.

[291] Ähnlich *Dörner*, Relativität, 127.

[292] So auch *Frey*, 13.

nicht mit sich: Willigt der Vertreter in seine Bevollmächtigung ein, werden der Vertretene und sein Geschäftspartner sich zwar gleichermaßen auf den Fortbestand der Vollmacht einrichten und entsprechende Dispositionen treffen. Anders als das Zurückweisungs- bzw. Ausschlagungsrecht wirkt der Verzicht jedoch nur *ex nunc*, sodass jedes vor dem Verzicht geschlossene Geschäft wirksam bleibt. Auch entfaltet der Verzicht erst mit Zugang an den Vertretenen Wirkung[293], der ab diesem Zeitpunkt die Möglichkeit hat, einen neuen Vertreter zu bestellen und insbesondere seinen Geschäftspartner über das Erlöschen der Vollmacht zu unterrichten. Unterbleibt eine Mitteilung, ist der Geschäftspartner in seinem Vertrauen auf den Fortbestand der Vertretungsmacht über § 170 BGB und die Grundsätze der Rechtsscheinvollmachten geschützt[294]. Die Gründe, die in den Fällen der §§ 333, 2180 Abs. 1 BGB gegen eine Zurückweisung nach erklärter Annahme sprechen, sind damit nicht auf den Vollmachtsverzicht übertragbar[295]. Dessen ungeachtet deutet der Abschluss eines Vollmachtsvertrags auf ein gesteigertes Interesse an einer Vertretung und also darauf hin, dass ein Verzicht zumindest so lange ausgeschlossen sein soll, bis für den Vertreter ein Nachfolger gefunden ist. Unter welchen Voraussetzungen die Parteien das Verzichtsrecht ausschließen können, wird an späterer Stelle behandelt[296].

7. Abdingbarkeit von Vertretungsverboten?

Die Einschaltung eines Vertreters ist zulässig[297], wenn das Gesetz eine Stellvertretung nicht ausdrücklich verbietet (etwa § 1750 Abs. 3 S. 1 BGB) oder das angestrebte Rechtsgeschäft für höchstpersönlich erklärt (etwa § 2064 BGB)[298]. Dass sich die Parteien hierüber im Rahmen eines Vollmachtsvertrags hinwegsetzen können, erscheint zweifelhaft:

---

[293] *Neuner*, AT, § 50 Rn. 51; dagegen das OVG Hamburg NVwZ 1985, 350, das in entsprechender Anwendung der §§ 168 S. 3, 167 Abs. 1 BGB eine Erklärung auch gegenüber dem Geschäftspartner genügen lässt. Die Auffassung des OVG dürfte zumindest für die Passivvertretung vorzugswürdig sein und außerdem, wenn der Kontakt zum Vertretenen abgebrochen und ein Verzicht ihm gegenüber daher nicht mehr möglich ist.

[294] *Neuner*, AT, § 50 Rn. 51 zu § 170 BGB.

[295] Im Ergebnis auch *Frey*, 13 für die einseitig erteilte Vollmacht.

[296] Teil 2 G. II. 2.

[297] *Flume*, AT II, § 43, 7 (S. 761 f.); *Bork*, AT, § 31 Rn. 1334; vgl. bereits E I § 115 BGB.

[298] Die Unzulässigkeit einer Stellvertretung kann sich ferner aus einer rechtsgeschäftlichen Abrede ergeben, die allerdings nur zwischen den Parteien wirkt. Dabei wird entweder die Befugnis zur Einschaltung eines Vertreters abbedungen – BGH NJW 1987, 650 f.; ähnlich: *Flume*, AT II, § 43, 7 (S. 762); Soergel/*Leptien*, BGB, Vor § 164 Rn. 84 – oder das Rechtsgeschäft kraft Parteiakt zu einem höchstpersönlichen erklärt, *Müller-Freienfels*, Vertretung, 235 f.; MK-BGB/*Schubert*, § 164 Rn. 111; *Reichel*, Rechtsgeschäfte, 76. Anlass für eine solche Abrede kann ein besonderes Vertrauensverhältnis sein, das die Parteien nicht offenlegen oder vor fremdem Einfluss abschirmen wollen, *Bork*, AT, § 31 Rn. 1340; BGH NJW 1987, 650 f. für die Wohnungseigentümergemeinschaft.

Mit Vertretungsverboten ist in erster Linie der Schutz des Vertretenen bezweckt. Er soll sich gerade bei persönlichkeitsrechtsrelevanten Geschäften[299] der Bedeutung seiner Erklärung bewusst werden und in seiner Entscheidung frei von einer Bevormundung oder Beeinflussung durch Dritte sein[300]. Mit dem Ausschluss einer Stellvertretung wird unzutreffenden „Fernprognosen" des Vertretenen und solchen Situationen vorgebeugt, in denen er sich einer Einflussnahme durch Dritte nicht aus eigener Kraft entziehen kann. Zugleich wird sichergestellt, dass der Vertretene sich nicht der personalen Verantwortung für die Folgen seines Handelns entzieht, indem er einen Vertreter vorschickt[301]. Ist eine Vertretung ausgeschlossen, droht ferner kein Schwebezustand im Sinne des § 177 BGB, der gerade bei erb- und familienrechtlichen Geschäften unzumutbar erscheint[302]. Insgesamt ist mit der Aufstellung gesetzlicher Vertretungsverbote also der Schutz des Vertretenen vor sich selbst[303] und des Rechtsverkehrs vor unklaren Verhältnissen bezweckt. Beide Interessen sind überindividueller Natur, was die gesetzlichen Vertretungsverbote zu Vorschriften des zwingenden Rechts macht[304]. Entsprechend den eingangs aufgeworfenen Zweifeln können sich die Parteien im Rahmen ihres Vollmachtsvertrags daher nicht über ein gesetzliches Vertretungsverbot hinwegsetzen. Rechtsgeschäfte, die unter Verstoß hiergegen zustande kommen, sind ungeachtet einer anderslautenden Parteiabrede nichtig[305]. Der Vertretungsakt kann nicht genehmigt werden, da es nicht an der Vertretungsmacht, sondern der Zulässigkeit einer Stellvertretung mangelt, und auch eine Bestätigung nach § 141 BGB scheidet aus, da das Vertretungsverbot andernfalls umgangen würde. Die Parteien sind auf die Neuvornahme des Rechtsgeschäfts verwiesen, wobei in einer bereits erteilten Genehmigung der zur Neuvornahme erforderliche Vertragsantrag liegen kann[306].

8. Spezielle Unwirksamkeitsgründe?

Für den Vollmachtsvertrag gelten die allgemeinen Unwirksamkeitsgründe, insbesondere die §§ 116–118 BGB. Die Parteien können ihre Vertragserklärung außerdem unter den Voraussetzungen der §§ 119–124, 143 f. BGB an-

---

[299] Vgl. die Aufzählung in den Fn. 500 und 501 des ersten Teils dieser Arbeit.

[300] Vgl. MK-BGB/*Leipold*, § 2064 Rn. 1 zur Testamentserrichtung.

[301] MK-BGB/*Leipold*, § 2064 Rn. 1 zur Testamentserrichtung; vgl. BGHZ 15, 199 (200) = BGH NJW 1955, 100.

[302] Für das Vertretungsverbot beim Adoptionsvertrag BGH NJW 1971, 428 (429); NJW 1968, 2242 (2243).

[303] In diese Richtung auch *Grunewald*, in: FS Vetter (2019), 174 f.

[304] Zur Anwendbarkeit der Aufrechnungsverbote auf einen Aufrechnungsvertrag *K. P. Berger*, Aufrechnung, 295 ff.; dagegen *Gernhuber*, Erfüllung, § 14 I 4, II 4b.

[305] MK-BGB/*Schubert*, § 164 Rn. 110; *Bork*, AT, § 31 Rn. 1341.

[306] *Bork*, AT, § 31 Rn. 1341; vgl. *Flume*, AT II, § 43, 7 (S. 762).

fechten, mit der Folge, dass mit der angefochtenen Erklärung auch der Vollmachtsvertrag als von Anfang an nichtig anzusehen ist, § 142 Abs. 1 BGB. Betrifft die Anfechtung einen internen Vollmachtsvertrag, sind die zur Anfechtung einer bereits ausgeübten Innenvollmacht entwickelten Grundsätze zu beachten[307].

Besonderheiten gilt es ferner dort zu beachten, wo der Vollmachtsvertrag zunächst nur schwebend unwirksam ist. Dazu kommt es, wenn der zu Vertretende minderjährig ist und er den Vollmachtsvertrag ohne die nach § 107 BGB erforderliche Einwilligung abgeschlossen hat. Schließt der Vertreter auf Basis einer solchen Vollmacht einen Vertrag ab (etwa einen Kaufvertrag), kann die Gegenpartei den Vertretenen zwar zur Erklärung über die Genehmigung dieses Vertrags auffordern, § 177 Abs. 2 S. 1 BGB. Als einseitiges Rechtsgeschäft und angesichts der Zustimmungsbedürftigkeit des Vertretungsakts ist die Genehmigung des Minderjährigen jedoch nur wirksam, wenn sie mit der Einwilligung des gesetzlichen Vertreters erfolgt, § 111 S. 1 BGB[308]. Über die Erteilung dieser Einwilligung kann sich der Geschäftsgegner keine Gewissheit verschaffen: weder über § 177 Abs. 2 S. 1 BGB, weil danach nur der Vertretene (der Minderjährige) zur Erklärung aufgefordert werden kann (und nicht dessen gesetzlicher Vertreter)[309], noch über § 108 Abs. 2 S. 1 BGB, weil danach zwar der gesetzliche Vertreter, jedoch nicht zur Erklärung über seine Einwilligung (sondern nur über seine Genehmigung) aufgefordert werden kann. Auch kann der Geschäftspartner den gesetzlichen Vertreter nicht ohne Weiteres zur Genehmigung des Vertretungsakts auffordern, da § 108 Abs. 2 S. 1 BGB sich unmittelbar nur auf Verträge bezieht, die ein Minderjähriger selbständig abschließt, *argumentum e contrario* § 177 BGB[310].

Vor diesem Hintergrund ist zu erwägen, dem Geschäftsgegner in entsprechender Anwendung des § 108 Abs. 2 S. 1 BGB das Recht zu gewähren, den gesetzlichen Vertreter zur Erklärung über die Genehmigung des Vertretungsakts aufzufordern. Nicht nur würde auf diese Weise dem Interesse des Geschäftsgegners an einer Beendigung der Schwebelage Rechnung getragen. Vielmehr entspräche die Rechtslage dann auch derjenigen, die bestünde,

---

[307] Siehe den Nachweis in Fn. 770 des ersten Teils dieser Arbeit.

[308] Vgl. BeckOGK-BGB/*Ulrici*, 1.1.2021, § 177 Rn. 165 f. Dazu, dass sich die Zustimmungsbedürftigkeit der Genehmigung nach der Zustimmungsbedürftigkeit des zu genehmigenden Vertretungsakts richtet, MK-BGB/*Schubert*, § 177 Rn. 36; Staudinger/*Schilken*, BGB, § 177 Rn. 16.

[309] Dazu, dass das Genehmigungsrecht aus § 177 Abs. 1 BGB der bei Vornahme des Vertretungsakts repräsentierten Partei zusteht, BeckOGK-BGB/*Ulrici*, 1.1.2021, § 177 Rn. 137; Erman/*Maier-Reimer/Finkenauer*, BGB, § 177 Rn. 18; Staudinger/*Schilken*, BGB, § 177 Rn. 10a.

[310] Was in dem gebildeten Fall nur auf den Vollmachtsvertrag zutrifft.

wenn der Minderjährige das Geschäft mit ihm persönlich abgeschlossen hätte. In diesem Fall könnte der Geschäftspartner den gesetzlichen Vertreter nämlich nach § 108 Abs. 2 S. 1 BGB zur Genehmigung auffordern. Ein Grund, den Geschäftsgegner schlechter zu stellen, wenn er das Geschäft über einen Vertreter des Minderjährigen abschließt, ist nicht ersichtlich. Wenn es dem gesetzlichen Vertreter zudem gestattet ist, anstelle der Bevollmächtigung unmittelbar den Vertretungsakt zu genehmigen (oder seine Genehmigung hierzu zu verweigern)[311], ist es nur konsequent, wenn sich der Geschäftsgegner im Gegenzug über die Erteilung eben dieser Genehmigung verbindlich vergewissern kann.

Je nachdem, hinsichtlich welchen Geschäfts der gesetzliche Vertreter seine Genehmigung erteilt oder verweigert, ergeben sich unterschiedliche Rechtsfolgen: Genehmigt der gesetzliche Vertreter den *Vertretungsakt*, ist dieser rückwirkend wirksam, dagegen endgültig unwirksam, wenn er die Genehmigung verweigert. Genehmigt der gesetzliche Vertreter den *Vollmachtsvertrag*, ist dieser und mit ihm der auf seiner Grundlage vorgenommene Vertretungsakt rückwirkend wirksam. Verweigert der gesetzliche Vertreter seine Genehmigung, ist der Vollmachtsvertrag endgültig unwirksam, während der Vertretungsakt vom Minderjährigen theoretisch noch genehmigt werden kann, § 177 Abs. 1 BGB. Auf eine wirksame Genehmigung braucht der Geschäftsgegner in diesem Fall allerdings nicht zu hoffen. Hat der gesetzliche Vertreter den Vollmachtsvertrag nicht genehmigt, wird er typischerweise auch seine Einwilligung in die vom Minderjährigen zu erteilende Genehmigung des Vertretungsakts verweigern. Allenfalls kann der Geschäftspartner darauf hoffen, dass der Minderjährige selbst den Vertretungsakt genehmigt, sobald er voll geschäftsfähig ist[312]; § 108 Abs. 3 BGB gilt in diesem Fall entsprechend[313].

III. Zusammenfassung

Die *Einigung* über den Abschluss des Vollmachtsvertrags unterliegt den allgemeinen Grundsätzen, §§ 145–157 BGB. Insbesondere kann der Antrag zum

---

[311] RGZ 69, 263 (267); *v. Tuhr*, AT II/2, § 85 III (S. 387); *Neuner*, AT, § 50 Rn. 18; BeckOGK-BGB/*Ulrici*, 1.1.2021, § 177 Rn. 167.

[312] Das ist so lange möglich, wie der Schwebezustand nicht durch eine Genehmigung(sverweigerung) des gesetzlichen Vertreters beendet ist, BeckOGK-BGB/*Duden*, 1.4.2021, § 108 Rn. 34.

[313] Eine entsprechende Anwendung ist erforderlich, weil sich § 108 BGB nach hier vertretener Auffassung unmittelbar nur auf Verträge bezieht, die ein Minderjähriger selbständig abschließt, *argumentum e contrario* § 177 BGB. Zur analogen Anwendung des § 108 Abs. 3 BGB auf eine vom Vertreter erteilte Genehmigung, nachdem dieser Vollmacht erlangt hat, Erman/*Maier-Reimer/Finkenauer*, BGB, § 177 Rn. 18.

Abschluss eines Vollmachtsvertrags von beiden Seiten ausgehen. Notwendig ist nur, dass der Vertrag unter Beteiligung des Vertretenen zustande kommt. Ist die einseitige Bevollmächtigung unwirksam, kann darin als „Minus" der Antrag zum Abschluss eines Vollmachtsvertrags enthalten sein. Die Annahme des Antrags kann ausdrücklich oder durch Vornahme des in der Vollmacht bezeichneten Rechtsgeschäfts erfolgen; ein Zugang der Annahme an den Vertretenen ist regelmäßig entbehrlich, § 151 S. 1 BGB.

Dass die Vollmacht vertraglich begründet wurde, führt nicht dazu, dass auch andere Rechtsakte der Vertragsform unterliegen, die einen Bezug zur Bevollmächtigung aufweisen:

Das gilt zunächst für die *Genehmigung* des Vertretenen nach § 177 Abs. 1 BGB, die ungeachtet des Erteilungstatbestands der (unwirksamen, erloschenen, überschrittenen) Vollmacht einseitig erfolgen kann. Ob im Einzelfall ein anderes gilt, ist durch Auslegung des Vollmachtsvertrags zu ermitteln. Regelmäßig werden weder der Geschäftsgegner noch der Vertreter ein Interesse daran haben, den Eintritt der Genehmigungsfolgen um die Einholung ihres Einverständnisses hinauszuzögern. Kommt es in Reaktion auf ein schwebend unwirksames Vertretergeschäft zu einem Vertragsschluss zwischen Vertretenem und Geschäftsgegner, kann der Abschluss eines Genehmigungsvertrags, genauso aber die Neuvornahme oder ein Schuldanerkenntnis gewollt sein.

Wie das Genehmigungsrecht kann grundsätzlich auch das *Widerrufsrecht* des Vertretenen nach Abschluss des Vollmachtsvertrags weiterhin einseitig ausgeübt werden. Die Einseitigkeit des Widerrufs gründet nicht auf der Einseitigkeit der Bevollmächtigung, sondern auf der Schutzbedürftigkeit des Vertretenen. Sein Interesse, einem pflicht- oder interessenwidrigen Gebrauch der Vollmacht Einhalt zu gebieten, ist nicht weniger schützenswert, nur weil die zu widerrufende Vollmacht vertraglich begründet wurde. Den Parteien bleibt es aber unbenommen, die Rechtsfolgen des Widerrufs an das Einverständnis des anderen Teils zu knüpfen. In diesem Fall sind die zur Erteilung unwiderruflicher Vollmachten entwickelten Grundsätze zu beachten.

Keine Besonderheiten ergeben sich bei der Frage, inwieweit der Vertreter zur Erteilung von *Untervollmachten* befugt ist. Ob eine Befugnis zur Unterbevollmächtigung besteht, ist durch Auslegung des (Haupt-)Vollmachtsvertrags zu ermitteln. Aus diesem muss sich auch ergeben, ob die Untervollmacht einseitig oder durch Vertrag zu erteilen ist. Dass die Hauptvollmacht auf einem Vertrag beruht, ist aber ein Indiz dafür, dass dem Vertretenen an einer Vertretung gerade durch den Hauptbevollmächtigten gelegen ist und eine Unterbevollmächtigung damit ausscheiden soll.

Dass eine Vollmacht, vergleichbar einem Sachenrecht, *übertragbar* ist, wird für die einseitig erteilte Vollmacht mehrheitlich abgelehnt. Der Gefahr, dass Haupt- und Untervertreter dasselbe Geschäft ausführen, wird stattdessen über eine Kombination aus Unterbevollmächtigung und anschließendem

Verzicht auf die Hauptvollmacht begegnet (Ersatzbevollmächtigung). Dabei bietet die Figur der Übertragung im Vergleich zur Ersatzbevollmächtigung nicht nur denselben Schutz vor Doppelgeschäften. Vielmehr trägt die Übertragungskonstruktion auch zur Rechtsvereinfachung bei, insofern sie aus nur einem Rechtsakt besteht, der den Beteiligten schon aus anderen Rechtsbereichen bekannt ist. Mit § 415 BGB hält das Gesetz eine Regelung bereit, die den Vorgang der Übertragung interessengerecht erfasst. In entsprechender Anwendung dieser Vorschrift erfolgt die Übertragung durch Abschluss eines Übernahmevertrags zwischen altem und neuem Vertreter, dem der Vertretene zustimmen muss.

Ist der Vertreter an dem Abschluss eines Vollmachtsvertrags nicht interessiert, kann er die ihm angetragene Bevollmächtigung schlicht ablehnen; eines *Zurückweisungsrechts* analog § 333 BGB bedarf es in diesem Fall nicht. Anders verhält es sich mit dem Recht, auf die Vollmacht zu verzichten. Das *Verzichtsrecht* schützt den Vertreter vor unzumutbaren Störungen im Verhältnis zum Vertretenen und dessen Geschäftspartnern; solche Störungen können auch eintreten, wenn die Vollmacht vertraglich begründet wurde. Es bedeutet zudem ein Stück „Gerechtigkeit durch Symmetrie", wenn sich nicht nur der Vertretene durch jederzeitigen Widerruf, sondern auch der Vertreter jederzeit durch Verzicht vom Vertretungsverhältnis lossagen kann. Einigen sich die Parteien auf einen Ausschluss des Verzichtsrechts, sind die im nachfolgenden Abschnitt behandelten Besonderheiten zu beachten.

Einer Parteiabrede unzugänglich sind gesetzliche *Vertretungsverbote*. Das dahinterstehende Interesse an einer unbeeinflussten Entscheidung des Vertretenen und klaren Verhältnissen gerade bei persönlichkeitsrechtsrelevanten Geschäften steht nicht zur Disposition.

Was schließlich die Gründe betrifft, aus denen sich die *Unwirksamkeit* des Vollmachtsvertrags ergeben kann, gelten die allgemeinen Vorschriften, namentlich die Regelungen zur Geschäftsfähigkeit und zur Irrtumsanfechtung. Keine Anwendung findet jedoch § 111 S. 1 BGB. Für einen Vollmachtsvertrag, den ein Minderjähriger als Vertretener ohne die nach § 107 BGB erforderliche Einwilligung schließt, gilt vielmehr § 108 BGB. Dem Gewissheitsinteresse des Geschäftsgegners ist über eine analoge Anwendung des § 108 Abs. 2 BGB Rechnung zu tragen.

G. Rechtswirkungen, insbesondere: die unverzichtbare Vollmacht

Regelmäßig wollen die Parteien mit dem Vollmachtsvertrag nur den Effekt der einseitigen Bevollmächtigung erzielen, also die Voraussetzungen dafür schaffen, dass eine von oder gegenüber dem Vertreter abgegebene Erklärung für und gegen den Vertretenen wirkt. Der Vollmachtsvertrag tritt in diesem Fall funktional an die Stelle der einseitigen Bevollmächtigung. Im Einzelfall können die Parteien aber auch an der Herbeiführung weitergehender Rechtsfolgen interessiert sein. So kann der Vertretene den Bevollmächtigten an sein Vertretungsamt *binden* wollen, um den Fortbestand der Vollmacht oder eine Vertretung gerade durch den Bevollmächtigten sicherzustellen[314]. Umgekehrt kann der Bevollmächtigte ein Interesse daran haben, seiner Bereitschaft zur Vertretung über eine entsprechende Bindung an die Vollmacht besonderen Ausdruck zu verleihen[315]. Bindungen entstehen zwar auch, wenn der Vertreter sich gegenüber dem Vertretenen im Sinne der §§ 194 Abs. 1, 241 Abs. 1 BGB zum Gebrauch der Vertretungsmacht *verpflichtet*. Eine solche Vertretungspflicht kann Gegenstand eines Schuldverhältnisses sein, § 311 Abs. 1 BGB, namentlich eines der Bevollmächtigung zugrunde liegenden Auftrags[316]. Schuldrechtliche Pflichten zeitigen jedoch nur Konsequenzen im Verhältnis zum Vertretenen als Vertragspartner, selbes gilt für Verstöße gegen sie. Von einer anderen Qualität sind Bindungen, die aus einem Vollmachtsvertrag resultieren; weil der Vollmachtsvertrag ein verfügungsähnliches, jedenfalls kein schuldrechtliches Geschäft ist[317], kann die Wirkung *darin* enthaltener Abreden über das Verhältnis zwischen Vertretenem und Vertreter hinausreichen.

Dass nicht nur mit dem Grundgeschäft, sondern auch der Bevollmächtigung eine Bindungswirkung korrespondieren kann, wird bisher nur im Zusammenhang mit der Erteilung unwiderruflicher Vollmachten diskutiert[318]. An eine solche Vollmacht soll der *Vertretene* gebunden sein, und zwar in der Weise, dass sein Widerruf die Wirksamkeit der Vollmacht und der auf ihrer Grundlage vorgenommenen Rechtsakte unberührt lässt. Ob unter bestimmten Voraussetzungen auch eine Bindung des *Vertreters* an die ihm erteilte Vollmacht möglich ist, scheint dagegen noch ungeklärt. Dabei liegt die Annahme nicht fern:

Ausgangspunkt ist die Erkenntnis, dass der Vertreter über ein dem Widerrufsrecht vergleichbares Verzichtsrecht verfügt[319]. Vergleichbar sind beide

---

[314] Näher unter Teil 2 G. II. 2. a).

[315] Näher unter Teil 2 G. I. 2.

[316] Ob eine Vertretungspflicht besteht, ist durch Auslegung des Auftrags nach den §§ 133, 157 BGB zu ermitteln. Nach dem Gesetz ist der Beauftragte nur zur Besorgung des Geschäfts *für* den Auftraggeber verpflichtet, § 662 BGB, nicht aber dazu, *im Namen* des Auftraggebers zu handeln, vgl. *Bork*, AT, § 34 Rn. 1481.

[317] Vgl. Teil 2 D. I.

[318] Etwa BGH WM 1965, 107; WM 1965, 1006 (1007); *Kettler*, 21; *Hupka*, Vollmacht, 392 ff.; *Raape*, JW 1925, 603; *ders.*, JW 1927, 2624: „Fessel". Zur Bindung des Vertretenen an eine widerrufliche Vollmacht *Müller-Freienfels*, Vertretung, 67 f.; *v. Tuhr*, AT I, § 7 V (S. 170).

[319] Vgl. Teil 2 F. II. 6. a).

Rechte insofern, als sie jeweils durch einseitige Erklärung ausgeübt werden, zum Erlöschen der Vollmacht führen und es dem Berechtigten ermöglichen, sich jederzeit von dem Vollmachtsverhältnis zu lösen. So wie der Vertretene eine unwiderrufliche Vollmacht erteilen kann, könnte demnach auch der Vertreter in eine *unverzichtbare Vollmacht* einwilligen[320]. Spiegelbildlich zur beschriebenen Bindung des Vertretenen könnte die Bindung des Vertreters dann darin bestehen, dass sein Verzicht die Wirksamkeit der Vollmacht und der auf ihrer Grundlage vorgenommenen Rechtsakte unberührt lässt.

Ob und unter welchen Voraussetzungen die Erteilung einer unverzichtbaren Vollmacht möglich ist, gilt es im Folgenden zu untersuchen. Herauszuarbeiten ist insbesondere, weshalb die Begründung einer solchen Vollmacht den Abschluss eines Vollmachtsvertrags voraussetzt und welche Rechtsfolgen sich aus ihr im Einzelnen ergeben. Der Beantwortung dieser Fragen vorangestellt ist jeweils eine Auseinandersetzung mit der entsprechenden Frage bei der unwiderruflichen Vollmacht. Letztere bietet sich als Leitfigur für die unverzichtbare Vollmacht an, weil sie tatbestandlich an das dem Verzichtsrecht ähnliche Widerrufsrecht anknüpft und ihre Rechtsfolge in der hier interessierenden Bindungswirkung besteht.

I. Zulässigkeit einer Vollmacht mit Bindungswirkung

Im Unterschied zum Antrag nach § 145 BGB oder zur Einigung im Sinne des § 873 Abs. 2 BGB fehlt es im Stellvertretungsrecht an einer Vorschrift, aus der sich die Zulässigkeit einer „Vollmacht mit Bindungswirkung" ergibt[321]. Umgekehrt bestehen aber auch keine Anhaltspunkte dafür, dass die §§ 164–181 BGB die Rechtsfolgen der Vollmachtserteilung abschließend regeln. Ob mit der Bevollmächtigung unter bestimmten Voraussetzungen eine Bindungswirkung korrespondiert, muss daher unter Rückgriff auf allgemeine Rechtsgrundsätze untersucht werden. Zu diesen Grundsätzen gehört zum einen das Prinzip der Privatautonomie, das die Eingehung rechtlicher Bindungen ermöglicht, zum Schutz vor Fremdbestimmung aber auch begrenzt, und zum anderen das Regelungsziel des Vertretungsinstituts, dem das Konzept einer „Vollmacht mit Bindungswirkung" nicht widersprechen darf.

---

[320] Diesen Begriff verwendet *Frey*, 14, der auf das Institut der unverzichtbaren Vollmacht aber nicht näher eingeht.

[321] Im BGB ordnen eine Bindung beispielsweise an: §§ 355 Abs. 1 S. 1, 358 (an Vertragserklärungen), § 495 Abs. 3 (an den Antrag), § 558 Abs. 4 Nr. 1 (öffentliche Bindung), § 611a Abs. 1 (an Weisungen), §§ 613a Abs. 1 S. 4, 622 Abs. 4 (an einen Tarif), § 657 (an ein Versprechen), § 719 (gesamthänderische Bindung), § 875 Abs. 2 (an die Erklärung, ein Recht aufzuheben), § 1059a Abs. 1 Nr. 2 S. 3 (an behördliche Feststellungen), § 1258 Abs. 2 S. 2 Hs. 2 (an eine Vereinbarung).

1. Zulässigkeit der Unwiderruflichkeit

Die Erteilung einer unwiderruflichen Vollmacht bedeutet für den Vertretenen zunächst eine Beschränkung seiner rechtsgeschäftlichen Selbstbestimmung. Der Gegenstand, auf den sich die Vollmacht bezieht, ist seinem Einfluss ab dem Moment der Bevollmächtigung entzogen[322], und der Vertreter ist imstande, eine Regelung auch gegen den aktuellen Willen des Vertretenen zu treffen[323]. Ein Widerspruch zum Prinzip der Privatautonomie liegt darin aber nicht. Denn abgesehen davon, dass der Vertretene das Risiko einer Fremdbestimmung begrenzen kann, indem er den Spielraum des Bevollmächtigten auf ein Minimum reduziert[324], beruht seine Gebundenheit auch auf einer privatautonomen Entscheidung[325]. Ohne den Willen des Vertretenen bleibt die Vollmacht widerruflich, selbst wenn im Einzelfall ein beachtliches Interesse anderer an ihrer Erteilung besteht[326]. Nicht selten liegt die Unwiderruflichkeit zudem auch im Interesse des Vertretenen: Erteilt er einem Käufer unwiderruflich Vollmacht, damit dieser das gekaufte Grundstück an sich auflassen kann[327], muss der Vertretene die Erfüllungshandlung schon nicht selbst vornehmen[328] und bleibt bis zur Ausübung der Vollmacht außerdem Eigentümer. Im Interesse des Vertretenen liegt die Erteilung einer unwiderruflichen Vollmacht auch dann, wenn der Eintritt des angestrebten Rechtserfolgs dadurch erst möglich oder zumindest wahrscheinlicher wird. Man denke an den Fall, dass der Vertretene ein Darlehen nur erhält, wenn er seiner Bank zur Sicherung ihres Rückzahlungsanspruchs unwiderruflich Vollmacht zum Verkauf bestimmter Wertgegenstände erteilt[329], oder daran, dass der Vertretene seinen Gläubiger unwiderruflich zur Einziehung einer Forderung bevollmächtigt, weil er eine Abtretung dieser Forderung aus Rücksicht gegenüber dem Schuldner vermeiden möchte[330]. In sämtlichen Fällen bedeutet die Unwiderruflichkeit für den Vertretenen keine Einschränkung, sondern eine sinnvolle Entfaltung seiner Privatautonomie[331].

---

[322] *Vogt*, 65; *Mock*, JuS 2008, 391 (393).

[323] *Flume*, AT II, § 53, 1 (S. 877); *Müller-Freienfels*, Vertretung, 110.

[324] *Müller-Freienfels*, Vertretung, 112.

[325] MK-BGB/*Schubert*, § 168 Rn. 22.

[326] *v. Tuhr*, AT II/2, § 85 VII 4 (S. 409); ähnlich: *ders.*, in: FS Laband (1908), 43 (56); *Kettler*, 37; *Raape*, JW 1927, 2624.

[327] Dazu OLG Schleswig MDR 1963, 675 f.

[328] Vgl. *Flume*, AT II, § 53, 3 (S. 879).

[329] *Müller-Freienfels*, Vertretung, 117; *Vogt*, 42.

[330] *Müller-Freienfels*, Vertretung, 116 f., 121 f. Ist die Forderung wegen Unpfändbarkeit nicht abtretbar (§ 400 BGB), dürfte die Erteilung einer unwiderruflichen Vollmacht nach dem Gesetzeszweck jedoch ausscheiden, *Müller-Freienfels*, Vertretung, 117 in Fn. 47.

[331] Sinngemäß *Thiele*, 59 f.; *Zitelmann*, Rechtsgeschäfte II, 89 = Zusammenstellung der gutachtlichen Äußerungen VI, 145 (Auszüge).

Bedenken gegen die unwiderrufliche Vollmacht lassen sich allenfalls unter dem Gesichtspunkt des Institutsmissbrauchs anmelden. Die Lehre des Institutsmissbrauchs fußt auf der Erkenntnis, dass die Rechtsordnung nicht lediglich subjektive Rechte gewährt, sondern daneben und gleichberechtigt objektiv-rechtliche Institute ausformt[332]. Die Ausübung subjektiver Rechte, jedes rechtsrelevante Handeln, muss dabei dem Zweck des davon betroffenen bzw. dahinterstehenden Instituts entsprechen[333]. Ist dies nicht der Fall, spricht man von einem Institutsmissbrauch[334], und die Folge ist, dass der zweckwidrige Gebrauch von der Rechtsordnung nicht anerkannt wird[335].

Auch die gewillkürte Stellvertretung zählt zu den Rechtsinstituten des Zivilrechts[336]. Mit ihr wird vor allem dem Bedürfnis des Vertretenen Rechnung getragen, seine rechtsgeschäftlichen Handlungsmöglichkeiten durch Arbeitsteilung zu erweitern[337]. Die Anerkennung einer unwiderruflichen Vollmacht widerspricht diesem Zweck nicht. Zwar rechtfertigt sich ihre Erteilung mit einem Interesse anderer (des Vertreters oder Dritten) an dem auszuführenden Geschäft[338]. Das aber schließt es nicht aus, dass auch der Vertretene von der Erteilung unwiderruflicher Vollmachten profitiert (Darlehens- und Abtretungsbeispiel), die unwiderrufliche Vollmacht rechtlich betrachtet der Ausführung *seiner* Angelegenheit dient[339] (Auflassungsbeispiel) und wie jede andere Vollmacht Rechtsfolgen nur für und gegen den Vertretenen erzeugt[340]. Dass die unwiderrufliche Vollmacht keinen Fremdkörper im Vertretungsrecht bildet, belegen schließlich die §§ 176 Abs. 3, 712, 715 Abs. 1 BGB und

---

[332] Ausführlich *Raiser*, in: Summum ius (1963), 145 (146 ff.); *ders.*, Geschäftsbedingung, 282 f.; *Esser/Schmidt*, Schuldrecht AT I/1, § 10 III; *Habersack*, Vertragsfreiheit, 36.

[333] *Raiser*, in: Summum ius (1963), 145 (152).

[334] Auf eine Vorwerfbarkeit oder sonstige subjektive Merkmale kommt es nicht an, es genügt der objektive Fehlgebrauch des Instituts. Hintergrund ist die Funktionsbezogenheit der Lehre des Institutsmissbrauchs und ihre Nähe zur teleologischen Gesetzesauslegung, *Habersack*, Vertragsfreiheit, 37; *Esser/Schmidt*, Schuldrecht AT I/1, § 10 III 1.

[335] *Raiser*, in: Summum ius (1963), 145 (152, 163 f.); *Habersack*, Vertragsfreiheit, 37, 39 f. Das Rechtsgeschäft wird „institutskonform zugeschnitten", *Esser/Schmidt*, Schuldrecht AT I/1, § 10 III 1. Zur Anwendbarkeit des § 139 BGB auf institutswidrige Geschäfte *Habersack*, Vertragsfreiheit, 40.

[336] *Habersack*, Vertragsfreiheit, 36; daneben noch das Eigentum, die Ehe und der Vertrag, *Raiser*, in: Summum ius (1963), 145 (147).

[337] Vgl. *Thiele*, 57; Palandt/*Ellenberger*, BGB, Vor § 164 Rn. 5.

[338] Von der Unzulässigkeit einer unwiderruflichen Vollmacht gehen noch aus: Motive I, 233 = Mugdan I, 481; ROHGE 23 (1878), Nr. 109, S. 324 ff.; ähnlich *Schlossmann*, Stellvertretung I, 255 und *ders.*, Stellvertretung II, 439 f., 603 ff., dem zufolge eine (auch) im Interesse des Vertreters erteilte Vollmacht keine „echte" sei.

[339] Auf den Unterschied zwischen Angelegenheit und Interesse verweist *Kettler*, 19.

[340] *Gawlik*, 31.

§ 127 HGB[341], die allesamt von der Zulässigkeit einer solchen Vollmacht ausgehen[342].

Im Ergebnis widerspricht die Anerkennung einer unwiderruflichen, den Vertretenen bindenden Vollmacht weder dem Prinzip der Privatautonomie noch dem Regelungszweck des Vertretungsinstituts.

2. Zulässigkeit der Unverzichtbarkeit

Wie die Unwiderruflichkeit bedeutet auch die Unverzichtbarkeit der Vollmacht zunächst eine Beschränkung der rechtsgeschäftlichen Selbstbestimmung. Dem Vertreter ist es verwehrt, sich jederzeit einseitig von der Vollmacht zu lösen und damit seinen oder den Rechtsakten Dritter ihre Wirkung für und gegen den Vertretenen zu nehmen. Allerdings versteht sich auch die Unverzichtbarkeit einer Vollmacht nicht „von selbst"[343], sondern gründet auf einem privatautonomen Entschluss. Ohne den Willen des Vertreters kann ihm die Vollmacht nicht unter Ausschluss jeder Verzichtsmöglichkeit erteilt werden, selbst wenn im Einzelfall ein beachtliches Interesse anderer daran besteht. Regelmäßig liegt die Begründung einer unverzichtbaren Vollmacht zudem im Interesse auch des Vertreters: Über den Ausschluss seines Verzichtsrechts kann er dem Vertretenen nicht nur seine Bereitschaft zur (längerfristigen) Vertretung versichern, sondern vor allem die Gewissheit geben, dass die Vollmacht nicht durch Verzicht erlischt. Der damit verbundene Gewinn an Planungssicherheit wird es dem Vertretenen nicht selten wert sein, dem Vertreter eine Vollmacht für höherwertige Dienste, längerfristige Projekte oder in größerem Umfang zu erteilen. Begibt sich der Vertreter seines Verzichtsrechts, liegt darin also nicht notwendig eine Einbuße an rechtsgeschäftlicher Selbstbestimmung.

Bedenken gegen die Anerkennung einer unverzichtbaren Vollmacht ergeben sich auch nicht mit Blick auf den Regelungszweck der Stellvertretung. Im Gegenteil: Dem Interesse des Vertretenen nach erweiterten Handlungsmöglichkeiten und Arbeitsteilung wird umso mehr Rechnung getragen, je weniger Einfluss der Vertreter auf die Wirksamkeit seiner Bevollmächtigung und die auf ihrer Grundlage vorgenommenen Rechtsakte nehmen bzw. dem Geschäftsgegner geben kann (vgl. § 178 BGB). Die Anerkennung einer Vollmacht, die nicht jederzeit durch Verzicht erlöschen kann, ist vor diesem Hintergrund geradezu zweckdienlich. Im Interesse der Rechtssicherheit erübrigt sich damit zudem eine genaue Feststellung des Zeitpunkts, zu dem der Verzicht erfolgt und die Vollmacht also erloschen ist.

---

[341] Im Umkehrschluss auch § 52 Abs. 1 HGB, wonach die Prokura widerruflich ist.
[342] Vgl. *Vogt*, 34.
[343] Für die unwiderrufliche Vollmacht *Raape*, JW 1927, 2624.

3. Ergebnis

So wie es dem Vertretenen möglich ist, eine unwiderrufliche Vollmacht zu erteilen, kann sich auch der Vertreter mit der Erteilung einer unverzichtbaren Vollmacht einverstanden erklären. Die Zulässigkeit einer solchen Vollmacht begegnet keinen Bedenken. Ihre Rechtsfolgen beruhen wie jene der unwiderruflichen Vollmacht auf einer privatautonomen Entscheidung. Der Gebundenheit des Vertreters an sein Vertretungsamt steht sogar ein Gewinn an rechtsgeschäftlicher Selbstbestimmung gegenüber, insofern er seine Vertretungsbereitschaft über den Ausschluss des Verzichtsrechts zu einer „Gegenleistung" für die Bevollmächtigung machen kann[344]. Auch widerspricht die Zulassung unverzichtbarer Vollmachten nicht dem Regelungszweck der Stellvertretung, im Gegenteil, sie fördert ihn, insofern der Bestand der Vollmacht gegen einen Verzicht abgesichert wird.

II. Voraussetzungen einer Bindungswirkung

Bestehen gegen die Zulassung einer unverzichtbaren Vollmacht keine prinzipiellen Bedenken, können die Voraussetzungen bestimmt werden, unter denen ihre Erteilung möglich ist. Den Ausgangspunkt bildet wiederum die Auseinandersetzung mit der Rechtslage bei der unwiderruflichen Vollmacht.

1. Voraussetzungen der Unwiderruflichkeit

Über die Voraussetzungen einer unwiderruflichen Vollmacht gibt § 168 S. 2 BGB Aufschluss[345]. Der Vorschrift ist zu entnehmen, dass die Vollmacht grundsätzlich widerruflich ist und nur ausnahmsweise unwiderruflich sein kann, wenn sich dies aus dem ihr zugrunde liegenden Geschäft ergibt[346]. Bezug genommen ist damit auf den Zweck, dem die Bevollmächtigung dient[347]. Dient die Bevollmächtigung ausschließlich einem Interesse des Vertretenen, rechtfertigt dies ihre Widerruflichkeit, dagegen ihre Unwiderruflichkeit, wenn sie (auch) den Interessen des Vertreters oder eines Dritten dient[348].

---

[344] Vgl. zu diesem Gedanken OLG Schleswig MDR 1963, 675 f. Dort wird die von einem Verkäufer erteilte unwiderrufliche Auflassungsvollmacht „als Gegenleistung für die Vorleistung des Käufers" eingeordnet.

[345] Vgl. BGH WM 1985, 646 (647); WM 1965, 1006 (1007); *Mock*, JuS 2008, 391 (393).

[346] Anders noch E I § 119 Abs. 1 BGB: „Die Vollmacht ist widerruflich. Auf die Widerruflichkeit kann nicht verzichtet werden."

[347] Vgl. *v. Tuhr*, in: FS Laband (1908), 43 (50). Ausführlich zu den einzelnen Zwecken (Erfüllung, Zahlung, Beteiligung, Sicherung, Schenkung) *Vogt*, 34 ff.

[348] BGH WM 1971, 956 f.; *Kettler*, 32; *v. Tuhr*, AT II/2, § 85 VII 4 (S. 408 f.); *ders.*, in: FS Laband (1908), 43 (51 f.). Vgl. auch *Regelsberger*, Pandekten I, § 163 III 3 (S. 594); Soergel/*Leptien*, BGB, § 168 Rn. 22.

Über die Anforderungen an das Interesse des Vertreters oder Dritten an einer unwiderruflichen Vollmacht ist man sich weitgehend einig. Gefordert wird ein „gleichwertiges"[349], „schutzwertes"[350] oder „besonderes"[351] Interesse, das jedenfalls gegeben ist, wenn die Bevollmächtigung der Erfüllung einer gegenüber dem Vertreter oder Dritten bestehenden Verbindlichkeit dient[352]. Zu denken ist an den Grundstückskäufer, der vom Verkäufer zur Erklärung der Auflassung an sich bevollmächtigt wird, oder den Gläubiger, der von seinem Schuldner Vollmacht zur Einziehung einer Forderung erhält, um sich aus dem Erlös zu befriedigen[353]. Nicht genügen soll dagegen das Interesse an einer mit der Vollmacht verknüpften sozialen oder beruflichen Stellung[354] oder am Erhalt einer Provision, die nach Abschluss des Vertretergeschäfts fällig wird[355]. Im Übrigen dürften die Anforderungen an das die Unwiderruflichkeit rechtfertigende Interesse umso strenger sein, je weitreichender der Vertreter auf das Vermögen des Vertretenen einwirken kann[356] und je weniger Einhalt der Vertretene ihm dabei gebieten kann (etwa über das Pflichtverhältnis)[357].

Zu dem beschriebenen Interesse an der Unwiderruflichkeit hinzutreten muss die Erklärung des Vertretenen, die Vollmacht unwiderruflich zu ertei-

---

[349] RG JW 1927, 1139 (1140); BGH NJW-RR 1991, 439 (441); DNotZ 1972, 229; WM 1971, 956 (957); OLG Zweibrücken OLGZ 1985, 45 (46); KG JW 1933, 2153; *Kettler*, 33; *v. Tuhr*, in: FS Laband (1908), 43 (52); Soergel/*Leptien*, BGB, § 168 Rn. 22. Vgl. auch *Mock*, JuS 2008, 391 (393); *Bayer*, DNotZ 2020, 373 (376).

[350] *Hupka*, Vollmacht, 406.

[351] BGH NJW-RR 1991, 439 (442); WM 1985, 646 (647); BayObLG NJW-RR 2002, 443 (444); *Bork*, AT, § 34 Rn. 1508; *Fuchs*, AcP 196 (1996), 313 (363).

[352] Vgl. *Flume*, AT II, § 53, 3 (S. 879); *Neuner*, AT, § 50 Rn. 43; MK-BGB/*Schubert*, § 168 Rn. 24.

[353] Zu diesen und weiteren Beispielen *Müller-Freienfels*, Vertretung, 116 ff.; *v. Tuhr*, in: FS Laband (1908), 43 (53 f.); *Hupka*, Vollmacht, 399.

[354] In diesem Sinne *Vogt*, 44; *Hupka*, Vollmacht, 402.

[355] RGZ 53, 416 (419); BGH NJW-RR 1991, 439 (441); Soergel/*Leptien*, BGB, § 168 Rn. 22; *Vogt*, 41; *v. Tuhr*, in: FS Laband (1908), 43 (52). Anders nur, wenn der Bevollmächtigte ein den Mindestkaufpreis übersteigenden Mehrerlös behalten darf, RG JW 1927, 1139 (1140); *Kettler*, 33 f.

[356] Zu den Risiken der Erteilung einer unwiderruflichen *Verhandlungs*vollmacht BGH NJW-RR 1991, 439 (442): Eine Gleichbehandlung mit der unwiderruflichen *Abschluss*-vollmacht sei gerechtfertigt, weil der Vertretenen auch in diesem Fall einer Haftung wegen (vorvertraglichen) Fehlverhaltens seiner Hilfsperson ausgesetzt sei.

[357] Vgl. MK-BGB/*Schubert*, § 168 Rn. 22. Die Erteilung einer unwiderruflichen Generalvollmacht ist generell unzulässig, KG JFG 1, 318 (320 f.) im Anschluss an KG KGJ 47, 150 (152); *Kettler*, 36; *Bayer*, DNotZ 2020, 373 (377); MK-BGB/*Schubert*, § 168 Rn. 26; *Gawlik*, 28. Es fehlt bereits an einem wirksamen, mit der Unwiderruflichkeit korrespondierenden Kausalverhältnis, vgl. §§ 311b Abs. 2, Abs. 3, 138 BGB, KG KGJ 47, 150 (152); OLG Hamburg ROLG 24 (1912), 267; *Vogt*, 63; *Gawlik*, 28.

len[358]. Ohne den Willen des Vertretenen bleibt die Vollmacht widerruflich, auch wenn ihre Unwiderruflichkeit nach dem Grundgeschäft geboten erscheint. Der Zustimmung des anderen Teils und damit einer Vereinbarung über die Unwiderruflichkeit bedarf es dagegen nicht[359]. § 168 S. 2 BGB verlangt für die Unwiderruflichkeit zwar ein Rechtsverhältnis zwischen Vertretenem und Vertreter bzw. Drittem. Bezug genommen ist damit aber nicht auf eine spezielle Abrede über den Widerrufsverzicht, sondern auf dasjenige Rechtsverhältnis im Sinne des § 168 S. 1 BGB, das der Erteilung der Vollmacht zugrunde liegt[360]. Darüber hinaus betrifft die Unwiderruflichkeit den Inhalt der *Vollmacht*, den der Vertretene auch sonst einseitig festlegt, § 167 Abs. 1 BGB[361]. Erteilt er die Vollmacht *als* unwiderrufliche Vollmacht, besteht demnach schon kein Widerrufsrecht, das Gegenstand eines gesonderten Verzichtvertrags sein könnte[362].

Umgekehrt ist die Vollmacht auch dann widerruflich, wenn der Vertretene die Vollmacht zwar als unwiderrufliche erteilt, es aber an einem Rechtsverhältnis im Sinne des § 168 BGB fehlt[363]. Der Anerkennung einer isolierten unwiderruflichen Vollmacht steht § 168 S. 2 BGB entgegen, der die Unwider-

---

[358] Vgl. *Enneccerus/Nipperdey*, AT I/2, § 186 IV 2b. Die Erklärung muss gegenüber demjenigen erfolgen, der unmittelbar ein Interesse an der Unwiderruflichkeit hat. Es genügt nicht, wenn die unwiderrufliche Vollmacht einem Unbeteiligten erteilt wird, der den an der Unwiderruflichkeit Interessierten bevollmächtigt, OLG Naumburg II ROLG 12 (1906), 279 (280).

[359] So *v. Tuhr*, in: FS Laband (1908), 43 (56); *ders.*, AT II/2, § 85 VII 4 (S. 409); *Flume*, AT II, § 53, 5 (S. 882); *Enneccerus/Nipperdey*, AT I/2, § 186 IV 2b in Fn. 15; *Kiehl*, LZ 1925, 1020 (1023); *Bayer*, DNotZ 2020, 373 (376); *Fuchs*, AcP 196 (1996), 313 (365 f.); Erman/*Maier-Reimer/Finkenauer*, BGB, § 168 Rn. 17; Soergel/*Leptien*, BGB, § 168 Rn. 23; Staudinger/*Schilken*, BGB, § 168 Rn. 11. Dagegen: RGZ 109, 331 (333); RG JW 1932, 1548; BayObLGZ 1996, 62 (66) = BayObLG NJW-RR 1996, 848; OLG Schleswig MDR 1963, 675; *Hupka*, Vollmacht, 396; *Regelsberger*, Pandekten I, § 163 III 3a (S. 594); *Raape*, JW 1925, 603 f.; *Bork*, AT, § 34 Rn. 1508; Palandt/*Ellenberger*, BGB, § 168 Rn. 6.

[360] Vgl. *Vogt*, 48. Fordert man den Abschluss eines Verzichtsvertrags, wird der Antrag des Vertretenen regelmäßig in der Bevollmächtigung liegen und die Annahme des Vertreters durch Ausübung der Bevollmächtigung erfolgen, *Kiehl*, LZ 1925, 1020 (1024 f.).

[361] *v. Tuhr*, in: FS Laband (1908), 43 (56); *Fuchs*, AcP 196 (1996), 313 (365 f.); *Oertmann*, BGB § 168 Rn. 3c α; MK-BGB/*Schubert*, § 168 Rn. 27; Soergel/*Leptien*, BGB, § 168 Rn. 23; ähnlich: *Vogt*, 58; BGH DNotZ 1972, 229 (230): „Ist *in der Vollmacht* bestimmt, dass sie unwiderruflich sein soll […]" (Hervorhebungen von der Verfasserin).

[362] Ähnlich *Oertmann*, BGB, § 168 Rn. 3c α; *v. Tuhr*, in: FS Laband (1908), 43 (56 in Fn. 1); *Kettler*, 13; *Vogt*, 47; *Raape*, JW 1925, 603.

[363] RGZ 62, 335 (337); RG JW 1925, 603 (604); BGHZ 110, 363 (367) = BGH NJW 1990, 1721 (1722); NJW 1988, 2603 f.; OLG Zweibrücken OLGZ 1985, 45 (46); KG JFG 1, 318 (319); DNotZ 1980, 166 (167); MittBayNot 2020, 197 (199); *Raape*, JW 1925, 603 (604); *Flume*, AT II, § 53, 4 (S. 881); *Vogt*, 48 ff.; *Bork*, AT, § 34 Rn. 1508; *Neuner*, AT, § 50 Rn. 42; für die Unwiderruflichkeit: *Enneccerus/Nipperdey*, AT I/2, § 186 IV 2b; *Rosenberg*, 909; differenzierend *Kettler*, 25 ff.

ruflichkeit der Vollmacht unter den Vorbehalt ihres Kausalgeschäfts stellt. Fehlt es an diesem Geschäft, fehlt es an einem (Anhaltspunkt für einen) Grund dafür, den Vertretenen von einem Widerruf der Bevollmächtigung auszuschließen[364]. Hinzu kommt, dass eine isolierte Vollmacht nicht bereits mit Beendigung des Grundgeschäfts erlöschen kann (§ 168 S. 1 BGB), sondern allenfalls durch Widerruf aus wichtigem Grund im Sinne der §§ 27 Abs. 2 S. 2, 314 Abs. 1, 543 Abs. 1, 626 Abs. 1, 723 Abs. 1 S. 2 BGB[365]. Der Vertreter unterliegt bei der Ausübung einer isolierten Vollmacht keiner Pflichtenbindung, weshalb mit der Unwiderruflichkeit einer solchen Vollmacht eine unzumutbare Gefährdung der (Vermögens-)Interessen des Vertretenen verbunden ist. Virulent wird die Diskussion um eine isolierte unwiderrufliche Vollmacht freilich nur, wenn das Grundgeschäft unwirksam ist oder erst zu einem späteren Zeitpunkt begründet wird. Ansonsten wird das die Unwiderruflichkeit rechtfertigende Kausalgeschäft nämlich jedenfalls kraft schlüssigen Verhaltens zustande gekommen sein[366].

2. Voraussetzungen der Unverzichtbarkeit

Der Verzicht und mit ihm die unverzichtbare Vollmacht haben keine Regelung erfahren. Die eingangs dieses Kapitels beschriebenen Parallelen zur unwiderruflichen Vollmacht rechtfertigen es aber, sich bei der Bestimmung ihrer Voraussetzungen an denen der unwiderruflichen Vollmacht zu orientieren.

a) Sachliche Rechtfertigung

In Anlehnung an die Rechtslage bei der unwiderruflichen Vollmacht setzt die Erteilung einer unverzichtbaren Vollmacht ein Kausalgeschäft voraus, aus dem sich der Zweck der Bevollmächtigung und mit ihm das Interesse an einem Ausschluss der Verzichtbarkeit ergibt. Was die Anforderungen an die-

---

[364] KG JFG 1, 318 (319); DNotZ 1980, 166 (167); BayObLG DNotZ 1997, 312 (313 f.); *Vogt*, 49; *Bork*, AT, § 34 Rn. 1508.

[365] Womit der Ausschluss des Widerrufsrechts tatsächlich nur zu einer Beschränkung der Widerrufsmöglichkeit auf wichtige Gründe führt, BGH WM 1969, 1009; OGH MDR 1949, 81. Für einen Widerruf aus wichtigem Grund: OGH MDR 1949, 81; BGHZ 136, 314 (325) = BGH NJW 1997, 3437 (3440); NJW 1988, 2603; WM 1985, 646 (647); WM 1969, 1009; OLG Stuttgart MittBayNot 1997, 370 (371); KG MittBayNot 2020, 197 (199); MK-BGB/*Schubert*, § 168 Rn. 30; Palandt/*Ellenberger*, BGB, § 168 Rn. 6; Staudinger/*Schilken*, BGB, § 168 Rn. 14; Soergel/*Leptien*, BGB, § 168 Rn. 26; *Neuner*, AT, § 50 Rn. 43; *Köhler*, AT, § 11 Rn. 32; *Bork*, AT, § 34 Rn. 1510; *Hübner*, AT, § 48 Rn. 1275; *Kettler*, 37; *Enneccerus/Nipperdey*, AT I/2, § 186 IV 2c; *Fuchs*, AcP 196 (1996), 313 (364 f.) mit anderer Herleitung; *Bayer*, DNotZ 2020, 373 (380); dagegen *Flume*, AT II, § 53, 4 (S. 881 f.); zweifelnd *Medicus/Petersen*, AT, § 57 Rn. 942, wenn das Grundverhältnis besteht.

[366] Vgl. BGH NJW 1990, 1721 (1722) für einen Treuhandvertrag.

ses rechtfertigende Interesse betrifft, dürfte im Vergleich zur unwiderruflichen Vollmacht ein großzügigerer Maßstab gelten. Fordert man dort ein mindestens gleichwertiges Interesse des Vertreters oder Dritten an der Bevollmächtigung, dann deshalb, weil die unwiderrufliche Vollmacht für die Dauer ihrer Erteilung eine ständige, nicht durch Widerruf auflösbare Gefahr für das Vermögen des Vertretenen birgt[367]. Mit der Erteilung einer unverzichtbaren Vollmacht ist eine solche Vermögensgefährdung nicht verbunden, und zwar weder für den Vertretenen, der das Vertretungsverhältnis jederzeit widerrufen kann, noch für den Vertreter. Für diesen ergibt sich aus einer unverzichtbaren Vollmacht vor allem ein Mehr an (persönlicher) Verantwortung oder eine gesteigerte Erwartung auf Seiten des Vertretenen. Vergleicht man die Folgen der jeweiligen Gebundenheit miteinander – die Folgen der Bindung des Vertretenen bei Unwiderruflichkeit mit den Folgen der Bindung des Vertreters bei Unverzichtbarkeit –, ist es gerechtfertigt, die weniger einschneidende Bindung des Vertreters auch unter weniger strengen Voraussetzungen eintreten zu lassen. Für die Erteilung einer unverzichtbaren Vollmacht ist demnach „nur" erforderlich, dass ein *nachvollziehbares* Interesse des Vertretenen (oder Dritten) an der Bindung des Vertreters besteht.

aa) Kontinuität im Vertretungsamt

Ein nachvollziehbares Interesse an der Erteilung unverzichtbarer Vollmachten ist anzunehmen, wenn den Beteiligten an einer Kontinuität im Vertretungsamt gelegen ist.

Das trifft zunächst auf Großprojekte zu (Bau einer Wohnanlage, Organisation einer Messe), deren Durchführung sich über einen längeren Zeitraum erstreckt und den Abschluss einer Vielzahl verschiedener Rechtsgeschäfte voraussetzt. Könnte der zur Projektsteuerung eingesetzte Vertreter unvermittelt auf seine Vollmacht verzichten, würde die Abwicklung des Projekts wesentlich gestört. Der neue Vertreter müsste sich in das Projekt als solches einarbeiten, über bereits abgeschlossene und noch abzuschließende Geschäfte informiert werden, sich den Geschäftsgegnern als neuer Ansprechpartner vorstellen und mit deren Geschäftsgebaren vertraut werden. All dies benötigt nicht nur Zeit, was zu Verzögerungen im Projektablauf führen kann, sondern birgt auch die Gefahr, dass infolge des Vertreterwechsels relevantes Wissen gerade auch über mündlich getroffene Abreden verloren geht. Mit Rücksicht auf die geschilderten Risiken wird in solchen Fällen daher vor allem der Vertretene ein nachvollziehbares Interesse an der Erteilung unverzichtbarer Vollmachten haben. Der Ausschluss des Verzichtsrechts verhindert zwar nicht, dass der Bevollmächtigte es unterlässt, einen projektrelevan-

---

[367] Dem Sinne nach *v. Tuhr*, AT II/2, § 85 VII 4 (S. 408); KG JFG 1, 318 (321) für eine die Erben bindende unwiderrufliche Vollmacht.

ten Werkvertrag abzuschließen oder eine unnütze Lieferbeziehung aufzukündigen, und die vom Vertretenen angestrebte Rechtsfolge (Vertragsschluss, Vertragsbeendigung) damit ausbleibt[368]. Der Umstand, dass der Vertreter in seine Bevollmächtigung eingewilligt hat, setzt aber mitunter die Hemmschwelle für ein solches Unterlassen höher (eingedenk des Mottos: „pacta sunt servanda"). Auch hinsichtlich einer Empfangsvertretung erweist sich der Ausschluss des Verzichtsrechts als nützlich, insofern Erklärungen Dritter mit Zugang an den Vertreter noch wirksam werden können, §§ 164 Abs. 3, 130 BGB[369].

Ein Interesse an konstanten Vertretungsverhältnissen besteht ferner im Todesfall. Bis der Erbe ermittelt oder seine Erbenstellung nachgewiesen ist, kann einige Zeit vergehen. Auch kann es sein, dass der Erbe an einer Fortführung der Geschäfte des Erblassers nicht interessiert ist oder sich hierzu aus zeitlichen, finanziellen oder emotionalen Gründen außer Stande sieht[370]. Will der Erblasser verhindern, dass der Nachlass in solchen Fällen handlungsunfähig wird, insbesondere laufende Forderungen (Miete, Unterhalt) nicht bedient werden, wird er die Verwaltung des Nachlasses übergangsweise einem Vertreter anvertrauen[371]. Dabei wird dem Erblasser nicht nur daran gelegen sein, dass die Vollmacht nach seinem Tod fortbesteht (transmortale Vollmacht) bzw. mit seinem Tod Wirkung entfaltet (postmortale Vollmacht)[372]. Vielmehr hat er auch ein nachvollziehbares Interesse daran, dass der Vertreter seine Nachlassplanung nicht durchkreuzt, indem er auf seine Vollmacht verzichtet.

Ähnlich gestaltet sich die Interessenlage, wenn der Vertretene eine Vertrauensperson zur Wahrnehmung seiner Angelegenheiten bevollmächtigt, soweit er dazu nicht mehr selbst imstande ist (Vorsorgevollmacht)[373]. Gerade in Angelegenheiten der Alters- und Gesundheitsfürsorge wird der Vertretene ein beachtliches Interesse daran haben, ja darauf angewiesen sein, vertreten

---

[368] Das Unterlassen mag im Verhältnis zum Vertretenen schadensersatzbewährt sein, Rechtsfolgen im Verhältnis zu Dritten entstehen – mangels Vertretungsakt – aber nicht und lassen sich auch nicht unter Verweis auf die Pflichtwidrigkeit des Unterlassens fingieren.

[369] Freilich steht und fällt auch dieser Nutzen mit der Bereitschaft des Vertreters, den Vertretenen über die empfangenen Willenserklärungen zu informieren, vgl. *Frey*, 13 f.

[370] Vgl. *Frey*, 109. Zum (fehlenden) Interesse des Erben an einer Fortführung der Geschäfte des Erblassers *Hopt*, ZHR 133 (1970), 305 (307 f.).

[371] In diesem Sinne MK-BGB/*Schubert*, § 168 Rn. 38; *Joachim/N. Lange*, ZEV 2019, 62; *Hopt*, ZHR 133 (1970), 305 (307).

[372] Zur Unterscheidung zwischen trans- und postmortaler Vollmacht *Neuner*, AT, § 50 Rn. 46; *Bork*, AT, § 34 Rn. 1502; *H. Lange/Kuchinke*, Erbrecht, § 33 III 3b; Staudinger/*Schilken*, BGB, § 168 Rn. 28 f. Zur unwiderruflichen Vollmacht *post mortem Kettler*, 49 ff. Zu den Auswirkungen des Todes des Vollmachtgebers auf das Innenverhältnis zwischen Bevollmächtigtem und Erben *Hopt*, ZHR 133 (1970), 305 ff.

[373] Zum Begriff siehe Fn. 1003 des ersten Teils dieser Arbeit.

zu werden[374]. Sein Interesse an einer Vertretung im Vorsorgefall würde empfindlich gefährdet, könnte der Bevollmächtigte unvermittelt auf seine Vollmacht verzichten. Denn mit Verlust der Geschäftsfähigkeit ist es dem Vertretenen nicht mehr (selbst) möglich, jemand anderen mit der Fürsorge zu betrauen, vgl. §§ 104 f. BGB. Mit dem Wegfall des Bevollmächtigten drohte dem Vertretenen außerdem die Bestellung eines Betreuers, was über die Erteilung einer Vorsorgevollmacht gerade vermieden werden soll, vgl. § 1896 Abs. 2 S. 2 BGB, § 1814 Abs. 3 S. 2 Nr. 3 BGB n. F.[375]. Dem Interesse des Vertretenen an einer Vertretung in Zeiten, in denen er seine Angelegenheiten insgesamt oder teilweise nicht mehr selbst besorgen kann, trägt auch das Gesetz zur Reform des Vormundschafts- und Betreuungsrechts vom 4. Mai 2021 Rechnung, dessen grundlegende Änderungen am 1. Januar 2023 in Kraft treten[376]: Nach § 1820 Abs. 4 S. 1 BGB n. F. ist das Gericht befugt, eine Vorsorgevollmacht vorübergehend zu suspendieren, wenn die dringende Gefahr eines interessenwidrigen Gebrauchs der Vollmacht besteht. Im Unterschied zum Widerruf führt die gerichtliche Suspendierung nicht zum endgültigen Erlöschen der Vollmacht, sondern begründet nur ein vorübergehendes Ausübungsverbot, vgl. § 1820 Abs. 4 S. 2 BGB n. F.[377]. Gegenüber dem Widerruf hat die Suspendierung damit den Vorteil, dass die Vollmacht fortbesteht und sich im Interesse des Vertretenen damit die Bestellung desselben oder eines neuen Vertreters oder gar eines Betreuers erübrigt[378].

---

[374] Daher seien auch eine Typisierung von Vorsorgevollmacht und ihre Trennung vom Grundverhältnis „unverzichtbar", *Windel*, in: FS Roth (2021), 119 (137 ff.).

[375] BR-Drucks. 564/20, S. 325; BT-Drucks. 19/24445, S. 245. Dementsprechend kommt die Bestellung eines Betreuers auch nur in Betracht, wenn die Unwirksamkeit der Vorsorgevollmacht positiv festgestellt werden kann; bloße Anhaltspunkte dafür, dass die Bevollmächtigung unwirksam ist, genügen nicht, BGH NJW 2021, 63 (64).

[376] BGBl. I, S. 882. Zum bisherigen Recht und den Auswirkungen der Reform auf die Vorsorgevollmacht *Müller-Engels*, DNotZ 2021, 84 ff.

[377] Absatz 4 lautet: „Das Betreuungsgericht kann anordnen, dass der Bevollmächtigte die ihm erteilte Vollmacht nicht ausüben darf und die Vollmachtsurkunde an den Betreuer herauszugeben hat, wenn die dringende Gefahr besteht, dass der Bevollmächtigte nicht den Wünschen des Vollmachtgebers entsprechend handelt und dadurch die Person des Vollmachtgebers oder dessen Vermögen erheblich gefährdet [Nr. 1] oder der Bevollmächtigte den Betreuer bei der Wahrnehmung seiner Aufgaben behindert [Nr. 2]. Liegen die Voraussetzungen des Satzes 1 nicht mehr vor, hat das Betreuungsgericht die Anordnung aufzuheben und den Betreuer zu verpflichten, dem Bevollmächtigten die Vollmachtsurkunde herauszugeben, wenn die Vollmacht nicht erloschen ist." (BGBl. I, S. 882).

[378] Dazu BR-Drucks. 564/20, S. 328 f.; BT-Drucks. 19/24445, S. 247. Gerade der letztgenannte Aspekt gibt Anlass zur Überlegung, ob ein Verzicht auf Vorsorgevollmachten nicht sogar von vornherein ausgeschlossen ist. Zweifel an der freien Verzichtbarkeit bestehen jedenfalls ab dem Eintritt des Vorsorgefalls, denn ab diesem Zeitpunkt vertritt der Bevollmächtigte einen Geschäftsunfähigen und nimmt damit den Platz eines gesetzlichen Vertreters ein. Kann der gesetzliche Vertreter auf seine Vollmacht nicht verzichten (vgl.

Auf eine Kontinuität im Vertretungsamt kommt es den Parteien schließlich in dem speziellen Fall des § 1189 BGB an. Nach § 1189 Abs. 1 S. 1 BGB kann für die Gläubiger einer Inhaberhypothek ein Vertreter bestellt werden, der zu bestimmten Verfügungen über die Hypothek sowie zur Geltendmachung der Hypothek befugt ist. Der Grundbuchvertreter ist zwar Vertreter der Gläubigerschaft[379], an seiner Bestellung hat aber auch der Eigentümer ein erhebliches Interesse. Bei einer Inhaberhypothek sind dem Eigentümer die einzelnen Gläubiger nämlich häufig unbekannt, zumal sie ohne sein Wissen wechseln können[380]. Mit dem Grundbuchvertreter, dessen Name im Grundbuch einzutragen ist[381], erhält der Eigentümer einen steten Ansprechpartner. Das erspart ihm die mitunter schwierige Ermittlung der Hypothekengläubiger und erleichtert ihm damit die Geltendmachung seiner Rechte[382]. Vor diesem Hintergrund wird vor allem der Eigentümer an der Begründung einer unverzichtbaren Vollmacht interessiert sein. Gesetzlichen Niederschlag findet dieses Interesse in § 1189 Abs. 2 BGB: Soweit der Eigentümer berechtigt ist, von dem Hypothekengläubiger die Vornahme einer Verfügung zu verlangen, kann er die Vornahme der Verfügung nach dieser Vorschrift auch von dem Vertreter verlangen[383]. Verweist der Vertreter den Eigentümer auf den Gläubiger, macht er sich jenem gegenüber schadensersatzpflichtig[384]. Indem das Gesetz den Vertreter also dazu verpflichtet, von seiner Vollmacht Gebrauch zu machen[385], bekräftigt es das Interesse des Eigentümers an einem beständigen Vertretungsamt.

Teil 1 B. II. 3.), liegt es nahe, dass es auch der Vorsorgebevollmächtigte nicht kann, sobald und soweit er die Funktion eines gesetzlichen Vertreters hat.

[379] RGZ 171, 369 (373); 90, 211 (214); BeckOGK-BGB/*Deutsch*, 1.5.2021, § 1189 Rn. 9, 28; Staudinger/*Wolfsteiner*, BGB, § 1189 Rn. 5; Erman/*Wenzel*, BGB, § 1189 Rn. 1. Zum Interesse der Gläubiger an der Bestellung des Grundbuchvertreters vgl. §§ 42 S. 2, 43 Abs. 2 GBO; Planck/*Strecker*, BGB, § 1189 Anm. 2.

[380] Ähnlich MK-BGB/*Lieder*, § 1189 Rn. 1. Grund hierfür ist, dass im Grundbuch als Gläubiger keine namentlich benannte Person, sondern abstrakt etwa „der Inhaber" des Papiers vermerkt ist. Wird die Hypothek übertragen, erfolgt daher auch keine Grundbuchumschreibung. Die Übertragung der Hypothek vollzieht sich gemäß § 1153 Abs. 1 BGB vielmehr außerhalb des Grundbuchs durch Übertragung der Forderung nach den einschlägigen wertpapierrechtlichen Vorschriften, vgl. §§ 1187 S. 3, 1154 Abs. 3 BGB, MK-BGB/*Lieder*, § 1187 Rn. 8, 12 f.

[381] Eine Bezugnahme auf die Eintragungsbewilligung ist unzulässig, *Böhringer*, BWNotZ 1988, 25 (27); *Schöner/Stöber*, Grundbuchrecht, Rn. 2107.

[382] Planck/*Strecker*, BGB, § 1189 Anm. 2; BeckOGK-BGB/*Deutsch*, 1.5.2021, § 1189 Rn. 28; Staudinger/*Wolfsteiner*, BGB, § 1189 Rn. 1; MK-BGB/*Lieder*, § 1189 Rn. 1; sinngemäß RGZ 117, 369 (373).

[383] Es handelt sich um einen gesetzlichen Anspruch des Grundstückseigentümers, RGRK/*Thumm*, BGB, § 1189 Rn. 13.

[384] Vgl. Staudinger/*Wolfsteiner*, BGB, § 1189 Rn. 26; BeckOGK-BGB/*Deutsch*, 1.5.2021, § 1189 Rn. 29 f.

[385] *v. Tuhr*, AT II/2, § 84 I 2 (S. 335 in Fn. 8).

bb) Interesse an termingerechter Geschäftsbesorgung

Ein nachvollziehbares Interesse an der Erteilung unverzichtbarer Vollmachten besteht ferner, wenn dem Vertretenen an einer zeitnahen Ausführung des Vertretungsakts gelegen ist.

Das ist zunächst der Fall, wenn das Rechtsgeschäft nach Ablauf einer Frist nicht mehr oder nur noch zu schlechteren Konditionen abgeschlossen werden kann. Zu denken ist an den Erwerb limitierter Produkte oder solcher Waren, auf die für einen bestimmten Zeitraum ein Rabatt gewährt wird. Eine „Nachholung" dieser Geschäfte ist nicht bzw. nicht zu denselben Konditionen möglich, sobald der Vorrat erschöpft oder die Rabattaktion beendet ist. Zwar bewahrt die Erteilung einer unverzichtbaren Vollmacht den Vertretenen nicht davor, dass der Vertreter das Geschäft letztlich nicht oder zu spät ausführt. Hat der Vertretene die rabattierte bzw. limitierte Ware aber bereits vorbestellt und bedarf es zum Vertragsschluss also nur noch der Annahme des Verkäufers, scheitert der Zugang und damit das Wirksamwerden dieser Erklärung jedenfalls nicht daran, dass die entsprechende Empfangsvollmacht unterdessen durch Verzicht erloschen ist.

Auch bei Grundstücksgeschäften wird den Beteiligten, vor allem dem Käufer, an einer termingerechten Geschäftsbesorgung gelegen sein. Ist nur der Kaufvertrag geschlossen, der Käufer aber noch nicht im Grundbuch eingetragen, besteht die Gefahr, dass der Verkäufer in der Zwischenzeit (wirksam) über das Grundstück verfügt. Um zu verhindern, dass ein Dritter das Eigentum oder eine Hypothek an dem Grundstück erwirbt, wird der Käufer die Auflassung des Grundstücks an ihn und vor allem seine Eintragung in das Grundbuch daher möglichst rasch vollziehen wollen. Bestellt er zu diesem Zweck einen Vertreter, weil ihm ein persönliches Erscheinen vor dem Notar (wegen Krankheit, Abwesenheit) nicht möglich ist, wird er die Vollmacht regelmäßig unverzichtbar erteilen. Das verhindert zwar nicht, dass der Vertreter den Termin letztlich versäumt oder verspätet wahrnimmt. Erscheint der Vertreter aber vor dem Notar, scheitert die Auflassung jedenfalls nicht an der mangelnden, weil unterdessen durch Verzicht erloschenen Vollmacht. Zu denken ist an den Fall, dass kurz vor dem Notartermin ein Streit zwischen Vertretenem und Vertreter ausbricht, der Vertreter dabei erklärt, er wolle nichts mehr mit dem Vertretenen und seinen Geschäften zu tun haben (was als Verzicht auf die Vollmacht auszulegen ist), dann aber doch zum Notartermin erscheint und die erforderlichen Erklärungen abgibt und entgegennimmt, weil ihn sein Verhalten reut.

b) Einverständnis des Vertreters

Der Ausschluss des Verzichtsrechts bedeutet für den Vertreter einen Eingriff in seine Privatautonomie, der nicht einseitig durch den Vertretenen herbeigeführt werden kann[386]. Neben einem nachvollziehbaren Interesse der oben beschriebenen Art bedarf es deshalb noch der Einwilligung des Vertreters in die Begründung der unverzichtbaren Vollmacht. Bezugspunkt der Einwilligung muss derjenige Rechtsakt sein, der den rechtfertigungsbedürftigen Eingriff und also den Ausschluss des Verzichtsrechts bewirkt. Wie die Unwiderruflichkeit betrifft auch die Unverzichtbarkeit den Inhalt der Vollmacht, der wiederum durch den Rechtsakt der Bevollmächtigung festgelegt wird. Soll die Vollmacht unverzichtbar sein, muss der Vertreter also in seine Bevollmächtigung einwilligen und müssen die Parteien also einen Vollmachtsvertrag schließen. Ergibt sich die Unverzichtbarkeit nur aus dem Grundgeschäft oder einer sonstigen Abrede, ist der Vertreter allenfalls schuldrechtlich gebunden (er *darf* nicht verzichten), die Vollmacht aber weiterhin verzichtbar (*kann* es aber).

3. Ergebnis

Im Unterschied zur unwiderruflichen Vollmacht, deren Voraussetzungen sich (teilweise) aus § 168 S. 2 BGB ergeben, sind die Voraussetzungen einer unverzichtbaren Vollmacht gesetzlich nicht geregelt. Parallel zur Rechtslage bei der unwiderruflichen Vollmacht muss aber auch der unverzichtbaren Vollmacht ein Rechtsverhältnis zugrunde liegen, das ein Interesse an der Gebundenheit des Vertreters erkennen lässt. Das Interesse muss zumindest nachvollziehbar sein, was der Fall ist, wenn die Bevollmächtigung der Abwicklung längerfristiger Projekte oder der Vorsorge zu Lebzeiten wie für den Todesfall dient, oder verhindert werden soll, dass dem Vertretenen mit Zeitablauf Geschäftsvorteile entgehen (etwa Rabatte) oder Nachteile erwachsen (etwa durch Zwischenverfügungen). Zu diesem Interesse hinzutreten muss das Einverständnis des Vertreters mit dem Ausschluss seines Verzichtsrechts. Grund hierfür ist die mit der Unverzichtbarkeit korrespondierende Bindung an das Vertretungsamt, die der Vertretene im Einklang mit dem Prinzip der (negativen) Privatautonomie nicht einseitig begründen kann. Weil die Unverzichtbarkeit den Inhalt der Vollmacht betrifft, muss sich das Einverständnis des Vertreters auf die Bevollmächtigung als den inhaltsstiftenden Rechtsakt beziehen. Damit erklärt sich auch, weshalb zur Erteilung einer unverzichtbaren Vollmacht der Abschluss eines Vollmachtsvertrags erforderlich ist.

---

[386] Vgl. Teil 2 G. I. 2.

III. Rechtsfolgen einer Bindungswirkung

Welche Rechtsfolgen sich aus einer unverzichtbaren Vollmacht im Einzelnen ergeben, worin also die Bindungswirkung des Vertreters besteht, gilt es abschließend zu untersuchen. Auszugehen ist ein letztes Mal von der Rechtslage bei der unwiderruflichen Vollmacht.

1. Rechtsfolgen der Unwiderruflichkeit

Über die Rechtsfolgen einer unwiderruflichen Vollmacht gibt § 176 Abs. 3 BGB Auskunft. Danach ist die Kraftloserklärung einer Vollmachtsurkunde unwirksam, wenn der Vollmachtgeber die Vollmacht nicht widerrufen kann. Die Kraftloserklärung beseitigt den in der Vollmachtsurkunde liegenden Rechtsschein einer Bevollmächtigung, vgl. § 172 BGB[387], und erfüllt insoweit die Funktion eines Widerrufs[388]. Das, was § 176 Abs. 3 BGB für die Kraftloserklärung einer unwiderruflichen Vollmacht anordnet, gilt daher auch für den Widerruf: Wie die Kraftloserklärung ist auch er unwirksam, wenn die Vollmacht unwiderruflich ist[389]. Erklärungen, die im Namen des Vertretenen abgegeben oder empfangen werden, wirken demnach unter den weiteren Voraussetzungen des § 164 Abs. 1 S. 1, Abs. 3 BGB für und gegen diesen, als wäre der Widerruf nicht erfolgt[390].

Von dieser „Widerrufssperre"[391] abgesehen sind für den Vertretenen mit der unwiderruflichen Vollmacht keine Einschränkungen verbunden. Er bleibt für seinen Rechtskreis zuständig und ist insbesondere nicht daran gehindert, die in der Vollmacht bezeichneten Geschäfte persönlich oder durch andere seiner Vertreter vorzunehmen. Der unwiderruflichen Vollmacht kommt im Umfang und für die Dauer der Unwiderruflichkeit mitnichten eine verdrängende Wirkung zu[392]. Dagegen spricht bereits der Zweck der

---

[387] *Bork*, AT, § 34 Rn. 1529; Erman/*Maier-Reimer/Finkenauer*, BGB, § 176 Rn. 4; Staudinger/*Schilken*, BGB, § 176 Rn. 4; MK-BGB/*Schubert*, § 176 Rn. 1; BeckOK-BGB/*Schäfer*, 1.8.2021, § 176 Rn. 5.

[388] Staudinger/*Schilken*, BGB, § 176 Rn. 5: „Widerrufswirkung einer Kraftloserklärung".

[389] *Rosenberg*, 910; *Vogt*, 72.

[390] *v. Tuhr*, in: FS Laband (1908), 43 (48); *ders.*, AT II/2, § 85 VII 4 (S. 410); *Kettler*, 42; *Vogt*, 72; *Müller-Freienfels*, Vertretung, 109 f.; Staudinger/*Schilken*, BGB, § 168 Rn. 13.

[391] Staudinger/*Schilken*, BGB, § 168 Rn. 13; MK-BGB/*Schubert*, § 168 Rn. 30.

[392] So auch BGH WM 1971, 956 (957); RG LZ 1917, 389 (390); *v. Tuhr*, in: FS Laband (1908), 43 (60 f.); *ders.*, AT II/2, § 85 VII 4 (S. 410 in Fn. 217), § 85 X (S. 415 f.); *Vogt*, 74, 81 ff.; *Gawlik*, 31 f.; *Flume*, AT II, § 53, 6 (S. 884 f.); *Habersack*, Vertragsfreiheit, 36 in Fn. 3; *Thiele*, 189 f.; *Pawlowski*, AT, § 5 Rn. 765; *Bork*, AT, § 34 Rn. 1454; *Neuner*, AT, § 50 Rn. 1 in Fn. 3; Jauernig/*Mansel*, BGB, § 167 Rn. 1; MK-BGB/*Schubert*, § 168 Rn. 31; Palandt/*Ellenberger*, BGB, § 167 Rn. 15; Soergel/*Leptien*, BGB, § 168 Rn. 28; Staudinger/*Schilken*, BGB, § 167 Rn. 9, § 168 Rn. 15. Dagegen: *Gernhuber*, JZ 1995, 381 ff.; *Müller-*

gewillkürten Stellvertretung, den Wirk- und Machtkreis des Vertretenen –
wenn auch im Interesse anderer – zu erweitern[393]. Wirkte die unwiderrufliche
Vollmacht verdrängend, könnten die Parteien zudem beliebig in die gesetzliche Zuständigkeitsordnung eingreifen, wofür es aber nicht nur an einer
gesetzlichen Grundlage fehlt[394], sondern was gerade auch im Liegenschafts-
recht oder hinsichtlich der Möglichkeit eines gutgläubigen Erwerbs Unsi-
cherheiten schafft[395]. Im Bereich der Verfügungsgeschäfte spricht gegen die
Anerkennung einer verdrängenden unwiderruflichen Vollmacht schließlich
§ 137 S. 1 BGB[396]. Allenfalls kann sich der Vertretene verpflichten, die in den
Bereich der unwiderruflichen Vollmacht fallenden Geschäfte nicht selbst vorzunehmen, vgl. § 137 S. 2 BGB[397].

Weil die unwiderrufliche Vollmacht die Rechtszuständigkeit des Vertretenen nicht beschränkt, kann es sein, dass er und sein Vertreter in derselben
Angelegenheit tätig werden. Geben sie inhaltlich übereinstimmende Willenserklärungen ab, spricht man von einem konkurrierenden Handeln, dagegen
von einem kollidierenden Handeln, wenn die Erklärungen voneinander abweichen[398]. Welche Erklärung gilt, die des Vertretenen oder des Vertreters,
bestimmt sich mangels einer speziellen Kollisionsregel nach der Art des aus-
geführten Rechtsakts[399].

Freienfels, Vertretung, 124 ff.; *ders.*, in: FS Hübner (1984), 627 (637 in Fn. 55); *P. Ulmer*,
ZHR 146 (1982), 555 (572 f.) für Vollmachten zur Ausübung der Mitgliedschaftsrechte am
Kommanditanteil; OLG Hamm OLGZ 1975, 294 (300 f.) für die Bevollmächtigung eines
Notars zur Stellung des Eintragungsantrags im Sinne des § 15 GBO.
[393] *Habersack*, Vertragsfreiheit, 36 in Fn. 3; vgl. HKK-BGB/*Schmoeckel*, §§ 164–181
Rn. 18 a. E.
[394] Als Grundlage und Gültigkeitsbedingung allen rechtsgeschäftlichen Handelns kann
die privatrechtliche Zuständigkeitsordnung nicht durch Rechtsgeschäft verändert werden,
es sei denn, das Gesetz gestattet dies, *Thiele*, 188 ff., 191; *Müller-Freienfels*, Vertretung,
127 f.
[395] *Flume*, AT II, § 53, 6 (S. 884 mit Fn. 36).
[396] Vgl. *Thiele*, 199; *Medicus/Petersen*, AT, § 57 Rn. 936; Staudinger/*Schilken*, BGB,
§ 168 Rn. 15; Staudinger/*Kohler*, BGB, § 137 Rn. 34; Soergel/*Leptien*, BGB, § 168 Rn. 28;
dagegen *Müller-Freienfels*, Vertretung, 129 ff.
[397] *Flume*, AT II, § 53, 6 (S. 884); *Bayer*, DNotZ 2020, 373 (380).
[398] *Vogt*, 74; *Riezler*, AcP 98 (1906), 372 f., 384.
[399] Auch der mittlerweile aufgehobene § 115 Abs. 1 BGB bot keine Lösung. Dort hieß es:
„Wird ein die Entmündigung aussprechender Beschluß infolge einer Anfechtungsklage
aufgehoben, so kann die Wirksamkeit der von oder gegenüber dem Entmündigten vorgenommenen Rechtsgeschäfte nicht auf Grund des Beschlusses in Frage gestellt werden. Auf
die Wirksamkeit der von oder gegenüber dem gesetzlichen Vertreter vorgenommenen
Rechtsgeschäfte hat die Aufhebung keinen Einfluß." Wurde der Entmündigungsbeschluss
rückwirkend aufgehoben, bestand zu keiner Zeit ein Entmündigungsgrund, womit die
vom Entmündigten getätigten Geschäfte wirksam waren. Im Interesse des Rechtsverkehrs
blieben aber auch die Geschäfte des Vertreters wirksam. Was galt, wenn der Entmündigte

a) Kollision und Konkurrenz bei Verfügungsgeschäften

Für konfligierende *Verfügungen* – Vertreter und Vertretener zedieren dieselbe Forderung nacheinander an denselben Zessionar (Konkurrenz) oder übertragen das Eigentum an derselben Sache nacheinander auf verschiedene Personen (Kollision) – gilt das Prioritätsprinzip[400]. Von mehreren Verfügungen über dasselbe Recht ist nur die erste wirksam, gleichgültig, wer sie getroffen hat[401]. Für die spätere Verfügung fehlt die Verfügungsmacht, vorbehaltlich der Vorschriften zum Gutglaubensschutz ist sie daher unwirksam[402]. Für Verfügungen über Grundstücke gilt Entsprechendes. § 17 GBO sichert die Wirksamkeit der früher erklärten Auflassung noch dadurch ab, dass der beim Grundbuchamt früher eingereichte Eintragungsantrag (der den Nachweis der Auflassung voraussetzt, § 20 GBO[403]) vor dem späteren bearbeitet wird[404]. Über einen Widerruf der Vollmacht gegenüber dem Grundbuchamt kann es dem Vertretenen aber gelingen, die bereits von seinem Vertreter beantragte Eintragung hinauszuzögern. Begründet der Widerruf des Vertretenen beachtliche Zweifel an der Unwiderruflichkeit der Vollmacht oder scheint nach seinem Vortrag zumindest ein Widerruf aus wichtigem Grund wahrscheinlich, könnte das Grundbuchamt nämlich von der beantragten Eintragung absehen, bis seine Zweifel an der Wirksamkeit des Widerrufs (und damit der nachgewiesenen Vollmacht als Eintragungsvoraussetzung, vgl. § 29 Abs. 1 S. 1 GBO) zerstreut sind[405].

---

und sein Vertreter in der Zwischenzeit über denselben Gegenstand in abweichender Weise verfügt hatten, regelte § 115 BGB a. F. gerade nicht. Die Motive I, 131 = Mugdan I, 424 sprechen sich für eine Anwendung des E I § 65 BGB (vgl. §§ 107–109 BGB) aus; *Rehbein*, BGB I, Anm. C II 2a zu §§ 104–115 BGB (S. 116) plädiert für einen Vorrang des Vertretergeschäfts; *Weimar*, JR 1971, 502 f. favorisiert eine Lösung nach dem Prioritätsprinzip. Zur ähnlich gelagerten Diskussion im geltenden Betreuungsrecht BeckOGK-BGB/*Schmidt-Recla*, 1.5.2021, § 1902 Rn. 21 ff., insbesondere Rn. 33 ff.; MK-BGB/*Schneider*, § 1902 Rn. 21 ff.

[400] MK-BGB/*Schubert*, § 164 Rn. 251; Soergel/*Leptien*, BGB, § 164 Rn. 33; Staudinger/*Schilken*, BGB, § 164 Rn. 10; *Flume*, AT II, § 45, 5 (S. 793); *Riezler*, AcP 98 (1906), 372 (390); *Vogt*, 75.

[401] *Vogt*, 75; *Riezler*, AcP 98 (1906), 372 (388 f.); *Enneccerus/Nipperdey*, AT I/2, § 151 IV 3 in Fn. 30 zu § 115 BGB a. F.

[402] MK-BGB/*Schubert*, § 164 Rn. 251. Für Forderungen gelten die §§ 407–409 BGB, für bewegliche Sache die §§ 932–936 BGB und für unbeweglichen Sachen die §§ 892 f. BGB, vgl. *Riezler*, AcP 98 (1906), 372 (389).

[403] OLG München DNotZ 2019, 50; OLG Nürnberg MittBayNot 2015, 160 (161).

[404] Gleichzeitig gestellte Anträge sind vom Grundbuchamt zurückzuweisen, wenn sie sich widersprechen, vgl. im Zusammenhang mit § 1189 BGB: *Schöner/Stöber*, Grundbuchrecht, Rn. 2108; *Böhringer*, BWNotZ 1988, 25 (27).

[405] In diesem Sinne *Vogt*, 76; *v. Tuhr*, in: FS Laband (1908), 43 (66); OLG Stuttgart MittBayNot 1997, 370 (371); ähnlich OLG München DNotZ 2019, 450 (451) für einen dem Grundbuchamt per Fax bekannt gewordenen Widerruf einer widerruflichen Vollmacht;

Für den (praktisch seltenen) Fall, dass Vertretener und Vertreter sich widersprechende Verfügungen *gleichzeitig* vornehmen[406], bietet das Prioritätsprinzip keine Lösung[407]. Hier ist zu entscheiden, ob sich die Willenserklärungen wegen Perplexität gegenseitig aufheben[408], einer Erklärung der Vorrang gebührt[409] oder der Geschäftsgegner darüber bestimmen kann, welche der beiden Erklärungen er gelten lässt. Der prinzipielle Vorrang einer der beiden Erklärungen schafft zwar klare Verhältnisse, lässt aber keinen Raum zur Berücksichtigung der Umstände des Einzelfalls. Ein Geltungsvorrang der Erklärung des Vertretenen ist auf dem Boden der Repräsentationstheorie kaum begründbar, denn § 164 Abs. 1 S. 1 BGB stellt die Erklärung des Vertreters mit der des Vertretenen auf dieselbe Stufe[410]. Ginge die Erklärung des Vertretenen vor, könnte dieser sich zudem den Rechtsfolgen der Stellvertretung entziehen, indem er der Vertretererklärung eine anderslautende Erklärung „nachschiebt", die dem Adressaten noch mit derselben Post zugeht. Auch das Ziel der unwiderruflichen Vollmacht würde vereitelt, könnte der Vertretene seinem gegenwärtigen Willen – auf den es gerade nicht mehr ankommen soll[411] – noch auf diese Weise (durch Nachschieben einer eigenen Erklärung) Geltung verleihen. Ginge dagegen die Erklärung des Vertreters vor, würde zwar dem Zweck der Unwiderruflichkeit Rechnung getragen[412]. Insbesondere wäre der Vertreter vor einem Dazwischentreten des Vertretenen „dinglich" geschützt, woran ihm besonders gelegen ist, wenn er über das Schuldrecht keinen angemessenen Ausgleich für den vereitelten Rechtserfolg

---

offengelassen bei OLG München MittBayNot 2010, 129 (130) und KG MittBayNot 2020, 197 (199). Dagegen verlangt *Demharter*, GBO, § 19 Rn. 83.2, dass der wichtige Grund zur Überzeugung des Grundbuchamts dargetan sein muss. Instruktiv zum Nachweis bestehender Vertretungsmacht gegenüber dem Grundbuchamt unter Berücksichtigung des § 172 Abs. 1 BGB *Bous*, Rpfleger 2006, 357 ff.

[406] Beispiel nach *Müller-Freienfels*, Vertretung, 124: P, Alleingesellschafter einer GmbH, bevollmächtigt V unwiderruflich zur Ausübung seines Stimmrechts. In der Gesellschafterversammlung stimmen P und V gleichzeitig im entgegengesetzten Sinne ab.

[407] *Vogt*, 79; *Müller-Freienfels*, Vertretung, 124.

[408] So *Riezler*, AcP 98 (1906), 372 (412); speziell für das Betreuungsrecht: BeckOGK-BGB/*Schmidt-Recla*, 1.5.2021, § 1902 Rn. 34; MK-BGB/*Schneider*, § 1902 Rn. 22; ohne Verweis auf Perplexität: *Flume*, AT II, § 45, 5 (S. 793); MK-BGB/*Schubert*, § 164 Rn. 251; Protokolle IV, 858 = Mugdan IV, 1135 f. für kollidierende Erklärungen des Pfleglings und seines Pflegers.

[409] Für einen Vorrang der Erklärung des Vertreters: *Müller-Freienfels*, Vertretung, 125; *Krückmann*, LZ 1931, 1169 (1182 f.) für die Ausübungsermächtigung; im Zusammenhang mit § 115 BGB a. F.: *Rehbein*, BGB I, Anm. C II 2a zu §§ 104–115 BGB (S. 116); RGRK/*Krüger-Nieland*, BGB, § 115 Rn. 2; dagegen *Weimar*, JR 1971, 502. Für einen Vorrang der Erklärung des Vertretenen: *Scholz*, JR 1958, 17; *Vogt*, 80.

[410] Vgl. *Riezler*, AcP 98 (1906), 372 (387 f.).

[411] *Müller-Freienfels*, Vertretung, 110; vgl. *Flume*, AT II, § 53, 6 (S. 882 f.).

[412] *Müller-Freienfels*, Vertretung, 125.

erlangen kann[413]. Räumte man der Erklärung des Vertreters deshalb den Vorrang ein, führte man allerdings die Figur der unwiderruflichen verdrängenden Vollmacht über die Hintertür ein. Berücksichtigt man schließlich, dass die Gefahr widersprüchlicher Verfügungen jedenfalls nicht aus der Sphäre des Geschäftsgegners resultiert, spricht vieles dafür, ihm ein Wahlrecht hinsichtlich der verschiedenen Erklärungen einzuräumen[414]. Folgt man dem, verdienen im Kontext gleichzeitig vorgenommener Verfügungen zwei Konstellationen besondere Beachtung:

Besondere Beachtung verdient erstens der Fall, dass eine *Personenmehrheit* zur Ausübung des Wahlrechts befugt ist. Zu denken ist an eine Aufrechnung gegen die Forderung einer offenen Handelsgesellschaft im Sinne des § 105 HGB, wobei der Vertretene mit seiner gesamten, der Vertreter nur mit einem Teil derselben Forderung aufrechnet[415]. Sind sich die Gesellschafter uneins darüber, welche Aufrechnung gelten soll, ist dies im Ausgangspunkt unbeachtlich; die Wahl im Außenverhältnis ist wirksam, sofern sie nur von dem nach § 125 HGB vertretungsberechtigten Gesellschafterkreis getroffen wird[416]. Ist ein Gesellschafter zur Einzelvertretung befugt (§ 125 Abs. 1 HGB), gilt demnach diejenige Aufrechnung, die er im Namen der Gesellschaft wählt. Sind alle oder mehrere Gesellschafter in Gemeinschaft zur Vertretung befugt (vgl. § 125 Abs. 2 S. 1 HGB), gilt diejenige Aufrechnung, für die sich die Gesamtvertreter einstimmig entscheiden. Wählen von drei gesamtvertretungsberechtigten Gesellschaftern zwei die Aufrechnung des Vertretenen und einer die des Vertreters (oder umgekehrt), ist die Wahl dementsprechend unwirksam[417]. In diesem Fall ist zu überlegen, ob der Vertretene oder sein Vertreter die Gesellschafter in Anlehnung an § 264 Abs. 2 S. 1 BGB zur (einstimmigen) Ausübung des Wahlrechts auffordern können und beide Aufrechnungsgeschäfte nach Ablauf einer angemessenen Frist endgültig unwirksam sind. Für diese Lösung spricht, dass der Vertretene so die Aussicht darauf erhält, dass jedenfalls eine der beiden Aufrechnungen wirksam wird, hierüber spätestens mit Fristablauf Gewissheit herrscht und auch der Geschäftsgegner (weitere) Bedenkzeit erhält. Das Vergewisserungsrecht ist bereits an zahlreichen Stellen im Gesetz als probates Mittel zur Beseitigung von

---

[413] *Müller-Freienfels*, Vertretung, 126 mit Fn. 93; ähnlich *Gawlik*, 32.

[414] Sofern der Geschäftsgegner schutzwürdig ist, dazu sogleich.

[415] Zur Möglichkeit einer Teilaufrechnung MK-BGB/*Schlüter*, § 389 Rn. 5.

[416] Interne Widersprüche (§ 115 Abs. 1 Hs. 2 HGB) haben – vorbehaltlich der Grundsätze des Missbrauchs der Vertretungsmacht und der Kollusion – keine Auswirkungen auf die Vertretungsmacht, Oetker/*Lieder*, HGB, § 115 Rn. 14.

[417] Davon zu unterscheiden ist der Fall, dass ein Gesamtvertreter das Wahlrecht allein ausübt, ohne hierzu von den anderen Gesamtvertretern nach § 125 Abs. 2 S. 2 HGB ermächtigt zu sein; in diesem Fall handelt der Vertreter *ohne* Vertretungsmacht, sodass § 180 BGB eingreift.

Schwebezuständen anerkannt, vgl. §§ 108 Abs. 2 S. 1 Hs. 1, 177 Abs. 2 S. 1 Hs. 1 (in Verbindung mit § 180 S. 2 und 3 bzw. § 451 Abs. 1 S. 2), 264 Abs. 2 S. 1, 415 Abs. 1 S. 2 Hs. 1, 1003 Abs. 1 S. 1, Abs. 2 Hs. 1, 1366 Abs. 3 S. 1 Hs. 1, 1829 Abs. 2 Hs. 1 BGB.

Besondere Beachtung verdient zweitens der Fall, dass die konfligierenden Verfügungen gleichzeitig gegenüber *verschiedenen* Personen vorgenommen werden (G tritt seine Forderungen an X ab, sein Vertreter V dieselbe Forderung gleichzeitig an Y, X und Y nehmen das an sie gerichtete Abtretungsangebot gleichzeitig an). Das rechtliche Schicksal der Verfügungsgeschäfte kann hier nicht von der Wahl der Geschäftsgegner abhängen, weil gegenüber jedem von ihnen nur *einmal* verfügt wurde und damit keiner von ihnen unter mehreren Verfügungen wählen kann. *Riezler* hält in diesem Fall beide Zessionen wegen Perplexität für unwirksam[418]. Dafür spricht, dass die Pseudozessionare (X und Y) sich weiterhin an den Pseudozedenten (G) halten können: Der Abtretung wird in beiden Verhältnissen regelmäßig ein (wirksamer) Schuldvertrag zugrunde liegen[419], der den Vertretenen gegenüber jedem Vertragspartner zur Übertragung der Forderung verpflichtet. Den Anspruch des einen Vertragspartners (etwa des X) kann der Vertretene erfüllen, dem anderen Vertragspartner (Y) ist er unter den Voraussetzungen der §§ 280 ff. BGB dann zum Schadensersatz verpflichtet. Für den Schaden, den der Vertretene infolgedessen erleidet, haftet ihm gegebenenfalls sein Vertreter, wenn dieser etwa von den Plänen des Vertretenen wusste, die Forderungen an jemand anderen (hier den Y) abzutreten. Der Schuldner (des G), der in Unkenntnis der Nichtigkeit beider Abtretungsgeschäfte an einen der Pseudozessionare (X oder Y) zahlt, ist wiederum unter den Voraussetzungen des § 409 BGB geschützt[420].

b) Kollision und Konkurrenz bei Verpflichtungsgeschäften

Betrifft das konkurrierende Handeln ein *Verpflichtungsgeschäft*, ist der Vertretene grundsätzlich aus beiden Geschäften verpflichtet[421]; das Prioritätsprinzip findet keine Anwendung[422]. Eine Doppelverpflichtung entsteht nur

---

[418] *Riezler*, AcP 98 (1906), 372 (412).

[419] Zur Wirksamkeit konfligierender Verpflichtungsgeschäfte sogleich im Text.

[420] So auch *Riezler*, AcP 98 (1906), 372 (412 f.). § 408 BGB greift nicht ein, da dieselbe Forderung vom Vertretenen nicht mehrmals *nacheinander* und davon *einmal wirksam* abgetreten wurde. Die §§ 406 f. BGB finden ebenfalls keine Anwendung, da mangels wirksamer Abtretung kein Gläubigerwechsel stattgefunden hat.

[421] Staudinger/*Schilken*, BGB, § 164 Rn. 10; MK-BGB/*Schubert*, § 164 Rn. 251; Soergel/*Leptien*, BGB, § 164 Rn. 33; *Vogt*, 78 f.; BeckOGK-BGB/*Schmidt-Recla*, 1.5.2021, § 1902 Rn. 35 für das Betreuungsrecht; im Zusammenhang mit § 115 BGB a. F.: *Enneccerus/Nipperdey*, AT I/2, § 151 IV 3 in Fn. 30; *Weimar*, JR 1971, 502.

[422] *Weimar*, JR 1971, 502, auch mit dem Hinweis, dass die Bestimmung der zeitlichen Abfolge gerade bei mündlich geschlossenen Verträgen Schwierigkeiten bereitet.

dann nicht, wenn der Geschäftspartner in seinem Vertrauen auf die Wirksamkeit beider Geschäfte nicht schutzwürdig ist[423]. Das ist der Fall, wenn er von der Sachlage Kenntnis hat[424] (Erst kauft G, später sein Vertreter V von X eine halbe Tonne Kohlen, wobei X weiß, dass G nicht mehr als eine halbe Tonne Kohlen benötigt) oder das doppelt ausgeführte Geschäft nach seiner rechtlichen Gestaltung nur als eines gewollt sein kann[425] (X wird als Buchhalter im Betrieb des G eingestellt, zunächst von G, dann durch V[426]). In beiden Fällen ist der Vertretene nur aus einem Geschäft zur Leistung verpflichtet. Fraglich ist allenfalls, in welchem Umfang, wenn seine Erklärung in diesem Punkt von der des Vertreters abweicht (G kauft die Kohlen für 1000 Euro, V für 1200 Euro; G stellt X für 1000 Euro ein, V für 1200 Euro). Eine Berufung des Geschäftspartners auf den günstigeren späteren Vertrag dürfte zumindest dann ausscheiden, wenn er beim späteren Vertragsschluss von dem früheren Vertrag wusste[427].

Werden die Rechtsgeschäfte *gleichzeitig* vorgenommen (die Angebote des G und V gehen X mit derselben Post zu), ist zu differenzieren: Stimmen die Erklärungen inhaltlich überein (G und V bieten X denselben Kaufpreis bzw. Lohn an), existiert aus objektiver Empfängersicht nur *eine* Willenserklärung (des Vertretenen), die lediglich auf unterschiedliche Weise in den Rechtsverkehr gelangt ist[428]. Weichen die Erklärungen voneinander ab (G bietet X als Kaufpreis bzw. Lohn 1000 Euro an, V dagegen 1200 Euro), ist zu überlegen, ob sich die Erklärungen gegeneinander aufheben, eine der Erklärungen vorgeht oder der Geschäftsgegner wählen kann. Gegen die Aufhebung der Erklärungen spricht, dass diese in den gebildeten Fällen jedenfalls darin übereinstimmen, *dass* eine halbe Tonne Kohlen gekauft bzw. X bei G angestellt werden soll. Für die Zuerkennung eines Wahlrechts zugunsten des X spricht wiederum, dass X auf das Risiko sich widersprechender Erklärungen keinen Einfluss hat[429]. Ist das Wahlrecht von einer *Personenmehrheit* auszuüben (die Angebote des G und V gehen den Vertretern einer offenen Handelsgesellschaft mit derselben Post zu), gilt im Ausgangspunkt das zu den Verfügungs-

---

[423] Vgl. *Riezler*, AcP 98 (1906), 372 (399 f.); Staudinger/*Schilken*, BGB, § 164 Rn. 10; MK-BGB/*Schubert*, § 164 Rn. 251 mit Verweis auf § 242 BGB.

[424] Dass der Geschäftsgegner die wahre Sachlage hätte *kennen müssen*, § 276 Abs. 2 BGB, genügt allerdings nicht. Die Fälle der Doppelhandlung durch Vertretenen und Vertreter sind vergleichsweise selten, sodass es nicht zur verkehrsüblichen Sorgfalt gehört, bei Doppelgeschäften den wahren Willen des Vertretenen zu erforschen, *Riezler*, AcP 98 (1906), 372 (399 ff.).

[425] Sinngemäß *Vogt*, 78.

[426] Das Beispiel ist dem bei *Riezler*, AcP 98 (1906), 372 (410) nachempfunden.

[427] *Flume*, AT II, § 45, 5 (S. 793).

[428] *Riezler*, AcP 98 (1906), 372 (409).

[429] Anders *Flume*, AT II, § 45, 5 (S. 793), der den Offerenten nur an die für ihn günstige Offerte gebunden sieht.

geschäften Ausgeführte: Es kommt derjenige Vertrag zustande, für den sich der vertretungsberechtigte Gesellschafterkreis entscheidet. Ist die Wahl unwirksam, erlöschen beide Anträge, wenn das Wahlrecht auch nach Aufforderung nicht innerhalb einer angemessenen Frist wirksam ausgeübt wird. Die angemessene Frist kann in Anlehnung an die §§ 108 Abs. 2 S. 2 Hs. 1, 177 Abs. 2 S. 2 Hs. 1, 451 Abs. 1 S. 2, 1366 Abs. 3 S. 2 Hs. 1 BGB zwei Wochen betragen[430], unter Zugrundelegung der §§ 264 Abs. 2 S. 1, 415 Abs. 2 S. 2 Hs. 1, 1003 Abs. 1 S. 1 BGB von den Umständen des Einzelfalls abhängen oder unter Rückgriff auf § 147 BGB bestimmt werden. Für letzteres spricht, dass mit der Ausübung des Wahlrechts der Vertrag erstmals zustande kommt und die Wahl damit die Wirkung einer Annahme im Sinne der §§ 147–149 BGB hat (und nicht die der Genehmigung eines bereits zustande gekommenen Vertrags). Geht man zur Bestimmung der Frist von § 147 BGB aus, muss die Ausübung des Wahlrechts bei Anträgen unter Anwesenden sofort nach Zugang der Aufforderung erfolgen, § 147 Abs. 1 S. 1 BGB, bei Anträgen unter Abwesenden bis zu dem Zeitpunkt, bis zu welchem der andere Teil die Ausübung des Wahlrechts unter regelmäßigen Umständen erwarten darf, § 147 Abs. 2 BGB.

Werden die konfligierenden Verpflichtungsgeschäfte gegenüber *verschiedenen* Personen vorgenommen, ist der Vertretene grundsätzlich an beide Geschäfte gebunden[431]. Ob die Geschäfte inhaltlich übereinstimmen (G verkauft sein Pferd morgens an X, V dasselbe abends an Y)[432] oder rechtlich verschieden sind (G verleiht sein Pferd morgens an X, V vermietet dasselbe abends an Y)[433], ist unbeachtlich. Auch auf die zeitliche Abfolge der Vertragsschlüsse kommt es nicht an[434]. Erfüllung kann in beiden Fällen aber nur gegenüber dem Gläubiger eintreten, an den die geschuldete Leistung tatsächlich bewirkt wird[435]. Ob der Vertretene dem anderen Gläubiger dann zum Schadensersatz verpflichtet ist, richtet sich danach, ob er die Unmöglichkeit der Leistung zu vertreten hat[436].

---

[430] Nur § 1829 Abs. 2 Hs. 1 BGB sieht eine Frist von vier Wochen vor.

[431] *Flume*, AT II, § 45, 5 (S. 793); *Riezler*, AcP 98 (1906), 372 (402).

[432] Beispiel nach *Riezler*, AcP 98 (1906), 372 (385).

[433] Beispiel nach *Riezler*, AcP 98 (1906), 372 (404).

[434] *Flume*, AT II, § 45, 5 (S. 793). Anders noch ALR I 13 § 86 für die widerrufliche Vollmacht: „Hat jemand mit dem Bevollmächtigten, auf den Grund der noch nicht widerrufenen Vollmacht desselben, und ein Andrer mit dem Machtgeber selbst, über einen und eben denselben bestimmten Gegenstand Verhandlungen geschlossen, welche miteinander nicht bestehen können: so gilt in der Regel diejenige, welche früher zu Stande gekommen ist.“

[435] Vgl. *Vogt*, 78 f.; *Riezler*, AcP 98 (1906), 372 (402).

[436] *Riezler*, AcP 98 (1906), 372 (406 f.); *Weimar*, JR 1971, 502 f. für den Fall des § 115 BGB a. F. Der befriedigte Gläubiger kann dem anderen zum Schadensersatz aber nach den Grundsätzen des Verleitens zum Vertragsbruch verpflichtet sein, vgl. *Endemann*, Lehr-

2. Rechtsfolgen der Unverzichtbarkeit

Über die Wirkungen der unverzichtbaren Vollmacht gibt das Gesetz keine Auskunft. Wie schon die Voraussetzungen einer unverzichtbaren Vollmacht können aber auch ihre Rechtsfolgen in Anlehnung an die Rechtslage bei der unwiderruflichen Vollmacht bestimmt werden.

Das bedeutet zunächst, dass der Verzicht auf eine unverzichtbare Vollmacht unwirksam ist[437]. Erklärungen, die der Vertreter abgibt oder die ihm gegenüber abgegeben werden, wirken daher unter den weiteren Voraussetzungen des § 164 Abs. 1 S. 1, Abs. 3 BGB für und gegen den Vertretenen, als wäre der Verzicht nicht erfolgt. Dasselbe muss gelten, wenn der Vertreter bei Ausführung des jeweiligen Vertretungsakts von seiner Vollmacht „nur" keinen Gebrauch macht. Könnte der Vertreter sein Vertretungsermessen in diese Richtung ausüben, liefe der Ausschluss des Verzichtsrechts in Leere, zumal sich die Zuerkennung eines solchen Vertretungsermessens gerade damit rechtfertigt, dass der Vertreter auf seine Vollmacht eben auch verzichten kann[438]. Ist ein Verzicht aber ausgeschlossen, weil die Vollmacht unverzichtbar ist, muss auch der Entschluss ohne Wirkung bleiben, die Vollmacht im Einzelfall nicht zu gebrauchen. Erklärungen, die stellvertretend abgegeben oder empfangen werden, wirken daher auch dann für und gegen den Vertretenen, wenn der Vertreter dabei „vollmachtlos" aufgetreten ist. Dass ein billigerweise zu erwartendes Verhalten – hier die Inanspruchnahme einer unverzichtbaren Vollmacht, wenn im Namen des Vertretenen gehandelt wird – nicht verweigert werden darf, belegt auch § 162 BGB[439].

a) Verdrängende Wirkung?

Spiegelbildlich zur unwiderruflichen Vollmacht kommt auch der unverzichtbaren Vollmacht keine verdrängende Wirkung zu. Für seinen Rechtskreis bleibt der Vertreter auch nach der Erteilung einer unverzichtbaren Vollmacht uneingeschränkt (allein-)zuständig. Insbesondere ist er nicht daran gehindert, das in der Vollmacht bezeichnete Geschäft statt für den Vertretenen für sich in eigenem Namen abzuschließen. Andernfalls führte die Erteilung einer unverzichtbaren Vollmacht zu einem Ausschluss der Verpflichtungs- und Verfügungsbefugnis des Vertreters, was aus bereits in anderem Zusammenhang genannten Gründen nicht möglich ist[440]. Die Zulassung einer verdrän-

---

buch I, § 159a (S. 955 in Fn. 49); zurückhaltend *Riezler*, AcP 98 (1906), 372 (406 f. in Fn. 41).

[437] Es sei denn, es besteht ein wichtiger Grund für einen Verzicht, vgl. Teil 2 G. II. 1. für den Widerruf.

[438] Zum Vertretungsermessen siehe Teil 1 B. II. 3.

[439] Zu diesem Regelungsgedanken MK-BGB/*Westermann*, § 162 Rn. 18 f.

[440] Vgl. Teil 1 C. I. 1. b) und Teil 2 D. I. 1.

genden Wirkung verbietet sich auch unter dem Gesichtspunkt des Verkehrsschutzes: Könnte der Bevollmächtigte im Umfang und für die Dauer seines
Vertretungsamts keine Eigengeschäfte vornehmen, müsste der Geschäftspartner stets Nachforschungen darüber anstellen, ob sein Gegenüber hinsichtlich des angestrebten Geschäfts bereits unverzichtbar bevollmächtigt
wurde. Das wiederum würde die Schnelligkeit und Leichtigkeit des Geschäftsverkehrs beeinträchtigen[441]. Auch § 164 Abs. 2 BGB legt es nahe, dass
der unverzichtbaren Vollmacht keine verdrängende Wirkung zukommen
kann. Die Vorschrift erfasst gerade den Fall, dass der Vertreter ein Geschäft
in eigenem Namen abschließt, welches er nach dem Inhalt seiner Vollmacht
für den Vertretenen hätte abschließen sollen[442] (G bevollmächtigt V zum Kauf
einer Vase, wobei V auch im Namen des G handeln will, die Auslegung aber
ein Handeln in eigenem Namen ergibt). Die verdrängende Wirkung einer
unverzichtbaren Vollmacht ergibt sich schließlich nicht daraus, dass die in
eigenem statt in fremdem Namen vorgenommenen Rechtsakte nach den
Grundsätzen des Missbrauchs der Vertretungsmacht unwirksam sind.
Nimmt der Vertreter ein Eigengeschäft vor, das Gegenstand seiner unverzichtbaren Vollmacht ist, verstößt er damit zwar regelmäßig gegen eine
Pflicht aus dem Grundgeschäft. Seine Vollmacht missbraucht er damit aber
nicht. Schließt der Vertreter das Geschäft in seinem Namen ab, macht er
nämlich gerade *keinen* Gebrauch von seiner Vollmacht, sondern handelt aus
seinem eigenen Rechtskreis heraus.

b) Vertretungssperre?

Die Erteilung einer unverzichtbaren Vollmacht könnte zumindest bewirken,
dass der Vertreter im Umfang und für die Dauer seiner Bevollmächtigung an
einer *Vertretung Dritter* gehindert ist. Konkret stellt sich die Frage, ob eine
von dritter Seite erteilte Vollmacht und das für den Dritten ausgeführte Geschäft unwirksam sind, wenn dem Vertreter für dieselbe Angelegenheit bereits eine unverzichtbare Vollmacht erteilt wurde. Zur Veranschaulichung
dient der Fall, dass V von G unverzichtbar zum Kauf einer Vase bevollmächtigt wird, sodann von D Vollmacht zur Ausführung desselben Geschäfts erhält und die Vase schließlich namens des D kauft.

Für einen „Sperrung" des Vertreters hinsichtlich einer Vertretung Dritter
streiten die Interessen des Vertretenen. Erteilt er die Vollmacht unverzichtbar, dann deshalb, weil er auf die Loyalität des Vertreters zählt. Insbesondere
wird der Vertretene darauf vertrauen, dass der Vertreter seine Geschäftsziele

---

[441] Ähnliches wird zur Begründung des stellvertretungsrechtlichen Trennungs- und Abstraktionsprinzips vorgetragen, *Bayer*, in: FS Vetter (2019), 51 (52); *Lieder*, JuS 2014, 393
(395).
[442] Davon geht auch *Neuner*, AcP 193 (1993), 1 (13 f. in Fn. 42) aus.

nicht zugunsten eines Dritten vereitelt. Berücksichtigt man, dass der Vertreter in die Erteilung der unverzichtbaren Vollmacht eingewilligt hat, ist diese Erwartungshaltung auch nicht unbegründet. Mit seiner Einwilligung in die Unverzichtbarkeit bekundet der Vertreter im Regelfall nämlich seine Bereitschaft, die Vollmacht zu gebrauchen, was es einschließt, für den Vertretenen (und nicht für Dritte) zu handeln.

Normativ lässt sich eine „Vertretungssperre" allerdings nicht begründen. Weder erfüllt die spätere Bevollmächtigung (durch D) oder das auf ihrer Grundlage vorgenommene Geschäft (der Kauf) den Tatbestand des § 138 Abs. 2 BGB, noch ist ein Verbotsgesetz im Sinne des § 134 BGB ersichtlich, das die Unwirksamkeit beider oder eines der beiden Rechtsgeschäfte anordnet[443]. Ohne das Hinzutreten besonderer Umstände bedeutet es auch keinen Verstoß gegen die Sittenordnung nach § 138 Abs. 1 BGB, als Vertreter eines Dritten (des D) tätig zu werden bzw. sich als Dritter des Vertreters eines anderen (des G) zu bedienen. Insbesondere greift § 181 BGB nicht ein. Die Vorschrift betrifft den Fall, dass der Vertreter sowohl für den Vertretenen als auch für sich in eigenem Namen (Selbstkontrahieren) oder einen Dritten handelt (Mehrfachvertretung), nicht aber den Fall, dass der Vertreter das Rechtsgeschäft *statt* für den Vertretenen für sich oder einen Dritten vornimmt. Sind nicht die Voraussetzungen eines Rechtsmissbrauchs bzw. einer unzulässigen Rechtsausübung erfüllt[444], bedeutet die Vertretung Dritter bzw. die Bevollmächtigung eines bereits (unverzichtbar) Bevollmächtigten ebenso wenig einen Verstoß gegen Treu und Glauben, § 242 BGB[445]. Für dieses Ergebnis streitet ferner das Interesse des Rechtsverkehrs: Bewirkte die unverzichtbare Vollmacht eine „Vertretungssperre", könnten die Parteien beliebig (durch Rechtsgeschäft) in die gesetzliche Zuständigkeitsordnung eingreifen, ohne dass dies für den Geschäftsverkehr ersichtlich wäre, vgl. § 167 Abs. 1 Fall 1, Abs. 2 BGB[446]. Könnten sich Dritte nicht durch einen bereits (unver-

---

[443] Das in § 43 Abs. 4 BRAO, § 3 Abs. 1 S. 1 BORA und § 356 StGB niedergelegte Verbot der Vertretung widerstreitender Interessen (vgl. § 59b Abs. 2 Nr. 1 e) BRAO) betrifft den speziellen Fall, dass ein Anwalt in derselben Angelegenheit Parteien mit gegenläufigen Interessen berät und vertritt. Ein Verstoß hiergegen führt unmittelbar (nur) zur Nichtigkeit des Anwaltsvertrags, womit der Anwalt keine Vergütung verlangen kann, im Regelfall jedoch nicht zur Nichtigkeit der auf dieser Grundlage erteilten Prozessvollmacht. Neben der Abstraktheit der Vollmacht spricht hierfür das Interesse der Rechtsordnung an der Rechtsbeständigkeit von Prozesshandlungen, vgl. OLG Brandenburg MDR 2003, 1024. Zur Einordnung des § 43a Abs. 4 BRAO als Verbotsgesetz im Sinne des § 134 BGB siehe BGH NJW 2019, 1147 (1150); NJW 2016, 2561 f.; OLG Brandenburg MDR 2003, 1024.

[444] Zu den einzelnen Fallgruppen des Rechtsmissbrauchs bzw. der unzulässigen Rechtsausübung ausführlich MK-BGB/*Schubert*, § 242 Rn. 145 f., 199 ff.

[445] Zum Verhältnis zwischen §§ 134, 138 und 242 BGB MK-BGB/*Schubert*, § 242 Rn. 127 ff.

[446] Wie die verzichtbare (gewöhnliche) Vollmacht kann auch die unverzichtbare Voll-

zichtbar) Bevollmächtigten vertreten lassen, käme die Vereinbarung der Unverzichtbarkeit zudem einem Vertrag zu ihren Lasten gleich.

Im Ergebnis kann die Erteilung einer unverzichtbaren Vollmacht nicht dazu führen, dass der Bevollmächtigte Dritten nicht länger als Vertreter zur Verfügung steht. Dem Vertrauen des Vertretenen auf die Loyalität seines Vertreters muss über das Schuldrecht Rechnung getragen werden. In Betracht kommen Ansprüche aus den §§ 280 ff. BGB gegen den Bevollmächtigten sowie eine Haftung des Dritten in Anlehnung an die Grundsätze des Ausnutzens eines Vertragsbruchs oder Verleitens zum Vertragsbruch[447]. Für das Eingangsbeispiel folgt daraus, dass die Vollmachtserteilung durch D und der in seinem Namen geschlossene Kaufvertrag jedenfalls nicht wegen der V bereits erteilten unverzichtbaren Vollmacht unwirksam sind.

3. Ergebnis

Wird der unwiderruflichen Vollmacht eine „dingliche" Wirkung zugeschrieben[448], ist damit gemeint, dass ein Widerruf der Vollmacht unwirksam ist. Unwiderruflichkeit bedeutet also, dass der Vertretene den Bevollmächtigten nicht (ohne wichtigen Grund) *aufhalten* kann[449]. Die Bindung des Vertretenen reicht allerdings nicht so weit, dass er sich im Umfang und für die Dauer der Bevollmächtigung seiner Rechtszuständigkeit begibt (unwiderrufliche verdrängende Vollmacht). Vielmehr kann er weiterhin auch solche Geschäfte vornehmen (lassen), die in den Bereich der unwiderruflichen Vollmacht fallen. Werden der Vertretene und der Vertreter in derselben Angelegenheit tätig, ist zur Auflösung des Konflikts zwischen konkurrierendem und kollidierendem Handeln zu unterscheiden, und weiter danach, ob es sich bei dem Doppelgeschäft um eine Verfügung oder eine Verpflichtung handelt. Für konkurrierende Verfügungen gilt das Prioritätsprinzip, für konkurrierende oder kollidierende Verpflichtungen der Grundsatz, dass der Vertretene sich in Bezug auf denselben Gegenstand mehrfach verpflichten kann. Ausnahmen sind denkbar, wenn die Gegenpartei um den Irrtum weiß (Kohlekaufbeispiel) oder das Rechtsgeschäft seiner Art nach nur einmal vorgenommen wird (Buchhalterbeispiel). Werden die kollidierenden Erklärungen gleichzeitig abgegeben, stellt sich für Verfügungen wie Verpflichtungen die Frage, ob wegen Perplexität bereits keine Willenserklärung des Vertretenen existiert, einer der abgegebenen Erklärungen der Vorrang gebührt oder der Gegenpartei ein Wahlrecht zusteht. Für den letztgenannten Lösungsweg spricht, dass die Ge-

---

macht durch formlosen Vertrag mit dem Vertreter im Innenverhältnis begründet werden, vgl. Teil 2 E. II.

[447] Zu den Begrifflichkeiten und Voraussetzungen *Schramm*, GRUR 1961, 328 ff.

[448] *Müller-Freienfels*, Vertretung, 109; *Kettler*, 42; *Rosenberg*, 910.

[449] *Müller-Freienfels*, Vertretung, 68; in diesem Sinne auch *Gawlik*, 32.

genpartei das Risiko sich widersprechender Rechtsakte weder geschaffen hat noch beherrschen kann und ihr hieraus keine Nachteile erwachsen dürfen. Anderes mag gelten, wenn die Gegenpartei um den wahren Willen des Vertretenen bzw. das Missverständnis weiß.

Auch der unverzichtbaren Vollmacht kann eine „dingliche" Wirkung zugeschrieben werden. Gemeint ist damit dann, dass ein Verzicht auf die Vollmacht unwirksam ist. Unverzichtbarkeit bedeutet also, dass der Vertreter sich der ihm erteilten Vollmacht nicht (ohne wichtigen Grund) *entziehen* kann. Das schließt es ein, dass auch der Entschluss, die Vollmacht nur in bestimmten Fällen nicht zu gebrauchen (Vertretungsermessen), ohne Wirkung bleibt. Möglich ist es dem Vertreter wiederum, Geschäfte, die in den Bereich seiner Vollmacht fallen, statt für den Vertretenen in eigenem oder im Namen Dritter abzuschließen; eine verdrängende Wirkung kommt auch der unverzichtbaren Vollmacht nicht zu. Ebenso bleibt es dem Vertreter möglich, das angestrebte Vertretergeschäft unausgeführt zu lassen. Dies relativiert die mit dem Vollmachtsvertrag angestrebte Rechtssicherheit, weshalb eine schadensersatzbewährte Pflichtenbindung über das Grundgeschäft daneben treten sollte.

IV. Zusammenfassung

Ist die Vollmacht unverzichtbar, besteht sie ungeachtet eines Verzichts des Vertreters fort. Auch der Entschluss des Vertreters, die Vollmacht (nur) im Einzelfall nicht zu gebrauchen, bleibt in diesem Fall ohne Wirkung. Unter den weiteren Voraussetzungen des § 164 BGB wirkt der Vertretungsakt für und gegen den Vertretenen, als wäre der Verzicht nicht erfolgt bzw. als hätte der Vertreter von seiner Vollmacht Gebrauch gemacht.

Die Anerkennung unverzichtbarer Vollmachten entspricht nicht nur dem Interesse des Vertretenen, sich insbesondere bei längerfristigen Projekten oder im Vorsorge- bzw. Todesfall auf die Verfügbarkeit (s)eines Vertreters verlassen zu können. Bleibt die Vollmacht von einem Verzicht unberührt, wird vielmehr auch dem im Sinne der §§ 164–181 BGB institutionalisierten Bedürfnis nach Arbeitsteilung Rechnung getragen. Davon abgesehen kommt die Zulassung einer unverzichtbaren Vollmacht auch dem Vertreter zugute, der seine Vertretungsbereitschaft auf diese Weise rechtlich aufwerten kann.

Wie die Unwiderruflichkeit muss sich auch die Unverzichtbarkeit der Vollmacht aus dem ihrer Erteilung zugrunde liegenden Rechtsverhältnis ergeben. Fehlt dieses, fehlt es an einer Rechtfertigung dafür, den Vertreter an seine Vollmacht zu binden. Umgekehrt ist die Bindung des Vertreters nicht schon deshalb gerechtfertigt, weil ein entsprechendes Kausalgeschäft vorhanden ist. Hinzutreten muss sein Einverständnis mit der Unverzichtbarkeit, was eine rechtsgeschäftliche Mitwirkung an der Bevollmächtigung und damit den Abschluss eines Vollmachtsvertrags voraussetzt.

H. Ergebnis und Bewertung

Die Rechtsfolgen der einseitigen Bevollmächtigung können auch mit den Mitteln des Vertragsrechts herbeigeführt werden. Bei dem Vollmachtsvertrag handelt es sich um einen verfügungsähnlichen Vertrag, der gegenüber dem Grundgeschäft als abstrakt, besser aber als verselbständigt zu bezeichnen ist. Unter Einbeziehung des Vertretungsakts lässt sich der Vollmachtsvertrag außerdem als entgeltlicher oder unentgeltlicher sowie als rechtlich vor- oder nachteilhafter Vertrag kategorisieren. Die Vorschriften des Stellvertretungsrechts finden Anwendung, nur treten an die Stelle des § 111 BGB die Bestimmungen des § 108 BGB und wird das Zurückweisungsrecht des Vertreters analog § 333 BGB überflüssig, weil die Vollmacht ohne sein Einverständnis ohnehin nicht entsteht. Uneingeschränkt anwendbar sind dagegen gesetzliche Vertretungsverbote und die Unwirksamkeitsgründe des Allgemeinen Teils. Haben die Parteien nichts anderes vereinbart, kann der Vollmachtsvertrag zudem durch einseitigen Widerruf (§ 168 BGB) oder Verzicht erlöschen und der außerhalb seiner Grenzen liegende Vertretungsakt einseitig genehmigt werden (§ 177 BGB). Auch zur Unterbevollmächtigung bedarf es nicht notwendig eines Vertrags mit dem Untervertreter, wenn die Hauptvollmacht vertraglich errichtet wurde. Unabhängig vom Erteilungstatbestand der Vollmacht beurteilt sich schließlich die Möglichkeit ihrer Übertragung; nach hier vertretener Auffassung gilt § 415 BGB entsprechend.

Neben den dogmatischen Grundlagen hat sich im Verlauf der Untersuchung auch der praktische Nutzen des Vollmachtsvertrags herausgestellt. Die Mitwirkung des Vertreters an seiner Bevollmächtigung ermöglicht den Parteien vor allem, das Vertretungsverhältnis ihren Bedürfnissen entsprechend auszugestalten. Insbesondere können sie regeln, dass der Vertreter an seine Vollmacht gebunden ist. Rechtstechnisch lässt sich diese Bindung über einen Ausschluss des Verzichtsrechts, genauer: über die Erteilung der Vollmacht als *unverzichtbare* Vollmacht erreichen. Ist die Vollmacht unverzichtbar, verbleibt dem Vertreter zwar weiterhin die Entscheidung darüber, den Vertretungsakt auszuführen (Entschließungsermessen); die Vereinbarung der Unverzichtbarkeit bewirkt nicht, dass ein unterbliebener Vertretungsakt als ausgeführt und insbesondere ein Schweigen des Vertreters als Willenserklärung fingiert wird[450]. Eine solche Fiktion entbehrt jeder Grundlage, insbesondere widerstreitet sie dem Prinzip der (negativen) Privatautonomie, auf das sich auch ein Vertreter berufen kann; denn mag er auch in fremdem Namen handeln, ist es immerhin (im Unterschied zum Boten) *seine* Willenserklärung und der Zugang an *ihn*, der wider seine Entschließung fingiert würde. Die Wirkung einer unverzichtbaren Vollmacht besteht vielmehr

---

[450] Möglich ist nur eine Haftung auf schuldrechtlicher Ebene, vgl. Teil 2 G. vor I.

darin, dass der Entschluss des Vertreters, auf seine Vollmacht zu verzichten oder sie zeitweilig ungenutzt zu lassen, ohne Folge für den Vertretungsakt ist, dieser also ungeachtet eines Verzichts oder Nichtgebrauchs für und gegen den Vertretenen wirken kann. Die Eingangsfrage des zweiten Teils dieser Arbeit, wie sich der Abschluss eines Vollmachtsvertrags auf den Entscheidungsspielraum auswirken kann, lässt sich damit wie folgt beantworten:

Einigen sich die Parteien im Rahmen eines Vollmachtsvertrags auf die Erteilung einer unverzichtbaren Vollmacht, ist dem Vertreter die Entscheidung darüber entzogen, seine Vollmacht (nicht) zu gebrauchen, was einen Ausschluss seines Vertretungsermessens bedeutet.

Schlussbetrachtung

Ist im Stellvertretungsrecht von einer *Entscheidung* die Rede, dann hauptsächlich in Bezug auf den Vertreter[1], der über den Inhalt (Inhaltsermessen) und die Ausführung des Vertretungsakts (Entschließungsermessen) sowie über die Inanspruchnahme seiner Vertretungsmacht (Vertretungsermessen) bestimmen können soll[2].

Die Untersuchungen des ersten Teils haben ergeben, dass sich das Inhaltsermessen nicht für jeden Fall einer Stellvertretung belegen lässt. Einerseits kann bereits der auszuführende Vertretungsakt einer Gestaltung durch den Vertreter entzogen sein (wie etwa die Annahmeerklärung), andererseits kann der Vertreter auch zur Ausführung eines ihm insgesamt vorgezeichneten Geschäfts bestellt werden (wie etwa der Vertreter mit „gebundener Marschroute")[3]. Im Kontext des § 112 S. 1 AktG wird der Ausschluss jeglichen Inhaltsermessens sogar zur Voraussetzung für eine Vertretung durch einzelne Aufsichtsratsmitglieder erhoben, obwohl das Aktienrecht dies nicht gebietet[4].

Die Untersuchungen des ersten Teils haben weiter ergeben, dass eine Beschränkung des Entschließungsermessens nicht möglich ist, der Vertreter also notwendig darüber entscheidet, den Vertretungsakt auszuführen oder unausgeführt zu lassen. Historisch lässt sich dieser Befund an die Entwicklungen Ende des 19. Jahrhunderts knüpfen. Die sich in dieser Zeit durchsetzende Trennung zwischen Vollmacht und Auftrag führte dazu, dass der Stellvertreter nicht mehr nur in Abgrenzung zum willenlosen Boten, sondern fortan auch in Richtung auf das Institut der Vertretungsmacht charakterisiert wurde[5]. Bei der Vertretungsmacht sollte es sich um eine besondere Macht handeln, kraft derer der Vertreter für und gegen den Vertretenen handeln konnte, aber eben nicht musste. Einen rechtlichen Anknüpfungspunkt für dieses, unter dem geltenden Recht fortbestehende Verständnis[6] bietet § 167 Abs. 1 BGB, wonach die Vollmacht ohne das Einverständnis des zu

---

[1] Vgl. Teil 1 B. I.
[2] Vgl. Teil 1 B. II.
[3] Vgl. Teil 1 B. III.
[4] Vgl. Teil 1 B. III. 2. b).
[5] Vgl. Teil 1 A. V. 3., VI.
[6] Vgl. Teil 1 C. I.

Bevollmächtigenden errichtet wird und deshalb zu keiner Beschränkung seiner Entschließungsfreiheit führen kann[7]. Darüber hinaus streiten die im zweiten Teil dieser Arbeit angestellten Erwägungen zum Prinzip der (negativen) Privatautonomie für dieses Ergebnis[8]. Auf digitale Stellvertreter lässt sich das nämliche Verständnis von Privatautonomie – verstanden als das Recht zur eigenverantwortlichen Gestaltung seiner Lebensverhältnisse – freilich nur eingeschränkt übertragen. Gleichwohl können auch solche Stellvertreter „entscheiden"; ein Mindestmaß an (technischer) Autonomie und (künstlicher) Intelligenz vorausgesetzt, sind auch Computersysteme in der Lage, aus Sicht eines objektiven Dritten willkürlich zu handeln[9].

Ist im Stellvertretungsrecht von einer *Bindung* die Rede, dann hauptsächlich in Bezug auf den Vertretenen, der sich über die Erteilung einer unwiderruflichen Vollmacht dem Willen seines Vertreters unterwirft[10].

Die Untersuchungen des zweiten Teils haben ergeben, dass auch der Vertreter einer spezifischen Bindung unterliegen kann[11]. Ist dem Vertreter die Vollmacht unverzichtbar erteilt, entfällt im Umfang und für die Dauer der Bevollmächtigung nämlich sein Recht, sich jederzeit einseitig und endgültig von der Vollmacht zu lösen. Die Folge ist, dass die Vollmacht trotz erklärtem Verzicht fortbesteht und jeder dem Verzicht nachfolgende Vertretungsakt unter den weiteren Voraussetzungen des § 164 BGB für und gegen den Vertretenen wirken kann. Das gilt sowohl für Erklärungen, die Dritte dem Vertreter gegenüber in Unkenntnis des Verzichts abgeben (§ 164 Abs. 3 BGB), als auch für Erklärungen, die der Vertreter im Namen des Vertretenen abgibt (§ 164 Abs. 1 S. 1 BGB), etwa weil ihn sein Verzicht im Nachgang reut. Die praktische Bedeutung der beschriebenen Bindungswirkung ist beachtlich: Dem Vertretenen verschafft sie Planungssicherheit, zu Lebzeiten wie im Todesfall, und dem Vertreter die Möglichkeit, seine Vertretungsbereitschaft in den Rang einer Gegenleistung für den Erhalt der Vollmacht zu erheben[12].

Die Untersuchungen des zweiten Teils haben weiter ergeben, dass mit Erteilung einer unverzichtbaren Vollmacht auch das Ermessen des Vertreters entfällt, bei Ausführung des Vertretungsakts von seiner Vollmacht Gebrauch zu machen[13]. Sein Entschluss, die Vollmacht im Einzelfall ungenutzt zu lassen, etwa aus Unsicherheit über ihren Bestand und Umfang oder aus Mutwillen, muss in diesem Fall ohne Wirkung bleiben, da andernfalls der Ausschluss des Verzichtsrechts leerliefe.

---

[7] Vgl. Teil 1 C. II.
[8] Vgl. Teil 2 G. I. 2., II. 2. b), H.
[9] Vgl. Teil 1 B. V.
[10] Vgl. Teil 2 G. vor I.
[11] Vgl. Teil 2 G.
[12] Vgl. Teil 2 G. I. 2., II. 2. a).
[13] Vgl. Teil 2 G. III. 2.

Die Untersuchungen des zweiten Teils haben schließlich ergeben, dass die Erteilung einer unverzichtbaren Vollmacht angesichts der beschriebenen Rechtsfolgen die Mitwirkung des Vertreters an seiner Bevollmächtigung und also den Abschluss eines *Vollmachtsvertrags* voraussetzt[14]. Bei dem Vollmachtsvertrag handelt es sich um einen verfügungsähnlichen Vertrag, der entsprechend den allgemeinen Grundsätzen vom Vertretenen mit dem Vertreter, dem Geschäftspartner oder als dreiseitiger Vertrag mit beiden abgeschlossen werden kann[15]. Der Vollmachtsvertrag ist gegenüber dem Grundgeschäft verselbständigt, kann aber unter Berücksichtigung des Grundgeschäfts als entgeltlich, unentgeltlich, rechtlich vorteilhaft oder rechtlich nachteilhaft qualifiziert werden[16]. Die Vorschriften des Stellvertretungsrechts finden auf den Vollmachtsvertrag Anwendung, es sei denn, sie beziehen sich nach Wortlaut und Zweck auf eine einseitig erteilte Vollmacht[17]. Dass Vollmachten abweichend von § 167 Abs. 1 BGB vertraglich errichtet werden können, entspricht nicht nur einem praktischen Interesse[18], sondern folgt auch aus dem allgemeinen Satz, dass ein Rechtserfolg, dessen Eintritt von nur einer Erklärung abhängt, ebenso durch einen Konsens herbeigeführt werden kann[19].

Die Erkenntnisse der Arbeit lassen sich vor diesem Hintergrund wie folgt zusammenfassen:

Die These, der Vertreter verfüge über einen Entscheidungsspielraum, ist zu relativieren. Um Vertreter zu sein, muss die Hilfsperson weder über den Inhalt des auszuführenden Rechtsakts (Inhaltsermessen) noch darüber entscheiden können, sich bei Ausführung des Rechtsakts auf ihre Befugnis zu stützen (Vertretungsermessen). Um Vertreter zu sein, muss die Hilfsperson allein über die Verwirklichung des Erklärungstatbestands oder über den Empfang einer ihr gegenüber abgegebenen Erklärung entscheiden können (Entschließungsermessen).

Die These, die Bevollmächtigung könne zu einer Bindung des Vertreters führen, hat sich im Zusammenhang mit dem Vertretungsermessen bestätigt. Wird die Vollmacht unverzichtbar erteilt, was den Abschluss eines Vollmachtsvertrags voraussetzt, entfällt für den Vertreter die Möglichkeit, sich endgültig (durch Verzicht) oder im Einzelfall (durch Ausübung des Vertretungsermessens) von seiner Vollmacht zu lösen, womit er im Umfang und für die Dauer der Bevollmächtigung an sein Vertretungsamt gebunden ist.

---

[14] Zum Begriff vgl. Teil 2 A.
[15] Vgl. Teil 2 E.
[16] Vgl. Teil 2 D.
[17] Vgl. Teil 2 F.
[18] Vgl. Teil 2 B.
[19] Vgl. Teil 2 C.

Literaturverzeichnis

Adelung, Johann Christoph, Grammatisch-Kritisches Wörterbuch der Hochdeutschen Mundart mit beständiger Vergleichung der übrigen Mundarten, besonders aber der Oberdeutschen, Wien, digitalisierte Fassung im Wörterbuchnetz des Trier Center for Digital Humanities, Version 01/21, https://www.woerterbuchnetz.de/Adelung, abgerufen am 1.5.2021.

Albers, Gregor, Ungewissheit über die Zustimmung eines Dritten. Das fragwürdige Modell der §§ 108 f., 177 f. BGB, AcP 217 (2017), S. 766–804.

Ammann, Thorsten, Künstliche Intelligenz und ihre Herausforderungen bei der Gestaltung von IT-Verträgen, in: Taeger, Jürgen (Hrsg.), Recht 4.0 – Innovationen aus den rechtswissenschaftlichen Laboren (DSRITB), Edewecht 2017, S. 503–513.

Armbrüster, Christian, Verantwortungsverlagerungen und Versicherungsschutz – Das Beispiel des automatisierten Fahrens, in: Gless, Sabine/Seelmann, Kurt (Hrsgg.), Intelligente Agenten und das Recht, Baden-Baden 2016, S. 205–224.

Armour, John/Eidenmüller, Horst, Selbstfahrende Kapitalgesellschaften?, ZHR 183 (2019), S. 169–189.

Arndt, Erich, Ueber den Aufrechnungsvertrag des bürgerlichen Rechts in Theorie und Praxis, Halle (Saale) 1911.

Assmann, Ernst, Die Rechtsstellung des Boten, Berlin 1906.

Babusiaux, Ulrike/Baldus, Christian/Ernst, Wolfgang/Meissel, Franz-Stefan/Platschek, Johannes/Rüfner, Thomas (Hrsgg.), Handbuch des Römischen Privatrechts, Band 1, Tübingen 2022.

Ball, Matthew/Callaghan, Vic, Explorations of Autonomy: An Investigation of Adjustable Autonomy in Intelligent Environments, Proceedings of the 8th International Conference on Intelligent Environments, Guanajuato, Mexico, June 26–29, 2012, IEEE XPlore (2012), S. 1–8.

Bandehzadeh, Sara, Zur Zulässigkeit gesellschaftsvertraglicher Handelsregistervollmachten bei Personenhandelsgesellschaften – Speziell bei durch Umwandlung entstehenden (Publikums-)Kommanditgesellschaften –, DB 2003, S. 1663–1666.

Bauer, Huberta, Die Entwicklung des Rechtsinstituts der freien gewillkürten Stellvertretung seit dem Abschluß der Rezeption in Deutschland bis zur Kodifikation des BGB, Berlin 1963.

Bauer, Jobst-Hubertus/Krieger, Steffen, Formale Fehler bei Abberufung und Kündigung vertretungsberechtigter Organmitglieder, ZIP 2004, S. 1247–1251.

Bauer, Marc Christian, Elektronische Agenten in der virtuellen Welt: ein Beitrag zu Rechtsfragen des Vertragsschlusses, einschließlich der Einbeziehung allgemeiner Geschäftsbedingungen, des Verbraucherschutzes sowie der Haftung, Hamburg 2006.

Baumann, Horst, Die Kenntnis juristischer Personen des Privatrechts von rechtserheblichen Umständen, ZGR 1973, S. 284–299.

Baumann, Jonas/Sesing, Andreas, Smart, smarter, smart contracts – Vertragsagenten, Blockchain und automatisierte Vertragsdurchführung in der Industrie 4.0, in: Taeger, Jürgen (Hrsg.), Den Wandel begleiten: IT-rechtliche Herausforderungen der Digitalisierung (DSRITB), Edewecht 2020, S. 559–582.

Baums, Theodor, Der Geschäftsleitervertrag. Begründung, Inhalt und Beendigung der Rechtsstellung der Vorstandsmitglieder und Geschäftsführer in den Kapitalgesellschaften und Genossenschaften, Köln 1987.

Bayer, Walter, Der Vertrag zugunsten Dritter. Neuere Dogmengeschichte – Anwendungsbereich – Dogmatische Strukturen, Tübingen 1995.

ders., Der Missbrauch der Vertretungsmacht unter besonderer Berücksichtigung des Handels- und Gesellschaftsrechts, in: Grunewald, Barbara/Koch, Jens/Tielmann, Jörgen (Hrsgg.), Festschrift für Eberhard Vetter zum 70. Geburtstag, Köln 2019, S. 51–78.

ders., Zur Dogmatik der unwiderruflichen Vollmacht, DNotZ 2020, S. 373–380.

Bayer, Walter/Scholz, Philipp, Vertretung durch den Aufsichtsrat nach § 112 AktG und Rechtsirrtümer im Kernbereich des Aktienrechts (§ 112 AktG). Überlegungen anlässlich des BGH-Urteils vom 28.4.2015 – II ZR 63/14, ZIP 2015, 1220, ZIP 2015, S. 1853–1861.

Beck'scher Online-Großkommentar zum Handels- und Gesellschaftsrecht (Aktiengesetz), hrsg. von Henssler, Martin (Gesamthrsg.), München 2021.

Beck'scher Online-Großkommentar zum Zivilrecht (BGB), hrsg. von Gsell, Beate/Krüger, Wolfgang/Lorenz, Stephan/Reymann, Christoph (Gesamthrsg.), München 2021 und 2022.

Beck'scher Online-Kommentar zum Arbeitsrecht, hrsg. von Rolfs, Christian/Giesen, Richard/Kreikebohm, Ralf/Meßling, Miriam/Udsching, Peter, 60. Edition, München 2021.

Beck'scher Online-Kommentar zum Bürgerlichen Recht, hrsg. von Hau, Wolfgang/Poseck, Roman, 60. und 61. Edition, München 2021 und 2022.

Beck'scher Online-Kommentar zum Handelsgesetzbuch, hrsg. von Häublein, Martin/Hoffmann-Theinert, Roland, 33. Edition, München 2021.

Beck'scher Online-Kommentar zum Zivilprozessrecht, hrsg. von Vorwerk, Volkert/Wolf, Christian, 41. Edition, München 2021.

Bednarz, Liane, Die Kundgabe von Beschlüssen des Aufsichtsrats durch den Aufsichtsratsvorsitzenden – ein Fall des § 174 S. 1 BGB? – zugleich Besprechung von OLG Düsseldorf, NZG 2004, 141 ff. –, NZG 2005, S. 418–425.

Beer, Jenay M./Fisk, Arthur D./Rogers, Wendy Anne, Toward a Framework for Levels of Robot Autonomy in Human-Robot Interaction, Journal of Human-Robot Interaction 3 (2014), S. 74–99.

Behrends, Okko, Die Prokuratur des klassischen römischen Zivilrechts, SZ 88 (1971), S. 215–299.

Behrends, Okko (Begr.)/*Knütel, Rolf/Kupisch, Berthold/Seiler, Hans Hermann*, Corpus Iuris Civilis. Text und Übersetzung, auf der Grundlage der von Theodor Mommsen und Paul Krüger besorgten Textausgaben, Heidelberg.
– Band 1: Institutionen, 2. Aufl. 1997.
– Band 2: Digesten 1–10, 1995.
– Band 3: Digesten 11–20, 1999.
– Band 4: Digesten 21–27, 2005.

Beitzke, Günther, Juristische Personen im Internationalprivatrecht und Fremdenrecht, München, Berlin 1938.

Bekker, Ernst Immanuel, Sprachliches und Sachliches zum BGB, JherJb 49 (1905), S. 1–58.

Benöhr, Hans-Peter, Der Brief. Korrespondenz, menschlich und rechtlich gesehen: Ciceros Briefe an Atticus und die Rechte an Briefen in Rom, SZ 114 (1998), S. 115–149.

Berg, Hans, Notgeschäftsführung und Vertretungsmacht bei ärztlicher Behandlung eines Kindes, NJW 1972, S. 1117–1119.

Berger, Adolf, Encyclopedic dictionary of Roman law, Philadelphia 1953.

Berger, Klaus Peter, Der Aufrechnungsvertrag, Aufrechnung durch Vertrag, Vertrag über Aufrechnung, Tübingen 1996.

Bertzel, Karl, Der Notgeschäftsführer als Repräsentant des Geschäftsherrn, AcP 158 (1959), S. 107–150.

Bettermann, Karl August, Verpflichtungsermächtigung und Vertrag zu Lasten Dritter, JZ 1951, S. 321–326.

Beuthien, Volker, Zur Theorie der Stellvertretung im Bürgerlichen Recht, in: Beuthien, Volker/Fuchs, Maximilian/Roth, Herbert/Schiemann, Gottfried/Wacke, Andreas (Hrsgg.), Festschrift für Dieter Medicus zum 70. Geburtstag, Köln 1999, S. 1–23.

ders., Zur Wissenszurechnung nach § 166 BGB. § 166 II BGB ausweiten – § 166 I BGB klarer ordnen, NJW 1999, S. 3585–3587.

ders., Gilt im Stellvertretungsrecht ein Abstraktionsprinzip? – Zum Verhältnis von Auftrag, Amt und Vollmacht, in: Canaris, Claus-Wilhelm/Heldrich, Andreas (Hrsgg.), 50 Jahre Bundesgerichtshof: Festgabe aus der Wissenschaft, Band 1, München 2000, S. 81–109.

Bielitz, Gustav Alexander, Praktischer Kommentar zum allgemeinen Landrechte für die preußischen Staaten, Band 3, welcher die Erläuterungen des zwölften, dreyzehnten, vierzehnten, funfzehnten, sechszehnten und siebenzehnten Titels des ersten Theils enthält, Erfurt 1825.

Biermann, Johannes, Zur Lehre von der Vertretung und Vollmacht, in: Festgabe der Gießener Juristenfakultät für Dr. Heinrich Dernburg zum 4. April 1900, Berlin 1900, S. 89–130.

Bilski, Nico/Schmid, Thomas, Verantwortungsfindung beim Einsatz maschinell lernender Systeme, NJOZ 2019, S. 657–661.

Binder, Jens-Hinrich, Gesetzliche Form, Formnichtigkeit und Blankett im bürgerlichen Recht, AcP 207 (2007), S. 155–197.

Boden, Margaret A., Autonomy and Artificiality, in: Boden, Margaret A. (Ed.), The Philosophy of Artificial Life, Oxford 1996, S. 95–107.

Bodendorf, Freimut, Daten- und Wissensmanagement, Berlin, Heidelberg 2003.

Bodenstedt, Kai, „Alles für einen Euro?" – Abgrenzung von Zugangsbestätigungen und Annahmeerklärungen im Internet, MMR 2004, S. 719–723.

Boehmer, Gustav, Die elterliche Gesamtvertretung bei der Adoption eines minderjährigen Kindes. Zugleich ein Beitrag zu der Frage der „Vertretung in der Erklärung", Bemerkungen zu einem Beschluß des BGH v. 13.7.1959, JZ 1960, S. 4–8.

Boemke, Burkhard, BGB AT und Arbeitsrecht: Arbeitsvertragsschluss in deutscher Sprache – ausländischer Arbeitnehmer, JuS 2015, S. 65–69.

Boemke, Burkhard/Schönfelder, Johanna, Wirksamwerden von Willenserklärungen gegenüber nicht voll Geschäftsfähigen (§ 131 BGB), JuS 2013, S. 7–12.

Böhringer, Walter, Die Hypothek für Inhaberschuldverschreibungen – ein „exotisches" dingliches Recht, BWNotZ 1988, S. 25–28.

Borges, Georg, Rechtliche Rahmenbedingungen für autonome Systeme, NJW 2018, S. 977–982.

Bork, Reinhard, Allgemeiner Teil des Bürgerlichen Gesetzbuchs, 4. Aufl., Tübingen 2016.

Bornemann, Wilhelm, Systematische Darstellung des Preußischen Civilrechts mit Benutzung der Materialien des Allgemeinen Landrechts, Band 3, 2. Aufl., Berlin 1843.

Bötticher, Eduard, Gestaltungsrecht und Unterwerfung im Privatrecht, Berlin 1964.

Bous, Ulrich, Fortbestand und Rechtsschein der Untervollmacht trotz Wegfalls der Hauptvollmacht, RNotZ 2004, S. 483–496.

ders., Zum Nachweis bestehender Vertretungsmacht gegenüber dem Grundbuchamt unter besonderer Berücksichtigung des § 172 Abs. 1 BGB, Rpfleger 2006, S. 357–364.

Brauneder, Wilhelm, Das ALR und Österreichs Privatrechtsentwicklung, in: Dölemeyer, Barbara/Mohnhaupt, Hans (Hrsgg.), 200 Jahre Allgemeines Landrecht für die preußischen Staaten, Wirkungsgeschichte und internationaler Kontext, Frankfurt 1995, S. 415–436.

ders., Der Einfluss des ALR auf das ABGB, in: Fischer-Czermak, Constanze/Hopf, Gerhard/Kathrein, Georg/Schauer, Martin (Hrsgg.), Festschrift 200 Jahre ABGB, Wien 2011, S. 3–15.

ders., Österreichs Allgemeines Bürgerliches Gesetzbuch (ABGB). Eine europäische Privatrechtskodifikation, Band 1: Entstehung und Entwicklung des ABGB bis 1900, Berlin 2014.

Bräutigam, Peter/Klindt, Thomas, Industrie 4.0, das Internet der Dinge und das Recht, NJW 2015, S. 1137–1142.

Breidenich, Andreas, Die Organisation der Aufsichtsratsarbeit durch den Aufsichtsratsvorsitzenden, Tübingen 2020.

Breit, James, Die Geschäftsfähigkeit, 1. Hälfte: Grundlegung, Leipzig 1903.

ders., Zur Lehre vom Rechtsgeschäft, SächsArch 13 (1903), S. 283–326.

Brill, Werner, Der ausländische Arbeitnehmer in der arbeitsgerichtlichen Rechtsprechung, BB 1976, S. 1276–1280.

Brinkmann, Franz-Josef, Der Zugang von Willenserklärungen, Berlin 1984.

Brinz, Alois, Lehrbuch der Pandekten, Band 4, 2. Aufl., Leipzig 1892.

Brox, Hans, Zur Vorbereitung auf die studienbegleitende Leistungskontrolle im Bürgerlichen Recht: Der Minderjährigenschutz beim Rechtsgeschäft, JA 1989, S. 441–449.

Brox, Hans (Begr.)/*Walker, Wolf-Dietrich*, Allgemeiner Teil des BGB, 44. Aufl., München 2020.

Bucher, Edwald, Wiederbelebung der Stellvertretung in der Erklärung?, JZ 1954, S. 22–24.

Buchka, Hermann, Die Lehre von der Stellvertretung bei Eingehung von Verträgen. Historisch und dogmatisch dargestellt, Rostock, Schwerin 1852.

Bulgrin, Gerrit M./Wolf, Maximilian, Der Aufsichtsratsvorsitzende als vollmachtloser Vertreter? Verkehrsschutz bei der Vertretung der Gesellschaft durch den Aufsichtsratsvorsitzenden, AR 2020, S. 106–108.

Bülow, Oskar, Das Geständnissrecht. Ein Beitrag zur Allgemeinen Theorie der Rechtshandlungen, Freiburg, Leipzig u. a. 1899.

Bürgers, Tobias/Körber, Torsten (Hrsgg.), Aktiengesetz, 4. Aufl., Heidelberg 2017.

Busch, F. B., Noch ein Beitrag zum Telegraphenrechte, AcP 45 (1862), S. 1–26.

Cahn, Andreas, Die Vertretung der Aktiengesellschaft durch den Aufsichtsrat, in: Krieger, Gerd/Lutter, Marcus/Schmidt, Karsten (Hrsgg.), Festschrift für Michael Hoffmann-Becking zum 70. Geburtstag, München 2013, S. 247–281.

Canaris, Claus-Wilhelm, Die Feststellung von Lücken im Gesetz, 2. Aufl., Berlin 1983.

ders., Verstöße gegen das verfassungsrechtliche Übermaßverbot im Recht der Geschäftsfähigkeit und im Schadensersatzrecht, JZ 1987, S. 993–1004.

ders., Zur Problematik von Privatrecht und verfassungsrechtlichem Übermaßverbot, JZ 1988, S. 494–499.

Cavell, Stanley, The claim of reason. Wittgenstein, skepticism, morality, and tragedy, Oxford 1979; Deutsche Übersetzung: Goldmann, Christiana (Übers.), Der Anspruch der Vernunft. Wittgenstein, Skeptizismus, Moral und Tragödie, Frankfurt 2006.

Chiusi, Tiziana J., Die *actio de in rem verso* im römischen Recht, München 2001.

Clemens, Rudolf, Die elektronische Willenserklärung – Chancen und Gefahren, NJW 1985, S. 1998–2005.

Cohn, Ernst, Der Empfangsbote, Breslau 1927.

Coing, Helmut, Europäisches Privatrecht, Band 1: Älteres Gemeines Recht (1500 bis 1800), München 1985.

Cornelius, Kai, Vertragsabschluss durch autonome elektronische Agenten, MMR 2002, S. 353–358.

Crome, Carl, System des Deutschen Bürgerlichen Rechts, Tübingen, Leipzig.
- Band 1: Einleitung und Allgemeiner Teil, 1900.
- Band 2: Recht der Schuldverhältnisse, 1902.

Danwerth, Christopher, Analogie und teleologische Reduktion – zum Verhältnis zweier scheinbar ungleicher Schwestern, ZfPW 2017, S. 230–249.

Demharter, Johann, Grundbuchordnung mit dem Text der Grundbuchverfügung und weiterer Vorschriften, 23. Aufl., München 2021.

Denkschrift zum Entwurf eines bürgerlichen Gesetzbuchs nebst drei Anlagen, dem Reichstage vorgelegt in der vierten Session der neunten Legislaturperiode, Berlin 1896.

Dernburg, Heinrich, Pandekten, Band 1: Allgemeiner Theil und dingliche Rechte, 2. Aufl., Berlin 1888.

Diesselhorst, Malte, Die Lehre des Hugo Grotius vom Versprechen, Köln, Graz 1959.

Dilcher, Gerhard, Die janusköpfige Kodifikation – Das preußische Allgemeine Landrecht (1794) und die europäische Rechtsgeschichte, ZEuP 1994, S. 446–469.

Doerner, Ruth, Die Abstraktheit der Vollmacht. Zur mangelnden Begründbarkeit eines bürgerlichrechtlichen Lehrsatzes, Berlin 2017.

Doris, Philippos, Die rechtsgeschäftliche Ermächtigung bei Vornahme von Verfügungs-, Verpflichtungs- und Erwerbsgeschäften, München 1974.

Dörner, Heinrich, Dynamische Relativität, München 1985.

Dose, Stefan, Zivilrechtliche Haftung und Aufgabendelegation auf Ausschüsse im Aufsichtsrat der AG, ZGR 1973, S. 300–316.

Drinhausen, Florian/Marsch-Barner, Reinhard, Die Rolle des Aufsichtsratsvorsitzenden in der börsennotierten Aktiengesellschaft, AG 2014, S. 337–351.

Düll, Rudolf, Über Ansätze direkter Stellvertretung im frührepublikanischen römischen Recht, SZ 67 (1950), S. 162–184.

Durantaye, Katharina de la, Erklärung und Wille, Tübingen 2020.

Ebenroth, Carsten Thomas (Begr.)/*Boujong, Karlheinz* (Begr.)/*Joost, Detlev/Strohn, Lutz* (Hrsgg.), Handelsgesetzbuch, Band 2: §§ 343–475h HGB, Transportrecht, Bank- und Börsenrecht, 4. Aufl., München 2020.

Edenfeld, Stefan, Übungsklausur – Bürgerliches Recht: Anfechtung, Stellvertretung und Abstraktionsprinzip, JuS 2005, S. 42–47.

Effer-Uhe, Daniel, Erklärungen autonomer Softwareagenten in der Rechtsgeschäftslehre, RDi 2021, S. 169–177.

Ehinger, Patrick/Stiemerling, Oliver, Die urheberrechtliche Schutzfähigkeit von Künstlicher Intelligenz am Beispiel von Neuronalen Netzen: Welche Strukturelemente und welche Entwicklungsphasen sind urheberrechtlich geschützt?, CR 2018, S. 761–770.

Endemann, Friedrich, Lehrbuch des Bürgerlichen Rechts, Einführung in das Studium des Bürgerlichen Gesetzbuchs, Band 1: Einleitung – Allgemeiner Teil – Recht der Schuldverhältnisse, Berlin 1908.

Endsley, Mica R./Kaber, David B., Level of automation effects on performance, situation awareness and workload in a dynamic control task, Ergonomics 42 (1999), S. 462–492.

Enneccerus, Ludwig (Begr.)/*Lehmann, Heinrich*, Lehrbuch des Bürgerlichen Rechts, Band 2: Recht der Schuldverhältnisse, 15. Bearb., Tübingen 1958.

Enneccerus, Ludwig (Begr.)/*Nipperdey, Hans Carl*, Lehrbuch des bürgerlichen Rechts, Band 1: Allgemeiner Teil des Bürgerlichen Rechts, 15. Aufl., Tübingen.
- Erster Halbband: Allgemeine Lehren, Personen, Rechtsobjekte, 1959.
- Zweiter Halbband: Entstehung, Untergang und Veränderung der Rechte, Ansprüche und Einreden, Ausübung und Sicherung der Rechte, 1960.

Enneccerus, Ludwig (Begr.)/*Wolff, Martin*/*Raiser, Ludwig*, Lehrbuch des bürgerlichen Rechts, Band 3: Sachenrecht, 10. Bearb., Tübingen 1957.

Ensthaler, Jürgen, Industrie 4.0. erfordert keine juristische Revolution, InTer 2017, S. 1–2.

Erfurter Kommentar zum Arbeitsrecht (Beck'sche Kurzkommentare, Band 51), hrsg. von Müller-Glöge, Rudi/Preis, Ulrich/Schmidt, Ingrid, 21. Aufl., München 2021.

Erman, Walter (Begr.), Bürgerliches Gesetzbuch, Handkommentar mit AGG, EGBGB, ErbbauRG, LPartG, ProdHaftG, VBVG, VersAusglG, WEG und ausgewählten Rechtsquellen des IPR, 16. Aufl., Köln 2020.

Ertel, Wolfgang, Grundkurs Künstliche Intelligenz: Eine praxisorientierte Einführung, 4. Aufl., Wiesbaden 2016.

Esser, Josef/*Schmidt, Eike*, Schuldrecht. Band 1, Teilband 1: Allgemeiner Teil, Entstehung, Inhalt und Beendigung von Schuldverhältnissen, 8. Aufl., Heidelberg 1995.

Faust, Florian, Digitale Wirtschaft – Analoges Recht: Braucht das BGB ein Update? Gutachten A zum 71. Deutschen Juristentag, in: Ständige Deputation des Deutschen Juristentages (Hrsg.), Verhandlungen des 71. Deutschen Juristentages, Essen 2016, Band 1: Gutachten, München 2016, S. A9–A92.

Finkenauer, Thomas, Freilassung durch Nachlaßübernahme: zur *addictio bonorum libertatis causa*, in: Finkenauer, Thomas (Hrsg.), Sklaverei und Freilassung im römischen Recht: Symposium für Hans Josef Wieling zum 70. Geburtstag, Berlin, Heidelberg 2006, S. 19–57.

ders., Direkte Stellvertretung bei Stipulationen?, SZ 125 (2008), S. 440–497.

ders., Vererblichkeit und Drittwirkungen der Stipulation im klassischen römischen Recht, Tübingen 2010.

ders., Drittwirkende pacta im klassischen Recht, SZ 135 (2018), S. 178–260.

Fitting, Karl (Begr.), Betriebsverfassungsgesetz, Handkommentar, 30. Aufl., München 2020.

Fleck, Ernst, Der Bote (nuntius). Eine Studie im Bürgerlichen Gesetzbuche, ArchBürgR 15 (1899), S. 337–414.

Floridi, Luciano/*Sanders, J. W.*, On the Morality of Artificial Agents, Minds and Machine 2004, S. 349–379.

Flume, Johannes Werner, Rechtsgeschäftslehre und Kompetenzverteilung in der Aktiengesellschaft – Zugleich Besprechung der Entscheidung BGH NZG 2018, 629 –, ZGR 2018, S. 928–944.

Flume, Werner, Allgemeiner Teil des Bürgerlichen Rechts, Band 2: Das Rechtsgeschäft, 3. Aufl., Berlin, Heidelberg u. a. 1979.

Foerster, Max, Automatisierung und Verantwortung im Zivilrecht, ZfPW 2019, S. 418–435.

Förster, Franz/*Eccius, M. E.*, Preußisches Privatrecht, 7. Aufl., Berlin 1896.
– Band 1: Die Grundbegriffe und die Grundlehren des Rechts der Schuldverhältnisse.
– Band 2: Das Recht der Schuldverhältnisse, Theil 2: Die einzelnen Schuldverhältnisse.

Fränkel, Richard, Die Grundsätze der Stellvertretung bei den Scholastikern, ZVglRWiss 27 (1912), S. 298–403.

Franzke, Johannes, Die Rechtsstellung des Boten, insbesondere die unrichtige Übermittelung von Botenerklärungen, Breslau 1912.

Falkenhausen, Joachim Freiherr von, Der Aufsichtsrat der Aktiengesellschaft als Geschäftsführungs- und Vertretungsorgan, ZIP 2015, S. 956–961.

Frels, Harro, Vertretung der AG durch Aufsichtsratsausschüsse bei Rechtsgeschäften mit Vorstandsmitgliedern, AG 1971, S. 349–350.

Freundt, Carl, Das Wechselrecht der Postglossatoren, Zweiter Teil: Präsentationspapier, Inhaberpapier, Indossament, Leipzig 1909 (Neudruck 2013).

Frey, Kaspar, Rechtsnachfolge in Vollmachtnehmer- und Vollmachtgeberstellungen, München 1997.

Freyler, Carmen, Robot-Recruiting, Künstliche Intelligenz und das Antidiskriminierungsrecht, NZA 2020, S. 284–290.

Frotz, Gerhard, Verkehrsschutz im Vertretungsrecht. Zugleich ein Beitrag zur sozialen Verantwortung als Korrelat privatautonomer Gestaltungsfreiheit, Frankfurt 1972.

Fuchs, Andreas, Zur Disponibilität gesetzlicher Widerrufsrechte im Privatrecht, AcP 196 (1996), S. 313–394.

Gawlik, Hans, Die unwiderrufliche Vollmacht, Breslau 1930.

Gernhuber, Joachim, Das Schuldverhältnis. Begründung und Änderung, Pflichten und Strukturen, Drittwirkungen, Tübingen 1989.

ders., Die Erfüllung und ihre Surrogate sowie das Erlöschen der Schuldverhältnisse aus anderen Gründen, 2. Aufl., Tübingen 1994.

ders., Die verdrängende Vollmacht, JZ 1995, S. 381–390.

Giesen, Dieter, Grundsätze der Konfliktlösung bei fehlgeschlagenen Rechtsverhältnissen, Jura 1980, S. 23–34.

Giesen, Hans-Michael, Organhandeln und Interessenkonflikt: Vergleichende Untersuchung zum deutschen und französischen Aktienrecht, Berlin 1984.

Giesen, Richard, Wollensbedingung, in: Gödicke, Patrick (Hrsg.), Festschrift für Jan Schapp zum siebzigsten Geburtstag, Tübingen 2010, S. 159–176.

Gitter, Rotraud, Softwareagenten im elektronischen Geschäftsverkehr. Rechtliche Vorgaben und Gestaltungsvorschläge, Baden-Baden 2007.

Gitter, Rotraud/Roßnagel, Alexander, Rechtsfragen mobiler Agentensysteme im E-Commerce, K&R 2003, S. 65–72.

Gleß, Sabine/Weigand, Thomas, Intelligente Agenten und das Strafrecht, ZStW 2014, S. 561–591.

Goethe-Wörterbuch, hrsg. von der Berlin-Brandenburgischen Akademie der Wissenschaften/Akademie der Wissenschaften in Göttingen/Heidelberger Akademie der Wissenschaften, Stuttgart, digitalisierte Fassung im Wörterbuchnetz des Trier Center for Digital Humanities, Version 01/21, https://www.woerterbuchnetz.de/GWB, abgerufen am 1.5.2021.

Grapentin, Justin, Vertragsschluss und vertragliches Verschulden beim Einsatz von Künstlicher Intelligenz und Softwareagenten, Baden-Baden 2018.

ders., Die Erosion der Vertragsgestaltungsmacht durch das Internet und den Einsatz Künstlicher Intelligenz, NJW 2019, S. 181–185.

Grigoleit, Hans Christoph (Hrsg.), Aktiengesetz, Kommentar, 2. Aufl., München 2020.

Grimm, Jacob/Grimm, Wilhelm, Deutsches Wörterbuch von Jacob und Wilhelm Grimm, digitalisierte Fassung im Wörterbuchnetz des Trier Center for Digital Humanities, Version 01/21, https://www.woerterbuchnetz.de/DWB, abgerufen am 1.5.2021.

dies., Deutsches Wörterbuch von Jacob Grimm und Wilhelm Grimm, Neubearbeitung (A–F), digitalisierte Fassung im Wörterbuchnetz des Trier Center for Digital Humanities, Version 01/21, https://www.woerterbuchnetz.de/DWB2, abgerufen am 22.8.2021.

Groß, Johannes, AGB 4.0: Allgemeine Geschäftsbedingungen im Rahmen autonomer Vertragsschlüsse, InTeR 2018, S. 4–9.

Groß, Nadja/Gressel, Jacqueline, Entpersonalisierte Arbeitsverhältnisse als rechtliche Herausforderung – Wenn Roboter zu Kollegen und Vorgesetzten werden, NZA 2016, S. 990–996.

Großkommentar zum Aktiengesetz, hrsg. von Hirte, Heribert/Mülbert, Peter O./Roth, Markus, 5. Aufl., Berlin.
– Band 4,1: §§ 76–91 AktG, 2015.

– Band 5: §§ 95–116 AktG, 2019.

Grotius, Hugo, De iure belli ac pacis, libri tres, in quibus ius naturale et gentium item iuris publici praecipua explicantur, hrsg. von Kanter-van Hettinga Tromp, B. J. A., Aalen 1993 (zuerst Paris 1625).

Grunewald, Barbara, Die Vollmacht bei der Beschlussfassung – ein Beispiel für einen allgemeinen Teil des Rechts der Beschlüsse, in: Grunewald, Barbara/Koch, Jens/Tielmann, Jörgen (Hrsgg.), Festschrift für Eberhard Vetter zum 70. Geburtstag, Köln 2019, S. 173–181.

Grützmacher, Malte, Die deliktische Haftung für autonome Systeme – Industrie 4.0. als Herausforderung für das bestehende Recht? Ein Plädoyer für die Nutzung von Beweislastregeln und wider den vorschnellen Ruf nach der Einführung einer Gefährdungshaftung, CR 2016, S. 695–698.

Grützmacher, Malte/Heckmann, Jörn, Autonome Systeme und KI – vom vollautomatisierten zum autonomen Vertragsschluss?, CR 2019, S. 553–561.

Guggumos, Michael, Ausländische Fernadoptionen, NJW 1950, S. 415–416.

Günther, Jan-Philipp, Roboter und rechtliche Verantwortung. Eine Untersuchung der Benutzer- und Herstellerhaftung, München 2016.

Habersack, Mathias, Vertragsfreiheit und Drittinteressen. Eine Untersuchung zu den Schranken der Privatautonomie unter besonderer Berücksichtigung der Fälle typischerweise gestörter Vertragsparität, Berlin 1992.

Haegele, Karl (Begr.)/*Schöner, Hartmut/Stöber, Kurt*, Handbuch der Rechtspraxis, Band 4: Grundbuchrecht, 16. Aufl., München 2020.

Haferkamp, Hans-Peter, Georg Friedrich Puchta und die „Begriffsjurisprudenz", Frankfurt a. M. 2004.

Hanloser, Stefan, Stellvertretung und Botenschaft, Frankfurt a. M., Berlin u. a. 2004.

Harke, Jan Dirk, Sklavenhalterhaftung in Rom, in: Gless, Sabine/Seelmann, Kurt (Hrsgg.), Intelligente Agenten und das Recht, Baden-Baden 2016, S. 97–117.

Hartung, Sven, Die Abnahme im Baurecht, NJW 2007, S. 1099–1106.

Häublein, Martin, Entbehrlichkeit von Vertretungsmacht für das Zustandekommen von Verträgen bei Beteiligung eines Vertreters, Jura 2007, S. 729–730.

Haupt, Tino, Auf dem Weg zum autonomen Fahren: Der Entwurf eines Gesetzes zum autonomen Fahren, NZV 2021, S. 172–177.

ders., Die Verordnung zum Gesetz zum autonomen Fahren, NZV 2022, S. 166–169.

Heck, Philipp, Grundriß des Schuldrechts, Tübingen 1929.

Heim, Justus, Befugnis des Aufsichtsratsvorsitzenden, bei Rechtsgeschäften mit Vorstandsmitgliedern an Stelle des gesetzlich vertretungsberechtigten Aufsichtsrats aufzutreten?, AG 1967, S. 4–6.

ders., Ermächtigung des Aufsichtsratsvorsitzenden zur Vertretung gegenüber Vorstandsmitgliedern, AG 1970, S. 191–192.

Heinz, Karl Eckhart, Die Bevollmächtigung, Rechtstheorie 49 (2018), S. 497–503.

Hellmann, Friedrich, Die Stellvertretung in Rechtsgeschäften, München 1882.

Hellwig, Konrad, Die Verträge auf Leistung an Dritte nach Deutschem Reichsrecht unter besonderer Berücksichtigung des Handelsgesetzbuchs, Leipzig 1899.

ders., Lehrbuch des deutschen Zivilprozessrechts, Leipzig.

– Band 1, 1903.

– Band 2, 1907.

Henle, Rudolf, Lehrbuch des Bürgerlichen Rechts, Band 1: Allgemeiner Teil, Berlin 1926.

Henssler, Martin/Strohn, Lutz, Gesellschaftsrecht – BGB, PartGG, HGB, GmbHG, AktG, DCGK, GenG, UmwG, InsO, AnfG, IntGesR (Beck'sche Kurzkommentare, Band 62), 5. Aufl., München 2021.

Herbert, Manfred, Die Zugangsproblematik schriftlicher Willenserklärungen unter Einschaltung von Empfangsboten, NZA 1994, S. 391–396.

Herold, Sophie, Vertragsschlüsse unter Einbeziehung automatisiert und autonom agierender Systeme, Köln 2020.

Herschel, Wilhelm, Die Vertretungsmacht des Betriebsratsvorsitzenden, RdA 1959, S. 81–85.

Heuer-James, Jens-Uwe/Chibanguza, Kuuya J./Stücker, Benedikt, Industrie 4.0. – vertrags- und haftungsrechtliche Fragestellungen, BB 2018, S. 2818–2832.

Heumann, Hermann Gottlieb/Seckel, Emil, Handlexikon zu den Quellen des roemischen Rechts, 11. Aufl., Jena 1907 (Neudruck 1971).

Hirsch, Hans Christoph, Die Übertragung der Rechtsausübung: Vervielfältigung der Rechte, Erster Teil: Allgemeine Lehren. Die Herleitung des Pfandrechts aus seinen Mutterrechten, Berlin 1910.

Hoffmann, Rolf, Grundfälle zum Recht der Stellvertretung, JuS 1970, S. 179–181.

Hofmann, Hasso, Repräsentation. Studien zur Wort- und Begriffsgeschichte von der Antike bis ins 19. Jahrhundert, Berlin 1974.

Hohn, Hannsjosef, Wirksamwerden von Willenserklärungen unter Abwesenden im Arbeitsleben, BB 1963, S. 273–275.

Hölder, Eduard, Zum allgemeinen Theile des Entwurfes eines bürgerlichen Gesetzbuches für das Deutsche Reich, AcP 73 (1888), S. 1–160.

Holländer, Ernst, Die gewillkürte Stellvertretung, Berlin, Leipzig 1910.

Hölters, Wolfgang (Hrsg.), Aktiengesetz, Kommentar, 3. Aufl., München 2017.

Hopt, Klaus, Die Auswirkungen des Tods des Vollmachtgebers auf die Vollmacht und das zugrundeliegende Rechtsverhältnis, ZHR 133 (1970), S. 305–326.

Hübner, Heinz, Allgemeiner Teil des Bürgerlichen Gesetzbuches, 2. Aufl., Berlin, New York 1996.

Hueck, Götz, Bote – Stellvertreter im Willen – Stellvertreter in der Erklärung, AcP 152 (1952/1953), S. 432–444.

Hüffer, Uwe, Die gesetzliche Schriftform bei Berichten des Vorstands gegenüber der Hauptversammlung, in: Martens, Klaus-Peter/Westermann, Harm Peter/Zöllner, Wolfgang (Hrsgg.), Festschrift für Carsten Peter Claussen zum 70. Geburtstag, Köln, Berlin u. a. 1997, S. 171–186.

ders. (Begr.), Aktiengesetz, 15. Aufl., München 2021.

Hupka, Josef, Die Vollmacht. Eine civilistische Untersuchung mit besonderer Berücksichtigung des deutschen bürgerlichen Gesetzbuchs, Leipzig 1900.

ders., Die Haftung des Vertreters ohne Vertretungsmacht. Ein Beitrag zur Lehre von der Vertretung in Rechtsgeschäften, Leipzig 1903.

Ihrig, Hans-Christoph/Stadtmüller, Jens, Die Vertretung der Aktiengesellschaft durch den Aufsichtsrat in streitigen Verfahren – Bestandsaufnahme und ausgewählte Einzelfragen, in: Grunewald, Barbara/Koch, Jens/Tielmann, Jörgen (Hrsgg.), Festschrift für Eberhard Vetter zum 70. Geburtstag, Köln 2019, S. 271–292.

Isay, Hermann, Die Geschäftsführung nach dem Bürgerlichen Gesetzbuche für das Deutsche Reich, Jena 1900.

ders., Vollmacht und Verfügung, AcP 122 (1924), S. 195–202.

Jacobi, Ernst, Rosenberg, Leo. Stellvertretung im Prozeß. Auf der Grundlage und unter vergleichender Darstellung der Stellvertretungslehre des bürgerl. Rechtes nebst einer Geschichte der prozessualischen Stellvertretung, KritV 49 (1911), S. 66–121.

Jakobs, Horst Heinrich, Verfügung eines Nichtberechtigten durch Verfügungsmachtmißbrauch, JZ 2000, S. 28–32.

Janal, Ruth, Die deliktische Haftung beim Einsatz von Robotern – Lehren aus der Haftung für Sachen und Gehilfen, in: Gless, Sabine/Seelmann, Kurt (Hrsgg.), Intelligente Agenten und das Recht, Baden-Baden 2016, S. 141–162.

Jauernig, Othmar (Begr.), Kommentar zum Bürgerlichen Gesetzbuch mit Rom-I-, Rom-II-, Rom-III-VO, EG-UnthVO/HUntProt und EuErbVO, 18. Aufl., München 2021.

Jhering, Rudolph, Mitwirkung für fremde Rechtsgeschäfte, JherJb 1 (1857), S. 273–350.

ders., Geist des römischen Rechts auf den verschiedenen Stufen seiner Entwicklung, Dritter Theil, Erste Abteilung, Leipzig 1865.

Jin, Jing, Smart Contract: Ein Alien des „klassischen" Vertrags? Smart Contracts im Schatten des Vertrags?, in: Dederer, Hans-Georg/Shin, Yu-Cheol (Hrsgg.), Künstliche Intelligenz und juristische Herausforderungen, Tübingen 2021, S. 43–62.

Joachim, Norbert/Lange, Niels, Trans- und postmortale Vollmachten als Mittel der Nachlassabwicklung, ZEV 2019, S. 62–66.

John, Robert, Haftung für künstliche Intelligenz: Rechtliche Beurteilung des Einsatzes intelligenter Softwareagenten im E-Commerce, Hamburg 2007.

Joussen, Jacob, Abgabe und Zugang von Willenserklärungen unter Einschaltung einer Hilfsperson, Jura 2003, S. 577–581.

ders., Das Gestaltungsrecht des Dritten nach § 317 BGB, AcP 203 (2003), S. 429–463.

Jüngling, Kurt, Zur Lehre vom Boten und vom Stellvertreter, Breslau 1906.

Kainer, Friedemann/Förster, Lydia, Autonome Systeme im Kontext des Vertragsrechts, ZfPW 2020, S. 275–305.

Karlowa, Otto, Das Rechtsgeschäft und seine Wirkung, Berlin 1877.

Karrenbrock, Tobias/Becker-Inglau, Birthe, Handlungsfähigkeit des GmbH-Aufsichtsrats in Krisenzeiten, NZG 2020, S. 921–925.

Kaser, Max, Das Römische Privatrecht. Erster Abschnitt: Das altrömische, das vorklassische und klassische Recht, 2. Aufl., München 1971.

ders., Das Römische Privatrecht. Zweiter Abschnitt: Die nachklassischen Entwicklungen, 2. Aufl., München 1975.

Kaser, Max/Hackl, Karl, Das Römische Zivilprozessrecht, 2. Aufl., München 1996.

Kaser, Max/Knüttel, Rolf/Lohsse, Sebastian, Römisches Privatrecht. Ein Studienbuch, 22. Aufl., München 2021.

Kersten, Jens, Menschen und Maschinen: Rechtliche Konturen instrumenteller, symbiotischer und autonomer Konstellationen, JZ 2015, S. 1–8.

Keßler, Oliver, Intelligente Roboter – neue Technologien im Einsatz: Voraussetzungen und Rechtsfolgen des Handelns informationstechnischer Systeme, MMR 2017, S. 589–594.

Kettler, Georg, Die unwiderrufliche Vollmacht, Göttingen 1929.

Keyßner, Hugo, Der Quittungsträger, in: Juristische Gesellschaft zu Berlin (Hrsg.), Festgabe der juristischen Gesellschaft zu Berlin zum 50jährigen Dienstjubiläum ihres Vorsitzenden, des wirklichen geheimen Rats Dr. Richard Koch, Berlin 1903, S. 139–149.

Kiehl, Johannes Georg, 1. Bedarf der Verzicht auf die Widerrufbarkeit einer Vollmacht zu seiner Verbindlichkeit einer Vereinbarung? 2. Wie kann ein vom Bevollmächtigten nach wirksamen Widerrufe der Vollmacht formgerecht abgeschlossener Grundstücksveräußerungsvertrag Rechtswirksamkeit erlangen?, LZ 1925, Sp. 1020–1030.

Kiehnle, Arndt, Das Selbsteintrittsrecht des Kommissionärs (§ 400 HGB) und das Verbot des Selbstkontrahierens (§ 181 BGB), AcP 212 (2012), S. 875–919.

Kipker, Dennis-Kenji/Birrek, Piet/Niewöhner, Mario/Schnorr, Timm, Rechtliche und technische Rahmenbedingungen der „Smart Contracts". Eine zivilrechtliche Betrachtung, MMR 2020, S. 509–513.

Kirchmann, J. H. von, Des Hugo Grotius drei Bücher über das Recht des Krieges und Friedens, in welchem das Natur- und Völkerrecht und das Wichtigste aus dem öffentlichen Recht erklärt werden, aus dem Lateinischen des Urtextes übersetzt, mit erläuternden Anmerkungen und einer Lebensbeschreibung des Verfassers versehen, Band 1, Berlin 1869.

Kirn, Stefan/Müller-Hengstenberg, Claus D., Intelligente (Software-)Agenten: Von der Automatisierung zur Autonomie? Verselbstständigung technischer Systeme, MMR 2014, S. 225–232.

dies., Technische und rechtliche Betrachtungen zur Autonomie kooperativ-intelligenter Softwareagenten, KI 2015, S. 59–74.

Klein, David, Blockchains als Verifikationsinstrument für Transaktionen im IOT, in: Taeger, Jürgen (Hrsg.), Internet der Dinge: Digitalisierung von Wirtschaft und Gesellschaft (DSRITB), Edewecht 2015, S. 429–440.

Klein, Olaf, Die Kündigung „i.A." – Kennzeichen mangelnder Schriftform?, NZA 2004, S. 1198–1200.

Kleiner, Cornelius, Die elektronische Person: Entwurf eines Zurechnungs- und Haftungssubjekts für den Einsatz autonomer Systeme im Rechtsverkehr, Baden-Baden 2021.

Kleinhenz, Holger Michael, Der Widerruf der Vollmacht gegenüber dem beschränkt Geschäftsfähigen, Jura 2007, S. 810–814.

Klinck, Fabian, Zur Bedeutung des Wortes *procurator* in den Quellen des klassischen Rechts, SZ 124 (2007), S. 25–52.

Klingbeil, Stefan, Schuldnerhaftung für Roboterversagen: Zum Problem der Substitution von Erfüllungsgehilfen durch Maschinen, JZ 2019, S. 718–725.

Kluch, Michel, Statuta Populi Et Communis Florentiae Publica Auctoritate, Collecta Castigata Et Praeposita, Anno Salutis MCCCCXV, Tom. I: Complectens Lib. I. De electione, & officio Forensium Officialium. Lib. II. De Causis Civilibus. Lib. III. De Causis criminalibus, & de poenis, nec non Ordinamenta Iustitiae, & Tractatus de Cessantibus, & Fugitivis, Freiburg 1778.

Kluge, Vanessa/Müller, Anne-Kathrin, Autonome Systeme – Überlegungen zur Forderung nach einer „Roboterhaftung", in: Taeger, Jürgen (Hrsg.), Smart world – smart law? Weltweite Netze mit regionaler Regulierung (DSRITB), Edewecht 2016, S. 989–1006.

Knieper, Rolf, Die Verbindung des Erbvertrages mit anderen Verträgen, DNotZ 1968, S. 331–337.

Koch, Christian Friedrich, Allgemeines Landrecht für die Preußischen Staaten, unter Andeutung der obsoleten oder aufgehobenen Vorschriften und Einschaltung der jüngeren noch geltenden Bestimmungen, Kommentar in Anmerkungen, Teil 1, Band 1, 4. Aufl., Berlin 1862.

Kochendörfer, Thomas, Die Begründungsbedürftigkeit der Ausübung zivilrechtlicher Gestaltungsrechte, Göttingen 2010.

Köhler, Helmut, Fortbestand handelsrechtlicher Vollmachten bei Betriebsübergang?, BB 1979, S. 912–915.

ders., Die Problematik automatisierter Rechtsvorgänge, insbesondere von Willenserklärungen, AcP 182 (1982), S. 126–171.

ders., Fehlerhafte Vorstandsverträge, NZG 2008, S. 161–166.

ders., BGB, Allgemeiner Teil. Ein Studienbuch, 44. Aufl., München 2020.

Kölner Kommentar zum Aktiengesetz, hrsg. von Zöllner, Wolfgang/Noack, Ulrich, 3. Aufl., Köln.

– Band 2/1: §§ 76–94 AktG, 2010.

– Band 2/2: §§ 95–117 AktG, 2013.

Kornblum, Udo, Die Rechtsnatur der Bestimmung der Leistung in den §§ 315–319 BGB, AcP 168 (1968), S. 450–469.

Koschaker, Paul, Europa und das römische Recht, 4. Aufl., München, Berlin 1966.

Kramer, Ernst A., Schweigen als Annahme eines Antrags, Jura 1984, S. 235–250.

Kress, Hugo, Lehrbuch des allgemeinen Schuldrechts, München 1929.

Kronke, Herbert, Zur Funktion und Dogmatik der Leistungsbestimmung nach § 315 BGB, AcP 183 (1983), S. 113–144.

Kropff, Bruno, Aktiengesetz. Textausgabe des Aktiengesetzes vom 6.9.1965 und des Einführungstextes zum Aktiengesetz vom 6.9.1965 mit Begründung des Regierungsentwurfs, Bericht des Rechtsausschusses des Deutschen Bundestages, neu aufgelegt von Thölke, Ulrich, Berlin 2005 (zuerst Düsseldorf 1965).

Krückmann, Paul, Die absolute Wirkung der Miete, LZ 1931, Sp. 1169–1194.

Kuhlmann, Jens, Die Einwilligung des Aufsichtsrats bei Darlehen und Vorschüssen an Prokuristen einer Aktiengesellschaft, AG 2009, S. 109–115.

Kuntze, Johannes Emil, Die Obligation und die Singularsuccession des römischen und heutigen Rechtes. Eine civilistische Studie, Leipzig 1856.

Kupiszewski, Henryk, Studien zum Verlöbnis im klassischen römischen Recht I, SZ 84 (1976), S. 70–103.

Laband, Paul, Die Stellvertretung bei dem Abschluß von Rechtsgeschäften nach dem allgem. Deutsch. Handelsgesetzbuch, ZHR 10 (1866), S. 183–241.

Lange, Hermann, „Alteri stipulari nemo potest" bei Legisten und Kanonisten, SZ 73 (1956), S. 279–306.

ders., Römisches Recht im Mittelalter, Band 1: Die Glossatoren, München 1997.

Lange, Hermann/Kriechbaum, Maximiliane, Römisches Recht im Mittelalter, Band 2: Die Kommentatoren, München 2007.

Lange, Heinrich (Begr.)/*Kuchinke, Kurt*, Erbrecht. Ein Lehrbuch, 5. Aufl., München 2001.

Lange, Sonja, Die Willenserklärung – Teil 2, JA 2007, S. 766–772.

Larenz, Karl, Allgemeiner Teil des deutschen Bürgerlichen Rechts, 7. Aufl., München 1989.

Lauterbach, Wolfgang Adam/Hachten, Heino von, Dissertatio Juridica De Nuncio, Tübingen 1660.

Leenen, Detlef, Abschluß, Zustandekommen und Wirksamkeit des Vertrags, AcP 188 (1988), S. 381–418.

Leeuwen, Simon van, Censura forensis theoretico-practica, id est, totius juris civilis Romani, usuque recepti, et pratici methodica collation, Band 1, 3. Edition, Amsterdam 1685.

Lehmann, Heinrich, Allgemeiner Teil des Bürgerlichen Gesetzbuches, 14. Aufl., Berlin 1963.

Lehmann, Heinrich/Hübner, Heinz, Allgemeiner Teil des Bürgerlichen Gesetzbuchs, 16. Aufl., Berlin 1966.

Lenel, Otto, Stellvertretung und Vollmacht, JherJb 36 (1896), S. 1–130.

Lent, Friedrich, Gibt es eine Vertretung in der Erklärung bei zu beurkundenden Geschäften?, DNotZ 1951, S. 151–157.

Leonhard, Franz, Empfiehlt sich die Beibehaltung der Vorschriften, welche der Entwurf des bürgerlichen Gesetzbuchs im Allgemeinen Theil (§§ 98–102) über den Irrthum bei Willenserklärungen aufstellt?, in: Schriftführer-Amt der ständigen Deputation (Hrsg.), Verhandlungen des Zwanzigsten Deutschen Juristentages, Band 3: Gutachten, Berlin 1889, S. 23–121.

ders., Vertretung und Fremdwirkung, JherJb 86 (1936), S. 1–32.

Leonhard, Rudolf, Der Allgemeine Teil des Bürgerlichen Gesetzbuchs in seinem Einflusse auf die Fortentwicklung der Rechtswissenschaft, Berlin 1900.

Leuering, Dieter, Die Vertretung der Aktiengesellschaft durch Aufsichtsrat und Hauptversammlung, in: Bork, Reinhard/Hoeren, Thomas/Pohlmann, Petra (Hrsgg.), Recht und Risiko: Festschrift für Helmut Kollhosser zum 70. Geburtstag, Band 2: Zivilrecht, Karlsruhe 2004, S. 361–379.

ders., Die Zurückweisung von einseitigen Rechtsgeschäften des Aufsichtsrats nach § 174 BGB, NZG 2004, S. 120–123.

Lewinski, Kai von/Barros Fritz, Raphael de, Arbeitgeberhaftung nach dem AGG infolge des Einsatzes von Algorithmen bei Personalentscheidungen, NZA 2018, S. 620–625.

Leyens, Patrick/Böttcher, Henning, Anfängerhausarbeit – Zivilrecht: Computergenerierte Willenserklärung, Anfechtbarkeit und Erklärungsrisiken – Der smarte Kühlschrank, JuS 2019, S. 133–138.

Lieder, Jan, Trennung und Abstraktion im Recht der Stellvertretung, JuS 2014, S. 393–397.

ders., Missbrauch der Vertretungsmacht und Kollusion, JuS 2014, S. 681–686.

Lim, Joong-Ho, Die Vertretungsmacht des Aufsichtsrats einer Aktiengesellschaft, Gießen 1986.

Linardatos, Dimitrios, Autonome und vernetzte Aktanten im Zivilrecht. Grundlinien zivilrechtlicher Zurechnung und Strukturmerkmale einer elektronischen Person, Tübingen 2021.

Link, Christoph, Aufgeklärtes Naturrecht und Gesetzgebung. Vom Systemgedanken zur Kodifikation, in: Birtsch, Günter/Willoweit, Dietmar (Hrsgg.), Reformabsolutismus und ständische Gesellschaft, Zweihundert Jahre Preußisches Allgemeines Landrecht, Berlin 1998, S. 21–46.

Linke, Christian, Die elektronische Person, MMR 2021, S. 200–204.

ders., Digitale Wissensorganisation: Wissenszurechnung beim Einsatz autonomer Systeme, Baden-Baden 2021.

Lipp, Martin, Der praktische Fall – Bürgerliches Recht: Die beschränkt geschäftsfähige Stellvertreterin, JuS 2000, S. 267–271.

Löbbe, Marc, Die Selbstbefreiung (Art. 17 Abs. 4 MAR) durch den Aufsichtsrat in Personalangelegenheiten, in: Hoffmann-Becking, Michael/Hommelhoff, Peter (Hrsgg.), Festschrift für Gerd Krieger zum 70. Geburtstag, München 2020, S. 607–625.

Lorse, Jürgen, Entscheidungsfindung durch künstliche Intelligenz. Zukunft der öffentlichen Verwaltung?, NVwZ 2021, S. 1657–1662.

Lüdeking, Matthias, Die zugerechnete Willenserklärung. Existenz, Struktur und Kriterien, Berlin 2017.

Ludewig, Wilhelm, Die Ermächtigung nach bürgerlichem Recht, Marburg 1922.

Luig, Klaus, Zur Geschichte der Zessionslehre, Köln, Graz 1966.

ders., Das Privatrecht des ALR und seine Stellung unter den Naturrechtsgesetzbüchern der Aufklärung, in: Birtsch, Günter/Willoweit, Dietmar (Hrsgg.), Reformabsolutismus und ständische Gesellschaft: zweihundert Jahre Preußisches Landrecht, Berlin 1998, S. 255–271.

ders., Das Privatrecht im „Allgemeinen Landrecht für die preußischen Staaten" von 1794, in: Luig, Klaus (Hrsg.), Römisches Recht, Naturrecht, nationales Recht, Goldbach 1998, S. 469–490.

ders., Der Einfluß des Naturrechts auf das positive Privatrecht im 18. Jahrhundert, in: Luig, Klaus (Hrsg.), Römisches Recht, Naturrecht, nationales Recht, Goldbach 1998, S. 151–167.

ders., Die Auslegung von Willenserklärungen im Naturrecht von Grotius bis Wolff, in: Schröder, Jan (Hrsg.), Theorie der Interpretation vom Humanismus bis zur Romantik – Rechtswissenschaft, Philosophie, Theologie: Beiträge zu einem interdisziplinären Symposion in Tübingen, 29. September bis 1. Oktober 1999, Stuttgart 2001, S. 133–154.

Luther, Martin/Rosga, Isolde, Praktische Fragen und Probleme der Rechtsstellung des Aufsichtsratsvorsitzenden und seines Stellvertreters einer AG oder GmbH, in: Fachinstitut der Steuerberater e. V. (Hrsg.), Beiträge zum Zivil-, Steuer- und Unternehmensrecht, Festschrift für Heinz Meilicke, Berlin, Heidelberg u. a. 1985, S. 80–93.

Lutter, Marcus/Gehling, Christian, Bürgerliches Recht, JZ 1992, S. 152–156.

Lutter, Marcus/Krieger, Gerd/Verse, Dirk. A., Rechte und Pflichten des Aufsichtsrats, 7. Aufl., Köln 2020.

Malorny, Friederike, Auswahlentscheidungen durch künstlich intelligente Systeme. Datenschutzrechtliche Grenzen im Arbeitsrecht, JuS 2022, S. 289–296.

Manthe, Ulrich, Gaius Institutiones – Die Institutionen des Gaius, Darmstadt 2004.

Martens, Klaus-Peter, Rechtsgeschäft und Drittinteressen, AcP 177 (1977), S. 113–188.

Matthias, Andreas, Automaten als Träger von Rechten. Plädoyer für eine Gesetzesänderung, Berlin 2008.

Matthiesen, Wilhelm, Stellvertretung in der Erklärung, JW 1924, S. 659–661.

Mattil, Friedrich, Zur Vertretung beim Abschluß des Adoptionsvertrages, ZBlJR 1950, S. 121–126.

Medicus, Dieter/Petersen, Jens, Allgemeiner Teil des BGB, 11. Aufl., Heidelberg 2016.

Mehrings, Josef, Vertragsabschluß im Internet: Eine neue Herausforderung für das „alte" BGB, MMR 1998, S. 30–33.

Memmer, Michael, Die Ehescheidung im 4. und 5. Jahrhundert n. Chr., in: Schermaier, Martin J./Rainer, J. Michael/Winkel, Laurens C. (Hrsgg.), Iurisprudentia universalis, Festschrift für Theo Mayer-Maly zum 70. Geburtstag, Köln, Weimar u. a. 2002, S. 489–510.

Menkel, Andreas, Die Vertretungsbefugnis des Aufsichtsrates bei der Beauftragung Sachverständiger nach § 109 Abs. 1 Satz 2, § 111 Abs. 2 Satz 2 AktG sowie nach § 25k KWG, AG 2019, S. 330–340.

Mertens, Hans-Joachim, Die Haftung des Untervertreters nach § 179 Abs. 2 BGB – BGHZ 32, 250, JuS 1961, S. 315–317.

Meyer, Bernhard, Ueber den Aufrechnungsvertrag (Auszüge aus Doktordissertationen der Rechts- und Staatswissenschaftlichen Facultät der Georg-August-Universität zu Göttingen, Jahrgang 1923), Göttingen 1924.

Meyers Großes Konversationslexikon, Nachschlagewerk des allgemeinen Wissens, digitalisierte Fassung im Wörterbuchnetz des Trier Center for Digital Humanities, Version 01/21, https://www.woerterbuchnetz.de/Meyers, abgerufen am 1.5.2021.

Mitteis, Heinrich/Lieberich, Heinz, Deutsches Privatrecht. Ein Studienbuch, 8. Aufl., München 1978.

Mitteis, Ludwig, Die Lehre von der Stellvertretung nach römischem Recht mit Berücksichtigung des österreichischen Rechts, Wien 1885 (Neudruck 1962).

ders., Römisches Privatrecht bis auf die Zeit Diokletians, Band 1: Grundbegriffe und Lehre von den Juristischen Personen, Leipzig 1908.

Mock, Sebastian, Grundfälle zum Stellvertretungsrecht, JuS 2008, S. 309–313.

ders., Grundfälle zum Stellvertretungsrecht, JuS 2008, S. 391–395.

ders., Grundfälle zum Stellvertretungsrecht, JuS 2008, S. 486–490.

Möslein, Florian, Smart Contracts im Zivil- und Handelsrecht, ZHR 183 (2019), S. 254–293.

Motive zu dem Entwurfe eines Bürgerlichen Gesetzbuches für das Deutsche Reich, Berlin 1888.

– Band 1: Allgemeiner Teil.

– Band 2: Recht der Schuldverhältnisse.

– Band 4: Familienrecht.

– Band 5: Erbrecht.

Mugdan, Benno (Hrsg.), Die gesammten Materialien zum Bürgerlichen Gesetzbuch für das Deutsche Reich, Berlin 1899.

– Band 1: Einführungsgesetz und allgemeiner Theil.

– Band 2: Recht der Schuldverhältnisse.

– Band 4: Familienrecht.
– Band 5: Erbrecht.

Mühlböck, Luisa/Taupitz, Jochen, Haftung für Schäden durch KI in der Medizin, AcP 221 (2021), S. 179–218.

Mühlenbruch, Christian Friedrich, Lehrbuch des Pandekten-Rechts: nach der dritten Auflage der Doctrina Pandectarum deutsch bearbeitet, Erster Theil, Halle 1835.

ders., Die Lehre von der Cession der Forderungsrechte: nach den Grundsätzen des Römischen Rechts dargestellt, 3. Aufl., Greifswald 1836.

Müller, Ulrich, Die Entwicklung der direkten Stellvertretung und des Vertrages zugunsten Dritter. Ein dogmengeschichtlicher Beitrag zur Lehre von der unmittelbaren Drittberechtigung und Drittverpflichtung, Stuttgart, Berlin u. a. 1969.

Müllereisert, Franz Arthur, Juristische Grundbegriffe aus dem Vertrags-, Schuld-, Urheber- und Sachenrecht, Würzburg-Aumühle 1936.

Müller-Engels, Gabriele, Vorsorgevollmacht und Betreuung – Update und Ausblick, DNotZ 2021, S. 84–102.

Müller-Freienfels, Wolfram, Die Vertretung beim Rechtsgeschäft, Tübingen 1955.

ders., Die Abstraktion der Vollmachtserteilung im 19. Jahrhundert, in: Coing, Helmut/Wilhelm, Walter (Hrsgg.), Wissenschaft und Kodifikation des Privatrechts im 19. Jahrhundert, Band 2: Die rechtliche Verselbständigung der Austauschverhältnisse vor dem Hintergrund der wirtschaftlichen Entwicklung und Doktrin, Frankfurt a. M. 1977, S. 144–212.

ders., „Haftungsvertreter" und Stellvertreter, in: Baumgärtel, Gottfried/Klingmüller, Ernst (Hrsgg.), Festschrift für Heinz Hübner zum 70. Geburtstag am 7. November 1984, Berlin 1984, S. 627–653.

Müller-Hengstenberg, Claus D./Kirn, Stefan, Intelligente (Software-)Agenten: Eine neue Herausforderung unseres Rechtssystems: Rechtliche Konsequenzen der „Verselbstständigung" technischer Systeme, MMR 2014, S. 307–313.

dies., Haftung des Betreibers von autonomen Softwareagents: Mögliche Auswirkungen der Entschließung des Europäischen Parlaments zur Haftung bei KI-Einsatz, MMR 2021, S. 376–380.

Münchener Handbuch zum Arbeitsrecht, hrsg. von Kiel, Heinrich/Lunk, Stefan/Oetker, Hartmut, 4. Aufl., München.

– Band 1: Individualarbeitsrecht I, 2018.
– Band 3: Kollektives Arbeitsrecht I, 2019.

Münchener Handbuch des Gesellschaftsrechts, hrsg. von Hoffmann-Becking, Michael, Band 4: Aktiengesellschaft, 5. Aufl., München 2020.

Münchener Kommentar zum Aktiengesetz, München.

– Band 3: §§ 76–117 AktG, MitbestG, § 76 BetrVG 1952, hrsg. von Kropff, Bruno/Semler, Johannes, 2. Aufl. 2004.
– Band 2: §§ 76–117, MitbestG, DrittelbG, hrsg. von Goette, Wulf/Habersack, Mathias/Kalss, Susanne, 5. Aufl. 2019.

Münchener Kommentar zum Bürgerlichen Gesetzbuch, hrsg. von Säcker, Franz Jürgen/Rixecker, Roland/Oetker, Hartmut/Limperg, Bettina, München.

– Band 1: Allgemeiner Teil, §§ 1–240, APR, ProstG, AGG, 5. Aufl. 2006, 9. Aufl. 2021.
– Band 2: Schuldrecht – Allgemeiner Teil I, §§ 241–310, 8. Aufl. 2019.
– Band 3: Schuldrecht – Allgemeiner Teil II, §§ 311–432, 8. Aufl. 2019.
– Band 6: Schuldrecht – Besonderer Teil III, §§ 631–704, 8. Aufl. 2020.
– Band 7: Schuldrecht – Besonderer Teil IV, §§ 705–853, Partnerschaftsgesellschaftsgesetz, Produkthaftungsgesetz, 8. Aufl. 2020.
– Band 8: Sachenrecht, §§ 854–1296, WEG, ErbbauRG, 8. Aufl. 2020.

- Band 9: Familienrecht I, §§ 1297–1588, Versorgungsausgleichsgesetz, Gewaltschutzgesetz, Lebenspartnerschaftsgesetz, 8. Aufl. 2019.
- Band 10: Familienrecht II, §§ 1589–1921, SGB VIII, 8. Aufl. 2020.
- Band 11: Erbrecht, §§ 1922–2385, §§ 27–35 BeurkG, 8. Aufl. 2020.

Münchener Kommentar zum Handelsgesetzbuch, hrsg. von Drescher, Ingo/Fleischer, Holger/Schmidt, Karsten, 5. Aufl., München 2021.
- Band 1: §§ 1–104 HGB.
- Band 5: §§ 343–406 HGB, CISG.

Münchener Kommentar zur Zivilprozessordnung mit Gerichtsverfassungsgesetz und Nebengesetzen, hrsg. von Rauscher, Thomas/Krüger, Wolfgang, Band 1: §§ 1–354 ZPO, 6. Aufl. 2020.

Musielak, Hans-Joachim/Voit, Wolfgang, Kommentar zur Zivilprozessordnung mit Gerichtsverfassungsgesetz, 19. Aufl., München 2022.

Mutter, Stefan, Delegationsfähigkeit von Organkrediten, AG 2012, S. R44.

Nägele, Stefan/Böhm, Annett, Praxisrelevante Probleme der Vertretung nach § 112 AktG, BB 2005, S. 2197–2200.

Nawiasky, Hans, Allgemeine Rechtslehre als System der rechtlichen Grundbegriffe, 2. Aufl., Einsiedeln, Zürich u. a. 1948.

Neuner, Jörg, Der Reisevermittlungsvertrag, AcP 193 (1993), S. 1–34.

ders., Allgemeiner Teil des deutschen bürgerlichen Rechts, 12. Aufl., München 2020.

Oertmann, Paul, Kommentar zum Bürgerlichen Gesetzbuch und seinen Nebengesetzen, Bürgerliches Gesetzbuch, Band 1: Allgemeiner Teil, 3. Aufl., Berlin 1927.

Oetker, Hartmut (Hrsg.), Handelsgesetzbuch, Kommentar, 7. Aufl., München 2021.

Orssich, Irina, Das europäische Konzept für vertrauenswürdige Künstliche Intelligenz, EuZW 2022, S. 254–261.

Ostheim, Rolf, Probleme bei Vertretung durch Geschäftsunfähige, AcP 169 (1969), S. 193–231.

Otto, Carl Ed./Schilling, Bruno/Sintenis, Carl Friedrich Ferdinand (Hrsgg.), Das Corpus Juris Civilis in's Deutsche übersetzt, Band 4, Leipzig 1832.

Palandt, Otto (Begr.), Bürgerliches Gesetzbuch mit Nebengesetzen (Beck'sche Kurzkommentare, Band 7), 80. Aufl., München 2021.

Parasuraman, Raja/Riley, Victor, Humans and Automation: Use, Misuse, Disuse, Abuse, Human Factors 39 (1997), S. 230–253.

Parasuraman, Raja/Sheridan, Thomas B./Wickens, Christopher, A Model for Types and Levels of Human Interaction with Automation, IEEE Transactions on Systems, Man and Cybernetics – Part A: Systems and Humans 30 (2000), S. 286–297.

Paulus, David, Die automatisierte Willenserklärung, JuS 2019, S. 960–965.

Paulus, David/Matzke, Robin, Smart Contracts und das BGB – Viel Lärm um nichts?, ZfPW 2020, S. 431–465.

Pawlowski, Hans-Martin, Allgemeiner Teil des BGB. Grundlehren des bürgerlichen Rechts, 7. Aufl., Heidelberg 2003.

Peters, Frank, Zur werkvertraglichen Abnahme, BauR 2013, S. 381–389.

Petersen, Jens, Die Anfechtung der ausgeübten Innenvollmacht, AcP 201 (2001), S. 375–390.

ders., Bestand und Umfang der Vertretungsmacht, Jura 2003, S. 310–315.

Petzold, Herbert, Der Vertreter in der Erklärung, MDR 1961, S. 459–461.

Peus, Egon A., Der Aufsichtsratsvorsitzende. Seine Rechtsstellung nach dem Aktiengesetz und dem Mitbestimmungsgesetz, Köln, Berlin u. a. 1983.

Picker, Eduard, Der deliktische Schutz der Forderung als Beispiel für das Zusammenspiel von Rechtszuweisung und Rechtsschutz, in: Heldrich, Andreas/Prölls, Jürgen/Koller, Ingo (Hrsgg.), Festschrift für Claus-Wilhelm Canaris zum 70. Geburtstag, Band 1, München 2007, S. 1001–1035.

Pieper, Fritz-Ulli, Die Vernetzung autonomer Systeme im Kontext von Vertrag und Haftung, InTer 2016, S. 188–194.

ders., Vertrags- und haftungsrechtliche Fragen der Vernetzung autonomer Systeme, in: Taeger, Jürgen (Hrsg.), Smart world – smart law? Weltweite Netze mit regionaler Regulierung (DSRITB), Edewecht 2016, S. 971–987.

ders., Künstliche Intelligenz: im Spannungsfeld von Recht und Technik, in: Taeger, Jürgen (Hrsg.), Recht 4.0 – Innovationen aus den rechtswissenschaftlichen Laboren (DSRITB), Edewecht 2017, S. 555–569.

Planck, Gottlieb (Begr.), Planck's Kommentar zum Bürgerlichen Gesetzbuch nebst Einführungsgesetz, Berlin.
– Band 1: Allgemeiner Teil (§§ 1–240), 4. Aufl. 1913.
– Band 2/2: Recht der Schuldverhältnisse (Besonderer Teil), 4. Aufl. 1928.
– Band 3/2: Sachenrecht (§§ 1113–1296), 4. Aufl. 1938.

Pöschl, Erich, Nachweis der Vertretungsbefugnis des Aufsichtsrats einer Aktiengesellschaft gegenüber dem Grundbuchamt, BB 1966, S. 804–805.

Protokolle der Kommission für die zweite Lesung des Entwurfs des Bürgerlichen Gesetzbuchs, bearb. von Gebhard, Albert/Spahn, Peter/Achilles, Alexander, Berlin.
– Band 1: Allgemeiner Theil und Recht der Schuldverhältnisse, Abschn. I, II, Tit. I, 1897.
– Band 4: Familienrecht, 1897.
– Band 5: Erbrecht, 1899.

Prühls, Hagen, Aufgaben- und Entscheidungsdelegation im Aufsichtsrat, DB 1970, S. 1524–1528.

Puchta, Georg Friedrich, Vorlesungen über das heutige römische Recht, Band 2, 4. Aufl., Leipzig 1855.

Puchta, Georg Friedrich/Rudorff, Adolf Friedrich, Pandekten, 11. Aufl., Leipzig 1872.

Pusch, Martin, Vollmachtsnachweis bei Abberufung und Kündigung von Vorstandsmitgliedern, RdA 2005, S. 170–176.

Raab, Thomas, Austauschverträge mit Drittwirkung, Tübingen 1999.

Raape, Leo, Die Wollensbedingung. Zugleich ein Beitrag zum Stempelrecht, Halle (Saale) 1912.

ders., Zustimmung und Verfügung, AcP 121 (1923), S. 257–296.

ders., Anm. zum Urteil des RG v. 24. April 1925; 10/25 VI. – Köln, JW 1925, S. 1993–1995.

ders., Anm. zum Urteil des RG v. 25. Sept. 1926; 33/26 V. – Königsberg, JW 1927, S. 2624.

Rabel, Ernst, Ein Ruhmesblatt Papinians. (Die sog. Actio quasi institoria), in: Festschrift für Ernst Zitelmann zu seinem 60. Geburtstage, überreicht von Verehrern und Schülern, München, Leipzig 1913, S. 1–26 (des zwölften Beitrags in der zweiten Abteilung).

Raich, Fritz, Die dogmatische Stellung der Ermächtigung, Böblingen 1962.

Raiser, Ludwig, Das Recht der allgemeinen Geschäftsbedingungen, Hamburg 1935.

ders., Rechtsschutz und Institutionenschutz im Privatrecht, in: Summum ius summa iniuria: Individualgerechtigkeit und der Schutz allgemeiner Werte im Rechtsleben. Ringvorlesung, gehalten von Mitgliedern der Tübinger Juristenfakultät im Rahmen des Dies academicus, Wintersemester 1962/63, Tübingen 1963, S. 145–167.

Regelsberger, Ferdinand, Lothar Seuffert. Die Lehre von der Ratihabition der Rechtsgeschäfte. Würzburg 1968. SS. VI und 160., KritV 11 (1869), S. 361–378.

ders., Pandekten, Band 1, Berlin 1893.

Rehbein, Hugo, Das Bürgerliche Gesetzbuch mit Erläuterungen für das Studium und die Praxis, Band 1: Allgemeiner Theil, Berlin 1899.

Reichel, Hans, Verzicht auf die elterliche Gewalt, DR 1914, S. 355–356.

ders., Höchstpersönliche Rechtsgeschäfte, Berlin-Grunewald 1931.

Reichert, Jochem, Entscheidungsbefugnisse des Aufsichtsratsvorsitzenden, in: Grundmann, Stefan/Merkt, Hanno/Mülbert, Peter O. (Hrsgg.), Festschrift für Klaus J. Hopt zum 80. Geburtstag am 24. August 2020, Berlin, Boston 2020, S. 973–991.

Reichsgerichtsrätekommentar, Das Bürgerliche Gesetzbuch mit besonderer Berücksichtigung der Rechtsprechung des Reichsgerichts und des Bundesgerichtshofes, Kommentar, hrsg. von den Mitgliedern des Bundesgerichtshofes, 12. Aufl., Berlin.
– Band 1: §§ 1–240, 1982.
– Band 2,1: §§ 241–413, 1976.
– Band 2,5: §§ 812–831, 1989.
– Band 3, 2: Anhang § 1011, ErbbauVO, §§ 1018–1203, Anhang § 1203, SchiffsRG, 1996.
Reichwald, Julian/Pfisterer, Dennis, Autonomie und Intelligenz im Internet der Dinge: Möglichkeiten und Grenzen autonomer Handlungen, CR 2016, S. 208–212.
Reuter, Stefan, Die Qualifikation der Haftung des *falsus procurator* im internationalen Privatrecht, Tübingen 2016.
Richardi, Reinhard, Die Wissensvertretung, AcP 169 (1969), S. 385–403.
ders. (Hrsg.), Betriebsverfassungsgesetz mit Wahlordnung, Kommentar, 16. Aufl., München 2018.
Riehm, Thomas, Von Drohnen, Google-Cars und Software-Agenten: Rechtliche Herausforderungen autonomer Systeme, ITRB 2014, S. 113–115.
ders., Nein zur ePerson! Gegen die Anerkennung einer digitalen Rechtspersönlichkeit, RDi 2020, S. 42–49.
Riezler, Erwin, Konkurrierendes und kollidierendes Handeln des Vertreters und des Vertretenen, AcP 98 (1906), S. 372–419.
Riley, Victor, A General Model of Mixed-Initiative Human-Machine systems, Proceedings of the Human Factors and Ergonomic Society Annual Meeting 33 (1989), S. 124–128.
Rodi, Daniel, Die bedingte Zustimmung, Berlin 2016.
Rosenberg, Leo, Stellvertretung im Prozess. Auf der Grundlage und unter eingehender, vergleichender Darstellung der Stellvertretungslehre des bürgerlichen Rechts nebst einer Geschichte der prozessualen Stellvertretung, Berlin 1908.
Roshan, Bahram, Automatisiertes und autonomes Fahren im Überblick, NJW-Spezial 2021, S. 137–138.
Ross, Alf, Tû-Tû, Harvard Law Review 70 (1957), S. 812–825.
Roth, Andreas, Zur Problematik des Vertrags zu Lasten Dritter, in: Häuser, Franz (Hrsg.), Festschrift für Walther Hadding zum 70. Geburtstag am 8. Mai 2004, Berlin 2004, S. 253–270.
Rüfner, Thomas, Juristische Herausforderungen der Künstlichen Intelligenz aus der Perspektive des Privatrechts, in: Dederer, Hans-Georg/Shin, Yu-Cheol (Hrsgg.), Künstliche Intelligenz und juristische Herausforderungen, Tübingen 2021, S. 15–42.
Ruhstrat, Ernst, Inwiefern haftet heutzutage der Mandatar aus den Verträgen, die er als solcher abgeschlossen hat?, AcP 30 (1847), S. 340–355.
ders., Die Bedeutung der Stellvertretung bei Verträgen im heutigen Recht, ArchOldR 1855, S. 86–104.
Rupietta, Dirk, Die Vertretung der Aktiengesellschaft gegenüber dem Vorstand, NZG 2007, S. 801–805.
Russell, Stuart/Norvig, Peter, Künstliche Intelligenz: ein moderner Ansatz, 2. Aufl., München, Boston u. a. 2004.
Säcker, Franz-Jürgen, Gesellschaftsvertragliche und erbrechtliche Nachfolge in Gesamthandsmitgliedschaften. Eine Analyse der unterschiedlichen gesetzlichen Ordnungsstrukturen, Bad Homburg v. d. H., Berlin u. a. 1970.
Sandmann, Bernd, Empfangsbotenstellung und Verkehrsanschauung, AcP 199 (1999), S. 455–476.
Savigny, Friedrich Carl von, Das Obligationenrecht als Theil des heutigen Römischen Rechts, Zweiter Band, Berlin 1853.

Saxoferrato, Bartolus de, In primam Digesti Novi partem Commentaria, Augustae Taurinorum 1574.

Schade, Walther, Ueber den Aufrechnungsvertrag, Sorau N.-L. 1904.

Scheja, Katharina, Schutz von Algorithmen in Big Data Anwendungen. Wie Unternehmen aufgrund der Umsetzung der Geschäftsgeheimnis-Richtlinie ihre Algorithmen wie auch Datenbestände besser schützen können, CR 2018, S. 485–492.

Schenck, Kersten von, Arbeitshandbuch für Aufsichtsratsmitglieder, 4. Aufl., München 2013.

Scheurl, Adolf von, Stellvertretung, insbesondere bei der Begründung von Obligationen, KritUeb 1 (1853), S. 315–338.

Schilken, Eberhard, Wissenszurechnung im Zivilrecht. Eine Untersuchung zum Anwendungsbereich des § 166 BGB innerhalb und außerhalb der Stellvertretung, Bielefeld 1983.

Schirmer, Jan-Erik, Rechtsfähige Roboter?, JZ 2016, S. 660–666.

ders., Von Mäusen, Menschen und Maschinen – Autonome Systeme in der Architektur der Rechtsfähigkeit, JZ 2019, S. 711–718.

Schliemann, Adolph, Beiträge zur Lehre von der Stellvertretung beim Abschluß obligatorischer Geschäfte, ZHR 16 (1871), S. 1–31.

Schlinker, Steffen/Ludyga, Hannes/Bergmann, Andreas, Privatrechtsgeschichte. Ein Studienbuch, München 2019.

Schlossmann, Siegmund, Der Besitzerwerb durch Dritte nach römischem und heutigem Rechte: ein Beitrag zur Lehre von der Stellvertretung, Leipzig 1881.

ders., Die Lehre von der Stellvertretung, insbesondere bei obligatorischen Verträgen, Leipzig.

– Teil 1: Kritik der herrschenden Lehren, 1900.

– Teil 2: Versuch einer wissenschaftlichen Grundlegung, 1902.

Schmidt, Karsten, Offene Stellvertretung. Der „Offenkundigkeitsgrundsatz" als Teil der allgemeinen Rechtsgeschäftslehre, JuS 1987, S. 425–433.

ders., Zur Durchsetzung vorvertraglicher Pflichten – Bemerkungen zum Urt. des BGH v. 29.9.1989 – V ZR 1/88 –, DNotZ 1990, S. 708–712.

ders., Gesellschaftsrecht, 4. Aufl., Köln, Berlin u. a. 2002.

ders., Anm. zu den Urteilen des BGH vom 2.6.2015 – XI ZR 327/14 und vom 16.6.2015 – XI 243/13, Schuldrecht BT: Nichtleistungskondiktion zwischen Bank und Zahlungsempfänger bei nicht autorisiertem Zahlungsvorgang, JuS 2016, S. 72–75.

ders., Zur „Abstraktheit" im Stellvertretungsrecht. Wiedergelesen: Paul Laband, ZHR 10 (1866), 183 ff., in: Grigoleit, Hans Christoph/Petersen, Jens (Hrsgg.), Privatrechtsdogmatik im 21. Jahrhundert, Festschrift für Claus-Wilhelm Canaris zum 80. Geburtstag, Berlin, Boston 2017, S. 117–129.

Schmidt, Karsten/Lutter, Marcus (Hrsgg.), Aktiengesetz, 4. Aufl., Köln 2020.

Schmidt-Rimpler, Walter, Grundfragen einer Erneuerung des Vertragsrechts, AcP 147 (1941), S. 130–197.

Schmitt, Ralph, Vollmachtlose Vertretung der Aktiengesellschaft gegenüber Vorstandsmitgliedern, in: Grundmann, Stefan/Haar, Brigitte/Merkt, Hanno/Mülbert, Peter O./Wellenhofer, Marina/Baum, Harald/Hein, Jan von/Hippel, Thomas von/Pistor, Katharina/Roth, Markus/Schweitzer, Heike (Hrsg.), Festschrift für Klaus J. Hopt zum 70. Geburtstag am 24. August 2010, Unternehmen, Markt und Verantwortung, Band 1, Berlin 2010, S. 1313–1325.

Schmoeckel, Mathias/Rückert, Joachim/Zimmermann, Reinhard (Hrsgg.), Historisch-kritischer Kommentar zum BGB, Band 1: Allgemeiner Teil, §§ 1–240 BGB, Tübingen 2003.

Schnauder, Franz, Wider das Dogma vom Empfängerhorizont, NJW 1999, S. 2841–2846.

Schneider, Helmut, Stellvertretung im Willen, Stellvertretung in der Erklärung und Bote, Köln 1959.

Scholz, Franz, Vollmachtgeber und Bevollmächtigter in Konkurrenz, JR 1958, S. 17.

Schramm, Carl, Der Vertragsbruch – Ausnutzung und Verleiten, GRUR 1961, S. 328–335.

Schröder, Jan, Recht als Wissenschaft: Geschichte der juristischen Methode vom Humanismus bis zur historischen Schule (1500–1850), München 2001.

ders., „Naturrecht bricht positives Recht" in der Rechtstheorie des 19. Jahrhunderts?, in: Finkenauer, Thomas/Peterson, Claes/Stolleis, Michael (Hrsgg.), Rechtswissenschaft in der Neuzeit: Geschichte, Theorie, Methode, Tübingen 2010, S. 283–296.

Schubert, Werner (Hrsg.), Die Vorlagen der Redaktoren für die erste Kommission zur Ausarbeitung des Entwurfs eines Bürgerlichen Gesetzbuches, Band 1: Allgemeiner Teil, Teil 2, Berlin, New York 1981 (Seite zitiert nach dem Original).

Schüller, Michael, Untervollmachten bei General- und Vorsorgevollmachten – Risiken und Gestaltungsmöglichkeiten, RNotZ 2014, S. 585–591.

Schulz, Thomas, Verantwortlichkeit bei autonom agierenden Systemen: Fortentwicklung des Rechts und Gestaltung der Technik, Baden-Baden 2015.

Schulze, Reiner, Bürgerliches Gesetzbuch, Handkommentar, 10. Aufl., Baden-Baden 2019.

Schwarz, Günter Christian, Kein Zugang bei Annahmeverweigerung des Empfangsboten?, NJW 1994, S. 891–893.

Schwoerer, Julius B., Die Ausübung der Gesamtvertretung, Wertheim a. M. 1931.

Seeler, Wilhelm von, Vollmacht und Scheinvollmacht, ArchBürgR 28 (1906), S. 1–52.

Semler, Johannes, Geschäfte einer Aktiengesellschaft mit Mitgliedern ihres Vorstands – Gedanken zu § 112 AktG –, in: Pfeiffer, Gerd/Wiese, Günther/Zimmermann, Klaus (Hrsgg.), Festschrift für Heinz Rowedder zum 75. Geburtstag, München 1994, S. 441–457.

Semler, Johannes (Begr.)/*Schenck, Kersten von*, Der Aufsichtsrat, Kommentar: §§ 95–116, 161, 170–172, 394 und 395 AktG, München 2015.

Sester, Peter/Nitschke, Tanja, Software-Agent mit Lizenz zum …? Vertragsschluss und Verbraucherschutz beim Einsatz von Softwareagenten, CR 2004, S. 548–554.

Shin, Yu-Cheol, Sozialer Wandel und Zivilrechtswissenschaft – Künstliche Intelligenz und juristische Herausforderungen, in: Dederer, Hans-Georg/Shin, Yu-Cheol (Hrsgg.), Künstliche Intelligenz und juristische Herausforderungen, Tübingen 2021, S. 1–14.

Smid, Stefan, Botenschaft und Stellvertretung, Lernbogen 2/1986, JuS 1986, S. L9–L12.

Söbbing, Thomas, Künstliche neuronale Netze: Rechtliche Betrachtung von Software- und KI-Lernstrukturen, MMR 2021, S. 111–116.

Soergel, Hans Theodor (Begr.), Bürgerliches Gesetzbuch mit Einführungsgesetz und Nebengesetzen, Stuttgart.
 – Band 2: Allgemeiner Teil 2, §§ 104–240, Stand März 1999, 13. Aufl. 1999.
 – Band 4/1: Schuldrecht 3/1, §§ 516–651, Gesetz zur Regelung der Miethöhe, Verbraucherkreditgesetz, Stand Frühjahr 1997, 12. Aufl. 1998.
 – Band 5/1a: Schuldrecht 3/1a, §§ 311, 311a–c, 313, 314, Stand April 2014, 13. Aufl. 2014.
 – Band 5/3: Schuldrecht 3/3, §§ 328–432, mit Nachtrag zur Neufassung der §§ 355–361 BGB in der ab 11.6.2010 geltenden Fassung, Stand August 2009, 13. Aufl. 2010.
 – Band 12: Schuldrecht 10, §§ 823–853, ProdHG, UmweltHG, Stand Sommer 2005, 13. Aufl. 2005.
 – Band 16: Sachenrecht 3, §§ 1018–1296, Stand Frühjahr 2001, 13. Aufl. 2001.

Solazzi, Siro, Il concorso dei creditori nel diritto romano, Volume I–IV, Napoli 1937–1943.

Sommer, Martin, Haftung für autonome Systeme: Verteilung der Risiken selbstlernender und vernetzter Algorithmen im Vertrags- und Deliktsrecht, Baden-Baden 2020.

Sorge, Christoph, Softwareagenten: Vertragsschluss, Vertragsstrafe, Reugeld, Karlsruhe 2006.

Sosnitza, Olaf, Das Internet der Dinge – Herausforderung oder gewohntes Terrain für das Zivilrecht?, CR 2016, S. 764–772.

Specht, Louisa/Herold, Sophie, Roboter als Vertragspartner? Gedanken zu Vertragsabschlüssen unter Einbeziehung automatisiert und autonom agierender Systeme, MMR 2018, S. 40–44.

Sperber, Alwin, Fragen zur Botenlehre des Bürgerlichen Gesetzbuches, Borna-Leipzig 1908.

Spindler, Gerald, Expertensysteme und Medizin – Haftungsrelevante Bereiche im Schnittfeld zwischen Medizin- und IT-Recht, in: Huber, Christian/Jaeger, Dominique/Luckey, Jan (Hrsgg.), Festschrift für Lothar Jaeger zum 75. Geburtstag, Luchterhand 2014, S. 135–159.

ders., Roboter, Automation, künstliche Intelligenz, selbst-steuernde Kfz – Braucht das Recht neue Haftungskategorien? Eine kritische Analyse möglicher Haftungsgrundlagen für autonome Steuerungen, CR 2015, S. 766–776.

Spindler, Gerald/Schuster, Fabian (Hrsg.), Recht der elektronischen Medien, Kommentar, 4. Aufl., München 2019.

Stadler, Astrid, Gestaltungsfreiheit und Verkehrsschutz durch Abstraktion. Eine rechtsvergleichende Studie zur abstrakten und kausalen Gestaltung rechtsgeschäftlicher Zuwendungen anhand des deutschen, schweizerischen, österreichischen, französischen und US-amerikanischen Rechts, Tübingen 1996.

Staudinger, Julius von (Begr.), Staudingers Kommentar zum Bürgerlichen Gesetzbuch mit Einführungsgesetz und Nebengesetzen, Berlin.

Buch 1, Allgemeiner Teil:
- §§ 90–124, 130–133, Neubearbeitung 2021.
- §§ 134–138, ProstG, Neubearbeitung 2021.
- §§ 139–163, Neubearbeitung 2020.
- §§ 164–240, Neubearbeitung 2019.

Buch 2, Recht der Schuldverhältnisse:
- §§ 311, 311a–c, Neubearbeitung 2018.
- §§ 328–345, Neubearbeitung 2020.
- §§ 362–396, Neubearbeitung 2022.
- §§ 662–675b, Neubearbeitung 2017.
- §§ 655a–656, 657–661a, Neubearbeitung 2020.
- §§ 823 A–D, Neubearbeitung 2017.
- §§ 779–811, Neubearbeitung 2015.

Buch 3, Sachenrecht:
- §§ 1113–1203, Neubearbeitung 2019.

Buch 5, Erbrecht:
- §§ 2265–2302, Neubearbeitung 2019.

Stein, Ursula, Die Grenzen vollmachtloser Vertretung der Gesellschaft gegenüber Vorstandsmitgliedern und Geschäftsführern, AG 1999, S. 28–42.

Steiner, Dirk, Die Vertretung der „kleinen" Aktiengesellschaft durch den Aufsichtsrat, BB 1998, S. 1910–1912.

Steiner, Rolf, Das Gestaltungsrecht, Zürich 1984.

Stiemerling, Oliver, „Künstliche Intelligenz" – Automatisierung geistiger Arbeit, Big Data und das Internet der Dinge. Eine technische Perspektive, CR 2015, S. 762–765.

Stoll, Heinrich, Ernst Cohn. Der Empfangsbote. Schlettersche Buchhandlung. Breslau 1927. 238 S., AcP 131 (1929), S. 228–234.

Stötter, Viktor, Die Bedeutung der Quittung bei Einschränkungen der Geschäftsfähigkeit des Quittierenden, MDR 1978, S. 632–633.

Stryk, Samuel, Specimen Usus Moderni Pandectarum, Ad Libros V. Priores in Academia Francofurtana Publicis Disputationibus Exhibitum, Halle (Saale) 1749.

Susat, Werner/Stolzenburg, G., Gedanken zur Automation, MDR 1957, S. 146–147.

Teubner, Gunther, Elektronische Agenten und große Menschenaffen: Zur Ausweitung des Akteurstatus in Recht und Politik, ZfRSoz 27 (2006), S. 5–30.

ders., Digitale Rechtssubjekte? Zum privatrechtlichen Status autonomer Softwareagenten, AcP 218 (2018), S. 155–205.

Theis, Ricarda, Der Einsatz automatischer und intelligenter Agenten im Finanzdienstleistungsbereich. Eine aufsichtsrechtliche und zivilrechtliche Einordnung am Beispiel sog. Robo-Advisor, Berlin 2021.

Thiele, Wolfgang, Die Zustimmungen in der Lehre vom Rechtsgeschäft, Köln, Berlin u. a. 1966.

Thielmann, Georg, Die römische Privatauktion. Zugleich ein Beitrag zum römischen Bankierrecht, Berlin 1961.

Timmermann, Daniel, Legal Tech-Anwendungen. Rechtswissenschaftliche Analyse und Entwicklung des Begriffs der algorithmischen Rechtsdienstleistung, Baden-Baden 2020.

Tuhr, Andreas von, Die unwiderrufliche Vollmacht, in: Universität Straßburg (Hrsg.), Festschrift für Paul Laband, Tübingen 1908, S. 43–96.

ders., Der Allgemeine Teil des Deutschen Bürgerlichen Rechts.

– Erster Band: Allgemeine Lehren und Personenrecht, Leipzig 1910 (Neudruck 1957).

– Zweiter Band, Erste Hälfte: Die rechtserheblichen Tatsachen, insbesondere das Rechtsgeschäft, München, Leipzig 1914 (Neudruck 1957).

– Zweiter Band, Zweite Hälfte: Die rechtserheblichen Tatsachen, insbesondere das Rechtsgeschäft, Berlin 1918 (Neudruck 1957).

Ubaldi, Baldus de, Iurisconsulti in Digestum Novum Commentaria, Venetiis 1577.

ders., Iurisconsulti in VII, VIII, IX, X et XI Codicis libros Commentaria, Venetiis 1577.

ders., Iurisconsulti, Praelectiones, In quatour Institutionum libros, Venetiis 1577.

ders., Ad tres priores libros Decretalium, Commentaria, Augustae Taurinorum 1578.

ders., Iurisconsulti in Quartum et Quintum Codicis libros Commentaria, Venetiis 1586.

Uelhoff, Klaus-Dieter, Die Vertretungsmacht des Betriebsratsvorsitzenden, Finnentrop 1963.

Ulmer, Eugen, Adoptionsvertrag und Stellvertretung. Zum Begriff der „Stellvertretung in der Erklärung", SJZ 1948, Sp. 137–141.

Ulmer, Peter, Testamentsvollstreckung an Kommanditanteilen?, ZHR 146 (1982), S. 555–579.

Vangerow, Karl Adolph von, Lehrbuch der Pandekten, Band 3, 7. Aufl., Marburg, Leipzig 1869.

Vetter, Eberhard, Die Vertretung der AG gegenüber den Mitgliedern des Vorstands im rechtsgeschäftlichen Verkehr: Anmerkungen zur Anwendung von § 112 AktG, in: Altmeppen, Holger/Fitz, Hanns/Honsell, Heinrich (Hrsgg.), Festschrift für Günter H. Roth zum 70. Geburtstag, München 2011, S. 855–870.

ders., Unternehmenskauf und Vertretung der AG durch den Aufsichtsrat, in: Bachmann, Gregor/Grundmann, Stefan/Mengel, Anja/Krolop, Kaspar (Hrsgg.), Festschrift für Christine Windbichler zum 70. Geburtstag am 8. Dezember 2020, Berlin, Boston 2020, S. 1129–1145.

Voet, Johannes, Commentarius ad Pandectas, Halle (Saale).

– Tomus Tertius (Band 3), 1778.

– Tomus Sextus (Band 6), 1780.

Vogt, Peter, Die unwiderrufliche Vollmacht, Bonn 1961.

Vollkommer, Max, Die Stellung des Anwalts im Zivilprozeß: Anwaltszwang, Anwaltsverschulden, Anwaltsfunktion, Köln 1984.

Wach, Adolf, Handbuch des Deutschen Civilprozessrechts, Band 1, Leipzig 1885.

Wacke, Andreas, Die adjektizischen Klagen im Überblick, erster Teil: Von der Reeder- und der Betriebsleiterklage zur direkten Stellvertretung, SZ 111 (1994), S. 280–362.

Wagner, Gerhard, Algorithmisierte Rechtsdurchsetzung, AcP 222 (2022), S. 56–103.

Wasserbäch, Elena Luisa, Die Vertretung der Aktiengesellschaft durch ihren Aufsichtsrat, Tübingen 2018.

Weber, Max, Zur Geschichte der Handelsgesellschaften im Mittelalter, nach südeuropäischen Quellen, Stuttgart 1889 (Neudruck 1964).

Weber, Oskar, Die Adoptionsvollmacht, DNotZ 1951, S. 316–323.

Weimar, Wilhelm, Kollidierende Rechtsgeschäfte bei Aufhebung des Entmündigungsbeschlusses, JR 1971, S. 502–503.

Weingart, Rowena, Vertragsschluss durch Verhandlungsagenten: Wenn Software eigenständig im Rechtsverkehr auftritt, CR 2020, S. 701–708.

Wendehorst, Christiane, Zum Einfluss pandektistischer Dogmatik auf das ABGB, in: Fischer-Czermak, Constanze/Hopf, Gerhard/Kathrein, Georg/Schauer, Martin (Hrsgg.), Festschrift 200 Jahre ABGB, Wien 2011, S. 75–98.

Wenzel, Leonhard, Der Kündigungsschutz des Arbeitnehmers (IX), Teil 7: Der Kündigungsschutzprozeß, MDR 1973, S. 103–108.

Werba, Ulf, Die Willenserklärung ohne Willen, Berlin 2005.

Werner, Winfried, Vertretung der Aktiengesellschaft gegenüber Vorstandsmitgliedern. Ein Beitrag zur Auslegung des § 112 AktG, ZGR 1989, S. 369–395.

Wesenberg, Gerhard, Zur Behandlung des Satzes *Alteri stipulari nemo potest* durch die Glossatoren, in: Niedermeyer, Hans/Flume, Werner (Hrsgg.), Festschrift für Fritz Schulz zum 70. Geburtstag, Band 2, Weimar 1951, S. 259–267.

Wesenberg, Gerhard/Wesener, Gunter, Neuere deutsche Privatrechtsgeschichte im Rahmen der europäischen Rechtsentwicklung, 4. Aufl., Wien, Köln u. a. 1985.

Wettig, Steffen, Vertragsschluss mittels elektronischer Agenten: eine interdisziplinäre Untersuchung mit juristischem Schwerpunkt unter Einbeziehung internationaler, technischer und philosophischer Aspekte, Berlin 2010.

Wicke, Hartmut, Aktuelle Rechtsprechung zum Aktienrecht, DNotZ 2013, S. 812–831.

Wieacker, Franz, Privatrechtsgeschichte der Neuzeit unter besonderer Berücksichtigung der deutschen Entwicklung, 2. Aufl., Göttingen 1967.

Wiebe, Andreas, Die elektronische Willenserklärung: Kommunikationstheoretische und rechtsdogmatische Grundlagen des elektronischen Geschäftsverkehrs, Tübingen 2002.

Wieling, Hans Josef, Empfängerhorizont: Auslegung der Zweckbestimmung und Eigentumserwerb, JZ 1977, S. 291–296.

ders., Drittzahlung, Leistungsbegriff und fehlende Anweisung, JuS 1978, S. 801–810.

ders., Drittwirkung des Mandats und ähnlicher Rechtsverhältnisse, in: Nörr, Dieter/Nishimura, Shigeo (Hrsg.), Mandatum und Verwandtes, Beiträge zum römischen und modernen Recht, Berlin, Heidelberg 1993, S. 235–267.

Wieling, Hans Josef/Finkenauer, Thomas, Sachenrecht, 6. Aufl., Berlin, Heidelberg 2020.

Wieser, Eberhard, Verstößt § 105 BGB gegen das verfassungsrechtliche Übermaßverbot?, JZ 1987, S. 493–494.

Wilhelm, Alexander, Smart Contracts im Zivilrecht – Teil I, WM 2020, S. 1807–1813.

ders., Smart Contracts im Zivilrecht – Teil II, WM 2020, S. 1849–1856.

Windel, Peter A., Abstraktheit der Bevollmächtigung und Typisierung der Vollmacht, in: Althammer, Christoph/Schärtl, Christoph (Hrsgg.), Dogmatik als Fundament für Forschung und Lehre, Festschrift für Herbert Roth zum 70. Geburtstag, Tübingen 2021, S. 119–140.

Windscheid, Bernhard/Kipp, Theodor, Lehrbuch des Pandektenrechts, unter vergleichender Darstellung des deutschen bürgerlichen Rechts, Band 1, 9. Aufl., Frankfurt a. M. 1906 (Neudruck 1984).

Wolff, Christian, Institutiones Iuris Naturae et Gentium, In quibus ex ipsa hominis natura continuo nexu omnes obligationes et jura omnia deducuntur, Halle Magdeburgicae 1763.

Würdinger, Markus, Die Analogiefähigkeit von Normen. Eine methodologische Untersuchung über Ausnahmevorschriften und deklaratorische Normen, AcP 206 (2006), S. 946–979.

Zech, Herbert, Künstliche Intelligenz und Haftungsfragen, ZfPW 2019, S. 198–219.

ders., Zivilrechtliche Haftung für den Einsatz von Robotern – Zuweisung von Automatisierungs- und Autonomierisiken, in: Gless, Sabine/Seelmann, Kurt (Hrsgg.), Intelligente Agenten und das Recht, Baden-Baden 2016, S. 163–204.

Zeiller, Franz von, Commentar über das allgemeine bürgerliche Gesetzbuch für die gesammten Deutschen Erbländer der Oesterreichischen Monarchie, Band 3, Wien, Triest 1812.

Ziemons, Hildegard, Erteilung des Prüfungsauftrags an den Abschlussprüfer einer Aktiengesellschaft durch einen Aufsichtsratsausschuss?, DB 2000, S. 77–81.

Zimmermann, Ernst, Die Lehre von der stellvertretenden Negotiorum Gestio, mit Beiträgen zur Lehre von der Stellvertretung überhaupt, von den Verträgen zu Gunsten Dritter, und von dem Schweben der Rechtsverhältnisse, Straßburg 1876.

Zimmermann, Reinhard, The Law of Obligations. Roman Foundations of the Civilian Tradition, Cape Town, Wetton, Johannesburg 1990.

Zitelmann, Ernst, Die Rechtsgeschäfte im Entwurf eines Bürgerlichen Gesetzbuches für das Deutsche Reich. Studien, Kritiken und Vorschläge, Zweiter Theil, Berlin 1890.

Zöller, Richard (Begr.), Kommentar zur Zivilprozessordnung mit FamFG (§§ 1–185, 200–270) und Gerichtsverfassungsgesetz, den Einführungsgesetzen, mit Internationalem Zivilprozessrecht, EuGVVO und weiteren EU-Verordnungen, Kostenanmerkungen, 33. Aufl., Köln 2020.

Zusammenstellung der gutachtlichen Aeußerungen zu dem Entwurf eines Bürgerlichen Gesetzbuchs, hrsg. vom Reichs-Justizamt, Berlin.

– Band 1: Aeußerungen zum Allgemeinen Theil, 1890 (Neudruck 1967).
– Band 6: Nachträge, 1891 (Neudruck 1967).

Sachregister

Von gegebenenfalls mehreren einschlägigen Seiten ist jeweils nur die erste angegeben.

TÜBINGER RECHTSWISSENSCHAFTLICHE ABHANDLUNGEN

Herausgegeben von
Mitgliedern der Juristischen Fakultät
der Universität Tübingen

Die Schriftenreihe *Tübinger Rechtswissenschaftliche Abhandlungen* (TübRA) wird von Mitgliedern der Juristischen Fakultät der Eberhard-Karls-Universität Tübingen herausgegeben und bietet ein Forum für die an dieser Fakultät hervorgebrachte Spitzenforschung auf allen Rechtsgebieten. Als Schriftenreihe einer der renommiertesten Rechtsfakultäten Deutschlands trägt *TübRA* auf diese Weise zum Fortschritt der Rechtswissenschaft bei und ist Impulsgeber für wichtige zeitgenössische Rechtsdiskurse.

ISSN: 0082-6731
Zitiervorschlag: TübRA

Alle lieferbaren Bände finden Sie unter *www.mohrsiebeck.com/tuebra*

Mohr Siebeck
www.mohrsiebeck.com